안전보장의 국제정치학

안전보장의 국제정치학

2010년 4월 15일 초판 1쇄 펴냄
2021년 1월 29일 초판 4쇄 펴냄

엮은이 함택영 · 박영준
지은이 길병옥 · 이수형 · 이동선 · 이근욱 · 최종건 · 고봉준 · 윤정원 · 신범식 · 황재호 · 손병권 · 최운도 · 김예경 · 윤영미 · 김용현 · 박영준

펴낸이 윤철호 · 고하영
펴낸곳 (주)사회평론아카데미
편집 김천희
디자인 김진운
마케팅 최민규
등록번호 2013-000247(2013년 8월 23일)
전화 02-326-1545
팩스 02-326-1626
주소 03993 서울특별시 마포구 월드컵북로6길 56
ISBN 979-11-85617-30-5 93340

안전보장의 국제정치학

함택영 · 박영준 편

사회평론아카데미

서문

근대국가가 성립된 이후 국가의 주권과 국민의 생명을 대내외적 위협으로부터 보호하려는 안전보장의 과제는 대단히 중요한 국가의 업무가 되어 왔다. 학문적으로도 국가안전보장 연구는 국제정치학의 핵심적인 연구 분야의 하나로 여겨져 왔다. 그런데 시대의 흐름과 더불어 안전보장의 주체가 누구인가, 혹은 국가나 개인의 안전보장에 위협을 가하는 행위자는 누구인가에 대해서는 적지 않은 이론적, 실제적 변화가 나타났다.

미국과 소련이 대립해 왔던 냉전기 양극체제하에서 안전보장 연구는 현실주의자들(realists)들이 주도하였다. 전통적 현실주의자들은 안전보장의 주요 행위자로서 국가를 들고, 국가 간 서로에 대한 군사적 위협을 가장 중요한 위협요소로 전제하였다. 국가안보를 보장하기 위한 방책으로는 자력구제(self-help), 세력균형과 동맹형성, 그리고 이른바 이상주의자들(idealists)과 함께 유엔헌장에서 규정된 집단안보(collective security) 체제 구축을 시도하기도 하였다.

냉전의 종료와 때를 같이 하여 국가 이외의 행위자(actor)에 의한 위협, 그리고 군사적 위협 이외의 비군사적 위협 요인에 대한 새로운 인식이 제기되었다. 즉 전통적 현실주의에서 주요 안보위협으로 제기되었던 군사적 요인 이외에 경제, 에너지, 환경 문제 등이 새로운 위협 요인으로 인식되었다. 안전보장의 주체에 관해서도 기존에 중시되던 국가안보뿐만 아니라 인간안보(human security), 그리고 더 광범위한 차원에서 국제안보나 글로벌안보의 차원이 주목을 받기에 이르렀다.

우리의 현실로 눈을 돌려 보더라도 안전보장과 관련한 정책적, 학술적 과제들이 산적해 있다. 핵무기와 장거리 미사일을 개발하고 있는 북한의 군사적 위협이 상존하고 있다. 양극체제의 해체 이후 유동적인 동북아 질서하에서 군비증강을 지속하고 있는 주변국가 간의 관계도 잠재적 불안요인이 될 수 있다. 한편 한국과 6자회담 당사국들은 냉전기의 배타적 안보 개념으로는 북핵문제를 풀 수 없다는 점을 자각하기 시작했다. 냉전체제의 해체와 더불어 제기된 북핵문제는 한반도와 동북아의 안정 및 평화를 위해서는 '북한으로부터의 안보위협'뿐만 아니라, '북한에 대한 안보위협'도 성찰해야 함을 일깨워주었다. 안보 딜레마(security dilemma)와 군비경쟁 등 전통적 안보문제에 대하여도 전통적 및 비전통적 해결책의 병행이 요청되기에 이른 것이다. 또한 전통적 안보위협 요인에 더해 21세기의 한반도에는 테러리즘과 환경오염, 조류독감, 글로벌 금융위기 등 비전통적 안보위협 요인들이 국가뿐만 아니라 개인들의 안전한 삶을 위협하고 있는 실정이다.

이러한 전통적 및 비전통적 안보위협 요인들에 직면하여 우리는 어떠한 대내외적 수단으로써 국가와 체제 및 개인의 안전을 지켜야 할 것인가? 안전보장을 주요 이슈로 하는 국제정치학은 이러한 현실문제들에 대해 어떠한 이론적 분석과 처방을 제공해야 하는가? 한국의 국제정치학도는 안전보장에 관한 국내외의 현실적 요청에 직면하고 있는 것이다.

그러나 솔직히 한국 국제정치학계의 안전보장 연구가 일반 독자들의 지적 요구나 실제 정책적 수요에 부응하는 연구를 해왔는가에 대해서는 자신하기가 쉽지 않다. 정책연구를 넘어서 국가안보에 관한 체계적이고 객관적인 이론 논의와 경험적 연구의 축적이 미흡했음은 물론, 일반 대학의 정치외교학과 및 국제관계학과 등의 커리큘럼에서도 전쟁과 안전보장에 관한 과목이 충분히 개설되었다고 보기도 힘들다. 냉전기에는 정권의 수요에 따른 국가안보 관련 연구가 진행되었다고 한다면, 민주화 이후 안전보장연구는 기존의 권위주의체제를 지탱하던 관변 학문이었다는 비판에서 자유롭지 못한 채 위축되어 온 측면도 있다.

그러나 주목해야 할 것은 민주화가 진전된 이후 대학생들과 시민들 사이에서 냉전체제의 유산이라고 여겼던 군사나 안전보장에 관한 관심이 늘어나고 있고, 사이버 공간에서도 이러한 경향이 반영되고 있는 사실이다. 오랫동안 성역으로 간주해 왔던 국가안보 내지 군사안보에 대한 개방적인 학술연구의 수요가 급증한 이유는 민주화, 우리의 국력신장에 따른 자주국방에 대한 의욕, 그리고 북핵문제가 초래한 한반도 위기에 대한 광범위한 인식 등에 있다. 요컨대 일반 시민과 대학생들 사이에 조성되고 있는 안전보장 문제에 대한 관심에 부응하고, 사관학교 생도들과 국방대학교 대학원생들, 나아가 정책결정과정에 종사하는 실무자들이 활용할 수 있는 안전보장 연구의 기초적 이론서가 절실히 필요하게 되었던 것이다.

안전보장에 관한 전통적 이론은 물론, 새롭고 비판적인 시각의 안전보장 연구를 망라하고, 한반도 내외에서 제기되는 안전보장의 현실적인 문제들에 대한 이해를 돕는 기본 교재를 제공하는 것이 우리 국제정치학도의 책무일 것이다. 이러한 문제의식에서 한국국제정치학회 안보국방분과 연구자들이 뜻을 같이하여 안전보장에 관한 국제정치학의 다양한 이론적 성과를 집약하고, 한국 사회가 직면한 전통적 및 비전통적 안보현실을 냉철하게 분석하고자 공동연구에 착수하게 되었다. 그동안 전통적인 안보연구 시각에서 한반도와 동아시아의 안보현실을 더욱 심층적으로 분석한 연구는 물론, 인간안보와 글로벌안보의 관점에서 새로운 안보연구의 시각과 필요성을 제기한 연구도 상당수 발표되기도 하였다. 그러나 국제정치학계 신진 학자들의 안보연구는 대부분 개별적으로 이루어져 왔다. 이제 학계의 역량을 모아 대학생들은 물론 일반 시민들이 안전보장에 대한 이해를 증진하는 데 도움이 될 수 있는 체계적인 공동연구서를 발간하게 된 것은 실로 뜻깊은 일이라 아니할 수 없다.

본 연구는 총 4부 15개 주제로 구성되어 있다. 제1부에서는 전통적 및 비전통적 안전보장 개념을 다루고 있다. 제2부에서는 국제정치학의 주요 학파인 현실주의, 자유주의, 구성주의에서 각각 논의되어 온 안전보장 관련 이론들을 소개한다. 제3부에서는 전통적인 안전보장 방식이었던 군사력의 형성 및 운용, 세력균형과 동맹, 아울러 새로운 안전보장의 방식으로 대두하고 있는 공동안보와 협력안보, 군비통제와 군비축소 등의 문제들을 다루고 있다. 제4부에서는 남북한과 미 · 일 · 중 · 러 등 주변의 열강이 주어진 안보상황에서 어떠한 위협인식을 갖고 있고, 안전보장의 과제들에 대하여 어떻게 대응하고 있는지를 검토하고 있다.

이 책은 2009년도 한국국제정치학회 안보국방분과위원회 연구위원들이 공동의 문제의식을 갖고 1년간 연구한 산물이다. 어려운 경제상황 속에서 연구비 확보가 충분치 못했음에도 불구하고 우리의 시각에 의한 안전보장 관련 국제정치학 교과서 집필이 필요하다는 데 뜻을 모아 연구에 참가해 준 집필자들께 감사와 경의를 표한다. 또한 출판계의 어려운 상황에도 불구하고 본 연구서의 출간을 흔쾌하게 수락해 주신 사회평론사 윤철호 사장님과 편집진에도 깊은 감사를 드린다. 한국국제정치학회의 2009년도 하계 및 연례 학술회의 안보국방분과 패널에서 본 연구의 초고들을 발표할 때 사회자 및 토론자로서 유익한 비판적 성찰을 제공해 주신 이상우(서강대 명예교수), 황병무(국방대 명예교수), 김달중(연세대 명예교수), 류재갑(경기대), 우철구(영남대), 고상두(연세대), 김연수(국방대) 교수께도 감사드린다.

비록 지난 한 해 짧은 기간 동안의 공동연구였지만, 이 연구서는 국제정치학회 안보국방분과 여러분들의 토론과 상호비판을 통해 이룩한 본격적인 공동연구의 결실이다. 물론 이 책이 여러 가지 미비점을 지니고 있을지도 모르겠다. 안전보장 이슈와 관련하여 다루어야 할 주제들이 다 포함되지 못한 경우도 있을 것이고, 개별 원고들 간에 유기적인 연결이나 전체로서 통일성이 부족할 수도 있을 것이다. 독자 여러분들의 지적을 겸허하게 기다려 후일의 더 나은 성과를 기약해 본다. 그럼에도 불구하고 이 연구는 안전보장 연구에 관한 우리 국제정치학계의 현주소를 국내외로 가늠해 보는 도전의 장이 될 수 있다. 이 책이 한국 사회가 직면하고 있는 국가안보, 인간안보, 그리고 국제안보의 중층적인 안보현실에 대한 이해를 돕고, 더욱 전문성 있는 안보정책 수립에 조금이라도 기여하게 되기를 기대한다.

2010년 3월 1일

집필자들을 대신하여

함택영 · 박영준 씀

| 차례 |

| 3부 | 안전보장의 수단

| 제 1부 |

안전보장의 개념 및 대상

전통적 국가안보 개념의 형성과 전개: 연구경향 및 과제

길 병 옥

I. 서론

국가안보의 개념은 외부의 위협으로부터 국가의 생존과 번영 및 주권 그리고 국민의 생명과 재산을 보호하는 것으로 국익을 극대화하기 위한 정책과 전략을 총칭하는 것으로 이해해 왔다. 일반적으로 안보의 개념은 협의의 해석과 광의의 해석 또는 소극적인 정의와 적극적인 정의가 가능하다. 즉 외부의 군사적 위협에 대한 국가안전보장이라는 소극적인 협의의 개념을 적용하는 학파와 군사적 위협과 더불어 인간 및 환경 위협에 대한 안보를 포괄하고 국가발전이라는 적극적인 광의의 개념을 따르는 학파 등이 그것이다.[1)]

국가안보의 개념을 군사외교적인 외부위협에 대한 국가수호의 차원에서 적용하는 것이 전통적인 의미라면 그 내용은 물리적으로 가시적인 부분과 상징적이고 형상화된 또는 정당화된 국가의 공동체를 포괄하는 것으로 정의되어 왔다. 특히 국가의 핵심적 가치에 해당하는 정치적 주권, 경제적 번영, 국민의 생명과 재산의 보호라는 측면에서 국가안보는 정책결정자들의 세계관, 외부위협인식, 국민여론 등에 따라 가변적으로 활용되어 왔다.

물론 논란의 여지는 있지만, 개념적으로 국가안보는 국제체제의 무정부 상태(anarchy)라는 물리적이고 구조적인 틀 속에서 합리적 행위주체로서 객관화된 국가의 행동양식과 연관된다. 전통주의적 국가안보의 개념을 정의하는 신현실주의나 신자유주의의 이론적 기조가 여기에 있다. 국가안보 연구의 큰 흐름은 힘의 분배나 균형의 구조적 측면을 강조하는 신현실주의적 시각과 경제협력 및 상호의존성을 보편화하는 신자유주의적 견해가 주류를 이룬다.

반면 구성주의 이론에 바탕을 둔 국가안보에 대한 개념적 정의는 특정 국가의 안보행위가 이념이나 가치체계에 의해 영향을 받는다는 견해를 따른다. 특히 국제정치 현상을 이미 구조적으로 만들어진, 외생적인 것으로 해석하는 것이 아니라 국제정치의 구조와 행위자가 상호작용을 통해 구성되고 재구성되는 과정과 결과로 이해한다.

전통적으로 국가안보에 대한 개념적 해석은 위와 같은 이론적 시각에 따라 여러 가지 의미로 설명되어 왔다. 따라서 국가안보의 개념은 다양한 시각과 쟁점들이 반영된 지극히 신축성 있는(marvelously elastic),[2] 고정적이지 않고 수시로 변하는(not fixed, ever-changing),[3] 애매모호한 상징(ambiguous symbol),[4] 심리적 또는 물리적 안보의 분야(emotional, physical security)[5]까지 포함하는 것으로 인식되어 왔다.

결국 국가안보의 기능, 개념적인 범위, 안보에 포함되는 대상이나 목적 등에 따라 국가안보를 바라보는 다양한 시각이 형성되어 온 것이다. 다시 말하면, 전통적인 국가안보를 주창하는 경우에도 개념적인 모호성이나 불분명한 테두리를 인정하였다고 볼 수 있다. 전개양상으로 보았을 때 냉전기에는 협의의 안보 개념을 일반화하여 안보정책에 반영하였고 탈냉전 이후부터는 포괄안보라는 확대된 개념을 적용해 왔다.

내용 면으로 보면 외부의 군사적 위협 또는 공격이나 강압으로부터 영토수호, 국내정치질서의 전복으로부터 주권확보, 국내 사회의 제 가치에 대한 침해로부터 자유보전과 삶의 질 개선이라는, 국가안보상 제 문제의 해결대안이 제시되어 왔다. 구체적으로 안보위협은 국내외적으로 군사적인 외침, 영토분쟁, 국제테러, 대량살상무기 확산, 군부의 쿠데타, 경제불황, 사회적 갈등 및 소요, 마약 확산, 난민 발생, 환경오염, 천재지변 등 정치, 경제, 사회의 제반 사항과 연결되어 있다. 여기에서 가장 핵심이 되는 전통적 의미의 안보는 앞서 언급한 협의의 개념인 국가중심적 군사전략과 사고에서 발현된 것이다.

학자들 간의 시각 차이가 있을 수 있지만 안보의 개념적 범위에 따라 안보 유형을 절대안보(absolute security), 상호안보(mutual security), 공동안보(common security), 협력안보(cooperative security), 포괄안보(comprehensive security) 등으로 구분하여 왔다.[6] 이론적으로는 신현실주의(공세적, 방어적, 신고전적 등), 신자유주의(신제도주의적, 공화적, 상업적 등), 구성주의(국가중심적, 국제기구/협력중심적, 국제문화적 등), 마르크스주의(도구론적, 구조적, 포스트마르크시즘 등), 민족주의(폐쇄적, 개방적, 초민족적 등), 비평주의/포스트모더니즘 등의 패러다임이 주류와 반주류의 동적인 역학관계를 이루어 왔다.[7]

최근의 연구경향으로 국가안보의 개념은 국가의 사활적(vital) 이익이라는 부분과 연관되는 경우 전통적인 개념이, 지엽적인(peripheral) 경우 포괄적인 안보의 개념을 적용하는 사례가 두드러진다. 본 연구는 이러한 부분에 초점을 맞추어 전통적인 국가안보의 개념정립의 경향과 흐름을 파악해 보고 새로운 안보의 개념에 부합되는 연구방향과 과제에 대해 논의하고자 한다.

본 연구는 시기적으로 제2차 세계대전 이후부터 냉전시대, 구소련의 붕괴와 독일통일 이후의 탈냉전시대, 그리고 미국 9 · 11테러 이후의 대테러전시대에 이르기까지 국가안보의 개념 형성과 전개에 대해 분석한다. 공간적으로는 세계사적인 영역과 동북아의 지역적인 부분 그리고 한국의 입장에서 보는 국가안보관을 살펴보고자 한다. 연구방법으로 문헌고찰과 역사비교학적 연구를 통하여 전통적 위협과 국가안보 그리고 세계평화에 대한 개념적 전개양상을 파악하고 통사론적인 관점에서 이론적인 분석 틀을 비교하여 논의한다.

국가안보의 전통적인 개념형성과 전개과정에 관련된 연구내용은 국가중심적 사고, 지역적 관점 및 지구촌 사회의 틀 속에서 바라보는 국가안보관에 대한 층위적 분석을 바탕으로 가능한 한 시기적 구분에 맞추어 분석한다. 또한 개념적 연구와 더불어 국가안보의 이론적 분석 틀을 시기적 구분과 병행하여 재정립하는 방향으로 논의한다. 특히 안보학 연구의 시기적 구분을 세대별로 분석하여 그 흐름을 파악해 보고 앞으로의 과제와 전망을 살펴보고자 한다.

본 연구를 통해 전통적 국가안보 개념의 통사론적 연구와 국가안보관에 대한 장단점을 분석하고 더욱 발전된 이론의 틀을 마련하여 새로운 시대상황을 반영한 국가안보이론을 재정립하는 데 일조하고자 한다. 향후 탈냉전과 대테러전시대를 뛰어넘어 새로운 국제안보환경 변화에 부합되는 국가안보 연구와 개념의 체계화 및 방법론적 분석 틀의 정립이 필요하다는 점을 제기한다.

II. 국가안보 개념: 전개 양상과 변화

사전적인 의미에서 국가안보는 영토, 국민, 주권, 핵심가치 등을 외부의 위협으로부터 보호 · 유지하는 것을 뜻한다. 어원은 라틴어 세큐리타스(securitas)이고 'se(분리한다 또는 ~에서 자유롭다)'와 'curitas(불안, 근심, 걱정 등)'의 합성어로 불안이나 근심 및 걱정 등으로부터의 자유, 안전 그리고 위험의 부재상태를 의미한다.[8] 즉, 안보의 대상인 국민의 생명과 재산을 보호하고 영토와 국가주권을 수호하는 의미로 포괄적으로 사용해 왔다.

일반적으로 국가안보의 필수전제 요소인 국민, 주권 및 영토를 보호하는 것이 안보의 가장 핵심적인 개념으로 여기지만 특정국가의 외부적 환경과 내부적 질서나 역량에 따라 접근방식을 달리 적용했다. 국가안보는 고차원적인 목적개념으로 인식해 왔고 전략은 방법 지향적인 것으로, 정책은 목표 지향적인 개념으로 통용되어 왔다.[9]

전통적인 의미에서 안보의 개념은 국가의 역할을 강조하는 차원에서 받아들였고 그 철학적 배경은 플라톤("인간은 국가를 통해서만 행복을 추구할 수 있다"), 루소("국민의 힘은 국가의 힘"), 홉스("국가는 문명사회의 상징이고 인간에게 평화와 안정을 가져다준다") 등에서 찾을 수 있다. 따라서 대부분 서양의 국가주의는 유교사회의 인본주의와는 달리 국가권력과 절대왕정 그리고 개인권리와 책임이라는 틀 속에서 국가안보의 개념적인 전개과정을 거쳐 왔다.

이러한 의미에서 국가안보는 "국가의 생존과 국가이익을 안전하게 확보하는 것, 외부의 위협에서 국가와 국민을 보호하고 지키는 것"으로 인식해 왔다. 하지만 안보인식과 내용 및 방법론적인 면에서는 현실주의자와 이상주의자 간에 여러 가지 차이점을 발견할 수 있다. 성악설을 바탕으로 한 전자의 경우에는 국민의 생명과 재산의 보호, 안전과 행복, 평화와 질서유지를 위한 절대권력의 필요성을 강조하였다. 반면 성선설을 인정하는 후자의 경우에는 국가 간의 국제협력과 평화적인 공동노력을 통한 안보보장을 중시하는 경향이 두드러졌다.

안보에 대한 기본적인 개념연구는 태초 원시사회의 특성인 자연상태(state of nature)와 인간의 본성을 바탕으로 안보문제의 원인과 해결방법을 찾는 데에서 비롯되었다. 특히 원시사회에서 나타나는 특성인 "만인과 만인의 투쟁(war against all)", "무질서와 혼돈의 상태"에서 정글의 법칙이 난무하는 구조적 틀에서 "절대권력"(leviathan)의 군주제(홉스), 강력한 왕권유지를 위한 책과 칼(마키아벨리), 병법에 의한 전략과 힘에 의한 통치(손자) 등을 역설하였다.[10] 무정부 상태 속에서 안보의 유지를 위한 힘의 균형, 협력과 의존관계의 확대, 법과 제도적 질서의 유지 등을 대안으로 제시해 왔다.

역사적으로는 제1차 세계대전 이후 국가연맹을 통해 다양한 차원의 안보 개념을 사용하기 시작했는데 정도와 범위의 차이에 따라 국제 안전보장, 국가 안전보장, 사회 안전보장 등으로 구분되었다. 시대적으로 다양화된 안보의 영역만큼이나 국가의 역할과 기능 또한 다양한 것이 사실이다. 대표적인 경우가 국제테러 방지를 위한 노력, 경제공황에 대한 대책, 천연두와 흑사병과 같은 질병에 대한 치유책, 인구증가로 인한 식량부족 및 기아발생 방지책, 자연재난재해에 대한 대응책 등이다.

현대사회에서의 국가안보 영역은 군사적 안보(국가의 방위와 공격 능력), 정치적 안보(정부 및 국가기구에 대한 국민의 지지 여부), 경제적 안보(국민 복지수준과 경제력, 자원의 보유 정도), 사회적 안보(사회 구성원 간의 갈등해소와 국민의 화합 및 단결), 환경적 안보(인류의 생존과 유지에 적합한 환경조성), 인간안보(인권과 권리신장 및 사회구성원들의 평등성 여부) 등이다.[11] 전통적인 의미를 고려해 본다면 국가안보는 국가권력, 주권, 영토, 정통성, 국민생명 등의 수호에 부합한 군사적인 적용이 주를 이루었다고 해도 과언이 아니다.

안보 영역에 대한 구분은 위협요인에 따라 가능한데 군사적 안보위협(동북아 주변 강대국들의 군비경쟁, 남북한의 냉전적 대립과 갈등, 대량살상무기 확산 등), 정치적 안보위협(국내 안보불감증 증가, 국민 통합이나 결속력 약화, 정치인들의 부정부패, 국민들의 정치 불신, 정치적 소요나 테러 등), 경제적 안보위협(세계적인 경제위기, 에너지 자원의 결핍, 물가폭등, 기업퇴출로 인한 실업문제, 빈부격차 및 노사갈등 심화 등), 사회적 안보위협(사회 구성원들 간의 갈등심화, 도덕의식의 해이, 지역감정 등), 환경적 안보위협(질병발생, 자연재해, 공기와 수질오염 등)으로 분류할 수 있다.

특정적인 안보위협요인에 대한 정부의 정책대응에 따라 안보 유형을 구분하는 경우가 일반적인 현상으로 인식해 온 것 또한 사실이다. 안보위협에 대응하기 위한 국가의 개별적인 안보정책은 안보의 요소와 수단에 따라 군사안보, 정치안보, 경제안보, 외교안보, 환경안보, 사회안보, 국방과학기술안보, 식량안보, 정신문화안보, 인간안보 등으로 구분된다. 또한 복수의 지역국가들이 집단행동을 추구함에 따라 집단안보, 지역안보, 다자간안보, 지구촌안보 등으로 분류될 수 있다.

일반적으로 힘의 균형이나 적대국 간의 억지(deterrence)에 주안점을 두는 경우에는 절대안보라는 개념을 적용한다. 하지만 국제평화 유지는 상호확증파괴(mutually assured destruction)라는 위협의 균형보다는 양자간 또는 지역에서 다자간의 안보주체들 간의 협력을 통해 안보를 유지하는 공동안보의 노력도 가시화되어 왔다. 최근에는 경제적 협력, 지역적 노력, 평화적 협력기제 등을 통하여 국제문제를 해결하려는 노력과 상호의존성과 신뢰를 증진시켜 궁극적으로 국제안보 및 지구촌 안보를 증진시키려는 포괄적 안보 개념이 대두되고 있다. 포괄적 안보는 정치, 경제, 군사, 외교, 문화, 환경, 인권 등 다양한 의제들을 국가안보의 개념에 포함하는 것으로 받아들인다.

더불어 정부가 반드시 실행해야 할 정책적인 요소는 국익의 분류에 근거하여 사활적(vital), 중요한(major), 지엽적인(peripheral) 이익이라는 정책적 우선순위를 부여하는 경향이 두드러졌다.[12] 또한 국가이익은 개인에서 국가로 전이되는 역사적 순환과정을 겪었는데 과거 군주 또는 왕국의 의지에서 국민이나 국가의 일반의지에 따라 개념적으로 분류했다. 하지만 국가안보와 국익의 관계설정은 개념과 영역의 확대 및 불분명성, 국제 행위자의 다양화, 국경 의미의 상실, 국가의 권위 후퇴, 국내와 외부 구분의 불명확성, 동맹 및 협력의 확대, 불특정적인 초국가 위협의 확산, 환경문제 등 새로운 유형의 분쟁과 갈등양상이 나타나는 결과를 낳았다.[13)]

결론적으로 전통적인 의미에서 국가안보의 개념은 국가 또는 국제사회의 자연상태, 인간의 본성을 기초로 정의해 왔다. 다시 말하면, 인간과 사회 그리고 국가와 국제질서의 구조적 연관관계에서 나타나는 현상으로 안보의 개념을 규정하였다. 특히 국가안보와 관련한 체제의 행위자들은 구조적으로 고정된 것으로 보고 군사적 힘의 우위, 경제적 부의 축적과 같은 목적지향적인 것으로 치부된다. 국가안보의 소극적인 정의는 외부 위협으로부터의 국가보호이지만, 적극적인 정의는 위협의 배제뿐만 아니라 국가존립의 강화와 발전도 포함된다.[14)] 국가안보를 정의하는 데 있어서 소극적인 안보 개념을 적용하는 경우에 안보연구의 대상, 수준, 범위, 내용, 핵심요소 등에 관한 논란이 상대적으로 적었다.

요약하면 국가안보의 개념은 전통적으로 외부의 군사적 위협에 대한 안전확보라는 것으로만 정의해 왔으나 최근에 들어서는 비군사적인 요소들을 포괄하는 광의의 개념으로 변화되었다. 냉전시대까지 안보는 주권국가의 영토를 보존하기 위해 군사력을 사용하는 것에 주안점을 두고 정책적 대안을 모색하여 왔고 이론적 연구 또한 국가 간에 발생하는 군사적 갈등을 예방하고 전쟁에서 승리할 수 있는 방안을 모색하는 데 주력했다. 전반적으로 주요 안보위협에 대응하는 측면에서 국력의 크기, 경제 또는 군사적 능력 등이 국가안보의 핵심사항을 결정짓는 중요한 기준이 되어 왔다.

하지만 1990년대 초 냉전이 끝나면서 안보는 경제적인 문제로까지 확대되었으며 기존의 안보가 국가중심적 사고에 의한 군사 및 외교 안보에 중점을 두었던 데 비해 최근에는 인간중심의 새로운 시각을 가져야 한다는 논의들이 제기되면서 국가보다는 인간의 복지와 안전문제에 비중을 두는 인간안보가 부각되고 있다. 이러한 안보시각의 다양화는 포괄안보라는 의미에서 그리고 진정한 세계평화는 인권, 민주주의, 환경보호, 사회안정 등이 바탕이 되어야 한다는 인식에서 비롯되었다. 또한 세계화, 정보화, 지방화, 세방화 등의 시대사적인 조류에 따라 정보확보라는 측면에서 사이버 안보의 중요성이 대두되기 시작하였다.

최근 세계화와 더불어 국가안보의 범위, 영역, 내용 등은 사실상 그 구분이 모호해졌고 안보의 주체는 물론 통제기제 또한 그 역할과 범위 면에서 다양화, 다수준화, 다차원화되었다. 국가의 역할도 전 세계적인 범위로 확대되었고 국제기구나 다국적기업, 국제 NGOs 등이 공공선의 역할을 수행하는 경우가 많다.[15] 전통적인 군사적인 측면을 고려한 연구에서도 군사혁신(resolution in military affairs)과 같은 국방과학기술의 발전에 따른 무기체계의 선진화, 국방분야의 구조개혁 연구 등에 중점을 두는 경향이 나타났다.

III. 안보학 연구의 분석 틀과 세대별 연구경향

역사적인 개관을 보면 안보이론 연구는 국제정치학이나 국제사회학에 뿌리를 두고 국제질서상에서 나타나는 분쟁의 원인과 결과를 분석하는 경우가 일반적이다. 안보학에서 국가 간 관계에 관한 연구는 국가 그 자체의 존재만큼이나 오래되었다. 국제정치의 하위분야로서 안보학에 대한 연구는 개념적으로나 방법론적으로 다양하고 복잡하며 이론적으로 타학문 분야의 교량 역할을 추구해 왔다는 점에서 안보이론은 '산중도'(山中島, mountain islands)의 형태를 띠고 있다.

여기에서 '산중도'라 함은 안보학 연구가 철학, 정치학, 행정학, 경제학, 경영학, 심리학 등의 사회과학 분야와 물리학, 생화학, 지질학, 통계학 등의 자연과학 분야 및 컴퓨터공학, 정보통신, 항공우주, 해양선박 등 공학 분야의 총체적인 학문영역을 포괄하는 범학문적(interdisciplinary)이고 마치 이러한 거대이론들과 같은 산맥이 형성되어 있는 곳에 묻혀 있는 형태를 띠고 있다는 의미이다.

안보학 연구의 주된 이론적 관점들은 국제안보체제 분석의 시스템적 수준에서부터 국가, 사회, 그룹 및 개인의 수준에 걸쳐 국내정치와 국제관계에 관한 것들이다.[16] 그 예는 국제체제에서 국력과 연관된 국가의 규모와 지위, 경제사회발전의 수준, 정치적 및 이데올로기적 질서의 수준, 국내정치에 대한 조직적 또는 관료주의적 속성, 결정권자의 심리적 특성 등을 들 수 있다. 국제체제 내에서 분쟁과 전쟁의 원인에 관한 이론적 분석, 분쟁의 역학관계와 결과, 위협의 본질과 인식 및 그 같은 위협에 의해 유발된 분쟁의 해결과 개선을 위한 정책대안, 핵전략, 군비통제 및 억지력 등에 관한 연구, 국방정책 결정요소 및 군 구조 비교분석 또한 여기에 포함된다. 더불어 외부위협이나 안보 딜레마에 대한 역사학적, 사회심리학적 그리고 정치경제적 연구는 지속되어 왔다.[17]

국제관계 분야에서 안보정책의 핵심적 결정요소는 국제정치체제의 본질 속에 존재하고 구조적인 무정부 상태는 안보학 연구의 기초적인 시발점이다. 비교정치 분야에서도 국가의 행태에 관해 베버의 관료주의적 분석이나 마르크스주의의 사회경제적 분석과 같은 다양한 연구가 이루어졌다. 즉, 국가를 국제정치상 한 특정 주체가 행하는 현상의 일원으로 다루고, 국가행위의 원천들을 일반화하며, 관료정치와 의사결정 과정에 초점을 맞추는 연구들은 국가가 왜 그렇게 행위하는지를 설명하려고 한다.

안보학 분야에서 이상주의 사상가들은 전쟁을 막고 평화를 건설하는 지역적 또는 국제적 장치나 기구를 선호한다. 국제사회 또는 세계기구에 관한 연구는 세계안보가 국제레짐(international regimes)을 통해 안정과 질서를 확립할 수 있는 점을 부각한다. 대부분의 전통적인 접근들은 국제체제적 수준에서 국제질서를 유지하는 방식에 초점을 맞추고 있다.

이론적으로 국제정치이론을 분류하는 기본적인 틀은 신현실주의, 신자유주의, 구성주의, 마르크스주의, 민족주의, 비평주의/포스트모더니즘 등의 이론적 패러다임에서 찾을 수 있으나 본 연구에서는 안보학 연구의 시대구분을 세대적인 차이에 주안점을 두고 분석하고자 한다.[18] 국제정치 질서나 안보구조에 중점을 둔 안보학 연구는 세대별로 첫째, 둘째 및 셋째 세대로 구분이 가능하다.

안보학 연구의 첫 세대는 대량살상무기(WMD)의 출현과 더불어 나왔고 1950-1960년대 국제정치 및 비교정치의 실증주의자들의 시대 내에서 발전했다. 무정부 상태하에서 국가 간 분쟁을 다루는 비교정치 및 국제정치의 관점에서 학자들은 평화와 전쟁의 원인, 핵 억제전략 및 군비통제 등의 방법을 설명하려고 광범한 노력을 기울였다. 분쟁의 해결, 평화와 세계질서 및 방위와 군사 등에 관한 연구들은 국가안보전략을 세우는 데 사용되었고 양적인 방법, 사건별 자료 및 사례연구 등이 주를 이루었다.

이러한 의미에서 안보학 연구의 제1세대는 정치 및 군사전략을 분석하는 연구자들(politico-military strategy analysts)이었다.[19] 국가 간의 안보관계는 전쟁과 권력투쟁의 결과로 해석하고 전쟁은 무질서의 한 현상이고 힘의 균형은 국제질서를 창조하는 수단으로 고려했다. 이론적으로 정치-군사전략가들은 국가에 대한 이성적 행위자로서 가정과 국가이념 및 사상, 국가의 형태, 사회적 특성, 인식적 또는 심리학적 연구 방법론 및 시스템적 의사결정 모델 등에 관심을 가졌다.

하지만 국가가 행하는 비이성적 행위와 역할에 대한 비판이 있었고 국가이성에 대한 이론적 결핍과 총체적 의미로서 국가행태의 해석은 결국 국내 정치적인 부분에 대한 연구를 저해하였다. 국가를 단일의 이성적 행위자로 간주함으로써 정당정치와 같은 국내 정치적인 요소, 관료주의 절차 및 제도적인 측면, 정치지도자들의 대외인식 등을 제대로 설명하지 못하였다. 국제적으로 국가 간 대외관계에서 나오는 협력적 요인 그리고 국내적으로 국민들의 여론이나 지지도 등에 관한 연구가 저조하였다.

또 다른 문제점은 이론적으로 도출된 가설과 정책관련 제안들에 대한 축적된 사례와 증거가 부족한 점이었다. 더불어 국제정세의 변화에 대한 이론적 논의가 국제안보구조 내에서 정치 및 군사전략 또는 국가 간의 힘의 우위를 위한 경쟁구도로 묘사되는 한계를 노출한 것도 문제였다. 결과적으로 안보학의 제1세대는 사례연구를 포함하여 많은 부분에서 비논리적이고 현실적용 가능성이 적다는 비판을 받아왔다.

이론적인 결핍과 현실적인 억지전략의 논란 등은 1960년대 중반 안보연구의 쇠퇴로 이끌어졌다. 미국과 구소련 간의 긴장완화는 안보학자들의 관심을 끌지 못하였고 베트남전에 대한 환멸감 등은 미국을 비롯한 서구권에서 안보연구를 비논리적인 것으로 여기도록 하였다. 하지만 안보연구의 부흥은 1970년대 1, 2차 오일쇼크와 더불어 시작되었다. 이러한 현상은 학자들에게 군사 및 전략문제뿐만 아니라 경제발전 및 국가의 대외의존문제에도 관심을 가지게 하였고 서구학자들에 의해 제창된 경제관련 연구는 비서구지역 학자들에게 많은 관심을 불러일으켰다.

또한 과거 군사적인 문제에서 벗어나 국가건설 및 경제발전 문제 등은 안보연구에 있어서 좀 더 다양하고 새로운 방법론적 분석 들의 체계화를 제기하게 되었다. 연구의 범위 및 수준에 있어서도 사회경제적인 부분과 문화적인 요소에 이르기까지 광범위하였다. 안보연구가 국가중심적 사고에서 벗어나 국제적인 정치, 경제, 사회문화 등의 영역에까지 확대되는 계기를 얻게 되었다. 같은 맥락에서 본다면 제2세대 학자들은 국제안보분석가들(international security analysts)이었다.

국제안보분석의 이론적 중심은 억제, 재래식 전쟁, 안보 딜레마, 지역

안보 연구 및 정치관련 안보정책 등에 관한 역사적 분석이었다.[20] 제2세대 학자들의 학문적 공헌은 국제관계 및 비교정치상의 다양한 이론적 견해들을 종합한 데 있다. 여기에는 동맹이론, 국내정치의 영향력, 게임이론, 인식-심리적 및 문화적 연구, 독립국가의 안보문제, 국제정치경제, 다국적 관계 등에 관한 연구들이 포함된다.

전체적으로, 제2세대 학자들은 이론과 방법론적으로 다양한 메커니즘을 활용했고 국가행위의 변동에 영향을 주는 결정적 요소 간의 전후관계 및 복잡한 상호작용을 연구하였다. 하지만 국제안보분석학자들은 제1세대 안보학자들과 마찬가지로 국내정치 요소 및 사회적인 변수들을 이차적인 것으로 치부하였다. 특히 안보에 대한 명확한 개념화 없이 정치군사적 관점을 지속적으로 강조한 것은 안보연구의 발전을 저해하는 것이었다. 국내정치를 부수적인 것으로 간주하면서까지 국제정치를 해석하는 것 자체가 또 다른 위험요소를 가져오게 되었다.

문제는 바로 분석의 중심이 한 번은 국제체제적인 요소에 실리고 다른 한 번은 국내적인 요소에 실리며 종종 앞뒤로 왔다 갔다 하는 것이었다. 또 다른 이론적 결핍 중의 하나는 안보정책을 결정하는 요소의 중요성에 대한 부적절한 설명이다. 다시 말하면 언제, 어떻게 또한 어떤 환경하에서 정책결정 변수들이 국가행위에 영향을 주는지에 대한 구체적인 설명의 부족이다. 안보정책 변화에 대한 국제적, 국내적 및 정부적 요소의 복잡한 상호작용을 구체적으로 설명하고 인식하는 데 이론적인 한계가 있었다.

냉전의 종식과 구소련의 붕괴 그리고 9·11테러는 탈냉전시대 제3세대 학자들에게 새로운 안보연구의 지평을 열기에 충분했다. 중요한 것은 실증사례를 바탕으로 다차원적이고 둘 이상의 학문분야를 포괄하는 범학문적인 연구가 시도되었다는 점이다. 안보학의 범위 또한 기존의 이론적 패러다임을 초월하여 문화심리학, 환경학 및 인구학적 문제에까지 광범해졌고 안보의 영역을 국내와 국외로 구분하는 경향에서 벗어났다. 더불어 세계화를 통한 경제적 상호의존관계의 심화, 동맹정치의 다양성과 변화, 이념 및 종교문제, 국제테러문제 등으로 인해 더 이상 정부가 안보정책을 결정하는 단독 행위자가 아니라는 점을 인식하게 되었다.

안보정책분석가들이라고 명명할 수 있는 제3세대 안보 이론가들은 더 다차원적이고 다양한 해석이 가능한 이론적 분석 틀을 제시하고자 노력하였다. 특히 안보정책을 결정하는 국내정치적인 문제, 지역적이고 범세계적인 경제적 상호의존관계, 국제기구 및 국제레짐 관계, 정치문화의 서로 다른 관점 등을 해석하였다.[21] 즉 다원적인 결정변수들의 해석을 통하여 제3세대 학자들은 국제체제적인 요소와 국내적인 결정변수들에 이르기까지 사례적 모델 제시와 이론적 분석 틀을 축적하여 왔다.

제3세대 학자들은 국제문제를 해석하는 면에서도 상호 연관된 변수들의 설명력을 재정비하는 모습을 보여 왔다. 가장 중요한 공헌은 국가 안보정책 행위와 연관한 국내의 관습적인 역학관계 및 국제적이고 국내적인 요소들에 대해 폭넓게 개괄했다는 것이다. 정권형태, 국내 정치체제의 구조, 동맹형태 및 국가 간 무역관계 등과 같은 안보정책 변화의 결정적인 요소는 국가 간 행위변화의 시기와 방향을 설명하는 중요한 요소로 간주했다.

종합해 보면, 안보학을 연구하는 학자들은 전쟁의 원인, 국제협력의 요소, 동맹의 형태, 핵억제의 적용, 경제적 상호의존에 대한 안보효과, 외교정책에 대한 국내 결정요소, 공세적 또는 방어적 교리의 결과, 결정권자의 문화적 인식적 기초 등에서처럼 이론적인 틀의 다양성을 검증하고 이론을 발전시켜 왔다. 하지만 안보이론의 방법론적인 틀에 있어서 연구의 대상이나 범위, 분석수준과 단위에 논란은 지속되어 왔다.

안보학의 서로 다른 해석적 접근은 적어도 5가지의 인과관계를 적용할 것을 제안하고 있다. 즉, 국가행태의 결과는 (1) 국내정치의 특성과 무

관한 국제체제의 구조적인 특징, (2) 국가의 국제적 지위 또는 능력, (3) 국내 정치제도 및 정권의 형태, (4) 국내 정책결정과정 및 관료주의 유형, (5) 정치문화 및 국내여론 등에서 기인한다는 것이다. 안보정책분석에 관한 제3세대 학자들은 모든 인과관계 주장들의 조합 또는 (3), (4), (5)에 대한 좀 더 훌륭한 사고를 제공하는 반면에, 대부분의 제1세대 및 제2세대 학자들은 인과관계의 처음 두 가지 (1), (2)에 더 많은 관심을 두어 왔다. 국가안보의 개념연구에 있어서도 제3세대 학자들은 좀 더 포괄적이고 광의의 개념을 따르는 경향이 두드러진다. 그러나 제1세대 및 제2세대 학자들은 군사전략적인 차원에서 협의의 해석을 하는 경우가 많았다.

안보학 연구에서 인과관계에 대한 논의는 주요 결정변수들의 설명력에 연관되어 있고 이는 안보정책의 결정변수를 국제체제적인 요인들에서 그 원인을 찾는 국제 구조주의자(international structuralist)와 국내정치적인 요인들에서 설명하는 국내 제도주의자(domestic institutionalist)로 구분할 수 있다.[22] 결정변수에 대한 논란은 구조와 행위자에 대한 논의와 더불어 안보정책의 우선순위에 대한 중요성을 강조하는 차원에서 제기되어 왔다.

먼저 국제 구조주의자들은 신현실주의 및 신자유주의 학파를 구성하고 있다. 국제 구조주의자들의 이론적 중심은 국제체제 및 동맹기구 내에서의 국가의 상대적인 능력의 차이, 힘의 정치, 국가의 영향력 등이다. 주요 이론적 가정은 국가안보 정책이 국제체제적인 요소에서 오는 변화와 힘의 균형상태 여하에 따라 정책적 변화를 반영한다는 것이다. 또한 국제 구조주의자들은 국가 간의 경제의존관계, 국제기구 및 국제레짐간의 역학관계에서 특정 국가의 정책적 변화를 설명한다.

하지만 국제정치질서의 체제적인 연구에 국내정치제도를 포함한 신고전적 현실주의자(neoclassical realists) 및 신고전적 자유주의자(neoclassical liberalists)들은 정책결정의 인과관계를 설명함에 있어 국내제도적인 면을 매개변수로 해석한다. 다시 말하면, 이론적으로 국제체제적인 요인과 국내 제도적인 요인을 병합한 모델을 제시한다. 하지만 언제, 어떠한 상황에서 국내정치가 국제정치보다 더 중요성을 가지게 되는지에 대한 설명이 미흡하다는 것이 문제로 지적되어 왔다.

국내 정치제도의 역학관계를 중시하는 국내 제도주의자들은 특정 국가의 대외정책은 국내적 요소들에서 산출된 결과가 만든 것으로 해석한다. 제도론자들은 특히 국가가 어떻게 외부적인 위협을 인지하고 국가이익을 정의하는지, 왜 국가가 특정 정책대안을 선정하고 다른 대안을 배제하는지, 어떻게 국가가 국내외적인 위기 또는 사건에 반응하는지에 연구의 초점을 두고 있다. 국내 제도주의자들의 최우선적 관심의 대상은 정부형태, 관료정치의 과정, 경제사회적 발전 정도, 정치문화의 유형 등에 있다. 정책의 변화는 국내 정치적 기회의 창(window of opportunity)이 어떻게 전개되느냐에 달려 있지만, 이러한 논의의 취약점은 국제체제상의 변화에서 오는 구조적인 변화에 대해 이차적인 변수로 해석하는 데 있다.

종합학문으로서의 안보학은 국제정치, 국제정치경제, 국제사회문화 등의 분야에서 연관된 제반사안에 대한 외부위협 인식과 문제제기 및 대안제시에 있어 범학문적(inter-disciplinary), 문제지향적(problem-oriented) 및 처방적(prescriptive) 연구를 주로 시도하였고, 이론적으로 방법론적으로 그 적용범위를 확장하려고 노력하여 왔다. 즉 안보학은 연구의 범위나 내용에서 국제정치학, 국제관계이론 등 주변 학문분야와 비교하여 구별되기보다는 중첩되는 부분이 많다.

연구경향을 보면 방법론적으로 경험적 지식(empirical knowledge), 도구적 이성(instrumental rationality) 및 기술적 전문성(technical professionalism)이 특정 문제점에 대한 해결도구로서 인식되었던 것에서 벗어나 특정정책을 결정하는 가변적 환경요소들에 대한 다양한 연구의 필요성과 이에 대한 방법론적 다원주의(triangulation, methodological pluralism)를 제기하였다.[23] 방법론적 다원주의 또는 비판적 다원주의(critical multiplism)는 안보학을 연구하는 방법에서 질적인 분석(qualitative analysis)과 양적인 분석(quantitative analysis)의 병합을 꾀한다.

이론적으로나 방법론적으로 국제현상 및 국가행태를 이해하는 데 있어서 문제제기, 연구설계 및 개념정의, 측정지표 설정, 표본구성 및 분석방법에 이르기까지 연구의 전 과정에서 복수의 방법을 채택하여 그 결과를 종합하고 특정현상을 다차원적으로 이해하고자 노력하였다. 특정적인 국제현상은 보편적이고 일반적인 것보다는 다원적인 원인에 의해 발생하고, 이러한 원인들 중에서 어느 것이 옳은지를 판단하기보다는 어떤 것이 상대적으로 더 많은 설명적 영향력을 지니고 있는지를 분석하고자 하였다.

요약하면, 안보학 연구에서 이론적, 경험적, 그리고 분석적 패러다임은 시대별 그리고 세대별 구분이 가능하고 학문적 체계화를 국가의 행태와 국제협력 및 갈등의 본질과 원인을 규명하는 데에서 비롯되었다고 할 수 있다. 안보학은 다양한 시각과 이해를 기반으로 이론적인 적용 면에서는 다학문적(multidisciplinary)이고 문제지향적(problem-oriented)이며, 접근유형에 따라 그 가치기준이 규범적(normative)이고 처방적(prescriptive)이며, 기술 및 방법론적인 측면에서 종합적(synthetic)인 학문이라 하겠다.

Ⅳ. 안보학 연구의 과제와 전망

안보학 연구의 비판대상은 개념적인 면뿐만 아니라 안보의 범위나 영역 및 방법론에 대한 것들이 주류를 이루었다. 일반적으로 외부의 위협으로부터 안전해지려는 노력인 안보의 개념은 주로 누가 혹은 무엇을, 어떤 위협으로부터, 그리고 어떤 수단으로 보호해야 하는가에 대한 의문이 많다. 반면 이론적 합의는 국제체제적인 요인들만의 설명과 국내제도적인 요인들만 고려한 이해는 국가행태를 이해하는 데 불충분하다는 점이다. 간단히 말하면, 패러다임의 통합과 다학문적인 연구가 필요하다는 것이다. 국가안보의 개념을 이해하거나 설명하는 데에도 통합적인 연구가 수반되어야 한다는 것을 강조한다.

이론적으로나 방법론적으로 연구의 방향이 정적인 연속성, 규칙적인 상호의존성 및 국제적으로 관념화된 부분에 중점을 두기 때문에 세계안보체제의 역동성을 제대로 설명하지 못한다는 비판 또한 받아왔다. 따라서 미래 안보상황의 전망, 국제정치상의 불특정성, 국제체제와 국내정치의 연계정치(linkage politics), 정책의 결정변수와 연관하여 다음의 몇 가지 사항을 논의하고자 한다. 이와 같은 비판은 안보 개념의 연구에도 똑같이 적용된다.

첫째, 안보학 연구의 주요 비평가들은 안보연구가 미래전망을 확대하기보다는 오히려 좁히는 결과를 낳았다고 지적한다. 그 이유는 관심이 적은 안보문제들(나무)이나 특정 사례를 강조한 나머지 전체적인 이론적 틀(숲)을 보지 못하는 결과를 양산했기 때문이다. 국내외 체제적인 복잡성(complexity) 또한 연구의 이론정립을 저해하는 요인이다.

둘째, 국제정치 분야에서 주류를 이루는 이론가들은 세계정치의 역학관계를 설명함에 있어 선형적인 연속성, 질서정연한 상호의존관계, 공유된 관념적 이익만을 강조하는 경향이 있다는 비판이 있다. 안보학의 이론적 한계는 국제 구조주의적 관점을 중시하는 학자들이나 국내 제도주의적 변수들을 결정변수로 여기는 학자들 모두 공유한다.

셋째, 신고전적 현실주의와 신고전적 자유주의의 사례연구에서 볼 수 있듯이 국내외적 변수들 간의 연계정치에 대해 분석할 때 두 가지 영역이 서로 분리되어 유지된다는 시각을 가지고 있는 점이다. 즉, 연계성은 하나의 체제에서 시작되고 다른 체제에서 반응하는 행위의 순환에서 연속성을 찾는다. 여기서 기본적인 질의는 언제, 어떻게, 어떤 상황에서 연계정치가 발생하느냐 하는 것이다. 연계정치가 동시에 또는 시차적으로 그리고 독립적으로 발생하는지에 대한 인과관계의 명확한 설명이 필요하다.

넷째, 안보학 연구에서 다양한 변수들 간의 통합과 다수준에서 발생하는 변수들 간의 상호작용에 대한 분석은 유용하다. 왜냐하면, 변수들 간의 연계성은 국제정치 상황하에서 불확실성의 증가, 특정적 기대결과에 대한 비연속성, 제도적인 변화의 역동성 등 때문에 그 결과가 비선형적이고 다차원적일 수 있기 때문이다. 향후 어떤 사건이 실제로 일어날 것 같은지, 언제 일어나는지, 왜 그렇게 되는지에 대한 구체적인 이론적 설명력을 갖춘 중범위 이론(middle-range theory)의 체계화가 필수적이라고 하겠다.

하지만 안보학에 대한 방법론적 비판내용은 정책결정자, 정책학자 및 비판이론가 모두 공유하는 점이 많고, 그 내용은 다음과 같이 요약하여 정리할 수 있다. 첫째, 주요 비판은 국제문제에 대한 해결방법 및 대안제시에 있다. 둘째, 안보학을 연구하는 학자와 정책결정자 사이의 시각차이다. 셋째, 안보학이 범학문성과 방법론적 다원주의를 표방하기 때문에 학문적 독자성이 부족하다는 점이다. 넷째, 안보학의 사실과 가치판단의 기준에 관한 질의이다. 다섯째, 학문적 공동체 형성에 대한 방법론적 비판이다.

가장 우선적인 문제는 과연 안보학 연구를 통한 대안제시가 특정 국제문제를 해결 또는 개선했느냐 하는 점이다. 다시 말하면 의사(또는 안보학의 기술적 치료사, technical therapists)가 처방한 처방전(또는 해결책, prescription)이 환자의 상태(또는 국제문제)를 호전시켰느냐 하는 점이다. 처방전을 낸 학자들의 시각이 너무 낙관적이지 않나 하는 비판이다. 국제문제나 국제세력경쟁의 문제는 원래 무정부 상태에서 힘의 우위에 의해 얻어진 것이라 합리적인 처방이라는 것이 불가능하다는 견해다.

논란의 핵심은 안보학이 어떤 당위성과 규범에 의해 존재하느냐에 있고, 어느 국가를 주도하여 어떤 내용으로 국제문제에 대한 "가치의 배분과 창출"이 이루어졌느냐 하는 데에도 있다. 더욱이 어려운 숙제는 국제정치 상황에서 특정 해결대안이 어떻게 복잡하고 다양한 국제사회, 윤리, 정치 및 법률적 기준이나 가치를 달성할 수 있느냐 하는 것이다. 더불어 근본적인 문제는 안보학이 국제문제 해결을 통한 인류의 존엄성 및 국제사회의 삶의 질을 향상시키는 것이 아니라 오히려 특권국가의 이익을 대변하는 도구로 전락하지 않았나 하는 점이다. 국제사회에서 강대국이나 기득권 국가들의 이득을 우선하는 명분과 해석을 주로 해왔다는 지적이다.

이는 안보학이 정책목표에 대한 비판적 검토나 주요 가치기준에 대한 평가 없이 이들을 주어진 것으로 보고 최선의 수단만을 탐색하려는 도구주의적 성향이 있다는 비판이다. 안보학의 지식 자체가 니체가 말하는 '권력의지'의 표현에 지나지 않는 것은 아닌지 궁금하다.[24] 안보학이 국제사회의 기득권층을 대변하면서 앞으로 비전과 대안을 제시해주는 발전적 학문이라기보다는 현실문제의 해결이라는 정적인 연구에 치중하여 왔다는 점에서도 이러한 비평은 설득력이 있다.

둘째, 또 다른 문제점은 안보학을 연구하는 학자와 정책결정자들 사이의 시각차이다. 학자들은 이성적이고 합리적인 정책결정을 극대화하고자 하지만, 정치인들은 정치적 효과나 경제적 효용에 더 많은 비중을 두는 경우가 허다하다. 정치인 또는 정책결정권자는 급박한 상황에서 대안을 얻고자 하지만 특정 상황에 대한 적절한 지식이나 대안이 준비되어 있지 않은 경우가 많다. 따라서 대부분 정책결정사안들은 과학적 이성에 의해 조정되고 결정되기보다는 국제정치 역학상 힘의 논리나 정치적 이해관계에 따라 이루어진다고 보는 견해이다. 정책결정권자는 또한 직관이나 판단 등을 중시하고 있으나, 과학적 합리성이나 논리성을 연구하는 학자들은 이와 같은 요소를 신비주의로 취급하거나 무시하기 때문에 정책

결정의 실제상황과 이론은 차이가 날 수밖에 없다.

이런 면에서 안보학의 근본적인 한계는 정책이론과 현실의 괴리에 있다. 현실적인 정책결정과 필요한 이론 사이에는 큰 격차가 발생하고 있다는 점은 안보학이 원래 의도한 현실에 효율적인 종합학문으로서의 위상 제고에 치명적인 지적이 아닐 수 없다. 현실과 이론의 괴리 원인에는 국제사회의 복잡성과 급변하는 국제사회의 역동성(dynamics)을 들 수 있다. 안보학이 다차원적인 방법론을 추구한다는 면에서 그리고 정책결정과정에서 고려해야 할 변수나 사례가 너무 많다는 점에서 정책대안의 현실과 이론의 차이를 더해주는 요인이라 하겠다.

셋째, 안보학이 종합학문적인 성격을 지니고 여러 학문분야의 이론이나, 기법 및 논리를 원용하여 왔다는 것은 안보연구가 체계적이고 통일된 패러다임을 갖고 있지 못하다는 점을 부각시킨다. 이는 곧 하나의 학문으로서 주체성을 상실한다는 것을 의미하며 그 원인은 안보학이 다양한 학문분야를 포괄하는 '산중도'의 위상이 가지는 학문적 독자성의 결여에 있다. 차용된 이론의 적용보다는 한국의 실정에 맞는 새로운 패러다임의 모색이 필요한 이유도 여기에 있다.

심지어 다양한 분야의 이론이나 방법론들이 실제적으로 안보학이라는 통일된 논리와 체계를 가진 틀을 형성하는 것이 아니고 차용된 학문분야로서 통일되지 않은 잡다한 연구의 단순한 집합체로 간주되는 경향도 있다. 백화점식 사례연구의 나열은 이론의 축적에 바람직하지 않다는 견해이다. 특히 방법론적 질의의 핵심은 다원주의 연구에서 제기되는 변수, 가설 및 인과관계를 판단하는 기준은 무엇이고, 다양한 이론들 중 어느 이론 또는 설명이 더 타당한지를 판단하는 기준은 무엇인가 하는 것이다.

넷째, 안보학에 대한 비평은 사실과 가치판단의 기준에 대한 질의에서 비롯한다. 주된 비평은 정책결정과정상의 합리적 지식을 바탕으로 한 과학적 문제해결방안이 편협되거나 부분적인 시각, 위치, 그리고 담론

(partial perspective, position, and discourse)을 지니고 있기 때문에 국제사회의 객관적 현상을 이해하는 데 한계가 있다는 것이다.[25] 앞서 부분적으로 언급했지만, 정책의 한계에 대한 가장 일반적인 지적은 국제문제의 복잡성, 문제의 해결 불가능한 상대성, 문제해결의 불완전성, 사회변동기능의 한계, 과도한 문제해결의 비용, 정책결정의 비합리성 등을 들 수 있다.

하지만 그럼에도 특정 정책을 결정하는 정치적, 사회적 기준이 국제사회의 공동번영 논리보다는 특정 국가 및 기득권층의 정치적, 경제적 또는 물질적 효용성에 있지 않는가 하는 것이다. 심지어 안보학의 일반적 특징이 행태과학의 주류인 과학적 실증주의를 바탕으로 정책의 계량적 분석과 경제적 효율 그리고 기술적 측면만을 강조한 합리적인 최적모형을 추구해 온 것이라는 비판이 있다.

정책대안의 많은 부분에서 학자 및 연구자들의 왜곡된 현실관이나 가치판단의 기준은 일반적으로 문제 삼지 않은 부분이 있다. 어떤 가치관을 가지고 있느냐에 따라 국제문제에 대한 연구결과 및 문제에 대한 해결책은 상당히 다양한 결과를 산출해 왔다. 과연 안보학을 연구하는 학자들의 가치관은 어느 정도 객관성을 가지는지, 이들 학자들이 특정 국가가 추구하는 국익이라는 점과 그들이 속한 국가들에 형성된 기존의 사회관이나 세계관에서 얼마나 자유로울 수 있을지가 의문이다.

다시 말하면, 안보학이라는 학문분야가 각 국가마다 다양한 이데올로기, 국가권력 유형, 사회문화적 특성, 비관례적인 생활양식 등을 제대로 다루지 못한다는 것이다. 국제문제에 대하여 아무리 객관적이고 보편적인 정책대안을 만들었다 할지라도 그것은 특정 개인이 속해 있는 체제의 문화적, 역사적, 학문적, 경제적 및 정치적 테두리의 범주에서 그리 벗어나지 못한다는 비판이다.[26]

마지막으로, 학문적 테두리 못지않게 비판의 대상이 되는 것은 안보학 분야의 공동체 형성에 대한 논의이다. 한국의 학문분야의 태생과 발전이 근본적으로 학연과 지연 등의 인적 네트워크를 통해 비생산적, 선별적으로 결집되는 현상이 있다는 지적도 제기되고 있다. 부분적으로는 인정하는 점도 있지만 공동체의 형성이 학문적 특성이나 분야에 따라 축적되는 것이 아니라 인적구성에 따라 스스로 방어벽을 친다면 주객전도(主客顚倒)의 모양새만 갖출 뿐이다. 학문적 공동체 구축이라는 명분을 앞세워 말보다 마차가 먼저 가는 꼴을 정당화해서는 안 되겠다는 생각이다.

안보학 연구는 본질적으로 시대적, 역사적 그리고 문화적 상황과 상호교류할 수밖에 없는 특징으로 인해 주변학문과의 연계를 통해 그 연구범위와 대상을 확장하여 왔다. 이는 안보학의 정체성(identity)과 적실성(relevance)이라는 논의를 야기할 수밖에 없다. 학문적 연구대상은 기본적으로 '살아 숨쉬는 유기체적인 특징'을 지니고 있기 때문에 고정불변의 일정한 규칙이나 기준이 존재하는 것이 아니라, 시대상황 또는 장소나 역사적 환경에 따라 변해 왔고, 변해야 하는 것이다. 진리탐구나 보편적인 원리를 추구하지 못한다기보다는 객관적이고 과학적인 기준설정이 그만큼 어렵기 때문에 학문적 체계화를 위한 더 많은 노력이 필요하다고 판단한다.

한 가지 변론적인 입장에서 방법론적인 비판에 대하여 안보학을 옹호한다면 연구대상과 분야 그리고 방법론적 분석 틀을 마련하기 위한 특정 기준은 있어야 하는 점을 상기하고자 한다. 안보학이 가치중립적이지 못하고 미래대안을 제시하는 데 문제가 있다면 그리고 권력의지에 의한 왜곡된 지식의 축적이라는 논리라면, 어떤 기준에 의해 어떻게 국가안보와 관련된 정책결정을 할 수 있을까? 이는 연구대상에 대한 지속적인 문제화(problematization) 과정을 통해 더욱 객관적인 기준과 방법론적 민주화의 성숙도를 제고하는 것이 대안이라고 본다.

안보학에 대한 기대와 요구는 이론적 방향을 제시하는 이상적 대안을 비롯하여 현실문제 해결능력 그리고 정확한 미래예측 등 다양하다. 물론 그동안 안보학의 학문적 정체성 정립, 학부 및 석·박사과정 교육, 학술지 발간, 학회설립과 학술회의를 통한 저변확대로 학문적 비평에 대해 많은 부분 해소된 점은 있지만 고유 영역확보, 연구대상 확대, 안보학 이론화 등 더욱 심층적인 연구는 필수적이라 하겠다. 향후 안보학이 지향해야 할 방향을 다음과 같이 정리하고자 한다.[27)]

첫째, 학문적 독립성 확보이다. 독립성은 또한 안보학이 서구의 학문체계를 원용하거나 답습하는 것이 아니라 독자적인 이론체계를 구축함으로써 이루어진다. 한국의 실정과 동북아 안보환경에 맞는 연구와 이론의 축적이 필수불가결하다. 고유한 학문적 연구대상, 범위, 이론체계, 공동체 등을 체계화하는 작업부터 외국의 사례에 적용하는 것까지 지속적인 노력이 필요하다.

둘째, 현실 적용성 강화이다. 이론에 그치지 않고 현실문제에 대한 대안을 제시하는 실천지향적인 연구활동과 방법론 개발을 활발하게 전개해야 한다. 국가 대전략 또는 비전제시와 같은 큰 틀에서 해결능력을 발휘하는 것과 더불어 국가안보의 전술적인 차원에서도 다양한 시나리오의 개발이 필요하다.

셋째, 객관적이고 과학적인 분석 틀의 지속적인 개발이다. 방법론적인 타당성과 신뢰성의 제고를 통해 안보학의 문제해결 능력 및 분석역량을 강화해 나가는 것이 좋다. 최근 타 학문분야에서 적용되는 컴퓨터 통계기법이나 시뮬레이션을 활용하는 방법도 있다.

넷째, 타 학문과 교류협력을 활성화하는 것이다. 이론적인 배타성을 강조하기보다는 여타 학문과 교류를 통해 학문적 정체성을 확보하고 경쟁력을 강화해 나가는 것이 바람직하다. 범학문적인 국내외 협력의 장을 만드는 것도 향후 학문적 성숙도 제고를 위해 희망하는 바이다.

다섯째, 학문적 공동체 육성이다. 공동체는 단순히 학자들 간의 독점적 공유에 의해 이루어지는 것이 아니라 정부, 민간단체, 외국의 참여자 등을 통해 비판과 경쟁 그리고 공유를 통해 발전한다. 긴밀한 학문적 연대를 통해 더 많은 대안제시가 가능할 것으로 본다.

V. 결론

만약 이론적 목표가 문제해결보다는 무슨 일이 일어나고 있는지를 설명하고 예견하는 것이라면, 국제관계의 현상에 대한 명확한 설명은 아주 필수적인 것이다. 경험적이고 이론적인 수준의 설명과 인과관계에 대한 요구는 과거에 일어난 것에 대한 설명과 앞으로 일어날 것에 대한 예상 또는 적절한 전망을 제공하는 능력을 반영하는 것이다. 국제관계의 역학관계를 예상하는 데 이론적으로 실패한 것은 현존의 이론들과 방법론적인 도구에 대한 설명력이 부족하다는 점을 의미한다.

따라서 향후 안보학 연구는 국가 또는 특정 집단이 어떻게 내부적 및 외부적 변화에 행동하는가, 어떤 상태하에서 국제관계의 변화에 반응하는가 그리고 국가의 안보정책이 언제 그리고 왜 바뀌는가에 대한 심도 있는 논의가 필요하다. 그렇게 함으로써 앞서 제기한 이론적 비평에서 그나마 벗어날 수 있는 계기가 될 것이다. 또한 국가안보의 개념적 이해나 설명에도 더 명확한 해석이 가능하게 될 것으로 판단한다.

국가안보에 연관된 이론적 영역은 특정한 시간과 공간적인 부분에서 인간의 과학, 철학 및 기술적인 능력이 총동원된 종합예술(wholistic art)이기 때문에 안보학은 태생적으로 범학문적인 정체성을 가질 수밖에 없다. 하지만 안보학은 학문적 정체성 및 연구범위나 대상에 있어서 다학문적이나 분쟁의 원인과 결과, 국가이익과 국제협력, 안보유형이나 영역구분과 같이 고유영역은 존재한다. 안보학이 특정적 이념에 바탕을 둔 규범학 또는 실천과학의 성격이 강하나 안보혁신, 평화체제 구축, 예방외교 등 중범위의 이론적 성격도 보유하고 있는 점을 강조하고자 한다.

향후 안보학의 학문적 공동체를 형성하기 위해서는 기존의 연구와 더불어 현재 문제가 되는 대량살상무기 확산문제, 초국가 집단의 행태, 민군협력관계, 군사혁신 및 미래전 양상, 인간안보 이슈, 지구촌 평화연구 등 다양한 분야의 학술적 연구가 지속적으로 진행되어야 할 것이다. 특히 무엇을 연구할 것인지에 대한 개념정의부터 어떻게 연구할 것인지에 대한 방법까지 이론적 지식축적과 학문체계 정립을 통해 그 위상을 제고하여야 한다. 이러한 점에서 연구의 방향, 범위, 내용 및 수준에 대한 재정립은 필수적이다.

방법론적으로 실증주의, 해석학, 비평적 접근방법의 공통점은 객관적이고 과학적인 이론체계를 검증(verification), 확증(confirmation) 및 반증(falsification)의 과정과 자기반성적(self-reflective) 사유(思惟)를 통해 지속적으로 반복하고 결국 이론을 발전시키는 것이다. 자기비평적이고 개방적이며 객관적인 분석 틀을 바탕으로 신뢰와 타당성이 확보된 자료와 경험에 투영하여 새로운 패러다임과 이론적 기반을 다져나가는 것이 정상과학의 학문이 추구하는 방향이다.

안보학 연구는 연구분석 및 대상에 따른 개념, 범위, 차원, 수준, 단위 등에 있어서 역사적으로 많은 변화를 겪어왔다. 현재(is)는 무엇이고 향후 무엇을 해야 하나(should)에 대한 현실과 이상의 차이를 줄이는 과정에서 두 가지 서로 다른 관점이 있다. 즉 객관주의는 객관적 현실, 국력의 크기, 국익의 가변적인 상황에 따라 적용되었고 주관주의는 국민들이 원하는 가치, 불특정 다수의 주관적인 선호도 또는 정책적 이념, 정책결정자들의 주관적인 견해 등이 주된 요소로 작용하였다. 향후 안보학 연구의 미래는 이러한 주관과 객관의 차이를 줄이기 위해 어떤 노력을 하는지에 달려 있다.

결론적으로 안보학 연구에서 그동안 논란이 되어온 정체성의 문제는 타학문과 연관하여 통섭의 학문체계 대(對) 독립성 여부, 이론적 체계성 대 모델 또는 유형분석 문제, 과학적 객관성 대 실천성 문제, 방법론적 분석 틀의 보편성 대 특정 사례연구 문제, 현실진단과 문제해결 대 미래전망과 대안제시 등으로 요약된다. 하지만 안보학 연구는 연구대상, 고유영역, 지식체계 및 학문적 성격, 방법론적 특징, 학술서지 등에서 많은 부분 이론적 축적이 이루어졌다. 앞으로는 학문적 정체성의 확립 여부가 논의의 초점이 되어서는 안 되고 어떻게 하면 훌륭한 학문체계를 구축할 것인지를 더 많이 논의해야 한다고 본다.

| 미주 |

1) 학자들의 시각에 따라 또는 이론적으로 소극적이면서 광의의 해석을 하거나 적극적이면서 협의의 해석을 하는 경우도 가능하다.

2) Jordan, Amos, William Talor, and Lawrence Korb, 1981, *American National Security: Policy and Process*, Baltimore, MD: The Johns Hopkins University Press.

3) Knorr, Klaus, 1978, *Economic Issues and National Security*, Lawrence, KS: The University of Kansas Press.

4) Wolfers, Arnold, 1962, *Discord and Collaboration*, Baltimore, MD:The Johns Hopkins University Press.

5) Dodds, Felix and Tim Pippard, 2005, *Human and Environmental Security: An Agenda for Change*, New York: Earthscan Publications.

6) 하정열, 2009, 『국가전략론』, 박영사; 한용섭 외, 2005, 『동아시아 안보공동체』, 나남; 김동성 외, 1993, 『신국가안보전략의 모색』, 세경사.

7) 조영갑, 2006, 『국가안보학』, 선학사; 강진석, 2005, 『한국의 안보전략과 국방개혁』, 평단.

8) 황병무, 2004, 『한국안보의 영역 · 쟁점 · 정책』, 봉명; 이선호, 1990, 『국가안보전략론: 국제안보환경과 한반도 평화』, 정우당.

9) 강진석, 2005, 위의 책.

10) 김강녕, 2007, 『국제정치와 남북한 평화안보』, 신지서원.

11) 육군사관학교, 2007, 『국가안보론』, 박영사; 조영갑, 2006, 위의 책; 김우상 외, 2005, 『세계화와 인간안보』, 집문당.

12) Keohane, Robert and Joseph Nye, 1989, *Power and Interdependence: World Politics in Transition* (Boston, MA: Little Brown).

13) Collins, Alan, 2007, *Contemporary Security Studies* (London: Oxford University Press); Buzan, Barry, 1991, *People, States and Fear* (Boulder, CO: Lynne Rienner).

14) 황병무, 2004, 위의 책; 이선호, 1990, 위의 책; 백종천, 1985, 『국가방위론: 이론과 정책』, 박영사.

15) 황해두, 2009, 『경제통합과 세계화』, 무역경영사; Strange, Susan, 1996, *The Retreat of the State: The Diffusion of Power in the World Economy* (Cambridge: Cambridge

University Press).

16) Rosenau, James, 1990. *Turbulence in World Politics* (Princeton, NJ: Princeton University Press).

17) Booth, Ken, 2008, *Theory of World Security* (London: Cambridge University Press); Williams, Paul, 2008, *Security Studies: An Introduction* (New York: Routledge); Neack, Laura, Jeanne Hey and Patrick Haney, 1995, *Foreign Policy Analysis: Continuity and Change in Its Second Generation* (Englewood Cliffs, NJ: Prentice Hall).

18) 강진석, 2005, 위의 책; Kil, Byung-ok, 2001, *Security Policy Dynamics: Effects of Contextual Determinants to South Korea* (London: Ashgate).

19) Booth, Ken, *op. cit.*; Williams, Paul, *op. cit.*; Collins, Alan, *op. cit.*

20) Williams, Paul, *op. cit.*; Kil, Byung-ok, *op. cit.*

21) Booth, Ken, *op. cit.*; Collins, Alan, *op. cit.*

22) Booth, Ken, *op. cit.*; Kil, Byung-ok, *op. cit.*

23) Little, Daniel, 1991, *Varieties of Social Explanation* (Boulder, CO: Westview); Ashley, Richard, 1980, *The Political Economy of War and Peace* (New York: Nichols Publications).

24) Foucault, Michel, 1977, *Power/Knowledge: Selected Interviews and Other Writings*. Ed.,

25) Booth, Ken, 2005, *Critical Security Studies and World Politics* (Boulder, CO: Lynne Rienner); Schram, Sanford F., 1995, *Words of Welfare: The Poverty of Social Science and the Social Science of Poverty* (Minneapolis, MN: University of Minnesota Press).

26) Derrida, Jacques, 1998, *Monolingualism of the Other or the Prosthesis of Origin*. Trans., Patrick Mensah (Stanford, CA: Stanford University Press); Derrida, Jacques, 1994, *Specters of Marx: The State of the Debt, the Work of Mourning and the New International*. Trans., Peggy Kamuf (New York: Routledge).

27) 이종학·길병옥, 2009, 『군사학개론』, 충남대학교출판부.

| 참고문헌 |

- 강진석. 2005. 『한국의 안보전략과 국방개혁』. 평단.
- 김강녕. 2007. 『국제정치와 남북한 평화안보』. 신지서원.
- 김동성 외. 1993. 『신국가안보전략의 모색』. 세경사.
- 김우상 외. 2005. 『세계화와 인간안보』. 집문당.
- 백종천. 1985. 『국가방위론: 이론과 정책』. 박영사.
- 육군사관학교. 2007. 『국가안보론』. 박영사.
- 이선호. 1990. 『국가안보전략론: 국제안보환경과 한반도 평화』. 정우당.
- 이종학 · 길병옥. 2009. 『군사학개론』. 충남대학교출판부.
- 조영갑. 2006. 『국가안보학』. 선학사.
- 하정열. 2009. 『국가전략론』. 박영사.
- 한용섭 외. 2005. 『동아시아 안보공동체』. 나남.
- 황병무. 2004. 『한국안보의 영역 · 쟁점 · 정책』. 봉명.
- 황해두. 2009. 『경제통합과 세계화』. 무역경영사.

- Ashley, Richard. 1980. *The Political Economy of War and Peace*. New York: Nichols Publications.
- Booth, Ken. 2008. *Theory of World Security*. London: Cambridge University Press.
- ______. 2005. *Critical Security Studies and World Politics*. Boulder, CO: Lynne Rienner.
- Buzan, Barry. 1991. *People, States and Fear*. Boulder, CO: Lynne Rienner.
- Derrida, Jacques. 1998. *Monolingualism of the Other or the Prosthesis of Origin*. Trans., Patrick Mensah. Stanford, CA: Stanford University Press.
- Derrida, Jacques. 1994. *Specters of Marx: The State of the Debt, the Work of Mourning and the New International*. Trans., Peggy Kamuf. New York: Routledge.
- Dodds, Felix and Tim Pippard. 2005. *Human and Environmental Security: An Agenda for Change*. New York: Earthscan Publications.
- Foucault, Michel. 1977. *Power/Knowledge: Selected Interviews and Other Writings*. Ed., Colin Gordon. New York: Random House.
- Collins, Alan. 2007. *Contemporary Security Studies*. London: Oxford University Press.

- Jordan, Amos, William Talor, and Lawrence Korb, 1981, *American National Security: Policy and Process*, Baltimore, MD: The Johns Hopkins University Press.
- Keohane, Robert and Joseph Nye, 1989, *Power and Interdependence: World Politics in Transition*, Boston, MA: Little Brown.
- Kil, Byung-ok, 2001, *Security Policy Dynamics: Effects of Contextual Determinants to South Korea*, London: Ashgate.
- Knorr, Klaus, 1978, *Economic Issues and National Security*, Lawrence, KS: The University of Kansas Press.
- Little, Daniel, 1991, *Varieties of Social Explanation*. Boulder, CO: Westview.
- Neack, Laura, Jeanne Hey and Patrick Haney, 1995, *Foreign Policy Analysis: Continuity and Change in Its Second Generation*, Englewood Cliffs, NJ: Prentice Hall.
- Rosenau, James, 1990. *Turbulence in World Politics*, Princeton, NJ: Princeton University Press.
- Schram, Sanford F., 1995, *Words of Welfare: The Poverty of Social Science and the Social Science of Poverty*, Minneapolis, MN: University of Minnesota Press.
- Strange, Susan, 1996, *The Retreat of the State: The Diffusion of Power in the World Economy*, Cambridge: Cambridge University Press.
- Williams, Paul, 2008, *Security Studies: An Introduction*, New York: Routledge.
- Wolfers, Arnold, 1962, *Discord and Collaboration*, Baltimore, MD: The Johns Hopkins University Press.

비전통적 안보 개념:
등장 배경, 유형 및 속성

이 수 형

I. 서론

세기의 전환기인 20세기 후반과 21세기 벽두에 발생한 일련의 국제적 사건들은 국제관계의 모든 영역에 엄청난 영향을 끼쳤다. 현상적인 측면에서 보았을 때, 1980년대 후반과 1990년대 초반 국제정치질서의 극적인 변화는 제2차 세계대전을 계기로 등장한 냉전체제의 완전한 해체를 야기하였고, 21세기의 시작과 더불어 발생한 9 · 11테러는 미국의 외교안보정책에 심대한 영향을 미친 결정적 계기로 작용하였다. 국제체제의 급변과 새로운 유형의 위협 대두로 요약될 수 있는 이러한 현상적 변화는 무엇보다도 국제정치의 항구적 주제 가운데 하나인 안보연구(security studies)에 지대한 영향을 미치고 있다.[1)]

제2차 세계대전 이후 하나의 학문분야로 등장한 안보연구는 매우 복잡하고 상이한 측면을 가지고 있다. 비록 안보라는 것이 개인을 포함하여 국제정치 행위자의 핵심 가치에 대한 위협의 부재 상태라는 개념적 공감대가 형성되어 있지만, 대다수의 학자들이 인정하듯이, 안보는 논란이 많은 개념이다. 어떤 관점에서 정의하고 어떤 측면에 초점을 두느냐에 따라 안보 개념은 달라질 수 있는 것이다. 그럼에도 불구하고 안보는 주로 인간 집단의 운명에 관한 것이기 때문에 기본적으로 국제체제의 구조 및 성격과 불가분의 관계에 있다. 따라서 국제체제의 구조가 그 조직 차원의 모든 면에서 무정부적이기 때문에 안보에 대한 관심의 초점은 자연히 단위에 두고, 국가가 지배적인 단위이기 때문에 국가안보(national security)가 핵심적인 문제이다.[2)]

지난 냉전체제에서 안보연구는 주로 국가안보의 군사적 측면이 과도하게 강조되는 경향을 보여 왔다. 특히, 냉전의 공고화와 핵무기의 발전으로 야기된 미국 외교정책과 군사기술이라는 이중적 혁명(twin revolution)[3)]으로 국가안보의 군사적 성격은 더 강화되었다. 그에 따라 안보문제가 국가의 생존과 동일시되면서 대다수 안보연구의 주된 내용은 세력균형, 동맹, 억지와 방위라는 군사적 관점에서 정의되었고, 어떤 경우에는 안보연구와 전략연구(strategy studies)가 동일시되는 경향마저 보였다. 따라서 지난 냉전기 국가안보는 부잔(Buzan)의 지적대로 안보 개념의 저발전 상태를 초래하였고,[4)] 군사적 측면의 안보영역을 최소화했을 뿐만 아니라 다양한 안보 쟁점들 및 지역안보의 상대적 중요성을 배제하는 결과를 가져 왔다.

흔히 전통적 안보연구라 지칭하는 냉전기 안보연구는 현실주의 이론의 주요 가정들을 그대로 반영하였다. 즉, 국제체제는 기본적으로 무정부적이기 때문에 안보 주체의 핵심적 행위자인 국가의 일차적 관심은 자구체제(self-help system)에서 생존하는 것이다. 국가가 생존을 담보할 수 있는 가장 확실한 방법은 경성권력의 상대적 우위를 추구하여 현존하거나 잠재적인 적성국가에 대해 사활적인 국가의 가치를 보호 혹은 확장시키기 유리한 국제정치적 환경조성을 주된 목표로 내세우는 동시에 홉스

(Hobbes)적 가치관에 바탕을 두고 안보의 절대적 가치를 강조하는 것이다. 요컨대 지난 냉전기 안보연구의 주류 경향은 하프텐도른(Haftendorn)이 제시한 국가안보 패러다임[5]의 반영이었던 것이다. 그러나 1970년대 중반 이후 국제정치와 국제경제 간의 역동적 상호의존의 증가는 전통적 안보연구에 입각한 국가안보의 적실성에 대해 많은 의문을 제기하면서 군사지향적 안보연구에서 벗어나려는 시도들이 나타났고,[6] 20세기 후반 국제체제의 근본적 변화는 안보연구에 새로운 지평선을 열어 놓았다.[7]

이런 맥락에서 이 글의 목적은 비(非)전통적 안보연구에서 자주 등장했던 다양하고 새로운 안보 개념을 유형화하고 이들의 기본적 특징이나 속성들을 분석하고자 한다. 먼저, 제2절에서는 비전통적 안보 개념에 대한 정의 및 연구경향과 비전통적 안보 개념의 다양한 유형이 등장하게 된 배경을 분석하고자 한다. 제3절에서는 비전통적 안보연구에서 나타난 주요 안보 개념을 1) 행위 주체와 행위 양식, 2) 안보 영역이라는 기준에 따라 유형화하고 이들의 속성들을 분석하고자 한다. 마지막으로 결론에서는 비전통적 안보 개념을 평가하는 가운데 비전통적 안보 개념과 전통적 안보 개념 간의 상관관계와 이것이 국제정치 및 안보연구에 미치는 함의를 도출하고자 한다.

II. 비전통적 안보 개념과 연구 경향, 그리고 등장 배경

1. 비전통적 안보 개념의 정의와 연구 경향

냉전 종식을 전후로 군사안보 중심의 전통적 안보연구를 탈피하고자 한 전환기 안보연구는 연구분야와 영역의 확장 및 다양한 안보 개념을 생산해 냈다. 이에 따라 전통적 안보연구에 따른 국가안보 패러다임을 넘어 국제안보 패러다임(international security paradigm)이 부각되었고, 협력안보(cooperative security), 공동안보(common security), 포괄안보(comprehensive security), 집단안보(collective security), 경제안보(economic security), 환경안보(environmental security), 에너지 · 자원안보(energy · resource security), 인간안보(human security), 그리고 컴퓨터매개인 사이버안보(cyber security) 등 이전에는 크게 부각되지 않았던 다양한 안보 개념이 나타났다. 이러한 안보 개념은 안보주체, 안보영역, 안보주체의 행위양식, 그리고 안보가치의 상대성 등에 따라 각자 차별성이 있지만, 하나의 공통적 특징은 이들 모두는 전통적 안보 개념과 확연히 구별되는 특성이 있다는 것이다.

이런 맥락에서 비전통적 안보 개념에 대한 정의는 전통적 안보 개념에 대한 정의에서 유추할 수 있다. 전통적 안보 개념은 안보주체로서 국가 중심적이고 안보영역의 군사적 측면에 초점을 맞추면서 국가 생존이라는 안보가치의 절대성을 강조한다.

	전통적 안보 개념	비전통적 안보 개념
행위주체	국가	국가 · 비국가
안보영역	군사영역	군사 · 비군사영역
안보가치	절대성	상대성 · 보편성
안보유형	군사안보	공동안보 · 협력안보 등

〈표 1〉 전통적 · 비전통적 안보 개념 비교

전통적 안보 개념은 1) 행위 주체 2) 안보영역 3) 안보가치라는 세 가지 측면의 복합성에 따라 다양하게 정의될 수 있기 때문에 국가 중심의 군사적 영역과 안보가치의 절대성이 강조되는 양상과 다른 성격을 보이는 일단의 안보 개념이라 할 수 있다. 즉 행위주체, 안보영역, 그리고 안보가치라는 세 가지 조합에서 어느 한 가지라도 전통적 안보 개념의 기준에서 벗어난다면, 이는 비전통적 안보 개념의 유형에 속하는 것이다. 일례로, 국가 중심의 군사적 영역에 초점을 맞추었다 할지라도 안보가치의 상대성 혹은 보편성이 강조된다면 이는 전통적 안보 개념이 아니라 비전통적 안보 개념에 해당하는 것이다.

안보주체, 안보영역, 그리고 안보가치라는 세 가지 조합의 결과에 따라 정의될 수 있는 비전통적 안보 개념은 1980년대 중후반부터 오늘에 이르기까지 현실주의 국제정치관에 입각한 안보연구를 탈피하고자 하는 다양한 연구경향의 반영물이다. 이와 관련하여 스미스(Smith)는 1980년대부터 1990년대 후반에 이르기까지 근 20년 동안의 비전통적 안보연구 경향을 크게 일곱 가지 입장으로 분류하였다.[8)]

첫째는 대안적 방위(alternative defense)와 공동안보(common security)로 이는 전통적인 안보 딜레마를 유발하지 않으면서 국가가 더 많은 안전을 확보하는 방법에 관심을 둔다. 둘째는 제3세계 안보학파(The Third World Security School)로 이들은 전통적인 안보연구를 지배했던 현실주의 국가관을 비판하고, 서구 국가들의 안보위협이 주로 외부적이었던 반면 제3세계의 위협은 주로 내부적이며 외부적 위협도 군사적 위협이 아닌 경제와 환경적인 위협임을 강조하면서 안보와 발전의 직접적인 상관관계를 부각시켰다. 셋째는 부잔과 코펜하겐 학파(Copenhagen School)이다. 비록 부잔과 코펜하겐 학파의 대표적 인물인 위버(Wüver)는 상이한 국제정치 시각을 갖고 있지만, 이들은 안보영역의 확장을 시도하면서 사회적 안보(societal security)를 강조한다. 특히, 이들은 사회적 안보가 국가안보에 맞춘 초점을 대체하는 것이 아니라 분석의 중심이 되어야 한다는 입장이다. 이러한 코펜하겐 학파의 안보연구 경향은 최근에 들어와 안보대상의 분석수준에 있어 또 다른 논쟁을 야기하고 있다.[9)] 넷째는 구성주의자 안보연구(Constructivist Security

Studies)이다. 이들은 안보 공동체를 강조하면서 안보는 구성될 수 있는 것이며 국가행위자는 권력을 통해서라기보다는 공동체를 통해서 안보를 달성하는 것으로 파악할 수 있다는 것이다. 다섯째는 비판안보연구(Critical Security Studies)로 이들은 전통적 안보연구를 가장 지속적이고 일관되게 비판한다. 특히, 비판안보연구의 웰시 학파(Welsh School)는 인간해방에 초점을 두면서 해방의 과정만이 안보에 대한 전망 가능성을 높일 수 있기 때문에 해방이 안보연구의 목적이 되어야 하다고 주장한다. 여섯째는 페미니스트 안보연구(Feminist Security Studies)이다. 이들은 국제정치와 여성의 관계를 집중적으로 조명하면서 여성들이 남성들 못지않게 갈등의 영향을 받았지만, 안보연구에서 거의 주목을 받지 못한다고 주장하고, 나아가 안보연구에서 성(gender)의 문제가 확실히 다루어질 때 안보영역의 확장 및 국제안보에 대한 다른 성격의 시각이 가능할 것이라고 주장한다. 마지막으로, 후기구조주의 안보연구(Post Structural Security Studies)이다. 이들은 전통적 안보연구에 대해 가장 강한 비판적 입장을 보이고 있다. 앞의 여섯 가지 학파가 안보연구의 초점 전환을 통해 의제를 확장하고 새로운 준거점을 도입하고자 했다면, 후기구조주의 안보연구는 준거대상과 안보연구의 내용을 부정하는 것 이상이다. 즉 이들은 안보연구 논쟁을 지배하는 지식체계의 토대를 부정하기 때문에 이들의 주요 테마를 요약하는 것이 불가능하다.

2. 비전통적 안보 개념의 등장 배경

전통적 안보연구에 대한 이러한 비판적 연구경향은 냉전 종식이라는 국제체제의 근본적 변화와 21세기에 들어와 더욱 가속화되는 지구화와 정보혁명이라는 시대적 조류가 상호복합적으로 작용하여 국제정치 전반에 미친 다양한 영향을 반영한 것이다. 따라서 비전통적 안보 개념을 유형화하고 그 속성을 분석하기 위해서는 체제수준의 변화가 국제정치 및 안보문제에 미친 영향 등에 대한 연구가 선행되어야 한다. 무엇보다도 먼저, 국가안보와 불가분의 관계에 있는 국제체제의 성격과 관련해서 오늘날의 국제체제는 1990년대 후반 초강대국 미국에 의한 단극적 상황에서 2008년 하반기 국제금융위기를 기점으로 전혀 새로운 방향으로 전개되는 조짐을 보이고 있다.

냉전이 종식된 1990년대 초반 국제정치 학자들 및 관련 정책결정자들에게 최대 관심 문제 중의 하나는 냉전 이후 국제체제의 성격과 관련한 것이었다. 일부 학자들은 미국이 유일 초강대국이라는 점은 인정하지만 이것이 단극체제를 의미하는 것이 아니라 단극적 상황에 불과한 것이며, 이러한 단극적 상황은 오래 지속되지 못할 것이라고 진단하였다.[10] 또 다른 학자들은 탈냉전체제는 단극적 상황이 아닌 단극체제이며 미국의 단극체제는 상당히 오래 지속될 것으로 예견하였다.[11] 그러나 2008년 하반기 세계 경제에 지대한 영향을 미치는 국제금융위기를 계기로 오늘날 많은 학자들은 다극체제의 도래를 예견하고 있으며,[12] 특히 하스(Haass)는 미국의 단극적 상황이 끝났으며 21세기 국제관계는 무극체제(Non-polarity)로 정의될 것이라고 주장하였다.[13]

하스에 따르면, 세계는 한두 개 국가나 심지어 몇 개 국가들에 의해서가 아니라 다양한 종류의 권력을 보유 · 행사하는 아주 많은 행위자들(dozens of actors)이 지배하는 것이다. 이것은 과거로부터 구조적 전환(tectonic shift)을 보여주고 있는 것이다. 오늘날 국제관계는 다수의 국가행위자의 출현으로 얼핏 보면 세계가 다극적인 것처럼 보이지만, 수많은 권력의 중심(power centers)이 존재하고 이들 중 상당수는 비국가행위자들이다. 또한 오늘날 국제체제의 가장 중요한 특징 중 하나는 국가행위자가 권력에 대한 독점력과 일부 영역에 걸친 우위를 상실하고 있다는 것이며, 국가는 안팎으로 도전에 직면해 있다는 것이다. 요컨대, 21세기에 무극체제가 도래할 것이라는 하스의 논거는 비국가행위자의 영향력 증대와 권력 원천의 다원화와 분산화에 근거하는 것이다. 21세기 국제체제를 무극체제로 규정한 하스의 주장은 국제체제 성격을 둘러싼 논쟁의 단초를 제공하고 있지만,[14] 비국가행위자의 영향력 증대와 권력 원천의 다원화와 분산화 현상은 지구화와 정보혁명의 영향으로 더 확연해지고 있다.

먼저, 지구화는 국제관계 행위자들 간의 다양한 쟁점영역에 걸친 상호의존의 증대 및 상호침투와 밀접한 관련이 있다. 지구화를 바라보는 시각과 개념적 정의는 이론적 배경에 따라 다양하지만 분명 지구화는 국제경제의 세계적 단일화도 아니고 순수한 경제적 현상 그 이상이라고 볼 수 있다. 따라서 지구화는 재화와 자본의 이동에 영향을 미칠 뿐만 아니라 인간들과 생각의 순환에도 영향을 미치며, 국가들이 작동하는 외적 맥락뿐만 아니라 국가와 정치 공동체의 성격을 변화시키는 과정인 것이다.[15] 이처럼, 국내적 맥락과 국제적 맥락의 상호연계와 상호의존의 증대, 그리고 상호침투로 이해될 수 있는 지구화가 국제정치에 미치는 가장 중요한 영향은 지구 전체를 하나의 단위로 인식함에 따라 근대국가체제 형성 이래 국제정치에서 핵심적 위치를 차지해 왔던 영토단위의 국가개념을 약화하고 있는 점이다. 지구화의 이러한 영향은 제한된 공간적 영역에서 배타성을 가지고 있는 국가주권의 절대성을 부정하는 것이자 전통적으로 국가가 독점해 온 다양한 쟁점영역(예를 들면 외교, 경제, 군사안보 등)의 탈국가화를 촉진시킨다는 점이다.

한편, 지구화 못지않게 탈냉전시대 새로운 국제안보환경의 형성에 지대한 영향을 미치는 것이 정보혁명이다. 슈워츠스타인(Schwatzstein)에 의하면, 정보혁명은 일반적으로 컴퓨터의 성능 향상과 네트워크의 발달에 힘입어 정보를 저장하고 전달하는 수단, 그리고 정보의 생산, 배포, 사용 및 확대 재생산 과정의 대변혁으로 이해된다.[16] 이러한 정보혁명은 지구화와 맞물려 인류 문명의 중요한 특징이자 대부분의 권위, 권력, 그리고 지휘통제를 천년 이상 지속해 온 바탕이었던 계서주의 제도들(Hierarchical Institutions)[17]을 약화하고 있다. 그 결과, 오늘날 세계는 일련의 상호연계된 네트워크 조직으로 재구성되고 있으며 전통적인 계서주의의 통제 없이 각기 접촉하고 있다. 이러한 추세에 의해 국민국가들은 한편으로는 국제안보, 무역, 그리고 사회조직들에 의해 통합적 양상을 보이면서도 다른 한편으로는 국가를 분열시키고자 하는 하위 국가적 운동에 의해 분열 양상을 보이고 있다.[18] 따라서 정보혁명의 영향으로 오늘날 국가는 기존의 계서주의 제도들과 새롭게 출현하는 네트워크 조직을 어떻게 잘 조화시켜 나갈 것인가라는 매우 중요한 문제에 봉착해 있고, 또한 국가들은 아마도 비국가행위자들과 협력하지 않고는 자신의 활동영역에 제한을 받을 것이다. 그러나 정보혁명의 영향에도 불구하고 국가와 국가체제의 지속성은 유지될 것이다.[19] 정보혁명의 영향에도 불구하고 국가의 지속성이 강조되는 이유 중의 하나는 아마도 다른 어떠한 정치단위도 국민국가가 제공해주는 심리적 귀속성을 고취시킬 수 없을 뿐만 아니라 현실적으로 국가는 국내외에서 다른 어떤 조직보다도 결정적 이점을 누리고 있기 때문인 것으로 보인다.[20]

국제체제의 변화와 지구화와 정보혁명의 영향으로 21세기 국제안보 환경은 안보주체의 다양화와 새로운 안보위협의 등장을 촉진하는 가운데 국제안보 패러다임의 부상을 야기하고 있다.

그로티우스(De Grotius)의 사상에 철학적 기원을 두고 있는 국제안보 패러다임은 전통적 안보 개념인 안보가치의 절대성보다는 안보가치의 상대성 및 국가들 간의 상호의존성에 따른 취약성과 민감성의 문제를 강조하면서 이를 해결하기 위한 방안으로 제도를 통한 협력을 강조한다. 이런 의미에서 국제안보 패러다임에서는 안보제도의 중요성이 강조되는 것이며, 따라서 국제안보 패러다임은 국제제도의 중요성을 강조하는 제도주의의 논리와 일맥상통한다.

	국가안보	국제안보
사상적 기원	홉스	그로티우스
행위자	국가	국가제도
국제체제	국가체제	연합적 국가체제
안보 속성	안보의 절대성	안보의 상대성
결과	안보 딜레마	지역적 안보 공동체

〈표 2〉 국가안보 패러다임과 국제안보 패러다임 비교

출처: Helga Haftendorn(1991), pp. 3-17 내용을 참조하여 작성

Ⅲ. 비전통적 안보 개념의 유형과 속성

탈냉전 이후 더욱 집중적으로 논의 · 연구된 비전통적 안보연구를 통해 나타난 안보 개념은 매우 다양하고 복잡한 성격을 보인다. 이는 기본적으로 탈냉전 이후 국제환경이 매우 복잡하게 변화하는 가운데, 스미스(Smith)의 연구에서도 지적했듯이, 이를 반영한 비전통적 안보연구 경향도 분파적 양상을 보이면서 매우 다양화되고 있기 때문이다.[21] 따라서 여기에서는 주로 전통적 안보연구와 비전통적 안보연구의 지속성과 변화성이라는 측면에서 집단안보, 공동안보, 협력안보, 포괄안보, 경제안보, 환경안보, 인간안보, 그리고 컴퓨터매개 사이버안보 등을 중심으로 비전통적 안보 개념을 유형화하고 그 특징이나 속성을 살펴보고자 한다. 다만, 여기서 한 가지 유념할 점은 비전통적 안보연구에서 나타나는 다양한 안보 개념은 상호 중첩적이고 또한 안보 성격이 어느 정도 서로 혼재되어 있는 점을 미리 밝혀 둔다.

1. 행위주체와 행위양식

비전통적 안보 개념의 한 가지 두드러진 특징은 행위주체의 변화이다. 즉 전통적 안보 개념에서 핵심적 행위자가 국가였다면, 비전통적 안보 개념에서 핵심적 행위주체는 국가 못지않게 국제제도가 강조되고 있다. 이는 비전통적 안보 개념의 등장 배경에서 살펴보았듯이 국제체제의 변화와 그에 따른 안보 속성의 변화에 기인하는 것이다. 국가에서 제도로 행위주체가 변화한 것은 필연적으로 행위양식의 변화를 수반한다. 전통적 안보 개념에서 국가 중심의 행위양식은 안보의 절대성을 강조하는 가운데 행위양식은 기본적으로 체제의 구조적 성격을 반영하고 있었다. 반면 비전통적 안보 개념에 따른 행위양식은 제도를 통한 협력의 강조로 체제의 구조적 성격보다는 상대적으로 제도의 일반화된 행위원칙의 형태와 성격에 영향을 받으면서 안보가치의 상대성이 강조된다. 요컨대, 행위주체와 행위양식의 맥락에서 비전통적 안보 개념은 국제안보 패러다임에 입각한다.

이런 맥락에서 가장 대표적인 비전통적 안보 개념으로 집단안보, 공동안보, 그리고 협력안보 개념을 들 수 있다. 선별적 안보(selective security)를 강조하는 집단방위와는 달리, 1815년 유럽협조체제 이후 국제정치에서 반복적으로 등장하고 우드로 윌슨(Woodrow Wilson)의 사고와 표현에서 연유한 집단안보[22]는 자기규제와 집단적 응징에 대한 강조로 "모두를 위한 하나, 하나를 위한 모두"라는 표현으로 압축된다. 집단안보의 기본적 토대는 많은 학자들이 주장하듯이[23] 평화라는 가치의 불가분성, 참여 국가들 간의 공정한 의무분담, 광범한 신뢰, 그리고 충분한 군사력으로 구축된다. 따라서 집단안보는 국가안보 논리에 몰입되어 과도하고 항구적인 경쟁을 피하고 국제안보 패러다임에 따라 규제되고 제도화된 균형체제 창출을 통해 국제질서의 안정을 꾀하고자 한 것이다.

한편, 지난 냉전체제에서 동서 경쟁과 특히, 전략적 핵 억지에 대한 반응으로 유럽에서 나타난 공동안보는 팔메위원회(Palme Commission)의 보고서(*Common Security: A Blueprint for Survival*)에 그 기원을 두고 있다. 팔메위원회 보고서가 제시한 공동안보의 여섯 가지 원칙은 다음과 같다. 첫째, 모든 국가들은 안보에 대한 정당한 권리를 가지고 있다. 둘째, 군사력은 국가들 사이의 분쟁을 해결하는 데 정당한 수단이 아니다. 셋째, 국가정책을 표현하는 데 자제가 필요하다. 넷째, 안보는 군사적 우위를 통해서 획득될 수 없다. 다섯째, 공동안보를 위해서는 군비의 감축과 질적 제한이 필요하다. 여섯째, 군비 협상과 정치적 사건들을 연계시키는 것을 피해야만 한다.[24] 이러한 원칙을 제시하고 있는 공동안보의 정수는 적성국에 대항하는 안보에 반대하는 안보의 개념으로 억지에 바탕을 둔 전략적 독트린과 동맹체제는 안보 딜레마와 군비경쟁을 촉발시켜 안보를 더욱 불안하게 한다고 가정하면서 비도발적 · 비공세적 방위와 같은 접근방법의 수단적 유용성을 지지한다.[25] 이러한 공동안보 개념은 유럽안보협력회의의 성공과 더불어 점차 지속적인 정당성을 얻게 되었고 군사적 측면에서는 궁극적으로 집단안보체제로 귀결되는 경향을 보인다.

냉전 종식과 더불어 특정 지역의 안보구축 차원에서 등장한 협력안보는 제로 섬(zero-sum) 세계에서 전략적인 지구적 관계라는 가정에 입각하지 않고 선험적으로 회원자격을 제한하지도 않으며 지배적인 군사강국의 협의에 의한 리더십을 요구하지도, 패권국만이 의제나 규칙을 정의할 수 있다는 점을 인정하지도 않는다. 또한 협력안보는 군사적 갈등이나 폭력이 안보에 대한 유일한 도전이라고 가정하지도 않는다. 협력안보는 국가들이 주된 행위자이지만 제도나 횡국가적 행위자(trans-national actor) 또는 비정부기구(NGO) 등 비국가행위자들이 안보를 관리하고 증진시키는 데 있어서 핵심적 역할을 한다고 가정하며, 공식적 제도나 메커니즘의 창설을 명시적으로 요구하지도 않는다.[26] 협력안보의 중요한 운영적 초점은 대화의 습관을 기르고 포괄적 참여를 향해 나아가는 것으로 협력안보가 실제적으로 제공하는 것은 오래 지속되거나 위급한 두려움에 도전하거나 정치적 위험부담이 따르는 주저함을 극복하거나 다양한 이유로 사회, 정부, 그리고 국가 사이에 가로놓여 있던 장벽을 낮출 수 있는 방법이다.[27] 군사적 측면에 있어서 협력안보는 공동안보와 마찬가지로 집단안보체제와 밀접한 관련을 맺고 있다. 협력안보는 침략행위를 방지하기 위해 집단안보 논리와 같은 방법을 사용하며, 위협의 출현을 방지하고 위협에 대항하는 준비를 하며, 침략행위를 어렵게 하여 침략행위와 전쟁을 예방하기 위한 노력을 기울인다.[28] 또한 협력안보는 마지막 대안으로 집단안보체제를 유지하기 때문에 집단안보체제의 정제된 변형이라고 볼 수 있다.

2. 안보영역

비전통적 안보 개념의 또 다른 특징으로는 행위주체와 행위양식 이외에 안보영역의 확장을 꾀하는 점이다. 즉 전통적 국가안보 패러다임에서 강조하는 군사영역으로의 제한성을 뛰어넘어 비군사적 영역으로의 안보대상의 확대를 보이는 점이다. 특히, 비전통적 안보연구에서 나타나는 다양화와 분파적 경향을 고려했을 경우, 안보영역은 거의 무제한적으로 확장될 수 있어 안보연구의 학문적 정체성을 위태롭게 할 수도 있다. 따라서 여기에서는 이러한 점에 유의하여 전통적 안보연구의 지속성과 변화성이라는 관점에서 비전통적 안보 개념을 살펴보고자 한다. 이런 맥락에서 가장 대표적인 비전통적 안보 개념으로 포괄안보, 경제안보, 환경안보, 그리고 인간안보 개념을 들 수 있다. 물론, 앞에서 살펴본 집단안보, 공동안보, 그리고 협력안보는 행위주체와 행위양식이라는 기준에서뿐만 아니라 안보영역이라는 기준에 의해서도 비전통적 안보 개념에 속한다. 이들의 안보영역은 전통적 · 비전통적 안보연구에서 중시되는 매우 광범위한 영역을 포함하고 있다. 그럼에도 불구하고 필자는 이들 안보 개념의 등장배경을 고려했을 경우 그 중요성은 안보영역이 아닌 안보주체와 행위양식에 있다고 판단하였다.

이런 맥락에서 안보영역에 있어서 비전통적 안보 개념의 첫 번째 유형은 포괄안보이다. 이 개념은 일본과 아세안(ASEAN) 국가들의 안보정책에서 연유하였다. 일본의 경우, 포괄안보의 발전은 일본의 국제적 역할을 위해 새롭고 확장된 기반을 제공하고 자신의 방위 노력을 합리화하는 것을 의미했다. 또한 포괄안보는 점차적으로 어려워진 국제환경에서 자신의 회복된 번영을 유지하는 어려움에 대한 실용주의적 대응을 반영했다.[29] 따라서 일본에게 있어서 포괄안보는 안보의 상이한 기능적 영역(경제, 군사, 정치)을 받아들일 뿐만 아니라 국내, 양자, 지역, 세계 등 다양한 수준의 측면에서 안보정책을 정의하는 것이었다.[30] 요컨대, 포괄안보에 대한 일본의 견해는 변화하는 국제환경에 대한 국가적 대응으로 일본의 외부 지향성을 정당화하기 위한 안보 개념이었던 것이다.

반면, 아세안 국가들을 중심으로 발전된 포괄안보는 자신들의 국내적 안정 도모가 곧 지역적 안정과 연계되어 있다는 인식을 반영하면서 국가의 내적 안보가 국가 밖의 외적 안보와 연계되어 있다는 견해를 강조하면서 내부지향적 성격을 보인다.[31] 이처럼 특정 국가들의 안보정책 맥락에서 등장하고 발전한 포괄안보는 말 그대로 안보영역의 포괄성을 강조한다. 즉 포괄안보의 영역은 군사영역을 뛰어넘어 정치 안정, 경제 성공, 사회 통합, 불법이민, 마약 거래 등 국가 안팎의 다양한 위협들을 안보영역으로 받아들이는 것이다. 그러나 포괄안보는 특정 국가의 외교안보정책의 맥락에서 등장했기 때문에 안보주체에 있어서 기본적으로 국가행위자를 강조하고 있으며, 포괄안보는 안보영역에 있어서 협력안보 개념보다 협소하다고 볼 수 있다.

비전통적 안보연구에 따른 또 다른 새로운 안보 개념은 경제안보와 환경안보이다. 경제안보는 복지와 국력의 적절한 수준을 유지하는 데 필요한 자원, 금융 및 시장의 접근에 관한 것이며, 환경안보는 모든 인간이 만든 기구들이 의존할 수 있는 기본적 지원체계로서 지역과 지구의 생태계 유지를 연구하는 것이다.[32] 그러나 경제안보와 환경안보는 안보영역 자체가 매우 포괄적이기 때문에 무엇보다도 안보주체와의 연관성에서 생각하는 것이 중요하다. 즉 경제와 환경 영역은 누구를 안보의 주체로 설정하느냐에 따라서 개인안보, 사회안보, 국가안보 등으로 재분류할 수 있으며, 행위양식에 따라 앞에서 설명한 공동안보와 협력안보 등과 상호 중첩될 수 있다. 특히 경제안보와 환경안보는 행위주체를 국가로 설정했을 경우 에너지 · 자원안보와 불가분의 관계를 맺고 있다.[33]

한편, 인간안보는 지구화의 영향으로 국가의 주권논리에 억압되었던 인권이 그 특수성의 논리를 해체당하고 보편성의 논리가 부각되면서 주권이 인권에 우선하는 것이 아니라 인권은 그 자체로서 보편성을 갖는다는 명제에서 출발한다. 따라서 인간안보는 개인과 사람을 안보의 대상으로 간주하면서 안보가치의 보편성을 강조한다. 인간안보는 냉전 종식 이후 인간 개발의 중요성, 소위 실패한 국가들에서 국내 분쟁의 증가, 테러나 전염병 등 초국가적 위험의 확산, 그리고 인권 및 인도주의적 개입 상황과 결부되면서 부각되었다.[34] 특히, 공포에서 벗어난 자유뿐만 아니라 결핍에서 벗어난 자유 모두를 강조하는 인간안보는 인간 생활의 다양한 영역(정치, 경제, 환경, 사회 등)에 걸쳐 인간의 삶에 위협이 되는 모든 것을 안보의 관점에서 해석한다. 그러므로 인간안보는 안보영역에 있어서 가장 광범하고 포괄적인 개념으로 정치안보, 군사안보, 경제안보, 사회안보, 환경안보 모두를 포함하기 때문에 어떤 의미에서 안보영역의 극대화 논리라 할 수 있다.

마지막으로 비전통적 안보 개념이면서도 비전통적 안보연구에서 다루지 않은 것이 바로 컴퓨터매개 사이버안보 개념이다. 컴퓨터매개 사이버안보 개념은 정보혁명의 영향으로 인간들의 삶의 양식이 기존의 산업

사회에서 정보사회로 이행하는 과정에서 나타나는 문제점들을 안보의 관점에서 바라보고 해석하는 것이다.[35] 이와 관련해서 정보화가 초래한 사이버 안보현상이 전통적인 국가안보 현상과는 명백하게 구별된다는 입장에 서 있는 견해들은 첫째, 사이버안보 현상의 등장으로 안보위협 주체와 범위가 확대된다는 것이며, 둘째, 사이버안보 현상의 등장은 안보가치 중에서 정보의 가치를 크게 부각시키고 있고 그 정보는 국력을 평가하는 새로운 기준이 된다는 것이다.[36] 그러나 안보라는 것이 궁극적으로 공동체를 중심으로 한 인간 집단의 삶의 양식과 불가분의 관계에 놓여 있다는 점을 고려했을 경우, 컴퓨터매개 사이버안보는 기존 안보연구에서 변칙적인 사례로만 고려되어서는 안 될 것이다. 왜냐하면 인간들의 삶의 양식이 정보사회로 진화되면 될수록 컴퓨터매개 사이버안보의 중요성은 더 부각되고 일반적인 현상으로 대두될 것이기 때문이다.

Ⅳ. 결론: 비전통적 안보연구에 대한 평가

냉전 종식을 계기로 안보연구의 르네상스를 가져온 비전통적 안보연구는 백가쟁명의 분파적 경향을 보여준다. 그렇기 때문에 비전통적 안보연구를 평가하는 것은 매우 힘든 작업일 뿐만 아니라 어떤 면에서는 무척 위험한 일이기도 하다. 그럼에도 불구하고 비전통적 안보연구에서 공통적으로 나타나는 현상은 기존의 전통적인 국가안보 개념을 수직적 · 수평적으로 확장하고 있다는 것이다. 안보주체의 다양화와 안보영역의 확장이 빠르게 이루어지고 있는 것이다.

이런 점에서 비전통적 안보연구는 기존의 전통적 안보연구가 지닌 많은 내재적 한계를 극복하면서 다음과 같은 측면에서 안보 개념의 질적 발전을 도모해 왔다. 첫째, 무엇보다도 전통적 안보연구가 강조하고 있는 안보가치의 절대성을 부인하면서 안보는 상대적 혹은 보편적 가치를 가질 수 있으며, 그에 따라 미완의 과제 중의 하나인 안보 딜레마를 극복해 낼 수 있는 다양한 방법을 제시하고 있는 점이다. 둘째, 비전통적 안보연구는 행위주체의 다양화와 안보영역의 확장을 통해 '안보'의 다양한 수준과 영역을 여러 각도에서 조명해 주고 있을 뿐만 아니라 각 영역별 고유의 속성을 부각시켜 전통적 안보연구의 편협성을 극복하고 저발전된 안보 개념의 발전화를 꾀하고 있다는 점이다. 셋째, 비전통적 안보연구는 탈국가화와 탈군사화를 지향하면서 급변하는 안보 현실에 대한 설명 능력의 강화를 통해 안보 개념의 적실성을 높여주고 있는 점 등이다.

그러나 이러한 긍정적 영향에도 불구하고 비전통적 안보연구는 많은 문제점을 노출하고 있는 것도 사실이다. 즉, 비전통적 안보연구의 다양한 학문적 분파 논리가 기존 연구의 단점을 보완하면서 경험적으로 전통적 안보연구보다 상대적 적실성을 담보해 낼 수 있느냐의 문제에 봉착하게 된다. 비전통적 안보연구의 우선적 문제점은 비전통적 안보 개념의 모호성과 추상성이다. 특히, 비전통적 안보 개념의 유형과 관련하여 '집단안보, 공동안보, 협력안보, 포괄안보, 경제안보, 환경안보, 인간안보, 그리고 컴퓨터매개 사이버안보' 등은 상호 중복 · 모순될 뿐만 아니라 너무 추상적이고 포괄적이기 때문에 분석력이 떨어지고 안보연구에 대한 지적 통일성을 약화하고 있다. 그에 따라 비전통적 안보연구는 안보 개념의 학문적 응집성을 약화할 뿐만 아니라 정책적 측면에 있어서도 안보문제에 대한 적절한 정책을 세울 수 없으며, 안보영역의 확장은 단지 문제의 중요성을 부각시킴으로써 그에 대한 여론 및 정부의 관심을 끌기 위한 것이라는 비판에 직면하게 된다.[37] 요컨대, 전통적 안보연구가 안보 개념의 저발전 상태에 머물렀다면, 비전통적 안보연구는 안보 개념의 과발전 상태에 직면한 것이다.

둘째, 안보현실에 대한 적실성의 문제와 관련해서, 비전통적 안보연구가 결코 전통적 안보연구보다 적실성의 우위를 담보해 내지 못하고 있다는 점이다. 전통적 안보연구에 대한 비판자들의 설득력 있는 논리 중 하나는 탈냉전 이후 전통적 안보 개념은 현실을 제대로 설명하지 못한다는 것이었다. 분명, 이러한 주장은 상당한 타당성이 있지만 비전통적 안보 개념 역시 오늘날의 안보현실을 부분적으로만 설명하고 있을 뿐이다. 왜냐하면 냉전 종식, 지구화, 그리고 정보혁명이 현실의 국제관계에 미친 영향은 단지 긍정에만 국한된 것이 아니기 때문이다. 일례로, 특정 지역에서의 안보환경은 여전히 전통적 안보 개념이 중시되며, 상호의존과 상호침투의 확대 및 심화는 역설적으로 취약성을 최소화해야 한다는 국가안보의 책무를 강조하고 있다. 나아가 국가들은 비전통적 안보 개념의 유형들을 현실의 안보세계에서는 여전히 전통적인 국가안보적 맥락에서 인식하려는 경향이 강하다. 그러므로 전통적 안보 개념의 적실성은 여전히 유효하고 다만 비전통적 안보 개념과 상호작용하면서 시공간적 맥락에 따라 본격적인 긴장관계에 들어섰다고 해석하는 것이 타당할 것이다.

이런 측면에서 보았을 때, 전통적 안보연구와 비전통적 안보연구는 단절과 대체가 아닌 지속과 보완의 관계에 놓여 있다. 따라서 무엇보다 중요한 것은 전통적 · 비전통적 안보 개념의 분류보다는 현실주의적 국가안보관을 출발점으로 현실의 안보상황을 반영, 국가안보의 지평을 확대해 나가는 것이 중요하다. 사실, 이러한 측면은 국가를 안보주체로 설정하는 비전통적 안보연구에서 이미 진행되어 왔으며, 1990년대 이후 새로운 국제안보환경에서도 국가 스스로가 안보영역의 확장을 지속적으로 추진해 왔다. 그러므로 향후의 안보연구는 전통/비전통의 논리에 몰입되지 않으면서 기존 안보 개념의 지속성과 변화성을 추적 · 분석하여 새로운 국가안보 개념을 재구성하는 지적 작업이 이루어져야 할 것이다.

| 미주 |

1) 이수형, 2005, 「국제체제의 변화와 안보 패러다임」, 미네르바정치연구회 편, 『국제질서의 패러독스』, 도서출판 인간사랑, pp. 91-92.

2) Buzan, Barry, 1995, *People, States and Fear: An Agenda for International Security Studies in the Post-Cold War Era*, 김태현 역, 『세계화시대의 국가안보』(나남출판), p. 48.

3) Nye, Joseph S. and Sean M. Lynn-Jones, 1988, "International Security Studies: A Report of a Conference on the State of the Field," *International Security*, 12-4 (Spring), p. 8.

4) 김태현 역, 1995, 위의 책, pp. 28-38.

5) Haftendorn, Helga, 1991, "The Security Puzzle: Theory-Building and Discipline-Building in International Security," *International Studies Quarterly*, 35, pp. 3-17.

6) 1970년대에 들어와 일부 학자들은 전쟁 지향적 안보연구를 탈피하여 비군사적 안보영역에 관심을 보이면서 특히, 경제적 외부 행위나 사건으로 사활적 혹은 핵심적 가치가 위협받았을 때 국가안보에 대한 우려가 일어난다는 점을 강조하였다. Knorr Klaus, and Frank N. Trager (eds.), 1977, *Economic Issues and National Security* (Kansas: Regents Press of Kansas for the National Security Education Program), p. 8.

7) 1980년대 중후반 이후 전통적 안보연구를 비판하면서 안보연구의 지평을 확장하고자 한 대표적인 논문은 다음과 같다. Ullman, Richard 1983, "Redefining Security," *International Security*, 8-1, pp. 129-53; Nye Joseph S., and Sean M. Lynn-Jones(1988), *op. cit.*, pp. 5-27; Mathews, Jessica Tuchman, 1989, "Redefining Security," *Foreign Affairs*, 68-2, pp. 162-77; Haftendorn, Helga, 1991, *op. cit.*, pp. 3-17; Walt, Stephen, 1991, "The Renaissance of Security Studies," *International Studies Quarterly*, 35-2, pp. 211-39.; Kolodziej, Edward, 1992, "Renaissance in Security Studies? Caveat Lector!," *International Studies Quarterly*, 36-4, pp. 421-38; Baldwin, David, 1995, "Security Studies and the End of the Cold War," *World Politics*, 48-1, pp. 117-41.

8) Smith, Steve, 1999, "The Increasing Insecurity of Security Studies: Conceptualizing Security in the Last Twenty Years," *Contemporary Security Policy*, 20-3, December,

pp. 80-96 참조.

9) 이와 관련해서는 다음의 글을 참조. Buzan, Barry and Ole Wæver, 2009, "Macrosecuritisation and security constellations: reconsidering scale in securitisation theory," *Review of International Studies*, 35-2, April, pp. 253-76.

10) Krauthammer, Charles, 1990-91, "The Unipolar Moment," *Foreign Affairs*, Winter, pp. 23-33; Lane, Christopher, 1993, "The Unipolar Illusion: Why New Great Powers Will Arise," *International Security*, Spring, pp. 5-51.

11) Ikenberry, G. John, 1998-99, "Institutions, Strategic Restraint, and the Persistence of American Postwar Order," *International Security*, Winter, pp. 43-78; Wohlforth, William C., 1999, "The Stability of a Unipolar World," *International Security*, Summer, pp. 4-51.

12) 특히, 자카리아(Zakaria)는 지난 500년 동안 세 번에 걸쳐 국제무대에서 힘의 지형을 바꾼 대이동이 있어났으며, 21세기 현재 경험하고 있는 세 번째 엄청난 힘의 대이동은 미국 이외의 나머지 국가들(특히, 중국과 인도)의 부상이라고 주장하였다. Zakaria, Fareed, 2008, "The Future of American Power: How America Can Survive the Rise of the Rest," *Foreign Affairs*, May/June; Zakaria, Fareed, 2008, *The Post-American World* (New York and London: W.W. Norton & Company), 윤종석 · 이정희 · 김선옥 역, 2008, 『흔들리는 세계의 축: 포스트 아메리칸 월드』(서울: 도서출판 베가북스).

13) Haass, Richard N., 2008, "The Age of Nonpolarity: What Will Follow U.S. Dominance," *Foreign Affairs*, May/June.

14) 국제체제의 성격을 둘러싼 논쟁과 관련하여 현재의 국제체제를 일극체제로 규정하는 대표적인 글에 대해서는 다음을 참조. Ikenberry, G. John, Michael Mastanduno, and William C. Wohlforth, 2009, "Introduction: Unipolarity, State Behavior, and Systemic Consequences," *World Politics*, 61-1, January, pp. 1-27; Wohlforth, William C., 2009, "Unipolarity, Status Competition, and Great Power War," *World Politics*, 61-1, January, pp. 28-57; Walt, Stephen M., 2009, "Alliances in a Unipolar World," *World Politics*, 61-1, January, pp. 86-120; Snyder, Jack, Robert Y. Shapiro, and Yaeli Bloch-Elkon, 2009, "Free Hand Abroad, Divide and Rule at Home," *World Politics*, 61-1, January, pp. 155-87; Jervis, Robert, 2009, "Unipolarity: A Structural Perspective," *World Politics*, 61-1, January, pp. 188-213.

15) Gue'henno, Jean-Marie, 1998-99, "The Impact of Globalisation on Strategy," *Survival*, 40-4, p. 7.

16) Schwatzstein, Stuart J. D., 1996, "Introduction," in Stuart J. D. Schwatzstein (ed.),

The Information Revolution and National Security (Washington, D.C.: CSIS), p. xv.

17) Nichiporuk Brian and Carl H. Builder, 1997, "Information Technologies and the Future of Land Warfare," in John Arquilla and David Ronfeldt (eds.), in *Athena's Camp: Preparing For Conflict In The Information Age* (Washington, D.C.: RAND), p. 297.

18) Davis, Norman, 1997, "An Information-Based Revolution In Military Affairs," in John Arquilla and David Ronfeldt (eds.), p. 87.

19) 과학기술혁명이 국제관계에 미친 영향을 분석한 스콜니코프의 견해에 따르면, 정보혁명이 국제관계이론의 현실주의 학파와 상호의존 학파에게 일부 가정의 재고를 요구할 것이지만 국제체제에서 국가가 지배적인 구조적 요소라는 점을 의심할 여지가 없다는 것이다. Skolnikoff, Eugene B., 1993, *The Elusive Transformation: Science, Technology, and the Evolution of International Politics* (Princeton: Princeton University Press), pp. 241-46.

20) Garnett, John, 1992, "Why Have States Survived for so Long?," in J. Baylis and N. Rengger (eds.), *Dilemmas of World Politics: International Issues in a Changing World* (Oxford: Clarendon Press), pp. 61-84.

21) 전통적인 국가안보 패러다임에 대한 국내의 비판적(비전통적) 안보연구에 대해서는 다음을 참조. 전웅, 1997, 「군사안보와 비군사안보의 상관관계」, 『국제정치논총』, 제37집 2호, pp. 229-62; 박인휘, 2001, 「주권과 글로벌 안보: 세계화시대 주권과 안보의 개념적 재구성」, 『한국정치학회보』, 제35집 제3호, pp. 455-74; 황병무, 2001, 『전쟁과 평화의 이해』(도서출판 오름), pp. 43-74; 홍용표, 2002, 「탈냉전기 안보개념의 확대와 한반도 안보환경의 재조명」, 『한국정치학회보』, 제36집 4호, pp. 121-40; 남궁곤, 2002, 「라카토스식 '국가안보 프로그램' 발전을 통해 본 안보개념의 심화와 확대」, 『국제정치논총』, 제42집 4호, pp. 73-96; 현인택 · 김성한, 2004, 「국제사회와 인간안보」, 이은호 외, 『현대국제정치의 이해』(도서출판 오름), pp. 69-96.

22) Rupp, Richard, 2001, "NATO 1949 and NATO 2000: From Collective Defense Toward Collective Security," in Ted Galen Carpenter (ed.), *NATO Enters The 21st Century* (London: Frank Cass), p. 157.

23) 집단안보에 대한 대표적인 논의에 대해서는 다음을 참조. Inis L. Claude, Jr., 1971, *Swords into Plowshares* (New York: Random House); Weiss, Thomas G.(ed.), 1993, *Collective Security in a Changing World* (Boulder: Lynne Rienner Publishers, Inc.); Kupchan, Charles A. and Clifford A. Kupchan, 1991, "Concerts, Collective Security, and the Future of Europe," *International Security*, 16-1; Kupchan, Charles A. and Clifford

A. Kupchan, 1995, "The Promise of Collective Security," *International Security*, 20-1; George W. Downs (ed.), 1994, *Collective Security Beyond the Cold War* (Ann Arbor: University of Michigan).

24) Palme, Olaf, et al., 1982, *Common Security: A Blueprint for Survival* (New York: Simon and Schuster), pp. 7-11.

25) Wiseman, Geoffrey, 1989, *Common Security and Non-Provocative Defense: Alternative approaches to the security dilemma* (Canberra: Peace Research Centre, Research School of Peace Studies).

26) Dewitt, David, 1994, "Common, Comprehensive, and Cooperative Security," *The Pacific Review*, 7-1, pp. 7-8.

27) *Ibid.*, p. 8.

28) Perry, A. Cater, W. and John Steinbruner, 1992, *A New Concept of Cooperative Security* (Washington, D.C.: The Brookings Institution), p. 7.

29) Dewitt, David, 1994, *op. cit.*, p. 2.

30) Satoh, Yukio, 1982, "The Evolution of Japan's Security Policy," *Adelphi Paper* no. 178 (London: IISS), p. 7.

31) Dewitt, David, 1994, *op. cit.*, pp. 3-4.

32) Buzan, Berry, Ole Wæver, Jaap de Wilde, *Security: A New Framework for Analysis* (Boulder: Lynne Rienner Publisher, Inc., 1998), p. 8; 황병무, 2001, 앞의 책, p. 46에서 재인용.

33) 이런 측면에서 환경의 변화가 에너지 · 자원문제 및 이를 둘러싼 국가의 외교정책과 안보에 미치는 영향에 대해서는 다음을 참조. Campbell, Kurt M., et al., 2007, *The Age of Consequences: The Foreign Policy and National Security Implications of Global Climate Change* (Washington, D.C.: Center for Strategic and International Studies).

34) Acharya, A., 2001, "Human Security: East Versus West," *International Journal*, 56-3, pp. 442-60 참조.

35) 컴퓨터매개 사이버안보에 대해서는 다음을 참조. 길정일, 2000, 「정보화 시대의 국가안보: 분석의 틀과 연구방향」, 『국가전략』, 제6권 제4호, pp. 77-96.

36) 남궁곤, 2002, 앞의 책, p. 88.

37) 홍용표, 2002, 앞의 책, p. 125에서 재인용.

| 참고문헌 |

- 길정일, 2000, 「정보화 시대의 국가안보: 분석의 틀과 연구방향」, 『국가전략』 제6권 제4호.
- 남궁곤, 2002, 「라카토스식 '국가안보 프로그램'발전을 통해 본 안보개념의 심화와 확대」, 『국제정치논총』 제42집 4호.
- 박인휘, 2001, 「주권과 글로벌 안보: 세계화시대 주권과 안보의 개념적 재구성」, 『한국정치학회보』 제35집 제3호.
- 백광일 · 남창희 · 이수형, 2003, 「동북아 비대칭 안보위협과 한국의 대응방안」, 『한국과 국제정치』, 제19권 제2호.
- 이수형, 2005, 「국제체제의 변화와 안보 패러다임」, 미네르바정치연구회 편, 『국제질서의 패러독스』, 도서출판 인간사랑.
- 전웅, 1997, 「군사안보와 비군사안보의 상관관계」, 『국제정치논총』 제37집 2호.
- 황병무, 2001, 『전쟁과 평화의 이해』, 도서출판 오름.
- 현인택 · 김성한, 2004, 「국제사회와 인간안보」, 『현대국제정치의 이해』, 도서출판 오름.
- 홍용표, 2002, 「탈냉전기 안보개념의 확대와 한반도 안보환경의 재조명」, 『한국정치학회보』 제36집 4호.

- Acharya, A., 2001, "Human Security: East Versus West," *International Journal* vol. 56/no. 3.
- Allison, Graham, 2000, "The Impact of Globalization on National and International Security," in Joseph S. Nye Jr. and John D. Donahue (eds.), *Governance In A Globalization World*, Washington, D.C.: Brookings Institution Press.
- Baldwin, David, 1995, "Security Studies and the End of the Cold War," *WorldPolitics* vol. 48/no. 1.
- Buzan, Barry, *People, States and Fear: An Agenda for International Security Studies in the Post-Cold War Era*. (김태현 역, 1995, 『세계화 시대의 국가안보』, 나남출판.)
- Buzan, Berry, Ole Wæver, Jaap de Wilde, 1998, *Security: A New Framework for Analysis*, Boulder: Lynne Rienner Publisher, Inc.
- Campbell, Kurt M., et al., 2007, *The Age of Consequences: The Foreign Policyand National*

Security Implications of Global Climate Change, Washington, D.C.: Center for Strategic and International Studies

- Cater, A., W. Perry, and John Steinbruner, 1992, *A New Concept of CooperativeSecurity*, Washington, D.C.: The Brookings Institution.
- Cha, Victor, 2000, "Globalization and the Study of International Security," *Journal of Peace Research* vol. 37/no. 3.
- Claude, Inis L. Jr., 1971, *Swords into Plowshares*, New York: Random House.
- Davis, Norman, 1997, "An Information-Based Revolution In Military Affairs,"in John Arquilla and David Ronfeldt(eds.), *In Athena's Camp: PreparingFor Conflict In The Information Age*, Washington, D.C.: RAND.
- Dewitt, David, 1994, "Common, Comprehensive, and Cooperative Security," *The Pacific Review* vol. 7/no. 1.
- Downs, George W.(ed.), 1994, *Collective Security Beyond the Cold War*, Ann Arbor: University of Michigan.
- Garnett, John, 1992, "Why Have States Survived for so Long?," in J. Baylis and N. Rengger (eds.), *Dilemmas of World Politics: International Issues in a Changing World*, Oxford: Clarendon Press.
- Gue'henno, Jean-Marie, 1999, "The Impact of Globalisation on Strategy,"*Survival* vol. 40/no. 4.
- Haftendorn, Helga, 1991, "The Security Puzzle: Theory-Building andDiscipline-Building in International Security," *International Studies Quarterly* vol. 35.
- Hardt, Michael and Antonio Negri, 2000, *Empire*, Cambridge: Harvard University Press.
- Haass, Richard N., 2008, "The Age of Nonpolarity: What Will Follow U.S. Dominance," *Foreign Affairs*.
- Ikenberry, G. John, 1999, "Institutions, Strategic Restraint, and the Persistence of American Postwar Order," *International Security*.
- ______, 2004, "Illusion of Empire: Defining the New AmericanOrder," *Foreign Affairs*.
- Ikenberry, G. John, Michael Mastanduno, and William C. Wohlforth, 2009, "Introduction: Unipolarity, State Behavior, and Systemic Consequences,"*World Politics* vol. 61/no. 1.
- JCS, 1995, Joint Publication 1, *Joint Warfare of the Armed Forces of the United States*, Washington, D.C.: US GPO.
- Jervis, Robert, 2009, "Unipolarity: A Structural Perspective," *World Politics* vol. 61/no. 1 (January).

■ Knorr, Klaus and Frank N. Trager (eds.), 1977, *Economic Issues and National Security*, Kansas: Regents Press of Kansas for the National Security Education Program.

■ Kolodziej, Edward, 1992, "Renaissance in Security Studies? Caveat Lector!," *International Studies Quarterly* vol. 36/no. 4.

■ Krauthammer, Charles, 1990-91, "The Unipolar Moment," *Foreign Affairs* (Winter).

■ Kupchan, Charles A. and Clifford A. Kupchan, 1991, "Concerts, CollectiveSecurity, and the Future of Europe," *International Security* vol. 16/no. 1.

■ Kupchan, Charles A. and Clifford A. Kupchan, 1995, "The Promise of CollectiveSecurity," *International Security* vol. 20/no. 1.

■ Lane, Christopher, 1993, "The Unipolar Illusion: Why New Great Powers Will Arise," *International Security* (Spring).

■ Maier, Charles S., 2002, "An American Empire?: The problems of frontiers andpeace in twenty-first-century world politics," *Harvard Magazine* (November/December).

■ Mandelbaum, Michael, 1998-1999, "Is Major War Obsolete?," *Survival* vol. 40/no. 4.

■ Mathews, Jessica Tuchman, 1989, "Redefining Security," *Foreign Affairs* vol. 68/no. 2.

■ Metz, Steven, 2001, "Strategic Asymmetry," *Military Review* July/August.

■ Nichiporuk, Brian and Carl H. Builder, 1997, "Information Technologies andthe Future of Land Warfare," in John Arquilla and DavidRonfeldt (eds.), *In Athena's Camp: Preparing For Conflict In TheInformation Age*, Washington, D.C.: RAND.

■ Nye, Joseph S. and Sean M. Lynn-Jones, 1988, "International Security Studies:A Report of a Conference on the State of the Field," *International Security* vol. 12/no. 4.

■ Palme, Olaf, et al., 1982, *Common Security: A Blueprint for Survival*, New York: Simon and Schuster.

■ Rupp, Richard, 2001, "NATO 1949 and NATO 2000: From Collective Defense Toward -Collective Security," in Ted Galen Carpenter (ed.), *NATO Enters The 21st Century*, London: Frank Cass.

■ Satoh, Yukio, 1982, "The Evolution of Japan's Security Policy," *Adelphi Paper* no. 178, London: IISS.

■ Schwatzstein, Stuart J. D., 1996, "Introduction," in Stuart J. D.Schwatzstein (ed.), *The Information Revolution and National Security*, Washington, D.C.: CSIS.

■ Skolnikoff, Eugene B., 1993, *The Elusive Transformation: Science, Technology, and the Evolution of International Politics* (Princeton: Princeton University Press).

■ Smith, Steve, 1999, "The Increasing Insecurity of Security Studies: Conceptualizing

Security in the Last Twenty Years," *Contemporary Security Policy* vol. 20/no. 3 (December).

- Snyder, Jack, Robert Y. Shapiro, and Yaeli Bloch-Elkon, 2009, "Free Hand Abroad, Divide and Rule at Home," *World Politics* vol. 61/no. 1 (January).
- Ullman, Richard, 1983, "Redefining Security," *International Security* vol. 8/no. 1.
- D. W. Craig, 1997, "Asymmetrical Warfare and the Transnational Threat: Relearning the Lessons from Vietnam" in US Defense Science Board, *DoDResponses to Transnational Threats* vol I Final Report (October),Washington D.C.: US GPO. http://www.cfcsc.dnd.ca/amsc/amsc1/006.html.
- Walt, Stephen, 1991, "The Renaissance of Security Studies," *International Studies Quarterly* vol. 35/no. 2.
- ______, 2009, "Alliances in a Unipolar World," *World Politics* vol. 61/no. 1 (January).
- Walzer, Michael, 2003, "Is There an American Empire?," *Dissent Magazine* (Fall).
- Weiss, Thomas G.(ed.), 1993, *Collective Security in a Changing World* Boulder: Lynne Rienner Publishers, Inc..
- Wiseman, Geoffrey, 1989, *Common Security and Non-Provocative Defense: Alternative approaches to the security dilemma* (Canberra: Peace Research Centre, Research School of Peace Studies).
- Wohlforth, William C., 1999, "The Stability of a Unipolar World," *International Security* (Summer).
- ______, 2009, "Unipolarity, Status Competition, and Great Power War," *World Politics* vol. 61/no. 1 (January).
- Zakaria, Fareed, 2008, "The Future of American Power: How America Can Survivethe Rise of the Rest," *Foreign Affairs* (May/June).
- ______, 2008, *The Post-American World*, New York and London: W.W. Norton & Company, (윤종석 · 이정희 · 김선옥 역, 2008, 『흔들리는 세계의 축: 포스트 아메리칸 월드』, 도서출판 베가북스.)

| 제 2부 |

국제정치이론과 안전보장

현실주의 국제정치 패러다임과 안전보장

자유주의 이론과 안보

구성주의 국제정치이론과 안전보장

현실주의 국제정치 패러다임과 안전보장

이 동 선

I. 서론

현실주의는 투키디데스, 니콜로 마키아벨리, 토마스 홉스 등 여러 사상가들이 수세기에 걸쳐 구축한 사상적 토대 위에 20세기에 들어서 현대적 국제정치 패러다임으로 정립되었다. 현실주의는 국가의 안전보장을 가장 중요한 문제로 간주하며 안보문제의 근원과 해법을 규명하기 위해 오랜 기간에 걸쳐 전력을 기울여 왔다. 그 결과 안보학의 발전에 지대한 공헌을 했을 뿐 아니라, 안보연구 분야에서 지배적 위치를 차지하게 되었다. 그리고 자유주의와 구성주의 등 대안 패러다임들과 치열한 경합과 현실주의 분파들 간의 내부경쟁을 통해 지속적으로 발전하며 주류 안보패러다임으로서 위치를 굳건히 지키고 있다. 그러므로 이론의 수용 여부와 상관없이 현실주의에 대한 정확한 이해는 안보연구에 있어 반드시 필요하다.

하지만 안보 패러다임으로서 현실주의에 대한 이해는 그다지 깊지 않다. 첫째로 현실주의에 관한 피상적인 이해가 눈에 띈다. 단적인 예로, 현실주의 이론가들이 이라크 침공으로 대표되는 부시(George W. Bush) 행정부의 패권주의적 외교정책을 한결같이 비판했지만, 많은 학자들은 부시 독트린을 전형적인 현실주의 정책으로 간주하고 있다.[1] 현재는 민주주의의 전파를 원칙적으로 옹호하는 오바마(Barack Obama) 대통령을 일부 실용주의(pragmatism)적 성향을 보인다는 이유로 현실주의자로 단정하고 있다.[2] 둘째로 현실주의에 대한 논의는 대개 총론 수준에 머물고 있다. 패러다임 차원의 주요 발전에 대한 논의를 넘어서 안보연구의 여러 세부분야에서 현실주의가 내놓고 있는 구체적인 성과에 관한 각론을 별로 다루지 않고 있다. 특히 근래의 연구 성과에 대한 소개와 평가가 미진하다.

본 장의 목적은 이러한 문제점들을 해결하는 데에 작으나마 기여하는 것이다. 이를 위해 현실주의 학파 전체에 대한 개괄적 논의와 함께 고전적 현실주의와 구조적 현실주의 등 주요 현실주의 분파 간 논쟁의 중심에 위치한 핵심쟁점을 소개한다. 아울러 현실주의자들이 제시하는 안전보장을 위한 대표적 정책방안들의 내용과 장단점을 검토하고 현실주의 외교의 주요 신조에 대해 설명한다. 그리고 마지막으로 지난 10여 년 동안 현실주의가 안보학에 공헌한 점들을 소개하고 평가한다.

현실주의에서는 국가들의 생존을 보장해줄 수 있는 상위의 기관이 존재하지 않는다는 사실에서 근원적인 안보의 문제가 비롯된다고 본다. 생존에 관해 두려움을 느끼는 국가들은 스스로를 지키기 위해 경쟁적으로 국력을 양성하게 되며, 그 과정에서 균형, 패권, 타협 등 여러 안보정책을 채택한다. 하지만 이러한 정책대안들의 상대적 유효성에 관해서 현실주의자들은 상이한 평가를 내리며 여러 분파를 형성한다. 일단의 현실주의자들은 세력균형의 유지를, 다른 분파는 패권의 추구를 가장 합리적인 안보정책이라고 주장한다. 하지만 국력의 사용에 있어 절제와 신중함을 강조한다는 점에서는 현실주의자들은 중요한 공감대를 형성하고 있다. 금세기 들어 비판자들이 수차례의 사망선고를 내렸음에도 불구하고 현실주의는 안보 분야에서 중대한 공헌을 해왔다. 자체의 이론적 진보를 통해 안보현상에 대한 이해를 높였으며, 새로운 이슈에 관한 논쟁을 선도하고 기존의 논쟁을 한층 진전시켰다. 이러한 주장을 아래에서 더 상세히 개진하고자 한다.

II. 현실주의 패러다임

현실주의 이론들은 몇 가지 핵심적인 명제를 공유하는 동시에 중요한 문제에 관해 견해의 차이를 보인다.

1. 핵심 명제

현실주의자들은 국가의 가장 소중한 가치는 안보이며 이를 지키기 위한 핵심적인 수단이 국력(power)이라는 데 동의한다. 그리고 안보를 추구하는 과정에서 국가들이 일상적으로 국력경쟁(power struggle)에 휘말리게 된다고 본다.

현실주의는 국가중심의 안보관을 가지고 있다. 인간은 홀로 살아갈 수 없기 때문에 반드시 집단에 소속되어야 하며, 집단의 존속이 인간의 생존에 있어 핵심적인 중요성을 갖는다고 본다. 그런데 근대에 들어서며 대다수의 사람들은 가장 효과적인 정체인 국가 단위로 조직되었다. 그러므로 현실주의자들은 국가의 생존을 안보문제의 핵심이라고 여긴다.

현실주의는 영토보전, 국민보호, 주권유지 등으로 정의되는 안보를 최우선의 국가 목표로 간주한다. 국가의 생존이 확보되지 않으면 부와 위신 등 다른 가치를 추구할 수 없기 때문이다.[3] 또 무정부 상태인 국제체계에서는 생존에 대한 보장을 담보할 수 없기 때문이기도 하다. 폭력의 행사를 막을 수 있는 중앙의 권위체 혹은 세계정부가 존재하지 않는 한 전쟁을 비롯한 위험이 상존하며, 국가들은 안보를 기본적으로 스스로 책임질 수밖에 없다. 따라서 안보가 국가의 최고 관심사가 될 수밖에 없다.

안보불안을 느끼는 국가들은 국력을 기르고자 한다. 국력이란 국가가 보유한 자위능력으로서 군사력을 비롯하여 군사력을 양성하는 데 사용할 수 있는 유형 · 무형의 자원(경제력, 인구, 기술, 천연자원 등)을 지칭한다. 안보를 보장할 상위기구가 부재하고 개별 국가가 안보를 책임져야 하는 상황에서 스스로를 보호할 자위수단의 보유는 불가결하다. 이는 모든 국가들이 자위를 위한 조직을 보유하고 있는 사실을 보면 알 수 있다. 충분한 국력을 확보하지 못하면 다른 국가에 의해 정복 또는 강압(compellence)을 당할 가능성이 크다. 아울러 테러조직을 비롯한 비국가행위자들에게 공격당할 위험도 늘어난다. 적의 공격을 억지(deterrence)하고 자신을 방어(defense)하기 위해서는 자위를 위한 적정한 국력이 필수적이다. 현실주의자들은 안보위협에 대처하기 위해 즉각적으로 활용할 수 있는 군사력을 국력의 가장 중요한 구성요소로 인식한다. 그 다음으로 군사력을 뒷받침하는 데 필요한 경제력을 비롯한 여러 자원을 중요시한다. 현실주의자들은 이러한 경성국력(hard power)은 한계가 있으며 문화 및 이념적 매력 등의 연성국력(soft power)도 종종 유용하게 활용될 수 있는 사실을 인정한다.[4] 하지만 경성국력을 등한시하고 연성국력에 주로 의존해 안보를 도모하는 것은 매우 위험하다고 본다.

이렇듯 자조(self-help)의 원칙하에서 국력을 추구하는 국가들은 종종 상호경쟁에 휘말린다. 이는 한 국가의 자위적 행동이 다른 국가의 안보를 저해하는 안보 딜레마 때문이다.[5] 갑(甲)이 안보불안을 느껴 자국의 군사력을 증강하면, 을(乙)은 이것이 자신을 해치려는 의도에서 비롯되었을지 모른다고 의심하여 대응조치를 취한다. 그러면 갑은 이를 상쇄하기 위해 다시 군비를 증강할 것이고, 이는 을의 추가 대응조치를 불러온다. 그리고 이러한 행동과 반응의 상승작용이 계속되어 국력경쟁을 낳는다. 이와 같은 안보 딜레마는 국가들이 서로의 의도를 전적으로 신뢰할 수 없기 때문에 일어난다. 만약 상대방의 군비증강이 자위목적으로 이루어졌음을 확신할 수 있다면 경쟁적으로 대응하지 않을 것이다. 하지만 국가의 의도는 늘 불확실하고 가변적이기 때문에 안보 딜레마는 상존하며 국력경쟁도 지속된다.[6)]

국력경쟁은 다른 요인 때문에 발생하기도 한다. 라인홀트 니부어, E. H. 카, 한스 모겐소를 비롯한 고전적 현실주의자들은 국가들 간에 국력경쟁이 일어나는 원인을 인간의 본성에서 찾는다.[7)] 타인을 지배하고자 하는 욕구를 지닌 이기적인 인간들로 구성된 국가들이 서로를 지배하는 데 필요한 우월한 국력을 얻기 위해 경합한다는 것이다. 다른 일단의 학자들은 잘못된 인식이나 국내정치적인 이유 때문에 국가들이 과도하게 공격적인 정책을 펴게 되어 불필요한 국력경쟁에 휘말릴 수 있다고 주장한다. 민간인의 통제를 받지 않는 군대가 조직의 편협한 이익을 추구하기 위해 공격적인 군사 독트린을 채택한다든지,[8)] 이익집단이 사리사욕을 위해 만들어낸 신화(myths)가 과도한 팽창주의 정책을 초래할 수 있는 것이다.[9)] 또 정복이 쉽다는 잘못된 믿음이 불필요한 전쟁을 일으키기도 한다.[10)]

국력경쟁을 지양하고 군비통제나 불가침 협정체결 등 상호협력을 통해 안보를 도모하려는 노력은 대개 실패로 돌아간다. 안보 분야에서 협력은 달성하기도 어렵고 달성하더라도 지속하기 어렵다. 이는 무정부 상태가 안보협력을 저해하는 두 가지 장애물을 만들어내기 때문이다.[11)] 첫째는 속임수에 대한 두려움이다. 상위의 권위체가 부재한 무정부 상태에서는 상대국이 약속한 의무를 이행하지 않을 경우 효과적으로 처벌하기 어렵고 큰 피해를 입을 위험이 있다. 특히 안보 분야에서 배신을 당할 경우 국가의 존망이 위태로울 수 있다. 또 다른 협력 저해요인은 상대적 이득에 대한 고려이다. 무정부 상태에 놓인 국가들은 협력을 통한 이득이 상대방에게 더 많이 돌아가서 자신의 상대적 국력이 감소하지 않을까 우려한다. 상대국이 증가된 국력을 이용해 자국의 안보이익을 침해할 수 있기 때문이다. 그러므로 국가들은 이득의 균등한 분배를 요구하며, 그 결과 협력의 여지가 줄어든다. 이렇듯 협력을 통한 안보 달성이 불가능하지는 않지만 매우 어렵기 때문에 국력경쟁이 빈발하게 된다.

국가가 합리적인 단일행위자(rational unitary actor)라는 가정이 현실주의를 관통하는 핵심 명제로 종종 지목되기도 한다.[12] 하지만 이는 잘못된 해석이다. 모겐소의 저작을 보면 합리성을 가정한 국제정치연구에 대한 비판이 드러난다.[13] 구조적 현실주의의 창시자이자 대표적인 현실주의자인 케네스 월츠는 그의 저작 어디에서도 국가의 합리성을 명시적으로 인정한 적이 없다.[14] 또 세력균형의 형성 등 국제정치현상을 설명하기 위한 이론을 개발하기 위해서는 국가를 단일행위자로 취급해야 하지만, 국가의 외교정책을 설명하려면 다양한 하위 구성원들의 역할을 고려해야 한다고 주장한다.[15] 이러한 월츠의 인식을 공유한 많은 현실주의자들은 국제체계의 구조와 함께 국내정치와 인식 등 국가내부의 요인들에 주목하며 외교정책분석을 시도했다. 그리고 그들은 신고전 현실주의라는 주요 분파를 형성하게 되었다.[16] 존 미어샤이머와 찰스 글레이저를 비롯한 주요 현실주의 이론가들이 국가의 합리성과 단일성을 가정하는 것은 사실이지만, 그들이 현실주의 전체를 대변한다고 말할 수는 없다.[17]

2. 주요 쟁점

상기한 바와 같이 핵심적인 인식을 공유하는 현실주의자들도 국가들이 얼마만큼의 국력을 추구하는가라는 문제에 있어서는 두 가지 상반된 견해를 지닌다.

월츠가 정립한 방어적 현실주의에 따르면 국가들은 자신의 상대적 국력을 유지하고자 한다.[18] 즉 현재의 국력 배분상태(status quo)를 보존하기 위한 방어적 행태를 보인다. 여기에는 두 가지 이유가 있다. 첫째, 상대적 국력이 현저히 줄어들어 세력균형(balance of power)이 깨지면 부강해진 국가에 의해 공격받거나 지배당할 수 있다. 반면 세력균형이 유지될 경우 이러한 위협을 무난히 막아낼 수 있다. 둘째, 세력균형을 스스로 무너뜨리고 패권(hegemony)을 장악하려는 시도는 성공 가능성이 희박하며 오히려 안보를 저해할 위험성이 있다. 패권을 추구하는 국가는 세력균형을 유지하려는 다른 국가들의 견제를 받아 고립되기 쉽다. 또 패권을 추구하기 위해서는 다른 국가를 때때로 공격할 필요가 있는데, 일반적으로 공격은 방어보다 어렵다. 즉 소위 공수균형(offense-defense balance)이 공격자에게 불리하다.[19]

반면 미어샤이머가 대표하는 공격적 현실주의에 따르면 국가들은 자신의 상대적 국력을 극대화하고자 한다.[20] 모든 국가들은 기회만 있으면 현상을 타파하려는 공격적인 행동을 취한다. 강한 국력을 보유할수록 침략을 당할 가능성이 적고 안보위협에 효과적으로 대처할 수 있기 때문이다.[21] 강대국의 경우 국력을 추구하는 궁극적인 목표는 패권(유일한 강대국의 지위)을 차지하는 것이다. 패권을 장악하면 타국의 공격을 받을 가능성이 최소화되며 안보이익을 가장 효과적으로 보호할 수 있기 때문이다. 물론 모든 지역을 아우른 유일한 강대국이 되어 전 세계적인 패권을 장악하는 것이 가장 이상적이겠지만, 대양을 건너 타 지역에 우월한 전력을 투사하는 것이 매우 어렵기 때문에 자국이 속한 지역 내에서 패권국이 되는 것이 강대국의 일차적인 목표가 된다.[22] 공격적 현실주의자들은 지역패권을 장악하는 것이 실현 가능하다고 주장한다. 여타 국가들이 패권을 추구하는 국가를 견제할 필요를 느끼더라도 이에 따르는 비용을 서로에게 전가하려고 할 것이다. 이러한 책임회피 성향 때문에 패권에 도전하는 국가가 별다른 저항에 직면하지 않을 수도 있다. 또 방어가 공격보다 유리하더라도 우세한 국력을 통해 방어자가 갖는 상대적 이점을 극복할 수 있다. 이러한 이유로 강대국들은 패권을 달성하기 위해 국력을 극대화하고자 노력한다. 오직 패권국만이 무정부 상태의 국제체계에서 진정한 현상유지 국가가 될 수 있다.

모겐소와 같은 고전적 현실주의자들도 공격적 현실주의자와 마찬가지로 국가들이 국력을 극대화하려는 성향이 있으며 강대국들은 궁극적으로 패권을 추구한다고 주장한다.[23] 그러나 이러한 공격적 행동의 동기로서 공격적 현실주의가 국제체계의 무정부성이 초래하는 안보 불안을 지목하는 반면, 고전적 현실주의는 지배욕구라는 인간의 본성에 주목한다.

국가들이 얼마만큼의 국력을 원하는가는 국력경쟁의 강도에 영향을 준다. 국가들이 상대적 국력의 극대화를 추구한다고 믿는 (공격적 현실주의 등의) 현실주의 분파들에서는 국제정치를 극심한 국력경쟁의 필연적인 연속으로 본다. 오직 한 국가만이 패권국의 지위를 차지할 수 있기 때문에 강대국 간의 국력경쟁은 특히 치열하다. 반면에 국가들이 현상유지적인 정책을 펼칠 구조적 유인이 크다고 생각하는 방어적 현실주의자들에 따르면 열띤 국력경쟁은 많은 경우 불필요하다. 국력경쟁이 심할수록 안보협력의 여지가 줄어들며 국가들은 더 큰 안보 불안을 느끼게 된다.

III. 현실주의 안보정책

현실주의자들은 안보를 위한 가장 믿을 만한 수단은 국력이라고 역설한다. 국제제도 등 다른 수단에 주로 의존할 경우 곤란을 당할 위험이 크다고 본다. 유엔(UN)처럼 가장 발전된 국제기구조차도 부강한 국가들을 제어하기에 충분한 자체 능력을 갖추고 있지 못하기 때문이다. 하지만 위협적인 국가들에 대항해 국력을 어떻게 사용해야 할지에 관해서는 다양한 방안이 제시되고 있다.

1. 균형정책

균형정책(balancing)은 한 국가 혹은 일단의 국가들이 우월한 국력을 보유하는 것을 방지하는 정책이다. 대등한 국력을 보유할 경우 타국에 의한 공격을 막아낼 수 있다. 즉 효과적인 억지 또는 방어가 가능하다. 그리고 이에 따라 타국의 지배를 면할 가능성이 크다. 패권국의 등장을 막는 것이 균형정책의 궁극적인 목표가 된다. 패권국이 등장하면 정복을 당하거나 강압을 통해 지배당할 수 있기 때문이다.

세력균형은 흔히 두 가지 방법을 통해 이루어진다.[24] 자체 국력증진이 그 첫 번째 방법이다. 적대국이나 잠재적 경쟁국이 군비를 증강할 경우 이를 상쇄할 수 있을 만큼의 군사력을 확충한다. 즉 군비경쟁에 나서는 것이다. 상대국이 산업 생산능력을 제고하거나 전략적 자원을 확보하면 이에 상응하는 조치를 취한다. 이와 같은 세력균형 유지방법은 외부의 도움에 의존하지 않고 국가의 자체 노력에 의해 이루어지기 때문에 흔히 내적 균형(internal balancing)이라고 불린다.

세력균형을 유지하는 또 다른 방법은 동맹을 결성하는 것이다. 동맹이란 위협적인 국가에 대항하기 위해 다른 국가와 제휴해 힘을 모으는 것을 의미한다.[25] 적국의 국력이 월등해서 홀로 감당할 수 없을 때에는 동맹이 안보를 위한 필수요건이 된다. 적대국이 우세한 국력을 보유하고 있지 않더라도 세력균형을 유지하는 비용을 절감하기 위해 동맹을 맺기도 한다. 동맹 결성은 외부의 힘을 빌려 세력균형을 달성하는 것이기 때문에 외적 균형(external balancing)이라 부르기도 한다. 동맹의 결성이 필요하거나 효율적인 상황이 빈번히 발생하기 때문에 국가들은 오랫동안 수많은 동맹을 맺어왔다. 하지만 무정부 상태인 국제체계에서 동맹국이 방위공약을 성실하게 이행할 것이라는 보장은 없으며, 동맹국에 의해 방기될 경우 세력균형이 깨져 큰 위험에 처할 수 있다.[26] 반대로 동맹국이 부주의한 외교정책을 펼치면 자국의 이익과 직접적인 연관이 없는 국제분쟁에 연루될 수 있다. 또 동맹국에 국가안보를 의존할수록 자율성이 줄어들게 된다.[27] 이러한 위험 때문에 동맹에 전적으로 의존하는 국가는 발견하기 어려우며, 대다수의 국가들은 최소한의 자위력을 갖추고자 노력한다.

이러한 방법이 유효하지 못할 때에는 세력균형을 위해 더욱 공격적인 방법을 활용하기도 한다. 적대국의 국력신장을 저지할 목적으로 직접 예방전쟁을 감행하거나 경제제재나 군사적인 압박을 가할 수 있다. 또 제3국으로 하여금 적대국과 대리전을 치르거나 압박을 가하도록 유도할 수도 있다. 이는 타국의 힘을 빌려 세력균형을 유지하려는 책임전가(buck-passing) 전략의 일종이다.[28] 마지막으로 압력과 회유를 활용하여 적대적인 동맹을 분열시키는 경우도 있다.

위에서 언급한 장점에도 불구하고 균형정책에는 몇 가지 단점이 있다. 우선 세력균형은 항상 달성할 수 있는 것이 아니다. 국가들이 지니고 있는 인적 · 물적 자원에는 상당한 차이가 있기 때문에 자체의 노력을 통해 대등한 국력을 확보하는 것이 어려울 수 있다. 이런 경우에는 타국의 힘을 빌릴 수 있지만 신뢰할 만한 동맹국을 얻는 것도 쉽지 않다. 공격적인 방법을 통해 경쟁국을 약화하거나 적대적 동맹을 해체하는 것은 더 어렵고 위험하다. 예방전쟁은 실패하는 경우가 많으며, 경제 및 군사적 수단을 사용한 강압전략은 성공률이 낮고 전쟁을 촉발할 가능성이 크다. 또 믿을 만한 책임전가의 대상을 구하는 것은 어렵고, 대상국이 책임을 제대로 감당하지 못할 경우 세력균형의 붕괴를 초래할 수 있다. 적대적 동맹을 분열시키는 것은 어려울뿐더러 상대의 위협인식을 제고하여 오히려 동맹을 강화하는 부작용을 낳기도 한다. 그리고 세력균형을 이루더라도 안전을 완전히 보장하지 않는다. 세력균형이 이루어졌는지를 판별하는 데는 상당한 불확실성이 따르기 때문에 적국이 자신이 우세하다고 오판해 공격해 올 수 있다. 또 전쟁의 승패는 운과 전략 같은 국력 이외의 요소에도 달려 있으므로 대등한 국력을 가지고 있더라도 패배할 위험성이 있다.

이렇듯 균형정책이 항상 성공하거나 안전을 보장해 주는 것은 아니지만 다수의 현실주의자들은 이 방안이 다른 대안들보다 실용적이고 효율적이라고 주장한다. 근대 국제체계가 형성된 이래 수많은 정책결정자들이 이러한 인식을 공유하였고, 그 결과로 균형정책은 여러 국가의 안보정책의 근간을 이루어 왔다. 이 점에서 균형정책은 수많은 실제적 적용을 통해 그 효과성이 상당부분 검증된 안보방안이라고 할 수 있다.

2. 패권정책

일부 현실주의자들은 균형정책의 대안으로 패권(hegemony)의 추구를 제시한다.[29] 패권이란 압도적인 국력을 보유한 상태를 지칭한다. 국제체계 내에서 유일한 강대국이 되면 패권국의 지위에 오른 것으로 볼 수 있다. 자국이 속한 지역 내 유일의 강대국이 지역패권국이다. 그리고 세계의 모든 지역에서 유일한 강대국이 되면 세계패권국이 된다. 패권은 월등한 국력(preponderant power)과 구별된다. 복수의 강대국 중 한 국가의 국력이 현저히 우세할 경우에 그 국가가 월등한 국력을 가지고 있다고 말하지만 패권국가라고는 부르지 않는다. 제1차 세계대전 직전의 독일이 월등한 국력을 가진 국가의 예이다. 당시 독일은 군사력을 아우른 총체적 국력에 있어 유럽에서 가장 강력한 국가였지만, 그 지역에는 프랑스와 영국을 비롯한 다른 강대국들이 있었기 때문에 독일은 패권국이 아니었다. 반면 현재 서반구에는 미국 외에는 강대국이 존재하지 않으므로 미국을 지역패권국이라고 볼 수 있다. 하지만 미국을 세계패권국이라고 부르는 것은 잘못이다. 왜냐하면 러시아와 중국 등 미국에 맞서 자국의 생존을 지키며 지배를 면할 수 있는 충분한 국력을 지닌 강대국들이 유라시아에 존재하기 때문이다. 사실 미국은 강대국이 부재한 중동지방을 장악하는 데도 실패하고 있다.

패권을 장악하기 위해서는 상대적 국력을 제고하는 여러 방법들을 사용한다. 적대적인 국가들을 굴복시키고자 전쟁 또는 강압전략을 활용하거나, 경쟁국들 사이에 소모전을 조장해 어부지리를 취하기도 한다.

패권을 쟁취하면 국가의 안보가 최대한 보장된다. 다른 국가들이 패권국을 정복하거나 압력을 통해 굴복시키는 것은 사실상 불가능하며, 보복이 두려워 패권국의 사소한 안보이익도 가급적 침해하지 않게 된다.[30] 기껏해야 국제제도 및 외교 등 비군사적 수단을 활용해 패권국의 일방적 군사행동을 소극적으로 견제하는 이른바 연성균형(soft balancing) 전략을 채택할 것이다.[31] 하지만 많은 경우 오히려 패권국의 호의를 입으려고 편승(bandwagoning) 전략을 취할 가능성이 있다. 지역패권국은 다른 지역의 강대국에 의해 위협받을 수 있기 때문에 세계패권국보다 덜 안전하다. 그럼에도 불구하고 단지 세력균형이 이루어진 상태와 비교하면 지역패권국은 월등한 수준의 안전보장을 향유할 수 있다.

문제는 다른 강대국들의 견제와 방어자의 이점 등 앞서 언급한 이유 때문에 패권을 달성하기가 매우 어렵다는 것이다. 이는 나폴레옹의 프랑스, 독일제국, 나치독일, 일본제국 등이 모두 지역패권을 추구하다가 패망했으며, 아울러 소련도 붕괴했음을 보면 분명히 알 수 있다. 특히 세계패권을 달성하기 위해서는 사실상 전 세계를 대적해야 하므로 지역패권을 달성하는 것보다 훨씬 어렵다. 역사상 최강국인 미국조차도 세계패권을 달성하지 못하고 있다. 그러므로 패권의 쟁취는 월등한 국력을 지닌 초일류 강대국만이 채택할 수 있는 안보정책이라고 볼 수 있다. 또 성공할 경우 최대의 이득을 가져다주지만 비용과 위험이 그만큼 큰 정책이다.

3. 타협정책

현실주의자들은 상황에 따라서는 안보를 위해 위협적인 국가와 타협할 필요가 있음을 인정한다.[32] 타협정책(accommodation)은 종종 양보를 통해 이루어지며 수혜국에 대해 상대적으로 국력이 감소하는 결과를 낳는다.

먼저 여러 국가와 대적하고 있을 경우에 가장 위협적인 국가에 효과적으로 맞서기 위해 다른 경쟁국들과 타협할 수 있다. 20세기 초에 영국이 점증하는 독일의 위협에 대처하기 위해 오랫동안 갈등관계에 있었던 미국에 양보하고 화해한 것이 대표적인 예이다. 또 국력을 증진하기 위한 시간을 벌기 위해 적대국과 타협하기도 한다. 영국이 1938년에 독일에 체코슬로바키아의 일부(Sudetenland)를 주기로 결정한 데는 재무장을 위한 시간을 벌겠다는 동기가 일부 작용했다. 이러한 정책들은 모두 큰 틀에서 세력균형을 유지하기 위한 노력의 일환으로 이해할 수 있지만 심각한 위험을 수반한다. 타협정책은 상대방의 국력을 키우는 동시에 자국의 힘과 결의가 약하다는 인상을 줄 수 있다. 따라서 수혜국이 후에 더 큰 요구를 하거나 공격해 올 위험이 있다. 이 경우 더 불리한 위치에서 경쟁국과 맞서게 되는 위기를 맞는다. 영토의 일부를 얻은 후 나치독일의 침략정책이 가속화된 것을 보면 타협의 위험성이 명백해진다. 유화정책(appeasement)을 펼친 영국과 프랑스는 결국 더 강력해진 독일과 불리한 상황에서 전쟁을 치르게 되었다.

한편 위협적인 국가와 힘을 합하는 편승전략이 타협정책의 일환으로 간혹 활용되기도 한다. 편승도 경쟁국의 국력을 늘리고 약한 인상을 주기 때문에 앞서 말한 잠재적 위험을 수반한다. 특히 위협적인 국가가 편승에 힘입어 패권을 장악할 경우 편승국의 국가안보가 매우 위태로워진다. 패권국의 지배하에 들어갈 수 있기 때문이다. 그러므로 편승정책은 불가피한 경우에만 매우 드물게 활용된다. 주로 강대국과 홀로 대적하게 된 고립된 약소국이 편승정책을 채택한다. 제2차 세계대전 중 불가리아와 루마니아가 독일 측에 가담하게 된 사실을 예로 들 수 있다.

IV. 종합평가

상기한 정책 중 무엇이 가장 이상적인지에 관해서는 현실주의자들의 의견이 갈라진다. 방어적 현실주의자들은 균형정책을 선호한다. 패권을 달성하는 것은 너무 어렵고 타협에 치중하는 것은 위험하기 때문이다. 반면에 공격적 현실주의자는 지역패권의 추구를 최상의 정책으로 꼽는다. 세계패권과 달리 지역패권은 실현 가능하며 성공할 경우 세력균형이 줄 수 있는 혜택을 훨씬 능가하는 안보이익을 보장한다고 판단하기 때문이다. 대부분의 현실주의자들은 어떤 정책이 일반적으로 가장 나쁜지에 대해서는 의견의 일치를 보인다. 타협은 제한된 경우를 제외하고는 매우 위험하며 큰 이득을 주지 못한다고 생각하는 것이다.

공격적 현실주의자들의 견해대로 패권의 달성이 이상적이라고 하더라도 실제로 대부분의 국가들이 처한 상황에서는 균형정책이 가장 현실적으로 적합하다. 패권은 월등한 국력을 지닌 극소수의 초일류 강대국만이 추구할 수 있다. 또 타협정책은 큰 위험성을 수반하므로 오직 충분한 자위능력과 의지할 만한 동맹국을 갖지 못한 약소국들에게만 적합한 안보방안이다. 그러므로 균형정책을 대표적인 현실주의 안보방안으로 간주할 수 있다.

어떤 방안을 선호하든 현실주의자들은 외교정책을 수립하는 데 있어 일반적으로 두 가지 신조를 중요시한다. 첫째 신조는 절제(restraint)이다. 안보위협이 상존하는 무정부 상태에서 살아가는 국가들은 가장 중요한 안보이익을 지키기 위해서 국력을 사용해야 한다. 이념의 전파나 경제적 이득의 확보 등 안보와 직접적인 연관이 없는 목적을 위해 국력을 소진하는 것은 위험한 일이므로 지양해야 한다. 이러한 부차적 목적은 충분한 여력이 있고 국력을 많이 소모하지 않을 때에만 조심스럽게 추구해야 한다. 또 국력이 허용하는 범위를 넘어서 무리하게 이익을 추구하는 것(strategic overstretch)을 삼가야 한다. 무엇보다 자국의 능력이 지닌 한계를 잘 알고 오직 실현 가능한 목표를 설정해야 한다. 특히 군사력으로 달성할 수 있는 목표와 그렇지 못한 것을 분간할 수 있어야 한다.[33] 그렇지 못할 경우 정책실패로 인해 국력이 약화되어 큰 재앙을 맞을 수 있다. 군사력의 중요성과 패권정책의 합리성을 강조하는 미어샤이머를 비롯한 공격적 현실주의자들도 이렇듯 절제의 필요성을 역설하는 점에서는 마찬가지이다. 일례로 그들은 군사력을 사용해 민주주의 및 시장경제 제도를 이식할 수 없으며 멀리 떨어진 중동지역에는 안정된 패권을 수립할 필요와 능력이 없음을 지적하며, 2003년의 이라크 침공을 일관되게 반대했다.[34] 그리고 세계패권을 지향한 부시 대통령의 제국주의적 안보정책을 신랄하게 비난하며 절제된 외교의 필요성을 역설했다. 이 점에서는 대부분의 현실주의자들이 동일한 견해를 나타냈다.[35]

현실주의 외교의 둘째 신조는 신중함(prudence)이다. 현실주의자들은 세상이 근본적으로 변하고 있다는 성급한 상황판단을 바탕으로 안보공동체의 수립 등 충분히 검증되지 않은 안보방안을 섣불리 추진하는 것은 실패할 가능성이 크다고 본다. 또 이상주의적 방안에 의지해 국력의 양성을 등한시 하는 것은 매우 위험하다고 본다. 제1차 세계대전 이후 시도된 국제연맹을 근간으로 한 집단안보체제(collective security)가 실패하고 이에 따라 유럽 국가들이 나치독일의 침략에 노출된 것이 이러한 위험성을 잘 드러내 준다고 한다. 이러한 이상주의적 실험보다는 역사의 연속성을 가정하고 불완전하지만 오랜 세월에 걸쳐 검증된 균형정책을 비롯한 현실주의 정책방안을 활용하는 것이 더 안전하다고 생각한다. 현실주의 정책을 근간으로 하고 필요할 경우에 조심스럽게 다른 정책방안을 보완적으로 활용하는 것이 최선의 방책이라는 것이다.

V. 현실주의와 안보학

21세기에 들어 현실주의는 빠르게 변화하는 안보환경 속에서 적실성을 상실하고 있다는 비판을 받았다. 하지만 현실주의는 지난 10여 년 동안 안보학에 중대한 공헌을 하며 자신의 적실성을 성공적으로 입증해 왔다.[36] 자체의 이론적 진보를 이룰 뿐 아니라, 새로운 이슈에 관한 논쟁을 선도하고 기존의 주요 논의를 한층 진전시키고 있다.

1. 이론적 진보

현실주의는 자체의 이론적 진보를 통해 안보학의 전통적인 관심사에 대한 이해를 증진하고 있다. 전통적으로 안보학의 가장 큰 관심사인 전쟁의 원인에 관한 새로운 현실주의 이론들이 등장하였다. 스티븐 밴 에버라는 『전쟁의 원인』(*Causes of War*)이라는 제하의 역작을 통해 공수이론(offense-defense theory)을 집대성하였다(Van Evera 1999).[37] 정복(혹은 공격)이 수월하다는 잘못된 생각 때문에 국가들이 전쟁을 일으킨다는 것이 그의 핵심주장이다. 실제로는 공격이 대개 어렵지만 국가들이 현실을 제대로 인식하지 못해 전쟁을 일으키게 된다는 것이다. 이는 국제체계가 만들어내는 구조적 유인에 관한 방어적 현실주의자들의 견해를 수용한 것이기 때문에, 밴 에버라의 저작은 방어적 현실주의의 전쟁이론을 체계적으로 정립한 것으로 이해할 수 있다.

하지만 오인으로 인해 전쟁이 발발한다는 주장은 곧 현실주의 내부로부터 비판에 직면하게 되었다. 데일 코플랜드는 『대전쟁의 기원』(*The Origins of Major Wars*)에서 대다수의 강대국들이 참가하는 체계 차원의 전쟁(systemic war)이 발발하는 조건을 규명하였다.[38] 대규모의 전쟁이 일어났거나 발발할 위험이 높았던 열 개의 시기에 대한 심도 있는 사례 분석을 통해 그는 역동적 국력차이이론(dynamic differentials theory)을 정립하였다. 이 이론에 따르면 대규모의 전쟁은 국제체계에서 가장 강한 군사력을 지닌 국가가 상대적인 국력쇠퇴를 경험할 때 발발한다. 국력쇠퇴가 불러올 안보위협에 대한 두려움이 전쟁의 동기를 부여하며 현재의 강력한 군사력이 승리의 기회를 제공하기 때문이다. 그는 전쟁이 불확실성에 따른 오산이나 왜곡된 현실인식에 의해 일어나지 않고 엄정한 국력평가에 의거해 합리적으로 선택된다고 주장한다. 공수이론은 키어 리버에 의해 보다 직접적인 비판을 받았다.[39] 그는 군사기술이 공격과 수비의 상대적 효과성을 결정하며 공수균형에 대한 인식이 전쟁 여부를 결정한다는 공수이론의 핵심주장들이 논리적으로나 경험적으로 근거가 희박하다는 것을 설득력 있게 보여주었다.

전쟁의 승패를 가름하는 요인에 대한 연구에 있어서도 이론적인 진전이 있었다. 스티븐 비들은 『군사력』(*Military Power*)에서 승패가 물질 또는 기술적 우위에 달려 있는 것이 아니라 군사력 운용에 있어서의 숙련도(skill)에 의해 좌우된다고 주장하였다.[40] 사격과 이동을 결합한 현대적 전술체계를 전장에서 더욱 효과적으로 활용하는 편이 승리한다는 것이다. 비들은 이러한 결론을 사례연구, 통계분석, 시뮬레이션 등의 다양한 방법을 통해 입증하였다.

이와 유사하게 이반 토프트는 비대칭 전쟁(asymmetric war)의 승패도 군사력의 운용에 달려 있다는 연구결과를 발표하였다.[41] 그는 군사전략을 직접형(direct approach)과 간접형(indirect approach)으로 분류하고, 강자와 약자가 모두 동일한 유형의 전략을 사용할 경우 강자가 승리한다고 주장하였다. 반면에 교전당사자가 상이한 유형의 전략을 채택하는 경우에는 약자가 승리를 쟁취할 수 있다고 보았다. 이들의 연구는 군사력 운용의 중요성을 강조해 온 현실주의적 전통을 이은 것으로, 군사혁신(revolution in military affairs)에 관한 논의와 맞물려 팽배해진 기술 및 물질 결정론을 비판하는 공헌을 하였다.[42]

이 외에도 탈산업화시대로의 이행을 맞이하여 국력의 본질과 구성요소를 재검토하려는 노력도 있었다. 대표적인 예로, 텔리스 등은 국력의 구성요소를 국가가 보유한 자원, 이를 창출 또는 활용하는 능력, 그리고 군사력의 세 영역으로 분류하고, 각각의 요소를 측정하는 지표를 제시하였다. 아울러 영역 사이의 관계를 밝힌 개념 틀도 제시하였다.[43]

안보위협에 대한 평가 및 대응과 관련해서도 중요한 이론적 발전이 이루어졌다. 이와 관련된 대표적인 저술로는 대릴 프레스의 『위협의 신빙성』(*Calculating Credibility*)이 있다.[44] 군사력을 사용하겠다는 적국의 위협이 진실성을 담고 있는지를 국가들이 어떻게 판별하는지가 이 책이 다루는 핵심문제이다. 위협의 신빙성을 파악하는 데 있어 적국의 과거행동 또는 평판을 중시한다는 통념에 맞서, 프레스는 국가들이 주로 현재 국력의 배분상태와 적국의 이해관계에 주목한다고 주장한다. 그리고 쿠바 미사일 위기 등 역사적으로 중요한 사례를 깊이 있게 분석하여 자신의 가설을 입증한다. 이는 평판의 중요성을 전제하는 저작들에 대한 경험적 근거를 기반으로 한 현실주의적 반박이라고 볼 수 있다. 이 작업은 무비판적으로 수용되어 온 기존의 통념을 비판적으로 재검토하는 계기를 제공했다는 점에서 큰 의의를 갖는다. 한편 슈웰러는 왜 국가들이 종종 안보위협을 과소평가하거나 충분한 대응조치를 취하지 않는지를 연구했다.[45] 그는 이러한 문제가 균형정책의 필요성에 관한 지도층 내 합의의 결여, 정부의 정치적 취약성, 사회 전체와 지도층의 분열 등에서 비롯된다고 주장한다. 간단히 말하면 단합되지 못한 국가가 미흡한 균형정책을 취할 위험이 크다는 것이다. 슈웰러의 연구는 그동안 비교적 소홀히 다루었던 안보현상에 대해 체계적인 설명을 제시했다는 점에서 상당한 이론적 의의를 갖는다.

2. 기존 논쟁의 진전: 패러다임 전쟁

현실주의는 국제정치학계의 주요 논쟁에 주도적으로 참여하여 논의의 수준을 한층 끌어올리는 성과를 보였다. 특히 자유주의와 구성주의 등 대안 패러다임들과의 선의의 경쟁을 통해 국제정치이론의 발전에 크게 공헌했다.

우선 현실주의 패러다임은 냉전의 종식에 대해 체계적이고 설득력 있는 설명을 내어 놓았다. 이를 통해 지난 반세기 동안에 일어난 가장 중요한 역사적 사건을 제대로 설명하지 못한다는 비판에서 벗어나게 되었다.[46] 월포스와 슈웰러 등의 현실주의자들은 냉전의 종식이 소련의 국력 쇠퇴에서 비롯되었다고 주장하였다.[47] 그들에 따르면, 1970년대 이후 정보기술혁명에서 낙오된 소련은 빠른 속도의 경제 및 군사적 쇠퇴를 경험하게 되었다. 국력경쟁에서 뒤처지게 된 소련의 지도자들은 미국에 대한 대폭적인 양보를 통해 이길 수 없는 냉전을 끝내려고 결심하게 되었다. 이러한 해석은 광범위하고 깊이 있는 사료분석에 의해 뒷받침되었으며, 학계에서 널리 받아들이게 되었다. 또 미하일 고르바초프의 신사고(New Thinking) 등 새로운 아이디어의 등장 때문에 냉전이 끝나게 되었다는 기존의 통념에 도전함으로써 냉전의 종식에 관한 논쟁을 한층 진전시켰다.

현실주의자들은 민주주의의 안보효과에 관한 자유주의 이론들을 비판적으로 재검토하여 관련 학술논의를 활성화하였다. 세바스티안 로사토는 민주주의 국가들 간의 평화를 설명하기 위해 제시된 각종 논리들(causal logics)을 체계적으로 정리하고 그들의 경험적 근거에 대해 면밀히 조사하였다.[48] 수많은 관련 연구들을 섭렵한 후 그는 민주주의 국가들 간에 존재하는 평화가 자유주의자들이 제시한 이유에서 비롯되었다는 증거는 없다고 결론지었다. 로사토의 연구는 민주주의 국가들이 서로 전쟁을 하지 않았다는 역사적 사실이 민주주의 제도와 규범이 지닌 효과 때문이 아니라 다른 요인들에서 비롯되었을 가능성을 제시함으로써 민주평화론의 타당성에 관한 논쟁에 다시 불을 붙였다.[49]

민주평화론과 더불어, 민주주의 국가들이 전쟁에서 승리할 가능성이 더 크다는 자유주의자들의 주장도 현실주의자들의 거센 도전을 받았다. 데시와 다운스는 민주승리론(democratic victory theory)의 논리적 결함을 밝히고 이론의 주창자들이 활용한 데이터세트에 담긴 오류를 지적하였다.[50] 그리고 보완된 데이터를 분석하여 민주승리론의 경험적 근거가 희박하다는 것을 보여주었다. 그들의 연구는 학계에 큰 반향을 불러일으키며 자유주의적 통념에 대한 재성찰의 계기를 제공하였다.[51] 다운스는 또 다른 연구를 통해 민주주의 국가들이 권위주의 국가들에 비해 도덕적인 행동양식을 보인다는 자유주의적 신념을 비판적으로 평가하였다.[52] 그의 연구에 의하면, 전시에 적국의 민간인들을 대상으로 자행되는 대량살상과 관련해서 민주주의 국가들은 다른 국가들과 별반 다르게 행동하지 않는다. 국가들은 정치체제의 성격에 상관없이 전략적 상황을 주로 고려하여 민간인에 대한 공격 여부를 결정짓는다는 것이 그의 결론이다. 상기한 연구들은 모두 국가들의 정치체제가 대외정책을 결정하는 주된 요인이 아니라고 보는 구조적 현실주의의 전통과 맥이 닿아 있다.

현실주의가 설명할 수 없는 이례적 현상으로 간주했던 유럽통합에 대해서도 현실주의적 설명을 제시하였다.[53] 로사토는 유럽의 경제통합이 소련과 독일에 대한 균형전략의 일환으로 추진되었음을 깊이 있는 사료분석을 통해 입증하였다.[54] 한편 세스 존스는 유럽국가들이 안보 딜레마를 완화하기 위해 안보영역에서 통합을 추진해 왔음을 보여주었다.[55] 이 연구들은 현실주의가 설명하기 어려운 문제를 성공적으로 풀어냄으로써 현실주의의 설명력을 한층 끌어올렸다는 점에서 큰 의의를 지닌다. 또 기존의 자유주의 및 구성주의 통합이론과의 논쟁을 통해 지역통합에 대한 이해의 깊이를 더하고 있다.

3. 당면 안보 이슈에 관한 논쟁 선도

현실주의는 국제사회가 당면한 주요 안보 이슈에 관한 연구를 선도하며 관련 학술 및 정책논쟁을 한층 발전시키고 있다. 현재 세계가 당면한 가장 시급한 문제인 테러리즘에 관한 현실주의의 학술적 기여는 현저하다. 페이프는 자살테러의 현황과 원인 그리고 효과에 대해 광범위한 연구를 해왔다.[56] 그는 자신이 축적한 방대한 데이터를 분석해 자살테러가 이슬람근본주의나 빈곤 때문에 발생한다는 기존의 통념이 잘못된 것임을 밝혔다. 그리고 더 나아가 자살테러는 주로 타민족의 점령을 종식하기 위한 목적으로 합리적으로 선택한 전략임을 주장하였다. 자살테러가 종교적 광신이나 사회적 불만에서 비롯한 비이성적 행동이 아님을 역설한 것이다. 페이프에 따르면, 자살테러는 매우 효과적인 강압전략이며 테러집단들이 높은 성공률을 인지하게 됨에 따라 점점 더 많이 사용하고 있다. 그의 연구는 학계에 큰 반향을 불러일으키며 테러리즘에 관한 후속연구에 지대한 영향을 미쳤다.

하나의 초강대국이 존재하는 국제체계인 단극체계의 속성에 관한 연구는 탈 냉전기에 들어 활발히 진행되어 왔다.[57] 전통적으로 국제체계의 극성을 중요시해 온 현실주의자들은 자연스레 이 연구분야에서도 두각을 나타내고 있다. 일단의 현실주의자들은 세력균형을 회복하려는 국가들의 움직임 때문에 단극체계가 불안정하다고 주장한다.[58] 반면 다른 학자들은 미국과 같은 유일의 초강대국에 대해 균형정책을 효과적으로 펴는 것이 매우 어렵기 때문에 단극체계는 오래 지속될 것이라고 본다.[59] 그리고 리더십을 탈취하기 위한 경쟁이 일어나지 않고 유일한 초강대국이 안정을 유지하기 위해 노력할 것이므로 평화로운 국제관계가 유지되리라고 전망한다.

이러한 이론적 주장들을 검증하려는 시도가 이루어지면서 실제 국가들의 행동에 대한 경험적 연구가 진행되고 새로운 논쟁이 파생되고 있다.[60] 혹자는 미국을 군사적으로 견제하려는 시도가 이미 일어나고 있다고 주장하는 반면, 일단의 현실주의 성향의 학자들은 미국에 대한 저항이

외교 및 경제적 수단과 국제제도를 활용한 연성균형(soft balancing)에 그치고 있다고 본다.[61] 또 다른 학자들은 연성균형정책으로 부를 수 있을 만한 국가들의 움직임조차도 없다고 주장한다.[62] 이들에 따르면, 미국은 지리적으로 멀리 떨어져 있기 때문에 다른 주요 국가들에게 큰 안보위협을 주지 않으며 그들이 효과적으로 저항할 수 없을 만큼의 막강한 군사력을 지니고 있다. 그래서 대다수의 국가들은 미국에 대해 균형정책을 채택하지 않고 있다는 것이다. 이러한 논의는 다시 단극체계에서의 동맹정책과 억지에 대한 현실주의에 기반한 심화된 연구로 이어지고 있다.[63]

동아시아 안보와 관련해서도 현실주의 전통에 뿌리를 둔 연구들이 큰 영향력을 행사하고 있다. 미어샤이머를 비롯한 현실주의자들은 중국의 부상에 따른 국력분포의 변화가 동아시아를 불안정하게 만들고 있다는 비관적 분석을 내놓으면서 냉전 이후 학계에 팽배해진 낙관론에 대한 비판을 제기하였다.[64] 반면 일부 학자들은 현실주의에 근거해 낙관론적인 전망을 내어 놓기도 하였다. 예를 들어 로버트 로스는 동아시아에 미국과 중국을 중심으로 하는 양극체계가 자리 잡게 됨에 따라 동아시아의 안정이 유지될 것이라고 주장했다.[65] 또한 현실주의자들은 과거와 현재의 중국 외교행태에 대한 광범위한 연구를 바탕으로 중국의 대전략에 관한 깊이 있는 분석도 내어 놓았다.[66] 그리고 한반도와 대만 문제 등 역내의 세부 안보 이슈와 관련된 주요 저술을 통해 동아시아의 안보에 대한 이해를 높이고 관련정책에 영향을 주었다.[67]

VI. 결론

본 글에서는 현실주의의 핵심적인 내용을 설명하고 안보학에 대한 지난 10여 년간의 공헌을 정리했다. 현실주의자들은 국제체계의 무정부적 속성에서 안보문제가 비롯된다고 본다. 생존에 대한 위협을 느끼는 국가들은 자위를 위해 국력을 추구하게 되며, 전략적 상황에 맞추어 균형, 패권, 타협 등 여러 안보정책을 채택한다. 이러한 정책대안들의 상대적 유용성에 관해서 현실주의자들은 상이한 견해를 갖고 있지만, 국력의 사용에 있어 절제와 신중함이 필요하다는 점에는 동의한다. 현실주의는 21세기에 들어서도 안보분야에서 여전히 중대한 공헌을 해왔다. 자체의 이론적 진보를 이루며, 새로운 이슈에 관한 논쟁을 선도하고 기존의 주요 논쟁을 한층 진전시켰다.

냉전이 끝난 후 많은 학자들은 현실주의의 적실성이 소멸되었다고 선언했다. 특히 21세기에 들어서며 현실주의의 사망선고는 더욱 빈번해졌다. 비판자들은 현실주의가 중요시하는 전쟁을 비롯한 국가안보의 문제는 상당부분 해소되었으며 경제문제나 환경재해를 비롯한 '비전통적인 안보 이슈'가 더 큰 상대적 중요성을 차지하게 되었다고 역설했다. 또 잔존하는 국가안보문제들은 국제제도의 확충, 민주주의의 확산, 경제적 유대관계의 강화 등 자유주의적 수단을 통해서만 효과적으로 해결될 수 있다고 주장했다. 세력균형을 비롯한 현실주의 안보기제는 새로운 시대에 들어 효력을 상실했다는 것이다.

하지만 이러한 예단과 달리 현실주의는 아직도 큰 적실성을 지니고 있다. 불행히도 미국의 이라크 침공에서 드러나듯 전쟁의 위험은 사라지지 않았으며 한국을 포함한 많은 국가들이 대량살상무기의 확산과 같은 심각한 군사적 안보위협에 시달리고 있다. 이에 더하여 테러리즘 등의 군사적 위협이 국가안보의 문제로 새롭게 대두되고 있다. 또 민주주의 확산을 비롯한 자유주의적 안보방안이 기대에 미치지 못하고 부작용마저 나타나는 가운데, 대부분의 국가들이 여전히 균형정책을 비롯한 현실주의적 안보정책을 고수하고 있다. 그 결과로 미국, 중국, 러시아 등의 강대국뿐 아니라 한국과 일본을 비롯한 여타 국가들도 국력경쟁에 활발히 참여하고 있다. 세상은 현실주의에 대해 비판적인 낙관론자들이 상정하는 만큼 바람직한 방향으로 변하지 않았다.

현실주의에 의하면 이러한 현상들이 탈냉전시대에 재현되는 것은 단지 일시적인 우연의 결과가 아니다. 국제체계가 무정부 상태로 남아 있고 인간의 지배욕이 사라지지 않는 한 일어날 수밖에 없는 일이다. 그런데 국제체계의 구조나 인간의 본성에 근본적인 변화가 일고 있다는 뚜렷한 조짐은 발견하기 어렵다. 따라서 현실주의자들은 자신의 이론이 앞으로 상당 기간 적실성을 간직하며 주류 국제정치 패러다임의 위치를 고수할 것으로 자신하고 있다.

| 미주 |

1) 예를 들면, 장노순, 2003, 「부시행정부의 안보전략에 나타난 국제정치이론적 함의」, 『한국정치학회보』 제37집 2호, pp. 365-383.

2) Wolfowitz, Paul, 2009, "Think Again: Realism," *Foreign Policy*, August 24.

3) 현실주의자들은 대개 경제, 환경, 보건, 인권 등의 문제를 안보 개념에 포함하기를 주저한다.

4) 연성국력과 경성국력 개념은 조지프 나이에 의해 창안되었다. Joseph S. Nye, Jr., 2004, *Soft Power: The Means to Success in World Politics* (New York: Public Affairs).

5) Jervis, Robert, 1978, "Cooperation under the Security Dilemma," *World Politics* vol. 30/no. 2, pp. 167-214.

6) 이론적으로는 국가들이 공격용 무기와 수비용 무기를 변별할 수 있다면 상대가 어떤 종류의 군비를 갖추는지를 관찰해 서로의 의도를 파악할 수 있다. 이 경우 안보딜레마는 사라진다. 하지만 실제로 무기를 공격용과 방어용으로 구분하는 것은 매우 어렵다. Mearsheimer, John J., 2004, *Conventional Deterrence* (Ithaca, NY: Cornell University Pressx).

7) Niebuhr, Reinhold, 1932, *Moral Man and Immoral Society: A Study in Ethics and Politics* (New York: Charles Scribner's Sons); Carr, E. H., 1939, *The Twenty Years' Crisis, 1919-1939: An Introduction to the Study of International Relations* (London: Macmillan & Company); Morgenthau, Hans J., 1946a, *Politics among Nations: The Struggle for Power and Peace* (New York: Alfred A. Knopf).

8) Posen, Barry R., 1984, *The Sources of Military Doctrine: France, Britain, and Germany between the World Wars* (Ithaca, NY: Cornell University Press); Snyder, Jack, 1984, *The Ideology of the Offensive: Military Decision Making and the Disasters of 1914* (Ithaca, NY: Cornell University Press).

9) Snyder, Jack, 1991, *Myths of Empire: Domestic Politics and International Ambition* (Ithaca, NY: Cornell University Press).

10) Stephen Van Evera, 1999, *Causes of War: Power and the Roots of Conflict* (Ithaca, NY: Cornell University Press).

11) Grieco, Joseph, 1988, "Anarchy and the Limits of Cooperation: A Realist Critique of

the Newest Liberal Institutionalism," *International Organization* vol. 42/no. 3, pp. 485-507.

12) Legro Jeffrey W., and Andrew Moravscik, 1999, "Is Anybody Still a Realist?" *International Security* vol. 24/no. 2, pp. 5-55; Elman, Colin, 1996, "Horses for Courses: Why Not Neorealist Theories of Foreign Policy?" *Security Studies* vol. 6/no. 1, pp. 7-53.

13) Morgenthau, Hans J., 1946b, *Scientific Man versus Power Politics* (Chicago: University of Chicago Press), p. 71.

14) Mearsheimer, John J., 2009, "Reckless States and Realism," *International Relations* vol. 23/no. 2, pp. 241-256.

15) Waltz, Kenneth N., 1979, *Theory of International Politics* (New York: McGraw-Hill), pp. 39, 48-49, 58-59, 72, 78, 87, 118, 121-123; Waltz, Kenneth N., 1996, "International Politics is Not Foreign Policy," *Security Studies* vol. 6/no. 1, pp. 54-57.

16) Rathbun, Brian, 2008, "A Rose by Any Other Name: Neoclassical Realism as the Logical and Necessary Extension of Structural Realism," *Security Studies* vol. 17/no. 2, pp. 294-321; Lobell, Steven, Norrin M. Ripsman, and Jeffrey W. Taliaferro, 2009, *Neoclassical Realism, the State, and Foreign Policy* (Cambridge: Cambridge University Press).

17) Mearsheimer, John J., 2009, *The Tragedy of Great Power Politics* (New York: W. W. Nortonx); Glaser, Charles L., 1994/95, "Realists as Optimists: Cooperation as Self-Help," *International Security* vol. 19/no. 3, pp. 50-90.

18) Waltz, Kenneth N., *op. cit.*

19) Jervis, Robert, *op. cit.*; Stephen Van Evera, *op. cit.*; Glaser, Charles L., *op. cit.*.

20) Mearsheimer, John J., 2001, *The Tragedy of Great Power Politics* (New York: W. W. Norton). 공격적 현실주의와 방어적 현실주의는 모두 국제체계의 구조를 중요시하기 때문에 함께 구조적 현실주의라고 부른다.

21) 일부 학자들은 국력의 극대화를 주장하는 공격적 현실주의는 안보의 극대화를 주장하는 방어적 현실주의와 다르다고 한다. 하지만 이는 잘못된 해석이다. 공격적 현실주의자들도 국가들의 궁극적인 목표는 안보이며 국가들이 안보를 극대화하려 한다고 가정한다. 진정한 차이점은 어떻게 안보의 극대화를 합리적으로 추구하는가에 있다. 공격적 현실주의는 국력의 극대화가 안보극대화를 위한 최선의 방법이라고 주장하는 반면, 방어적 현실주의는 국력을 극대화하려는 시도가 안보를 저해한다고 주장하며 현상유지 정책을 지지한다.

22) *Ibid.*, pp. 40-42. 이와는 달리 크리스토퍼 레인은 강대국들의 궁극적인 목표가 세계패권이라고 주장한다. 타 지역 내에 군사기지를 확보하고 있을 경우에는 전력투사가 그다지 어렵지 않다고 보기 때문이다. 하지만 이러한 견해는 공격적 현실주의 학파 내에서 상대적으로 작은 영향력을 가지고 있다. Layne, Christopher, 2002, "The 'Poster Child for Offensive Realism': America as a Global Hegemon," *Security Studies* vol. 12/no. 2, pp. 120-164.

23) Morgenthau, Hans J., 1946a, *op. cit.*

24) Waltz, Kenneth N., 1979, *op. cit.*

25) Walt, Stephen M., 1987, *The Origins of Alliances* (Ithaca, NY: Cornell University Press). 동맹이 세력균형을 유지하는 기능만을 갖는 것은 아니다. 상대국에 대한 영향력을 얻거나 동맹국 간의 관계를 관리하기 위해 동맹을 결성하는 경우도 있다. Schroeder, Paul W., 1994, "Historial Reality vs. Neo-Realist Theory," *International Security* vol. 19/no. 1, pp. 108-148.

26) Snyder, Glenn H., 1997, *Alliance Politics* (Ithaca, NY: Cornell University Press).

27) 자율성의 침해는 강대국과 동맹을 맺은 약소국에게 특히 심하다. Morrow, James, 1991, "Alliances and Asymmetry: An Alternative to the Capability Aggregation Model of Alliances," *American Journal of Political Science* vol. 35/no. 4, pp. 904-933.

28) Christensen Thomas J. and Jack Snyder, 2000, "Chain Gangs and Passed Bucks," *International Organization* vol. 44/no. 2, pp. 137-168; Mearsheimer, John J., 2001, *op. cit.*, pp. 157-162 and chapter 8.

29) Mearsheimer, John J., 2001, *op. cit.*.

30) Gilpin, Robert, 1981, *War and Change in World Politics* (Cambridge: Cambridge University Press); Organski, A.F.K., 1958, *World Politics* (New York: Knopf).

31) Pape, Robert A., 2005, "Soft Balancing against the United States," *International Security* vol. 30/no. 1, pp. 7-45.

32) Mearsheimer, John J., 2001, *op. cit.*, pp. 164-165.

33) 이 점에서 경성국력과 연성국력을 배합해 적재적소에 활용하는 능력인 스마트파워(smart power)의 중요성을 강조하는 것은 현실주의와 모순되지 않는다. Armitage, Richard L. and Joseph S. Nye, Jr., 2007, *CSIS Commission on Smart Power: A Smarter, More Secure America* (Washington, D.C.: Center for Strategic and International Studies).

34) Mearsheimer, John J. and Stephen M. Walt, 2003, "An Unnecessary War," *Foreign Policy* vol. 134, pp. 50-59.

35) 이는 대표적인 현실주의자들이 부시행정부의 안보정책을 비판한 Coalition for a Realistic Foreign Policy (http://www.realisticforeignpolicy.org)의 회원으로 활동했음을 보면 알 수 있다. 다음의 글도 참고하시오. Posen, Barry R., 2007, "The Case for Restraint," *The American Interest* vol. 3/no. 1 (November/December).

36) 지면의 제약으로 인해 이 장에서는 중요한 분야의 대표적인 저작만 선별해서 소개하고자 한다. 지난 10년간의 성과로 논의를 국한하는 것은 그 이전 시기에 대한 평가가 이미 여러 차례 이루어졌기 때문이다. Walt, Stephen M., 2002, "The Enduring Relevance of the Realist Tradition," in Ira Katznelson and Helen Milner (eds.), *Political Science: State of the Discipline III* (New York: W.W. Norton), pp. 197-230; Walt, Stephen M., 1991, "The Renaissance of Security Studies," *International Studies Quarterly* vol. 35/no. 2, pp. 211-239; 전재성, 2008,「현실주의」, 한국정치학회(편),『정치학이해의 길잡이: 국제정치와 안보』, 법문사, pp. 1-31; 최아진, 2008,「안보」, 한국정치학회(편),『정치학이해의 길잡이: 국제정치와 안보』, 법문사, pp. 174-203.

37) Evera, Van, 1999. 공수이론과 관련한 주요 저술은 다음과 같다. Robert Jervis, 1978; Sean M. Lynn-Jones, 1995, "Offense-Defense Theory and Its Critics," *Security Studies* vol. 4/no. 4 , pp. 660-691; Glaser, Charles L. and Chaim Kaufmann, 1998, "What is the Offense-Defense Balance and How Can We Measure It?" *International Security* vol. 22/no. 4, pp. 44-82.

38) Copeland, Dale C., 2000, *The Origins of Major Wars* (Ithaca, NY: Cornell University Press).

39) Lieber, Keir, 2005, *War and the Engineers: The Primacy of Politics over Technology* (Ithaca, NY: Cornell University Press).

40) Biddle, Stephen, 2004, *Military Power: Explaining Victory and Defeat in Modern Battle* (Princeton, NJ: Princeton University Press).

41) Arreguin-Toft, Ivan, 2005, *How the Weak Win Wars: A Theory of Asymmetric Conflict* (Cambridge: Cambridge University Press).

42) 군사력 운용의 중요성을 강조한 이전의 저작은 다음과 같다. B. H. Liddell Hart, 1967, *Strategy, 2nd revised edition* (New York: Praeger); Mearsheimer, 1983.

43) Tellis, Ashley, Janice Bially, Christopher Layne, and Melissa McPherson, 2000, *Measuring National Power in the Postindustrial Age* (Santa Monica, CA: RAND).

44) Press, Daryl G., 2005, *Calculating Credibility: How Leaders Assess Military Threats* (Ithaca, NY: Cornell University Press).

45) Schweller, Randall L., 2006, *Unanswered Threats: Political Constraints on the Balance*

of Power (Princeton, NJ: Princeton University Press).

46) 현실주의는 냉전의 종식을 예측하지 못했다는 비판도 아울러 받았다. 그러나 자유주의와 구성주의를 포함한 어떤 국제정치패러다임도 이러한 비판에서 자유롭지 못하다. 예측력의 결여는 국제정치이론들 모두의 숙제이지 현실주의만의 문제는 아니다.

47) Wohlforth, William C., 1994/95, "Realism and the End of the Cold War," *International Security* vol. 19/no. 3, pp. 91-129; Wohlforth, William C. and Randall Schweller, 2000, "Power Test: Updating Realism in Response to the End of the Cold War," *Security Studies* vol. 9/no. 2, pp. 60-108; Wohlforth, William C. and Stephen G. Brooks, 2000/01, "Power, Globalization, and the End of the Cold War: Reevaluating a Landmark Case for Ideas," *International Security* vol. 25/no. 3, pp. 5-53; Wohlforth, William C. and Stephen G. Brooks, 2003, "Economic Constraints and the End of the Cold War," in William C. Wohlforth (ed.), *Cold War Endgame: Oral History, Analysis, Debates* (University Park, PA: Penn State University Press), pp. 273-309.

48) Rosato, Sebastian, 2003, "The Flawed Logic of Democratic Peace Theory," *American Political Science Review* vol. 97/no. 4, pp. 585-602.

49) 로사토의 연구와 관련해 *American Political Science Review* 제99집 3호에 게재된 심포지엄을 참고하시오.

50) Desch, Michael C., 2002, "Democracy and Victory: Why Regime Type Hardly Matters," *International Security* vol. 27/no. 2, pp. 5-47; Downes, Alexander B., 2009, "How Smart and Tough Are Democracies? Reassessing Theories of Democratic Victory in War," *International Security* vol. 33/no. 4, pp. 9-51.

51) International Security 제28집 1호에 실린 관련 심포지엄을 참고하시오.

52) Downes, Alexander B., 2008, *Targeting Civilians in War* (Ithaca, NY: Cornell University Press).

53) 이와 관련한 한국 학자의 연구로는 다음의 논문이 있다. 최영종, 2001, 「현실주의 지역통합 이론: 그 가능성과 한계」, 『한국정치학회보』 제35집 2호, pp. 409-425.

54) Rosato, Sebastian, 2005, "The Strategic Logic of European Integration," Ph.D. Dissertation, University of Chicago.

55) Jones, Seth, 2007, *The Rise of European Security Cooperation* (Cambridge: Cambridge University Press).

56) Pape, Robert A., 2003, "The Strategic Logic of Suicide Terrorism," *American Political Science Review* vol. 97/no. 3, pp. 343-361; Pape, Robert A., 2005, *Dying To Win: The Strategic Logic of Suicide Terrorism* (New York: Random House).

57) Kapstein, Ethan B. and Michael Mastanduno, 1999, *Unipolar Politics: Realism and State Strategies after the Cold War* (New York: Columbia University Press); G. John Ikenberry, (ed.), 2001, *America Unrivaled: The Future of Balance of Power* (Ithaca, NY: Cornell University Press).

58) Layne, Christopher, 1993, "The Unipolar Illusion: Why New Great Powers Will Arise," *International Security* vol. 17/no. 4, pp. 5-51; Waltz, Kenneth N., 1993, "The Emerging Structure of International Politics," *International Security* vol. 18/no. 2, pp. 44-79; Nuno Monteiro, 2009, "Three Essays on Unipolarity," Ph.D. Dissertation, University of Chicago.

59) Wohlforth, William C., 1999, "The Stability of a Unipolar World," *International Security* vol. 24/no. 1, pp. 5-41; Wohlforth, William C., 2009, "Unipolarity, Status Competition, and Great Power War," *World Politics* vol. 61/no. 1, pp. 28-57; Brooks, Stephen G. and William C. Wohlforth, 2008, *World Out of Balance: International Relations and the Challenge of American Primacy* (Princeton, NJ: Princeton University Press).

60) Walt, Stephen M., 2005, *Taming American Power: The Global Responses to U.S. Primacy* (New York: W. W. Norton).

61) Pape, 2005, *op. cit.*; Paul, T. V., 2005, "Soft Balancing in the Age of U.S. Primacy," *International Security* vol. 30/no. 1, pp. 46-71; Paul, T. V., James J. Wirtz, and Michel Fortmann, 2004, *Balance of Power: Theory and Practice in the 21st Century* (Stanford, CA: Stanford University Press).

62) Brooks, Stephen G. and William C. Wohlforth, 2005, "Hard Times for Soft Balancing," *International Security* vol. 30/no. 1, pp. 72-108; Keir A. Lieber and Gerard Alexander, 2005, "Waiting for Balancing: Why the World Is Not Pushing Back," *International Security* vol. 30/no. 1, pp. 109-139.

63) Walt, Stephen M., 2009, "Alliances in A Unipolar World," *World Politics* vol. 61/no. 1, pp. 86-120; Monteiro, 2009.

64) Mearsheimer, John J., 2001, *op. cit.*, chapter 10; Mearsheimer, John J., 2006, "China's Unpeaceful Rise," *Current History* vol. 105/no. 690, pp. 160-162.

65) Ross, Robert S., 1999, "The Geography of the Peace: East Asia in the Twenty-first Century," *International Security* vol. 23/no. 4, pp. 81-118.

66) Goldstein, Avery, 2005, *Rising to the Challenge: China's Grand Strategy and International Security* (Stanford, CA: Stanford University Press); Michael D. Swaine

and Ashley J. Tellis, 2000, *Interpreting China's Grand Strategy: Past, Present, and Future* (Santa Monica, CA: RAND); Yuan-Kang Wang, 2010, *Harmony and War: Confucian Culture and Chinese Power Politics* (New York: Columbia University Press).

67) Cha, Victor D., 2002, "Hawk Engagement and Preventive Defense on the Korean Peninsula," *International Security* vol. 27/no. 1, pp. 40-78; Thomas J. Christensen, 2006, "Fostering Stability or Creating a Monster? The Rise of China and U.S. Policy toward East Asia," *International Security* vol. 31/no. 1, pp. 81-126.

| 참고문헌 |

- 장노순. 2003. 「부시행정부의 안보전략에 나타난 국제정치이론적 함의」. 『한국정치학회보』 제37집 2호.
- 전재성. 2008. 「현실주의」. 한국정치학회 편. 『정치학이해의 길잡이: 국제정치와 안보』. 법문사.
- 최아진. 2008. 「안보」. 한국정치학회 편. 『정치학이해의 길잡이: 국제정치와 안보』. 법문사.
- 최영종. 2001. 「현실주의 지역통합 이론: 그 가능성과 한계」. 『한국정치학회보』 제35집 2호.

- Armitage, Richard L. and Joseph S. Nye, Jr., 2007. *CSIS Commission on Smart Power: A Smarter, More Secure America*. Washington, D.C.: Center for Strategic and International Studies.
- Arreguin-Toft, Ivan. 2005. *How the Weak Win Wars: A Theory of Asymmetric Conflict*. Cambridge: Cambridge University Press.
- Biddle, Stephen. 2004. *Military Power: Explaining Victory and Defeat in Modern Battle*. Princeton, NJ: Princeton University Press.
- Brooks, Stephen G. and William C. Wohlforth. 2005. "Hard Times for Soft Balancing," *International Security* vol. 30/no. 1.
- ______. 2008. *World Out of Balance: International Relations and the Challenge of American Primacy*. Princeton, NJ: Princeton University Press.
- Carr, E. H. 1939. *The Twenty Years' Crisis, 1919-1939: An Introduction to the Study of International Relations*. London: Macmillan & Company.
- Cha, Victor D., 2002. "Hawk Engagement and Preventive Defense on the Korean Peninsula," *International Security* vol. 27/no. 1.
- Christensen, Thomas J., 2006. "Fostering Stability or Creating a Monster? The Rise of China and U.S. Policy toward East Asia," *International Security* vol. 31/no. 1.
- Christensen, Thomas J. and Jack Snyder. 1990. "Chain Gangs and Passed Bucks," *International Organization* vol. 44/ no. 2.

- Copeland, Dale C., 2000, *The Origins of Major Wars*, Ithaca, NY: Cornell University Press.
- Desch, Michael C., 2002, "Democracy and Victory: Why Regime Type Hardly Matters," *International Security* vol. 27/no. 2.
- Downes, Alexander B., 2008, *Targeting Civilians in War*, Ithaca, NY: Cornell University Press.
- ______, 2009, "How Smart and Tough Are Democracies? Reassessing Theories of Democratic Victory in War," *International Security* vol. 33/no. 4.
- Elman, Colin, 1996, "Horses for Courses: Why Not Neorealist Theories of Foreign Policy?" *Security Studies* vol. 6/no. 1.
- Gilpin, Robert, 1981, *War and Change in World Politics*, Cambridge: Cambridge University Press.
- Glaser, Charles L., 1994/95, "Realists as Optimists: Cooperation as Self-Help," *International Security* vol. 19/no. 3.
- Glaser, Charles L. and Chaim Kaufmann, 1998, "What is the Offense-Defense Balance and How Can We Measure It?" *International Security* vol. 22/no. 4.
- Goldstein, Avery, 2005, *Rising to the Challenge: China's Grand Strategy and International Security*, Stanford, CA: Stanford University Press.
- Grieco, Joseph, 1988, "Anarchy and the Limits of Cooperation: A Realist Critique of the Newest Liberal Institutionalism," *International Organization* vol. 42/no. 3.
- Ikenberry, G. John, 2001, *America Unrivaled: The Future of Balance of Power*, Ithaca, NY: Cornell University Press.
- Jervis, Robert, 1978, "Cooperation under the Security Dilemma," *World Politics* vol. 30/no. 2.
- Jones, Seth, 2007, *The Rise of European Security Cooperation*, Cambridge: Cambridge University Press.
- Kapstein, Ethan B. and Michael Mastanduno, 1999, *Unipolar Politics: Realism and State Strategies after the Cold War*, New York: Columbia University Press.
- Layne, Christopher, 1993, "The Unipolar Illusion: Why New Great Powers Will Arise," *International Security* vol. 17/no. 4.
- ______, 2002, "The 'Poster Child for Offensive Realism': America as a GlobalHegemon," *Security Studies* vol. 12/no. 2.
- Legro, Jeffrey W. and Andrew Moravscik, 1999, "Is Anybody Still a Realist?"

International Security vol. 24/no. 2.

- Liddell Hart, B. H., 1967, *Strategy*, 2nd revised edition, New York: Praeger.
- Lieber, Keir, 2005, *War and the Engineers: The Primacy of Politics over Technology*, Ithaca, NY: Cornell University Press.
- Lieber, Keir and Gerard Alexander, 2005, "Waiting for Balancing: Why the World Is Not Pushing Back," *International Security* vol. 30/no. 1.
- Lobell, Steven, Norrin M. Ripsman and Jeffrey W. Taliaferro, 2009, *Neoclassical Realism, the State, and Foreign Policy*, Cambridge: Cambridge University Press.
- Lynn-Jones, Sean M., 1995, "Offense-Defense Theory and Its Critics," *Security Studies* vol. 4/no. 4.
- Mearsheimer, John J, 1983, *Conventional Deterrence*, Ithaca, NY: Cornell University Press.
- ______, 2001, *The Tragedy of Great Power Politics*, New York: W. W. Norton.
- ______, 2006, "China's Unpeaceful Rise," *Current History* vol. 105/no. 690.
- ______, 2009, "Reckless States and Realism," *International Relations* vol. 23/no. 2.
- Mearsheimer, John J. and Stephen M. Walt, 2003, "An Unnecessary War," *Foreign Policy* vol. 134.
- Monteiro, Nuno, 2009, "Three Essays on Unipolarity," Ph.D. Dissertation, University of Chicago.
- Morgenthau, Hans J., 1946a, *Politics among Nations: The Struggle for Power and Peace*, New York: Alfred A. Knopf.
- ______, 1946b, *Scientific Man versus Power Politics*, Chicago: University of Chicago Press.
- Morrow, James, 1991, "Alliances and Asymmetry: An Alternative to the Capability Aggregation Model of Alliances," *American Journal of Political Science* vol. 35/no. 4.
- Niebuhr, Reinhold, 1932, *Moral Man and Immoral Society: A Study in Ethics and Politics*, New York: Charles Scribner's Sons.
- Nye, Joseph S. Jr., 2004, *Soft Power: The Means to Success in World Politics*, New York: Public Affairs.
- Organski, A.F.K., 1958, *World Politics*, New York: Knopf.
- Pape, Robert A., 2003, "The Strategic Logic of Suicide Terrorism," *American Political Science Review* vol. 97/no. 3.
- ______, 2005, "Soft Balancing against the United States," *International Security* vol. 30/no. 1.

■ ______, 2005, *Dying To Win: The Strategic Logic of Suicide Terrorism*, New York: Random House.

■ Paul, T. V., 2005, "Soft Balancing in the Age of U.S. Primacy," *International Security* vol. 30/no. 1.

■ Paul, T. V., James J. Wirtz and Michel Fortmann, 2004, *Balance of Power: Theory and Practice in the 21st Century*, Stanford, CA: Stanford University Press.

■ Posen, Barry R., 1984, *The Sources of Military Doctrine: France, Britain, and Germany between the World Wars*, Ithaca, NY: Cornell University Press.

■ ______, 2007, "The Case for Restraint," *The American Interest* vol. 3/no. 1.

■ Press, Daryl G., 2005, *Calculating Credibility: How Leaders Assess Military Threats*, Ithaca, NY: Cornell University Press.

■ Rathbun, Brian, 2008, "A Rose by Any Other Name: Neoclassical Realism as the Logical and Necessary Extension of Structural Realism," *Security Studies* vol. 17/no. 2.

■ Rosato, Sebastian, 2003, "The Flawed Logic of Democratic Peace Theory," *American Political Science Review* vol. 97/no. 4.

■ ______, 2005, "The Strategic Logic of European Intergration," Ph.D. Dissertation, University of Chicago.

■ Ross, Robert S., 1999, "The Geography of the Peace: East Asia in the Twenty-first Century," *International Security* vol. 23/no. 4.

■ Schroeder, Paul W., 1994, "Historial Reality vs. Neo-Realist Theory," *International Security* vol. 19/no. 1.

■ Schweller, Randall L., 2006, *Unanswered Threats: Political Constraints on the Balance of Power*, Princeton, NJ: Princeton University Press.

■ Snyder, Glenn H., 1997, *Alliance Politics*, Ithaca, NY: Cornell University Press.

■ Snyder, Jack, 1984, *The Ideology of the Offensive: Military Decision Making and the Disasters of 1914*, Ithaca, NY: Cornell University Press.

■ ______, 1991, *Myths of Empire: Domestic Politics and International Ambition*, Ithaca, NY: Cornell University Press.

■ Swaine, Michael D. and Ashley J. Tellis, 2000, *Interpreting China's Grand Strategy: Past, Present, and Future*, Santa Monica, CA: RAND.

■ Tellis, Ashley, Janice Bially, Christopher Layne and Melissa McPherson, 2000, *Measuring National Power in the Postindustrial Age*, Santa Monica, CA: RAND.

■ Van Evera, Stephen, 1999, *Causes of War: Power and the Roots of Conflict*, Ithaca, NY:

Cornell University Press.

■ Walt, Stephen M., 1987, *The Origins of Alliances*, Ithaca, NY: Cornell University Press.

■ ______, 1991, "The Renaissance of Security Studies," *International Studies Quarterly* vol. 35/no. 2.

■ ______, 2002, "The Enduring Relevance of the Realist Tradition," I. Katznelson, H. Milner eds., *Political Science: State of the Discipline III*, New York: W.W. Norton.

■ ______, 2005, *Taming American Power: The Global Responses to U.S. Primacy*, New York: W.W. Norton.

■ ______, 2009, "Alliances in A Unipolar World," *World Politics* vol. 61/no. 1.

■ Waltz, Kenneth N., 1979, *Theory of International Politics*, New York: McGraw-Hill.

■ ______, 1993, "The Emerging Structure of International Politics," *International Security* vol. 18/no. 2.

■ ______, 1996, "International Politics is Not Foreign Policy," *Security Studies* vol. 6/no. 1.

■ Wang, Yuan-Kang, 2010, *Harmony and War: Confucian Culture and Chinese Power Politics*, New York: Columbia University Press.

■ Wohlforth, William C., 1994/95, "Realism and the End of the Cold War," *International Security* vol. 19/no. 3.

■ ______, 1999, "The Stability of a Unipolar World," *International Security* vol. 24/no. 1.

■ ______, 2009, "Unipolarity, Status Competition, and Great Power War," *World Politics* vol. 61/no. 1.

■ Wohlforth, William C. and Randall Schweller, 2000, "Power Test: Updating Realism in Response to the End of the Cold War," *Security Studies* vol. 9/no. 2.

■ Wohlforth, William C. and Stephen G. Brooks, 2000/01, "Power, Globalization, and the End of the Cold War: Reevaluating a Landmark Case for Ideas," *International Security* vol. 25/no. 3.

■ Wohlforth, William C. and Stephen G. Brooks, 2003, "Economic Constraints and the End of the Cold War," in W. C. Wohlforth ed., *Cold War Endgame: Oral History, Analysis, Debates*, University Park, PA: Penn State University Press.

■ Wolfowitz, Paul, 2009, "Think Again: Realism," *Foreign Policy*, August 24.

자유주의 이론과 안보: 모순된 조합인가 새로운 가능성인가?

이 근 욱

Ⅰ. 서론

안보(security)는 국가의 행동을 분석하는 국제정치학의 핵심 사항이다. 자유주의 국제정치이론(liberal international relations theory)은 현실주의(realism) · 구성주의(constructivism)와 함께 국제정치학의 주요 패러다임 가운데 하나이다. 그렇다면 자유주의 국제정치이론은 안보를 어떻게 이해하고 있는가? 이것이 본 논문에서 다루는 핵심 질문이다. 이를 논의하기 위해서는 단순히 자유주의 이론이 중요하다는 일방적 주장 이상으로 안보와 관련한 자유주의의 이론을 논의 및 검토할 필요가 있다. 즉 현실주의 중심의 안보 논의가 설명하지 못하는 부분은 무엇인가? 이러한 부분에서 자유주의 이론이 공헌할 수 있는 사항은 무엇인가?

현실에서 나타나는 국가들의 행동은 매우 다양하지만, 기존 현실주의 이론은 이러한 다양성을 정확하게 설명하지 못하고 있다. 무정부적인 국제체제에서 국가들이 자신의 안보를 추구하지만, 그 방법은 상황과 국가에 따라서 큰 차이를 보인다. 국제적 무정부 상태를 매우 위험하다고 보는 공격적 현실주의(offensive realism) 이론에 따르면, 모든 국가들은 자신의 안보를 위해서 상대적 힘을 극대화한다.[1)] 하지만 민주주의 국가들은 서로 전쟁을 하지 않는다. 즉 민주주의라는 국내정치적 특성을 가진 국가들은 국제체제의 무정부성을 극복하여 전쟁을 하지 않는 영구평화체제를 구축한다. 위기가 발생하는 경우에도 민주주의 국가들은 대화와 타협을 통해 문제를 해결한다. 이러한 민주주의 평화에 대해서는 많은 논란이 있지만, 민주주의 국가들이 서로 전쟁을 하지 않는다는 사실 자체는 부정할 수 없다.

국가들은 자신의 힘을 극대화하여 패권을 추구하기보다는 군사력 구축의 자제(self-restraint)를 통해서 평화로운 상태를 유지하고, 안보위협 또는 안보위험을 제거한다. 예를 들어 냉전이 종식되는 과정에서 미국과 소련은 자신의 안보를 위해서 군사력을 증강시키기보다는 오히려 군비통제와 군비감축을 추진하였다. 자신의 군사적 패권을 상대방에게 강요하지 않고 오히려 자신의 군사력을 어느 정도 수준에서 동결 및 감축함으로써, 정치적 환경의 안정화와 평화를 추구하였다.[2)] 즉 안보를 추구하고 안보 딜레마에서 탈출하기 위해서 군비통제와 군비감축을 사용하기도 한다. 이와 함께 국가들은 외부 위협에 대항하기 위해서 동맹 등의 외부적 균형유지(external balancing)를 시도하지만 동시에 국제제도를 통한 집단안전보장(collective security)에 의존하기도 한다. 무엇보다도 국가들은 자신들의 문제를 국제법을 통해서 해결한다. 국제법을 준수하지 않더라도 처벌되지는 않지만, 대부분의 국가들은 국제법을 준수한다. 즉 현실세계에서 국가들은 안보를 지키기 위해서 현실주의가 제시하는 수단 외에도 다양한 수단을 사용한다. 하지만 현실주의 이론은 이러한 다양성을 명확하게 설명하지 못하고 있다.

이 글의 핵심 질문은 자유주의 이론은 안보에 대해서 어떠한 분석을 하고 있는가이다. 이를 위해서 우선 여기서 말하는 자유주의 이론은 무엇이며, 어떠한 내용을 가지고 있는가를 다음에서 다루도록 하겠다. 이어서 자유주의 이론에서 논의하는 안보 개념과 주요 사안에 대한 분석을 논의하겠다. 3장에서는 개별 국가들이 안보를 추구하는 과정에서 사용하는 다양한 수단을 자유주의 이론이 어떻게 분석하는지를 서술할 예정이다. 마지막 부분에서는 자유주의 이론과 안보 연구의 발전을 위해서 필요한 연구 주제들을 제시하겠다.

II. 국제정치에서 자유주의 이론: 국내정치와 국제제도

국제정치학에서 자유주의라고 불리는 이론은 현실주의에 대항하는 이론으로 현실주의와 함께 발전하였다. 현실주의 이론이 국가의 행동과 국제정치를 상대적 힘의 배분이라는 변수를 사용하여 분석하는 이론이라면, 자유주의 이론은 현실주의 이론에서 경시하였던 국내정치(domestic politics)와 국제제도(international institutions)라는 과정 변수(process variable)에 초점을 맞추어 국가행동과 국제정치를 분석하는 이론이다. 자유주의 이론은 이러한 과정변수에 따라서 동일한 국제체제하에서도 국가의 행동은 다르게 나타나며, 국제정치의 양상이 달라진다고 본다.[3)]

1. 국내정치 중심의 자유주의 이론

월츠(Kenneth N. Waltz)는 이러한 시각을 두 번째 이미지 이론(second image theory)이라고 지적하면서 국가의 행동을 그 내부 속성으로 분석하려는 시도는 환원주의(reductionism)로서 오류라고 주장하였다.[4)] 하지만 국내변수를 사용하여 국가행동과 국제정치를 설명하려는 노력은 이후에도 계속되었으며, 많은 성과가 있었다. 현실주의 내부에서도 국내정치 변수를 사용하려는 노력이 계속되었으며, 특히 1990년대에 등장한 방어적 현실주의(defensive realism)는 국가행동을 설명함에 있어 독립변수로 국가들의 상대적 힘뿐만 아니라, 이를 보완하는 추가 독립변수로 국내정치를 사용하였다. 또한 방어적 현실주의는 국제적 무정부상태가 그다지 위험하지 않다고 보았고, 그 상황에서 특정 국가들이 팽창하거나 공격적으로 행동하는 원인은 그 국가들이 지닌 내부 속성에서 초래한 것이라고 설명하였다. 이와는 달리 자유주의는 국내정치를 부차적인 독립변수로 사용하기보다는 국내정치를 가장 중요한 독립변수로 사용하는 이론이다. 즉 상대적 힘에서 큰 차이가 존재한다고 해도 국내정치에서 동일한 속성이 존재한다면, 그 국가들의 행동은 상당한 유사성을 보이게 된다. 반면 방어적 현실주의는 상대적 힘에서 비슷한 국가들이 국내정치적 차이로 인하여 그 행동에서 차이가 나타난다고 본다.[5)]

국내정치 중심의 자유주의 이론은 국내정치에서 어떠한 부분을 강조하는지에 따라서 세 가지로 나눌 수 있다. 첫째, 이념적 자유주의(ideational liberalism) 전통이 있다. 이는 국내 정치이념의 힘을 강조하는 것으로 민족주의 또는 민주주의 등의 정치이념이 국제정치에 미치는 영향을 강조한다. 상대적 힘이 동일하게 배분되어 있다고 해도, 민족주의가 팽배한 세계와 민족주의가 존재하지 않는 세계는 국제정치와 국가의 행동이라는 측면에서 차이가 있다. 민족주의가 강력하지 않은 세계는 영토 문제 등에서 쉽게 타협할 수 있지만, 민족주의가 팽배한 경우에는 영토 문제를 둘러싼 분쟁 가능성이 그만큼 증가한다.

두 번째 전통은 상업적 자유주의(commercial liberalism)로서, 경제교류가 강화되면 당사자 국가들의 국내시장 세력의 정치 선호가 변화하고 결국 그 국가들의 정책 선호가 달라진다는 주장이다. 세력균형의 측면에서는 동일하다고 해도, 경제교류가 활발한 세계와 경제교류가 전혀 존재하지 않은 세계의 국제관계는 차이가 있다. 경제교류가 활발한 경우에는 경제교류가 단절될 때 피해를 입는 국내 경제주체가 존재하며, 이들은 경제교류의 단절을 막고 자신들의 피해를 예방하기 위해서 노력한다. 따라서 개별 국가들은 전쟁을 하지 않게 된다. 마지막 전통은 공화주의적 자유주의(republican liberalism)로, 국내 정치제도로 인하여 발생하는 국가행동의 차이와 국제정치 변화에 주목하는 견해이다. 정치제도가 국민 전체의 이익보다는 과두제 엘리트(oligarchical elite)의 이익을 더욱 많이 반영하는 국가들로 구성된 세계와 전체 국민의 이익을 반영하도록 되어 있는 정치제도를 가진 국가들로 구성된 세계는 국제관계의 측면에서 큰 차이가 있다.[6]

2. 국제제도 중심의 자유주의 이론

자유주의 이론의 또 다른 흐름은 국가행동과 국제정치를 정보와 불확실성 그리고 이에 영향을 주는 제도라는 과정 변수에 초점을 맞추는 것이다. 이러한 논의는 1980년대 국제협력을 분석하는 과정에서 처음 등장하였으며, 1990년대에 들어와 국제정치 전반을 논의하는 방향으로 발전하였다.[7] 현실주의는 국제적 무정부성으로 인하여 국가들이 협력을 약속한다고 해도 최후의 순간에 상대방이 협력하지 않을 가능성이 존재하며, 바로 이러한 이행 문제(enforcement problem) 때문에 국제협력이 어렵다고 본다. 하지만 제도를 강조하는 자유주의에 따르면 이행 문제는 기본적으로 상대방이 협력을 이행할 것인가에 대한 정보 부족과 불확실성 문제이며, 따라서 충분한 정보가 존재할 경우에는 국가들이 공통의 이익을 추구하고 협력을 이행할 수 있다고 본다. 또한 반드시 중앙집권적인 방식으로 정부 등과 같은 주권자가 그 이행을 강제하지 않는다고 해도, 개별 국가들이 분권화된 방식으로 협력을 이행(decentralized enforcement)할 수 있다고 본다.

자유주의는 국제정치에서 발생하는 많은 문제들은 기본적으로 상대방의 의도를 정확하게 파악할 수 없고, 동시에 상대방이 미래에 어떻게 행동할지에 대한 불확실성이 존재하기 때문이라고 본다. 국제체제의 무정부성 자체는 개별 국가의 안보를 심각하게 위협하지 않지만, 상대방이 어떠한 의도(intention)를 가지고 있는지 알 수 없으며 동시에 상대방의 군사적 능력에 대해 정확한 정보가 없으므로, 안보문제가 발생할 수 있다고 본다. 모든 국가가 방어적이고 상대방을 위협할 의도가 없다고 해도 상대에 대한 정보 부족과 불확실성이 문제를 야기한다.[8)]

국제협력과 관련해서도 같은 문제가 존재한다. 공통의 이익이 존재한다면 관련 국가들은 협력을 하는 것이 가능하며 동시에 각국에 이익이 된다. 하지만 상대가 협력할 것인지를 정확하게 알지 못한 상황에서는 처음부터 협력을 거부하게 된다. 만약 상대방은 협력 약속을 이행하지 않고 자신만이 협력을 하는 경우에는 많은 손해가 발생하기 때문이다. 경찰과 법원이라는 국가기구를 통해서 약속을 강제 이행할 수 있는 국내 상황과는 달리, 국제체제에서는 중앙권위체가 존재하지 않기 때문에 이행 문제가 심각하다.[9)] 하지만 상대방이 이행할 것인지에 대한 불확실성이 줄어든다면 중앙권위체가 존재하지 않는 무정부적 국제체제에서도 협력은 가능하다. 즉 구조 또는 체제가 아니라 과정을 통해 충분한 정보를 가진다면, 협력과 관련한 어려움을 극복할 수 있다.[10)]

Ⅲ. 자유주의 이론에서의 안보

안보 개념에 대해서 자유주의 이론은 현실주의 이론과 매우 유사하다. 이러한 이유에서 자유주의 이론은 현실주의 이론과 큰 차이가 없다는 구성주의의 거시이론적 비판은 타당하다. 하지만 엄격한 의미에서 자유주의 이론은 현실주의 이론과 안보 부분에서 많은 차이가 있으며, 이러한 차이는 결국 이론적 내용과 정책 처방의 차이로 이어진다.

1. 국제체제의 무정부성과 국가의 정체성

구성주의가 국제체제의 무정부성을 사회적 맥락에 따라 그 의미가 달라지는 변수(變數)로 파악하는 반면에, 자유주의와 현실주의는 무정부적 국제체제가 가지는 의미는 일단 결정되면 변화하지 않는 상수(常數)의 성격을 띤다고 본다. 구성주의에서는 국제적 무정부 상태가 국가들이 서로 적대시하는 홉스적 무정부 상태(Hobbesian Anarchy)와 서로를 우정(friendship)으로 대하는 칸트적 무정부 상태(Kantian Anarchy), 그리고 제한된 갈등과 협력이 공존하는 로크적 무정부 상태(Lockean Anarchy)로 나뉜다고 본다.[11] 현실주의가 홉스적 무정부 상태를 상정한다면, 자유주의는 로크적 무정부 상태를 상정하며, 특히 민주주의 국가로 구성되어 영구평화가 구축된 국제체제에서는 칸트적 무정부 상태가 나타난다고 본다.

또한 안보문제에서 나타나는 국가의 정체성에 대해서 구성주의 이론은 국제체제의 무정부성이 지니는 의미에 따라 그 국제체제를 구성하는 개별 국가들의 정체성 또한 달라진다고 본다. 홉스적 무정부 상태에서 국가들은 서로를 적(enemy)으로 인식하며, 칸트적 무정부 상태에서는 서로를 친구로 인식한다면, 로크적 무정부 상태에서는 상대를 동료 경쟁자(rival)로 파악한다. 구성주의는 국가들의 정체성에 따라서 다시 국제체제의 무정부성이 가지는 의미가 결정되며, 국제체제의 무정부성의 의미가 국가들의 정체성을 결정한다는 상호작용을 강조한다. 반면 이러한 부분에 대해서 자유주의는 국가의 정체성은 고정되어 있으며, 국가의 정체성이 무정부적 국제체제의 의미를 결정하지는 않는다고 본다. 즉 구성주의가 개별 국가의 정체성과 국제체제의 무정부성이 가지는 의미 사이에 상호작용이 있다고 본다면, 자유주의는 국제체제의 무정부성이 국가의 정체성을 결정하지만, 반대로 개별 국가의 정체성은 국제체제의 무정부 상태가 가지는 의미에 대해서는 영향을 주지 못한다는 구조결정론을 수

용한다.[12)]

자유주의 이론은 모든 국가들은 자신의 안보를 추구한다는 현실주의 이론의 기본 가정을 수용한다. 명시적으로 정체성이라는 용어를 사용하지는 않지만, 자유주의와 현실주의 이론은 개별 국가의 정체성이 동일하며 변화하지 않기 때문에 특별히 분석할 필요가 없다고 본다. 그 정체성의 내용에 대해서는 현실주의와 자유주의가 서로 다른 견해를 제시하지만, 국제체제를 구성하는 개별 국가들의 정체성이 동일하며 변화하지 않는 점에 있어서는 차이가 없다. 다만 현실주의가 구조에 초점을 맞춘다면, 자유주의는 국내정치에 의해 결정되는 선호(preferences)와 국제제도로 나타나는 불확실성(uncertainty)을 독립변수로 사용하여 국제정치를 분석한다.

2. 무정부적 국제체제에 대한 인식

개별 국가 상위의 단위체가 존재하지 않는 무정부적 국제체제에 대하여 어떻게 인식하며, 이 상황에서 발생하는 문제점이 무엇인지는 국제정치 이론 연구의 핵심이다. 예를 들어 구성주의는 무정부적 국제체제는 물질적 조건에 의해서 만들어지는 것이 아니라 사회적 맥락에 따라서 특정한 의미가 부여되며, 그에 따라서 다른 상황이 유발된다고 본다. 중앙권위체가 존재하지 않는다고 해서 국제체제에서 발생할 수 있는 모든 문제가 항상 나타나지는 않으며 개별 국가들의 사회적 맥락과 이전 경험 등에 따른 정체성과 문화에 의해 달라진다. 구성주의는 위협(threat)이라는 개념이 가지는 구성주의적 측면을 강조하며, 북한과 영국의 핵무기에 대해서 유럽 국가들이 보이는 반응의 차이에 주목한다. 영국이 더욱 강력한 핵무기 전력을 가지고 있지만 영국이라는 국가의 정체성과 영국과의 관계에서 유럽 국가들이 가지는 정체성 등에 의해 그 핵무기는 위협으로 작용하지 않는다. 반면 북한이 가진 핵무기는 그 파괴력과 수량에서 영국의 핵무기에 비견할 수 없지만, 북한 특유의 정체성과 지금까지 북한이 보여준 행동으로 인하여 더욱 강력한 위협 요인으로 인식된다. 위협이라는 변수가 단순한 인식(perception)에 의해서만 만들어지는 것이 아니라 맥락에 의해 다르게 수용된다는 것이다.

자유주의는 구성주의의 주장을 수용하지 않는다. 사회적 맥락과 정체성의 중요성을 인정하기보다는, 물질적 능력은 그 자체로서 인식된다는 현실주의의 인식론을 수용한다. 그러나 자유주의와 현실주의는 국제정치에서 발생하는 문제의 본질에 대해서 다음과 같은 차이를 보인다.

첫째, 현실주의가 국제정치의 문제를 수인의 딜레마(Prisoner's Dilemma)로 인식한다면, 자유주의는 문제의 본질을 사슴사냥(Stag Hunt)에 가깝다고 본다. 수인의 딜레마에서 개별 행위자는 상대방을 속이고 배신할 유인(incentive)을 가진다. 공통의 이익이 존재하고, 협력을 통해서 모두의 이익을 증진할 수 있지만, 자신이 일방적으로 배신하는 경우에는 협력하는 경우보다 더욱 많은 이익을 확보할 수 있다. 모든 국가는 상대를 속이려고 하며, 국제정치에서 협력을 통한 이익 추구는 불가능하고 경쟁이 나타난다.[13] 국가들이 협력에 합의하고 그 협력이 이루어진다고 해도 그 협력은 안정적으로 유지되지 않으며, 모두가 서로를 배신하려는 상황에서 협력은 쉽게 무너진다.

반면 자유주의는 수인의 딜레마가 아니라 사슴사냥의 측면에서 국제정치의 문제를 바라본다. 여기서는 협력을 통해서 공통의 이익을 추구하는 것이 최선의 전략이며, 따라서 어떤 국가도 상대방을 배신할 유인을 가지지 않는다. 이 상황에서 국가들은 협력을 추구하는 것이 더욱 수월하며, 동시에 일단 이루어진 협력은 안정적이며, 특별한 노력을 하지 않아도 협력 상태 자체는 유지된다. 국가들은 협력을 통해서 공통의 이익을 추구하기 때문에, 불필요한 경쟁을 하지 않는다.[14]

둘째, 현실주의는 국제정치의 문제를 무정부적 집행(enforcement

under anarchy)의 문제로 파악한다. 즉 국제체제의 무정부성 때문에 국가 상위의 단위체가 존재하지 않고 따라서 모든 국가들은 상대방이 과연 자신들과 한 약속을 정확하게 이행할 것인지에 관심을 기울이게 된다. 특히 국제정치가 수인의 딜레마이기 때문에 모든 국가들은 다른 국가들을 배신할 유인을 가지고 상대가 배신을 시도한다는 사실에 대해서는 불확실성이 존재하지 않는다. 즉 모든 국가는 배신한다. 반면 협력은 불안정한 균형이므로, 무정부적 국제체제에서 협력계약을 집행하는 것은 매우 중요하다. 단순히 다른 국가가 어떠한 행동을 하는지를 감시하고 더욱 많은 정보를 제공하는 것으로는 부족하며, 서로를 배신하는 것이 최선의 전략이기 때문에 협력계약을 확실하게 집행, 특히 강제 집행할 수 있는지가 핵심 사안으로 부상한다.

반면, 자유주의는 무정부적 집행보다는 상대방에 대한 감시와 사찰, 그리고 정보교환이 더욱 중요하다고 본다. 국제정치의 문제는 사슴사냥에 가까우며, 일단 협력이 이루어지면 안정적으로 유지된다. 따라서 중요한 사안은 상대방이 어떠한 행동을 하는가이다. 상대방의 이익이 변화하지 않는 한 국가들은 기존의 협력을 포기하지 않는다. 즉 상대의 의도를 파악하기 위해 더 많은 정보가 필요하며, 상대를 감시하고 주기적인 사찰을 실시해야 한다. 상대방 행동에 대한 불확실성이 존재하기 때문에 상대방의 행동을 주시하여, 불확실성을 완벽하게 제거하지는 못한다고 해도 완화하는 것이 중요하다.

3. 안보와 안보 위협

현실주의에서 안보는 자신의 생존을 유지하는 것이다. 구성주의에서도 안보는 개별 국가의 생존에 대한 위협을 의미하며, 특히 홉스적 무정부 상태에서는 현실주의의 안보 개념을 그대로 받아들인다. 하지만 자유주의 이론의 안보위협은 현실주의 논의에서의 안보위협과는 상당 부분

차이가 있다. 자유주의는 안보위협을 일방적 협력(unilateral cooperation) 상황에서 자신은 협력하는데 상대방이 배신하기 때문에 나타나는 피해로 본다. 즉 국가 생존이 위험에 빠지는 경우는 많지 않으며, 협력을 약속하였지만 그 약속을 지키지 않는 경우에 안보 위험이 발생한다고 본다.

그렇다고 자유주의가 안보 위험을 과소평가하는 것은 아니다. 자유주의도 개별 국가의 정치적 독립과 영토적 일체성 유지라는 측면에서 안보를 정의하며, 이러한 측면에서 안보 위험을 이해한다. 하지만 안보 위험을 평가하는 데 차이가 있다. 현실주의는 안보 위험이 매우 보편적으로 존재한다고 보며, 국가들이 이에 대비하기 위해서 많은 노력을 기울인다고 본다. 대표적으로 미어샤이머(John J. Mearsheimer)는 기본 가정에서 국제적 무정부 상태에서 모든 국가들은 어느 정도의 공격능력을 항상 가지고 있으며, 국가들은 주변 국가들의 의도를 완벽하게 파악할 수 없다고 보았다. 때문에 모든 국가들은 항상 어느 정도의 안보 위험에 노출되어 있으며, 서로를 두려워하고 자구의 원칙에 따라서 행동한다고 분석하였다. 반면 자유주의는 안보 위험의 존재를 인정하지만, 이것이 모든 경우에 항상 존재하는 것은 아니라고 본다. 그리고 안보 위험이 그다지 치명적이지는 않기 때문에 국가들은 협력에 상당 부분 적극적이라고 주장한다.

이와 같은 차이는 협력 이익의 상대적 배분 문제에서 잘 드러난다. 현실주의적 시각에서 보면, 공통의 이익을 위해서 협력을 하고 정보 문제를 극복한다고 해도, 협력의 이익을 어떻게 배분할 것인가의 상대적 이익(relative gains) 문제가 존재한다. 협력 이익을 상대방에게 더욱 유리한 6 대 4의 비율로 배분하면, 그 차이가 축적되어 나중에는 상대적 힘에서 큰 차이가 발생할 수 있다. 그리고 장기적으로 이러한 변화는 자신의 안보를 위협하는 결과를 초래한다. 모든 경우에 안보 위험이 존재하기 때문에 상대적 힘의 차이는 심각한 문제로 간주된다. 반면, 자유주의 이론은 상대적 이익의 문제보다는 절대적 이익(absolute gains)에 집중하여 공통의 이익 추구를 통해서 어느 정도 이익을 거둔다는 사실 자체를 중요시하며, 그 이익을 누가 어느 정도로 가져가는가는 무시한다. 즉 안보 위험이 항상 존재하는 것은 아니기 때문에 어느 정도까지는 상대적 힘에서 차이가 난다고 해도 그것 자체를 심각한 위험으로 간주하지는 않는다. 국가들이 모든 종류의 위험에 반응하는 것은 아니며, 어느 정도의 위험은 수용한다. 즉 "국가는 강박증 환자는 아니다." 위험 기피 성향을 가지지만, 모든 위험을 어떠한 대가를 치르더라도 기피하지는 않는다.[15]

안보 위험과 관련해서 현실주의와 자유주의의 차이는 불확실성 문제에 대한 입장에서 유래한다. 미어샤이머를 중심으로 하는 공격적 현실주의는 무정부적 국제체제에서 국가들은 "서로의 의도를 확신할 수 없다"고 가정하면서, 불확실성 문제는 모든 경우에 존재한다고 본다. 하지만 자유주의 이론은 국가들이 노력하여 서로 정보를 교환하고 자신들의 현상유지적 의도를 상대에게 설득하여, 정보 문제를 해결할 수 있다고 본다. 즉 정보와 불확실성의 완화여부를 둘러싸고 현실주의와 자유주의는 그 가정부터 차이가 있다. 동일한 세력균형에서 현실주의는 국가들이 정보를 더욱 많이 가지게 된다고 해도 기본적인 불확실성 문제는 해결되지 않는다고 보며 국가들 사이의 경쟁은 불가피하다고 평가한다. 반면 자유주의는 국가들이 더 많은 정보를 가지면 국제체제에 존재하는 불확실성이 감소하고 그에 따라 국가들의 행동이 변화한다고 본다.

이러한 측면에서 중요한 논점은 안보 딜레마(Security Dilemma)라고 볼 수 있다. 현실주의 특히 공격적 현실주의에서 안보 딜레마는 국제체제의 무정부성과 같이 변화하지 않는 조건이다. 국가들은 어느 정도의 공격능력을 항상 보유하고 있기 때문에 안보 딜레마를 구성하는 주요 요소인 공격방어 균형(offense-defense balance)은 무의미하다. 방어적 현실주의는 공격방어 균형에 초점을 맞추어 안보 딜레마 상황에서도 국가들의 행동이 달라진다고 보았고, 안보 딜레마의 강도(intensity)가 변화한다고 보았다. 반면 자유주의는 안보 딜레마를 구성하는 두 번째 요소인 공격방어 구분가능성(offense-defense distinction) 변수에 주목하여 이를 사용하여 국가들이 어떻게 불확실성을 제거하고 안보 딜레마 상황에서 탈출하는지를 분석할 것이다.[16)]

IV. 자유주의 이론의 안보정책 및 수단

자유주의 이론에서 분석하는 안보문제와 현실주의에서 논의하는 안보문제는 기본적으로 동일하다. 하지만 자유주의 이론은 안보와 관련하여 현실주의와 구성주의의 주장과는 차이를 보인다. 자유주의가 파악하는 무정부적 국제체제의 문제점과 안보 위험에 대한 인식은 자유주의 특유의 정책 처방과 수단으로 이어진다.

구성주의가 정책 부분에 대해 그다지 많은 제안을 하지 않는 데 반하여, 현실주의는 안보 부분에 있어서 여러 사안을 놓고 자세한 정책을 분석한다. 자유주의는 동맹에 대해 새로운 시각을 제공하며, 집단안전보장체제와 군비통제를 사용하여 안보를 추구하는 방안을 제시한다. 또한 다른 국가와 경제교류를 강화하여 경제적 상호의존(economic interdependence)을 강화해야 한다고 본다. 국내정치의 중요성을 강조하는 자유주의는 민주주의가 전쟁에 미치는 영향을 집중적으로 분석한다. 이러한 안보정책 및 수단은 현실주의 이론에서 지적하는 문제점에 대한 또 다른 방안이며, 자유주의 이론이 분석한 국제적 무정부 상태에 대한 인식에서 연역하는 대안이다. 그렇다면 구체적으로 자유주의는 어떠한 대안과 이론 분석을 제시하는가?

1. 군사동맹과 동맹국 협력

동맹은 안보 연구에서 가장 많은 주목을 받은 주제이며, 현실 정치에서 가장 많이 논의되는 정책 사안이다. 하지만 이론적으로 가장 덜 분석된 사안이기도 하다. 국가들이 동맹을 준수하는 것은 국가이익 때문이라는 매우 '비과학적인 주장'이 존재하지만 무엇이 국가이익을 구성하는지에 대해서는 엄격한 논의가 없다. 동맹에 대한 연구가 집중되었던 동맹의 형성에 대해서도 외부의 위협(external threat)을 독립변수로 사용하는 논의가 있지만, 이 경우에도 외부의 위협을 구성하는 요소에 대해서 상당한 논란이 존재한다.[17] 동맹 문제를 둘러싼 논리적 문제점은 동맹 협력의 결과가 공공재(public goods)적 성격을 띤다는 사실이다. 국제체제에 위협요소가 나타났을 때 이것을 어떤 국가가 제거하는지는 중요하지 않다. 일단 위협이 제거되면 모든 국가가 그 혜택을 누릴 수 있다. 따라서 모두는 위협요소를 제거하는 책임을 서로에게 미루며, 동맹국들은 서로 방위비 부담을 회피한다.[18] 그렇다면 동맹은 무엇인가? 동맹은 국제정치에서 어떠한 의미가 있는가? 이에 대해서 현실주의와 구성주의의 분석과 자유주의의 분석은 큰 차이를 보인다.

현실주의에서 동맹은 정책수단이다. 공동의 위협에 직면한 국가들이 자신이 보유하는 군사자원을 통합하여 사용하는 행동이 동맹이다. 동맹이 존재하지 않는 경우에도 공동의 적이 나타나는 경우에 위협을 받는 국가들은 협력하지만, 동맹을 체결한 경우에는 이러한 협력이 더 수월하게 이루어진다. 즉 동맹은 불가능한 협력을 가능하게 만드는 역할을 하는 것이 아니라, 본래 가능한 협력을 더욱 쉽고 효율적으로 만드는 정책수단이다. 다른 측면에서 동맹은 수단으로서 유연성을 가진다. 즉 필요한 경우에는 체결하고 필요하지 않은 경우에는 해지하는 도구로서, 흔히 동거 또는 편의혼(marriage of convenience)에 비유한다.[19]

구성주의는 동맹에 대해서 엄격한 분석을 시도하지 않았다. 하지만 구성주의 일반의 주장을 적용한다면, 동맹은 새로운 정체성과 이익을 만들어내며 이를 통해 공동의 적에 대응한다고 볼 수 있다. 성공적인 동맹은 동맹 구성원의 정체성을 변화시키지만 동시에 동맹 구성국의 정체성이 변화하면서 동맹은 더욱 공고하게 발전한다. 즉 공동의 위협이 사라진다고 해서 동맹은 해체되지 않으며 구성원들이 가진 정체성 때문에 계속 유지된다. 동맹은 단순한 정책수단에 머물지 않는다. 결혼이 부부의 정체성을 변화시키고 특히 결혼생활을 오래 유지한 부부는 결혼 이전과는 다른 사람으로 성장하듯이, 동맹 자체도 동맹국을 변화시키기 때문에, 동맹을 동거 또는 편의혼에 비유할 수 없다. 대신 구성주의에서 바라보는 동맹은 오랜 우정에 가깝다.

반면 자유주의는 현실주의와 유사하게 동맹을 국가정책의 도구로 파악한다. 즉 동맹 그 자체가 큰 의미를 가지고 국가의 정체성을 변화시키지는 않는다고 본다. 하지만 동맹이 동거 또는 편의혼과 같이 쉽게 형성되고 쉽게 해지되지는 않는다고 파악한다. 즉 동맹은 일가친척 및 친구들을 모아서 예식을 하고 법률적으로 혼인신고를 하는 결혼이다. 이러한 결혼을 해소하려면 이혼이라는 매우 복잡한 절차를 통해야 하며 동시에 재산까지도 분할해야 한다. 따라서 동맹은 쉽게 해소되지 않는다.

동맹이 형성되는 데 중요한 역할을 하였던 공동의 위협이 사라진 경우에도 동맹은 그 자체로서 생명력을 가지고 존속할 수 있다. 물론 냉전 기간 동안 유지되었던 소련 중심의 바르샤바 조약기구(Warsaw Pact)는 소련 붕괴 와중인 1991년 7월 소멸하였다. 냉전 종식과 소련의 붕괴로 동유럽 공산주의 국가들은 시장경제와 민주주의 국가로 전환하였고 기존 동맹을 해지하였다. 반면 냉전 기간에 같이 유지되었던 북대서양조약기구(NATO)는 냉전이 종식되었지만 현재까지 작동하고 있다. NATO는 새로운 안보환경에 적응하여 더 이상 동맹이 아니라 유럽 전체를 포괄하는 안보기구로 진화하였으며, 코소보 분쟁 등과 같은 지역 문제에 적극적으로 개입하고 있다. 즉 동유럽 국가들이 이혼을 선택하였다면, 서유럽 국가들은 기존 관계를 유지하고 어느 정도 불만이 있어도 '결혼' 상태를 계속 유지하기로 결정하였다.[20]

자유주의의 동맹에 대한 해석은 국제제도의 관성(institutional inertia)을 보여준다. 동맹은 국제제도의 일종으로 국가들이 자신들의 이익을 추구하기 위해서 구축한 수단이다. 하지만 이 수단은 유연하지 않으며 만드는 데 많은 비용이 필요하다. 따라서 상황에 맞추어 최적의 수단을 만들기보다 어떤 제도가 이미 존재하는 경우에는 그것이 최적의 수단이 아니라고 해도 그 제도를 사용한다. 즉 코소보 문제 해결을 위해서는 유럽 국가들의 정치적인 합의를 끌어낼 수 있는 제도가 필요했지만, 이러한 제도를 새롭게 구축하기 위해서는 많은 노력이 필요했기 때문에, 서유럽 국가들은 기존 군사동맹인 NATO의 결의를 통하여 코소보 분쟁에 개입하였다.

동맹이 국가정책의 수단임은 분명하지만 이 수단이 매우 경직되었기 때문에 동맹 자체에 대한 분석이 필요하며, 국제제도에 대한 논의가 중요하다. 세력균형이 변화하고 국가들의 이익이 변화한다고 해도, 일단 만들어진 제도와 동맹은 쉽게 변화하지 않는다.[21] 특히 동맹 문제에서 이러한 경직성은 동맹의 안보 딜레마(Alliance Security Dilemma)로 분석되고 있다. 특히 국가들이 원하지 않는 전쟁을 수행하게 되는 연루(連累; entrapment) 가능성은 동맹이 유연한 경우에는 나타나지 않으며, 오직 동맹이 매우 경직되었을 때만 등장한다.[22]

또한 자유주의 이론에서 동맹은 공동의 위협이 있기 때문에 이익이 조화되는 경우에 나타나는 제도 이상의 것이다. 현실주의는 동맹을 국가이익이 일치하는 경우에 나타나는 단순한 현상으로 파악하며, 구성주의는 국가들 사이에 우정을 만들어 낼 수 있는 기회로 본다. 이러한 두 시각의 공통점은 동맹이 형성되기 위해서는 국가들 사이에 기본적인 이익이 일치해야 한다는 이익 결정론적 입장이다. 하지만 자유주의에서 국제제도는 어느 정도까지는 공통이익이 존재해야 하지만, 동시에 상당 부분 갈등이 존재하는 경우에 만들어진다. 자유주의의 기본 입장은 국가의 이익이 같을 경우에는 이익조화가 나타나며, 동맹 등의 국제제도가 필요하지 않다는 것이다. 하지만 이익이 조화되지 않고 어느 정도 갈등이 존재하는 경우, 특히 동맹의 경우와 같이 다른 국가에게 안보문제 해결을 미루는 무임승차 행위가 나타나는 경우에는 제도를 통해 국가들의 갈등을 조정하고 이익을 통제하는 것이 필요하다. 강력한 제도를 통해 무임승차를 방지하고 상대방이 배신하지 않도록 서로를 감시하며, 더 많은 정보를 제공함으로써 모든 국가의 협력을 유도한다는 것이다.

공동의 위협 또는 이익이 강력한 경우에는 미국과 이스라엘과 같이 동맹이 체결되지 않아도 군사 및 안보정책에서 공통의 목표를 추구한다. 하지만 공동의 위협에 직면한 경우에도 대부분 어느 정도의 갈등과 무임승차 욕구가 존재하기 때문에 동맹국들은 동맹조약을 체결하고 자신들의 관계를 제도화하여, 협력을 추구한다. 즉 제도는 갈등을 해결하는 수단이며, 현실에서 상당한 갈등과 공통의 이익이 혼재하기 때문에 나타난다. 적절한 제도가 존재하지 않으면 협력은 어려우며 갈등이 격화되어 협력은 붕괴한다. 공동의 위협에 직면한 경우에도 동맹제도가 적절하지 않다면, 공통된 대처는 어렵다. 1930년대 나치 독일의 팽창에 주변 국가들이 효과적으로 대처하지 못하여 제2차 세계대전을 초래하였고, 이러한 결과는 적절한 제도가 구축되지 못하였기 때문일 수 있다.[23)]

2. 집단안전보장체제

외부의 위협에 직면하였을 때, 국가들은 동맹을 통해서 외부의 균형을 유지하려 한다. 이러한 행동은 자위권 행사의 일부로서 특히 집단적 자위권(collective self-defense)으로 국제법상 인정된다. 동맹은 전통적인 세력균형 유지의 수단으로, 궁극적으로는 다른 국가와 전쟁 가능성을 상정한다. 따라서 동맹은 평화를 보장하는 완벽한 수단이 아니라 전쟁 가능성을 위협하여 특정 국가의 공격적인 행동과 공격을 억지하는 정책으로 확장 억지(extended deterrence)이다. 모든 억지는 기본적으로는 '운에 맡기는 위협(threat that leaves something to chance)'에 기초하며, 이러한 부분은 확장 억지인 동맹에서도 예외는 아니다. 일반적인 억지가 실패하는 경우에는 전쟁으로 이어지듯이, 확장 억지 또한 실패하는 경우에는 동맹들 사이에서 전쟁이 발생한다. 제1차 세계대전은 이러한 확장 억지 실패의 대표적인 사례라고 볼 수 있다. 1914년 러시아는 사실상 동맹국인 세르비아가 오스트리아헝가리제국의 공격으로 붕괴되는 것을 방지하기 위해서 군사력을 동원하였고, 오스트리아헝가리제국의 동맹국인 독일은 러시아가 동맹국을 공격하는 것을 방지하기 위해서 전쟁을 위협하였다. 어느 국가도 양보하지 않았고, 세계대전이 발발하였다.

자유주의는 동맹에 대한 대안으로 집단안전보장(collective security)을 제시한다. 동맹이 평화의 분할 가능성을 인정하고 일부 국가들의 안전만을 도모한다면, 집단적 안전보장은 평화는 단일하며, 국제사회에서 평화는 부분적으로만 유지될 수 없기 때문에 다른 국가들이 공격을 받는 상황에서 일부 국가들만이 안전한 것은 불가능하다고 본다. 동맹은 일부 국가들만이 체결하고 이를 통해 자신들의 안전만을 추구하며, 따라서 외부의 적(敵)을 상정한다. 그리고 적국이 동맹국을 공격하지 못하도록 자신들의 군사력을 사용하겠다고 위협하고 공격이 실제로 벌어진다면 자신들의 군사력을 동원해서 반격한다. 하지만 집단안전보장은 모든 국가들이 참가하고 따라서 외부의 적국을 상정하지 않는다. 대신 평화에 대한 위협은 집단안전보장 체제 내부에서 발생하며, 일단 특정 국가가 다른 국가를 공격하는 경우에는 평화 교란이 발생하고 이에 대해 모든 국가들이 힘을 합해서 공격적인 국가를 응징(sanction)한다.[24]

이러한 집단안전보장 체제는 그다지 위험하지 않은 무정부적 국제체제에서 효과를 발휘한다. 국제체제에 존재하는 안보 위험이 그다지 강력하지 않기 때문에, 국가들은 기본적으로 주변 국가들에 대한 어느 정도의 신뢰를 가질 수 있다. 또한 국제정치의 문제가 주로 정보 부족과 불확실성 때문에 발생하고, 따라서 다른 국가에 대한 감시로 문제를 해결할 수 있기 때문에, 집단안전보장이라는 국제제도를 통해 국가들이 서로의 의도를 명확하게 전달하는 것이 중요하다. 일단 협력을 통해 집단안전보장이 이루어지면 모든 국가들은 그 균형에서 이탈할 유인이 없으며, 제도를 통한 협력은 자동적으로 유지된다.

집단안전보장은 다음과 같은 자유주의의 정책처방에 의해 더욱 효과적으로 유지된다. 첫째, 개별 국가들이 단위체 수준에서 평화유지에 대하여 강력한 선호를 가지고 있어야 한다. 즉 국내 정치적 또는 경제적 요인으로 인하여 전쟁과 침략이 아니라 평화를 가장 중요한 이익으로 인식하고 있는 국가들로 구성된 세계에서 집단안전보장 체제가 작동할 수 있다. 즉 모든 국가들이 또는 주요 강대국들이 현상유지 국가여야 하며, 상대방을 배신할 유인을 가지고 있지 않아야 한다. 둘째, 모든 국가들이 평화를 바라더라도 평화라는 것은 공공재와 집단행위(collective action)의 특성을 띠기 때문에 여기서 파생되는 무임승차(free-riding) 문제를 극복할 수 있는 국제제도가 필요하다. 평화가 일단 구축되는 경우에는 평화구축에 기여하지 않은 국가들도 그 혜택을 볼 수 있으며, 따라서 모든 국가들은 기여는 하지 않으면서 그 혜택만을 누리려고 한다. 이러한 문제를 극복하기 위해서는 모든 국가의 참여를 독려하고 제도화하는 장치가 필요하며, 특히 상대방의 참여를 보장 및 감시하는 기제가 중요하다. 특히 발생하는 문제에 따라서 국제제도를 개별적으로 설계(design)할 필요가 있으며, 무임승차 문제가 나타나는 경우에는 다자주의(multilateralism)보다는 소수의 국가들이 주도하는 체제가 더욱 적합하다. 현재 UN 체제의

안전보장이사회와 같은 주요 국가의 적극적인 참여를 보장하는 제도가 필요하다.[25]

특히 모든 국가들의 협력을 유지할 수 있는 국제제도를 구축하고 평화의 단일성에 이익을 가지는 국가 내부의 속성이 통합되어 작동하는 경우에는 평화가 유지될 수 있다. 가장 대표적인 체제가 바로 제1차 세계대전이 종식된 이후에 당시 미국의 대통령인 윌슨(Woodrow Wilson)의 주장에 기초하여 만들어진 국제연맹(League of Nations)이다. 최초로 실현된 집단안전보장체제인 국제연맹은 당시 세계의 모든 국가를 포괄하는 국제제도였으며 동시에 모든 국가들이, 최소한 모든 강대국들이 민주주의 국가인 경우에 작동하도록 설계되었다.

1920년대에 민주주의가 확산되었던 시기에는 집단안전보장이 작동하였지만, 1930년대 경제공황 과정에서 민주주의 국가의 수가 감소하였다. 특히 유럽과 동아시아에서 가장 강력한 군사적 잠재력을 가졌던 독일과 일본에서 민주주의 체제가 붕괴하였다. 독일에서는 바이마르공화국(Weimar Republic)이 무너지고 히틀러의 나치정권이 그리고 일본에서는 다이쇼 민주주의(大正 民主主義; Taisho Democracy)가 붕괴하고 군국주의 세력이 정권을 장악하면서, 집단안전보장체제에 기초한 평화가 파괴되었다. 즉 1920년대 집단안전보장체제는 이상주의(idealism)였기 때문에 실패한 것이 아니라 민주주의 국가들의 수가 줄어들면서 집단안전보장체제가 작동하는 데 필요한 기본 조건이 더 이상 충족되지 못하였던 것뿐이다.[26]

3. 군비통제

국가들은 위협에 직면하였을 때 동맹국의 군사력에 의존하는 외부적 균형유지와 함께 자신의 군사력을 증강하는 내부적 균형유지를 선택한다. 어떠한 조건에서 외부적 균형유지(동맹) 혹은 내부적 균형유지(군비

증강)를 선택하는가에 대해서는 명확한 답변이 없지만, 동맹과 군비증강은 동일한 목적을 달성하는 서로 대체적인 수단이다. 하지만 이러한 수단은 상대의 반응을 고려하지 않는 한계가 있다. 외부의 위협에 대응하기 위해서 동맹을 강화한다면 상대방 또한 자신의 안전을 유지하기 위해서 동맹을 강화하며, 안보를 위해서 군사력을 증강하는 경우에도 상대방도 자신의 군사력을 증강할 수 있기 때문이다. 이때 안보의 절대량은 변화하지 않으며, 자신의 안전을 위해 취한 조치가 상대의 안전을 위협하는 안보 딜레마를 초래한다. 이 경우에 각자는 자신의 균형유지 전략을 자제함으로써, 특히 군사력 증강을 완화하여 군비경쟁을 예방하고 공동의 이익을 추구할 수 있다. 군사력 증강이 많은 자원을 소모한다는 사실을 고려한다면, 군비경쟁을 예방하는 것은 당사국 모두에게 이익을 주며 전체적인 안보를 향상시킨다.

군비통제가 가장 적절하게 사용되었던 시기는 바로 냉전이 종식되는 과정인 1980년대 후반이었다. 미국과 소련은 1945년 이후 유럽과 동아시아에서 서로 대립하였으나, 1985년 고르바초프가 등장하면서 대립관계를 청산하였고 냉전이 종식되었다. 40년 동안의 대립으로 미국과 소련은 서로를 불신하였고, 이를 극복하는 것은 쉽지 않았다. 이를 위해서 미국과 소련은 우선 상대적으로 중요하지 않은 사항에 대해서 단순히 회담을 개최(cheap talk)하기보다, 어느 정도 비용을 지불해야 하며 상당한 중요성을 가지는 사안에 대해 협력을 하고 이에 기초하여 신뢰를 구축하였다.

1987년 중거리핵미사일조약(Intermediate Nuclear Forces Treaty; INF)은 획기적인 돌파구였다. 미국과 소련은 유럽에 배치된 중거리 핵미사일을 완전히 폐기하였고 이를 계기로 양국은 서로가 군축에 상당한 의지를 가지고 있다고 믿었다. 이후 양국은 중부유럽에 배치된 통상 군사력을 감축하는 유럽재래식무기감축조약(Conventional Forces in Europe

Treaty; CFE)에 합의하여 더욱 중요한 사안으로 협력을 확대하였으며, 최종적으로는 START(Strategic Arms Reduction Treaty)를 통해서 전략 핵무기 감축에 성공하였다. 이러한 군축은 두 개의 강대국이 존재하는 양극체제 자체는 변화하지 않은 상황에서, 과정을 통한 정보축적과 신뢰구축 덕분에 가능하였다.[27)]

자유주의 이론은 군비통제가 성공하는 원인을 안보 위험과 국제정치의 문제에 대한 이해에서 매우 연역적으로 끌어낸다. 우선 군사력 증강을 자제하는 경우에 모든 당사국은 자원 절약의 측면에서 큰 이익을 보며, 따라서 다른 국가들이 군사력 증강을 자제하는 한 자신들도 군사력 증강에 자원을 투입하지 않으려 한다. 즉 어떤 국가들도 상대적 우위를 추구하지 않으며, 현재의 군사력 균형에 만족한다. 상대적 이익에서 어떠한 국가가 더 많은 이익을 보는지에 관심을 기울이기보다는 절대적 이익의 관점에서 행동한다. 모든 상황에서 항상 치명적인 안보 위험이 존재하지는 않기 때문에, 어느 정도 상대적 힘의 열위는 수용할 수 있으며, 대신 자신의 자원 절약을 도모한다. 상대적 이익에 초점을 맞추면서 군사력 우위를 차지하기 위해서 노력하였던 소련과 같은 국가는 자원을 소진하고 결국 파멸하였다. 국제체제에서 나타나는 이와 같은 적자생존은 이른바 '합리적으로 행동'하지 않는 국가들을 경쟁에서 탈락시킨다.[28)]

또한 모든 국가가 현상유지에 만족하고 있다면, 일단 이루어진 군비통제는 모두의 이익에 부합한다. 상대방을 배신할 유인을 가지지 않기 때문에 핵심 사안은 상대방 행동에 대한 감시이지 군비통제를 강제 집행하는 방안이 아니다. 사찰단 교환에 대한 합의가 필요하며, 자신의 의도에 대한 정보를 제공하기 위해서 상대방과 더 많은 접촉을 하는 것이 중요하다. 이러한 설득과 감시 그리고 정보 교환을 통해서 국가들은 군사력 증강을 자제하고 안보 딜레마에서 탈출할 수 있다. 하지만 어떤 변화를 통해, 특히 자유주의 이론에서 강조하는 국내정치적 변화의 결과 개별 국가의 이익이 달라지는 경우에 안정적인 균형이 무너진다. 1920년대 일본은 자신들보다 경제력에서 우위에 있었던 미국 · 영국 등과 해군력 경쟁을 하기보다는 워싱턴 조약(Washington Treaty)을 통해 군비경쟁을 중단하고 군사력 균형을 10년 이상 안정적으로 유지하였다. 경제공황으로 다이쇼 민주주의가 무너지고 군부의 영향력이 강화되면서, 일본은 군사력 자제보다는 군사력 증강을 선택하였다.[29)]

군비통제가 성공적으로 유지되려면 당사국의 의도에 대한 정보를 충분히 제공하고 사찰을 정례화하는 것이 중요하다. 즉 국제제도를 어떻게 설계하는지가 매우 중요하며, 특히 국제제도의 내용은 군비통제 등의 성공 여부를 좌우한다. 이러한 현상은 전쟁을 종식시키는 휴전조약(ceasefire agreements)에서 두드러진다. 전쟁을 법률적으로 종식시키는 종전조약 또는 평화조약을 체결하기 이전에, 교전 당사국은 전투행위를 중지하기 위해서 휴전조약을 체결한다. 전투행위의 종식에 합의하였다는 사실 자체는 최소한 당사국들의 상대적 힘에서 합의가 존재하고 따라서 외부 조건은 동일하다고 볼 수 있다. 하지만 휴전조약의 효과는 큰 차이를 보인다. 1953년 7월에 체결된 한국전쟁 휴전조약은 56년이 지난 현재까지도 전면 전쟁을 방지한다는 측면에서 성공적이었으며, 오늘날까지 평화조약의 역할을 대신하고 있다. 하지만 아제르바이잔(Azerbaijan)과 아르메니아(Armenia) 사이의 휴전협정은 1992년 3월 21일 체결되어 4월 11일까지 21일 동안만 효과를 발휘하였고, 당사국은 전쟁을 다시 시작하였다. 전쟁재발과 평화유지에 가장 도움이 되는 제도는 비무장지대의 설치와 배치된 군사력의 후퇴이다. 중립국 감시단의 역할은 그보다는 못하지만 중요하고, 군비통제나 신뢰구축 조치 등은 큰 역할을 하지 못한다. 따라서 비무장지대와 군사력 후방 배치, 그리고 중립국 감시단의 수용 등을 명시적으로 인정하고 이것을 실행하는 평화조약은 평화를 유지하는데 적절한 제도라고 볼 수 있다.[30)]

4. 경제적 상호의존

국가들 사이의 경제교류는 국가행동에 영향을 준다. 무역과 해외투자와 같은 국제적인 경제교류로 인하여 국내적으로 새로운 이익집단이 만들어지고 지속적인 교류를 보장받기 위해서 이들은 국가정책에 영향을 미친다. 교류를 통해서 이익을 보는 집단은 교류를 지속하기 바라며 교류 지속을 위해서 국제체제의 안정과 평화를 추구한다. 19세기와 20세기 초 자유주의 사상가인 코브던(Richard Cobden)과 에인절(Norman Angell) 등은 이러한 주장에 기초하여 자유무역이 지니는 평화성향에 대해서 논의하였다. 또한 오늘날에도 미국과 중국이 결국 갈등할 것이라는 비관론적 주장에 대하여 양국의 높은 경제교류가 양국의 평화를 이끌 것이라는 견해 또한 존재한다.[31)]

국내정치 중심의 자유주의 이론은 경제교류가 모든 국가에게 이익을 준다는 경제학의 기본 주장을 수용한다. 비교우위(comparative advantage)에 기초하여 모든 국가들은 자신이 더욱 잘 생산할 수 있는 재화의 생산에 비교우위를 가지며 이를 특화하여 수출하고, 자신이 비교열위를 가지는 재화를 수입하면서 사회 전체의 후생수준을 향상시킨다. 하지만 국내에는 무역개방으로 손해를 보는 집단이 존재하며 이들은 단결하여 보호무역 조치를 요구하기 때문에, 무역개방을 주장하는 집단들과 충돌한다. 결국 무역개방으로 이익을 보는 집단들은 자신의 우월한 지위를 유지하기 위해서 무역개방을 가속화하고 동시에 무역개방이 가능할 수 있는 국제적인 평화유지를 위해서 노력한다. 그리고 무역개방과 평화는 다시 무역개방으로 이익을 보는 집단의 국내정치적 힘을 강화하기 때문에 무역개방과 평화 가능성은 다시 확대된다.[32)]

국제체제에서 안보 위험은 항상 존재하지는 않고 무정부적 국제체제가 어느 정도 안정적이라고 보는 자유주의는 경제교류를 통해 나타나는 절대적 이익에 초점을 맞추며 상대적 이익 배분으로 나타날 수 있는 세력균형의 변화 가능성은 무시한다. 예를 들어 지난 30년 동안 중국의 힘은 빠르게 부상하였는데, 이는 미국과 일본을 비롯한 서방 국가들의 중국에 대한 투자 덕분이었다. 즉 미국과 일본은 세계 전체와 동아시아 수준에서 자신들에게 가장 위협이 될 수 있는 국가의 경제성장을 도왔으며, 투자 수익이라는 절대적 이익에 관심을 기울였고 투자로 인해 발생하는 상대적 이익 문제는 도외시하였다. 안보 위험이 상존하고 상대적 이익이 중요하다고 보는 현실주의는 미국과 일본의 중국에 대한 투자가 불합리한 정책이라고 보며, 중국의 부상을 통제하기 위해서는 이러한 투자와 무역을 제한해야 한다고 주장한다.[33]

하지만 자유주의는 그 반대로 경제교류가 양국의 국내적인 이익을 더 조화롭게 만들고 덕분에 평화가 유지된다고 본다. 자유주의는 국가의 독자성을 인정하지 않으며, 국가를 구성하는 사회의 이익과 독립된 국가 이익이 존재한다고는 보지 않는다. 즉 국가의 이익은 사회의 이익이 종합된 결과이며, 종합과정에서 정치제도에 따라 사회의 이익이 변질될 수는 있지만 기본적으로는 사회의 이익에 기초하여 국가의 이익과 정책이 결정된다고 본다. 특히 이익집단의 요구에 따라서 국가의 정책과 행동이 결정되며, 안보 정책도 예외는 아니라고 판단한다. 더욱 세부적으로는 보수적 정부와 진보적 정부의 안보정책은 차이가 있으며, 강대국의 경우에서도 독자 군사력 증강과 동맹에 대한 의존이라는 측면에서 정부에 따라 큰 차이를 보인다.[34]

또한 국제적 경제교류로 다양한 시민사회의 접촉이 증가하고 정치와 군사가 아니라 무역과 투자를 통해 사회 전체는 필요한 자원을 확보한다. 그리고 이 과정에서 평화로운 방식으로 자신들의 생존을 확보할 수 있다는 견해가 널리 수용되고 사회 전체의 가치가 달라진다. 특히 군대의 사회적 영향력이 감소하면서 군국주의(militarism)의 정치적 힘이 감소하고, 그 결과 국가의 공격적 행동에 대해서 지지하기보다는 비난하는 여론이 증가한다. 즉 국가이익과 정책을 결정하는 사회의 기본 선호가 변화하고, 이러한 변화에 따라 국가행동이 달라진다. 한편 대외 팽창과 전쟁은 많은 비용을 필요로 하기 때문에 국가 내부의 이익집단들은 비용이 적게 드는 교역과 해외투자를 선호한다. 이 과정에서 핵심적인 비용은 전쟁으로 인하여 교역과 투자의 기회가 사라지기 때문에 나타나는 기회비용(opportunity cost)이다. 특히 교역을 통해 많은 이익을 보는 집단은 전쟁으로 교역이 중단된다면 자신들의 이익을 증진할 기회가 사라지기 때문에 전쟁에 반대하며, 더욱 평화로운 정책과 지속적인 교역을 요구한다. 즉 모든 국가가 교역에 의존하는 상호의존이 존재한다면, 최소한 그 국가들 사이에서는 전쟁이 사라진다.[35)]

5. 성숙한 민주주의 국가의 확산

현실주의는 국내정치로 국제정치를 설명하려는 시도를 환원주의라고 비판하였다. 그러나 경험적으로 국내정치가 국제정치에 영향을 준다는 사실은 부정할 수 없다. 특히 민주주의 국가들은 서로 전쟁을 하지 않으며, 국제적 무정부 상태의 압력은 민주주의 국가들 사이에서는 소멸하는 것같이 보인다. 즉 최소한 민주주의의 국가들은 자신들 사이에서는 안보를 걱정할 필요가 없고 영구평화를 누린다.[36)] 하지만 이러한 영구평화는 성숙한 민주주의 국가들 사이에서만 존재한다. 이라크 전쟁에서 나타나듯이 외부의 개입을 통한 강제적인 민주화는 이라크 전쟁에서 나타나듯이, 그 정당성과 효과 측면에서 많은 문제를 야기한다.

민주평화론은 두 가지 현상의 복합체이다. 첫째, 민주주의 국가들은 서로 전쟁을 하지 않는다. 전쟁(war)은 두 개 이상의 국가 사이에서 벌어지는 무력충돌(armed conflict) 가운데 1000명 이상의 전사자(combat deaths)가 발생한 충돌이다.[37)] 민주주의는 인구의 상당 부분이 선거권을 가지고, 선거에서는 두 개 이상의 정당이 경쟁하고 선거에서 승리하는 정당이 행정부를 구성하며, 기본권 보장에 대한 제도적 장치를 가진 정치체제이다. 두 번째 현상은 민주주의 국가들은 민주주의가 아닌 국가(non-democracies)들과는 전쟁을 한다는 것이다. 민주주의 국가들은 맹목적으로 모든 국가들에 대해서 평화롭게 행동하지 않으며, 상대방의 정치체제에 따라서 차별적으로 행동한다. 민주주의 국가는 전쟁 자체를 포기하지는 않는다. 다만 민주주의 국가들은 서로 전쟁을 하지 않을 뿐이다.

민주평화론은 가장 강력한 자유주의 이론으로서, 국가의 행동이 정치규범과 정치 제도에 의해 결정된다고 본다. 대화와 타협을 강조하는 민주주의의 정치규범은 국제분쟁으로 확대되어 민주주의 국가들 사이의 갈등은 평화적으로 해결된다는 것이다. 한편 전쟁을 시작하기 어렵고 정책 결정과정을 공개하는 민주주의 제도의 특성이 민주주의 국가들이 상대방의 의도를 더 정확하게 파악하도록 하는 역할을 하며, 민주주의 국가들은 평화를 유지한다는 설명도 있다.[38] 민주평화론은 현실주의 이론의 중요한 공격목표가 되었다. 이에 대한 비판은 민주주의와 전쟁 사이의 관계가 무의미하다는 것, 개념 정의가 너무 엄격하다는 것, 그리고 실제 민주주의 국가들의 행동은 민주평화론으로는 설명할 수 없다는 것으로 요약된다.

하지만 민주평화론에 기초하여 민주주의를 강제로 확산하는 것은 매우 위험한 결과를 초래할 수 있다. 민주화 과정의 국가(democratizing states)는 호전적이며, 기존에 집중되었던 정치권력이 분산되면서, 소수의 집단이 국가정책을 결정하는 과두정(oligarchy)이 나타날 수 있기 때문이다. 특히 권력에 접근한 소수집단은 전쟁의 피해와 책임을 사회 전체에 전가하며 자신들의 책임을 회피하기 위해서 민족주의를 강화할 수 있다.[39]

V. 결론

자유주의 이론은 국제정치의 구조보다는 과정에 초점을 맞추어 국제정치를 분석한다. 자유주의 이론은 현실에서 국가들이 사용하는 다양한 정책수단을 설명할 수 있으며, 이를 적절하게 사용할 수 있는 방안을 제시한다. 모든 경우에 국가들은 군사동맹과 군사력 증강이라는 방식으로 균형유지를 시도하지는 않으며, 집단안전보장체제를 이용하여 전체의 평화와 안정을 유지하거나 군비통제를 이용하여 전반적인 긴장을 완화시킨다. 그리고 이 경우에 자유주의 이론은 어떠한 형태의 집단안전보장체제와 어떠한 형태의 군비통제제도가 더 효과적인지에 대한 실증적인 분석을 제공한다. 또한 경제적 상호의존을 통한 평화방안도 제시한다.

앞으로 자유주의 이론은 다음과 같은 사안을 집중적으로 연구할 필요가 있다. 우선 이론적으로 정보 또는 불확실성이 국가행동에 미치는 영향을 분석해야 한다. 동일한 세력균형이 존재하는 상황에서 더 많은 정보가 존재하거나 불확실성 수준이 낮다면, 그 경우에 국가의 행동은 어떻게 달라지는지에 대해 많은 연구가 필요하다. 특히 게임 이론을 사용한 연구들은 이 부분에 있어 많은 성과를 내고 있으며, 다른 국가의 의도에 대한 불확실성이 국가행동에 미치는 영향에 대하여 다양한 논의가 존재한다. 하지만 이러한 논의는 아직 풀리지 않은 문제를 남겨 두고 있다. 둘째, 민주평화론에 대해 더욱 정교한 논의가 필요하다. 현재 자유주의 이론은 민주평화론에 기초하여 안보정책을 제안하지 않고 있으며, 강제적인 민주화의 필요성을 강조하지 않는다. 그러나 미국의 부시 행정부는 민주평화론의 주장을 남용하였으며, 이렇게 이론이 남용될 가능성이 존재하는 한 민주평화론 자체에 대해 더욱 정확한 분석이 요구된다.

마지막으로 가장 많은 연구가 집중될 필요가 있는 분야는 경제적 상호의존이다. 세계 경제가 통합되는 상황에서, 미래의 국제정치는 세계화의 영향에서 자유롭지 않을 것이다. 특히 무역분쟁이 정치적 관계에 미치는 영향과 자원 확보를 위한 해외투자가 유발하는 갈등 등은 일반적으로 경제교류가 국제분쟁과 전쟁의 가능성을 감소시킨다는 통설과 배치된다. 따라서 경제교류가 가지는 일반적인 효과와 이것이 평화와 안정 그리고 분쟁과 갈등을 유발하는 다양한 조건을 분석할 필요가 있다. 다른 측면에서 중요한 분야는 노동력의 이동이다. 20세기 후반에 가속화되기 시작한 국제적인 노동력 이동은 강화되는 민족주의와 관련하여 국제정치에 많은 함의를 가진다. 기존 연구가 생산품인 상품의 교역인 무역에 연구를 집중하였다면, 앞으로는 생산요소인 자본과 노동의 이동이 국제정치에 미치는 영향을 분석할 필요가 있다.[40)]

| 미주 |

1) Mearsheimer, John J., 2001, *The Tragedy of the Great Power Politics* (New York: Norton & Com.).

2) 패권을 장악한 국가는 군비통제를 통해서 자신의 군사적 우위를 유지하려고 하지만, 다른 모든 국가들은 이러한 상황을 타파하기 위해서 노력하게 된다. 그러나 대부분의 경우에 국가들은 군사력 증강에 자원을 투자하기보다는 다른 방식으로 자신의 상황을 수용하고, 자원 투자를 자제한다. 이러한 현상은 현실주의로는 정확하게 설명되지 않는다. 이는 현실주의 이론이 과학적이고 반증 가능한(falsyfiable) 과학으로 발전하기 위해서 해명이 필요한 문제이다.

3) Joseph S. Nye Jr., 1988, "Neorealism and Neoliberalism," *World Politics* vol. 40/no. 2 (January), pp. 235-251. 어떤 이론을 예측 결과가 아니라 사용하는 독립변수에 기초해서 분류하는 것은 매우 중요하다. 이론이 과학적이고 논리적으로 내부적 일관성을 유지한다면, 그 이론은 변수의 값에 따라서 다양한 결과를 예측할 수 있다. 따라서 현실주의는 국제정치에 대한 비관적인 전망을 하는 이론이고 자유주의는 낙관적인 전망을 하는 이론이라고 정의하는 것은 논리적인 오류이다. 현실주의도 경우에 따라서는 양극체제의 안정성과 같은 낙관적인 결론에 도달할 수 있으며, 자유주의도 민주화 과정의 국가는 대외적으로 공격적으로 행동한다는 비관적인 결론을 도출할 수 있다. 따라서 현실주의는 상대적 힘과 국제적 무정부 상태라는 구조 변수를 사용하는 이론이고, 자유주의는 국내정치와 국제제도 등의 과정 변수를 사용하는 이론으로 정의해야 한다. 이러한 측면에서 구성주의는 관념 변수를 사용하는 이론으로 정의해야 한다.

4) Waltz, Kenneth N., 1959, *Man, the State, and War* (New York: Columbia University Press); Waltz, Kenneth N., 1979, *Theory of International Politics* (Reading, MA: Addison-Wesley), pp. 18-37.

5) 스나이더(Jack Snyder)는 국내정치가 과두제(oligarchy)인 경우에 과대팽창이 일어날 가능성이 크다고 주장하였지만, 일단 팽창을 하는 국가는 강대국, 즉 상대적 힘에서 주변 국가들보다 우위에 있는 국가라고 주장하였다. 따라서 그는 분석 대상을 군사력 측면에서 이웃 국가들을 압도하는 국가들로 한정하면서 상대적 힘이 국가행동과 국제정치에 미치는 영향을 전적으로 인정하였다. Snyder, Jack, 1991, *Myths of Empire: Domestic Politics and International Ambition* (Ithaca, NY: Cornell University Press).

6) Moravcsik, Andrew, 1997, "Taking Preferences Seriously: A Liberal Theory of International Politics," *International Organization* vol. 51/no. 4 (Autumn), pp. 513-553.

7) Keohane, Robert O., 1984, *After Hegemony: Cooperation and Discord in the World Political Economy* (Princeton, NJ: Princeton University Press); Oye, Kenneth A. (ed.), 1986, *Cooperation under Anarchy* (Princeton, NJ: Princeton University Press).

8) 이러한 견해는 안보딜레마(security dilemma) 논의와 매우 유사하다. 안보딜레마는 중앙권위체가 존재하지 않는 국제적 무정부 상태에서 나타나는 안보상의 문제점을 설명하기 위한 개념으로서 모든 이론체계에서 공통적으로 인정하고 있다. 다만 현실주의 이론, 특히 방어적 현실주의 이론에서는 안보딜레마의 강도가 변화할 수 있는 부분이 강조되지만 자유주의 이론에서는 국제제도를 통해 안보딜레마 상황에서 나타날 수 있는 정보 문제를 해결한다는 측면에 초점을 맞추고 있다.

9) Fearon, James D., 1998, "Bargaining, Enforcement, and International Cooperation," *International Organization* vol. 52/no. 2 (Spring), pp. 269-305.

10) 물론 공통의 이익이 존재하지 않는다면, 협력은 처음부터 불가능하다. 하지만 공통의 이익이 존재하지만 상대방의 의도를 알 수 없다는 이행의 문제 때문에 협력이 이루어지지 않는 상황은 초래되지 않는다. 자유주의 이론이 집중하는 부분은 바로 공통의 이익이 존재하는 상황에서 국가들이 어떻게 협력하는지에 대한 사안으로 이에 대해 많은 연구가 존재한다.

11) 구성주의를 대표하여 국제적 무정부 상태를 분석한 연구로는 Wendt, Alexander, 1999, *Social Theory of International Politics* (Cambridge: Cambridge University Press)가 있다.

12) 자유주의 이론의 대표자인 코헤인(Robert O. Keohane)은 "국제제도 내부에서 협력이 지속되면, 협력에 참가하는 국가들의 관행과 기대가 변화하고 이전과는 다른 행동의 맥락(context for actions)이 등장한다. 특히 국제제도(regime)는 국가 이익에 영향을 미치며, 개별 국가의 자기이익(self-interest) 개념 자체가 변화한다"고 명시적으로 주장하였다(Keohane, Robert O., 1984, *After Hegemony: Cooperation and Discord in the World Political Economy* (Princeton, NJ: Princeton University Press), p. 63). 이러한 주장은 오늘날의 분류로는 구성주의 이론으로 분류할 수 있다. 하지만 이 책이 출판되었던 1984년 당시 구성주의는 독립적인 이론체계로 취급되지 않았으며, 코헤인은 향후 자신의 입장을 정교화하면서 구성주의적 색채를 덜어버렸다.

13) 이러한 측면에서 무정부적 국제체제에 존재하는 국가들은 기본적으로 현상타파 국가라는 공격적 현실주의의 주장이, 국가들은 자신의 생존만을 추구하는 현상유지 국가라

는 방어적 현실주의 주장보다 설득력이 있다. 현상타파 국가들은 모든 상황에서 상대방을 속이고 자신의 군사적 우위를 추구하지만, 현상유지 국가들은 군사적 우위보다는 현재의 군사력 균형을 동결하는 방식으로 안보를 추구한다. 이러한 분석의 대표적인 사례는 다음과 같다. Kydd, Andrew H., 2000, "Trust, Reassurance, and Cooperation," *International Organization* vol. 54/no. 2 (Spring), pp. 325-357; Montgomery, Evan Braden, 2006, "Breaking Out of the Security Dilemma: Realism, Reassurance, and the Problem of Uncertainty," *International Security* vol. 31/no. 2 (Fall), pp. 151-185.

14) 반면 상대방이 협력할 것이라는 확신이 없다면, 협력보다는 배반을 선택할 가능성이 높고, 이 경우에는 모든 당사자가 개별 이익을 추구하고 공통의 이익은 포기된다.

15) Keohane, Robert O., 1993, "Institutionalist Theory and the Realist Challenge After the Cold War," in David Baldwin (ed.), *Neorealism and Neoliberalism: the Contemporary Debate* (New York: Columbia University Press), pp. 269-300. 대표적인 사례는 소행성의 지구 충돌 가능성이다. 만약 충돌이 발생한다면, 인류 전체는 멸망할 것이고 현재 지구상에 존재하는 생명체 상당 부분이 사라지게 된다. 하지만, 가능성 자체가 매우 작기 때문에 이와 관련된 위험에 대해서 심각하게 고려하지 않고 있다. 예를 들어 1989년 3월 지름 300미터의 소행성이 지구를 비껴 다. 당시 궤도의 차이는 70만 킬로미터로서 지구 공전 속도로는 6시간에 불과하였으며, 이것은 태양 주변을 회전하는 지구의 속도에 대한 비율로는 0.07%(1460 분의 1)에 지나지 않는다. 그리고 이것이 충돌하였을 경우에는 히로시마에 사용되었던 원자폭탄이 50일 동안 계속해서 매초 폭발하는 것과 비슷한 충격을 주었을 것으로 계산되었다(http://en.wikipedia.org/wiki/4581_Asclepius). 그러나 이를 방지할 또는 소행성의 궤도를 변경하기 위한 노력은 없었고, 앞으로도 이에 대한 방어체계 구축을 위한 투자는 존재하지 않는다.

16) 안보딜레마에 대한 논의는 대부분의 경우에 현실주의 이론 내부에서, 특히 방어적 현실주의에서 이루어진다. 하지만 국제체제의 무정부성 개념이나 상대적 힘의 배분이라는 세력균형 개념이 현실주의에 의해서 독점될 수 없듯이, 안보딜레마에 대한 논의는 구성주의나 자유주의에서도 충분히 가능하다.

17) 동맹 형성에 대해서는 Walt, Stephen M., 1987, *The Origins of Alliances* (Ithaca, NY: Cornell University Press)가 대표적이다. 이에 대한 서평 및 비판으로는 Keohane, Robert O., 1988, "Alliances, Threats, and the Use of Neorealism: Book Review: The Origins of Alliances," *International Security* vol. 13/no. 1 (Summer), pp. 169-176이 있다.

18) 이러한 현상은 집단행동(collective action)이라고 부른다. Olson, Mancur, 1965, *The Logic of Collective Action: Public Goods and the Theory of Groups* (Cambridge, MA:

Harvard University Press). 동맹에 적용한 고전적 연구로는 Olson, Mancur and Richard Zeckhauser, 1966, "An Economic Theory of Alliances," *Review of Economics and Statistics* vol. 48/no. 3(August), pp. 266-279가 있다.

19) Walt, Stephen M., 1997, "Why Alliances Endure or Collapse," *Survival* vol. 39/no. 1 (Spring), pp. 156-179.

20) NATO의 변화 및 진화에 대해서는 다음 연구가 중요하다. Duffield, John, 1995, *Power Rules: the Evolution of NATO's Conventional Force Posture* (Stanford: Stanford University Press); Haftendorn, Helga et al.(eds.), 1999, *Imperfect Unions: Security Institutions over Time and Space* (New York: Clarendon Press); Wallander, Celeste, 1999, *Mortal Friends, Best Enemies: German-Russian Cooperation after the Cold War* (Ithaca: Cornell University Press).

21) 국제제도의 관성은 UN 구조에서 잘 드러난다. UN 안전보장이사회(UN Security Council) 구성이 특히 그러하다. 현재의 UN 체제는 1945년 6월 26일 UN헌장(UN Charter)에 서명되던 그 순간의 세력균형을 반영하여 당시 연합국의 주요 국가들인 미국, 소련, 영국, 프랑스, 중국에게 거부권을 가지는 상임이사국 지위를 부여하였다. 하지만 창설 이후 세력균형은 변화하였고 국가이익도 달라졌다. 1945년에는 식민지 UN이었던 인도와 큰 의미를 가지지 못했던 브라질, 그리고 연합국의 적국이었던 독일과 일본이 오늘날의 세계에서는 영국과 프랑스보다 중요하거나 또는 그에 못지않게 중요한 국가이다. 하지만 UN 안전보장이사회 구성을 변경하기 위해서는 UN 안전보장이사회의 승인을 받아야 하는데, 이것은 매우 어렵다. 지난 2005년 논의되었으나 성공하지 못하였듯이, UN 안전보장이사회는 변화하는 세력균형을 반영하지 못한 채 지금까지도 1945년의 세력균형에 기초하며, 이는 국제제도가 가지는 관성을 잘 보여주고 있다.

22) Snyder, Glenn H., 1984, "The Security Dilemma in Alliance Politics," *World Politics* vol. 36/no. 4 (July), pp. 461-495.

23) 이에 대해서는 다음과 같이 군사기술에 대한 인식에 기초한 해석도 존재한다. Christensen, Thomas J. and Jack Snyder, 1990, "Chain Gangs and Passed Bucks: Predicting Alliance Patterns in Multipolarity," *International Organization* vol. 44/no. 2 (Spring), pp. 137-168.

24) Inis L. Claude, Jr., 1966, *Power and International Relations* (New York: Random House); Charles A. Kupchan and Clifford A. Kupchan, 1991, "Concerts, Collective Security, and the Future of Europe," *International Security* vol. 16/no. 1 (Summer), pp. 114-161.

25) Martin, Lisa L., 1992, "Interests, Power, and Multilateralism," *International*

Organization vol. 46/no. 4 (Autumn), pp. 765-92; Koremenos, Barbara, Charles Lipson and Duncan Snidal, 2001, "The Rational Design of International Institutions," *International Organization* vol. 55/no. 4 (Autumn), pp. 761-800.

26) 현실주의의 대표적인 학자이자 정책결정자였던 키신저(Henry Kissinger)는 집단안전보장 체제를 구상하였던 윌슨을 나폴레옹전쟁 이후 19세기 전반부 유럽 협조체제(Concert of Europe)를 구축하였던 메테르니히(Klemens Wenzel von Metternich)에 비유한다. 윌슨과 메테르니히는 평화 유지에 국내정치적 조건이 필요하다고 보았고 그에 따라, 윌슨은 민주주의를 그리고 메테르니히는 보수주의를 강조하였다. Kissinger, Henry, 1994, *Diplomacy* (New York: Simon & Schuster).

27) Kydd, Andrew H., 2005, *Trust and Mistrust in International Relations* (Princeton, NJ: Princeton University Press), pp. 183-244.

28) 1500년 서부 유럽에는 약 500개 정도의 정치단위(political entity)가 존재하였다. 하지만 1900년 같은 지역에서는 25개의 국가만이 살아 남았다. 즉 400년 동안 오직 5%만이 생존하였다. Tilly, Charles, 1975, "Reflections on the History of European State-Making," Charles Tilly(ed.), *The Formation of National States in Western Europe* (Princeton, NJ: Princeton University Press), p. 24. 이 문제에 대한 최근 연구로는 Fazal, Tanisha M., 2007, *State Death: The Politics and Geography of Conquest, Occupation, and Annexation* (Princeton, NJ: Princeton University Press)이 있다.

29) Glaser, Charles L., 2004, "When Are Arms Races Dangerous? Rational versus Suboptimal Arming," *International Security* vol. 28/no. 4 (Spring), pp. 44-84.

30) Fortna, Virginia Page, 2004, *Peace Time: Cease-Fire Agreements and the Durability of Peace* (Princeton, NJ: Princeton University Press).

31) 미국과 중국 관계에 대한 전망에 대해서는 Friedberg, Aaron L., 2005, "The Future of U.S.-China Relations: Is Conflict Inevitable?" *International Security* vol. 30/no. 2 (Fall), pp. 7-45 참조.

32) 이에 대한 정치경제적 분석으로는 Rogowski, Ronald, 1989, *Commerce and Coalitions: How Trade Affects Domestic Political Alignments* (Princeton, NJ: Princeton University Press)와 Gilligan, Michael J., 1997, *Empowering Exporters: Reciprocity, Delegation, and Collective Action in American Trade Policy* (Ann Arbor, MI: The University of Michigan Press)가 있다.

33) 이에 대한 가장 극단적인 견해는 Mearsheimer, John J., 2001, "The Future of the American Pacifier," *Foreign Affairs* vol. 80/no. 5 (September/October), pp. 46-61이다.

34) Narizny, Kevin, 2007, *The Political Economy of Grand Strategy* (Ithaca, NY: Cornell

University Press).

35) 경제교류가 평화를 촉진한다는 자유주의 주장에 대한 가장 체계적인 반론은 Copeland, Dale, 2000, "Economic Interdependence and War: A Theory of Trade Expectations," *International Security* vol. 20/no. 4 (Spring), pp. 5-41; Rowe, David, 2005, "The Tragedy of Liberalism: How Globalization Caused the First World War," *Security Studies* vol. 14/no. 3 (Spring), pp. 407-447 등이 있다.

36) Russett, Bruce, 1993, *Grasping the Democratic Peace: Principles for a Post-Cold War World* (Princeton, NJ: Princeton University Press)가 대표적인 연구이다.

37) 이에 따라 2008년 8월 러시아와 그루지야(Georgia) 사이에 벌어진 남오세티아 전쟁(South Ossetia War)은 전쟁으로 분류되지 않는다. 러시아와 그루지야 정부의 공식 전사자는 총 600명 정도에 불과하다.

38) Owen, John M., 1994, "How Liberalism Produces Democratic Peace," *International Security* vol. 19/no. 2 (Fall), pp. 87-125; Schultz, Kenneth A., 2001, *Democracy and Coercive Diplomacy* (Cambridge: Cambridge University Press).

39) Mansfield Edward D. and Jack Snyder, 1995, "Democratization and the Danger of War" *International Security* vol. 20/no. 1 (Summer), pp. 5-38.

40) Hatton Timothy J. and Jeffrey G. Williamson (eds.), 2008, *Global Migration and the World Economy: Two Centuries of Policy and Performance* (Cambridge, MA: MIT Press)는 이민 문제에 대한 다양한 시각과 그에 따른 정책 처방에 대해 논의한다.

| 참고문헌 |

- Christensen, Thomas J. and Jack Snyder, 1990, "Chain Gangs and Passed Bucks: Predicting Alliance Patterns in Multipolarity," *International Organization* vol. 44/no. 2 (Spring).
- Claude, Jr., Inis L., 1966, *Power and International Relations*, New York: Random House.
- Copeland, Dale, 2000, "Economic Interdependence and War: A Theory of Trade Expectations," *International Security* vol. 20/no. 4 (Spring).
- Duffield, John, 1995, *Power Rules: the Evolution of NATO's Conventional Force Posture*, Stanford: Stanford University Press.
- Fortna, Virginia Page., 2004, *Peace Time: Cease-Fire Agreements and the Durability of Peace*, Princeton, NJ: Princeton University Press.
- Fazal, Tanisha M., 2007, *State Death: The Politics and Geography of Conquest, Occupation, and Annexation*, Princeton, NJ: Princeton University Press.
- Fearon, James D., 1998, "Bargaining, Enforcement, and International Cooperation," *International Organization* vol. 52/no. 2 (Spring).
- Friedberg, Aaron L., 2005, "The Future of U.S.-China Relations: Is Conflict Inevitable?" *International Security* vol. 30/no. 2 (Fall).
- Gilligan, Michael J., 1997, *Empowering Exporters: Reciprocity, Delegation, and Collective Action in American Trade Policy*, Ann Arbor, MI: The University of Michigan Press.
- Glaser, Charles L., 2004, "When Are Arms Races Dangerous? Rational versus Suboptimal Arming," *International Security* vol. 28/no. 4 (Spring).
- Haftendorn, Helga, et al. (eds.), 1999, *Imperfect Unions: Security Institutions over Time and Space*, New York: Clarendon Press.
- Hatton, Timothy J. and Jeffrey G. Williamson (eds.), 2008, *Global Migration and the World Economy: Two Centuries of Policy and Performance*, Cambridge, MA: MIT Press.
- Keohane, Robert O., 1993, "Institutionalist Theory and the Realist Challenge After the Cold War," in David Baldwin (ed.), *Neorealism and Neoliberalism: the Contemporary Debate*, New York: Columbia University Press.

■ ______, 1988, "Alliances, Threats, and the Use of Neorealism: Book Review: The Origins of Alliances," *International Security* vol. 13/no. 1 (Summer).

■ ______, 1984, *After Hegemony: Cooperation and Discord in the World Political Economy*, Princeton, NJ: Princeton University Press.

■ Kissinger, Henry, 1994, *Diplomacy*, New York: Simon & Schuster.

■ Koremenos, Barbara, Charles Lipson, and Duncan Snidal, 2001, "The Rational Design of International Institutions," *International Organization* vol. 55/no. 4 (Autumn).

■ Kupchan, Charles A. and Clifford A. Kupchan, 1991, "Concerts, Collective Security, and the Future of Europe," *International Security* vol. 16/no. 1 (Summer).

■ Kydd, Andrew H., 2005, *Trust and Mistrust in International Relations*, Princeton, NJ: Princeton University Press.

■ Kydd, Andrew H., 2000, "Trust, Reassurance, and Cooperation," *International Organization* vol. 54/no. 2 (Spring).

■ Narizny, Kevin, 2007, *The Political Economy of Grand Strategy* (Ithaca, NY: Cornell University Press).

■ Mansfield, Edward D. and Jack Snyder, 1995, "Democratization and the Danger of War" *International Security* vol. 20/no. 1 (Summer).

■ Martin, Lisa L., 1992, "Interests, Power, and Multilateralism," *International Organization* vol. 46/no. 4 (Autumn).

■ Mearsheimer, John J., 2001, *The Tragedy of the Great Power Politics*, New York: Norton & Com..

■ ______, 2001, "The Future of the American Pacifier," *Foreign Affairs* vol. 80/no. 5 (September/October).

■ Montgomery, Evan Braden, 2006, "Breaking Out of the Security Dilemma: Realism, Reassurance, and the Problem of Uncertainty," *International Security* vol. 31, no. 2 (Fall), pp. 151-185.

■ Moravcsik, Andrew, 1997, "Taking Preferences Seriously: A Liberal Theory of International Politics," *International Organization* vol. 51/no. 4 (Autumn).

■ Nye Jr., Joseph S., 1988, "Neorealism and Neoliberalism," *World Politics* vol. 40/no. 2 (January).

■ Olson, Mancur, 1965, *The Logic of Collective Action: Public Goods and the Theory of Groups*, Cambridge, MA: Harvard University Press.

■ Olson, Mancur. and Richard Zeckhauser, 1966, "An Economic Theory of Alliances,"

Review of Economics and Statistics vol. 48/no. 3 (August).
- Owen, John M., 1994, "How Liberalism Produces Democratic Peace," *International Security* vol. 19/no. 2 (Fall).
- Oye, Kenneth A. (ed.), 1986, *Cooperation under Anarchy*, Princeton, NJ: Princeton University Press.
- Rogowski, Ronald, 1989, *Commerce and Coalitions: How Trade Affects Domestic Political Alignments*, Princeton, NJ: Princeton University Press.
- Rowe, David, 2005, "The Tragedy of Liberalism: How Globalization Caused the First World War," *Security Studies* vol. 14/no. 3 (Spring).
- Russett, Bruce, 1993, *Grasping the Democratic Peace: Principles for a Post-Cold War World*, Princeton, NJ: Princeton University Press.
- Schultz, Kenneth A., 2001, *Democracy and Coercive Diplomacy*, Cambridge: Cambridge University Press.
- Snyder, Glenn H., 1984, "The Security Dilemma in Alliance Politics," *World Politics* vol. 36/no. 4 (July).
- Snyder, Jack, 1991, *Myths of Empire: Domestic Politics and International Ambition*, Ithaca, NY: Cornell University Press.
- Tilly, Charles, 1975, "Reflections on the History of European State-Making," Charles Tilly (ed.), *The Formation of National States in Western Europe*, Princeton, NJ: Princeton University Press.
- Wallander, Celeste, 1999, *Mortal Friends, Best Enemies: German-Russian Cooperation after the Cold War*, Ithaca: Cornell University Press.
- Walt, Stephen M., 1997, "Why Alliances Endure or Collapse," *Survival* vol. 39/no. 1 (Spring).
- ______, 1987, *The Origins of Alliances*, Ithaca, NY: Cornell University Press.
- Waltz, Kenneth N., 1979, *Theory of International Politics*, Reading, MA: Addison-Wesley.
- ______, 1959, *Man, the State, and War*, New York: Columbia University Press.
- Wendt, Alexander, 1999, *Social Theory of International Politics*, Cambridge: Cambridge University Press.

구성주의 국제정치이론과 안전보장

최 종 건

Ⅰ. 서론

2009년 말 그리고 2010년 초, 국제적으로 테러에 대한 위협이 높아졌다. 더욱이 미국의 아프가니스탄 전쟁은 여전히 고전을 면치 못하고 있다. 한국은 병력 1000명 이상의 PKO부대를 창설한다고 한다. 또한 세계경제위기 속에서 중국의 부상은 더욱 극명하게 나타나고 있으며, 코펜하겐의 기후협약은 국가 간 주요 외교의제로 부상하였다. 한마디로 국제정치는 비핵화와 기후변화, 대테러와 미패권의 변화까지 포함하는 복잡한 상황이다. 이에 안보의 중요성과 함께 그 개념의 재인식이 중요한 화두로 등장하고 있다.

안보학은 국제정치이론을 응용하여 국가가 처해 있는 안보환경의 변화를 설명하고 진단하는 학문이다. 안보학 연구자는 상대국가의 국력, 의도와 동기, 외교정책과 같은 관찰 가능한 요소를 분석하며, 정책결정자는 이를 바탕으로 안보정책을 수립한다. 인식론적 측면에서 안보학은 관찰

변수의 객관화와 명확한 설명틀의 구축, 그리고 섬세한 정책적 처방을 지향한다. 즉, 안보학은 추상성보다 명확성을 추구한다.[1] 그러나 국제정치학의 구성주의 이론은 인식과 담론, 규범과 관념과 같은 추상적 변수의 설명력을 연구한다. 이러한 변수들은 경험적으로 측정하기가 어려운 것이 사실이다. 비물질적인 요소, 즉 관념의 힘이 현실세계의 근원적 작동기제라고 보는 구성주의는 추상적 변수의 개념화와 조작화를 통해 국제정치현상에 대한 설명력을 강화하고자 한다.[2] 따라서 안보학과 구성주의는 서로 괴리가 있어 보인다. 국가안보와 국제안보라는 실재(實在)적 현상, 그리고 그 현상의 결과가 한 국가의 생존과 국익에 직결되는 사안이라면 추상의 문제가 아닌 실체적 문제이기 때문이다. 이러한 맥락에서 본다면 구성주의가 안보학에 공헌할 수 있는 분석적 공헌은 제한적인 듯하다.

안보학과 구성주의 간의 표면적 괴리는 국제정치의 3대이론인 현실주의, 자유주의 그리고 구성주의가 인식하는 국제안보에 있어 위협을 개념화하는 과정에서 극명히 나타난다. 미국의 외교전문잡지인 『*Foreign Policy*』는 오바마 행정부가 무시해서는 안 될 안보적 위협요소가 무엇인지를 국제정치 3대이론의 대가에게 설문해 보았다.[3] 신현실주의자인 왈츠는 패권국의 권력남용이라고 지적한 반면, 신자유주의자인 코헨은 군국주의를 잉태할 수 있는 세계경제위기를, 그리고 구성주의자인 웬트는 국제안보의 위협을 인식하지 못할 수 있는 우리 스스로가 위협이라고 지적하였다. 왈츠가 지적한 패권국의 권력남용은 세력균형론의 관점에서 보면 매우 신현실주의적이다. 현재의 미국 패권체제는 양극체제에 비하여 구조적 불안정성을 내포하고 있으며, 패권국의 군사력 남용은 체제 내 반패권세력의 등장을 초래할 것이기 때문이다. 코헨이 지적한 세계경제위기는, 역사적으로 세계경제대공황이 독일의 나치즘, 일본의 군국주의를 잉태하는 구조적 원인이 되었을 뿐만 아니라, 주요 강대국이 보호주의를 강화해 기존의 국제기구를 통한 국제협력체제를 붕괴시키는 결과를 초래할 가능성이 있기 때문이다. 이 두 학파의 거장이 내놓는 진단은 사실상 간단 명료하고 이해하기도 쉽다. 반면에 구성주의자인 웬트가 안보위협을 인식하지 못하는 우리 스스로가 위협이라고 진단하는 것은 추상적이어서 바로 이해하기가 어렵다. 그러나 웬트의 대답은 상당히 구성주의적이라고 할 수 있다. 즉, 위협은 객관적이거나 외생적으로 주어진 것이 아닌 내생적으로 구성된다는 기존의 구성주의적 기조를 적절히 반영한 것이라고 할 수 있다. 그럼에도 불구하고 안보위협의 구성주의적 접근법은 명확성과 객관성이 요구되는 안보학의 입장에서 보면 추상적이어서 명료하지 않게 느껴지는 것이 사실이다. 그렇다면 현실주의와 자유주의에 비하여 구성주의는 안보학을 연구하는 데 유용하지 않은 국제정치이론인가? 구성주의는 안보학에 어떠한 분석적 공헌을 할 수 있겠는가? 구성주의는 정말 추상적인가?

다음의 예를 주의 깊게 살펴보자. 영국은 2007년 6월 최신예 핵잠수함 'HMS Astute'를 진수한 바 있다. 영국 해군이 보유한 잠수함 중 가장 크고 강력한 공격능력을 지닌 'HMS Astute'는 영국해협에 잠수한 상태에서 미국 뉴욕 항구를 떠나는 유람선을 포착할 수 있는 탐지능력을 가지고 있으며, 북미지역의 목표물을 타격할 수 있는 토마호크 순항 미사일을 지니고 있다.[4] 그런데 유럽연합 국가들은 물론 미국도 영국의 최신예 잠수함에 대해 특별한 우려를 표하지 않고 있다. 만약 이러한 잠수함을 중국이나 북한이 보유했다면 미국은 물론 주변국의 반응은 어떠했을까? 그렇다면 현실주의는 이러한 위협인식의 부재를 어떻게 설명할 수 있을까? 상대국가의 군사력 증강 자체를 안보위협으로 인식하는 현실주의적 시각에서 본다면 적절한 설명이 가능하지 않은 듯하다. 물론 영국보다 미국의 군사력이 우세하기 때문에 미국이 영국에 대해 위협을 느끼지 않을 수도 있다. 그렇다면, 물리적으로 미국의 본토를 타격할 능력이 없는 북한과 이란에 대해서 왜 미국은 위협을 느끼며, 이러한 위협인식이 미국의 안보정책에 어떠한 영향을 미치는지에 대한 설명은 현실주의적 시각으로는 사실상 불가능하다. 오히려 미국이 북한을 위협으로 인식하는 것은 북한의 적성국 정체성, 상호간주관적 정체성의 부재, 미국의 비핵확산 가치 도전이라는 관념적 변수가 보다 적절한 설명력을 제시하는 듯하다. 그렇다면 국가의 안보관과 위협인식을 결정하는 것은 타국가의 물리적 능력 그 자체가 아닌 이를 바라보는 인식과 국가 간 관계의 속성에 근거한 설명이 더 적절한 것이 아닌가? 안보라는 현상과 개념, 그리고 안보위협이라는 실체는 반드시 객관적으로 정해져 있는 것이 아닌가? 이러한 문제 제기에 구성주의는 어떠한 설명을 제공할 수 있을까?

이러한 문제의식을 바탕으로 본 논문은 구성주의가 안보학에 분석적으로 '현실적'인 시각을 제시하고, 변화하는 국제안보환경 그리고 이에 대응해야 하는 안보정책의 측면에서 실용적 이론임을 주장할 것이다. 안보학이 전쟁의 발생과 방지 그리고 평화의 유지를 설명하고 처방하는 존재적 목적을 가지고 있다고 볼 때 구성주의가 이에 얼마나 부합하는지 확인하는 작업이 바로 이 논문의 목적이다. 구성주의는 기존의 국제정치 물질관에 행위자의 관념과 관계적 정체성 그리고 집단정체성의 설명적 생명력을 강화시킴으로써 비판적 대안 설명을 제시할 수 있었다. 그렇다면 이 구성주의가 안보학에 얼마나 적용 가능한가는 보다 심도 깊은 논의의 대상이 되어야 할 것이다.

본 논문의 구조는 다음과 같다. 먼저 제2장에서는, 구성주의의 개괄적 설명을 제시함에 있어 안보학의 준거 공간인 국제정치를 어떻게 인식할 것인가에 대한 논의를 제시한다. 즉, 행위자의 손익구조, 국제정치 구조형성에 있어 규범의 역할 그리고 변화에 중점을 두고 논의를 진행한다. 이는 제3장의 안보학과 구성주의의 관계를 보다 명확히 연결하기 위한 선행 작업이다. 제3장에서는 안보학의 주요 분석단위인 힘과 위협에 대한 구성주의적 해석을 제공하고자 한다. 이 장에서는 안보환경을 분석하는 데 있어 주관과 상황에 대한 인식변화에 따른 힘과 위협의 분석이 유기적으로 나타날 수 있음을 강조한다. 마지막으로 구성주의적 관점이 안보학에 제공할 수 있는 분석 주제를 논의하고 이러한 주제들이 왜 중요한지 논의하고자 한다.

II. 국제정치 안보공간의 구성주의적 이해

구성주의는 국제정치학에 새로운 인식론적 시각을 제공하는 메타이론이라는 것은 이미 알려진 바이다. 따라서 구성주의는 국제정치의 존재적 속성을 보다 심도 있게 이해하고자 하는 시각이므로 국제정치 상황을 진단하고 국가의 정책을 처방하는 실용적 이론은 아니다.[5] 구성주의는 국제정치 속성에 대한 관념적 시각, 국제정치를 구성하고 작동하는 원리, 그 원리와 속성에서 발생하는 역학에 대한 분석틀을 제시하는 인식론적 시각이다.[6] 따라서 무정부의 속성이 반드시 분쟁적이지 않다는 인식, 행위자가 언제나 자조적(self-help)이지 않다는 점을 제기하면서[7] 구성주의는 '현재적, 해석적, 연구지침과 배경적 지식의 참신성'을 안보학에 제공할 수 있는 국제정치학의 대안적 시각이라고 할 수 있다.[8] 이러한 측면에서 본다면 구성주의는 안보현상이 발생하는 공간인 국제정치에 대한 시각을 재정립할 수 있는 인식론적 틀을 제공하고 있다. 국제정치 안보학의 구성주의적 이해는 세 가지로 파악할 수 있다.

첫째, 구성주의는 국제정치상에 존재하고 상호작용하는 행위자의 의식(consciousness)과 이 의식의 역할에 대한 이론이다. 따라서 행위자가 소유하는 관념, 규범, 지식, 문화, 담론 등의 요인이 행위자 간에 존재하는 집합이해(혹은 간주관성; inter-subjective understanding)에 어떠한 영향을 미치는지 분석한다.[9] 이는 행위자가 물질적 환경을 어떻게 이해하고 규정화하는가에 의해 결정된다는 세계관을 구성주의가 견지하는 이유이다. 따라서 인간의 행위를 결정짓는 관념변수인 행위자의 세계관은 행위자가 속한 집단이나 관계에 보다 밀접한 연관을 갖기 때문에, 규범이 행위에 영향을 미친다고 구성주의는 주장한다. 예를 들어 화폐, 소유권, 평화, 선거 등과 같은 사회적 제도는 인간이 집단적으로 가치 있다고 존중할 때 그 지속성이 보장된다. 같은 맥락으로, 인권과 주권, 국제기구와 국제법, 반전과 비확산 등 오늘날 국제정치상에서 관찰되는 규범은 국가들이 이를 존중하고 행위에 반영할 때 국제정치에 영향을 미친다. 따라서 구성주의의 국제정치이론적 공헌은 신자유주의와 신현실주의가 당연시하는 행위자의 이성관(rationality), 그리고 구조와 행위자의 관계성에 대한 문제를 제시한 것이고, 또한 이를 가정의 대상이 아닌 분석의 대상으로 삼았다는 것이다. 또한 구조와 행위자가 구성하는 사회적 현실은 행위자와 구조가 상호작용을 통해 구축되어 간다는 점을 제시한 것도 구성주의의 중요한 이론적 공헌 중의 하나이다. 국제정치의 현실은 힘의 배분과 같은 물질적 배분이 아닌 이를 구성하게 하는 행위자의 의식, 그리고 이에 파생되는 규범의 형성에 의해 결정된다는 것이 구성주의적 안보공간이라고 할 수 있다. 따라서 국제정치의 안보공간상에서 관찰되는 국가의 형성과 소멸, 통합과 분열 등에 대한 현상(예: 소련, EU 등)에 사회학적 설명(예: 민족정체성, 사회화과정)을 제시하기도 한다. 따라서 구성주의는 행위자와 구조 중 어느 것에 편향되지 않고 그 둘의 상호작용을 관찰함으로써 국제정치를 이해하고자 한다.

둘째, 구성주의는 국제정치를 정태의 공간이 아닌 가변성이 상당히 내재된 공간이라고 인식한다. 이는 국제체제는 힘의 배분과 같은 물질이 아닌, 관념(idea)과 규범에 의해 구성되며, 이러한 비물질적 요소는 행위자에게 실질적으로 영향을 미치는 사회적 현실이라고 인식하기 때문이다. 현실주의가 국제정치의 안보상황이 물질적 힘의 분배(distribution of power)에 따라 결정된다고 설명하는 반면,[10] 구성주의는 국제정치가 인식의 분배(distribution of idea)에 의해 구성된다고 주장한다.[11] 즉, 국제정치의 역동성은 힘의 배분 그 자체가 아닌 이 힘을 어떻게 인식하는가의 문제, 힘을 가진 국가들 간의 관계적 속성이 안보딜레마나 안보공동체와 같이 어떠한 집합정체성으로 나타나는가의 문제,[12] 그리고 그 관계적 속성이 어떻게 국제정치의 무정부 체제를 변화시키는가와 같이 국제정치 정체성의 분석에 역점을 둔다. 따라서 구성주의의 이론적 인식의 핵심은 '국가 간 상호작용의 가변성'인 것이다. 신현실주의와 신제도주의는 국제정치의 정태적 측면을 강조하였다면, 구성주의는 국가 간 상호작용 과정과 국제정치를 순환적 구도로 보는 측면이 강하다. 따라서 구성주의는 국제정치를 사회적으로 구성된 가변적 산물로 인식한다.

예를 들면, 냉전은 분명 1945년부터 1989년까지 존재했던 역사적 현실이었다.[13] 그리고 이 현실은 국제정치를 구성하였고 이 구성된 공간에서 세계는 미국과 소련의 양극체제로 편재되어 왔다. 냉전의 속성을 힘의 양극체제로 보는 시각은 현실주의적 시각이다.[14] 따라서 세력균형체제는 안정적이라는 신현실주의의 주장은 실증적으로 보이기도 한다. 그러나 냉전이 미소 간의 균형적인 양극체제라면, 냉전의 종식은 이 군사적인 세력균형체제가 붕괴되었음을 의미해야 할 것이다. 그러나 소련의 핵전력과 군사전력은 사실상 계속 유지되었다.[15] 오히려 냉전의 붕괴는 미소 간의 군사적 균형, 특히 핵균형이 유지되는 상황에서 이루어진 점을 볼 때, 냉전은 핵균형과 같은 물질적 구조라기보다는 미소 간에 서로를 적대시하고 위협으로 느끼는 인식의 구조였고, 이러한 분쟁적 속성이 냉전의 집합 정체성인 것이다. 냉전이라는 사회적 현실의 종식은 소련의 핵 포기가 아닌 미소의 상호 위협인식의 폐기 때문이었다.[16] 같은 맥락으로 동아시아의 현대 국제정치질서를 이해하기 위한 사전작업으로서 이 지역에 전통적으로 존재하였던 중국 중심의 지역질서를 당시 조선의 세계관을 통해 이해하고자 하는 작업, 동북아 3국 간에 존재했던 간주관적 관습을 통해 중국 중심의 세계관을 이해하고 현대와의 연결성을 찾고자 하는 작업 등은 지역 내에 존재하는 인식과 관념을 설명변수로 설정하고 있다.[17)]

마지막으로, 구성주의는 현실주의가 국제정치의 물질적 구조(예: 세력균형, 패권안정, 세련전이)의 변화에 따른 국제정치의 안정도와 국가행위의 방향성을 논의하는 이론이라면, 구성주의는 안보의 주체인 국가가 왜 그리고 어떠한 동기로 행위하는가에 대한 고찰을 시도한다. 현실주의적 측면에서 국가는 '국력의 정도에 따라 할 수 있는 행위(States do what they can)'를 하지만, 구성주의적 측면에서 국가는 '가장 적절한 행위(States do what they think most appropriate)'를 한다고 인식한다. 즉, 이 "적절함"은 국가의 정체성을 구성하는 관념과 규범, 국제정치의 관행과 규칙에 의해 결정된다.[18)] 이는 곧 국가의 행위는 세력균형과 세력전이와 같은 물질적 배열에 의해 결정되는 것이 아니라, 국가의 정체성과 국제규범에 의해 영향을 받는다는 의미이다.

자조적 방위력을 통한 국가의 생존 본능은 분쟁적 무정부 상태에서만 존재하는 국가의 행위 동기이다. 국가 간 정치과정이 안보딜레마(security dilemma)라는 분쟁을 잉태하는 관계 속에서 유지된다면 이 구조 내에서 자국의 안보강화를 위한 국가의 자조적 행위는 당연히 이성적일 수 있다. 그러나 이러한 자조적 행위가 유럽과 같이 안보공동체(security community)를 이루고 있는 지역에서는 과히 이성적인 행위라고 할 수는 없을 것이다. 안보딜레마 상황에서는 당연히 국가의 자조적 행위(self-help)가 이성적일 뿐만 아니라, 적절한(appropriate) 행위일 것이다. 그러나 안보공동체에서는 '타조적' 행위(other-help)가 자국의 이익은 물론 공동체의 이익을 최대화하는 이성적이며 적절한 행위이다. 즉, 국제정치 행위자는 사회적 현실과 분리되어 존재하지 않으며, 행위자의 손익개념(interest)은 외생적으로 주어지는 것이 아닌 사회적 현실인 국제정치의 구조와 이에 영향을 받는 행위자의 내생적 상호작용을 통해 산출된다.

구성주의는 안보학에 인식론적 변화를 가져다 줄 수 있는 시각이다. 구성주의가 지닌 안보학적 공헌은 국제정치 속성의 가변성과 행위자 속성에 대한 분석적 중립성에 근거해야 할 것이다. '구성주의적 안보학'은 국가의 의도와 국가 간의 상호작용에서 파생되는 관계적 속성을 안보상황의 분석대상으로 삼고, 이를 경험적으로 분석할 수 있는 준거틀로 확립하는 방법론을 제기한다.

Ⅲ. 안보학과 구성주의: 위협인식과 힘

국제안보의 핵심 사안은 '무엇이 국가의 안보를 위협하는가'이며, '이를 어떻게 해결할 것인가'일 것이다. 전자는 진단의 문제이며 후자는 처방의 문제이다. 북한의 핵개발이 남한에 위협인 것은 북한과의 지리적 근접성, 핵에 대한 억지체계 부재 등과 같이 군사적인 이유가 크다고 할 수 있다. 반면에 프랑스와 영국이 북한의 핵개발을 위협으로 간주하는 것은 현실주의적 측면에서 이해되지 않는다.[19] 북한은 유럽과 지리적으로 멀리 떨어져 있을 뿐만 아니라 현실적으로 이 지역을 타격할 의도와 능력을 가지고 있지 않다. 그럼에도 불구하고 이 국가들이 북한의 핵개발을 국제적 위협으로 인식하고 북한에 대한 제재를 주도하는 이유는 북한의 핵능력 자체보다 북한의 핵개발이 비핵확산의 국제적 가치와 규범에 대한 도전이라고 인식하기 때문이다. 즉, 안보학의 관점에서 본다면 북한의 핵개발은 기존 핵국가군에는 실제적 위협보다는 잠재적 위협이며, 이 잠재적 위협이 발생하는 원인은 핵국가군이 형성해 놓은 비핵화 규범과 가치를 북한이 저해하기 때문이다. 한국에 군사적 위협인 북핵은 프랑스와 영국에는 가치위협이며, 각기 다른 안보위협에 대한 진단은 다른 처방을 유도한다. 이와 같이 규범은 행위의 의미를 결정한다. 즉, 행위자의 정체성과 행동은 사회적 역할과 환경에 따라 그 의미가 결정되는 것이다. 규범은 사회규칙에 따라 어떠한 행동이 사회적으로 적절하고 효과가 있는지를 판단하는 근거가 된다.[20] 따라서 국가의 군사적 힘을 제약하는 현실적 요소, 강대국의 힘을 제약하는 약소국 영향력의 원인, 그리고 강대국과 약소국의 관계적 속성 등은 안보학의 주요 분석 어젠다로 취급되어야 하며, 이는 구성주의적 방법론이 안보학에 공헌할 수 있는 영역이다.

따라서 안보위협에 대한 구성주의적 처방은 현실주의와는 상이하게 나타난다. 즉, 현실주의에 있어 한국이 북핵을 위협으로 간주하는 원인은 북한의 핵능력 증강이 파생하는 군사력 불균형이며, 이 불균형에서 파생되는 안보환경의 불확실성이다. 반면 구성주의적 안보위협은 결과로서의 북핵능력증강 그 자체와 더불어 북한이 핵을 증강시킨 원인인 북한의 외부 위협인식, 북한의 대외정체성 그리고 비핵화국제규범의 존중 정도에 초점을 맞춘다. 따라서 북한의 안보관이 안보딜레마라는 대외인식에서 작동하고, 자국의 자화상을 위협국가(threatening states)가 아닌 위협받는 국가(threatened)로 인식하는 상황이라면, 혹은 자국의 핵 능력이 국가의 자주권에 귀속된 문제라고 정체화(identification)한다면, 북핵을 해결할 수 있는 방안은 현실주의적 처방인 한국의 핵억지 강화와는 다른 처방이 요구될 것이다.[21] 요점은 타국가의 무력증강이라는 상황에 대응하는 안보분석에 있어 구성주의는 현실주의와는 다른 진단과 처방을 제시할 수 있다는 점이다.

국제안보학에 있어 위협인식과 함께 중요한 분석대상은 과연 힘을 어떻게 측정하고 이를 인식하는가의 문제일 것이다. 현실주의적 안보학은 상대국의 증가된 국력을 위협으로 인식하는 이론적 공리를 제공한다. 또한 국제정치의 환경은 힘의 배분에 의해 결정되고 이 배분의 행태가 자국의 안보환경인식에 중요한 변수로 작용한다. 현실주의 차원에서의 힘은 물질적 역량과 그 역량의 증강에 따라 측정되었으며, 힘의 증강 자체가 안보적 위협 사안이었다. 그러나 타국가의 군사력 증강 이면에 인식되는 의도가 오히려 국력의 증강보다 위협적으로 인식되기도 한다. 예를 들어 한국이 일본의 군사력 증강을 위협으로 보는 것은 증강된 힘 그 자체라기보다는 그 힘을 어떻게 사용할 것이냐라는 의도에 기인한 것이라고 할 수 있을 것이다.[22] 한국은 여전히 '반성하지 않는 일본'을 위협적으로 바라보며 그러한 일본의 의도를 위협적으로 보는 경향이 있다.[23] 또한 미국이 영국의 핵잠수함을 위협적으로 인식하지 않는 반면, 중국의 증강하는 잠재적 해군력에 민감하게 반응하는 이유는 미중과 영미의 관계적 속성과 정체성이 다르기 때문이다.[24] 즉 미국의 정체성(예: 부상국가를 위협으로 인식하는 패권국)은 영미 간의 미국의 정체성(예: 전통적 동맹국)과 다르게 작동하기 때문이라고 해석할 수 있다.

이와 같이 구성주의의 주요 분석적 공헌은 힘에 대한 중립적 인식을 제공한다는 점이다. 즉 구성주의적 안보학은 타국가의 국력증강을 위협으로 인식해야 한다는 현실주의적 인식론을 정면으로 비판하면서, 힘 자체보다는 그 힘의 속성과 그 힘을 누가 어떠한 목적으로 증강하였는지에 관한 의미 파악이 더 중요하다고 주장한다. 즉 행위자의 이익과 물질적 힘의 속성이 수단과 목적에 있어 행위자에게 어떠한 의미를 지니는지를 실증하는 것이 중요한 문제라고 지적하는 것이다.

따라서 구성주의는 국가의 물리력이 지향하는 목적을 획일적으로 인식하기보다는 '국가의 힘이 지향하는 목적'이 무엇인지를 분석하는 데 국가의 인식과 규범을 분석의 핵심 사안으로 끌어들인다. 따라서 힘을 증강하는 국가의 정체성과 국제규범 존중 정도, 그리고 그 국가가 자국과 어떠한 관계적 정체성을 형성하고 있는지를 주어진 상황에 따라 분석할 수 있는 인식적 지평을 열게 한다. 이는 구성주의가 힘 자체와 더불어, 국가의 정체성과 규범이 어떻게 국가의 안보이익을 결정하는가에 관한 시각이기 때문이다. 구성주의에 있어 힘이란 경성권력 그 자체와 더불어, 그 경성권력을 제한하는 국제제도의 강도, 그리고 그 국제제도를 지탱하는 규범의 보편성과 권위, 규범을 유지하고자 하는 국가의 공약(commitment), 국가의 공약을 유추할 수 있는 행위자의 정체성을 포괄하는 광의의 개념이라고 할 수 있다. 따라서 구성주의가 제시하는 힘의 사회적 구성 개념은 다소 추상적일 수 있지만, 이는 오히려 매우 현실적이라고 할 수 있다.

구성주의는 물질적 힘(Material Power)과 물질적 이해(Material Interest) 자체를 부정하지 않는다. 다만 구성주의는 현실주의가 행위자의 물질적 힘이 증강하는 것 자체를 위협으로 보았다면, 구성주의는 그 힘을 누가 소유하고 있으며 타자가 그 힘의 목적과 수단을 어떻게 인식하느냐에 따라 위협이나 기회로 인식하기도 하는 현실을 강조한다. 즉, 국가의 위협인식은 타국가의 관계적 속성에 의해 결정되며, 이 점이 국가의 안보관을 구성하는 것이다.

이러한 측면에서 볼 때, 현실주의적 시각에서 안보딜레마에 대한 구성주의적 재해석이 가능하다.[25] 구성주의적 시각에서 안보딜레마는 상시적 상황이 아닌 국가의 알려지지 않은 의도에 의해 발생하며, 국가의 관계를 잠재적 분쟁관계로 인식하는 행위자의 세계관에 의해 강화된다고 주장한다.[26] 한국이 중국의 핵무기보다는 북한의 핵능력을 더 위협적으로 인식하는 것은 상대국가의 의도에 대한 인식과 여기서부터 파생되는 불확실성의 정도가 다르기 때문이다. 안보딜레마는 국제정치를 구성하는 '항시적 구조'가 아닌 '상황적 사건'이다. 따라서 구성주의에 의하면, 안보딜레마는 국가 간 적성국가정체성의 전환 가능성, 그리고 이에 파생되는 의도의 불신과 위협적 인식의 유무, 그리고 관계의 불확실성 정도에 따라 악화되거나 순화될 수 있는 다원적 처방이 가능한 상황으로 인식된다. 안보딜레마를 가동시키고 변화시키는 것은 힘의 증강 자체가 아닌 힘의 증강을 인식하고 발생하는 국가관계의 속성인 정체성에 따라 다양하게 나타나며, 이 다양성을 안보의 분석대상으로 규정하는 것이 구성주의적 안보학이라고 할 수 있다.

구성주의에 대한 편견 중 하나가 구성주의가 평화담론을 선호하는 규범적 이론이라는 것이다.[27] 더욱이 구성주의가 국가의 행위를 평화적으로 순화시키고자 하는 정치적 목적이 있다는 편견도 있다.[28] 이는 구성주의가 주요 분석대상으로 삼는 국제규범이 주권존중,[29] 핵 터부,[30] 인권가치향상, 인도적 개입과 같이 21세기 강대국 평화에 기여한 규범이기 때문일 것이다. 그러나 구성주의적 분석의 전제는 행위자 사이에 존재하는 간주관적 이해, 그리고 이 간주관적 이해가 구성하는 인식론적 구조의 중립성이다. 즉, 폭력이 용납되고 행위자 간 정당한 분쟁해결 방식으로 이해되는 시기와 세상에도 구성주의적 인식론이 적용 가능하다. 예를 들면, 제국시대의 식민화, 노예제도의 강화와 전이, 요인암살의 정당성도 분명히 지난 시대에는 수용되었던 규범인 것이다. 따라서 웬트가 주장하듯, 구성주의는 게임이론과 같이 분쟁과 협력 중 어느 쪽에도 편중하지 않는 중립적인 인식틀을 제시한다.[31] 따라서 구성주의의 주된 분석 관심영역은 현재의 정치적 현실이 어떠한 과정을 거쳐 구성되었는가라는 점이다. 국제정치의 행위자와 정치과정이 어떻게 구성되었는가를 분석함으로써, 기존이론과 다른 대체시각을 제시하는 이론이 구성주의이며 이러한 분석적 중립성과 다양성이 구성주의가 안보학에 공헌할 수 있는 바이다.[32]

IV. 구성주의적 안보학의 연구 동향

구성주의는 이론과 실증이라는 측면에 있어 현실주의, 자유주의에 비하여 그 업적이 빈약한 것이 사실이다. 신현실주의는 국가의 군사력과 경제력 등과 같은 물질적 권력의 실용적 역할에 대해 주목함과 동시에 국가가 이를 남용할 경우 발생하는 안보적 악순환을 경고한다. 반면 신자유주의는 국제정치의 안보적 악순환 속성이 민주주의의 확산, 국제기구의 강화 그리고 경제적 상호의존의 심화를 통해 약화됨으로써 국제안보의 평화적 전이에 대한 분석적 함의를 제시한다. 이 두 이론이 비교적 긴 시간을 통해 이론적 치밀성과 경험적 실증성을 확대하고 심화시킨 반면 구성주의는 안보학에 있어 초기단계라고 할 수 있을지도 모른다. 그럼에도 불구하고 구성주의의 공헌은 바로 관념적 가치(ideational value)의 공유가 국제정치질서 형성에 근간이 된다는 대안적 설명을 제시하는 데 있다. 본 장에서는 구성주의 인식론을 활용한 연구주제들을 "정체성과 국가이익", "관념과 힘", "국제규범과 국제정치질서"의 세 가지 대주제로 나누어 고찰하고자 한다.

1. 정체성과 국가이익

앞에서 논의한 것과 같이 구성주의는 국가행위의 동기를 설명하는 데 있어, 기존의 국가이익이라는 개념을 비판하며 정체성이라는 분석단위를 이용한다. 국가의 선호도와 이익 그리고 행위는 국가의 정체성에 의해 결정된다고 주장한다.[33] 즉, 국가의 동기는 외생적으로 정해진 것이 아닌, 국가의 정체성에 의해 구성되는 것이다. 이는 구성주의적 안보학에 있어, 국가의 다양한 행위적 동기가 존재하고, 이를 실증적으로 분석해야 하는 분석적 과제를 제시한다. 물론 구성주의 내에서도 국가 정체성의 근원에 대한 다양한 의견이 존재하지만, 이는 국제환경과 국내정치 속성에 의해 결정되는 것으로 논의할 수 있다.[34] 구성주의는 정체성이 국가의 행위동기에 영향을 미친다고 주장함에도 불구하고, 정체성에 대한 개념과 조작화에는 합의를 이루지 못하고 있다. 그럼에도 불구하고 국제정치상 관찰되는 국가의 행위는 정체성이라는 개념으로 보다 적절히 설명되는 경우가 많다. 즉, 민족분쟁, 역사분쟁, 종교분쟁, 인종분쟁 등은 국가의 물질적 이익보다는 자국의 정체성과 밀접한 관련이 있고, 이는 이성적 이익에 근거한 설명틀로 이해되기 어려운 부문이 있다. 따라서 구성주의는 국가의 행위를 유발하는 동기를 물질적 개념(예: 국력증강과 이익)과 구조적 개념(예: 국제체제 내 안보강화) 등과 같은 획일적(혹은 객관적) 이익보다는 국가가 자국의 환경과 자아 정체를 어떻게 인식하느냐에 따라 다르게 나타나는 주관적 산물로서의 이익이라고 인식한다.[35] 예를 들어 국제정치상에서 관찰되는 핵확산의 현상을 안보모델, 조직모델을 통해 설명하는 것에 반하여, 정체성이라는 변수로 설명하는 경우가 있다. 즉, 하이만스(Hymans)는 프랑스의 경우, 20세기 양차세계대전에서의 패배, 베트남에서의 철군으로 손상받은 프랑스의 국가적 자존심을 치유하기 위한 심벌로서 프랑스 핵무장의 근본적 동기를 설명한다.[36] 그리스 (Gries)의 경우 중국의 대미 태도를 이해하기 위해 중국의 서적, 잡지, TV 프로그램, 포스터, 만화 등의 분석을 통해 중국의 대외정체성 속에 피해자 의식이 깊게 내재되어 있다고 주장한다. 이를 통해 중국 사회의 피해자적 대미인식이 오히려 신중하게 대미외교정책을 추구하고자 하는 중국정부에 중요한 위협요소라고 지적하는 새로운 분석적 결과를 내놓는다.[37]

국가정체성이 국가의 선호와 행위를 결정짓는다는 구성주의적 명제는 사실상 유형정체성(Type Identity)과 역할정체성(Role Identity)으로 논의될 수 있다.[38] 유형정체성은 국내정치체제의 속성이 유사한 국가에서 관찰되는 사회정체성이라고 할 수 있다. 즉, 국내정치체제(예: 민주주의, 독재정치), 국가의 구조(예: 대통령제, 의원내각제), 경제형태(예: 자본주의, 사회주의), 종교(예: 기독교, 불교, 이슬람, 힌두), 국가의 지리적 위치(예: 유럽, 아사아) 등과 같은 국가의 유형이 유사한 국가 사이에 행위의 유사성이 관찰된다. 반면 역할정체성은 국가 간 관계 속성의 결과라고 할 수 있다. 즉 적성국가 간, 경쟁국가 간, 과거 식민과 피식민 국가 간, 동맹국가 간에서 발생하는 관계적 역학 속의 국가는 다른 역할을 수행한다. 이러한 역할정체성은 타자와의 관계가 형성되어 있을 때 가능하다. 예를 들어 한일관계는 동북아 지역에 속하며, 안보와 경제적으로 상호의존적이지만, 역사적 관계에 있어서 가해자와 피해자 관계라는 역할 정체성이 있다. 이로 인해 양국 간의 과거 역사와 여기에서 파생되는 영토분쟁은 양국의 관계적 정체성을 규정하는 것이다. 반면에 미북관계는 서로 상이한 제도와 가치를 지니고 있어, 유형정체성이 상이하다. 동시에 관계적 속성에 있어 북한은 미국을 위협제공자의 정체성으로, 미국은 북한을 NPT체제 위협자, WMD 확산가능국가의 정체성으로 인식하는 관계적 역학을 나타낸다. 요컨대 구성주의의 분석단위인 정체성은 국가의 이익을 분석하는 데 있어 보다 다원적이고 근원적인 설명을 가능케 함으로써, 안보학에 분석적인 공헌을 할 수 있는 것이다.

2. 국제규범과 국제정치질서

구성주의는 국제정치의 작동기제가 물질적 힘의 배분이 아닌 국제사회에서 통용되는 규범이라고 인식한다. 따라서 구성주의는 국제규범을 국제정치상에서 관찰되는 국가의 행위를 이해하는 데 보다 적절한 분석단위로 인식한다. 국가의 행위를 동기화하는 기제는 물질적 구조 자체보다는 국제정치상에서 존중되는 규범이라는 것이다. 탄넨왈드(Tannenwald)는 핵 억제라는 현실주의적 분석단위보다는 그 이면에 존재하는 비핵확산 규범, 핵 사용에 관한 터부(Taboo) 등이 21세기 핵의 국제정치를 이해하는 데 적절하다고 판단한다.[39] 이와 더불어 인도주의와 인권에 대한 가치 존중이 국가 간 협력과 갈등의 주요 이슈로 등장한 점에 주목, 왜 국가는 인도주의적 개입과 지원을 국가의 주요 외교정책으로 삼고 있는가에 대한 설명틀을 제공한다. 구성주의는 해외원조, 노예제도 반대, 인신매매, 해적,[40] 과학정책, 개발, 인종주의, 반전, 평화와 같은 탈냉전 이후의 국제정치 규범들이 국가의 직접적 이해와 상관없이 국가의 집단 안보의식을 강화하고 있는 현상에 주목한다. 특히, 나델만(Nadelman)은 국가의 이익이 국제사회에 통용되는 규범, 즉 국가가 행위의 적절성(appropriateness)을 독립변수로 삼아 국가행위에 어떻게 반영되는지 분석한다.[41] 이를 통해 해적행위, 마약통제, 환경보호, 노예제도 등이 어떻게 국가 간 금지되고 이러한 규범이 국제적 차원으로 확산되었는지 밝혀낸다.

특히 구성주의는 "왜 국가는 자국의 이익과 안보에 직결되지 않는 사안과 지역에 개입하는가?"라는 경험적 질문을 하는데, 이는 국가행위의 동기에 대한 근원적 문제제기라고 할 수 있다.[42] 국제정치상에서 국가의 인도주의적 개입, 국제재난 구호활동, 원조활동은 국가이익의 물질적 개념으로 설명이 불가능하며, 오히려 인권보호, 상호원조와 협력이라는 국제규범의 틀 속에서 이해하는 것이 오히려 적절할 것이다. 즉 구성주의는 국제정치안보의 실체적 문제인 국제적으로 통용되는 국제규범과 국가집단행위와 같은 국제질서의 관계를 연구하는 데 유용하다.

3. 관념(ideas)과 힘(power)

모든 국제규범이 국가로 하여금 동일한 행위를 하도록 유도하지 않는다. 따라서 구성주의적 안보학은 국가가 어떻게 이러한 국제 규범들을 인식하고 실질적 행위로 연계시키는가에 대한 연구를 진행하고 있다.[43] 특히, 구성주의는 국제정치 현상을 설명하는 데 있어, 물질적 힘의 영향력보다는 행위자와 행위자 간에 존재하는 관념(idea)과 규범의 역할에 대한 연구에 집중하고 있다. 즉, 구성주의는 국제정치의 규범과 행위자 간의 간주관적 이해가 국제정치상에서 관찰되는 현상에 얼마만큼 영향력을 행사하고 있는지 검증하고자 한다. 국제정치에서 강대국의 선호도가 항시 존중되거나 관철되지 않는 현상이 관찰되는 경우가 많은 점에 주목하여, 구성주의는 경성권력의 영향력보다는 선호도의 정통성과 규범의 적절성이 오히려 국제안보를 설명하는 데 주요 변수라고 주장한다. 즉, 인권규범, 환경보호, 반전의식, 그리고 다자협력과 같은 '정당한 관념'이 경성권력을 때로는 무력화하는 현상에 주목하고, 이를 통해 국제정치상에서 물리적 힘의 한계성을 지적하여, 담론의 힘이 오히려 국제정치의 근원적 작동기제임을 증명하고자 한다. 국내정치에서 물질적으로 빈약한 환경단체가 재벌의 개발정책을 저지하고 변화시킬 수 있는 것은 환경보호라는 담론의 힘이 사회적으로 존중되기 때문이다. 이처럼 국제정치에서 주권과 인권의 가치를 존중함으로써 강대국의 무력사용을 억제하는 결과를 유발하였고, 국제정치상에서 관찰되는 국가 간 전쟁이 급속도로 감소하는 데 영향을 끼쳤다고 주장한다.

이러한 연구들은 국가 간 정치과정의 측면에서 정체성과 손익관념이 어떻게 형성되었는가의 문제를 분석단위로 삼아 실증적 연구를 하고자 한다. 즉, 안보환경의 변화는 구조 자체의 변화에 의한 결과라기보다는 국가관계상에서 행위자의 정체성 변화와 이에 따른 불확실성의 변화 그리고 관계속성의 변화에 의해 초래된다고 주장한다. 이는 곧 국제정치에서 관찰되는 '힘의 역학'이란 행위자의 인식에서 비롯된 구성적 산물이며, 물리적 힘 자체보다 이에 대한 인식이 국제정치에 보다 많은 영향력이 있다는 함의를 주는 것으로, 이 역시 구성주의의 안보학적 공헌이라고 할 수 있다.

V. 결론

구성주의는 안보학이 다루는 분석단위와 분석수준의 확대 및 심화에 중요한 공헌을 한다. 즉, 전통적으로 안보영역에 속해 있지 않았던 이슈가 쟁점화되는 것은 국내정치 과정에서 담론화를 거쳐 형성되기도 하지만, 국제정치상에서 국가 간 인식의 간주관적 이해를 통해 형성된다. 물론 구성주의는 국제정치상에서 국가의 안전보장이 어떠한 조건과 상황에서 발생될 것이라는 구체적인 가설을 제공하지 않고 있다. 따라서 구성주의는 안보학에 공헌하는 바가 많지 않을 것으로 인식되는 것은 당연할지도 모른다. 하지만, 구성주의는 논의한 바와 같이 국가의 안보에 밀접한 영향을 주는 국제정치 현상과 타국의 의도, 그리고 이들을 구성하는 규범적 질서를 분석하는 현실적 인식론을 제시한다. 동시에 물질적 힘과 이성적 이익에 근거한 국가의 행위에 관한 설명의 한계를 지적하며 관념적이고 규범적인 가치가 오히려 국가의 행위를 설명하는 데 보다 적절하다는 것을 제시한다.

안보학이 갖는 분석적 차별성은 안보 저해 요소의 발생과 확대 그리고 소멸에 대한 설명력을 제시하는 데 있으며 국가 안보정책에 실제적으로 정책적 공헌을 하는 데 그 목적이 있다고 할 수 있다. 이러한 측면에서 본다면, 구성주의는 안보분석에 있어 관찰자에게 보다 유동적이며 근원적인 인식론의 지평을 확대시키는 데 공헌한다고 할 수 있을 것이다. 즉, 핵의 사용이 터부시되는 국제정치상황에서 타국의 핵보유 사실보다는 이를 얼마나 사용할 의지가 있는가에 대한 확실성을 측정하는 것이 안보 분석의 핵심이 되어야 할 것이다. 또한 인도적 개입과 재난구호가 국제규범으로 자리잡은 국제정치질서 상황에서 이를 얼마나 존중해야 하며, 이를 수행하기 위한 비용과 이익을 계산하는 데 물질적 분석의 한계가 있음을 인식해야 할 것이다. 남북이 대치하고 있고, 북한의 핵개발이 현실화되고 있는 상황에서 한국의 최신형 구축함을 걸프지역에 파견하고, 해외파병전용 부대를 편성하는 한국의 안보동기는 현실주의적 설명보다는 한국의 정체성 변화라는 측면에서의 설명이 보다 유용하다. 즉, 구성주의는 분석 대상과 이를 문제화하는 데 있어 매우 추상적이지만, 현상의 해석과 설명에 있어서는 매우 현실적이며 명확하다.

핵탄두를 5000발 이상 소유하고 있고, 전 지구적 감시망을 지니고 있으며, 전 세계 군사비의 약 50%을 차지하는 미국은 현재 아프가니스탄에서 종교적 신념과 민족적 의식으로 무장된 저항세력과의 전쟁에서 고전을 면치 못하고 있다. 초강대국인 미국이 단지 비국가 단체이며 물리적으로 미개한 조직과의 전쟁에서 어려움을 겪는 상황인 것이다. 안보분석가는 이러한 상황이 왜 발생하며, 이를 어떻게 해소할 수 있는지 처방을 내려야 한다. 그럼에도 불구하고 물질적 힘에 근거한 안보학, 이성적 이해에 근거한 행위자의 동기를 바탕으로 한 기존의 현실주의적 인식으로는 현재 주요 국제안보 이슈인 미국의 아프가니스탄 상황에 대한 적절한 설명을 제시하지 못한다. 즉 국가가 유일적 지위를 누리지 않는 현 국제안보 상황은 안보학에 비국가행위자의 생성과 역할에 대한 규명을 요구하고 있다. 이는 곧 구성주의가 주요 분석단위로 삼고 있는 행위자의 정체성, 동기의식, 손익구조에 대한 고찰과 이에 대한 안보학의 수용 없이는 불가능한 작업이다. 즉 기존의 전통적 군사안보를 초월한 인식론이 설정되어야만, 초강대국가의 힘이 왜 제한적으로 사용될 수밖에 없는가와 왜 국제공조가 국제정치의 기본 규범이 되었는가에 대한 설명이 가능 할 것이다. 안보와 위협은 행위자 간 관계의 속성, 그리고 이들이 형성하는 구조의 속성에 따라 가변적일 수 있다. 위협을 인식하는 행위자의 세계관과 그 세계관이 인식하는 구조는 국가의 안보환경을 구성하는 데 영향을 미친다. 물질적 결정론에 입각한 안보학은 다소 정태적일 수 있지만, 구성주의가 중요시하는 관념적 변수는 안보와 위협인식의 가변적 상황에 역동적인 설명을 제시할 수 있다. 이것이 바로 구성주의가 안보학에 제공할 수 있는 분석적, 현실적 공헌이다.

| 미주 |

* 이 글은 한국국제정치학회 발간 『국제정치논총』 2009년 12월호(제49집 5호)에 실이 학술 논문 「안보학과 구성주의: 인식론적 공헌도를 중심으로」의 내용과 거의 같으나, 본 연구서적의 다른 장과의 통일성을 위해 제목을 "구성주의 국제정치이론과 안전보장"으로 수정하였다. 또한, 이 글의 서론은 본 연구서적의 목적에 부합하기 위해 일부 수정하였음을 밝혀둔다.

1) Walt, Stephen M., 1991, "Renaissance of Security Studies,", *International Studies Quarterly*, vol. 35/no. 2 (June), pp. 211-239; Lynn Jones, Sean M. and Steven E. Miller, 1995, "Introduction," in Sean M. Lynn-Jones and Steven E. Miller, eds., *Global Dangers: Changing Dimensions of International Security* (Cambridge, Mass.: The MIT Press), pp. 3-14; Ullman, Richard H., "Redefining Security," in Sean M. Lynn-Jones and Steven E. Miller (eds.), *op. cit.*, pp. 15-42; David A. Baldwin, 1997, "The Concept of Security," *Review of International Studies* vol. 23/no. 1 (January), pp. 5-26; Collins, Alan, 2007, "Introduction: What is Security Studies," in Alan Collins, ed., *Contemporary Security Studies* (New York: Oxford University Press), pp. 1-10.

2) 이 논문의 "구성주의"는 웬트적 구성주의(Wendtian Constructivism)임을 밝혀둔다.

3) "The Five International Relations Professors Named the Most Influential Answer: What is the most dangerous and overlooked threat Obama neglects to his peril?" *Foreign Policy* (March/April 2009), pp. 86.

4) "HMS Astute" British Royal Navy, 인터넷 문서. http://www.royalnavy.mod.uk/operations-and-support/submarine-service/future-submarines/hms-astute/ (2009.07.28).

5) Wendt, Alexander, 1999, *Social Theory of International Politics* (Cambridge: Cambridge University Press).

6) Ross, Andrew A.G., 2006, "Coming in from the Cold : Constructivism and Emotions," *European Journal of International Relations*, vol. 12/no. 2 (Summer), pp. 197-222; Mitzen, Jennifer, 2006, "Ontological Security in World Politics: State Identity and the Security Dilemma" *European Journal of International Relations*, vol 12/no. 3 (Fall), pp. 341-370.

7) 최종건, 2008, 「신현실주의 이론의 '무정부 신화'에 대한 구성주의적 비판」, 『한국정치학회보』 제42집 2호, pp. 345-361.

8) 서보혁, 2003, 「진보적 연구프로그램으로서 구성주의의 기능성과 한계」, 『국제정치논총』 제43집 2호, pp. 75-96.

9) Bloom, William, 1993, *Personal Identity, National Identity and International Relations* (Cambridge: Cambridge University Press); Spinner-Halev, Jeff and Elizabeth Theiss-Morse, 2003, "National Identity and Self-Esteem," *Perspectives on Politics* vol. 1/no.3 (September), pp. 515-532.

10) Waltz, Kenneth, 1979, *Theory of International Politics* (New York : Random House), pp. 102-128.

11) Wendt, Alexander, *ibid.*, pp. 308-312.

12) Wendt, Alexander, 1994, "Collective Identity Formation and the International State," *American Political Science Review* vol. 88/no.2 (June), pp. 384-396.

13) Lebow, Richard Ned and Thomas Risse-Kappen (eds.), 1995, *International Relations Theory and the End of the Cold War* (New York: Columbia University Press).

14) Mearsheimer, John, 1990, "Why We Will miss the Cold War," *the Atlantic Monthly* vol. 266/no. 2 (August), pp. 35-50; Kenneth Waltz, 2000, "Structural Realism after the Cold War," *International Security* vol. 25/no. 1 (Summer), pp. 5-41.

15) Lebow, Richard New, "The Long Peace, the End of the Cold War, and the Failure of Realism," and Kenneth A Oye, "Explaining the End of the Cold War: Morphological and Behavioral Adaptations to the Nuclear Peace" in Richard Ned Lebow and Thomas Risse-Kappen (eds), *ibid.*, pp. 23-84.

16) Guzzini, Stefano, 2000, "A Reconstruction of Constructivism in International Relations," *European Journal of International Relations* vol. 6/no. 2 (Summer), pp. 125; Forsbers, Tuomas, 1999, "Power, interests and trust : Explaining Gorbachev's Choices at the End of the Cold War," *Review of International Studies* vol. 25/no. 4 (September), pp. 603-625.

17) 남궁곤, 2003, 「동아시아 전통질서의 구성주의적 이해」, 『국제정치논총』 제43집 4호, pp. 7-31; Kang, David, 2007, *China rising: peace, power, and order in East Asia* (New York: Columbia University Press).

18) Williams, Michael C., 2004, "Why Ideas Matter in International Relations : Hans Morgenthau, Classical Realism, and the Moral Construction of Power Politics," *International Organization* vol. 58/no. 3 (Fall), pp. 633-665.

19) "World Leaders Condemn North Korea Nuclear Text, Urge Action," *Radio Free Europe*, May 25 2009.

20) Kratochwil, Friedrich, 1989, *Rules, Norms and Decisions* (Cambridge, U.K.: Cambridge University Press); Golinski, Jan, 1998, *Making Natural Knowledge* (Cambridge, U.K.: Cambridge University Press).

21) 이원웅, 2007,「국제사회 인권압력에 대한 북한의 인식과 대응: 비판적 평가」,『국제정치논총』 47집 1호, pp. 215-233; 서보혁, 2003,「탈냉전기 북한의 대미 정체성 정치: 작동방식과 효과분석을 중심으로」,『한국정치학회보』 제37집 1호, pp. 199-218; 우승지, 2007,「김정일 시대 북한의 국제관계론 이해를 위한 시론」,『국제정치논총』 제47집 4호, pp. 53-75.

22) 일본의 전후 이미지와 정체성 구축에 관한 논문으로 김상준, 2005,「기억의 정치학: 야스쿠니 vs. 히로시마」,『한국정치학회보』 제39집 5호, pp. 215-238.

23) 한국의 변화하는 민족정체성에 관한 논문으로 조홍식, 2007,「한국의 민족정체성과 한미자유협정」,『한국정치학회보』 제41집 4호, pp. 5-26.

24) "Annual Report to Congress: Military Power of the People's Republic of China, 2009", Office of the Secretary of Defense, United States of America. 인터넷 문서. http://www.defenselink.mil/pubs/pdfs/China_Military_Power_Report_2009.pdf.

25) Jervis, Robert, 1978, "Cooperation under the Security Dilemma," *World Politics* vol. 30/no. 2 (March), pp. 167-214.

26) Hopf, Ted, 1998, "the Promise of Constructivism in International Relations," *International Security* vol. 23/no. 1 (Summer), pp. 188.

27) Kowert, Paul and Jeffrey Legro, 1996, "Norms, Identity, and Their Limits," in Peter Katzenstein (ed.), *The Culture of National Security: Norms and Identity in World Politics* (New York: Columbia University Press), pp. 485-486.

28) Mearsheimer, John J., 1995, "A Realist Reply," *International Security* vol. 20, no. 1, p. 91; see also Mearsheimer, "False Promise," p. 39.

29) Campbell, David, 1997, "Violent Performances: Identity, Sovereignty, Responsibility," in Yosef Lapid and Friedrich Kratochwil, eds., *The Return of Culture and Identity in IR Theory* (Boulder, Colo.: Lynne Rienner), pp. 103-120.

30) Tannenwald, Nina, 1999, "The Nuclear Taboo: The United States and the Normative Basis of Nuclear Non-Use," *International Organization* vol. 53/no. 3, pp. 83-114; Farrell, Theo and Hél`ene Lambert, 2001, "Courting Controversy: International Law, National Norms, and American Nuclear Use," *Review of International Studies* vol. 27/no. 3,

pp. 309-326.

31) Wendt, Alexander, "Constructing International Politics," p. 76.

32) McSweeney, Bill, 1999, *Security, Identity and Interests: A Sociology of International Relations* (Cambridge, U.K.: Cambridge University Press); Eric Herring, 2001, "Between Iraq and a Hard Place: A Critique of the British Government's Case for UN Economic Sanctions," *Review of International Studies* vol. 28/no. 1 (March), pp. 39-56.

33) Bloom, William, *ibid.*

34) Checkel, Jefferey T., 1997, "International Norms and Domestic Politics: Bridging the Rationalist-Constructivist Divide," *European Journal of International Relations* vol. 3/no. 4 (Winter), pp. 437-495.

35) Barnett, Michael N., "Identity and Alliances in the Middle East," in Peter Katzenstein (eds.), *ibid*, pp. 400-447.

36) Hymans, Jacque E. C., 2006, *the Psychology of Nuclear Proliferation: Identity, Emotions, and Foreign Policy* (Cambridge : Cambridge University Press).

37) Gries, Peter Hayes, 2004, *China's Nationalism: Pride, Politics and Diplomacy* (Berkeley & LA : University Of California Press).

38) Wendt, Alexander, 1993, *Social Theory of International Politics* (Cambridge : Cambridge University Press), pp. 225-229.

39) Tannenwald, Nina, "The Nuclear Taboo: The United States and the Normative Basis of Nuclear Non-Use," *ibid.*; Theo Farrell and Hél`ene Lambert, "Courting Controversy: International Law, National Norms, and American Nuclear Use," *ibid.*, pp. 309-326.

40) Thomson, Janice E., 1994, *Mercenaries, Pirates and Sovereigns* (Princeton, N.J.: Princeton University Press)

41) Nadelman, Ethan A., 1990, "Global Prohibition Regimes: the Evolution of Norms in International Society," *International Organization* vol. 44/no. 4 (December), pp. 479-526; Klotz, Audie, 1995, *Norms in International Relations: the Struggle Against Aprtheid* (Ithaca : Cornell University Press).

42) Finnemore, Martha, "Constructing Norms of Humanitarian Intervention" and Ronald Jepperson, Alexander Wendt, and Peter J. Katzenstein, "Norms and Identity in World Politics," in Peter Katzenstein (eds.), *ibid.*, pp. 153-185, pp. 33-75.

43) Chwieroth, Jeffrey M., 2007, "Testing and Measuring the Role of Ideas: The Case of

Neorealism in the International Monetary Fund," *International Studies Quarterly* vol. 51/no.1 (January), pp. 5-30.

| 참고문헌 |

- 김상준, 2005, 「기억의 정치학: 야스쿠니 vs. 히로시마」, 『한국정치학회보』 제39집 5호.
- 남궁곤, 2003, 「동아시아 전통질서의 구성주의적 이해」, 『국제정치논총』 제43집 2호.
- 서보혁, 2003a, 「진보적 연구프로그램으로서 구성주의의 기능성과 한계」, 『국제정치논총』 제43집 2호.
- _____, 2003b, 「탈냉전기 북한의 대미 정체성 정치: 작동방식과 효과분석을 중심으로」, 『한국정치학회보』 제37집 1호.
- 우승지, 2007, 「김정일 시대 북한의 국제관계론 이해를 위한 시론」, 『국제정치논총』 제47집 4호.
- 이원웅, 2007, 「국제사회 인권압력에 대한 북한의 인식과 대응: 비판적 평가」, 『국제정치논총』 제47집 1호.
- 조홍식, 2007, 「한국의 민족정체성과 한미자유협정」, 『한국정치학회보』 제41집 4호.
- 최종건, 2008, 「신현실주의 이론의 '무정부 신화'에 대한 구성주의적 비판」, 『한국정치학회보』 제42집 2호.

- Baldwin, David A., 1997, "The Concept of Security," *Review of International Studies* vol. 23/no. 1 (January).
- Barnett, Michael N., 1996, "Identity and Alliances in the Middle East," in Peter J. Katzenstein, ed., *Culture and National Security: Norms andIdentity in World Politics*, New York: Columbia University Press.
- Bloom, William, 1993, *Personal Identity, National Identity and International Relations*, Cambridge: Cambridge University Press.
- Campbell, David, 1997, "Violent Performances: Identity, Sovereignty,Responsibility," in Yosef Lapid and Friedrich Kratochwil, eds., *The Return of Culture and Identity in IR Theory*, Boulder, Colo.: Lynne Rienner.
- Checkel, Jefferey T., 1997, "International Norms and Domestic Politics: Bridging the Rationalist-Constructivist Divide," *European Journal ofInternational Relations* vol. 3/no. 4 (Winter).
- Chwieroth, Jeffrey M., 2007, "Testing and Measuring the Role of Ideas: The Case of Neorealism in the International Monetary Fund," *International Studies Quarterly* vol. 51/no. 1 (January).

■ Collins, Alan, 2007, "Introduction: What is Security Studies," in AlanCollins, ed., *Contemporary Security Studies*, New York: OxfordUniversity Press.

■ Farrell, Theo and Hélène Lambert, 2001, "Courting Controversy: InternationalLaw, National Norms, and American Nuclear Use," *Review ofInternational Studies* vol. 27, no. 3.

■ Finnemore, Martha, 1996, "Constructing Norms of HumanitarianIntervention" in Peter J. Katzenstein, ed., *Culture and National Security: Norms and Identity in World Politics*, New York: Columbia University Press.

■ Forsberg, Tuomas, 1999, "Power, interests and trust: Explaining Gorbachev's Choices at the End of the Cold War," *Review of International Studies* vol. 25/no. 4 (September).

■ Golinski, Jan, 1998, *Making Natural Knowledge*, Cambridge, U.K.: Cambridge University Press.

■ Gries, Peter Hays, 2004, *China's New Nationalism: Pride, Politics and Diplomacy*, Berkeley, Cali: University of California Press.

■ Guzzini, Stefano, 2000, "A Reconstruction of Constructivism in InternationalRelations," *European Journal of International Relations* vol. 6/no. 2 (Summer).

■ Herring, Eric, 2001, "Between Iraqanda Hard Place: A Critique of the British Government's Case for UN Economic Sanctions," *Review of International Studies* vol. 28/no. 1 (March).

■ Hopf, Ted, 1998, "the Promise of Constructivism in International Relations," *International Security* vol. 23/no. 1 (Summer).

■ Hymans, Jacques E. C., 2006, *The Psychology of Nuclear Proliferation: Identity, Emotions and Foreign Policy*, New York: Cambridge University Press.

■ Jepperson, Ronald, Alexander Wendt and Peter J. Katzenstein, 1996, "Norms andIdentity in World Politics" in Peter J. Katzenstein, ed., *Culture andNational Security: Norms and Identity in World Politics*, New York: Columbia University Press.

■ Jervis, Robert, 1978, "Cooperation under the Security Dilemma," *World Politics* vol. 30/no. 2(March).

■ Jones, Sean M. Lynn and Steven E. Miller, 1995, "Introduction" in Sean M.Lynn Jones and Steven E. Miller, eds., *Global Dangers: ChangingDimensions of International Security*, Cambridge, Mass.: MIT Press.

■ Kang, David, 2007, *China Rising: Peace, Power, and Order in East Asia*, New York: Columbia University Press.

■ Klotz, Audie, 1995, *Norms in International Relations: the Struggle Against Apartheid*,

Ithaca: Cornell University Press.

■ Kowert, Paul and Jeffrey Legro, 1996, "Norms, Identity, and Their Limits" in Peter J. Katzenstein, ed., *Culture and National Security: Norms and Identity in World Politics*, New York: Columbia University Press.

■ Kratochwil, Friedrich, 1989, *Rules, Norms and Decisions*, Cambridge, U.K.: Cambridge University Press.

■ Lebow, Richard Ned, 1995, "The Long Peace, the End of the Cold War, and theFailure of Realism" in Richard Ned Lebow and Thomas Risse-Kappen, eds. *International Relations Theory and the End of the Cold War*, NewYork: Columbia University Press.

■ McSweeney, Bill, 1999, *Security, Identity and Interests: A Sociology ofInternational Relations*, Cambridge, U.K.: Cambridge University Press.

■ Mearsheimer, John J., 1990, "Why We Will Miss the Cold War," *the Atlantic Monthly* vol. 266/no. 2 (August).

■ ______, 1994/1995, "The False Promise of International Institutions," *International Security* vol. 19/no. 3 (Winter)

■ ______, 1995, "A Realist Reply," *International Security* vol. 20/no. 1 (Summer).

■ Mitzen, Jennifer, 2006, "Ontological Security in World Politics: State Identity and the Security Dilemma," *European Journal of International Relations* vol. 12/no. 3 (Fall).

■ Nadelman, Ethan A., 1990, "Global Prohibition Regimes: the Evolution of Norms in International Society," *International Organization* vol. 44/no. 4 (December).

■ Oye, Kenneth A., 1995, "Explaining the End of the Cold War: Morphological and Behavioral Adaptations to the Nuclear Peace" in Richard Ned Lebow and Thomas Risse-Kappen, eds., *International Relations Theory and the Endof the Cold War*, New York: Columbia University Press.

■ Ross, Andrew A.G., 2006, "Coming in from the Cold: Constructivism and Emotions," *European Journal of International Relations* vol. 12/no. 2 (Summer).

■ Spinner-Halev, Jeff and Elizabeth Theiss-Morse, 2003, "National Identity and Self-Esteem," *Perspectives on Politics* vol. 1/no. 3 (September).

■ Steven E. Miller, eds., *Global Dangers: Changing Dimensions of International Security*, Cambridge, Mass.: MIT Press.

■ Tannenwald, Nina, 1999, "The Nuclear Taboo: The United States and theNormative Basis of Nuclear Non-Use," *International Organization* vol. 53/no. 3 (July).

■ Thomson, Janice E., 1994, *Mercenaries, Pirates and Sovereigns*, Princeton, N.J.:

Princeton University Press.
- Ullman, Richard H., 1995, "Redefining Security" in Sean M. Lynn Jones and
- Walt, Stephen M., 1991, "Renaissance of Security Studies," *International Studies Quarterly* vol. 35/no. 2 (June).
- Waltz, Kenneth, 1979, *Theory of International Politics*, New York: Random House.
- _____, 2000, "Structural Realism after the Cold War," *International Security* vol. 25/no. 1 (Summer).
- Wendt, Alexander, 1994, "Collective Identity Formation and the International State," *American Political Science Review* vol. 88/no. 2 (June).
- _____, 1995, "Constructing International Politics," *International Security* vol. 20/no. 1 (Summer).
- _____, 1999, *Social Theory of International Politics*, Cambridge: Cambridge University Press.
- Williams, Michael C., 2004, "Why Ideas Matter in International Relations: Hans Morgenthau, Classical Realism, and the Moral Construction of PowerPolitics," *International Organization* vol. 58/no. 3 (July).
- Office of the Secretary of Defense, 2009, "Annual Report to Congress: Military Power of the People's Republic of China, 2009," United States of America.
- http://www.defenselink.mil/pubs/pdfs/China_Military_Power_Report_2009.pdf.
- "HMS Astute" British Royal Navy, 인터넷 문서, http://www.royalnavy.mod.uk/operations-and-support/submarine-service/future-submarines/hms-astute/(2009.07.28).
- "The Five International Relations Professors Named the MostInfluential Answer: What is the most dangerous and overlooked threat Obama neglects to his peril?," *Foreign Policy* (March/April 2009).
- "World Leaders Condemn North Korea Nuclear Text, Urge Action," *Radio Free Europe*, May 25 2009.

| 제 3부 |

안전보장의 수단

국가안보와 군사력

동맹과 세력균형

집단안보, 공동안보, 협력안보

군비통제와 군비축소

국가안보와 군사력

고 봉 준

I. 안보의 국제정치와 군사력

국제정치의 주류 이론인 현실주의 이론의 관점에서 안보는 국가이익의 서열 구조상 가장 상위에 위치한 불가결한 고려 요소로 정의된다. 따라서 샤츠슈나이더의 "정당 없이는 민주주의를 생각할 수 없다"는 명제처럼, 현실주의 이론의 관점에서는 안보 없이는 다른 국가이익을 논할 수 없다는 명제가 성립하는 것이다.[1] 이러한 이론적 입장에 따르면 국제 무정부 환경에서 국가는 안보를 위한 (최소한 또는 최대한의) 자구책을 마련하지 않을 수 없으며, 군사력은 그러한 자구책의 핵심을 구성하는 본질적인 요소이다.

일반적으로 국가는 안보를 위해서 국력(power)을 확충하기를 원하지만, 모든 국가가 원하는 만큼 국력을 가질 수 있는 것이 아니다. 동시에 국력이라는 것을 구체적으로 어떻게 정의하고 그것을 어떻게 측정할 수 있는가 하는 문제는 국제정치 학자들이 오랫동안 토론해 오던 주제 중 하나이다. 이 글에서는 군사력이 국력의 핵심 요소로서 국가의 대외 정책의 기반임과 동시에 국가의 전략적 판단과 불가분의 관계를 맺고 있는 점을 전제로 하여, 군사력과 국가의 합목적 행위로서 그 운용을 중심으로 논의하고자 한다.

물론 군사력 이외에 국력을 구성하는 다른 요소들이 분명히 존재한다. 예를 들면 근자에 자주 논의되어 온 비강제적 설득력 또는 매력으로서 연성권력(soft power)이 존재한다. 아울러 군사력의 기반을 구성하는 사회 · 경제적 요소들도 한 국가의 국력을 논의할 때 제외하기는 곤란한 부분이다. 그럼에도 이 글에서는 상대방의 인명과 시설 및 장비를 실질적으로 파괴할 수 있는 물리적 능력으로서 안보의 최후 보루인 군사력에 중점을 두고 이의 창출과 운용에 대해 다음과 같이 서술한다.

2절에서는 국제정치 및 국제안보에 있어서 군사력의 의미를 정의한다. 냉전 이후에 국제정치의 상호작용에 있어서 비군사적 요소의 중요성이 강조되어 오고 있지만, 전통적 의미의 안보와 그 핵심 요소인 군사력은 여전히 각국의 대외정책에서 가장 중요한 부분을 차지하며, 이런 의미에서 각국은 아직까지도 막대한 군사비를 지출하고 있다. 전통적 의미에서 군사력은 재래식 무기를 중심으로 한 인력 및 무기 체계의 관점에서 이해할 수 있으나, 제2차 세계대전 이후의 핵시대에 접어들어서 핵무기의 사용과 관련한 새로운 논의가 출현하였으며, 1990년대부터 미국을 필두로 진행된 군사혁신(RMA: Revolution in Military Affairs)은 정보지식 기반의 군사력에 대한 이해의 필요성을 부각시키고 있다.

3절에서는 군사력 창출에 초점을 맞추고 군사력의 물리적 기반을 이루는 경제력과 인구, 국가의지의 표현으로서 국방비, 그리고 이러한 의지의 실현에 영향을 미치는 대내외적 요인들에 대해 논의한다. 제4절에서는 군사력의 구체적인 운용과 관련된 논의를 전략과 전술의 측면, 공격과 방어라는 물리적 군사력의 실제적 사용의 측면, 그리고 그것과 구분되는 활용 양태로서 억지와 강제에 대해서 논의한다. 결론에 해당하는 5절에서는 21세기에 군사력 전개의 필요성을 반영하는 평화활동(peace operations)과 대반군작전(counter-insurgency)을 군사력의 전통적 합목적성의 측면에서 어떻게 이해할 수 있는지를 논의한다.

II. 군사력의 의미

1. 군사력의 정의

일찍이 클라우제비츠(Clausewitz)는 '전쟁은 정치(또는 정책)의 연속'임을 강조하였다. 전쟁이란 특정한 정치적 목적을 달성하기 위한 수단이라는 것이다.[2] 근대국가 체제가 형성된 이래 국가는 정치적 목적을 달성하기 위한 전쟁을 수행하였고, 이를 위해 군사력을 유지하여 왔다. 이런 의미에서 군사력이란 정치적 목적을 위해 전쟁을 수행하기 위한, 준비된 능력이라고 정의할 수 있다.

1) 정태적 정의

군사력은 맥락에 따라서는 다른 의미를 지칭하기도 한다. 따라서 군사력의 상대적 비교 또는 군사력의 유용성과 관련해서 모든 경우에 적용할 수 있는 단일한 정의를 도출하기가 힘들다. 예를 들어 군사력을 구성하는 여러 지표들(특정 무기군)이 군사력 균형에 있어서 서로 다른 방향을 지시할 때, 이러한 지표들에 근거해서 군사력을 종합적으로 정의하기는 어렵다.[3] 또한 군사력의 유용성을 그 목적의 달성 여부에 따라 평가한다 하더라도 성공의 의미가 주체에 따라 달리 규정될 수 있기 때문에 이와 관련하여 군사력의 의미를 일관되게 정의하는 데에 난점이 생긴다.

그럼에도 불구하고 일반적으로 군사력에 대해 논의할 때 필수적으로 고려해야만 하는 지표들이 존재한다. 이러한 지표에는 물리적 또는 유형의 능력으로서 무기, 병력, 장비 등이 포함된다. 이들 지표가 군사력의 균형 또는 유용성에 대해 정확한 정보를 제공하는 것은 아니지만, 이들 지표는 군사력의 실체를 구성하고 군사력의 균형과 유용성의 파악을 위해 무엇을 비교해야 하는지를 알려준다. 이러한 지표들을 종합적으로 고려하여 논의의 출발점으로서 군사력을 정태적으로 정의할 수 있다. 따라서 정태적 정의 또는 협의의 군사력이란 "전쟁을 수행하기 위해 준비된, 무기, 병력, 장비를 포함하는 물리적 능력"이라고 정의할 수 있고, 일반적인 군사력의 개념에는 이러한 정태적 정의가 내포되어 있다.

하지만 이러한 지표를 맹목적으로 사용하는 것은 문제가 있다. 예를 들어 북한의 병력과 재래식 무기체계의 숫자는 여전히 한국에 비해 우세하지만, 그렇다고 북한이 한국보다 군사력의 측면에서 우월하다고 단정적으로 평가하기는 힘들다. 왜냐하면 북한의 장비 상태와 훈련량을 고려한다면, 북한은 한국을 상대로 해서 재래식 전면전을 수행할 능력을 갖추지 못하고 있다는 것이 일반적인 평가이다. 북한의 전차 3900여 대 중 생산된 지 40년이 넘은 것이 94%에 이르고, 북한 전투기의 절반 가까이가 40년 전에 도입한 구형이다.[4] 반면에 북한은 비재래식 무기의 영역에서는 남한보다 앞서는 능력을 보유한 것으로 평가된다. 따라서 고정적 유형의 능력을 측정하는 정태적 정의는 군사력을 효과적으로 정의하기 위한 기본 전제로 이해해야 할 것이다.[5]

2) 동태적 정의

상대방의 전쟁 수행능력을 파괴할 수 있는 물리적 능력이라는 군사력의 정태적 속성을 이해하기 위해서는 군사력의 규모 등 계량적 지표에 대한 논의는 필수적이다. 이렇게 정태적으로 정의된 군사력은 계량화할 수 있다는 장점이 있으나, 정치적 목적을 달성하기 위한 전쟁의 수행이라는 군사력의 근본적인 존재 이유와 연결이 불분명해지는 단점도 동시에 있다. 따라서 많은 분석가들은 군사력을 "군사전략에 의해 부여되는 임무를 수행하는 능력"으로 정의해 오고 있다. 군사력이란 영토의 방어, 타국의 공격, 테러리스트 색출, 양보의 강요, 국내 질서의 유지 등 다양한 활동을 수행할 수 있다. 동태적 정의에 따르면 고정적 의미의 군사력 정의가 이 모든 영역에서 동일하게 적용될 수는 없다.[6] 왜냐하면, 임무와 관련된 수행능력의 평가가 상황에 따라 달라질 수밖에 없기 때문이다.

이러한 동태적 정의에 따른 능력으로서 군사력을 규정하기 위해서는 군사력의 활용 목적을 구성하는 군사전략 및 그 전략에 맞추어 군사력이 수행해야만 하는 전술적 임무를 동시에 정의해야만 한다. 이러한 논리를 확장한다면 일반적 의미의 군사력이란 존재하지 않을 수도 있다. 앞서 정태적 정의의 군사력을 규정하는 데에 사용될 수 있는 지표들은 모두 중요한 요소들이지만, 이러한 요소들은 특정한 방식과 목적의 무력 사용을 위해 전장 또는 전투에 따라 사령관들이 선택해야만 하는 것들이다. 따라서 군사력을 구성하는 각 요소들의 사용방식에 따른 유용성에 대한 고려 없는, 군사력에 대한 일반적인 정의는 군사력을 이해하는 데 큰 도움이 되지 않는다는 지적도 있다.[7]

베트남전쟁에서 북베트남은 혁명의 관점에서 전쟁을 수행하였고 미국은 전통적인 방식으로 전쟁을 수행하였는데, 물리적으로 우월한 군사력을 지닌 미군은 혁명전쟁을 수행하는 상대에 대해 적절한 방식으로 대응할 수 없었다. 이러한 측면에 주목하여 이 글에서는 국가에 의한 합목적적 전쟁 행위 수단의 측면으로서 군사력의 중요성을 강조한다. 군사력의 운용은 군사전략 및 그 토대를 이루는 안보전략, 아울러 안보전략의 성격을 규정하는 정치적 변수들과 불가분의 관계에 있다. 따라서 이 글에서는 안보전략에서 일차적으로 규정된 정치적 목적을 달성하기 위해 군사전략에서 지시하는 전쟁을 수행할 수 있는 잠재능력(war potential)을

군사력으로 정의하는 것이 향후의 논의에 더 적합하다는 점을 강조한다.[8]

2. 전통적 군사력

근대국가 체제의 성립 이래 각국은 안보를 위해 특히 군사력으로 대표되는 권력을 확보하기 위해 노력해 왔다. 현실주의 안보이론에 따르면 이러한 권력은 상대적 속성을 지니는 것이어서, 한 국가의 군사력 확보 노력은 결코 그 자체가 고립적으로 이뤄지는 것이 아니라 잠재적 적국의 군사력에 대한 치밀한 고려를 기반으로 이뤄지는 것이다. 국제 무정부 상태에서 각국이 느끼는 안보위협의 정도가 여러 요인에 의해 결정될 수 있기 때문에 절대적인 기준을 제시하기가 힘들지만, 물리적 능력에 초점을 맞추는 현실주의 안보이론에 따르면 잠재적 적국으로부터의 위협은 그 나라가 보유하는 군사력의 크기와 상관관계가 있다.[9] 즉 국제정치에서 한 국가가 가진 군사력의 의미는 관련 국가의 군사력과 비교를 통해 정확한 의미를 파악할 수 있다.[10]

1) 지상군

미어샤이머는 군사력의 구성요소 중 지상군의 규모가 가장 중요하다고 파악한다. 이는 지상군의 투입으로 상대방의 영토를 점령하거나 영토를 침입한 적군을 격퇴시킬 수 있다는 점을 강조하는 것이다. 미어샤이머는 해군력과 전략 공군력이 전쟁의 향방에 영향을 주는 것은 사실이지만, 해군력과 공군력의 투사가 전쟁의 승리를 가져오는 것이 아니라 지상군이 전쟁을 종결짓기 때문에 지상군이 군사력의 요소 중 가장 중요하다고 본다.[11] 지상군의 중요도는 핵무기 시대에도 감소하지 않는다고 미어샤이머는 파악하며, 해군력과 공군력은 지상군의 작전을 지원함으로써 군사력의 핵심 요소로서 역할하게 된다고 이해한다.[12]

이러한 미어샤이머의 주장은 21세기에도 여전히 유효하다. 막대한 전략적, 기술적 이점을 바탕으로 진행된 이라크와 아프가니스탄에서 미국 주도의 전쟁은 여전히 지상군의 중요성을 보여준다. 현재 미국의 개전 이전 정치적 목적 또는 개전 이후 변화한 정치적 목적을 수행하는 데에 있어서 지상군이 가장 중요한 역할을 하고 있다. 또 다음에서도 살펴보겠지만, 재래식 무기 위주의 지상군은 군사력 운용의 모든 기능과 연결되어 있다. 해군력과 공군력은 영토를 점령하기에 부적합하며, 핵무기는 여러 가지 제한점 때문에 현재 억지 이외의 다른 군사적 목적을 위해 활용하기는 힘들다.

2) 해군 및 공군

미어샤이머의 지상군 능력에 대한 강조는 타당성을 인정할 근거가 충분하지만, 군사적 점령이 더 이상 군사력 사용의 유일한 정치적 목적이 아니라는 점에서 보완이 필요하다. 특히 군사력이 실제 전쟁의 수행 외에 억지 및 강제의 측면에서도 기능한다는 점을 고려했을 때, 해군력 및 공군력이 지상군보다 더 유용한 경우가 존재한다.[13]

실질적으로 현재 미국이 군사력의 측면에서 세계 유일의 초강대국으로 정의되는 것은 지상군의 숫자나 무기체계 외에 미국이 가진 무력의 역외 투사력 때문이다. 이 중 해군력은 무력을 대규모로 신속히 해외로 투사할 수 있는 근본적인 능력을 의미한다. 2005년 기준으로 미국은 차순위 17개국의 총합을 초과하는 해군 용적톤수를 보유한다. 그리고 현재 다른 국가들은 지구의 반대편에서 해상 작전을 수행할 능력이 없지만, 미국은 유일하게 그런 작전을 실제로 수행하고 있다.[14] 이런 관점에서 보자면 해군력의 중요성은 과거보다 더 증가하고 있다.

공군력 역시 이미 현대 전쟁에서 불가결한 요소로 자리 잡고 있다. 병력의 신속한 이동, 전략 · 전술적 차원의 폭격, 전략무기 탑재 등 공군력은 현대전의 여러 측면에서 기능한다. 아울러 현재 미국이 수행하는 전쟁의 사례에서 드러나듯이, 무인전폭기의 활용은 공군력의 의미를 새롭게 하고 있다. 또 위성기술의 성장은 향후 공군력이 우주를 무대로 발전할 가능성을 지속적으로 제공해 주고 있다.

따라서 전통적 군사력을 고려함에 있어서 재래식 무기 위주의 지상군 능력은 21세기에도 여전히 중요한 군사전략상 필수 요소이지만, 해군력과 공군력 역시 국가안보를 유지하는 핵심적인 기능을 수행하고 있음을 부인할 수 없다. 물론 이 경우에도 물리적 차이가 반드시 군사적, 더 나아가 정치적 목적을 달성하기 위한 능력의 차이로 연결된다고 할 수는 없다. 예를 들어 미국은 해 · 공군력에서 다른 국가들을 압도하고 있지만, 이러한 우월성이 다른 국가의 정치적 목적을 좌절시킨다는 보장은 없다. 중국 군사력의 중단기적 목표가 미국 군사력의 역내 투사를 제한 또는 억지하는 것이라면 현재의 중국 군사력 수준으로도 그러한 목표를 달성할 가능성이 전혀 없다고 할 수는 없다.[15)]

결론적으로 전통적인 군사력과 관련해서 두 가지 점을 유의할 필요가 있다. 첫째, 다변화해 가는 전쟁의 특징을 고려할 때 전통적 군사력 구성요소들은 잠재적 전쟁수행 능력의 측면에서는 여전히 그 중요성이 인정되나 그 자체를 군사력과 동일시하는 데에는 무리가 있을 수밖에 없다. 둘째, 최근의 변화하는 전략적 환경의 추이를 감안한다면, 전통적 군사력에 대한 이해도 정보지식 기반의 군사력에 대한 이해를 바탕으로 해야 할 필요가 있다. 특히 해 · 공군력은 최근 군사부문 기술발전을 더욱 능동적으로 소화하고 있어서 전통적 군사력의 의미를 본질적으로 변화시키는 측면이 있는 점을 주목해야 한다.

3. 핵무기

핵무기는 현대 국제안보에 가장 큰 영향을 미친 군사력의 구성요소

중 하나이다. 혹자에 따라서는 핵무기의 등장이 전쟁의 수행방식과 국가의 안보에 대한 사고방식을 근본적으로 변화시키는 혁명적 전환을 초래했다고 평가하기도 한다. 왜냐하면 핵무기가 방어의 효능을 극적으로 감소시키고 전장에서 수적 · 질적 우위를 문자 그대로 무의미하게 만들었기 때문이다.[16]

따라서 핵시대에 국가는 방어보다는 억지력에 중점을 두게 되고, 효과적인 억지력은 바로 핵 보복공격능력(second strike capability)에 의해 좌우되는 것이다. 또한 핵 시대에 군대의 가장 중요한 목적은 전쟁을 이기는 것이 아니라 전쟁을 억지하거나 회피하는 것이다. 이러한 결과로 전쟁 계획과 군 조직은 억지력 발휘를 위한 보복공격 능력을 확보하기에 유리한 방향으로 재편된다는 것이다.

최근에 핵무기의 혁명성에 대한 재평가가 이뤄졌다.[17] 그간의 평가에 대한 반론 중의 하나는 핵무기의 파괴력이 다른 재래식 무기를 압도하는 것이 사실이지만, 그 자체가 국제정치상 실질적으로 큰 변화를 가져온 것은 아니라는 것이다.[18] 이 주장에 따르면, 핵무기는 초강대국 간의 관계에 새로운 공포 요인을 부여한 것은 사실이지만, 이러한 공포는 사실상 두 차례의 세계대전에서 사용된 재래식 무기의 대량살상능력의 경험에서 유추되는 것이어서 핵무기 자체가 정치와 전쟁을 혁명적으로 변화시키지는 않았다는 것이다.[19]

핵무기가 신뢰할 만한 억지력을 제공해 준다는 점에 대해서는 큰 이견이 없다. 그러나 재래식 무기가 보유하는 일정 정도의 강제력(compellent)을 핵무기는 그 파괴력에 비례하는 만큼은 발휘하지는 못한다는 평가도 있다.[20] 또한 억지력을 보장하기 위한 핵무기 상한선에 대한 합리적인 동의가 부재하기 때문에 핵이 보장하는 억지력이 결국 불안정한 군비경쟁으로 이어질 가능성이 높고, 핵무기의 유용성 또는 핵의 억지력에 대해 국가의 속성에 따라 다른 개념으로 이해될 수도 있기 때문에 핵의

억지력이 보편적인 영향력을 발휘할 것이라는 예측이 잘못될 가능성도 있다는 논의가 있다.[21]

또 한 가지 전반적인 동의가 이뤄지고 있는 부분은 핵무기의 유용성 자체는 냉전기 미국과 소련의 격심한 대결 구도 상황에서보다는 축소되었다는 것이다. 이를 증명하는 것으로 냉전 이후 진행된 미국과 러시아 간의 핵군축 사례를 들 수 있다. 미국은 1991년 냉전 종식 이후 2009년 기준으로 전략핵탄두의 75%(9154개에서 2352개로)와 전술핵탄두의 95%(9152개에서 500개로)를 감축하였다. 1987년에 미국과 소련 간에 체결된 INF 협정과 1991년에 체결된 START I 협정이 핵군축을 위한 제도적 여건을 제공하였고, 미국은 러시아와 함께 이 협정에서 제시된 기준을 이행하여 이미 2001년에 협정에서 제시한 수준으로 핵무기를 감축한 바 있다.[22]

이러한 전반적인 추세에도 불구하고, 최근 미국 측의 기술발전은 억지력이라는 과거의 고정된 유용성을 탈피하여 핵무기를 실제 전장에서 사용할 수 있는 길을 개척하고 있는 점에서 주목해야 할 필요가 있다. 이는 21세기에는 기존 억지력의 유용성이 제한되는 상황이 더 보편적일 가능성이 크기 때문에 이러한 도전에 효과적으로 대응하기 위해서 핵무기의 소형화 · 정밀화를 통해 부수적 피해(collateral damage)를 최소화함으로써 실질적인 억지력을 증가시켜야 한다는 주장이다.[23] 이런 측면에서 핵무기의 중요성은 핵무기가 근절되지 않는 이상 지속되는 것으로 간주해야 할 것이다.

4. 군사혁신과 군사력(정보지식 기반의 군사력)

냉전기가 핵무기의 중요성을 부각시켰다면, 냉전 이후에는 정보화 혁명에 기반한 군사력의 혁신이 새로운 현상으로 등장하였다. 일반적으로 군사혁신은 새로운 기술이 군 체계의 전반에 적용되어 작전과 조직상에

혁신적 변화가 생겨서 무력 갈등의 성격과 진행 방식을 근본적으로 변화시키는 현상을 의미한다.[24] 이러한 군사혁신은 크게 기술변화, 무기체계 발전, 작전혁신, 조직변화 등 네 가지 요소를 포함한다(Krepinevich 1994). 이러한 조건들이 결합하여 군사혁신을 특징짓는 군사적 효율성을 실현시킨다.

역사적으로 국가 간의 대결은 군사기술 혁신의 주요 추동력이었다. 예를 들어 제2차 세계대전 이후 미국 과학계에 가장 많은 기금을 투여한 주체는 미국 국방부였고, 첨단기술의 개발은 주로 군사적 사용을 염두에 두고 진행되었다.[25] 비록 군사혁신의 구체적 모습과 정의에 대해서는 이견이 있지만, 군사혁신의 범주에 포함할 수 있는 다수의 사례가 역사적으로 관찰된다. 여기서는 더 풍부한 사례를 살펴보기 위해 크레피네비치(Krepinevich 1994)의 분류를 이용하기로 한다. 크레피네비치에 의하면 최근의 군사혁신 이전에 아래의 표처럼 총 열 차례의 군사혁신이 역사적으로 존재한다.

역사적으로 관찰되는 군사혁신의 사례는 새로운 기술의 발전에 부합하는 우월성을 획득한 무기, 조직, 전술에 의해 낡은 무기와 조직 및 전술이 도태되는 일반적인 모습을 보여주었다. 마찬가지로 20세기 말부터 진행된 소위 군사혁신 또는 군사변환(Military Transformation) 또한 군사력의 새로운 요소에 대한 이해와 접근법의 필요성을 대두시켰다. 정보통신기술 등의 과학적 진전을 토대로 미국은 1990년대 중반 이후 군사작전 자체의 패러다임을 전환시키려 노력하여 왔다.[26]

미국은 특히 2001년에 발표된 4년 주기 국방검토보고서(QDR: Quadrennial Defense Review)를 통해서 변혁의 방향을 C4ISR (Command, Control, Communications, Computers, Intelligence, Surveillance & Reconnaissance) 구조의 혁신을 통한 통합작전 능력의 신장으로 구체화하였다. 이는 결론적으로 미국의 취약점을 보호하고 장

구분	개요	시기	주요기술	특징/결과
제1세대	보병혁명	14세기	강궁	장비 · 훈련비용 저렴/중기병 대체, 사상자 증가
제2세대	대포혁명	15세기	포신확대, 야금술, 화약압축	비용증가/중앙집권화, 공성포병부대, 수성전술 포기
제3세대	함포 · 범선 혁명	16세기	대형범선, 포탑	전함체제 및 공격전술 변화
제4세대	요새혁명	16세기	이탈리아식 축성술	비용증가로 확산 저해/보병의 발전
제5세대	화약혁명	17세기	구식장총	선형전술, 훈련시간 단축/스웨덴식 체제
제6세대	나폴레옹혁명	18세기	생산표준화, 대포 경량화	산업혁명, 기동성 증가/가용병력 급증, 요새혁명 효과 급감, 독립작전단위 사단 편제, 나폴레옹식 전격전
제7세대	지상전혁명	남북전쟁 전후	철도, 라이플, 전신	전략적 기동성, 대규모 병력의 효율적 지휘/무장 경량화, 참호전 · 기관총의 발전
제8세대	해군혁명	19세기 중반 ~제1차 세계대전	철갑, 증기동력	대포사거리 증가, 잠수함, 어뢰/잠수함 전략봉쇄, 통상파괴전술, 대잠 작전
제9세대	전간기혁명	전간기	공군, 기갑전력, 무선	전격전, 함재기, 수륙양용차, 전략폭격/기갑사단, 항모전단, 전략폭격기
제10세대	핵혁명	20세기 중반	핵무기, 미사일	억지/핵잠수함전단, 전략로켓군

〈표 1〉 군사혁신의 역사

출처: Krepinevich(1994)에서 요약 발췌.

점을 극대화할 수 있도록 군사적 경쟁과 협력에 필요한 개념, 능력, 조직을 새롭게 규정하는 것이었다.[27] 특히 이러한 군사혁신에서 제시된 '잠재적 적국을 단념시킨다'는 개념은 이전의 군사전략과는 차별화되는 방향성을 의미하는 것으로서 전략적 환경의 변화를 반영하는 것이었다.[28]

미국이 주도한 최근의 군사혁신은 정밀 유도무기, 정보처리, 지휘·통제 기술, 전자·방공 능력에 있어서 획기적인 향상을 유도해오고 있다. 이는 자국의 손실을 최소화하면서 적의 정치·군사적 핵심 요소를 정밀타격함으로써 승리를 거두려는 노력이다. 이러한 노력은 1990년대 중반 이후 획기적인 발전을 거듭해 오고 있는 정보통신기술의 발전을 기반으로 한다. 이러한 기술적 진전을 바탕으로 정확한 정보의 수집은 물론 전장과 사령부 사이의 정보 공유 네트워크를 구성하여 실시간 정보의 이동을 통한 작전 효율성 극대화는 물론 군사력 운용의 통합성을 증대할 수 있는 것이다.

정보지식 기반의 군사력은 조직을 네트워크 조직으로 변환시켜 각 군간 통합성을 증대시켜 필요 시 통합 작전 수행 능력을 배가하게 된다. 실제로 최근 미군의 변화를 관찰하면, 지상군은 이를 바탕으로 디지털화, 경량화, 스텔스화, 정밀 유도 무기 등을 기반으로 부대의 소규모화와 고도의 생존성을 구사하고 있다. 해군 역시 해상에서 투사되는 군사력의 확보라는 개념으로 변화하고 있으며, 공군은 고성능 센서 및 첨단 소재를 이용한 무인 항공기, 스텔스 기능 및 정밀 폭격능력을 확충함으로써 그 중요도를 증가시키고 있다.

종합하자면, 전통적 군사력은 상대방의 유사 능력을 물리적으로 파괴할 수 있는 능력을 의미하고 지상군 능력을 핵심적인 자산으로 삼아 왔으나, 최근 들어 기존의 개념에 변화를 필요로 하는 새로운 구성요소들이 등장하였다.[29] 하지만 군사력을 이해하기 위해서는 병력과 무기의 규모와 질 그리고 그러한 병력과 무기가 전쟁 준비를 위해 조직되는 방식에 대한 기초적 이해를 배제할 수 없고, 이러한 기초적 이해는 군사력의 창출과 운용을 연결하는 중요한 고리이다.

Ⅲ. 군사력의 창출

1. 군사력의 기반: 경제력과 인구

군사력의 창출이란 위에서 논의한 군사력의 핵심 구성요소들을 만들어내는 것을 의미한다. 미어샤이머는 국가가 보유하는 실질적(actual) 권력인 군사력이 잠재적(latent) 국력을 기반으로 창출된다고 본다.[30] 잠재적 국력이란 군사력을 창출할 수 있는 자원들을 통칭하는데, 이 중에서 경제력과 인구가 대표적으로 고려해야 할 요소이다.

인구는 바로 군사력의 핵심인 병력자원을 구성하기 때문에 중요성을 지닌다. 인구가 많다고 군사력이 필연적으로 강해지는 것은 아니지만, 군대를 구성하기 위해서는 병력이 반드시 필요하다. 다른 한편으로 경제력은 병력을 무장하고, 훈련하고, 급여를 지급하는 데에 필수적이다. 물론 큰 경제력이 반드시 강한 군사력을 보장하는 것은 아니지만, 일반적으로 경제적으로 부강한 국가가 자국의 자원을 군사력의 유지에 투여할 가능성이 더 높다고 볼 수 있다.[31] 자원 및 경제력을 군사력으로 전환하는 능력과 그 환경은 국가마다 다르고, 절대적 자원이 부족하더라도 그 동원을 효율적으로 하는 국가는 상대적으로 강한 군사력을 보유할 수도 있다. 군사적 즉응성(readiness)을 유지하고, 무기체제와 장비를 현대화하기 위한 최소한의 경제력은 필수적이라고 할 수 있다.[32]

2. 국방비

국방비는 한 국가가 자국의 전략적 지위를 개선하는 데 어떤 의도를 지니고 있으며 그러한 의도를 실현하기 위한 자원을 어떻게 배분할 수 있는지를 보여주는 소수의 계량적 지표 중 하나지만, 그 자체를 군사력과 동일시 할 수는 없다. 앞에서 언급한 것처럼, 군사력을 논하기 위해서는 병력과 무기, 그리고 이러한 두 요소의 운용을 지시할 전략과 전술에 대한 정보가 필요하다. 그렇지만 국방비는 한 국가가 군사력을 얼마나 중요한 요소로 고려하고 있는지를 보여줄 수 있다.[33)]

이에 대해서는 두 가지 측면에서 논의할 수 있는데, 우선 국방비의 GDP 대비 비율을 보면 다양한 환경에 처해 있는 국가가 군사력에 어떠한 비중을 두고 있는지를 읽을 수 있다. 둘째, 각국의 국방비 규모를 경쟁국의 국방비 규모와 다년간 비교한다면, 각국이 어떠한 전략적 고려를 하고 있는지 파악하는 데 도움이 된다. 예를 들자면 북한의 경우는 자국의 자원을 군사력의 유지에 극단적으로 많이 투여하는 국가의 사례이다. 일본의 경우는 역사적 · 제도적 제약 때문에 자국 국방비의 GDP 비중을 연 1% 수준으로 유지해 오고 있지만, 경제력을 바탕으로 세계 5~7위 규모의 국방비를 지출해 오고 있다.[34)]

일반적으로 국방비 지출은 민간경제에서 자본을 흡수하는 것이기 때문에, 국방비에 지출하는 자원이 클수록 민간경제의 생산여력을 축소시켜 국민경제 전체에 부정적인 영향을 미친다고 보는 시각이 있다. 반면에 국방비의 지출은 수요를 확대하고, 외부경제를 창출함은 물론, 전후방 연관효과가 커서 생산유발 및 취업유발 효과를 지니기 때문에 국방비의 증가가 경제성장에 긍정적이라는 주장도 있다.[35)] 첫 번째 시각에 따르면, 경제성장에 중점을 두고 있는 나라는 급속도의 군비증강을 시도할 유인이 없다. 하지만, 두 번째 시각에 따르면 경제성장의 지속 등 일정한 기반을 갖춘 국가는 최소한 타국이 지출하는 수준으로 국방비를 유지 또는 확대할 가능성이 크다고 볼 수 있다.[36)] 이런 의미에서 국방비의 추이를 파악하는 것은 군사력을 이해하기 위해 필요한 사전 작업 중의 하나라고 할 수 있다.

3. 대내적 요인

군사력의 창출과 관련하여 영향을 미치는 여러 요인들 중에 대내적으로 중요한 속성을 지니는 것들은 다음과 같다.[37]

1) 징병제

앞에서 살펴본 것처럼 나폴레옹전쟁 이후에 직업적인 장기복무 용병보다는 애국심에 기반을 둔 징집된 시민군이 더 보편적인 군사력 충원 방식으로 자리 잡기 시작했다. 특히 국가는 전시에 병력을 증강할 수 있는 훈련된 가용 인력을 확보하기 위해 전시뿐만 아니라 평시에도 징병제를 통해 남성들을 징집하여 확보할 수 있다. 프랑스와 프로이센을 비롯한 대부분의 유럽 국가들은 19세기 말에 징병제를 통해 높은 비율의 시민 예비군을 확보했다.[38] 당시에는 대규모 병력의 효율적 운용이 전쟁의 승패를 좌우했기 때문에 징병제는 군사력의 필수불가결한 요소였다.

현대에 와서는 과거보다 군 병력 자체가 종합적인 군사력에 미치는 영향력이 상대적으로 감소했다고 볼 수 있다. 하지만 여전히 한국을 비롯한 몇몇 국가는 전 국민 개병제를 통해 군사력의 근간을 유지하고 있다. 미국, 영국, 일본 등 대다수의 국가는 원칙으로 지원병 제도를 운영하고 있다. 지원병은 병력의 전문성 제고에 상대적으로 유리하기 때문에 고급 기술과 관련한 임무에 더 적합할 수 있다. 하지만 미국은 최근 이라크와 아프가니스탄에서 동시에 전쟁을 수행하기 위해 징병제를 병행하고 있다. 결국 실제 전쟁을 수행하기 위해서는 징병제가 불가피하다고 볼 수 있고, 징병제도의 유무와 성격 및 그 효율성이 군사력 창출에 큰 영향을 미친다고 볼 수 있다.

2) 자원동원 능력

군사력에 자원을 투여하는 것은 '총과 버터(guns and butter)' 논의에서 드러나듯이 일정한 기회비용을 수반하는 것이 사실이다. 국가마다 이러한 자원동원 능력에 차이가 있을 수밖에 없다.[39] 과거 총력전의 경우 국민과 자원을 최단 시간 내에 모집할 복잡한 동원 계획과 정부의 결정 기구를 필요로 했기 때문에 이는 결과적으로 중앙 기구의 강화와 연결되었다. 또한 전쟁의 효율적 수행을 위해 적의 병력과 물자 동원 능력 및 동원 계획 등에 대한 정보를 파악해야 하기 때문에 군사정보 기구들의 확장을 가져왔다.[40]

국가의 국내자원 동원 능력은 일반적으로 국내의 제도 및 기구, 그리고 주요 이해당사자(stakeholder)의 지지 정도에 달려 있다. 예를 들어 19세기 말에 미국이 상대적인 국력의 우위에도 불구하고 적극적인 대외 팽창에 나서지 못한 이유는 이를 주도할 행정부의 힘이 의회에 비해 약세였기 때문이다.[41] 이렇듯 국가체제의 성격, 정부기구 간의 역학관계, 효과적인 대중 설득력 등이 국가의 동원 능력 정도를 결정짓게 된다.

3) 기술력

최근의 군사혁신은 물론 역사적으로 관찰되는 군사혁신은 관련 기술의 발전에 힘입은 바가 크다. 특히 군사력에 있어서 점차 양적인 규모보다 질적인 우수성에 대한 고려가 증가하는바, 기술발전 정도는 현대 군사력에 대한 이해를 위해 필수적인 요소이다. 즉 군사전략에서 요구하는 수준의 군사력을 구현하기 위해서는 그에 부합하는 기술발전이 필연적인 것이다.[42]

예를 들어 일본은 현재로서는 독자적인 전략 공격 능력을 확보하지 못한 상태이다. 하지만 기술력을 기본으로 하는 잠재력의 측면에서 일본은 상당히 높은 평가를 받고 있다. 일본의 로켓추진체 기술은 세계 최고

수준이고 인공위성 발사 등을 통해 이미 완성된 상태인데다 정밀도의 측면에서는 미국의 주력 대륙간 탄도미사일보다 낫다는 평가를 받고 있다. 또한 일본은 현재 막대한 양의 플루토늄을 보유하고 있는데, 일본이 이를 핵무기에 활용하기로 결정한다면 무기화하는 데 6~8개월 정도가 소요될 것으로 추정한다.[43]

이렇듯 기술력은 잠재력의 측면에서, 그리고 실제 무기의 현대화 및 유지 · 보수의 관점에서 군사력의 창출에 영향을 미치는 중요한 요인 중 하나이다.

4) 이익집단(군산복합체)

군사력 창출의 대내적 요인으로서 이익집단의 관계를 주목할 필요도 있다. 물론 이익집단 특히 군사력과 관련하여 군산복합체 등이 군사력의 창출을 결정하거나 주도한다는 결정적인 증거를 찾기는 힘들다. 하지만 과거 미국의 아이젠하워 대통령이 공식적으로 그 영향력을 언급했듯이 군수산업체를 중심으로 한 군산복합체 등이 군사력의 창출에 있어서 일정 정도 영향력을 가지고 있음도 사실이다.[44]

사회가 다원화될수록 정책결정 과정에 비정부 집단의 참여가 확대되는 것이 일반적이나, 안보와 관련한 분야의 참여는 전문성 등의 이유로 매우 제한적이다. 따라서 군수산업체와 관련한 싱크탱크 등이 군사력과 밀접한 핵심 이익집단이라고 할 수 있다.

5) 관료정치

대내적 요인과 관련하여 고려해야 할 요인은 국방 관련 부처들 간의 관료정치 모델적 경쟁이다.[45] 관련 정책에 참여하는 주요 행위자들이 자신들의 이익을 더욱 적극적으로 대변하면서 국가 전체적으로 합리적인 군사력에 반드시 부합하지 않는 결과를 만들어 낼 수 있는 점에서, 군사력 창출의 내부 요인에서 이러한 역동성을 파악하는 것이 중요하다.

일례로 미국이 제2차 세계대전 이후에 미사일방어체제를 기획하는 단계에서 방어체제의 주도권을 놓고 육군과 공군 사이에 치열한 로비가 있었다. 육군은 동 체제의 주요 시스템이 지상에 배치된다는 점을 들어 관할권을 주장했고, 제2차 세계대전에서 전략적 역할을 거의 전담했던 공군은 그 연장선상에서 동 체제가 전략 방위임을 구실로 관할권을 주장했다. 결국 나이키제우스(Nike-Zeus)에서 본격적으로 시작된 미국의 미사일방어체제의 개발은 공군의 영향력 강화를 우려한 해군이 육군의 주도권에 동의함에 따라 이후 육군의 소관으로 정리되었다.[46]

즉 관료정치적 요인은 군사력 창출에 절대적인 영향력을 행사하는 것은 아니지만, 자원분배라는 측면에서 조직의 논리가 국가안보를 위한 합리성을 저해할 가능성이 상존하는 점에서 주의가 필요하다.

6) 정권 안보

군사력의 대내적 요인 중에서 또 한 가지 주목해야 할 점은 내부적 안보위협에 대한 고려이다. 이러한 요인은 비록 일반화하기에는 다소 무리가 있지만, 후세인(Saddam Hussein)이 2003년 미국의 침공에 직면한 상황에서 이라크의 군사력과 관련하여 내린 결정들은 내부적 안보위협, 즉 반란이나 쿠데타에 대한 우려가 군사력 창출과 유지에 중요한 영향을 미칠 수 있음을 보여준다.

최근의 연구는 당시 후세인의 가장 큰 안보상의 고려는 내부의 무력봉기였고, 후세인은 이에 대비하기 위해 군사적 효율성을 희생했음을 보여준다.[47] 후세인의 강압적 통치는 내부의 반란 우려 외에도 측근들이 후세인에게 정확한 전략 및 전술적 정보를 제공할 수 없는 상황을 도출하였을 뿐만 아니라, 이라크의 무기 프로그램에 대해서도 후세인은 정확한 보고를 받지 못한 것으로 드러났다. 또 1991년에 있었던 시아파와 쿠르드

족의 폭동 경험 때문에 후세인은 사병 조직(paramilitary forces)에 크게 의존했는데, 이 준군사조직은 군에 투여해야 할 자원을 소모함으로써 군사력을 약화시킨 주요 원인으로 지목된다.

후세인 이라크의 경우는 독재체제하에서 정권안보를 위한 여러 조치들이 권한의 지나친 중앙집중에 따른 경직성, 정보의 정확성 부재, 비전문적이고 비효율적인 지휘체계 등을 낳아 군사력의 약화를 초래한 대표적인 사례로 볼 수 있다.

4. 대외적 요인

군사력 창출의 대외적 요인은 근본적으로 현실주의 이론이 제기하는 안보불안과 밀접한 관계가 있다. 국제 무정부 상태에서 기인하는 안보불안 요인이 상존하는 상황에서 안보를 확보하기 위한 주변 국가들과 지속적인 협력이 의심되는 상황에서 국가는 최후의 안보수단으로 자국의 군사력을 확보하도록 강요받게 된다.

국가에 가해지는 이러한 국제적 압력은 신현실주의 학자들이 줄곧 강조해 왔다.[48] 물론 국가가 이러한 대외적 압력 때문에 군사력 확충을 무한정 추구하는 것은 아니다. 국가는 자국의 안보를 위한 최소한의 요건이 확보되었다고 판단하면 더 이상 무력 증강을 시도하지 않을 수 있다. 왜냐하면 더 이상의 무력 증강이 자국의 안보를 증진시키는 효과는 상대적으로 크지 않은 반면에, 그 결과 타국의 안보 불안 심리를 자극하고 타국의 무력 증강을 유도하여 결과적으로 오히려 자국의 안보에 위협 요인을 더하게 되는 결과, 즉 안보 딜레마가 작동되는 상황을 초래할 수도 있기 때문이다.[49]

다른 한편 외부적 요인 때문에 국가가 권력극대화 성향을 보일 수 있다는 이론적 입장도 있다. 미어샤이머의 공격현실주의 이론은 국가가 국제정치 무대에서 기회주의적으로 권력을 추구한다고 주장한다.[50] 즉 국가는 가능할 때(더 많은 권력을 추구할 기회가 있고, 그 권력을 추구하는 데에 소요되는 비용보다 권력이 제공하는 이득이 더 클 때)는 항상 더 많은 권력을 추구하고, 이런 과정에서 다른 국가에 대해 공격적으로 행동하게 된다는 것이다.[51] 기본적으로 이러한 행동은 국제 무정부하에서 생존하기 위한 국가의 행동준칙인 것이다.

공격현실주의에서 가정하는 국가는 자구(self-help)의 세계에서 서로를 두려워하며 "자신의 생존을 보장하기 위한 최선의 방법은 체제 내에서 가장 강력한 국가가 되는 것"이라는 점을 이해하고 있기 때문에, 세력균형을 자국에 유리하게 변화시킬 기회를 지속적으로 찾는다. 이러한 세력균형의 변화는 "잠재적 경쟁국에 불리하게 권력을 추가적으로 증가시킴으로써" 달성된다.[52] 즉 예상되는 이득이 비용보다 크다고 판단할 때에는 이미 경쟁자보다 우위에 있다고 하더라도 국가가 군비 증강을 도모할 유인이 있다는 것이다.

예를 들어 제2차 세계대전 이후 미국은 유일한 초강대국이었고, 비록 소련의 도전에 직면하였지만 냉전 내내 미국의 세계적인 권력 투사능력은 심각한 위기에 처한 일이 없다. 하지만 미국은 전쟁 직후부터 핵 경쟁의 우위를 점하기 위해 미사일방어망을 추가함으로써 다양한 전략적 선택이 가능하도록 지속적으로 노력하였고, 이것은 공격현실주의 이론의 예측에 잘 부합한다. 자국의 전력 증강에 다른 국가들이 어떻게 대응할 것인지에 대해 불확실성이 남지만, 그러한 불확실성 자체가 반드시 부정적인 상황을 의미하는 것은 아니라는 점에서 국가는 합리적 계산을 통해 공격적인 행위, 즉 타국에 대하여 자국의 안보를 증진시키는 군사력 보강을 꾀할 수 있다. 기본적으로 국제 무정부하에서 국가는 가상 적국과의 관계에서 적절한 군사력의 균형을 유지하거나 혹은 군사력을 상대적으로 신장시키고자 노력하는 것이 일반적이다. 따라서 군사력의 창출 및 운용에 영향을 미치는 대외적 요인은 신현실주의 이론에서 얘기하는 상대적 국력에 대한 고려로 이해할 수 있다.

Ⅳ. 군사력의 운용

1. 전략과 전술

일반적으로 국가의 안보전략은 전쟁준비를 일컫는다. 이러한 준비에는 전쟁과 관련한 재정, 경제, 군사, 산업정책 전반이 포함된다. 이를 토대로 국가의 안보전략은 어떻게 군사력을 구성하고(인력과 자원의 추출), 창출(자원의 동원)할 것인지를 결정하게 된다. 따라서 안보전략은 전장에서의 부대의 임무와 역할, 군조직, 무기체계를 다루는 군사전략보다 광범위하다.[53)]

이에 반하여 군사전략은 공격, 방어, 억지를 포함하는 다양한 군사 작전의 수행을 준비하게 된다.[54)] 현대에 와서는 군사전략 개념이 전장에서 승리하기 위한 것에 한정되지 않고, 평시의 국가목표를 달성하는 데에도 핵심적인 요소라는 주장도 제기된다.[55)] 예를 들자면, 최근 국제적 중요성이 부각되는 평화활동이나 공해상의 해적퇴치 등 비전시적 상황과 관련해서도 군사전략을 수립해야 할 필요성이 제시되는 것이다.

하지만 국제정치에서는 현재까지 전쟁 수행의 준비로 상징되는 군사전략의 중요성을 많이 논의해 왔다. 왜냐하면 국가전략과 정책은 종종 수사로 포장되어 있어서 배후의 의미를 파악하기 힘든 경우가 많기 때문에, 그러한 전략과 정책을 공언하는 국가의 실질적 의도를 이해하기 어려울 수 있다. 하지만 군사력의 운용과 직접적인 관련이 있는 군사전략은 비록 일반적으로 공개를 제한하지만 파악이 가능한 경우에 구체성과 합목적성의 측면에서 해당 국가의 의도를 좀 더 분명하게 드러낸다.[56)]

안보전략과 군사전략 및 전술의 정의는 필자에 따라 달라지겠지만 단순화의 위험을 감수한다면, 전술은 전투방식에 관한 것이고, 군사전략은 전쟁방식, 그리고 안보전략은 전쟁성격 또는 필요성에 대한 질문과 관련 있다고 할 수 있다.[57] 제1차 세계대전의 예를 통해서 살펴보자면, 당시 유럽 국가들의 안보전략은 두 진영 간의 대결에서 생존하는 것이었고 이를 위해 대부분의 국가는 그중 하나의 진영에 참여하는 결정을 내렸다. 참전국들은 서로 상대방이 공격적 군사전략을 채택하고 있다고 확신하고, 이에 대응하기 위해 공격적 군사전략을 수립하여 실행하였다.[58]

그러나 실제 치열했던 전투는 주로 참호전의 형태로 진행되었다. 즉 당시에는 군사전략과 실제 전투를 수행할 전술 사이에 극심한 간극이 있었고, 이는 결국 당시 각국이 달성하고자 했던 정치적 목적의 실현과는 너무나 차이가 나는 다른 비극적 결과로 이어졌다. 제2차 세계대전의 사례에서도 이러한 간극은 관찰된다. 프랑스는 당시 기술의 진전과 독일의 전략에 대한 정확한 판단을 결여하여 제1차 세계대전의 경험을 토대로 마지노(Maginot)선에 집착하는 우를 범하고, 전쟁의 초기에 결정적인 패배를 당한다.

따라서 전략적 환경에 대한 정확한 평가는 매우 중요하다. 이는 지정학적 환경에 대한 더욱 현실적인 이해와 자국 군대의 장 · 단점에 대한 정확한 평가로 이어지는 동시에, 적절한 군사력을 유지하기 위한 자원 확충에 대한 계획을 제시할 수 있기 때문이다. 올바른 전략을 수립하기 위해서는 특히 민간 지도부와 군부 사이에 정보를 공유해야 하고 군사전략 및 작전계획의 대안을 포괄적으로 평가하는 제도적 장치를 마련해야 한다. 즉 정상적인 전략 조율(strategic coordination)은 안보환경의 기본 가정과 불확실성에 대한 토론이 보장되어야 가능한 것이다.[59] 이런 관점에서 본다면 이라크에서 미국이 여전히 고전하고 있는 가장 결정적인 이유는 전면적인 전투가 종결된 이후의 상황에 대한 정확한 판단과 그에 기초한 실행 계획의 수립에 결함이 있었기 때문이며, 이는 미국 내의 전략

조율에 문제가 있었음을 반증해 주는 것이다.

2. 공격과 방어

1) 공격, 방위

전략 및 전술적 지휘로 군사력은 공격(offense), 방어(defense), 억지(deterrence), 강제(compellence) 등 크게 네 가지 기능을 수행한다. 이 기능들이 각각 배타적인 것은 아니다. 예를 들어 전적으로 공격적인 목적으로만 군사력을 사용하는 경우는 실질적으로 거의 없다. 공격은 적국의 군사력을 파괴하는 행위로 정의할 수 있지만,[60] 이론적 · 직관적으로 적의 파괴 그 자체만을 목적으로 하는 공격을 논의하기는 쉽지 않다. 즉 군사전략의 일환으로서 단기적으로 적의 군사력 파괴에 주력할 수는 있지만, 이는 이론적으로는 해당 국가의 안보를 증진하기 위한 노력이고 공격 그 자체가 목적은 아니다. 설령 그 국가가 수정주의국가(revisionist)여서 공세적 군사전략을 구사하더라도 공세는 안보상 필요에 의한 것이지 그 자체를 목적으로 간주하기는 힘들다.

이런 의미에서 아트(Art)는 공격과 방어를 결합한 방위개념으로 군사력의 운용을 이해한다.[61] 그에 따르면 방위는 적의 공격을 회피하거나 피해를 최소화할 목적으로 군사력을 사용하는 것을 의미한다. 이러한 목적을 위해 국가는 적의 공격 개시 이전에 자국 병력을 예상 공격 지점에 배치하거나, 적의 공격 이후에 그것을 격퇴하기 위해 자국의 군사력을 사용하거나, 또는 공격이 임박한 경우 선제공격을 할 수도 있다.[62]

결국 방위는 보복공격과 선제공격 모두를 포함하는 것으로서 일정 정도의 공격 능력 보유는 효과적 방위를 위한 필수조건이다. 현실 세계에서 흔히 전쟁의 개시를 정당화하기 위한 개념으로 사용하는 선제공격(preemptive strike)의 활용이 국가안보상 필요할 수가 있는 것이다. 즉 먼저 공격하는 것이 공격당하는 것보다는 안보상 유리한 결과를 가져올 것이라는 판단하에 먼저 공격을 감행할 수 있는 것이다.[63]

물론 세력 균형적 판단에 근거하여 자국에 대한 실질적이고 구체적인 위협이 없는 상태에서 시작되는 것으로 정의되는 예방공격(preventive strike)은 현재의 국제정치 규범상 정당화되기 힘들다.[64] 국제사회에서는 자국에 대한 실질적이고도 심각한 공격의 위협이 있을 때에만 자구(self-defense) 차원에서 군사력을 먼저 사용하는 것을 용인하는 것으로 제도화하고 있다. 이 경우 최종적인 판단은 유엔의 결정에 근거한다. 즉 유엔의 사전 동의 또는 사후 승인이 없는 경우에는 공격의 정당성이 확보되지 않는 것이다.

그러나 미국이 9 · 11 테러의 피해 이후에 공격의 임박성에 대한 판단 기준과 위협의 성격이 본질적으로 변화했음을 이유로 선제공격의 개념을 확장하여 이를 아프가니스탄 및 이라크에서 개전 근거로 사용함에 따라 과거에 논의했던 선제공격과 예방공격의 엄격한 구분이 일정 부분 모호해진 것이 사실이다.[65] 논란의 여지가 있음에도 미국의 아프가니스탄 전쟁은 유엔의 사후 승인을 받았지만 이라크전쟁은 그런 절차가 진행되지 않았기 때문에 과거의 기준으로는 이라크전쟁을 정당화하기는 힘들다. 하지만 미국은 선제공격에 대한 자국 해석의 정당성을 주장하는 상황이다.

2) 방어, 공수 구별

전술한 것처럼 방어를 위해서도 군사력의 실제 사용은 필요하다. 방어적 목적으로 군사력을 사용하면 이 역시 방위의 범주에 포함될 수 있는 것이다. 따라서 전적으로 공격적인 목적의 군사력에 대한 논의가 큰 의미가 없는 것처럼, 전적으로 방어적 목적의 군사력에 대한 논의도 무의미할 수 있다. 물론 군사전략의 차원에서 프랑스의 마지노선 구축 또는 중국의 만리장성 구축 등은 주목적이 방어임을 충분히 드러낸다고 볼 수 있지만,

기본적으로 군사력의 사용에 있어서 공격과 방어는 동전의 양면처럼 불가분의 관계인 것이다.

그런데 소위 방어현실주의 이론가들은 군사력에 있어서도 공격적 군사력과 방어적 군사력을 구분할 수 있다고 주장한다. 이 주장에 따르면 공격적 군사력과 방어적 군사력의 구분은 절대적으로 이뤄지는 것이 아니라 해당 군사력이 공격과 수비 어느 쪽을 더 유리하게 만드는가에 따라 판단할 수 있다는 것이다.[66] 특히 저비스(Jervis)는 기동성과 침투성이 큰 쪽이 공격을 유리하게 하는 군사력이라고 판단하고, 방어를 위한 요새를 파괴하는 데에 쓰이는 무기도 공격을 유리하게 하는 것으로 판단할 수 있다고 주장한다.[67]

이러한 구분은 공격과 방어에 적합한 군사력의 구별이 가능하면 안보딜레마의 작동에 영향을 주는 상대방 의도에 대한 불확실성이 대폭 줄어든다는 점에서 현실적으로 중요한 함의를 가질 수 있다. 하지만 공격현실주의 이론가들을 포함한 다수의 학자들은 모든 종류의 무기는 사실상 파괴력을 가지고 있기 때문에 공격용과 방어용 무기를 구분하는 것은 무의미하다고 주장한다.[68] 그럼에도 불구하고 양차 세계대전 전후의 군축협상이나 최근 유럽의 성공적인 재래식 무기 감축 사례에 비추어볼 때 상식적인 수준에서 군사력을 공격과 방어의 두 범주로 구분하는 것이 전혀 불가능한 것은 아니다.

공수 구별과 관련하여 또 한 가지 주목해야 할 점은 핵시대에는 핵무기에 대한 방어가 불가능해지면서 대민공격(counter-value strike)을 오히려 방어적으로 여기는 역설이 등장했다는 점이다. 이는 아래에서 논의할 핵억지의 논리와 밀접한 관련이 있는데, 전제해야 할 점은 이 대민공격은 기본적으로 보복공격을 의미한다는 것이다. 즉 예상비용(상대방의 대민 보복공격 가능성)이 막대하기 때문에 대민공격을 선제공격으로 활용할 수는 없는 상황인 것이다. 또 이러한 보복공격 능력을 약화시키는 대군사공격(counter-force strike)은 대민 보복공격 능력에 기반한 억지력을 약화해 힘의 불균형을 초래하는 점에서 공격적인 것으로 인정된다. 이러한 역설은 미국과 소련이 전략탄도미사일에 대한 방어망 구축을 제한하는 ABM조약에 서명하게 하는 결과를 도출했다. 즉 1972년에 미국과 소련이 체결한 ABM조약은 상대방의 전략탄도미사일 선제공격 가능성을 줄이기 위한 고육지책이었던 것이다.

3. 억지와 강제

1) 억지

억지는 군사력의 실제 사용을 반드시 전제로 하지는 않으나 그 위협을 통해 상대방의 행동을 억압하는 전략이다. 억압(coercion)은 적국의 행동을 변화시키기 위해 무력의 사용을 위협하거나 그러한 위협을 뒷받침하기 위해 제한된 무력을 실제로 사용하는 것을 의미한다.[69] 이런 억압 전략은 적국이 의도한 행동을 하지 못하게 하는 억지와 의도하지 않은 행동을 하게 하는 강제로 구분할 수 있다.[70]

억지와 관련해서는 공격적 군사력과 방어적 군사력 모두 유용성이 있다. 억지를 세분한다면 거부적 억지(deterrence by denial)와 징벌적 억지(deterrence by punishment)로 나눌 수 있는데, 전자는 방어력이 후자는 공격력이 주된 역할을 한다. 또 거부적 억지와 징벌적 억지는 각각 재래식 무기와 전략(핵)무기와 밀접한 관련을 가진다.

억지력은 적의 공격에 수반되는 비용을 높이고 이득을 줄임으로써 획득되는데, 거부적 억지 혹은 재래식 억지는 일반적으로 방어 역량을 개선함으로써 그 목적을 달성할 수 있는 반면에 징벌적 억지 혹은 핵억지는 보복공격 능력의 확보를 통해 그 목적 달성 가능성을 제고할 수 있다. 이 중 거부적 억지력은 방어태세를 견고히 하거나 효율적 민방위 체제 등 피해 회피의 노력을 통해 강화될 수 있으며 징벌적 억지에 비해 상대적으로 단순하게 논의할 수 있다.

징벌적 억지 혹은 핵억지에 대한 논의는 다소 복잡하다. 위에서 논의한 것처럼 핵억지는 보복공격 능력이 확보될 때에 그 신뢰성이 증가된다. 문제는 보복공격 능력을 강화하는 두 가지 경로 모두가 안보에는 역효과(counter-productive)를 초래할 가능성을 높이는 점이다. 첫째, 기존 보복공격 능력을 유지하기 위해 저장고를 강화하거나(Hardened), 미사일의 정밀도를 높이거나, 통제체제의 효율성을 증가시킬 수 있다. 그런데 이러한 조치들은 궁극적으로 실제 핵무기를 사용할 수 있는 능력을 신장시키고, 상대방은 이에 대해 대응할 수밖에 없게 된다. 둘째, 보복공격 능력은 상대방의 선제공격으로부터 잔존할 수 있는 핵무기의 숫자를 증가시킴으로써 확보할 수 있다. 이 경우 상대방 역시 적국의 대군사타격 능력을 제한하기 위해 핵무기의 수를 증가시키게 되어 극심한 군비경쟁을 초래할 가능성이 커진다. 따라서 핵시대에는 적국의 핵무기 보유 여부에 따라 억지력에 대한 계산이 달라질 수 있는 점에 주목해야 한다.

2) 강제

억지와 달리 강제는 공격적 군사력의 사용과 밀접한 관련이 있다. 셸링(Schelling)에 따르면 강제는 정상적인 상황에서는 하지 않을 행위를 특정 국가가 하도록 만드는 것을 의미한다.[71] 강제력은 억지보다 효과가 커 보이지만, 일반적으로 성공할 가능성이 높지는 않다. 왜냐하면 강제력을 발휘하고자 하는 당사자의 의도가 상대방에게 명확히 전달되지 않을 가능성이 있기 때문이다.[72]

이러한 의도의 불확실성과 더불어 강제는 해당국가가 목적을 가지고 자원을 투여한 기존 행위를 변경시키는 방향으로 작용하기 때문에 그 국가에 더욱 굴욕적인 것으로 받아들여진다. 따라서 그 국가의 저항 때문에

강제력이 성공적으로 발휘되기는 억지력의 경우와 비교해서 어려워질 수 있다.[73)]

무력 사용의 위협을 기반으로 하는 강제는 일반적으로 강대국이 약소국의 행위를 바꾸기 위해서 사용하는 것으로 인식되지만, 강제력의 사용 역시 방어적인 목적을 위한 것만 정당화될 수 있다. 또 강제는 쿠바미사일사태의 예에서처럼 억지보다 시간압박(time pressure)이 훨씬 강한 상태에서 최후의 통첩 형식으로 기능하는 경우가 있다. 이러한 상황에서 최후의 통첩이 거부되는 경우 실제로 군사력을 사용할 의지와 준비를 갖추었는지도 강제력의 성공적 발휘에 관건이 된다고 할 수 있다.

V. 결론: 21세기의 군사력과 안보

냉전 이후에 국가안보의 정의와 구성요소에 변화가 생김에 따라 국가안보의 근간으로서 군사력의 임무에도 변화가 생기고 있다. 강대국 간에 과거와 같은 총력전의 가능성이 극히 희박해지고 군사력이 실제로 사용되거나 사용될 가능성이 높은 곳은 일종의 민간전쟁 영역이다. 물론 이와 관련하여 전쟁의 정치적 목적 자체도 변모하고 있다. 과거 전쟁의 목적이 승리였다면 21세기 전쟁의 목적은 전쟁을 통해 새로운 여건을 조성하는 것으로 대별될 수 있다.[74)]

따라서 최근 군사력 투여는 이른바 평화유지 및 재건활동을 주로 하는 민사작전과 대반군작전 부문을 중심으로 이뤄지고 있다. 이러한 군사작전에서는 상대편이 비국가행위자인 경우가 대부분이다. 이런 환경에서 전통적인 의미의 군사전략과 전술에도 변화가 생기고 있다. 예를 들어 "전쟁이 아닌 군사작전(MOOTW: military operations other than war)"이라는 개념의 등장은 이런 변화의 양상을 대변한다.

그럼에도 불구하고 정치적 목적을 달성하기 위한 전쟁의 도구로서 군사력을 유지하려는 클라우제비츠식의 관념은 여전히 유효하다. 여러 가지 비판과 한계에도 불구하고 정치지도자들은 이미 조직된 군사력을 정치적 목적을 위해 활용하고자 하기 때문이다.[75] 그러나 냉전 이후 대표적인 군사력 사용 사례인 소말리아, 르완다, 코소보, 보스니아, 아프가니스탄 및 이라크의 경우를 볼 때, 분명한 점은 군사작전의 전략적 목표와 그 수행 수단에 대한 엄밀한 고려가 필요하다는 것이다.

안보환경의 변화로 군사력이 안보의 최후의 보루라는 주장의 적실성이 약화되거나 군사력 투사가 과거의 핵심적 이익(vital interest)이 아닌 다른 분야로 확장되는 상황에서도 군사력은 여전히 국가안보와 평화를 연결하는 고리의 역할을 수행할 것이다. 군사력이 정치적 목적을 달성하기 위한 역할을 제대로 수행하기 위해서는 그 목적이 무엇인지를 먼저 명확히 해야 할 것이다. 이러한 논의를 통해 국가안보를 위한 군사력의 역할을 새롭게 정의해 나갈 필요가 있다.

| 미주 |

1) Schattschneider, E. E., 1942, *Party Government*, New York: Rinehart.

2) Clausewitz, Carl von, 1976, *On War*, edited and translated by Michael Howard and Peter Paret (Princeton: Princeton University Press), book one, chapter 1 참조.

3) 이러한 문제에 대한 논의는 Salman, Michael, Kevin J. Sullivan, and Stephen Van Evera, 1989, "Analysis or Propaganda?: Measuring American Strategic Nuclear Capability, 1969-88," in Lynn Eden and Steven E. Miller, *Nuclear Arguments: Understanding the Strategic Nuclear Arms and Arms Control Debates* (Ithaca: Cornell University Press), pp. 172-176 참조.

4) 자세한 내용은 대한민국 국방부, 2009, 『국방백서 2008』 참조.

5) 정태적 분석의 방법으로 단순개수비교, 전력지수비교, 투자비누계 등의 방법이 지속적으로 사용되고 있으나, 이 방법들은 모두 명확하다는 장점을 지니고 있지만 동시에 뚜렷한 약점을 지니고 있어서 어느 한 방법에 지나치게 의존하는 것은 안보에 대한 비합리적인 판단으로 이어질 수 있는 점에서 주의를 요한다. 각각은 다양한 군사력 승수효과(force multipliers)에 대한 고려를 통해 보완되어야만 한다. 이에 대한 자세한 논의는 함택영, 1997, 「남북한의 군사력: 사실과 평가방법」, 『국제정치논총』 제37집 1호, pp. 27-60 참조.

6) Biddle, Stephen, 2004, *Military Power: Explaining Victory and Defeat in Modern Battle* (Princeton: Princeton University Press), p. 5.

7) Smith, Rupert, 황보영조 역, 2008, *The Utility of Force: The Art of War in the Modern World*, 『전쟁의 패러다임: 무력의 유용성에 대하여』, 까치.

8) 함택영, 1997, 「남북한의 군사력: 사실과 평가방법」, 『국제정치논총』 제37집 1호, pp. 27-60.

9) 현실주의 이론 중 물리적 군사력 그 자체보다는 다른 요인 때문에 국가가 느끼는 위협의 정도가 달라진다는 주장에 대해서는 Stephen Walt, 1987, *The Origins of Alliances* (Ithaca: Cornell University Press) 참조.

10) Mearsheimer, John J., 2001, *The Tragedy of Great Power Politics* (New York: Norton), p. 55.

11) *Ibid.*, p. 84

12) 미어샤이머는 이미 핵시대에 접어든 1960년대 이후에도 유럽에서 재래식 전쟁은 가능한 옵션 중 하나였으며, 미소 양 진영에서 재래식 무기의 균형 또는 억지에 관하여 심각

한 고려를 하였다고 주장한다. 이에 대해서는 Mearsheimer, John J. 1983, *Conventional Deterrence* (Ithaca: Cornell University Press) 참조.

13) 이와 관련해서는 4절의 군사력 운용과 관련된 논의를 참고할 것.

14) Joffe, Josef, 2009, "The Default Power: The False Prophecy of America's Decline," *Foreign Affairs* vol. 88/no. 5 (Sep/Oct).

15) 이에 대한 논의는 Krepinevich, Andrew F., 2009, "The Pentagon's Wasting Assets: The Eroding Foundations of American Power," *Foreign Affairs* (July/August), pp. 18-33 참조.

16) Brodie, Bernard (ed.), 1946, *The Absolute Weapon: Atomic Power and World Order* (New York: Harcourt, Brace and Company).

17) 대표적인 작업으로는 Paul, T. V., Richard J. Harknett, James J. Wirtz (eds.), 1998, *The Absolute Weapon Revisited: Nuclear Arms and the Emerging International Order* (Ann Arbor, MI: University of Michigan Press).

18) Mueller, John, 1998, "The Essential Irrelevance of Nuclear Weapons: Stability in the Post-war World," *International Security* vol. 13/no. 2 (Fall), pp. 55-89.

19) 그리고 보다 엄밀하게 분석한다면, 미국의 냉전기 핵정책도 억지력보다는 다양한 공격 옵션을 위주로 구성되었고, 이는 핵무기 정책의 재래식화(conventionalization of nuclear weapons policy)로 표현할 수 있다는 주장도 있다. 이에 대해서는 Eric Myln in Paul, Harknett, and Wirtz, 1998 참조.

20) Paul, T. V., Richard J. Harknett and James J. Wirtz (eds.), 1998, *The Absolute Weapon Revisited: Nuclear Arms and the Emerging International Order* (Ann Arbor: University of Michigan Press).

21) George Quester 및 William C. Martel both in Paul, Harknett and Wirtz, 1998.

22) Norris Robert S., and Hans M. Kristensen, 2009, "Nuclear Notebook: U.S. Nuclear Forces, 2009," *The Bulletin of the Atomic Scientists* vol. 65/no. 2 (March/April), pp. 59-69.

23) 이에 대해서는 Lieber Keir A., and Daryl G. Press, 2009, "The Nukes We Need: Preserving the American Deterrent," *Foreign Affairs* vol. 88/no. 6, pp. 39-51 참조.

24) 군사혁신에 대한 더 자세한 논의는 다음의 문헌을 참조할 것. Creveld, Martin van, 1989, *Technology and War: From 2000 B. C. to the Present* (New York: The Free Press); Krepinevich, Andrew F. 1994, "Cavalry to Computer: The Pattern of Military Revolutions," *The National Interest*/no. 37, pp. 30-42; Metz, Steven and James Kievit, 1995, *Strategy and the Revolution in Military Affairs: From Theory to Policy* (Carlisle

Barracks, PA: Strategic Studies Institute, U.S. Army War College); Hundley, Richard O., 1999, *Past Revolutions and Future Transformations* (Washington, D.C.: RAND); Arquilla, John and David Ronfeldt, 2000, *Swarming and the Future of Conflict* (Santa Monica, CA.: RAND); Gongora, Thierry and Harald von Riekhoff (eds.), 2000, *Toward a Revolution in Military Affairs?: Defense and Security at the Dawn of the Twenty-First Century* (Westport, CT: Greenwood Press).

25) Leslie, Stuart W., 1993, *The Cold War and American Science: The Military-Industrial-Academic Complex at MIT and Stanford* (New York: Columbia University Press), pp. 1-13.

26) 이러한 노력에 대한 간략한 설명은 박휘락, 2008,「국방개혁에 있어서 변화의 집중성과 점증성: 미군 변혁(transformation)의 함의」,『국방연구』, 제51집 제1호, pp. 98-100 참조.

27) 미국 국방부, 2001, *Quadrennial Defense Review Report*, Sep. 30.

28) 실제로 미국과 잠재적 적국 사이의 군사력 등 국력의 격차 때문에 현재 상황에서는 미국에의 도전에 따르는 비용이 막대하여 타국이 미국과 경쟁을 할 유인이 없다는 견해에 대해서는 Wohlforth, William C., 2002, "U.S. Strategy in a Unipolar World," in G. John Ikenberry (ed.), *America Unrivaled: the Future of the Balance of Power* (Ithaca: Cornell University Press) 및 Brooks, Stephen and William C. Wohlforth, 2002, "American Primacy in Perspective," *Foreign Affairs* vol. 81/no. 4, pp. 20-33 참고할 것. 이에 대한 반론, 즉 미국의 국력 기반이 부식되고 있으며 최근까지 미국이 누려 오던 여러 가지 전략적 이점이 사라지고 있다는 견해는 Krepinevich, 2009 참고.

29) 더 나아가서 물리적 파괴는 최소화하지만, 대신 네트워크를 통해 정보통신 기능을 마비시켜 원하는 목적을 달성하는 정보전의 개념도 이미 등장한 바 있다.

30) 국력 요소 중 경제력의 높은 대체성(fungibility)에 대한 논의는 Art, Robert J., 1996, "American Foreign Policy and the Fungibility of Force," *International Security* vol. 5/no. 4 (Summer), pp. 7-42 참조.

31) Mearsheimer, 2001, *The Tragedy of Great Power Politics* (New York: Norton) 3장.

32) 이에 대한 더 일반적인 논의는 Kennedy, Paul M., 1987, *The Rise and Fall of the Great Powers: Economic Change and Military Conflict from 1500 to 2000* (New York: Random House)와 A. F. K. Organski and Jacek Kugler, 1980, *The War Ledger* (Chicago: University of Chicago Press)를 참고할 것.

33) 이에 대해 함택영은 국방비만이 군사력의 유일한 최고 척도라고 강조한다. 왜냐하면 국방비는 요소비용의 측면에서 인적·물적·조직적 구성요소의 총합을 반영하기 때문이라

는 것이다. 이에 대해서는 함택영(1997) 참조.

34) *SIPRI Yearbook 2009: Armaments, Disarmament and International Security*, 5장 Military Expenditure 중 표 5.2 참조.

35) 이에 대해서는 정갑영, 2000,「국방산업의 국민경제 기여도: 산업연관분석에 의한 접근」,『국방연구』 제43권 제1호(6월), pp. 211-238 참조.

36) 예를 들면 현재 중국 국방비의 GDP 대비 비중은 일본을 제외한 주요 국방비 지출 국가의 국방비 비중보다 낮다. 이는 현재의 경제성장 수준이 유지되는 한 중국이 국방비를 증액할 잠재력을 확보하고 있음을 암시한다고 이해할 수 있다.

37) 물론 이 내용이 군사력의 대내적 요인 전체를 대표하거나 각각이 완전히 배타적인 것은 아니지만, 여기서는 논의의 편의상 가장 두드러지는 요인들을 중심으로 토론함을 밝힌다.

38) Smith, Rupert, 2008, *The Utility of Force: The Art of War in the Modern World*, 황보영조 역,『전쟁의 패러다임: 무력의 유용성에 대하여』, 까치, p. 91.

39) 국내자원 동원능력에 대한 논의는 신고전현실주의 이론가들의 토론을 참고할 것. 대표적인 글로는 Steven E. Lobell/norrin M. Ripsman, and Jeffrey W. Taliaferro (eds.), 2009, *Neoclassical Realism, the State, and Foreign Policy* (Cambridge: Cambridge University Press) 참조.

40) Smith, Rupert, 2008, p. 92.

41) 이런 주장에 대해서는 Fareed Zakaria, 1998, *From Wealth to Power: The Unusual Origins of America's World Role* (Princeton, NJ: Princeton University Press) 참조.

42) 이러한 예로 미국의 미사일방어체제 구축 노력의 경험을 들 수 있다. 1945년 이후 수차례 관찰되는 미국의 미사일방어체제 구축 노력은 기술적 구현 가능성이 뒷받침하였고, 기술적 타당성이 높지 않다고 판단되는 경우에는 특정 방어체제에 대한 정책적 지지가 사라지는 경우를 보였다.

43) 고봉준, 2008,「군사력 증강의 정치학: 북한 탄도미사일에 대한 한일 양국 대응의 공격현실주의적 해석」,『한국정치학회보』 제42집 3호, p. 406.

44) 예를 들어 1990년대 국방비의 삭감으로 위기에 직면한 미국의 군수산업체들이 군산복합체의 네트워크를 이용하여 미사일방어체제라는 시장을 마케팅하기 위한 노력을 기울였다는 주장도 있다. 이에 대해서는 Hartung, William D., and Michelle Ciarrocca, 2000, "Tangled Web: The Marketing of Missile Defense 1994-2000," *Arms Trade Resource Center Special Report* (May), http://www.worldpolicy.org/projects/arms/reports/tangled.htm 참조.

45) 한용섭, 2005,『한반도 평화와 군비통제』, 박영사, p. 220.

46) 미국 미사일방어체제 개발의 초기 역사에 대해서는 Donald Baucom, 1992, *The Origins of SDI, 1944-1983* (Lawrence, Kansas: University Press of Kansas) 참조.

47) Woods, Kevin, James Lacey, and Williamson Murray, 2006, "Saddam's Delusions: The View from the Inside," *Foreign Affairs* vol. 85/no. 3 (May/Jun), pp. 2-26 참조.

48) Waltz, Kenneth N., 1979, *Theory of International Politics* (Reading: Addison-Wesley); Gilpin, Robert, 1981, *War and Change in World Politics* (Cambridge: Cambridge University Press); Mandelbaum, Michael, 1988, *The Fates of Nations: The Search for National Security in the Nineteenth and Twentieth Centuries* (Cambridge: Cambridge University Press); Zakaria, Fareed, 1992, "Realism and Domestic Politics," *International Security*, vol. 17/no. 1; Mearsheimer, 2001.

49) 이렇게 국가의 현상유지 선호를 강조하는 이론적 입장은 방어현실주의로 통칭되는데, 이에 대한 논의는 Taliaferro, Jeffrey W., 2000, "Security Seeking under Anarchy: Defensive Realism Revisited," *International Security* vol. 25/no. 3 (Winter), pp. 128-161; Glaser, Charles L., 1997, "The Security Dilemma Revisited," *World Politics* vol. 50/no. 1 (October), pp. 171-201; Glaser, Charles L., 1994, "Realists as Optimists: Cooperation as Self-Help," *International Security* vol. 19/no. 3 (Winter), pp. 50-90; Jervis, Robert, 1978, "Cooperation under the Security Dilemma," *World Politics* vol. 30/no. 2 (January), pp. 167-214; Evera, Stephen van, 1998, "Offense, Defense, and the Causes of War," *International Security* vol. 22/no. 4(Spring), pp. 5-43; Walt, 1987 등을 참고할 것.

50) 공격현실주의 이론의 이해를 위해서는 미어샤이머 외에 Labs, Eric J., 1997, "Beyond Victory: Offensive Realism and the Expansion of War Aims," *Security Studies* vol. 6/no. 4, pp. 1-49; Snyder, Glenn H., 2002, "Mearsheimer's World: Offensive Realism and the Struggle for Security," *International Security* vol. 27/no. 1, pp. 149-173; Layne, Christopher, 2002, "The "Poster Child for Offensive Realism": America as a Global Hegemon," *Security Studies* vol. 12/no. 2, pp. 120-164 등 참조.

51) 여기서 권력은 군사력으로 대치하여 이해해도 무방할 것이다.

52) Mearsheimer, 2001, *The Tragedy of Great Power Politics* (New York: Norton), p. 34.

53) Lobell, Steven E., 2002, "War is Politics: Offensive Realism, Domestic Politics, and Security Strategies," *Security Studies* vol. 12/no. 2 (Winter), pp. 167-168.

54) Posen, Barry, 1984, *The Sources of Military Doctrine: France, Britain, and Germany Between the World Wars* (Ithaca: Cornell University Press), p. 33.

55) 예를 들어 한용섭·박영준·박창희·이홍섭, 2008, 『미·일·중·러의 군사전략』, 한울,

pp. 9-10 참조.

56) 각 수준에서 전략 구분에 대한 이론적 논의는 한용섭 외, 2008, 같은 책, pp. 93-111 참조.

57) Posen, 1984, *op. cit.*, p. 245, 미주 3 참조.

58) Evera, Stephen van, 1984, "The Cult of the Offensive and the Origins of the First World War," *International Security* vol. 9/no. 1 (Summer), pp. 58-107.

59) 이에 대한 자세한 논의는 Brooks, Risa, 2008, *Shaping Strategy: The Civil-Military Politics of Strategic Assessment* (Princeton, NJ: Princeton University Press) 참조.

60) Biddle, Stephen, 2004, *Military Power: Explaining Victory and Defeat in Modern Battle* (Princeton: Princeton University Press), p. 6.

61) 아트(Art)는 글에서 공격과 방어를 포괄하는 개념으로 'defense'를 사용하고 있다. 논의상 혼선을 피하기 위해서 이 글에서는 아트(Art)의 개념을 '방위'로 번역하여 사용한다.

62) Art, Robert J, 1980, "To What Ends Military Power," *International Security*, vol. 4/no. 4, p. 5.

63) *Ibid.*, p. 6

64) 선제공격과 예방공격에 대한 규범적 차원의 논의에 대해서는 Walzer, Michael, 2000, *Just and Unjust Wars: A Moral Argument with Historical Illustrations* (New York: Basic Books) 참조.

65) 이에 대해서는 Crawford, Neta C., 2003, "Just War Theory and the U. S. Counterterror War," *Perspectives on Politics* vol. 1/no. 1, pp. 5-25 참조.

66) 이에 대해서는 Lynn-Jones, Sean M., 1995, "Offense-Defense Theory and Its Critics," *Security Studies* vol. 4/no. 4 (Summer), pp. 660-691; Glaser, Charles L. and Chaim Kaufmann, 1998, "What is the Offense-Defense Balance and Can We Measure It?" *International Security* vol. 22/no. 4 (Spring), pp. 44-82 참조.

67) Jervis, Robert, 1978, "Cooperation under the Security Dilemma," *World Politics*, vol. 30/no. 2, pp. 203-205.

68) 이러한 견해에 대해서는 Levy, Jack S., 1984, "The Offensive/Defensive Balance of Military Technology: A Theoretical and Historical Analysis," *International Studies Quarterly* vol. 28/no. 2 (June), pp. 219-238; Mearsheimer, 1983, *op. cit.*, pp. 25-27; Gray, Colin S. 1993, *Weapons Don't Make War: Policy, Strategy, and Military Technology* (Lawrence: University Press of Kansas), chap. 2 참조.

69) Byman, Daniel, Matthew Waxman, and Charles Wolf, 2002, *The Dynamics of Coercion: American Foreign Policy and the Limits of Military Might* (Cambridge:

Cambridge University Press), p. 1.

70) Freedman 2004, pp. 26-27.

71) Schelling, Thomas C., 1980, *The Strategy of Conflict* (Cambridge: Harvard University Press), p. 195.

72) Art, Robert J, 1980, "To What Ends Military Power," *International Security*, vol. 4/no. 4, pp. 8-9.

73) *Ibid.*, p. 10.

74) Smith, Rupert, 2008, pp. 325-326.

75) 비전통적 분야에 군사력을 사용하면서 드러나는 문화적 충돌과 목적과 수단의 불일치에 대한 자세한 논의는 Priest, Dana, 2003, *The Mission: Waging War and Keeping Peace with America's Military* (New York: W.W. Norton and Company)를 참조할 것.

| 참고문헌 |

- 고봉준. 2008. 「군사력 증강의 정치학: 북한 탄도미사일에 대한 한일 양국 대응의 공격현실주의적 해석」. 『한국정치학회보』 제42집 3호. 27-60.
- 대한민국 국방부. 2009. 『국방백서 2008』.
- 박휘락. 2008. 「국방개혁에 있어서 변화의 집중성과 점증성: 미군 변혁(transformation)의 함의」. 『국방연구』 제51집 1호. pp. 89-112.
- 정갑영. 2000. 「국방산업의 국민경제 기여도: 산업연관분석에 의한 접근」. 『국방연구』 제43집 1호. pp. 211-238.
- 한용섭 · 박영준 · 박창희 · 이홍섭. 2008. 『미 · 일 · 중 · 러의 군사전략』. 한울.
- 한용섭. 2005. 『한반도 평화와 군비통제』. 박영사.
- 함택영. 1997. 「남북한의 군사력: 사실과 평가방법」. 『국제정치논총』 제37집 1호. pp. 27-60.

- Arquilla. John and David Ronfeldt. 2000. *Swarming and the Future of Conflict*. Santa Monica. CA: RAND.
- Art. Robert J. 1980. "To What Ends Military Power." *International Security* vol. 4/no. 4.
- ______. 1996. "American Foreign Policy and the Fungibility of Force." *International Security* vol. 5/no. 4.
- Baucom. Donald. 1992. *The Origins of SDI. 1944-1983*. Lawrence. Kansas: University Press of Kansas.
- Biddle. Stephen. 2004. *Military Power: Explaining Victory and Defeat in Modern Battle*. Princeton: Princeton University Press.
- Brodie. Bernard. ed.. 1946. *The Absolute Weapon: Atomic Power and World Order*. New York: Harcourt. Brace and Company.
- Brooks. Risa. 2008. *Shaping Strategy: The Civil-Military Politics of Strategic Assessment*. Princeton: Princeton University Press.
- Brooks. Stephen and William C. Wohlforth. 2002. "American Primacy in Perspective." *Foreign Affairs* vol. 81/no. 4.
- Byman. Daniel. Matthew Waxman and Charles Wolf. 2002. *The Dynamics of Coercion:*

American Foreign Policy and the Limits of Military Might, Cambridge: Cambridge University Press.

■ Clausewitz, Carl von, 1976, *On War*. Edited and translated by Michael Howard and Peter Paret, Princeton: Princeton University Press.

■ Crawford, Neta C., 2003, "Just War Theory and the U.S. Counterterror War," *Perspectives on Politics* vol. 1/no. 1.

■ Gilpin, Robert, 1981, *War and Change in World Politics*, Cambridge: Cambridge University Press.

■ Glaser, Charles L., 1994/5, "Realists as Optimists: Cooperation as Self-Help," *International Security* vol. 19/no. 3.

■ ______, 1997, "The Security Dilemma Revisited," *World Politics* vol. 50/no. 1.

■ Glaser, Charles L. and Chaim Kaufmann, 1998, "What is the Offense-Defense Balance and Can We Measure It?," *International Security* vol. 22/no. 4.

■ Gongora, Thierry and Harald von Riekhoff eds., 2000, *Toward a Revolution in Military Affairs?: Defense and Security at the Dawn of the Twenty-First Century*, Westport, CT: Greenwood Press.

■ Gray, Colin S., 1993, *Weapons Don't Make War: Policy, Strategy, and Military Technology*, Lawrence: University Press of Kansas.

■ Hartung, William D. and Michelle Ciarrocca, 2000, "Tangled Web: The Marketing of Missile Defense 1994-2000," *Arms Trade Resource Center Special Report* (May)(http://www.worldpolicy.org/projects/arms/reports/tangled.htm).

■ Hundley, Richard O., 1999, *Past Revolutions and Future Transformations*, Washington, D.C.: RAND.

■ Jervis, Robert, 1978, "Cooperation under the Security Dilemma," *World Politics* vol. 30/no. 2.

■ Joffe, Josef, 2009, "The Default Power: The False Prophecy of America's Decline," *Foreign Affairs* vol. 88/no. 5.

■ Kennedy, Paul, 1987, *The Rise and Fall of the Great Powers: Economic Change and Military Conflict from 1500 to 2000*, New York: Random House.

■ Krepinevich, Andrew F., 1994, "Cavalry to Computer: The Pattern of Military Revolution," *The National Interest* vol. 37.

■ ______, 2009, "The Pentagon's Wasting Assets: The Eroding Foundations of American Power," *Foreign Affairs* vol. 88/ no. 4.

- Labs, Eric J., 1997, "Beyond Victory: Offensive Realism and the Expansion of War Aims," *Security Studies* vol. 6/no. 4.
- Layne, Christopher, 2002/3, "The "Poster Child for Offensive Realism": America as a Global Hegemon," *Security Studies* vol. 12/no. 2.
- Leslie, Stuart W., 1993, *The Cold War and American Science: The Military-Industrial-Academic Complex at MIT and Stanford*, New York: Columbia University Press.
- Levy, Jack S., 1984, "The Offensive/Defensive Balance of Military Technology: A Theoretical and Historical Analysis," *International Studies Quarterly* vol. 28/no. 2.
- Lieber, Keir A. and Daryl G. Press, 2009, "The Nukes We Need: Preserving the American Deterrent," *Foreign Affairs* vol. 88/no. 6.
- Lobell, Steven E., 2002/3, "War is Politics: Offensive Realism, Domestic Politics, and Security Strategies," *Security Studies* vol. 12/no. 2.
- Lobell, Steven E., Norrin M. Ripsman and Jeffrey W. Taliaferro, (eds.), 2009, *Neoclassical Realism, the State, and Foreign Policy*, Cambridge: Cambridge University Press.
- Lynn-Jones, Sean M., 1995, "Offense-Defense Theory and Its Critics," *Security Studies* vol. 4/no. 4.
- Mandelbaum, Michael, 1988, *The Fates of Nations: The Search for National Security in the Nineteenth and Twentieth Centuries*, Cambridge: Cambridge University Press.
- Mearsheimer, John J., 1983, *Conventional Deterrence*, Ithaca: Cornell University Press.
- ______, 2001, *The Tragedy of Great Power Politics*, New York: Norton.
- Metz, Steven and James Kievit, 1995, *Strategy and the Revolution in Military Affairs: From Theory to Policy*, Carlisle Barracks, PA: Strategic Studies Institute, U. S. Army War College.
- Mueller, John, 1998, "The Essential Irrelevance of Nuclear Weapons: Stability in the Post-war World," *International Security* vol. 13/no. 2.
- Norris, Robert S. and Hans M. Kristensen, 2009, "Nuclear Notebook: U.S. Nuclear Forces, 2009," *The Bulletin of the Atomic Scientists* vol. 65/no.2.
- Organski, A. F. K. and Jacek Kugler, 1980, *The War Ledger*, Chicago: University of Chicago Press.
- Paul, T. V., Richard J. Harknett and James J. Wirtz, eds., 1998, *The Absolute Weapon Revisited: Nuclear Arms and the Emerging International Order*, Ann Arbor: University of

Michigan Press.
- Posen, Barry, 1984, *The Sources of Military Doctrine: France, Britain, and Germany Between the World Wars*, Ithaca: Cornell University Press.
- Priest, Dana, 2003, *The Mission: Waging War and Keeping Peace with America's Military*, New York: W.W. Norton and Company.
- Salman, Michael, Kevin J. Sullivan, and Stephen Van Evera, 1989, "Analysis or Propaganda?: Measuring American Strategic Nuclear Capability, 1969-88" In Lynn Eden and Steven E. Miller. *Nuclear Arguments: Understanding the Strategic Nuclear Arms and Arms Control Debates*, Ithaca: Cornell University Press.
- Schattschneider, E. E., 1942, *Party Government*, New York: Rinehart.
- Schelling, Thomas C., 1980, *The Strategy of Conflict*, Cambridge: Harvard University Press.
- *SIPRI Yearbook 2009: Armaments, Disarmament and International Security*.
- Smith, Rupert, 2008, *The Utility of Force: The Art of War in the Modern World*, 황보영조 역, 『전쟁의 패러다임: 무력의 유용성에 대하여』, 까치.
- Snyder, Glenn H., 2002, "Mearsheimer's World: Offensive Realism and the Struggle for Security," *International Security* vol. 27/no. 1.
- Taliaferro, Jeffrey W., 2000/1, "Security Seeking under Anarchy: Defensive Realism Revisited," *International Security* vol. 25/no. 3.
- van Creveld, Martin, 1989, *Technology and War: From 2000 B.C. to the Present*, New York: The Free Press.
- van Evera, Stephen, 1984, "The Cult of the Offensive and the Origins of the First World War," *International Security* vol. 9/no. 1.
- ______, 1999, "Offense, Defense, and the Causes of War," *International Security* vol. 22/no. 4.
- Walt, Stephen M., 1987, *The Origins of Alliances*, Ithaca: Cornell University Press.
- Waltz, Kenneth N., 1979, *Theory of International Politics*, Reading: Addison-Wesley.
- Walzer, Michael, 2000, *Just and Unjust Wars: A Moral Argument with Historical Illustrations*, New York: Basic Books.
- Wohlforth, William C., 2002, "U.S. Strategy in a Unipolar World" in G. John Ikenberry, ed., *America Unrivaled: the Future of the Balance of Power*, Ithaca: Cornell University Press.
- Woods, Kevin, James Lacey and Williamson Murray, 2006, "Saddam's Delusions: The

View From the Inside," *Foreign Affairs* vol. 85/no. 3.

- Zakaria, Fareed, 1992, "Realism and Domestic Politics," *International Security* vol. 17/no. 1.
- ______, 1998, *From Wealth to Power: The Unusual Origins of America's World Role*, Princeton: Princeton University Press.

동맹과 세력균형

윤 정 원

I. 동맹의 개념과 의의

1. 동맹의 개념

모든 국가는 외부위협으로부터 자신의 영토와 주권을 수호하고, 국민의 생명과 재산을 보호하기 위한 국가안보에 최우선적인 정책적 관심을 보인다. 각 국가는 자신의 국가안보를 튼튼히 하기 위해 주로 힘에 의한 억제를 중시하는 현실주의적 접근이나 국제기구, 국제법 등에 기초한 대화와 협상을 중시하는 자유주의적 접근을 토대로 다양한 정책적 노력을 경주하게 된다. 그러한 가운데 각 국가는 자신의 군사력에 의한 자주국방, 타국의 힘을 이용하는 동맹, 그리고 집단안보, 공동안보, 협력안보 등 다양한 국가안보 정책수단을 구상하고 적절히 활용하게 된다.[1)]

동맹은 한 국가가 자신만의 군사력으로 국가안보를 확실히 하기 어려운 경우 흔히 우선적으로 고려하고 선택하는 안보수단이다. 역사적으로 동맹은 수많은 사례가 존재해 왔으며, 끊임없이 형성되고, 변화되고, 소멸되어 왔다.[2] 특히 국제사회가 갈등과 분쟁에 휩싸임으로써 각국의 국가안보가 불안정할 때 동맹은 자주 등장하였다.

이러한 동맹에 대한 개념 정의는 다양하다. 오스굿(R. E. Osgood)은 "참여한 국가들이 공동의 이익과 목표를 추구하기 위하여 모든 수단과 자원을 투입하는 협력적 노력을 기반으로 하는 잠재적 전쟁공동체(latent war community)"라고 정의한다.[3] 이러한 정의는 동맹이 전쟁 수행과 관련된 협력내용을 포함하는 것임을 시사하는 점에서는 의의가 있다. 하지만 동맹을 통해 추구하는 '공동의 이익과 목표', 동맹을 위해 사용되는 '모든 수단과 자원'이라는 표현이 매우 포괄적이어서 개념적 구체성이 미흡하다.

프리드먼(J. R. Friedman)의 경우 국가 간의 다른 결사체와 달리 동맹이 갖는 고유한 핵심적 특징을 통해 동맹이 무엇인지를 밝히고 있는데, 그가 제시한 세 가지 특징은 "실제적이든 잠재적이든 하나 또는 그 이상의 적대국의 존재", "군사적 개입의 고려와 전쟁의 위험성", "영토, 인구, 전략자원 등에 대한 현상유지 또는 확대에 대한 상호관심"이다.[4] 이러한 정의는 동맹을 더 국가안보적 차원에서 이해하려 하고, 동맹의 성격이 방어적일 뿐만 아니라 공세적일 수 있음을 시사하고 있어 의미가 있다. 그렇지만 동맹 참가국 간의 상호관계에 대한 내용이 포함되어 있지 않다.

한편, 월트(Walt)는 동맹이란 "둘 또는 그 이상의 주권국가들 사이에 안보협력을 위해 맺은 공식적 또는 비공식적 합의"라고 정의하였으며,[5] 리우(Liou)는 동맹이란 "집단적 안보에 대한 국가 간의 합의로서, 모든 회원국들은 서로에 대해서는 위협하지 않고, 탈퇴국에 대해서는 가능한 경우 제재를 가하며, 회원국들의 개별적 이익에 도움이 된다면 동맹 밖의 국가들을 위협하기로 합의한 것"이라고 정의한다.[6] 이러한 정의들은 동맹 참가국 간의 상호관계를 규정짓는 점에서 의미가 있다.

이와 같은 동맹에 대한 여러 가지 정의를 종합하여 새롭게 제시하여 보면, '동맹이란 둘 이상의 국가들이 자신들의 국가안보 이익을 보호, 유지 또는 증진시키려고, 하나 이상의 실제적이거나 잠재적인 적대국을 설정하고 방어적 또는 공세적 차원에서 대응하기 위해, 전쟁수행 등 군사력 사용을 비롯한 다양한 군사협력에 대해 주로 공식적으로 합의한 집합체'라고 볼 수 있다. 이에 따르면 어떠한 동맹을 명확히 이해하기 위해서는 참가국이 누구이며, 어떠한 이익을 추구하며, 설정된 적대국은 누구이고, 어떠한 군사협력의 내용을 포함하며, 관련 합의 문서들은 무엇인지를 살펴볼 필요가 있다.

2. 동맹의 의의

동맹이 다른 안보수단으로서 자주국방, 집단안보, 공동안보, 협력안보 등과 비교하여 볼 때 어떠한 의의를 갖는지 살펴보면 다음과 같다.

자주국방(self-defense)의 경우 어떠한 국가가 스스로 군사력을 증강시켜 외부의 위협으로부터 자신의 국가안보 이익을 지켜나가는 것이다. 따라서 자주국방은 가장 신뢰할 만한 안보수단이라고 볼 수 있다. 하지만 자주국방력을 강화하기 위해서는 그만큼 국가재원을 투자해야 하는데, 외부위협이 큰 경우 충분한 병력, 무기 및 장비를 확보하려면 국방비 지출 부담이 과도해질 수도 있고, 그러한 부담을 감당하지 못할 수도 있다. 나아가 해당 국가의 군사기술 및 방산 능력이 충분하지 않은데 외국과 군사협력이 원활하지 못하면 필요한 무기나 장비 획득이 어려울 수도 있다. 이에 따른 자주국방의 한계를 보완하기 위하여 우선적으로 고려하고 채택하는 것이 바로 동맹이다.

집단안보(collective security)의 경우 사전에 공동의 적을 설정하지는 않으나, 일단 특정 국가나 세력들이 세계평화나 안정을 파괴하는 경우 이를 공동의 적으로 간주하여 다른 국가들이 힘을 합쳐 군사제재를 가하는 방식이다. 그러나 국제연맹을 통한 집단안보는 회원국들의 만장일치 원칙으로 인해 실천적 합의도출에 실패함으로써 제2차 세계대전의 발발을 예방하지 못하였다. 그리고 국제연합체제하에서 집단안보 역시 안전보장이사회의 강대국들에게 비토권을 부여함으로써 냉전시대에 그 채택이 거의 어렵게 돼 유명무실하였다. 이에 따라 냉전시대에는 많은 국가들이 북대서양조약기구(NATO), 바르샤바조약기구(WTO), 기타 동맹 등에 의지하여 국가안보를 공고히 하려 하였다. 탈냉전시대에도 여러 국가들이 더욱 신뢰할 수 있는 동맹이라는 수단을 통하여 자국의 안보이익을 유지, 확대하려 하였기 때문에 집단안보는 경시되고 있다.[7]

공동안보(common security)는 적대적인 국가들이 서로 군사적 신뢰구축을 통하여 적대감을 완화시킴으로써 전쟁 가능성을 낮추고, 군비통제를 통하여 군사력 수준을 제한, 동결, 감축, 나아가 해제하는 등으로 상호 군사위협을 완화하는 방법이다. 그렇지만 심각한 안보위협 상황하에서는 신뢰구축 혹은 군비통제보다 확실한 군사력 증강을 선택하는 것이 일반적 경향이어서 그 실현이 쉽지 않은 한계가 있다. 실제로 공동안보를 위한 군비통제 등이 쉽게 실현되기 위해서는 여러 가지 조건들이 충족되어야 한다.[8] 따라서 현실적으로 많은 국가들은 공동안보를 우선하기보다는 좀 더 신뢰할 만한 정책수단으로서 동맹을 추구한다.

협력안보(cooperative security)의 경우 적대국, 우방국을 불문하고 이해관계가 있는 여러 국가들이 다자적인 국제회의나 국제기구에 참여하여 다자주의적인 협력적 방법으로 군사적 분쟁의 원인이 될 수 있는 정치, 경제, 외교, 역사적 갈등의 요인 자체를 해결해 나가는 방식이다.[9] 그렇지만 효과적이고 구속력 있는 합의를 이끌어 내기가 쉽지 않은 한계가 있다. 왜냐하면 여러 국가들의 상이한 국가안보 이익을 충분히 조화할 수 있는 합의란 손쉽지 않기 때문이다. 나아가 어떠한 합의가 이루어졌다고 해도 서로 이질적이며 때로는 적대적인 국가까지 포함된 합의는 이행되기 어렵거나 나아가 파기될 수도 있기 때문이다.

그러나 동맹은 실제적이든 잠재적이든 적을 설정하여 안보위협에 대처한다는 점에서 참가국 간에 강력한 공동이익이 존재한다. 그리고 유사시 상호간의 긴밀한 군사지원 및 협력에 대한 일반적, 세부적 절차나 내용이 사전에 마련될 수 있다. 유사시 신속하고 효과적인 군사행동을 위하여 동맹국들은 평시에도 상호 군사정보 교환, 공동훈련 실시, 동맹군의 사전 파견배치, 나아가 공동 또는 연합 지휘체제를 마련해 놓을 수 있다. 뿐만 아니라 동맹은 필요시 군사력이라는 현실적 힘을 바탕으로 적에 대하여 공동대처할 수 있도록 하는 점에서 상당히 신뢰할 만한 것이다.

동맹은 유사시 국가안보를 위해 실제로 작동될 가능성이 높은 점에서 실현 가능성이 우수하고, 적에 대하여 실질적인 군사적 억제 내지 보복을 가능케 한는 점에서 실효성이 매우 높은 안보수단이다. 바로 이러한 까닭에 많은 국가들은 동맹의 결성에 대하여 적극적인 태도를 보인다.

Ⅱ. 동맹형성의 목적

동맹 참가국들은 자신에게 안보위협을 가할 수 있는 국가에 대응하기 위하여 다양한 의도하에서 동맹을 형성할 수 있다. 그러나 참가국들 간에 동맹을 형성하는 목적이 어느 정도 같을 수는 있지만 모두 일치한다고 볼 수는 없다. 동맹을 형성하여 무엇을 얻고자 하는가, 즉 동맹형성의 목적에 대한 논의는 다양하게 전개되어 왔는데, 이를 몇 가지로 범주화하여 제시해 보면 다음과 같다.

1. 힘의 균형

힘이 약한 국가가 자신보다 강력하거나 위협적인 국가에 대항할 수 있는 힘의 균형(balance of power)을 이룩하기 위해 다른 국가와 동맹을 형성할 수 있다. 만일 힘의 균형이 이루어지면 외부위협에 대한 억제가 가능해져 전쟁을 예방하는 데 도움이 되며, 따라서 힘이 약한 국가로서는 자신의 안보를 강화할 수 있기 때문이다. 모겐소(Morgenthau)는 동맹이 다수 국가들로 이루어진 국제체제하에서 힘의 균형이 작동되도록 하는 데 있어서 필수적 기능을 수행한다고 보았다.[10] 그는 힘의 균형이 두 개의 개별국가 사이보다는 하나의 국가 내지 동맹과 다른 동맹 사이에서 역사적으로 가장 뚜렷이 나타났다고 주장하였다. 냉전시대의 NATO와 바르샤바조약기구가 힘의 균형을 추구하였던 대표적인 동맹들이라고 볼 수 있다. 그러나 동맹은 전쟁을 예방하거나 억제하기 위한 방어적 차원에서 형성될 수도 있지만, 전쟁을 통해서라도 현상을 타파하여 새로운 국제질서나 국가 간의 관계를 형성하려는 공세적 차원에서 형성될 수 있다는 비판이 있다.

2. 편승

힘이 약한 국가가 가장 강력하거나 위협적인 국가와 동맹을 맺음으로써 이러한 국가의 보호를 받아 자신의 안보를 유지하려 할 수 있다.[11] 이러한 동맹을 통해서는 힘이 약한 국가의 안보에 대한 후견-피후견 관계가 형성될 수 있다. 이렇듯 편승(bandwagoning)을 위한 동맹은 힘의 균형을 위한 동맹과 그 형성 배경이 대립적인 것이라고 볼 수 있다. 이렇듯 편승을 추구하면서 동맹을 맺는 국가는 강대국의 군사적 지원은 물론 비군사적 지원이나 협력을 기대하기도 한다. 동맹을 통한 힘의 균형 추구가 외부위협에 의한 손실을 회피하기 위한 것이라면, 편승의 추구는 어떠한 이익, 특히 감춰진 목표를 실현하여 이득을 취하려는 것으로 볼 수 있다. 대체로 강대국보다는 약소국이 편승을 추구하며, 힘의 균형을 달성하기 위한 동맹을 찾기 어려우면 대안적으로 편승을 추구할 가능성이 높다. 그리고 적대적인 강대국에 편승을 시도하는 경우는 편승을 통해 강대국의 적대성을 약화할 수 있다고 기대하기 때문이다.

3. 위협의 균형

힘의 균형이나 편승을 위한 동맹은 힘의 크기라는 변수만을 주로 고려한 것이다. 그렇지만 한 국가의 힘이 큰 것이 그대로 다른 국가의 안보에 대한 위협이 큰 것으로만 볼 수 없다. 따라서 어떠한 국가가 동맹에 참가하기로 결정할 때는 자신의 안보에 대한 위협이 어떠한 국가에서 오며, 그것이 얼마나 크며, 어떠한 국가와 공동 대응할 수 있는지를 중시하는 것이다. 즉 다른 국가가 가진 힘의 크기에 주목하기보다는 직면한 외부위협의 크기에 우선적 관심을 두면서 동맹을 형성하는 것이다.[12] 동맹을 형성하는 동인을 제공하는 외부위협의 크기는 위협국가의 전반적인 힘의 크기, 그중 공격적 능력, 공격적 의도의 수준, 지리적 인접성 등 다양한 요인에 의해 달라질 수 있다.

4. 패권안정

동맹은 상대적으로 강대국인 국가가 주도하여 형성될 수 있으며, 이러한 강대국은 자신을 중심으로 하는 동맹을 확대시키거나, 여러 개의 동맹을 맺음으로써 세계적 또는 지역적 패권안정(hegemonic stability)을 추구할 수도 있다.[13] 이러한 면에서 동맹은 상대적으로 약한 국가가 힘의 균형, 편승, 또는 위협의 균형(balance of threat)을 위해서만 추구하는 것이 아니라고 볼 수 있다. 강대국의 경우 세계적, 지역적 차원에서 동맹을 확대하는 경우 자신에게 유리한 기존의 국제질서를 유지할 수 있거나 새로운 국제질서를 만들어 낼 수 있기에 다양한 차원에서 국익증진을 모색하는 것이다. 예로써 탈냉전 이후 미국은 유럽에서 공산진영의 위협이 대부분 사라졌음에도 NATO를 동유럽국가로 확대하는 노력을 경주해 왔다. 이는 미국을 중심으로 한 자유진영이 탈냉전 이후 유럽에서 패권적 지위를 추구하는 것으로 볼 수 있다.

5. 무임승차

동맹은 참가국들의 안보를 보장해 주는 공공재(public or collective goods) 역할을 할 수도 있다.[14] 동맹이 제공하는 안보효과의 비배타성(non-excludability)과 비경쟁성(nonrivalry)으로 인해, 동맹유지의 부담을 적게 하거나 거의 하지 않는 국가도 동일한 혜택을 누림으로써 일정 정도 무임승차를 할 수 있다. 예로써 NATO의 회원국 중 비핵국가는 미국이 제공하는 확장억제력을 제공받아 왔으나,[15] 회원국 중 국력이 약한 국가들은 대부분 미국보다 낮은 군사비 지출률을 보여 왔다. 어떠한 동맹에 무임승차(free-ride)를 추구하는 회원국들이 있을 경우, 동맹 중심국(representative ally)의 자원할당 효용성이 떨어져 중장기적으로 동맹을 약화할 수 있는 문제점이 일반적으로 제기된다. 하지만 무임승차로 인해 다른 동맹국들의 군사적 이익이 증대되고 안보 위험이 줄어드는 것을 고려할 경우 동맹 전체의 이익은 증대될 수 있다는 주장도 제기되고 있다.[16]

6. 군비증강의 대체(armament substitute)

한 국가는 외부위협으로 인해 군비증강이 필요한 일정 부분을 동맹을 맺어 대체함으로써 자신의 안보를 보완하려 할 수 있다. 어떠한 국가가 동맹을 통해 군비증강의 일정부분을 대체하려는 것은 군비증강을 위한 국내자원 동원에 한계가 있거나, 추가적인 자원동원 여력은 있지만 경제성장, 사회복지, 교육 등 비군사적 부문에 대한 지출 증대의 필요성이 앞서기 때문일 수도 있다. 예로써 제2차 세계대전 이후 미일동맹은 일본이 정식 군대를 보유하지 않고도 안보를 보장받을 수 있도록 해 일본의 군비증강을 대체해 주었다. 이로 인한 군비지출의 축소는 일본의 경제성장에 기여하였다. 그러나 어떠한 국가가 동맹이 가능하다고 하여 무조건적으로 군비증강을 대체하기 위해 동맹을 형성하는 것은 아니며, 각 국가는 자신의 군비증강과 동맹이 가져다주는 비용과 효용을 함께 고려하면서 동맹의 선택 여부를 결정하게 된다.[17)]

III. 동맹의 유형

1. 양자동맹, 다자동맹

동맹 참가국이 2개국인 경우에는 양자동맹(bilateral alliance)이라고 하며, 현재의 한미동맹이나 미일동맹이 그 예이다. 참가국이 3개국 이상인 경우를 다자동맹(multilateral alliance)이라고 하는데, 냉전시대의 대표적 동맹인 NATO나 바르샤바조약기구 등이 그 예이다. 한편 다자동맹이라고 하더라도 참가국의 범위에 따라 범세계적 동맹이나 지역동맹으로 나눌 수 있다. NATO는 미주와 유럽지역 국가들이 공동 참여한 범세계적 동맹이라면, OAS(미주기구)는 미주지역 국가만이 공동 참여한 지역동맹으로 볼 수 있다.

2. 공식동맹, 비공식동맹

동맹이 국가 간의 공식적인 조약에 토대를 두고 있느냐 그렇지 않느냐에 따라서 공식동맹과 비공식동맹으로 나눌 수 있다. 대부분의 동맹은 공식동맹이라고 볼 수 있으나, 일부는 공식적인 조약 없이 형성될 수도 있다. 대체로 공식동맹이 비공식동맹과 견주어 그 지속성과 실효성이 강하다고 볼 수 있으나, 역사적으로 반드시 그렇지만은 않다. 예로써 1793년 프랑스혁명정부가 영국과 네덜란드에 선전포고를 하였을 때, 당시 프랑스의 동맹국인 미국은 프랑스를 지원하지 않았다. 그러나 1939년 제2차 세계대전 발발 시 미국은 영국과 정식 동맹관계에 있지 않았으나 전쟁에 참가하여 영국을 군사적으로 지원하면서 독일에 대항해 함께 싸웠던 것이다.

3. 공개동맹, 비밀동맹

동맹은 그 존재 자체가 명시적으로 선언된 공개동맹이 있는가 하면, 그 존재 자체를 비밀에 부치는 비밀동맹이 있을 수 있다. 공개동맹은 그 존재를 국제사회에 밝힘으로써 참가국들에 대한 구속력을 높일 수 있고, 동맹이 추구하는 목표를 공개적으로 추진할 수 있으며, 해당 동맹에 대한 국제사회의 지지를 공개적으로 확대할 수 있다. 이와 같은 공개동맹의 장점에도 불구하고 비밀동맹을 선택하는 이유로는, 타국과 복잡한 외교관계를 고려하여 동맹을 비밀로 하는 것이 유리할 수도 있으며, 타국에 대한 군사공세적 목표를 공개적으로 추구할 경우 외부세계의 비판 또는 저항을 받을 수 있기에 이를 회피할 수 있기 때문이다. 예로써 북한이 소련 및 중국과 1961년 7월에 각각 체결한 조소(朝蘇) 우호협력 및 상호원조 조약, 조중(朝中) 우호협력 및 상호원조 조약은 실질적으로는 군사동맹의 내용을 포함하고 있으나, 이를 명시적으로는 공표하지 않으려 하는 비밀동맹의 성격을 일부 갖는 것으로 알려졌다.

4. 균등행위자동맹, 불균등행위자동맹

동맹 참가국들의 상호관계에 따른 유형화도 가능하다. 동맹 참가국들의 국력 정도가 서로 비슷한 수준인 경우 균등행위자동맹이라고 한다면, 현격한 차이가 있는 경우 불균등행위자동맹이라고 볼 수 있다. 균등행위자동맹의 예로써 19세기 유럽에서 영국, 프로이센, 오스트리아, 러시아 간의 4국동맹 혹은 영국, 프랑스, 프로이센, 오스트리아, 러시아 간의 5국동맹을 들 수 있다. 불균등행위자동맹으로는 한미동맹을 들 수 있는데, 양국의 전체적인 국력이나 군사력에 있어서 그 차이가 현저하기 때문이다.[18] 물론 한국의 국력이 신장됨에 따라 양국 간의 불균등성이 약화되는 것처럼 상호관계는 변할 수도 있다.

5. 동종이익동맹, 이종이익동맹

동맹이 형성되는 데는 참가국 간의 일련의 공동목표가 있다. 그러한 공동목표는 추상적일 수도 있고 구체적일 수도 있지만 이의 실현을 통하여 개별 참가국들이 얻을 수 있는 국가안보 이익의 내용은 다양할 수 있다. 만일 동맹 참가국들의 이익이 동일한 내용이라면 이를 동종이익동맹이라고 하며, 서로 다르다면 이를 이종이익동맹이라고 한다. 실제로 동종이익동맹의 성격과 이종이익동맹의 성격이 혼합되어 나타날 수도 있다.[19] 예로써 냉전시대 NATO의 참가국들이 모두 소련의 유럽침공을 억제해 유럽의 안정과 평화를 도모하려 했다는 점에서 NATO는 동종이익동맹이라고 볼 수 있다. 그러나 제2차 세계대전 당시 주축국으로서 독일, 이탈리아, 일본은 각각 서로 다른 지역에서 자기들의 전쟁승리를 추구한 이종이익동맹이었다고 볼 수 있다. 그러나 한미동맹의 경우처럼 대북 억제라는 동종이익과 미국의 동아시아 전략적 이익 추구라는 이종이익이 혼재하는 성격의 동맹도 있을 수 있다.

IV. 동맹의 발동 조건과 절차

동맹이 실효성을 갖추려면 유사시 신속하고도 확실한 상호 군사지원이 보장될 수 있는 발동조건과 절차를 갖추어야 한다. 그렇지 않으면 해당 동맹은 유사시 신속하게 발동되어 소기의 성과를 거두기 어려울 수 있다.

1. 동맹의 발동조건

동맹의 발동조건은 다양할 수 있겠으나 그 어려운 정도에 따라 분류하여 본다면 첫째, 동맹 참가국이 외부세력으로부터 침략을 받아 전쟁을 치르는 경우, 둘째, 동맹 참가국이 전쟁 수준은 아니지만 심각한 안보위협을 받는 위기 상황의 경우, 셋째, 전쟁 혹은 안보위기 상황과 무관하게 상대 동맹국이 요청하는 경우 등을 들 수 있다.

대부분의 경우 동맹의 어느 일방이 적대세력에게 무력침공을 받는 경우에 동맹이 발생한다. 그렇지만 어느 일방이 경제봉쇄를 당하거나, 군사적 무력시위 등으로 무력침공의 위협을 당하거나, 나아가 국내 반란군 등으로 인해 체제위협을 받을 경우 등에도 동맹이 작동할 수 있으며, 이는 동맹체결이 어떻게 이루어지는가에 달려 있다. 한편 어떠한 무력침공의 성공을 목표로 하는 공세적 동맹의 경우 안보위협이 아니라 전쟁 승리의 필요에 의하여 작동될 수도 있다.

2. 동맹의 발동절차

한편 발동조건이 충족된 경우 동맹에 의한 군사지원이 결정되는 절차와 관련해서는 첫째, 조약에 근거하여 자동지원이 가능한 경우, 둘째, 지원국의 국내적 절차, 즉 의회의 승인 또는 행정부 결의 등을 통과하여야 지원이 가능한 경우, 셋째, 동맹국 간의 협의절차에 따라 지원이 결정된 경우, 넷째, 지원국의 국내적 승인과 동맹국 간 합의가 함께 있어야 지원이 가능한 경우 등을 들 수 있다.

동맹의 발동조건과 그 절차는 다양한 조합의 형태로 존재할 수 있다. 예를 들어 무력침공이 있는 경우, NATO와 바르샤바조약기구는 자동개입 및 지원을 하도록 되어 있고, 한미동맹이나 미일동맹 등은 지원국이 자국의 헌법절차에 따라 의결하도록 되어 있다. OAS는 무력침공이 있더라도 동맹국 간 상호협의하도록 되어 있다.

한편 무력침공까지는 아니더라도 무력침공의 위협이 있는 경우, NATO나 바르샤바조약기구는 동맹국 간 상호협의에 따라 군사개입 및 지원을 결정하도록 되어 있었고, 한미동맹 및 미일동맹은 역시 지원국의 자국 내 헌법절차에 따르도록 되어 있다. 이외에도 유사시에 원치 않은 동맹국의 개입이나 지원을 회피하기 위하여 반드시 상호동의를 전제로 할 수도 있다. 이는 동맹을 명분으로 하여 다른 동맹국의 군사문제에 일방적으로 개입하여 자신의 이익을 추구하려는 강대국 등 지원국의 횡포를 막기 위한 것으로 볼 수 있다.

V. 동맹의 주요 활동

동맹은 공동의 안보이익을 위해 상호 군사협력을 추구하는 것이지만 구체적으로 어떠한 협력을, 어떻게 할 것인지는 동맹마다 다를 수 있다. 또한 동맹을 둘러싼 대내외 안보환경에 따라 군사협력의 내용이 지속될 수도, 변화할 수도 있다. 동맹에 따른 군사협력의 내용을 다양한 측면에서 살펴볼 수 있겠으나 다음과 같은 주요활동을 제시해 볼 수 있다.

1. 동맹국 간 군사훈련 실시

동맹 참가국들은 사전에 효과적인 군사훈련을 함께 실시함으로써 유사시 즉각 협력할 수 있는 태세를 갖추기 위해 노력할 수 있다. 이러한 군사훈련이 미흡하면 유사시 즉각적인 군사협력이 어려울 뿐만 아니라 기대하는 만큼 성과를 내지 못할 수도 있다. 동맹 참가국들이 사전에 군사훈련을 함께 실시하면, 동맹의 적대국에게서 받는 위협에 대한 강한 억제의지와 능력을 보여줄 수도 있다.

동맹 참가국들 간의 군사훈련은 정기적으로 실시될 수도 있고 비정기적으로 실시될 수도 있다. 또 육 · 해 · 공군 군사력이 함께 참가하는 통합훈련 형태로 실시될 수도 있고, 어느 하나만 참가하는 형태일 수도 있다. 그리고 전면전을 가상한 대규모의 군사훈련도 있고 부문별로 세부적인 군사훈련이 별도로 실시되기도 한다. 아울러 실제 병력이 동원되는 훈련이 있는가 하면 병력은 동원되지 않는 상황하에서 지휘소연습(CPX) 형태로 진행될 수도 있다.

2. 효율적 동맹 지휘체제의 모색

동맹 참가국들은 유사시 함께 전쟁을 수행함에 있어서 군사작전의 효율성을 높이기 위해 사전에 연합지휘체제 또는 공동지휘체제를 구축하기도 한다. 연합지휘체제는 동맹 참가국들이 하나의 지휘체계 속에 들어가 군사력을 운용하는 것이라면, 공동지휘체제는 동맹 참가국들이 별도의 지휘체계 속에서 각자의 군사력을 운용하지만 상호협력의 틀을 갖추어 놓은 것이다. 현재 NATO나 한미동맹의 경우 연합지휘체제를 유지하고 있는 반면 미일동맹은 공동지휘체제를 유지하고 있다.

전쟁이 발발하기 전에 효율적인 지휘체제를 구축해 놓으면 유사시 군사작전상의 협력이 신속하고 용이할 수 있다. 그러나 평시에는 연합 내지 공동의 지휘체제를 구축하지 않았다고 하더라도 전쟁이 발발하면 연합 내지 공동의 지휘체제를 모색할 가능성이 높다. 물론 이러한 것을 구축하지 않은 상태에서 군사작전상의 목표와 임무를 할당하여 독자적인 군사작전을 실시할 수도 있다.

3. 동맹국의 군대 주둔 실시

어떠한 동맹 참가국은 다른 동맹국에 자신의 군대를 사전에 배치하여 운용할 수 있다. 예로써 미국의 경우 NATO, 한미동맹, 미일동맹에 따라 유럽, 한국, 일본 등지에 미군을 사전에 배치하여 왔다. 이와 같은 동맹국의 해외주둔을 위해서는 통상 동맹 조약상에 법적 근거를 마련해 놓는다. 물론 사전에 동맹군을 배치하지 않았더라도 유사시 군사작전을 위해 사후에 배치할 수도 있다.

동맹에 기초하여 동맹군이 해외 주둔하는 경우 주둔군의 법적 지위를 확보하기 위해 군대를 파견한 국가와 이를 받아들인 국가 간에 이른바 주둔군 지위협정(SOFA) 또는 특정한 행정협정을 체결한다. 대체로 군대를 파견한 국가는 자신의 군대가 해외에서 법적으로 더 유리한 대우를 받도록 노력하게 되며, 군대를 받아들인 국가는 가능한 한 자신의 국익에 손실이 덜 가는 합의를 모색하게 된다. 그렇지만 군대를 받아들이는 국가가 심각한 안보위협에 직면하거나 약소국인 경우 불리한 합의를 불가피하게 받아들일 수도 있다.

4. 동맹유지를 위한 부담 감수

동맹유지에 따른 부담은 몇 가지 차원으로 나누어 생각해 볼 수 있다. 첫째는 동맹국의 군대가 자국에 주둔하고 있을 경우 이를 지원하는 주둔군 비용분담(cost sharing)이다.[20] 비용분담은 토지사용료나 세금감면 등과 같은 간접지원 형태로 이루어지기도 하고, 임대료, 인건비, 시설료, 사용료 지원과 같은 직접지원 형태로 이루어질 수도 있다.

둘째는 동맹국의 일원으로서 유사시 동맹국을 지원할 수 있도록 일정 수준의 군사력을 스스로 유지하거나 이를 위해 군사비를 지출하는 등 방위역할 분담(defense burden sharing)을 한다. 이는 동맹 참가국들이 과도하게 무임승차하는 것을 억제하기 위한 것이다.

셋째는 동맹국의 전쟁수행이나 국제위기 관리를 지원하거나 동맹국에게 경제원조를 실시하는 등 책임분담(responsibility sharing)을 한다. 이러한 것이 동맹의 명시적 의무사항에 따른 것이라면 직접적 책임분담이라고 할 수 있겠으나, 그렇지 않지만 동맹의 일원이기에 불가피한 것이라면 간접적 책임분담이라고 할 수 있다.

5. 전쟁수행상의 협력

동맹의 명시적인 의무규정에 의하든 동맹의 일반적인 우호정신에 기초하든 동맹국들은 전쟁수행과 관련하여 협력을 전개할 수 있다. 어느 동맹국이 침략을 받을 경우 이 동맹국을 보호하기 위하여 전쟁을 수행할 수 있다. 나아가 동맹지역 이외의 지역에서도 필요한 경우 전쟁을 공동으로 수행할 수 있다. 동맹국들 간에 공동으로 전쟁을 수행하려는 의지가 강하거나 실제로 전쟁을 함께 수행한 경험이 많다면 해당 동맹의 신뢰성은 높아진다. 따라서 해당 동맹은 안정되고 이로써 지속성이 강화될 수 있다.

예로써 한미동맹의 우호정신에 입각하여 한국은 냉전시대에는 미국의 베트남전, 그리고 탈냉전 이후에는 미국의 걸프전, 아프가니스탄 및 이라크를 대상으로 한 대테러전, 기타 세계 여러 지역의 PKO 활동에서 미국과 군사협력을 실시하여 왔다. 이로 인해 한미동맹은 안보정세의 지속적 변화에도 불구하고 공고한 동맹으로 지속되어 왔다.

VI. 동맹특성의 다양한 차원

동맹의 본질적 특성이 어떠한가에 따라서 동맹의 효용성이나 지속성이 달리 나타날 수 있다. 여기에서는 동맹의 응집성, 동맹 참가국의 동질성, 동맹이익의 호혜성, 동맹의무 이행의 신뢰성, 동맹유지의 딜레마 등에 대하여 살펴보기로 한다.

1. 동맹의 응집성

동맹의 응집성(alliance cohesion)이란 동맹 참가국들이 동맹을 유지하려는 경향이 강한 것을 의미한다. 동맹의 응집성은 태도적(attitudinal) 부분과 행태적(behavioral) 부분으로 나뉜다.[21] 전자가 동맹 참가국들이 동맹의 목적은 무엇이며 어떠한 국가를 대상목표로 설정할 것인지에 대해 합의하는 정도를 뜻한다면, 후자는 동맹 참가국이 다른 동맹국과 협력을 촉진시키되 갈등은 억제하려고 실제 행동하는 정도이다. 두 부분은 함께 높아지거나 낮아지는 긍정의 상관관계를 가질 수 있으나 항상 그런 것은 아니다.

이러한 동맹의 응집성은 동맹 형성의 동기를 제공한 적대세력으로부터 안보위협이 강할수록 일반적으로 높게 나타난다. 그렇지만 동맹의 응집성을 강화하는 요인은 이외에도 동맹국의 이데올로기적 유사성, 동맹 내의 적절한 역할 분담, 동맹 관련 의사결정의 집중화 정도, 동맹국 간 정책조율의 효율성, 동맹의 성과에 대한 경험, 다른 동맹과의 높은 대결상태, 동맹 리더 국가의 동맹국 간 협력 유도 능력, 동맹에 의한 공공재 제공 수준, 동맹국들의 국내적인 정치·경제적 요인 등과 같이 다양할 수 있다.[22]

2. 동맹 참가국의 동질성

동맹국들의 정치적 이데올로기, 정치체제, 경제체제, 사회문화 등이 유사하거나 동질적일 경우 동맹의 지속성에 영향을 미친다. 왜냐하면 동질적인 동맹국들의 경우 다양한 분야에서 교류와 협력이 촉진될 수 있을 뿐만 아니라, 상호갈등이나 분쟁이 있다고 하더라도 협력적 분위기에서 대화를 통해 해소할 수 있는 가능성이 높기 때문이다.

반면에 서로 이질적인 동맹국들의 경우 상호 간의 교류와 협력을 확대하는 데 한계가 있으며, 나아가 분쟁과 갈등이 발생할 경우 잘못 관리되어 동맹을 약화할 개연성이 있다. 예를 들어 이질적 국가 간의 영·소 동맹(1942)은 동질적 국가 간의 영·미동맹에 비하여 그 수명이 짧았다. 그렇지만 동맹국 자체 간의 갈등이나 분쟁이 있는 경우 동맹국의 동질성은 별다른 의미가 없을 수 있다. 같은 공산체제 국가 간의 중소동맹(1950~1980)은 양국 간의 공산권 종주국 경쟁, 국경분쟁 등으로 인하여 사실상 유명무실하게 되었다.

3. 동맹이익의 호혜성

동맹이익은 동맹을 통하여 얻을 수 있는 다양한 차원의 편익과 동맹을 유지하기 위하여 부담해야 하는 비용의 차이를 의미한다. 바로 이러한 동맹이익이 참가국들에게 호혜성을 보여주게 될 경우 참가국들의 동맹지속에 대한 만족도를 높여준다.

그렇지만 동맹이익이 어느 일방에게 불리한 경우 해당 국가는 동맹을 불만족스러워 할 것이다. 만일 동맹의 유지를 위하여 특정 국가가 많은 비용을 부담하는 반면 다른 국가는 무임승차를 모색할 경우 동맹이익의 호혜성은 약화된다. 많은 비용을 부담하는 국가가 공공재로서 안보를 제공하는 데 한계가 있음에도 다른 국가가 비용 분담에 소극적이라면 동맹의 효과성이 약화될 수밖에 없다. 그렇게 되면 피차 동맹 유지에 대한 의지가 약화된다. 그렇지만 동맹이익의 호혜성을 일관된 기준으로 판단하기는 어려우며, 이는 동맹이익이 일정 정도 동종의 성격을 띨 수 있으나 이종의 성격을 띠는 것도 있기 때문이다. 뿐만 아니라 양적으로 동일한 수준의 동맹이익이라고 하더라도 적대세력의 안보위협 수준 평가, 동맹국별 국가위상 및 국력 수준, 동맹이익이 개별 동맹국의 전체 국가안보이익에서 차지하는 비중 등에 따라서 상이하게 평가될 수 있다.

4. 동맹의무 이행의 신뢰성

동맹이 체결되었지만 동맹의무 준수에 대한 신뢰성이 미약하면 필요한 상호 군사협력이 제대로 이루어지지 못할 것이다. 이는 곧 동맹의 실효성이 약화됨을 의미하며 동맹이 유명무실해짐을 의미한다. 반대로 신뢰성이 강한 동맹의 경우 필요한 군사협력을 더욱 원활하게 제공할 수 있다.

동맹의 신뢰성을 좌우하는 요인은 다양하다. 조약상에 포함된 동맹의

무 내용에 대한 해석이 모호하기보다는 명확한 경우 신뢰성이 강하다. 특히 구체적 위협에 대한 구체적 지원 약속이 있는 경우 의무이행의 신뢰성이 강하다. 그리고 의무이행의 조건이나 절차가 용이하고, 동맹의 존속기간이 명시되어 있는 경우가 그렇지 않은 경우보다 신뢰성이 높다. 만일 동맹의무 불이행 내지 동맹탈퇴에 대한 제재조항이 있을 경우 신뢰성이 현저히 높아질 수 있다. 특히 전쟁 시 동맹의무 이행의 신뢰성은 큰 관심사항인데, 신뢰성이 낮아진다는 입장과 그렇지만은 않다는 입장이 공존한다.[23]

5. 동맹유지의 딜레마

동맹을 통하여 자신이 원하는 국가안보 이익을 증진하는 것은 바람직하다. 대부분의 국가들이 동맹에 참여하는 이유는 안보자원의 공유와 안전보장이라는 혜택을 받을 수 있기 때문이다. 특히 강대국과 약소국 간의 동맹관계 속에서 약소국은 강대국이 제공해 주는 안보 혜택을 누릴 수 있지만 자신의 국가정책상의 자주성을 제약받을 수 있다. 이로 인해 안보와 자율성이 교환되는 딜레마에 직면한다.[24]

한편 동맹을 유지하는 부담이 과도하다고 느낄 경우 동맹의 지속적 유지에 대한 의지가 약해질 수 있다. 이런 경우 동맹의 포기에 대한 유혹이 커질 수 있다. 다른 한편으론 동맹을 계속 유지하기로 하는 경우에는 다른 동맹국에 대한 군사적 지원의 약속 때문에 원하지 않는 국제분쟁에 휩쓸려 들어가는 '연루의 위험성'이 있다. 이로 인해 동맹 속에서 '포기와 연루의 딜레마'가 발생한다.[25] 동맹 참가국들의 딜레마가 심각하면 그 동맹은 불안정 상태에 빠질 수 있다.

Ⅶ. 동맹과 평화 그리고 전쟁

동맹이 평화를 가져오느냐 전쟁을 유발하느냐에 대한 논의가 다양하게 전개되어 왔다. 동맹이 불안정한 상황과 고조되는 긴장에 대응하기 위한 것이라면 전쟁을 방지하는 데 기여할 수 있으며, 여러 국가들이 독자적으로 군비증강을 추구하는 경우보다 동맹이 세계안정에 더 기여할 수 있다.[26] 또한 동맹을 맺은 국가들끼리는 이데올로기적 유사성, 경제적 상호의존, 상호 정보교환에 따라 피차 군사력에 대한 오해의 감소 등으로 전쟁이 훨씬 덜 발생할 수도 있다.

그러나 다른 학자들은 동맹이 전쟁의 가능성을 높여 준다며 반대의 주장을 한다.[27] 어느 한 국가가 동맹에 가입하면 경쟁국가와 불신 및 긴장을 조성하거나 군비경쟁을 야기할 수 있으며, 다른 대항동맹을 촉발시킬 수 있도 있으며, 결과적으로 전쟁으로 이어질 가능성이 높아지기 때문이다. 나아가 동맹으로 인하여 특정 국가들 간의 전쟁이 동맹국 전체로 확산될 수도 있다.[28]

한편 동맹의 형성 그 자체가 전쟁의 발생에 미치는 영향은 불명확하거나 적다는 주장도 있다.[29] 이에 따라 동맹의 형성 그 자체가 전쟁에 미치는 일반적 영향을 주장하기보다는 동맹으로 야기되는 상황에 따라 전쟁에 미치는 영향을 살펴보는 것이 바람직할 수 있다.

먼저 생각해 볼 수 있는 것은 어떠한 동맹이 형성되어 현상유지적 성격을 갖는지 전쟁지향적인 성격을 갖는지 여부이다. 만일 동맹 참가국들이 자신들에 대한 외부외협에 방어적 차원에서 대응하여 현상을 유지하려 한다면 이는 전쟁을 억제하는 데 기여할 수 있다. 그렇지만 동맹을 형성하여 현상을 타파함으로써 자신들에게 유리한 새로운 질서를 구축하려 한다면 전쟁의 위험성을 높일 수 있다. 특히 어떠한 동맹에 직전의 전쟁에서 승리한 경험이 있는 국가나 군사력 사용의 경향이 높은 강대국이 포함되어 있거나, 동맹이 기존 질서에 도전하려는 국가에게 공세적 지원을 하는 약속을 포함하는 경우, 이러한 동맹은 전쟁지향적 성격이 강할 수 있으며 따라서 전쟁의 가능성을 높일 수 있다.[30] 즉 동맹을 형성하는 의도가 어떤지에 따라서 평화와 전쟁에 미치는 영향이 다를 수 있다.

한편 국제사회에 복수의 동맹이 형성됨으로써 힘의 질서에 변화가 생길 수 있다. 이에 따른 힘의 분배의 극화(polarization of power distribution) 양상이 어떠한지에 따라 전쟁에 미치는 영향이 다를 수 있다. 혹자는 동맹으로 인해 힘의 양극화가 이루어질 경우 국가들 간의 상호관계에 명확성이 증대되어 질서 자체가 안정적으로 되고 전쟁의 가능성이 줄어든다고 주장한다.[31]

이러한 입장과는 달리 동맹으로 인해 힘의 극화가 느슨한 다극체제가 국제질서의 유연성을 증대시켜 주고, 국제행위의 결과에 대한 불확실성이 높아져 국가들이 신중한 정책을 취하기 때문에 전쟁의 위험성을 낮춘다는 주장도 있다.[32] 19세기 유럽의 다극체제가 프러시아 중심의 독일 통일로 인해 양극체제로 변화된 이후 20세기 초반에 제1차 세계대전이 발생하여 많은 국가들이 전쟁에 참여한 예를 들 수 있다. 이러한 두 입장과 달리 전쟁방지에 가장 바람직한 힘의 극화 수준은 견고한 양극체제와 느슨한 다극체제 사이의 어느 중간지점에 있다면서, 아주 양극적이거나 아주 다극적일 때에 오히려 전쟁의 위험성이 높아진다는 주장도 있다.[33]

동맹으로 인해 국가 간 힘의 관계가 어떻게 되는지에 따라 전쟁에 미치는 영향을 달리 보는 입장들도 있다. 힘의 균형을 중시하는 학자들은 힘이 불균형할 때 힘이 강한 국가가 약한 국가에 대해 전쟁을 시도하기 때문에 힘의 균형이 달성되면 전쟁을 방지할 수 있다는 입장이다. 따라서 힘이 약한 국가가 동맹을 통해 힘의 균형을 달성할 경우 전쟁의 가능성은 낮아질 수 있다고 본다.[34] 그러나 힘이 불균형할 때에는 힘이 강한 국가는 약한 국가를 대상으로 전쟁을 하지 않아도 자신의 이익을 실현할 수 있기 때문에 오히려 전쟁이 일어나지 않는다고 보는 입장도 있다. 특히 힘이 약한 국가가 힘이 강해져 힘의 전이가 이루어지는 시점에 전쟁의 위험성이 높아진다고 본다. 그러나 동맹으로 인해 두 국가 간의 힘의 균형이 이루어지는 때가 아닌 두 동맹 간의 힘이 균형을 이룰 때에나 전쟁의 가능성이 높아진다는 주장도 있다.[35]

VIII. 동맹의 변화 요인

어떠한 동맹이 체결되더라도 이를 둘러싼 대내외 안보정세의 변화, 그리고 이에 따른 동맹 그 자체에 대한 당사국들의 재평가로 인하여 변화할 수 있다.[36] 여기에서는 동맹의 변화 요인으로서 동맹의 대외환경 요인, 동맹국-적성국 요인, 동맹국 내부 요인을 제시하고자 한다.

1. 대외환경 요인

동맹에 영향을 미치는 대외환경 요인으로는 세계적 차원이 있을 수 있고 지역적인 차원이 있을 수 있다. 세계적 요인으로는 국제질서가 하나의 초강대국이 주도하는 패권체제인가, 두 개의 초강대국이나 국가진영이 존재하는 양극체제인가, 아니면 여러 개의 힘의 축이 존재하는 다극체제인가가 동맹에 영향을 미친다. 세계질서가 어떠한가에 따라서 동맹 참가국의 행태가 변화할 수 있기 때문이다. 예로써 미국은 1970년대에 소련과의 평화공존을 모색하면서, 1990년대 탈냉전을 맞이하여, 그리고 9·11 테러사태를 계기로 한미동맹의 변화를 시도하였다.

지역적 요인으로는 동맹이 주요 관심대상으로 하는 지역의 역사적 갈등관계는 어떠한가, 지역 내 개별 국가 간의 현재 진행 중인 주요 갈등과 협력의 내용은 어떠한가, 지역 내 국가 간의 힘의 위상에는 변화가 있는가, 지역적 패권을 추구하는 국가가 존재하는가 그렇지 않은가, 그리고 지역 내에 전반적인 힘의 균형이 이루어져 안정적인가 그렇지 아니한가 등에 따라 지역정세의 안정과 불안정이 영향받을 수 있는 것이다. 예로써 미국은 탈냉전 이후 동아시아 지역에서 중국의 위협이 증대됨에 따라 주한미군에 전략적 유연성을 부여해 한반도 역외, 즉 동북아에서 활용할 수 있기를 기대하여 왔다.

2. 동맹국-적성국 관계 요인

동맹국과 적성국의 관계도 항상 고정적인 것만은 아니며 상황에 따라서 변화할 수 있다. 여기에는 모든 동맹국과 적성국의 관계가 전체적으로 개선거나 혹은 악화되는 경우는 물론, 일부 동맹국과 적성국의 관계는 개선되는 반면 다른 동맹국과 적성국의 관계는 악화되는 경우도 있다.

이와 같이 동맹국 간의 상호관계, 동맹국과 적성국의 상호관계가 어떻게 전개되느냐가 동맹 그 자체에 영향을 미칠 수 있다. 왜냐하면 안보위협에 대한 인식, 동맹의 목표와 이익 등 핵심적 사항에 대한 동맹국들의 평가가 달라질 수 있기 때문이다. 동일한 동맹이라고 하더라도 시간의 흐름상 주요 적대세력이 변화할 수 있으며, 이에 따라 동맹의 필요성에 대한 인식도 변할 수 있다.

동맹국과 적성국의 관계 변화는 특히 동맹의 응집성에 영향을 미칠 수 있으며, 이로 인해 결과적으로 동맹을 둘러싼 이해관계에 변화가 올 수 있다. 탈냉전 이후 남북한 간의 정치, 경제적 교류와 협력이 증대되고, 미북관계도 일면 개선되는 경향이 있은 이후 한미 양국은 주한미군의 추가적인 감축에 합의한 바 있다.

3. 동맹국 간의 상호관계

동맹국 간의 상호관계가 어떠한가에 따라 동맹의 지속과 변화에 중요한 영향을 미친다. 동맹에 참가한 국가들의 이데올로기나 정치체제 나아가 집권세력의 정치적 성향이 크고 작은 범위로 계속 변할 수 있다. 이에 따라서 동맹 그 자체를 보는 동맹국의 인식 변화도 야기된다.

만일 동맹국 간의 관계가 정치, 외교, 경제, 문화적으로 더욱 우호적이거나 동질적인 방향으로 나아가고 있거나 제반 분야의 교류협력이 증대되고 있다면 그 동맹은 유지, 강화될 개연성이 높다. 그러나 그 반대의 경우에는 해당 동맹이 약화될 수 있다. 한편 동맹이 지속되면서 동맹국 간의 호혜성, 신뢰성이나 동맹으로 인한 딜레마에 변화가 올 수 있다. 동맹유지를 위한 부담과 관련하여 동맹국 간의 갈등이 발생하거나, 기존에 동맹에 기초한 상호 군사협력이 미흡하였거나, 동맹으로 인한 딜레마가 심각해질 경우 동맹이 약화될 수 있다.

4. 동맹국 내부 요인

동맹국 내부 요인으로는 개별 동맹국들의 정치, 경제, 군사적 상황이 어떻게 전개되는지, 나아가 동맹에 대한 매스컴이나 국민들의 평가나 여론이 어떠한가 등이 매우 중요하다. 왜냐하면 이러한 대내적 요인들은 동맹의 목표 및 이익에 대한 평가 내지는 인식에 중요한 영향을 미침으로써 동맹관계 여러 부문에 영향을 미칠 수 있기 때문이다.

한 국가의 내부 정치상황은 그 국가의 대외 동맹정책에 중요한 영향을 미칠 수 있다. 해당 국가의 정치체제, 집권세력의 정치성향, 의회와 행정부의 관계, 대외 동맹정책 관련 부서의 상호관계, 주요 정책결정자들이나 관료들의 정치적 신념, 그리고 국내정치의 안정 혹은 불안정 등이 동맹의 지속과 변화에 영향을 미칠 수 있다. 예로써 한국에서는 대미관계에서 더욱 자주적이며 수평적인 대등한 관계를 지향하는 노무현 정부가 등장하면서 기존의 한미동맹에 대한 재인식 및 변경 모색을 시도하게 된다. 이처럼 한미 양국의 국내정치 상황 변화가 한미동맹에도 적지 않은 영향을 미쳤다.[37]

한 국가의 국민들은 국가의 정부예산이 어떻게 사용되고 분배되는가에 대하여 많은 관심을 갖고 이는 집권층의 정치적 지지도에 중요한 영향을 미친다. 따라서 집권자들은 자국의 경제상황에 따라서 대외 동맹정책을 지속적으로 재평가하면서 그 지속 혹은 변화를 모색하게 된다. 예로써 세계전략 차원에서 많은 동맹국을 갖고 있는 국가가 동맹유지에 과도한 비용이 드는 경우, 어떠한 동맹국이 경제침체에 빠져 스스로 군사력 건설보다는 동맹에 더 의존해야 하는 경우 등, 동맹에 대한 변화를 모색하는 예가 다양할 수 있다.

또 한 국가가 군사정책 노선, 전쟁수행 방식, 군사력 건설의 방향을 어떻게 설정하고 변경하느냐에 따라서 해당 국가의 동맹정책에 영향을 미칠 수 있다. 예로써 9 · 11 사건 이후 미국은 군대의 신속한 대규모 기동, 장거리 정밀타격, 속전속결의 단기전, 전시 인명피해 최소화 추구 등을 위해 해외 동맹정책 전반에 대한 재검토와 변경을 모색하기 시작하였다.

IX. 세력균형과 동맹

1. 세력균형의 개념

세력균형이라는 개념은 매우 오래전부터 있어 왔음에도 그 뜻이 다양하고 애매한 점이 있는데, 다음과 같이 크게 세 가지 뜻으로 이해되고 있다.[38)]

첫째는 단순한 국가 간의 힘의 분포상태(situation)을 표현하는 경우이다. 이 경우에는 국가들의 힘이 대결하고 있는 국가군 간에 균등하게 분포되어 있는 상태, 즉 평형(equilibrium)의 상태를 뜻한다. 이러한 평형 상태하에서 국제체제나 국가들 간의 관계는 안정될 것이기에 바람직하다는 전제가 깔려 있다.

둘째는 한 국가의 외교정책 지침으로써 현상을 변경할 수 있는 강국 또는 국가군의 출현을 방지하는 수단을 뜻한다. 이렇게 쓰일 때의 세력균형은 동태적인 균형과정(balancing process)에 중점을 두는 것이다. 각 국가는 자신의 군사력을 강화하거나, 다른 국가와 동맹을 맺거나, 적대세력의 힘을 약화하는 등으로 세력균형을 달성하고자 한다.

셋째는 세력균형을 초국가적 정치권력체가 존재하지 않는 주권국가들 간의 무정부 상태의 상호관계 속에서, 각 국가가 추구하는 저마다의 자구행위, 자국이익 추구행위 등이 서로 교차하면서 안정된 질서를 형성해 나가는 국가 간의 행위로 이루어진 시스템을 지칭하는 경우이다. 이러한 세력균형은 무정부적 국제질서하에서 보이지 않는 손에 의해 이루어지는 것으로 볼 수도 있다.

세력균형이라는 개념이 때로 혼동을 자아내는 이유는 바로 이러한 세 가지의 서로 차원을 달리하는 내용을 명확히 구분하여 쓰지 않거나 제대로 이해하지 않고 쓰기 때문이다. 그렇지만 이 개념이 어떻게 기술되고 어떻게 적용되든 간에 '힘의 우위를 불인정'한다는 것만큼은 변함없는 특징이다.[39]

2. 세력균형의 유형

세력균형은 여러 국가들 간의 힘의 분포가 평형을 이루거나 이에 가까운 상태를 의미한다고 본다면, 힘의 분포가 어떻게 되어 평형에 근접하는가에 따라서 세력균형의 유형을 나누어 볼 수 있는데, 균형자형, 비스마르크형, 뮤니히형, 빌헬름형으로 구분한다.[40]

첫째, 균형자형(Balancer Form)이란 두 개의 국가들이나 국가군들 사이에 균형자가 존재하며, 이 균형자가 강한 세력의 반대편에 서서 약자에게 힘을 보탬으로써 전체적인 힘의 균형이 유지되도록 하는 것이다. 1893년경 유럽대륙에서 프랑스, 러시아, 스페인의 3국동맹과 독일, 합스부르크왕가, 이탈리아의 3국동맹이 대치하고 있을 때 영국은 그 사이에서 균형자 역할을 추구한 바 있다. 이러한 세력균형은 균형자에 의해 변화, 유지되는 특징이 있다.

둘째, 비스마르크형(Bismarckian Form)은 여러 국가들의 상반되는 이해관계를 교묘하게 잘 이용하여 신축성 있는 복합동맹체제를 구축하고, 이러한 동맹체제를 중심으로 하여 잠재적인 침략자나 경쟁국을 고립시키고 견제함으로써 전쟁을 방지하려는 형태이다. 예로써 프러시아의 비스마르크는 프랑스가 1871년의 전쟁 패배를 만회하기 위해 전쟁을 감행할 것을 우려하여 복합적인 힘의 균형체제를 구축하여 프랑스를 고립시켜 견제하면서 평화를 모색하였던 것이다. 그러나 이러한 세력균형을 유지하기 위해서는 매우 정교하고 능수능란한 외교적 역량이 필요하다.

셋째, 뮤니히형(Munich-Era Form)이란 비스마르크형과는 반대로 침략예상국이 침략희생국을 분산시켜 세력균형을 만들어 내는 것이다. 예로써 영국과 프랑스 등의 유럽제국이 협력에 실패하여 히틀러의 대두를 막지 못하였던 상황하의 힘의 분포 상태를 들 수 있다. 영국과 프랑스가 함께 힘을 합치면 히틀러의 독일을 억제할 수도 있었지만, 양국은 각자 독일과의 전쟁을 회피하는 데 초점을 맞추면서 독일 위협 억제를 위한 동맹국으로서 책임을 회피하는 데 급급하였고, 결과적으로 더 강할 수 있는 영국과 프랑스의 동맹이 양국의 이해관계 차이로 약화되어 히틀러의 독일이 도전해 볼 수 있는 상황이 발생하였던 것이다.[41] 제2차 세계대전 이후 소련은 NATO 회원국들의 개별적 국가전략을 활용하여 NATO 내부의 분열을 시도하고자 하였는데, 이러한 경우도 뮤니히형을 모색하려한 것으로 볼 수 있다.

넷째, 빌헬름형(Wilhelmian Form)이란 제1차 세계대전 직전(1907~1914년)이나 제2차 세계대전 이후(1949~1963년)에 뚜렷이 나타났던 형태로서, 세력판도가 크게 두 개의 블록형, 즉 양극체제 상태로 균형을 이루면서 균형자의 역할을 할 수 있는 힘과 역량을 갖춘 행위자가 결여된 상태하에 힘의 균형을 이룬 것을 의미한다. 이러한 양극적 세력균형은 제1차 세계대전의 발발이나 제2차 세계대전 이후의 냉전체제가 소련의 해체로 탈냉전이 된 것처럼 폭발하거나 붕괴하는 경향이 있다는 주장도 있다.

3. 동맹과 세력균형의 상호관계

동맹 형성이 세력균형에 영향을 미칠 수 있지만, 기존의 세력균형 상태가 어떠한지에 따라서 동맹의 형성이나 행태에도 영향을 미칠 수 있다. 즉 동맹과 세력균형은 서로 영향을 미칠 수 있는 관계이다.

앞에서 살펴보았듯이 동맹을 형성하는 목적은 다양한데, 그중에 힘의 균형을 추구하기 위해 동맹을 추구한다면 이러한 동맹은 세력균형을 달성하는 데 기여한다. 역사적으로 많은 동맹들이 힘의 균형을 지향하였음은 분명하다. 이렇듯 동맹으로 세력균형을 이루어 상호억제가 가능해지면 전쟁을 예방하는 데 기여한다.

그렇지만 이미 힘의 우위에 있는 국가들이 패권적 안정을 모색하기 위해 동맹을 맺거나 확장해 나간다면 이러한 동맹은 힘의 균형을 깨트리는 것이다. 예로써 냉전시대의 NATO는 소련을 중심으로 한 바르샤바조약기구라는 동맹에서 오는 유럽의 공산위협을 견제해 힘의 균형을 유지하기 위한 것이었다면, 탈냉전시대의 NATO는 이미 소련 공산체제가 몰락하고 나아가 바르샤바조약기구가 해체되었지만 약화되기는커녕 더욱 확대되는 모습을 보이고 있는 점에서 더 이상 힘의 균형을 지향하는 동맹으로 보기 어렵다.

또 동맹을 형성하여 기존의 현상유지적 질서를 타파하려는 전쟁을 시도할 수도 있는데, 이 역시 힘의 균형을 깨트리는 동맹이라고 볼 수 있다. 특히 기존의 질서에 대해 불만이 있는 국가들이 동맹을 형성하고, 기존의 질서에 도전할 수 있는 역량을 갖추어 힘의 전이가 가능하다고 볼 때 전쟁을 시도할 수 있다. 제2차 세계대전의 발발이 독일, 이탈리아, 일본 등 후발 산업국가들이 기존의 세계질서에 도전함으로써 야기된 것이라는 주장이 이를 뒷받침한다.

바로 이러한 면에서 동맹은 세력균형을 지향하는 일반적 경향이 있지만 이러한 경향이 필연적이지만은 않음을 알 수 있다. 동맹이 세력균형을 지향하더라도 어떠한 유형의 세력균형을 야기할 것인지는 동맹 참가국들의 힘의 위상이나 상호관계, 적대적 국가나 국가군의 특성, 동맹 참가국과 적대세력의 상호관계 등에 따라 결정된다.

한편 세력균형이 동맹에 미치는 영향을 살펴보면 다음과 같다. 이미 세력균형을 이룬 상태라면 구태여 패권적 안정을 추구하거나 현상타파를 지향하지 않는다면 추가적인 동맹을 형성하거나 기존 동맹에 참가국을 확대할 필요성을 덜 느낄 것이다.

그렇지만 국제정치에서 세력균형이라는 것이 완전한 평형을 이루는 상태가 아니라 이에 근접하는 상태에 있다면, 더 완전한 세력균형을 모색하는 차원에서 동맹을 확대하는 노력을 전개할 수 있다. 또 국가들 간의 실질적 힘의 평형에 의한 객관적 세력균형이 거의 이루어졌다는 분석이 있음에도, 국가들마다 힘의 분포에 대한 주관적 인식이 다르기 때문에 더욱 안정적인 세력균형을 추구하는 차원에서 추가 동맹의 형성이나 확대를 모색할 수도 있다.

세력균형을 어떠한 형태로 이루느냐에 따라서 동맹국의 행태가 영향을 받는다. 균형자형 세력균형에서는 균형자 국가의 경우 힘의 분포가 변화함에 따라서 동맹국을 바꾸어 나갈 수 있다. 또 비스마르크형 세력균형처럼 여러 국가들 간의 복합동맹 형태로 세력균형을 이루었다면 동맹을 계속 유지할 수 있는 중심국가의 외교적 역량이나 수단에 한계가 있을 경우 동맹이 약화되거나 이탈국가가 쉽게 발생할 수 있다. 뮤니히형의 경우 동맹 참가국들 간의 책임회피 경향으로 동맹이 약해져, 강력한 억제력을 가질 수 있음에도 그러하지 못하고 약화되어 외부침략에 직면할 수 있다. 빌헬름형 세력균형처럼 두 개의 동맹진영이 양극적 대결구도하에 놓여 있는 경우 동맹의 응집성이 높아 이탈 가능성이 낮아지겠지만, 이러한 구도하에서 무임승차를 추구하는 국가들이 많이 포함된 동맹의 경우 동맹 유지의 부담으로 인해 동맹 내의 갈등이 증대되면 중장기적으로 동맹이 약화될 수도 있다.

| 미주 |

1) 자력방위, 동맹, 집단안보, 공동안보, 협력안보 등 국가안보의 다양한 정책수단에 대한 체계적 이해를 위해서는 윤정원 외, 2002, 『국가안보론』, 박영사, pp. 89-261 참조.

2) 일례로 1815-1939년 사이에 112개의 동맹이 형성되었다는 경험적 연구사례가 있다. Singer, David and Melvin Small, 1996, "Formal Alliances, 1815-1939: A Quantitative Description," *Journal of Peace Research* vol. 3, no. 1, pp. 1-32.

3) Osgood, Robert E., 1968, *Alliance and American Foreign Policy* (Baltimore: The Johns Hopkins Press), p. 19.

4) Friedman, Julian R., 1970, "Alliance in International Politics" in Julian R. Friedman, Christopher Bladen and Steven Rosen (ed.), *Alliance in International Politics* (Boston, Massachusetts: Allyn and Bacon, Inc.), pp. 4-5.

5) Walt, Stephen M., 1987, *The Origins of Alliances* (Ithaca and London: Cornell University Press), p. 12.

6) Liou Emerson M. S., and Peter C. Ordeshook, 1994, "Alliances in Anarchic International Systems," *International Studies Quarterly* vol. 38/no. 2 (June), p. 170.

7) 집단안보의 실패에 대해서는 양준희(역), 2000, 『국제분쟁의 이해』, 한울, 제4장「집단안보의 실패와 제2차 세계대전」, pp. 131-167; 구춘권, 2003,「냉전체제의 극복과 집단안보의 잃어버린 10년」,『국제정치논총』 제43집 2호(6월), pp. 29-51 참조.

8) 공동안보 개념에 대해서는 이승근 · 황영주, 2004,「EU와 유럽안보: EU의 공동안보개념에 대한 분석을 중심으로」,『대한정치학회보』 제11집 3호, pp. 95-120; 백종천 · 이민룡, 1998,『한반도 공동안보론』, 봉명 참조.

9) 다자간 협력안보에 대한 논의로는 이민룡, 1996,『한국안보정책론』, 진영사, 제9장「협력안보의 이론과 실제」, pp. 267-312; 이인배, 2001,「제도와 행위자간의 상호작용에 관한 연구: '다자간 협력안보' 사례로서 CSCE를 중심으로」,『국제정치논총』 제41집 2호(6월), pp. 95-114 참조.

10) Morgenthau, Hans J.. 1948, *Politics Among Nations* (New York: Alfred A. Knopf Inc.), pp. 157-187.

11) Schweller, Randall, 1994, "Bandwagoning for Profit: Bringing the Revisonist State Back in," *International Security* vol. 19, no. 1 (Summer), pp. 72-107.

12) Walt, Stephen M., 1985, "Alliance Fornation and the Balance of World Power," *International Security* vol. 9/no. 4 (Spring), pp. 3-43; Walt, Stephen M., 1988, "Testing Theories of Alliance Formation: The Case of Southwest Asia," *International Organization* vol. 43/no. 2 (Spring), pp. 275-316.

13) 패권안정이론에 대해서는 Snidal, Duncan, 1985, "The Limits of Hegemonic Stability Theory," *International Organization* vol. 39/no. 4 (Autumn), pp. 579-614; 김욱, 2000, 「공공재이론의 관점에서 본 패권안정이론」, 『국제정치논총』 제40집 4호, pp. 27-44 참조.

14) Olsen, Mancur and Richard Zeckhauser, 1966, "An Economic Theory of Alliances," *Review of Economics and Statistics* vol. 48 (August), pp. 266-279.

15) Weede, Erich, 1983, "Extended Deterrence by Superpower Alliance," *The Journal of Conflict Resolution* vol. 27/no. 2 (June), pp. 231-254.

16) Conybeare, John A.C., 1994, "The Portfolios Benefits of Free Riding in Military Alliances," *International Studies Quarterly* vol. 38/no. 3 (September), pp. 405-419.

17) Altfeld, Michael F., 1984, "The Decision to Ally: A Theory and Test," *The Western Political Quarterly* vol. 37/no. 4 (December), pp. 523-544; Morrow, James D., 1993, "Arms versus Allies: trade-offs in the search for security," *International Organization* vol. 47/no. 2 (Spring), pp. 207-233.

18) 한미동맹의 불균등성에 대한 대표적 분석으로는 한명화, 1986, 『한미관계의 정치 경제: 동맹이냐 종속이냐』, 평민사; 이상철, 2004, 『안보와 자주성의 딜레마: 비대칭 동맹이론과 한미동맹』, 연경문화사.

19) 윤정원 외, 2002, 앞의 책, pp. 124-125.

20) 남창희, 2002, 「일본과 한국의 방위비분담 정책체계의 연구: 현지 고용원 인건비 지원사례를 중심으로」, 『국제지역연구』 제6집 2호, pp. 81-104; 이장희, 1998, 「한미 주둔군지위협정의 재검토: 주한미군 방위비분담의 국제법적 근거와 그 적절성」, 『서울국제법연구』 제5집 2호, pp. 1-20.

21) Thompson William R. and Davis P. Rapkin, 1981, "Collaboration, Consensus, and Detente: The External Threat-Bloc Cohesion Hypothesis," *The Journal of Conflict Resolution* vol. 25/no. 4 (December), pp. 615-637.

22) Holsti, Ole R. et al, 1973, *Unity and Disintegration in International Alliance: Comparative Studies* (New York: John Wiley), pp. 250-277; Kupchan, Charles A., 1988, "NATO and the Persian Gulf: Examining Intra-Alliance Behavior," *International Organization* vol. 4/no. 2 (Spring), pp. 317-346.

23) Sabrosky, Alan N., 1980, "Interstate Alliances : Their Reliability and the Expansion of War," in J. David Singer, *The Correlates of War: II, Test Some Realpolitik Models* (New York: Free Press), pp. 161-198; Leeds, Brett A., Andrew G. Long, and Sara M. Mitchell, 2000, "Reevaluating Alliance Reliability: Specific Threats, Specific Promises," *The Journal of Conflict Resolution* vol. 44/no. 5 (October), pp. 686-699; Leeds, Brett A., 2003, "Alliance Reliability in Times of War: Explaining State Decisions to Violate Treaties," *International Organization* vol. 57/no. 4 (Autumn), pp. 801-827.

24) 안보와 자율성 교환의 딜레마에 대한 논의로는 Morrow, James D. 1991, "Alliances and Asymmetry: An Alternative to the Capability Aggregation Model of Alliances," *American Journal of Political Science* vol. 35/no. 4(November), pp. 904-933; Altfeld, Michael F., *ibid.*, pp. 523-544; 장노순, 1966, 「교환동맹모델의 교환성: 비대칭 한미안보동맹」, 『국제정치논총』 제36집 1호, pp. 79-104 참조.

25) 동맹의 포기-연루 딜레마에 대한 논의로는 Snyder, Glenn H., 1984, "The Security Dilemma in Alliance Politics," *World Politics* vol. 36/no. 4 (July), pp. 461-495; Cha, Victor D., 2000, "Abandonment, Entrapment, and Neoclassical Realism in Asia: The United States, Japan, and Korea," *International Studies Quarterly* vol. 44/no. 2 (June), pp. 261-291; 이수형, 2001, 「냉전시대 NATO의 안보 딜레마: 포기-연루 모델을 중심으로」, 『국제정치논총』 제38 1호, pp. 91-110; 이수형, 1999, 「동맹의 안보 딜레마와 포기-연루의 순환: 북핵문제를 둘러싼 한미 갈등관계를 중심으로」, 『국제정치논총』, 제39집 1호, pp. 21-38 참조.

26) Levy, Jack S., 1981, "Alliance Formation and War Behavior, 1495-1975" *The Journal of Conflict Resolution* vol. 24/no. 4 (December), pp. 581-613; Saperstein, Alvin M., 1992, "Alliance Building and Independent Action," *The Journal of Conflict Resolution* vol. 36/no. 3 (September), pp. 518-545.

27) Wright, Quincy, 1965, *A Study of War* (Chicago: University of Chicago Press).

28) 제1차 세계대전은 오스트리아헝가리제국과 세르비아 간의 충돌이 동맹체제로 인해 여러 국가로 확산된 '연쇄적 패거리짓기(chain gangs)' 때문이라는 주장이 있다. Christensen, Thomas J., Jack Snyder, 1990, "Chain Gangs and Passed Bucks: Predicting Alliance Patterns in Multipolarity," *International Organization* vol. 44/no. 2 (Spring), pp. 137-168.

29) Smith, Alastair, 1995, "Alliance Formation and War," *International Studies Quarterly* vol. 39/no. 4 (December), pp. 405-524; Vasquez, John A., 2004, "The Probability of War, 1816-1992," *International Studies Quarterly* vol. 48/no. 1 (March), pp. 1-27.

30) Gibler Douglas M., and John A. Vasquez, 1998, "Uncovering the Dangerous Alliances, 1945-1980," *International Studies Quarterly* vol. 42, pp. 785-807; Leeds, Brett A., 2003, "Do Alliances Deter Aggression: The Influence of Military Alliances on the Initiation of Militarized Interstate Disputes," *American Journal of Political Science* vol. 47/no. 3 (July), pp. 427-439.

31) Waltz, Kenneth, 1964, "The Stability of a Bipolar World," *Daedalus* vol. 93/no. 3, pp. 882-884.

32) Deutch, Karl and J. David Singer, 1964, "Multipolar Power Systems and International Stability," *World Politics* vol. 16/no. 4, pp. 390-406.

33) Wallace, Michael D., 1973, "Alliance Polarization, Cross-Cutting, and International War, 1815-1964: A Measurement Procedure and Some Preliminary Evidence," *The Journal of Conflict Resolution* vol. 17/no. 4 (December), pp. 575-604

34) Siverson, Randolph M. and Michael F. Tennefoss, 1984, "Power, Alliance, and the Escalation of International Conflict, 1815-1965," *American Political Science Review* vol. 78/no. 4 (December), pp. 1057-1069.

35) Kim, Woosang, 1989, "Power, Alliance, and Major Wars: 1816-1975," *The Journal of Conflict Resolution* vol. 33/no. 2 (June), pp. 255-273.

36) 예로써 다양한 측면에서 한미동맹이 역사적으로 변천되어 온 내용에 대해서는 윤정원, 2009, 『한미동맹의 분석: 지속과 변화』, 황금알 참조.

37) 박봉규, 2003, 「대테러 전쟁과 미국의 동맹정책」, 『한국정치외교사논총』 제25집 1호, pp. 335-366; 안병진, 2003, 「9.11 테러와 미국의 외교노선: 연속성과 단절을 중심으로」, 『국제정치논총』 제43집 4호, pp. 59-81; 김열수, 2003, 「이라크 추가파병 결정과 한미동맹 미래」, 『한국국제정치학회 연례학술회의 논문집: 주변국 군사정책, 한미동맹 그리고 추가파병 논의』, pp. 1-20.

38) 이상우, 2006, 『국제관계이론』, 박영사, pp. 51-514의 내용을 참조.

39) Chatterjee, Partha, 1972, "The Classical Balance of Power Theory," *Journal of Peace Research* vol. 9/no. 1, pp. 51-61.

40) 이상우, 2006, 위의 책, pp. 516-524; 이혁섭, 1990, 『한국국제정치론』, 박영사, pp. 133-137의 내용을 참조.

41) Groth, Alexander J., Richard G. Randall, 1991, "Alliance Pathology: Institutional Lessons of the 1930s," *Political Science Quarterly* vol. 106/no. 1 (Spring), pp. 109-121.

| 참고문헌 |

- 남창희, 2002, 「일본과 한국의 방위비분담 정책체계의 연구: 현지 고용원 인건비 지원사례를 중심으로」, 『국제지역연구』 제6집 2호, pp. 81-104.
- 박봉규, 2003, 「대테러 전쟁과 미국의 동맹정책」, 『한국정치외교사논총』 제25집 1호, pp. 335-366.
- 양준희 역, 2000, 「국제분쟁의 이해」, 한울.
- 윤정원, 2009, 「한미동맹의 분석: 지속과 변화」, 황금알.
- 윤정원 외, 2002, 「국가안보론」, 박영사.
- 이상우, 2006, 「국제관계이론」, 박영사.
- 이상철, 2004, 「안보와 자주성의 딜레마: 비대칭 동맹이론과 한미동맹」, 연경문화사.
- 이수형, 2001, 「냉전시대 NATO의 안보 딜레마: 포기-연루 모델을 중심으로」, 『국제정치논총』 제38집 1호, pp. 91-110.
- ______, 1999, 「동맹의 안보 딜레마와 포기-연루의 순환: 북핵문제를 둘러싼 한미 갈등관계를 중심으로」, 『국제정치논총』 제39집 1호, pp. 21-38.
- 이혁섭, 1990, 「한국국제정치론」, 박영사.
- 장노순, 1966, 「교환동맹모델의 교환성: 비대칭 한미안보동맹」, 『국제정치논총』 제36집 1호, pp. 79-104.
- 한명화, 1986, 「한미관계의 정치 경제: 동맹이냐 종속이냐」, 평민사.

- Altfeld, Michael F., 1984, "The Decision to Ally: A Theory and Test," *The Western Political Quarterly* vol. 37/no. 4 (December).
- Cha, Victor D., 2000, "Abandonment, Entrapment, and Neoclassical Realism in Asia: The United States, Japan, and Korea," *International Studies Quarterly* vol. 44/no. 2 (June).
- Christensen, Thomas J. and Jack Snyder, 1990, "Chain Gangs and Passed Bucks: Predicting Alliance Patterns in Multipolarity," *International Organization* vol. 44/no. 2 (Spring).
- Conybeare, John A. C., 1994, "The Portfolios Benefits of Free Riding in Military Alliances," *International Studies Quarterly* vol. 38/no. 3 (September).

■ Deutch, Karl and J. David Singer, "Multipolar Power Systems and International Stability," *World Politics* vol. 16/no. 4.

■ Friedman, Julian R., Christopher Bladen, and Steven Rosen, ed., 1970, *Alliance in International Politics*, Boston, Massachusetts: Allyn and Bacon, Inc.).

■ Groth, Alexander J. and Richard G. Randal, 1991, "Alliance Pathology: Institutional Lessons of the 1930s," *Political Science Quarterly* vol. 106/no. 1 (Spring).

■ Holsti, Ole R. et al, 1973, *Unity and Disintegration in International Alliance: Comparative Studies*, New York : John Wiley.

■ Kim, Woosang, 1989, "Power, Alliance, and Major Wars: 1816-1975," *The Journal of Conflict Resolution* vol. 33/no. 2 (June).

■ Kupchan, Charles A., 1988, "NATO and the Persian Gulf: Examining Intra-Alliance Behavior," *International Organization* vol. 4/no. 2 (Spring).

■ Leeds, Brett Ashley, 2003, "Alliance Reliability in Times of War: Explaining State Decisions to Violate Treaties," *International Organization* vol. 57/no. 4 (Autumn).

■ ______, 2003, "Do Alliances Deter Aggression: The Influence of Military Alliances on the Initiation of Militarized Interstate Disputes," *American Journal of Political Science* vol. 47/no. 3 (July).

■ Levy, Jack S., 1981, "Alliance Formation and War Behavior, 1495-1975," *The Journal of Conflict Resolution* vol. 24/no. 4 (December).

■ Morrow, James D., 1991, "Alliances and Asymmetry: An Alternative to the Capability Aggregation Model of Alliances," *American Journal of Political Science* vol. 35/no. 4 (November).

■ ______, 1993, "Arms versus Allies: trade-offs in the search for security," *International Organization* vol. 47/no. 2 (Spring).

■ Liou, Emerson M. S. and Peter C. Ordeshook, 1994, "Alliances in Anarchic International Systems," *International Studies Quarterly* vol. 38/no. 2 (June).

■ Olsen, Mancur and Richard Zeckhauser, 1966, "An Economic Theory of Alliances," *Review of Economics and Statistics* vol. 48 (August).

■ Osgood, Robert E., 1968, *Alliance and American Foreign Policy*, Baltimore: The Johns Hopkins Press.

■ Saperstein, Alvin M., 1992, "Alliance Building and Independent Action," *The Journal of Conflict Resolution* vol. 36/no. 3 (September).

■ Schweller, Randall, 1994, "Bandwagoning for Profit: Bringing the Revisionist State Back in," *International Security* vol. 19/no. 1 (Summer).

- Singer, J. David, 1980, *The Correlates of War: II, Test Some Realpolitik Models*, New York : Free Press.
- Siverson, Randolph M., and Michael F. Tennefoss, 1984, "Power, Alliance, and the Escalation of International Conflict, 1815-1965," *American Political Science Review* vol. 78/no. 4 (December).
- Smith, Alastair, 1995, "Alliance Formation and War," *International Studies Quarterly* vol. 39/no. 4 (December).
- Snyder, Glenn H., 1984, "The Security Dilemma in Alliance Politics," *World Politics* vol. 36/no. 4 (July).
- Thompson, William R. and Davis P. Rapkin, 1981, "Collaboration, Consensus, and Detente: The External Threat-Bloc Cohesion Hypothesis," *The Journal of Conflict Resolution* vol. 25, no. 4 (December).
- Vasquez, John A., 2004, "The Probability of War, 1816-1992," *International Studies Quarterly* vol. 48/no. 1 (March).
- Waltz, Kenneth, 1964, "The Stability of a Bipolar World," *Daedalus* vol. 93/no. 3.
- Wallace, Michael D., 1973, "Alliance Polarization, Cross-Cutting, and International War, 1815-1964: A Measurement Procedure and Some Preliminary Evidence," *The Journal of Conflict Resolution* vol. 17/no. 4 (December).
- Walt, Stephen M., 1985, "Alliance Fornation and the Balance of World Power," *International Security* vol. 9, no. 4 (Spring).
- ______, 1988, "Testing Theories of Alliance Formation: The Case of Southwest Asia," *International Organization* vol. 43/no. 2 (Spring).

집단안보, 공동안보, 협력안보

신 범 식

I. 서론

국가는 자국의 안보를 지키기 위해 다양한 방법을 사용한다. 안보를 달성하는 방법에는 국가가 자국의 힘에 의존하는 방법과 다른 국가들과 협력을 하는 방법이 있다.

현실주의적 입장에서는 개별 국가가 국력을 배양하여 자조(self-help)의 방식으로 안보를 달성하는 일방적 수단과 타국과 동맹(alliance)을 결성하여 세력균형(balance of power)을 이룸으로써 안보를 달성하는 수단이 전통적으로 옹호되어 왔다. 하지만 이러한 전통적인 안보수단은 '안보딜레마(security dilemma)'라는 중요한 문제를 수반하며, 19세기 말 이후 서구 강대국들은 이를 해결하지 못하면서 두 차례의 세계대전을 치를 수밖에 없었다.

이러한 실패의 경험과 국제적인 상호의존의 증대에 따라 현대 국가들은 자조체제나 동맹체제의 한계를 넘어 다수의 타국들과 함께 협력하는 다자적 협조방식으로 안보를 달성하는 안보협력을 모색하기도 하였다. 안보협력에 대하여 큰 관심을 기울이는 이런 접근은 주로 자유주의 내지 제도주의적 시각에 많이 의존한다. 이처럼 다수의 국가들이 참여하여 안보적 필요를 충족시켜가는 대표적인 방법으로 '안보레짐(security regime)'의 형성을 위한 노력을 들 수 있다. 본래 레짐(regime)이란 국가들이 타자들도 상응한 행동을 할 것이라는 믿음 아래에 자기의 행동을 제한하는 원칙과 규칙 그리고 규범을 의미하며, 이러한 레짐은 국가들이 단기적으로 자기 이익을 추구하는 행동을 넘어 협력을 가능케 한다. 저비스는 안보레짐은 일군의 국가들이 스스로의 행동과 타국의 행위에 대한 가정을 통해 안보딜레마를 줄임으로써 그들 간의 분쟁을 해결하고 전쟁을 피할 때에 이룩된다고 지적하였다.[1] 물론 이러한 안보레짐에 대해 현실주의자들은 그 존재를 인정하기는 하지만 그것이 얼마나 효과적으로 기능하는지에 대해서는 회의적인 입장을 견지한다.

대표적인 다자적 안보레짐으로는 집단안보(Collective Security)체제, 공동안보(Common Security)체제, 협력안보(Cooperative Security)체제 등을 들 수 있다.[2] 그런데 이들 상이한 안보레짐은 어떠한 고정불변의 안보 개념과 원칙을 고수하기보다는 실제로 변화무쌍한 국제상황 속에서 다양한 형태로 존속 및 변화되어 왔다. 따라서 이들 다양한 안보레짐을 이해하기 위해서는 그들이 등장했던 당시 국제정치 상황을 이해해야 하는데, 이는 각 안보레짐이 당시 변화하는 국제정치 상황을 반영하며 탄력적으로 변모해 왔기 때문이다. 가령 집단안보체제는 양차 세계대전을 전후하여 기존의 동맹에 근거한 세력균형체제에 대한 반성에서 출현하였고, 공동안보체제는 냉전기 핵전쟁의 불안과 점증하는 포괄안보(comprehensive security)의 필요성에 대한 대응으로 시도되었다. 협력안보체제 역시 탈냉전 이후의 변화하는 국지적 분쟁의 증가와 국제적 안보협력의 필요성 증대라는 상황과 연관되어 등장하였다. 이처럼 각각의 안보협력 레짐은 당시의 시대적 및 지역적 안보요구와 밀접한 연관 속에서 구상되고 시도되었다.

따라서 이 글에서는 대표적 안보레짐을 구축하는 데 핵심적인 역할을 하였던 집단안보, 공동안보, 협력안보의 개념을 그 역사적인 등장 배경과 관련지어 살펴보고, 그러한 개념이 적용된 대표적 안보협력체제로서 북대서양조약기구(NATO), 유럽안보협력회의/기구(CSCE/OSCE), 상하이협력기구(SCO), 아세안지역안보포럼(ARF) 등의 변화와 발전과정을 개괄해 봄으로써 안보 개념 및 안보체제의 역사적 제약성에 대하여 고찰해 보도록 할 것이다.

II. 집단안보, 공동안보, 협력안보의 개념

1. 집단안보의 개념

집단안보란 한 집단 내의 국가들이 자국의 안보를 위해 자국에만 의존하는 자조나 동맹에 의존하는 것이 아니라, 구성원 개별 국가의 안보를 집단 내 모든 구성원의 공동 관심사로 이해하고, 집단 내 평화유지와 전쟁방지를 위해 조직적이며 체계적인 국가 간의 협력에 참여함으로써 달성되는 안보를 의미한다. 따라서 집단안보체제에서 국가들은 체제의 어느 한 국가에 대한 침략을 협력체 전체에 대한 위협으로 간주하며, 어떠한 침략이 발생하기 이전에 먼저 그러한 침략이 발생했을 때 어떻게 대처할지에 대해 합의된 행동요령을 마련한다.[3)]

집단안보와 유사한 개념으로 집단방위(collective defense)가 있는데, 둘 사이에는 분명한 차이가 있다. 집단방위는 결국 자조의 원칙을 다자에게로 확장한 것으로, 사전에 적과 동지를 구분하고 어느 한 집단과 그 외부의 '특정한' 적을 상정하여 공동의 방어체제를 구축하는 것을 의미한다. 이에 비하여 집단안보는 안보체제 결성에 앞서 미리 특정한 적을 상정하지 않고 한 국가에 대한 적을 자동으로 모든 국가에 대한 적으로 규정하여 더 보편적인 안보체제의 성격을 지닌다. 즉 간단히 말해 집단방위가 '저들에 대항하는 우리(us against them)'라면, 집단안보는 '모두는 하나를, 하나는 모두를(all for one, one for all)'이라는 어구로 축약할 수 있다.[4]

찰스와 클리포드 쿱찬(Charles A. Kupchan and Clifford A. Kupchan)은 이러한 집단안보의 기저에 있는 두 논리를 지적한다.[5] 첫째, 집단안보하의 세력균형이 적어도 집단안보가 부재한 무정부 상태에서 국가 간 세력균형 기제보다 전쟁방지와 국가 간 안보 증진에 더 효율적이라는 점이다. 둘째, 집단안보체제의 '하나를 대항하는 모두(all against one)'라는 원리의 제도화는 협력을 통한 국가 간 관계의 안정에 더욱 도움을 줄 수 있는 점이다. 왜냐하면 한 국가가 도발하려 할 경우, 그 국가를 제외한 다른 모든 국가들의 적이 되기 때문에 결국 집단안보체제는 그것이 부재한 상태보다 전쟁 도발의 가능성을 줄여 주기 때문이다. 따라서 집단안보체제가 세력균형체제보다 침략 대처에 더 효과적이며, 집단안보체제 내 국가 간의 협력을 제도화할 수 있으며, 또한 국가의 안보 딜레마를 완화할 수 있는 점에서 무정부 상태의 세력균형체제보다 더 큰 이점이 있다고 주장한다.[6]

하지만 집단안보 구상의 실현에는 다음과 같은 한계가 드러난다. 미어샤이머(Mearsheimer)는 집단안보 구상이 국가 간 서로에 대한 공포감 극복과 상호 신뢰형성이 어렵다는 문제는 간과하고 있다고 지적하면서 집단안보 구상이 가지는 문제점들을 다음과 같이 지적하였다.[7] 첫째, 국제분쟁에서 침략자와 희생자를 구분하기 어렵다. 둘째, 집단안보는 모든 침략이 항상 옳지 않다고 가정하지만, 위협적 이웃을 정복하는 것이 허용되는 상황도 있을 수 있다. 셋째, 어떤 국가들은 역사적 혹은 이데올로기적인 이유로 자기의 우방국에 대항하려는 집단안보체제에 참여하려 하지 않을 것이다. 넷째, 국가들 간의 역사적 적대감은 집단안보의 작동을 방해할 수 있다. 다섯째, 국가 간 집단안보 구상에서 국가들은 침략대응 비용을 치를 때에 서로 책임을 전가하는 경향이 있기 때문에 그 책임과 부담을 적절히 분담하기가 힘들다. 여섯째, 집단안보체제로는 침략자에 대한 신속한 대응이 힘들다. 일곱째, 집단안보는 국지적 분쟁을 국제분쟁으로 확산할 우려가 있기 때문에 집단안보에 참여하기를 꺼리는 국가들이 있을 수 있다. 여덟째, 민주 국가들은 주권침해 가능성이 있는 집단안보 참여를 꺼린다. 아홉째, 군사력의 사용을 지양하면서도 동시에 침략자에 대한 공동의 군사력 사용을 주장하는 집단안보 구상은 그 자체가 모순적 성격을 지니기에 원활한 기능이 힘들다.

그렇다면 집단안보 개념의 출현과 변화는 국제관계 역사 속에서 어떤 모습으로 나타났는지를 살펴봄으로써 그 실제적 의미를 이해해 볼 수 있을 것이다.

집단안보체제의 등장은 전쟁 후 새로운 질서를 세우고 전쟁을 방지하기 위한 국가들의 노력과 깊은 관련이 있다. 집단안보체제의 대표적인 사례로는, 제1차 세계대전 후인 1920년에 결성되었던 국제연맹(The League of Nations)과 1945년 10월에 출범해 현재까지도 존재하는 국제연합(The United Nations)을 들 수 있다. 국제연맹은 헌장의 10항에서 "연맹의 한 국가에 대한 위협을 곧 연맹 전체에 대한 위협으로 간주한다"고 규정하고 있다.[8] 국제연합의 헌장 7장 "평화에 대한 위협, 평화의 파괴 및 침략 행위에 대한 조치"에서도 이러한 집단안보체제의 성격이 잘 드러난다.[9] 이러한 집단안보의 원리가 구체적으로 작동한 대표적인 성공 사례는 걸프전쟁 사례이다. 물론 한국전쟁도 집단안보체제가 가동된 사례이기는 하지만 절반의 성공이라고 이야기할 수 있으며, 걸프전의 경우는 회원국 전체의 집단적 의지가 좀 더 온전한 형태로 모인 집단안보체제가 작동한 것으로 평가해 볼 수 있다.

흥미롭게도 이러한 집단안보의 역사는 20세기의 국제연맹과 국제연합의 등장 이전부터 이미 시작되었다고 주장한다. 국제정치학자들은 1815년의 비엔나회의 이후 유럽협조체제(Concert of Europe)에서 집단안보 구상의 원류를 찾기도 한다. 저비스(Jervis)는 유럽협조체제를 집단안보체제의 발생기적 양태로 규정하면서, 집단안보 구상이 이미 근대국가체제에서 시작되었음을 지적하였다.[10] 하지만 유럽협조체제는 국제연맹과 국제연합에서 나타났던 공식적이고 조직적인 규약이 부재한 비공식적인 집단안보체제였다는 차이가 있다. 따라서 집단안보 개념은 일종의 이념형이며 실제 역사에서 나타난 집단안보체제는 공식성의 정도나 규모 등의 기준으로 볼 때 다양한 스펙트럼상에 존재해 왔다.[11]

2. 공동안보의 개념

공동안보 역시 한 국가의 안보를 자조나 타국과 동맹이 아니라 다른 국가들과 다자적 협력을 통해 전체 국가의 안보를 증진시키는 맥락 속에서 추구한다는 점에서 많은 부분 집단안보와 공통점이 있다. 하지만 공동안보는 집단안보보다 더욱 발전된 형태의 레짐이라고 할 수 있다. 공동안보는 소극적으로 보자면 대화와 제한적 협력을 통하여 상대방의 안보를 '보장(assurance)'하고 자국의 안보를 달성하려는 방식으로 이해할 수 있으며, 안보의 상호의존성을 인식하는 가운데 지속적인 과다 군비지출로 인한 국방딜레마와 안보딜레마를 해결함에 있어서 적대국과의 협력을 통하여 안보를 달성하고자 하는 것이다. 이는 기본적으로 어떠한 개별국가도 자신의 군사력 증강에 의한 '억지(deterrence)'만으로 자국의 안보와 평화를 달성할 수 없으며, 적대국과 공존을 통해서만 진정한 국가안보를 달성할 수 있다는 비영합게임(non-zero sum game)적 사고를 기반으로 한다.

공동안보의 등장은 냉전기 국제정치 상황과 관련이 깊다. 1980년대에 미·소 양극의 대립이 다시 격화되면서, 주변국들의 긴장과 핵 및 화학무기 군비경쟁이 심화되었다. 다른 한편으로는 환경오염, 국가 간 경제 갈등 등 비군사적 차원의 안보문제들 역시 대두되면서 더 이상 냉전적 사고로는 국가들의 안보를 제대로 유지할 수 없다는 의식이 등장하였다. 이러한 상황에 대처하기 위해 1980년대 유엔은 세 개의 독립 위원회를 소집하고 연구를 진행하였는데, 스웨덴의 팔머(Olof Palme)의 리더십 아래에 있던 팔머위원회(Palme Commission)가 그중 하나였다. 팔머위원회는 1982년 "공동안보: 생존을 위한 청사진(Common Security: A Blueprint for Survival)"을 제시하였고, 1989년에는 최종 보고서인 "평화의 세계: 21세기 공동안보(A World at Peace: Common Security in the Twenty-first Century)"를 제출하였다.[12] 국가들 간의 안보적 상호의존성의 증대와 협력의 필요성은 이미 그 이전부터 인식되었지만, 이 팔머위원회의 보고서를 계기로 비로소 공동안보 개념이 등장했다.

공동안보는 크게 두 가지 내용을 골자로 한다. 첫째, 당시 냉전의 심화와 군비경쟁과 핵전쟁의 위협이 증대되는 가운데 이러한 문제의 해결을 위해 전통적인 '억지' 개념이나 냉전적 사고에 의지하지 않고 국가 간 새로운 대화의 장이나 제도의 창출을 통해 전쟁의 위험을 줄이고 평화를 얻고자 했다는 점이다. 팔머보고서는 오인과 사고로 원치 않는 전쟁이 일어날 가능성에 대하여 공동으로 인식하게 된 이상 전략적으로 상호의존하는 세계에서 생존을 보장하기 위한 우·적 간 협력이 필요하다고 강조하였다.

> "국가의 생존은 물론이고 그 안보란 상호의존적인 것이다. 동(東)이나 서(西) 양측이 핵재난을 회피하는 것은 평화적 관계의 구축, 국가들의 자기 절제, 군비경쟁의 완화 등에 대한 필요성을 상호 인식하는 데 달렸다. …… 군

비에 기초한 안정이란 절대적으로 유지될 수 없다. 군비에 기초한 국제체제의 취약한 안정이 갑자기 깨질 위험은 항상 존재하며, 핵 대결도 일어날 수 있다. 따라서 안보를 확보하는 더욱 효율적인 방법은 평화와 군비철폐로 나아갈 적극적 과정을 창출해 내는 데 있다. 모든 국가들이 공동의 생존을 위하여 협력하는 그런 계기를 마련하고 불가역적인 (안보)과정을 창출하는 것이 중요하다. …… 전쟁의 위험을 줄이고 무기를 제한하고 군비철폐로 나가는 노력을 조직화하는 원칙으로서 공동안보를 수용한다는 것은 이익갈등을 해결하는 데 있어서 협력의 원칙이 대결의 원칙을 대체하게 되는 것을 의미한다."[13]

이러한 안보인식에 기초하여 팔머위원회는 다음과 같은 6개의 공동안보의 원칙을 제시하였다.[14] 첫째, 모든 국가는 안보를 위한 정당한 권리를 갖는다. 둘째, 군사력은 국가 간의 분쟁 해결을 위한 정당한 도구가 아니다. 셋째, 국가 정책의 표현에는 제한이 필요하다. 넷째, 안보는 군사적 우위로 얻을 수 없다. 다섯째, 무기의 양적인 감축과 질적인 제한은 공동안보를 위해 필수적이다. 여섯째, 무기 협정과 정치적 사안의 연계는 피해야 한다. 요약하자면, 공동안보는 '대립하는 안보(security against)'가 아니라 '함께하는 안보(security with)'를 통해 국가 간의 안전을 보장하려는 체제이다.[15]

둘째, 공동안보는 단순히 군사적 차원이 아니라 비군사적 차원의 안보 문제에도 주목하며, 안보 이슈의 다양성을 인정하는 '포괄적인 안보(comprehensive security)'를 지향한다. 팔머위원회 보고서는 기아, 실업, 인플레이션, 세계 불황의 위협 등과 같은 세계적 경제문제나 지구 남반구와 북반구 간에 경제적 및 사회적 격차로 인한 '남북문제' 등과 같은 제3세계 문제에도 주목한다.[16] 이 같은 문제들은 물론 이전의 집단안보체제에서는 언급하지 않던 것으로 집단안보와의 큰 차이라고 할 수 있다.

요컨대 공동안보는 냉전 시기 핵전쟁의 위험이라는 특별한 상황과 군비경쟁의 심화와 같은 상황, 그리고 국가 간의 상호의존성이 증대하면서 기아문제, 경제갈등, 환경오염 등에 대한 국가 간 협력의 필요성이 높아지는 상황하에서 이전 시기와는 다른 새로운 시각으로 다양한 문제들에 대한 공동 해결을 추구하려는 목표로부터 출현한 안보 개념이다.

역사 속에서 공동안보 개념을 성공적으로 적용한 것은 역시 탈냉전 과정에서 동서 간의 긴장을 완화하려 했던 노력에서 찾을 수 있다. 1975년 헬싱키회의 이후로 새로운 안보 개념을 찾기 위한 노력이 진행되면서 1980년대 초반 이후 등장한 이 공동안보 개념은 실제 정계에서는 그리 환영을 받지 못하였다. 하지만 미국의 '군축 및 안보문제위원회(The Independent Commission on Disarmament and Security Issues)'가 공동안보 개념에 대한 보고서를 발간한 이후 조금씩 주목을 받다가, 1986년 고르바초프의 '신사고(New Thinking)' 외교 주창으로 큰 주목을 받게 된다.[17] 그것은 '신사고'가 안보 문제뿐만 아니라 환경 및 경제문제에서도 국가들이 상호의존적 관계에 놓여 있음을 강조하였고, 또한 전통적 억지 개념인 안보수단의 한계를 강조하는 등 많은 면에서 공동안보와 유사했기 때문이다.[18] 이처럼 유럽과 미국 그리고 소련에서 안보에 대한 공동의 인식 변화는 유럽지역에서 공동안보 개념이라는 결실을 맺어 유럽안보협력회의(CSCE)를 강화하는 기제가 되었다.

하지만 탈냉전을 가능하게 하였던 유럽형 공동안보 개념을 그대로 아시아에 적용하기 위한 시도는 성공하지 못하였다. 1986년 고르바초프의 헬싱키 프로세스를 본뜬 아태지역의 안보회의(Pacific Ocean Conference along the lines of the Helsinki Conference) 제안이나 1990년 7월 호주 외교부 장관 에반스(Gareth Evanse)의 아시아안보협력체(CSCA: Security Cooperation in Asia) 제안 등은 성과를 거두지 못하였다.

3. 협력안보의 개념

탈냉전 이후 발전된 안보 개념으로는 협력안보가 있다. 협력안보란 각 국가의 군사체계 간 대립관계를 청산하고 나아가 협력적 관계의 설정을 추구함으로써 근본적으로 상호 양립 가능한 안보 목적을 달성하는 것으로 이해한다.

이러한 협력안보 개념이 발전한 것은 탈냉전 이후 국가들은 이전 냉전기보다 더 복잡한 안보환경에 맞닥뜨리게 되었고 이에 대응하기 위하여 새로운 안보레짐을 구축할 필요성을 느끼게 되었기 때문이다. 특히 냉전 종식 이후 대량살상무기를 비롯한 각급 무기의 처리문제, 고도 군사기술의 보급, 가속화되는 경제의 세계화, 탈소비에트 신생독립국들의 출현 등의 새로운 안보환경은 국가들로 하여금 안보문제에 대하여 보다 적극적인 협력을 통해 새로운 도전에 대처하도록 만들었다.[19]

하지만 협력안보는 '안보협력(security cooperation)'과는 구분되는 개념으로 주의를 기울일 필요가 있다. 안보협력이란 협력의 행위자로서 양자 및 다자를 모두 포괄하며 협력의 양태로서 양자동맹(bilateral alliance), 집단자위동맹(collective self-defense alliance), 집단안보, 협력안보 등을 아우르는 포괄적인 용어로 사용된다.[20]

다양한 안보협력의 한 형태로서 협력안보는 협력대상을 어느 특정 국가로만 한정하지 않는 비(非)배타적인 협력체의 결성을 지향하는 개방성을 지니며, 안보의 영역도 단순히 군사에만 한정하지 않고 경제, 환경, 마약, 테러 등 위협 대상을 포괄하는 포괄안보를 지향한다. 안보협력의 방식에서는 안보협력의 결과물이 아니라 국가들이 안보협력을 위해 대화의 틀을 마련하고 협의를 해나가는 과정을 중시하는 개방적, 포괄적, 점진적 방식의 안보협력을 지향하는 특징을 가진다.[21]

요컨대 협력안보란 국가들이 안보 분야에서 대화와 협력을 통해 발생할 수 있는 안보위협과 불안을 제거함으로써 안보를 이루는 다자적 안보협력을 말한다. 언뜻 듣기에는 협력안보의 개념이 이전에 설명한 집단안보나 공동안보의 개념과 유사하게 들릴 수도 있다. 하지만 협력안보와 집단안보의 차이점을 살펴보면, 집단안보는 이미 침략이 발생한 후에 사후에 대처하는 소극적 수단을 상정하는 데 비하여 협력안보는 침략이 발생하기 전에 그러한 침략국의 출현을 미연에 방지하는 예방적 수단을 강조한다. 즉 협력안보는 전쟁예방을 적극적으로 추구하기에 양자 간 혹은 다자간 합의한 조치들을 적극적으로 적용하여 특정국가가 침략수단을 총동원하기 어렵게 만드는 조치들을 모색해 나간다는 특징을 지닌다.[22] 따라서 협력안보는 '예방외교(preventive diplomacy)'의 중요성을 강조하며, 포괄적인 안보영역 및 다층적인 안보수준에 대해 고려한다.

그런데 이러한 협력안보의 특징은 상대국의 군사체계를 인정하고 안보이익과 동기를 존중하는 가운데 상호공존을 모색해 나가는 차원에서 공동안보와 유사하다. 특히 억지 대신 상호확신(reassurance)을 강조한다든지 안보의 상호의존적 속성 및 협력의 중요성을 강조하는 것은 거의 유사하여 공동안보와 협력안보를 혼용해 쓰기도 한다.[23] 그러므로 공동안보와 협력안보를 기계적으로 구분할 경우 두 개념이 지니는 공통성을 인위적으로 나누는 위험성이 있다는 지적은 어느 정도 타당하다.[24] 하지만 협력안보와 공동안보 사이에는 다음과 같은 일정 정도의 차이점이 있음은 분명해 보인다.

첫째, 협력안보는 현실에 이미 존재하는 양자관계와 세력균형 상황을 인정하되 이들을 다자적 제도에 함께 엮어 보려는 노력을 한다는 점이다. 특히 협력안보는 다자안보레짐을 창출하기 위해 공동안보보다 좀 더 '점진적'인 접근 방법을 강조한다.[25] 즉 협력안보는 어떠한 결과물이나 새로운 틀로서 안보레짐을 상정하기보다는 기존의 국가이익과 정책을 존중하면서도 국가 간의 공포를 극복하기 위한 대화의 장을 마련하여 이를 관행화함으로써 상호불신을 불식하여 상호이해를 증진하고 나아가 각국의 이익과 정책 사이의 차이를 조정해 나가는 과정을 중시한다.

둘째, 공동안보는 이웃 국가의 안보를 위협하지 않고 자국의 안보를 지키는 '비공격적 방어(NOD: non-offensive defence)'의 수단을 주로 채택하지만, 협력안보는 타국가에 대한 위협으로 여기지 않을 방식으로 안보를 지키는 '비위협적 방어(NTD: non-threatening defense)'를 수단으로 택하여 NOD보다는 방어의 수단을 덜 제한받는다.[26] 이러한 점에서 협력안보체제는 공동안보의 다양한 형태 중 더 현실적, 보수적, 실용적인 형태를 지닌 공동안보체제의 하나로 '현상유지(status quo)'를 위한 안보레짐이라는 설명도 존재한다.[27]

냉전 말기 유럽의 안보환경에서 태동한 공동안보 개념을 탈냉전기 다른 지역에 그대로 적용하는 것은 무리가 있었으며, 실제로 많은 국가들이 팔머보고서에서 제시한 공동안보와 같이 급진적인 안보레짐을 구축하려는 시도에는 분명한 한계가 있음을 경험하였다. 따라서 협력안보는 유럽과 같은 공동안보레짐 형성이 불가능했던 탈냉전기 아시아에서 다자적 안보협력체제를 구축하는 것과 관련하여 자주 언급되고 있다. 가령 1990년 9월 캐나다가 유엔 총회에서 아시아지역의 안보레짐으로 제안했던 '북태평양안보대화(NPCSD; North Pacific Cooperative Security Dialogue)'의 경우에도 협력안보레짐의 형성을 위한 노력으로 이해할 수 있는데, 공동안보레짐과 유사한 성격을 지니면서도 수단 면에서 좀 더 점진적인 다자적 제도 형성을 모색했다는 점이나 '비전통적 안보의제(unconventional security issue)'를 중심으로 포괄적인 안보체제를 구축해 보려한 점에서 협력안보의 성격을 지니는 시도로 평가할 수 있다.[28] 아시아 지역에서 협력안보의 대표적 사례로 떠오르는 것은 아세안지역포럼(ARF)을 들 수 있고, 최근 유라시아 지역에서 구축되는 상하이협력기구 등도 크게 이 범주의 협력안보 개념을 지향하는 것으로 이해할 수 있다.

Ⅲ. 안보레짐의 주요 사례

1. 북대서양조약기구: 집단방위에서 집단안보 및 협력안보로 전환

1949년 4월 4일 워싱턴 D.C.에서 체결된 북대서양조약(North Atlantic Treaty)으로 미국과 캐나다와 더불어 벨기에, 덴마크, 프랑스, 아이슬란드, 이태리, 룩셈부르크, 네덜란드, 노르웨이, 포르투갈의 12개 회원국으로 출발한 북대서양조약기구(NATO)는 2009년 현재에는 28개국이 참여하는 안보레짐이다. 1949년 출범 이후, 1952년 그리스와 터키, 1955년 서독, 1982년 스페인, 1999년에는 폴란드, 헝가리, 체코, 2004년에는 에스토니아, 라트비아, 리투아니아, 슬로베니아, 슬로바키아, 불가리아와 루마니아가 가입, 그리고 가장 최근인 2009년 4월 알바니아와 크로아티아가 가입하여 현재 나토는 미국, 캐나다와 서유럽 국가뿐만이 아니라 구 공산권 국가도 아우르는 대규모 집단안보체제가 되었다. 나토는 출범 이후 그 세부적인 전략과 조직의 성격에서 어느 정도 변화가 있어 왔지만, 회원국 간의 안보정책 논의, 합동 군사훈련, 회원국 영토 내 군사파병 등을 통하여 효과적인 안보레짐으로 기능해 왔다.[29)]

1949년 출범 이후 나토는 각 시기에 회원국의 국내, 국외적 안보 요구에 맞게 그 전략을 달리해 왔고, 따라서 출범 초기와 냉전기 그리고 탈냉전기의 나토는 매우 다른 성격을 발견할 수 있다.

먼저, 출범초기 나토는 복합적인 목적과 그에 따른 특징을 가지고 있었던 것으로 이해할 수 있다. 나토의 초대사무총장(1952~1957년)이었던 영국의 이즈메이(Hastings Ismay) 장군은 나토의 설립목적을 "러시아를 몰아내고, 미국을 머물게 하며, 독일을 주저앉히는 것(to keep the Russians out, the Americans in, and the Germans down)"으로 밝힌 바 있다.[30)] 하지만 이처럼 명쾌한 나토의 설립 목적에 대한 영국식 기술도 안보 개념이라는 견지에서 살펴보면 그 의미가 그리 간단치 않다. 러시아(소련)를 적으로 상정하는 차원에서 공동방위체제의 성격을 띠는 것이 사실이지만, 독일을 견제한다는 의미에서는 집단안보체제의 성격을 띠면서, 동시에 미국과 협력안보를 지향하는 체제의 성격도 적시되고 있는 것으로 해석할 수 있다.[31] 물론 이 언급이 있을 당시에 그러한 의도가 있었느냐는 것은 별개의 문제지만, 그 이후 안보협력체제로서 나토가 걸어온 길을 살펴보면 나토의 복합적 성격에 대한 이러한 언술은 당시 정치적 협의체에 불과했던 안보레짐으로서 나토의 미래적 본질을 상당히 잘 꿰뚫어 본, 이 단순한 통찰이 지닌 정확성은 놀라울 정도이다. 아무튼 나토는 그 출발부터 미국과 독일 그리고 소련이라는 안보대상에 대한 복합적 목표를 가지고 출발하였다.

하지만 미국과 소련의 냉전이 본격화된 한국전쟁 이후부터 나토는 집단방위(collective defense)체제의 성격을 강화해 나갔다. 나토는 냉전기 동안 1955년 5월에 창립되어 소련을 비롯한 공산국가들의 안보협력체제인 바르샤바조약기구(Warsaw Treaty Organization)에 대한 대항기구로 기능해 왔다. 물론 나토의 근간이 된 북대서양조약은 일국에 대한 침략을 타국에 대한 침략으로 간주하지만, 소련과 동유럽 진영을 분명한 적으로 밝히고 있지는 않은 점에서 표면상으로는 집단안보와 유사한 지향을 가진 기구였다. 하지만 실질적으로 냉전의 전개와 더불어 나토는 소련과 동유럽 진영이라는 외부의 적에 대한 의식에서 출발한 자유주의 진영의 배타적인 다자동맹체의 성격을 강화해 나갔다. 그리고 안보를 위해 군비경쟁과 억지를 주요 수단으로 사용한 점에서 집단방위체제라고 할 수 있다. 실제로 나토는 1950년 한국전쟁 발발 이후 소련의 위협을 의식해 군비를 더욱 증강하였고, 냉전기 동안 나토의 군사전략으로는 '전진방어 전략'을 채택했고, 안보수단으로는 재래식 무기와 핵무기의 사용과 같은 군비경쟁과 억지를 중시했으며, 나토의 주된 안보 관심영역은 회원국이 속한 지역으로 한정되었다는 점은 냉전시기 나토의 집단방위체제의

성격을 잘 드러내 준다.[32)]

이렇게 집단방위체제로 출발했던 나토는 1989년 베를린장벽의 붕괴, 1990년 소련의 해체, 그리고 1991년 바르샤바조약기구의 해체 등으로 상징되는 냉전종식 이후, 그 존립 이유와 정체성이 불분명해지게 된다. 왜냐하면 공산주의 권역의 붕괴로 냉전기에 명백히 존재하던 적이 사라지면서 이전 공산주의에 대한 집단방위체제라는 나토 존립의 명분은 약해졌으며, 탈냉전기의 새로운 국제환경은 다양한 안보 이슈들을 양산하였기 때문이다.[33)] 이러한 새로운 안보환경이 등장하는 상황에서 집단방위체제로서 나토는 한계를 지닐 수밖에 없었고, 탈냉전기 안보적 요구는 집단방위체제보다는 집단안보체제로서 변모를 희망하는 듯했다. 이러한 나토의 고민과 그 해법을 잘 보여 주는 사례가 1991년과 1999년의 나토의 새로운 '전략개념(Security Concept)' 채택과 1999년 나토의 코소보 개입이다.

냉전 종식 후 변화된 새로운 안보 환경 속에서, 나토의 회원국들은 1990년 런던회담, 1991년 11월 로마 정상회담을 통해서 새로운 전략 개념을 채택한다.[34)] 이 개념에서는 탈냉전시기 새로운 안보 환경의 인지, 위기관리와 분쟁 방지 개념의 도입, 나토군의 UN 평화유지활동 참여 의사 표명 등 냉전기에는 부재했던 새로운 요소들이 나토의 공식적인 전략으로 채택된다.[35)] 그리고 나토는 1991년의 전략 개념에 기초를 두고 진일보한 새로운 전략개념을 1999년 4월 채택하는데, 이는 현재까지도 유효하다.[36)] 1999년 4월 24일 최종 승인된 나토의 신(新)전략개념에서는 공식적으로 집단안보를 언급하고 있지는 않지만, 3장(Part III)의 25절, 29절, 4장(Part IV) 41절에서 갈등 예방과 위기 관련 활동의 중요성을 언급하고 있으며, 특히 자신의 방위영역 외에서 전개되는 위기의 관리와 평화활동으로 대변되는 집단안보적 역할을 강조하였고,[37)] 이러한 임무를 효율적으로 수행하기 위한 다국적합동전력(CJTF: Combined Joint

Task Force)의 창설을 추가하였다.[38] 또 1999년 전략개념에서는 국가들 간의 신뢰구축 협력, 위기관리와 분쟁 방지, 나아가 비확산(non-proliferation)과 비(非)나토 국가와 파트너십을 강조하고 있다. 결국 이러한 1991년과 1999년의 전략개념 수정을 통해 나토가 집단방위체제에서 집단안보체제로 변화해 가고 있음을 알 수 있다.

공식적인 전략 개념 채택에서 집단안보를 꾀한 나토가 실제로도 집단안보체제로 기능했음을 보여주는 대표적인 사건이 바로 1999년 나토의 코소보전쟁 개입이다. 1999년 구(舊) 유고슬라비아의 세르비아 내 코소보 지역에서 세르비아계에 의해 알바니아계에 대한 인권유린과 인종청소가 자행되자, 나토는 비(非)세르비아계인을 보호한다는 '인도주의적 개입(humanitarian intervention)' 명분 아래 코소보전쟁을 개시한다. 1999년 3월 24일부터 6월 10일까지 11주 동안 나토군은 유고슬라비아에 대한 공습을 단행하였고, 결국 세르비아의 밀로셰비치 정권은 평화협정을 받아들여 코소보 사태를 종결시켰다. 이러한 나토의 인도주의적 개입이 정당한 것인지에 대해서 논란도 적지 않지만, 분명한 것은 회원국들에게 직접적인 이해관계가 없는 나토의 역외 지역에 대해서도 인도주의를 명분으로 나토가 군사활동을 통한 개입을 처음으로 실행했다는 점이다. 이로써 코소보전쟁은 나토가 집단방위체제의 성격을 벗고 점차 집단안보체제를 지향하는 변화를 겪고 있음을 단적으로 보여준 사례로 주목을 받게 되었다.[39]

하지만 나토의 코소보 개입은 나토가 집단안보의 차원을 넘어 협력안보를 추구하는 기구로 발전해 가는 증거이기도 하다. 나토는 더욱 적극적으로 나토의 안보에 영향을 미칠 주변지역의 사태에 대하여 모니터링하고 적극적인 개입정책을 펼쳤다는 점에서 새로운 협력안보의 유럽적 구현을 코소보사태를 통하여 과시하였다. 그리고 2001년 9·11 테러 후 나토의 아프간전쟁 참전은 나토 출범 이후 처음으로 회원국이 직접 공격을 받아서 나토 회원국들이 군사작전에 협력하게 된 사례였다. 이는 집단방위체적 성격의 행동으로 해석할 수도 있지만, 더 적극적인 테러리즘과의 전쟁이라는 새로운 안보영역을 개척하는 협력안보를 지향하는 성격도 지닌 군사행위로도 해석할 수 있다.

냉전기와 탈냉전기, 그리고 9·11 테러 이후 탈탈냉전기를 지나며 세계 정치와 안보 환경은 더욱 복잡해졌으며 이에 따라 나토도 새로운 요구에 부응하려 한다. 냉전기 이후 나토는 과거에는 적이었던 구 공산권 국가들을 회원으로 받아들이고 있으며, 러시아와도 1995년에는 '평화를 위한 동반자(Partnership for Peace)' 관계를 정립하였으며, 2002년 나토 러시아위원회(NATO-Russia Council)를 설립하여 좀 더 폭넓은 안보협력을 강화해 나가고 있다. 또한 나토는 대량살상무기 확산문제, 실패국가(failed states) 문제, 에너지 및 환경문제 등과 관련하여 21세기에 그 중요성을 더해 가는 포괄적 안보 이슈에도 주목하여, 1999년의 전략 개념을 갱신하게 될 새로운 전략개념을 2010년부터 도입하려고 준비 중에 있다.[40] 이 개념은 좀 더 포괄적인 안보 이슈와 좀 더 넓은 지역에서 나토의 활동을 강화해 나가는 새로운 지향을 제시할 것으로 알려지고 있다.

냉전 종식 이후 그 존재 이유와 명분에 대한 논란이 있어 왔지만, 이처럼 변화하는 국제정치와 안보환경 속에서 나토 회원국들은 회원국들의 더욱 확장된 범위의 안보를 위해 적절한 안보레짐의 형태를 모색하는 변화를 지속적으로 진행시켜 오고 있다.

2. 유럽안보협력회의/기구: 공동안보의 적용과 변용 그리고 협력안보의 수용

미국과 캐나다를 포함하여 동구권 공산주의 국가들과 서구의 자유주의진영 국가들 35개국은 1972년부터 1975년에 헬싱키에서 처음으로 동·서구가 모두 참여한 안보협력회의를 개최하였다. 이 헬싱키회의에서 1975년 헬싱키 최종의정서가 도출되었고, 그 이후로도 동·서구 국가들은 지속적이며 정기적으로 다자간 안보협력회의를 개최하게 되었는데, 이것이 유럽안보협력회의(Conference on Security and Cooperation in Europe; CSCE)이다. 그리고 회원국들은 1995년 1월에 기존의 CSCE를 제도화하여 유럽안보협력기구(Organization for Security and Cooperation in Europe; OSCE)로 개칭함으로써, 오늘날 북미-유럽-러시아-중앙아시아의 56개국이 회원국으로 참여하는 거대한 안보레짐이 성립되었다. OSCE는 정치 · 군사 차원, 경제 · 환경 차원, 인간 차원 등 모든 안보영역에서 회원국 간 대화의 장을 마련하고, 공동규범을 마련하려는 안보레짐이다.[41)]

군사차원의 안보뿐만이 아니라 환경문제, 경제문제 등을 아우르는 포괄안보를 다루면서 회원국 간 공동의 가치와 규범 창출을 추구하는 공동안보레짐 유럽안보협력회의의 태동은, 실은 냉전시기 각 국가들의 치열한 이해관계에 기초를 둔 것이었다. 소련은 1954년부터 몇 차례에 걸쳐서 '범유럽안보회의'를 제안했는데, 이것은 회원국들 간의 협력보다는 NATO를 통해 유럽에서 영향력을 행사하는 미국을 견제하기 위한 의도에서 출발한 것이었다. 이러한 소련의 제안은 번번이 거절되었지만, 소련의 온건화를 유도하면서 상호군축과 미 · 소 양국 간 전략무기 경쟁 완화를 이루고자 했던 미국의 입장과 서유럽의 경제 · 기술 지원을 얻으려는 동유럽 국가들의 입장 등 유럽 제국(諸國)의 이해관계가 점차 수렴하는 가운데 1960년대의 데탕트 무드가 그에 힘을 더하여 1972년에 CSCE가 개최될 수 있었다.[42)]

35개국(NATO 16개국, WTO 7개국, 비동맹 및 중립국 12개국)이 참여하여 1972년 헬싱키에서 1차 회의가 열렸고, 총 세 차례의 회의를 통해서 헬싱키 최종의정서(Helsinki Final Act)가 1975년 8월에 공식적으로 조인되었다. 헬싱키 최종의정서는 군사분야부터 문화분야까지 다양한 영역에서 회원국 간 협력을 아우르고 있는데, 그 네 개의 의제 바스켓은

〔정치 · 군사적 신뢰구축장치(CBMs)〕, 〔무역, 산업, 과학, 기술, 환경, 교통, 관광, 이주 노동 등의 경제협력〕, 〔문화, 교육 분야, 인적교류 등의 협력〕, 〔차후 회담의제 논의〕 등이다. 1975년의 헬싱키회의 이후, 1977년 4월부터 1978년 3월에 베오그라드회의 및 1980년 11월부터 1983년 9월에 마드리드회의가 연이어 열렸다. 이 회의들을 통해 회원국들 간의 안보협력과 관련한 명백한 진보는 없었지만, 이는 동서 진영 사이에 지속적인 대화의 장이 마련되고 장기적인 협력 프로그램을 만들었다는 데 큰 의의가 있다.[43] 하지만 1984년 1월 스톡홀름회의, 1986년 11월부터 1989년 1월의 비엔나회의 등을 거치면서 CSCE 회원국들은 안보협력에서 큰 진전을 이루었다. 이러한 CSCE/OSCE의 역사적 전개 과정은 바로 이 조직이 지향하는 공동안보의 포괄적이며 근본적인 안보지향성을 드러내 준다. CSCE/OSCE가 지향한 안보 개념의 변화는 크게 세 단계 정도로 나누어 살펴볼 수 있다.

첫째, CSCE/OSCE는 역내 국가들 간의 집단방어나 집단안보의 구축이 아닌, 회원국 간에 대화의 장을 마련함과 동시에 구체적이고 효과적인 신뢰 · 안보구축조치(Confidence-and Security-Building Measures; CSBMs)를 실시함으로써, 냉전기 당시 국가 간 분쟁과 전쟁의 가능성을 줄이는 데 초점을 맞추는 공동안보 개념의 적용 단계이다.[44] 1975년 8월의 헬싱키 최종의정서에서는 국경에서 250km 이내에서 2만 5000명 이상의 병력을 동원하는 군사훈련 시에는 미리 다른 국가들에게 자발적(voluntary)으로 알리도록 하는 초보적 형태의 신뢰구축조치를 규정하였다.[45] 그리고 1984년 1월의 스톡홀름에서 열린 유럽 신뢰구축 및 군축회의에서는 1만 3000명 이상의 군사 활동이 있을 경우 42일 전에 알려야 하며 참관을 받아야 할 것을 규정하고 있는데, 이는 정치적인 구속력(political binding)을 갖는 것으로 근대국가 출현 이후 처음으로 국가의 군사 활동에 대한 국제기구의 참관을 자발적으로 허용한 사례로 기록된다.[46] 그리고 1986년 11월부터 1989년 1월에 열린 비엔나회담에서는 군사안보의 문제와 재래식무기 감축을 위한 협상(Conventional Forces in Europe)에 관한 논의가 있었고, 1990년의 파리회담에서는 당시 CSCE회원국 중 일부인 22개국이 '재래식무기감축조약(Treaty on Conventional Armed Forces in Europe; CFE)'에 조인하였으며, 후속적으로 군사활동정보 교류 및 추가적인 재래식무기감축 협상 등 안보분야의 신뢰구축을 위한 실질적인 논의가 이루어졌다. 결국 CSCE의 이러한 조치들은 단순한 군비감축뿐만이 아니라, 군사정보에 투명성을 부여하고 신뢰를 구축함으로써 위협 요소와 전쟁 가능성을 줄이려는 공동안보레짐의 특성을 잘 보여 준다.

둘째, 탈냉전기 CSCE/OSCE는 공동안보 개념을 단순히 적용하는 안보협력체가 아니라 공동의 가치를 강조하고 이에 기반한 일종의 공동체를 지향하는 점을 강화하는 단계이다. 1990년 11월 19일 파리에서 CSCE 34개국 정상회담이 개최되는데, 여기에서 회원국들은 '새 유럽을 위한 파리 헌장(The Charter of Paris for a New Europe)'에 합의한다. 이 헌장은 1975년의 헬싱키 의정서를 근간으로 전 유럽적인 공동체 구현을 목표로 삼고, 상호 존중 및 협력의 중요성과 더불어 인권, 민주주의, 자유와 같은 인류 기본가치를 강조한다.[47] 이와 같은 인류 공동의 가치 구현을 강조하는 점은 공동안보 개념의 근본주의 성격을 드러내는 대목이면서 동시에 공동안보 개념의 새로운 영역을 개척해 나가려는 시도로 이해할 수 있다. 하지만 탈냉전기 유럽 지역안보의 중심적 기재로서의 역할은 점차 나토가 감당하게 되었고, 새로운 유럽공동체를 지지할 안보적 실천과정에서 OSCE는 점차 나토와의 중첩성으로 인한 도전을 받게 되었다. 러시아 같은 나라는 1990년대에 계속하여 NATO가 아니라 OSCE가 유럽 공동안보의 중심기구로 자리매김 해야 한다는 주장을 굽히지 않았다. OSCE는 아직까지도 유럽 전체의 공동체에 대한 지향을 포기하고 있는 점에서 비록 미미하긴 하지만 공동안보의 전향적이며 근본적인 안보레짐으로서 특징을 유지해 가고 있는 것으로 보는 편이 타당해 보인다.

셋째, CSCE/OSCE가 다양한 안보 이슈, 즉 '포괄안보' 영역에서 다양한 협력을 강조하면서 탈냉전기에 점차 협력안보의 개념을 수용하고 강화해 가는 단계이다. CSCE의 근간이 된 1975년 8월의 헬싱키 최종의정서는 당시 다양한 회원국들의 목소리를 반영하여 안보분야 협력뿐만 아니라 인권, 경제, 과학, 환경 분야 등 다양한 차원의 협력을 꾀했다. 그리고 CSCE는 1989년부터 1992년까지 환경문제, 문화유산보존, 인권문제 등 다양한 의제를 놓고 전문가 회담을 10여 차례나 개최하였다.[48] 또한 CSCE는 안보분야 협력을 위해 단순히 한 국가차원의 안보뿐만이 아니라, 나아가 분쟁방지와 위기관리에도 역점을 두었다. CSCE는 1992년 7월 헬싱키의 정상회담에서 '헬싱키문서(Helsinki Document 1992–The Challenge of Change)'를 채택해, 분쟁방지와 위기관리 기능강화, 평화유지군(PKO) 창설, 안보협력포럼(Forum for Security Cooperation) 설립에 합의했다. 그리고 OSCE는 1996년 '리스본선언(Lisbon Declaration on a Common and Comprehensive Security Model for Europe for the Twenty-First Century)'과 1999년 이스탄불회담에서의 '유럽안보헌장(Charter for European Security)'을 통해 탈냉전기 새로운 안보 도전에 대해 더욱 전향적인 대응의 의지를 밝힌 바 있다. 그리고 이러한 협력안보의 기조 속에서 2001년에는 테러리즘에 관한 전략, 2003년에는 경제와 환경 차원에 대한 안보 전략, 인신 매매 문제에 대한 대응전략의 도출 등에 합의하였다.

이처럼 CSCE/OSCE는 앞서 언급한 1982년 팔머보고서의 공동안보 개념에서 시작하여 냉전기 및 탈냉전기의 환경적 변화에 적응하면서 훨씬 더 근본적인 안보에 대한 지향을 포기하지 않고 공동안보의 변용을 시도해 나가다가, 유럽안보 지형에서의 나토와의 중첩성 논쟁 및 나토의 확대와 강화에 따른 그 추동력의 약화로 인해 점차 포괄안보 이슈와 관련된 협력안보 개념을 수용해 나가는 변화를 겪고 있다.

3. 아세안지역안보포럼: 아시아 최초 다자 안보레짐의 조심스러운 협력안보 실천

아세안지역안보포럼(ASEAN Regional Forum; ARF)은 1994년 출범한 이후 아태지역의 최초이자 유일한 공식적 다자안보대화체로서 특별한 위상을 갖는다. 또한 2000년 7월부터 북한이 ARF에 참여하면서, ARF는 남한과 북한이 모두 참여하는 안보레짐이라는 점에서 특별하다. 그리고 ARF는 탈냉전 이후 등장한 협력안보 개념이 아시아에서 적용된 대표적인 사례이기도 하다.

1993년 7월 싱가포르에서 있었던 26차 ASEAN 각료회의(Ministerial Meeting and Post Ministerial Conference)에서 ASEAN 국가들과 역외 국가들은 ARF의 창설을 결정하였고, 1994년 7월 방콕에서 ASEAN 국가들과 역외 국가들이 참여한 가운데 첫 ARF회담을 개최하였다. 현재 ARF 참여국에는 호주, 방글라데시, 브루나이, 캄보디아, 캐나다, 중국, 유럽연합, 인도, 인도네시아, 일본, 북한, 남한, 라오스, 말레이시아, 미얀마, 몽골, 뉴질랜드, 파키스탄, 파푸아뉴기니, 필리핀, 러시아, 싱가포르, 스리랑카, 태국, 동 티모르, 미국, 베트남이 있다. 유의해야 할 점은 ARF는 '포럼(forum)'이지 '기구(organization)'가 아니기 때문에, '회원(member)'이 아닌 '참여국(participant)'이라는 표현을 쓰고 있다는 사실이다.[49] 이는 ARF가 다른 안보레짐과 비교했을 때, 제도화의 정도가 낮음을 보여준다.

ARF의 설립은 탈냉전의 등장과 깊은 관련이 있다. 냉전의 종식과 더불어, 아시아 · 태평양 지역에서 과거에는 양극으로 군림하던 소련과 미국의 영향력이 이전에 비해 감소함과 동시에 역내에서 중국, 일본, 인도 등 지역 강대국들이 부상하기 시작했다. 동시에 남중국해 영토문제를 비롯한 다양한 역내 영토분쟁, 북핵문제, 경제와 정치 및 사회의 제 분야를 포함하는 포괄적이면서도 다양한 안보 문제가 이슈로 등장하였으며, 아시아 · 태평양 국가들이 양자관계 이상의 다자적 안보협력체제에 대한 필요성을 절감하기 시작하였다. 결국 ASEAN과 역내 국가들은 1994년에 아태지역 최초의 다자적 안보협력레짐을 창설하였다.[50)]

이러한 배경하에 탄생한 ARF의 공식적인 목적은 "공동의 이익과 관심이 달린 정치와 안보 이슈에서 건설적인 대화와 협의를 증진하는 것"과 "아태지역에서 상호 신뢰구축과 예방외교(preventive diplomacy)를 위해 공헌을 하는 것"으로, 결국 이는 아시아 태평양 지역에서 좀 더 "예측가능하고 건설적인 안보 환경"을 만듦으로써, 역내 국가들의 안보를 확보하고 평화를 증진하는 것이라 할 수 있다.[51)] 중요한 사실은 ARF의 목적은 국가 간 대화의 장을 마련해서 문제를 협의하는 것이지, 문제해결 자체에 있는 것은 아니라는 점이다. 즉 ARF는 아태지역 안보 문제를 위한 자유로운 대화의 장을 마련하고, 불간섭의 원칙에 입각한 점진적 수단을 이용해 다양한 안보 이슈에 대해 논의하고 합의를 도출하게 하며, 정치와 안보 이슈에서 국가 간 대화와 협의라는 습관을 만드는 것을 꾀하는 포럼이다.

이러한 목적 달성을 위해 ARF 참여국들은 창설 이후 현재까지 다양한 회의와 활동을 지속해 왔다. 먼저 매년 외무장관 회의(Annual Ministerial Meeting), 고위관료회의(Senior Official Meeting), 회기간 회의(Inter-Sessional Meeting), 회기간 지원그룹회의(Inter-Sessional Supporting Group Meeting) 등을 개최해 오고 있다. 이 외에도 ARF는 신뢰구축, 평화유지활동, 반테러, 비확산, 재난구조, 해양안보 등 12개 주제에 대한 회의를 운영하며, 이러한 활동을 지원할 사무국을 운영하고 있다. 이러한 점에서 ARF는 안보레짐으로서 이미 '낮은 수준의 제도화'에

도달했다고 할 수 있다.[52)]

ARF는 이러한 공식적인 정부 간의 협의뿐만 아니라, 참여국 간 민간 차원의 교류도 추진한다. 예를 들어, ARF는 ASEAN-ISIS(ASEAN Institute of Strategic and International Studies)와 CSCAP(Council for Security Cooperation in the Asia Pacific) 등 참여국 간 전문가 교류와 세미나 개최 및 연구활동 등과 같은 민간차원의 교류도 꾀한다. 공식적으로 ARF는 정부차원의 Track-I과 비정부차원의 Track-II 대화를 병행함으로써 참여국 간의 신뢰구축에 시너지효과를 높이는 것을 목표로 한다.[53)]

2000년을 전후로, ARF의 활동이 더 활발해지고 협력영역이 더 확장되었다. 이 시기를 전후하여 각종 회의가 이전 시기와 비교해 더 많이 열렸으며, 이 시기를 기점으로 ARF의 활동에서도 테러리즘, 해양안보, 재난구조, 대량살상무기 비확산 등과 같은 비전통 안보영역의 협력활동도 늘어났다.[54)]

설립배경, 목적, 활동에 대한 간략한 개괄을 통해 나타난 ARF의 특징을 정리해 보자. 첫째, ARF는 아시아 최초의 다자간 안보협의체라는 사실이다. 이는 냉전시기보다 더욱 복잡해진 탈냉전기의 변화된 국제정치 환경을 인식함과 동시에 여기에 제대로 대처하기 위해서는 양자관계 중심의 안보협력이 한계를 가질 수밖에 없음을 발견한 ARF참여국들의 획기적인 시도였다. 둘째, ARF는 안보문제에서 단순히 군사적 문제에만 집중하는 것이 아니라 '포괄안보'에 관심을 가진다. ARF 설립 초기, 참여국들은 아태지역에서 경제, 사회, 정치 이슈를 모두 포함하는 포괄안보 개념을 천명하고 이에 관심을 표명했다.[55)] 셋째, ARF는 아태지역 국가의 안보협력을 위한 수단으로 우선 대화의 장을 마련하고 국가들 간에 이러한 습관을 유지하는 '점진적' 안보협력을 도모했다. 1995년 채택된 ARF의 기본 목표를 잘 보여주는 ARF의 개념문서(Concept Paper)에서 이러한 점이 분명히 나타난다. 즉 역내 국가들의 여러 안보문제들을 해결하고 협력하기 위해 ARF는 기구의 창설과 같은 급진적 수단보다는 신뢰구축(1단계) → 예방외교(2단계) → 분쟁해결(3단계)[56]이라는 점진적 방안을 제시한다.[57] ARF는 1994년 설립 직후로부터 1단계 목표의 달성을 위한 노력을 기울여 왔으며, 2001년에는 예방외교에 대한 개념을 정립하였고, 현재는 1, 2단계의 협력을 강화하기 위해 다양한 수단을 강구해 오고 있다. 또 ARF는 그 설립 초기 국면부터 분명히 '제도화'를 기대하지 않았으며, 포럼이 제도로 발전할 수 있는 정도는 '참여국 각각이 용인할 수 있는 속도'를 유지하는 한도 내에서라는 점을 분명히 명시한다.[58]

이처럼 탈냉전기 국제정치에서 협력안보 레짐의 대표적 사례로서 ARF는 현재 아태지역의 유일한 국가 간 공식적 안보협력체로 기능하면서 소기의 역할을 감당하고 있다. 하지만 ARF의 한계를 지적하는 목소리도 있다. 이러한 비판들은 무엇보다도 ARF는 그 이름이 가리키듯이 '포럼', 즉 역내 국가들 간의 일종의 대화와 소통의 장을 제공하는 데 그칠 뿐이며 결국 국가 간 대화가 목표로 삼는 구체적이고 실질적인 안보협력을 이끌어내는 데에는 별다른 성과가 없다는 사실에서 연유한다. 이런 점에서 일군의 학자들은 ARF를 일종의 '잡담 장소'에 비유하기도 한다.[59]

비판의 주요 논점을 정리해 보면, 우선, ARF가 점진적 안보협력을 위해 설정한 1단계 신뢰구축조치(CBMs)는 별 성과도 없었고, 그 자체로도 중요한 의미가 없다는 것이다. ARF 신뢰구축조치의 일환인 재래식무기 등록과 연례안보평가서(Annual Security Outlook)의 제출은 초보적인 신뢰구축 단계에 불과하며, 참여국들의 자발적인 선택에 기초한 것으로서, 실제로 제대로 수행될 확률도 적고, 설령 이루어지더라도 냉전기 치열한 군비 대치 상황 속에서 이루어진 CSCE/OSCE 회원국들의 신뢰구축조치와는 의미가 다를 수밖에 없다.[60] 또 다른 예로 ARF 내에서 2000년을 전후로 반(反)테러, 해양안보, 재난구조 분야에서 국가 간 협력이 늘었지만, 이 경우에 ARF 참여 국가들은 여전히 양자관계 차원 혹은 APEC와 같은 다른 상 · 하위 지역협력기재에 더 의존하고 있는 사실이다.[61] 또한 ARF 협력의 분야와 심도를 설정하는 문제에서도 참여국들 간에 의견이 분분하다. 그 결과 실제로 ARF 참여국들 간에 강도 높은 안보협력은 부재한 상황이다. ARF 참여국들 간에는 상하이협력기구(SCO)가 실행한 '평화의 사명'과 같은 대규모 합동 군사훈련이 전무하다는 것이 그 강력한 근거로 제기된다.[62]

또한 '대화의 장'으로서 ARF의 한계도 비판의 대상이다. 대만 문제, 한반도 문제, 남중국해 영토분쟁 등과 같이 정작 민감한 안보사안에 대해서는 참여국들이 논의를 꺼리며 회피하기 때문에, 결국 ARF는 지역의 가장 중요한 안보문제를 해결하는 데 도움을 주는 대화채널로서 거의 제대로 기능하지 못하며, 적당한 수준의 협력만을 가볍게 논의하고 넘어가는 심각한 한계를 드러내고 있다.[63]

이처럼 안보협력 레짐으로서 ARF는 분명한 한계가 있는 것은 어느 정도 사실이다. 하지만 ARF 참여국들이 원래 ARF를 '기구'나 '제도'가 아닌 '포럼'으로 명명했다는 점에서, 그리고 ARF의 기본문서에서도 ARF가 대화의 장으로서 역할하는 데에 목적이 있다고 합의한 점에서, 앞서 언급한 ARF의 한계에 대한 비판이 전적으로 타당하다고 할 수만은 없다. 그리고 ARF는 협력안보 개념을 이 지역에서 구현해 가는 레짐으로서 일정한 역할을 감당하고 있으며, 앞으로 더 발전할 가능성도 분명 존재한다. 결국 ARF는 국가 간 대화의 장을 마련함으로써 국가들 간에 장기적으로 신뢰를 형성하고 공동규범을 창출할 수 있는 기반을 마련해 나간다는 점에서, 일종의 '규범지향 프레임워크(norm-oriented framework)'의 의미를 지니는 안보레짐으로 평가하는 것이 온당해 보인다.[64]

4. 상하이 협력기구: 21세기적 협력안보와 느슨한 집단방위체제 사이에서

2001년 6월 15일에 출범한 상하이 협력기구(Shanghai Cooperation Organisation: SCO)는 중국, 러시아, 카자흐스탄, 키르기스스탄, 타지키스탄, 우즈베키스탄 등 6개국을 회원국으로 하는 안보협력체이다. 1996년 중국과 러시아의 정상은 베이징회담에서 '전략적 동반자관계(strategic partnership)'를 수립한 후, 상하이회담을 통하여 관련국들은 카자흐스탄, 키르기스스탄, 타지키스탄과 국경지역에서 군사적 신뢰강화 협정을 체결하였다. 이후 2000년까지 이 다섯 국가는 국경지역에서 군사협력과 신뢰구축, 그리고 지역안보를 위한 정상회담을 7차례 개최하였으며, 2000년 7월에는 '상하이 5국(Shanghai Five)' 체제를 공식 선언하였고, 우즈베키스탄을 옵서버 국가로 인정한다. 마침내 2001년 6월 15일에 러시아와 중국을 포함한 6개의 국가들은 '상하이협력기구 결성 선언'을 하고 '테러리즘, 분리주의 및 이슬람 원리주의 척결을 위한 상하이협약'에 조인하였다.[65]

2001년 출범 이후 SCO의 가장 중요한 역할은 안보분야의 협력이었다. 회원국들은 국경 안정과 같은 전통 안보뿐만 아니라, 앞서 언급한 상하이 공약에서 등장한 '테러리즘, 분리주의, 원리주의'와 같은 비전통 안보 등 거의 모든 영역에서 협력을 도모했다. 2001년부터 2005년까지는 SCO가 '제도의 확대와 정립'을 이룬 시기였는데, SCO는 2002년에 'SCO헌장'을 발표하고 지역 반테러기구의 설립을 논의하였다. 그리고 SCO는 안보협력과 경제협력의 모든 차원에서 다양한 제도를 구축하는 노력을 기울였다. 먼저 안보협력과 관련해서, 회원국들은 2001년부터 2005년 시기에 지속적인 정상회담을 통해서 협력의 틀을 강화하였으며, 국경지역에서 군비감축과 안보협력을 위한 회의를 개최하여 상호 안보협력을 강화하였다. 그리고 회원국들은 분리주의, 테러리즘, 극단주의의 비전통 안보영역의 협력을 위해 '지역 반테러기구(RATS: Regional Anti-

Terrorism Structure)'의 설립에 대해 논의하였고, 2004년 우즈베키스탄의 수도 타슈켄트에 RATS가 상설기구로 설립되었다.[66]

그리고 SCO는 회원국 간 합동군사훈련도 정기적으로 진행하려 노력해 오고 있다.[67] 2005년 8월 18일부터 25일까지 러시아의 블라디보스토크와 중국의 황해 및 산동성 일대에서 수행된 '평화의 사명 2005(Peace Mission-2005)' 훈련은 극단주의, 테러리즘, 분리주의에 대항한다는 명분 아래에 진행된 것으로, 훈련 과정에서는 중국 산동 지방에 대규모 폭동이 발생하여 다른 군대가 대치한 상황을 가정했다.[68] 여기에는 Tu-22M 백파이어 초음속 전폭기, 잠수함, 구축함 등 러시아의 첨단무기와 러시아 정예군 1800여 명, 그리고 중국군 7000여 명이 동원되었다.[69] 특기할 점은 '평화의 사명 2005'에는 러시아와 중국만이 참여했지만, 러시아와 중국은 이를 상하이협력기구의 훈련활동의 일환으로 언급하였고, SCO 회원국가와 옵서버국가에게는 참관을 허용하였지만 다른 서방국가들은 참관을 불허했다는 사실이다.[70]

2007년 8월에는 러시아와 중국을 비롯한 상하이협력기구의 6개 회원국이 모두 참여하는 대규모 군사훈련인 '평화의 사명 2007'이 수행됐다. 이 훈련은 SCO의 모든 회원국들이 참가한 최초의 대규모 군사훈련으로, 실제 전투상황을 가정하고 회원국 간에 높은 수준의 호환 및 상호작용이 실질적으로 이루어진 군사훈련이라 평가받는다.[71] 이를 두고, 하스(M. de Haas)는 평화의 사명 2007의 훈련 시나리오에는 군사동맹의 요소인 '군사원조(military assistance)'의 내용이 나타나며, 따라서 이는 SCO가 앞으로 안보 차원에서 더 높은 수준의 협력을 추구해 가고 있음을 보여주는 신호로 전망한다.[72]

또한 SCO는 안보영역뿐만 아니라 경제영역의 협력도 도모한다. 이미 2002년 SCO헌장에서도 경제협력에 대한 언급이 나타났는데, 초기 SCO 내의 경제협력에 관한 논의는 주로 중국의 주도로 진행되었다. 2002년

10월의 SCO 정상회담에서 중국은 SCO 내부의 자유무역지대 설립을 제의하였고, 2003년 원자바오 총리는 이를 다시 제안하였다.[73] 2004년 3월 모스크바에서 열린 전문가회의에서도 SCO회원국들은 전자상거래, 관세, 단위기준의 통일, 투자협력 등을 논의하였다. 2006년 3월에 푸틴이 중국을 방문한 베이징 정상회담 때에는 러·중 사이에 경제 관련 조약을 무려 29개나 맺었으며, 같은 해에 있었던 SCO 정상회담을 통해 중국의 주도로 성사된 'SCO은행간 협회(The SCO Interbank Association)'와 'SCO 비즈니스 위원회(SCO Business Council)'의 공식 출범에서 볼 수 있듯이 SCO 내부의 경제협력 확대가 활발하게 이루어지고 있다.[74]

이처럼 SCO는 출범 이후로 회원국들의 정치, 안보, 경제 등 각 분야에서 협력을 도모하고 있다. 특히 2005년과 2007년의 합동 군사 훈련의 경우는 서방 국가들의 많은 관심을 끌었다. 하지만 상하이협력기구 회원국들은 2002년 조인된 헌장에서 SCO가 분명히 "다른 국가나 국제기구를 겨냥한 것이 아님(not directed against other States and international organisations)"을 분명히 밝혔고, 이후로도 상하이협력기구가 다른 국가에 대항하는 것이 아님을 강조하고 있다.[75] SCO가 내세우는 '상하이 정신' 역시 상호신뢰, 상호이익, 평등, 협상, 다문화존중, 공동발전의 추구로 정리되는데,[76] 이는 SCO가 단순히 안보영역에 치중한 군사동맹이 아님을 가리킨다. 더구나 이들이 안보협력분야에서 테러, 마약, 근본주의 등을 주요한 관심 영역으로 설정하고 있는 것은 SCO의 21세기적 성격을 드러내 주는 대목이다.

따라서 SCO는 탈냉전기 이후 등장한 비교적 새로운 안보레짐으로서 협력안보체제와 유연한 준동맹적 협력체의 성격을 동시에 지니는 새로운 것으로 이해할 수 있다. 첫째, SCO는 회원국가 간의 정례적 회담을 통한 역내 안보협력을 위한 제도와 기재를 발전시키는 점진적인 대화의 장을 마련하고 있다. SCO는 회원국들 간의 안보 이슈와 관련한 대화의 장을 마련하기 위해 노력하고 있지만, 냉전 시기에 등장했던 공동안보레짐의 신뢰구축과 재래식무기 감축과 같은 급진적인 수단을 취하고 있지는 않다. 즉 SCO는 각 국가의 기존 안보정책을 유지하면서 국가 간 대화의 장을 마련하여 점진적인 역내 안보 달성을 지향하는 협력안보의 좋은 사례이다. 이 점에서 SCO는 협력안보 개념에 비교적 충실한 측면이 있다. 둘째, SCO는 탈냉전기 이후 등장한 테러리즘, 분리주의, 극단주의와 같은 비전통 안보문제와 경제, 에너지, 환경 문제와 같은 이슈들을 모두 다루는 포괄적 안보를 다루고 있다.

하지만 SCO는 일반적인 협력안보레짐의 성격과는 다른 특징을 보이기도 하는데, 그것은 바로 이 기구가 가지는 반미 혹은 반서구적 성격이다. SCO가 정말 반미 혹은 반서구 안보레짐인지에 대해서는 논란이 있지만, 이러한 논란이 존재하는 사실 자체가 상하이협력기구의 특수성을 보여준다. 러시아의 회복과 중국의 부상이라는 두 계기가 결합하면서 세력전이 및 새로운 지구적 다중심주의적 세력균형에 대한 지향은 분명히 미국에 대한, 내지는 미국의 정책에 대하여 반응적인 안보협력이 추구되고 있음을 보여주는 대목이다.

만약 이 기구가 반미 내지 반서구적 기구로서의 성격이 잘 증명될 수 있다면 이는 곧 SCO가 공동방위체제적인 성격을 지니고 있음을 의미하는 것이며, 이는 곧 유라시아의 새로운 거대 대결구도의 출현을 의미하는 것이다. 특히 2004년 아스타나 SCO정상회담에서 이란, 파키스탄, 인도에게 옵서버 자격을 부여하면서 기구의 지역적인 확장을 위한 논의가 진행되었는데, 당시 미국 역시 SCO에 회원국 자격을 신청했으나 거절되었다.[77] 2005년 미국은 다시 SCO에 회원국 자격을 신청했으나, 또 다시 거부되었다.[78] 또한 2005년 7월 5일에 SCO는 미군의 중앙아시아 진출을 견제하는 성격이 농후한 아스타나 공동성명을 발표한다. 이 공동성명에서 SCO 회원국의 영토 내에서 반(反)테러리즘을 위해 활동하는 다른 국가들의 기지 사용에 시한을 두고 군대를 철수할 것을 촉구했다.[79] 여기서 직접적으로 미국을 언급하지는 않았지만, 이는 중앙아시아에 주둔하는 미군을 겨냥한 것이 자명했다. 결국 같은 해 11월에 우즈베키스탄이 하나바트 미 공군 기지를 폐쇄하였고, 키르기스스탄은 미군에게 100배나 인상된 마나스 공군기지 사용료를 요구했다.[80] 이처럼 반미적 성격을 드러내는 SCO가 외부의 적을 상정한 집단방위체제 내지 안보협력체로 갈 것인지에 대하여 서방의 분석가들은 따가운 시선으로 관찰하고 있다.

하지만 SCO가 과연 그 내부에 존재하는 각국 간의 의견 차이, 특히 러시아와 중국 사이에 이견 등과 같은 한계를 잘 넘어설 수 있을지에 대한 부정적인 전망도 만만치 않다. 러시아는 '평화의 사명 2007'을 러시아가 주도하는 또 다른 유라시아의 안보동맹체인 집단안보조약기구(CSTO)와 SCO가 공동으로 주관하기를 원했지만, 중국은 SCO가 대외적으로 군사기구라는 인상을 줄 것을 우려하여 러시아의 제안을 거절했다.[81] 그리고 PM-2007이 중국이 지향하는 러시아와의 '군사동맹'으로 비칠 가능성에 대하여, 중국의 군부는 중국이 당시까지 10여 개의 국가들과 17회 이상의 군사훈련을 했지만 이것이 곧 군사적 '동맹'을 의미하는 것은 아니며, 합동군사훈련을 정기적으로 수행한다고 해서 SCO가 군사동맹으로 이행하는 것은 아님을 분명히 했다.[82] 한편 그루지야와 러시아 사이의 분쟁이 있었던 2008년 8월에 두샨베에서 열린 SCO 정상회담에서 중국을 비롯한 SCO회원국들이 남오세티아와 압하지야의 독립을 인정하는 러시아의 입장에 반대하다가 결국 마지못해 받아들였다.[83] 이는 SCO가 잘 조율된 다자적 안보협력체제가 아니라는 한계뿐만 아니라 이 레짐에 대한 양두(兩頭) 체제적 리더십의 한계를 동시에 보여 주는 대목이기도 하다.

하지만 그 짧은 역사에 비하여 SCO는 비교적 빠른 시간 내에 제도화에 성공했을 뿐만 아니라 협력안보의 기재를 발전시킨 동시에 유연한 군사적 원조도 가능한 체제를 구축함으로써 유라시아의 안보적 요청에 부응하는 대표적 지역안보기구로 자리 잡아 가고 있다. SCO는 21세기적인 지역 내 협력안보의 요청에 부응하는 동시에 미국의 유라시아 공략에 대한 균형화(balancing)를 위한 느슨한 집단방위 협력의 가능성이 엿보이는 군사협력을 진행하고 있는 것도 사실이다. 따라서 이 안보협력체가 21세기 유라시아라는 시공의 무대에서 어떤 안보협력의 개념을 결합하고 어떤 안보레짐을 창조해 나갈지 확언하기는 아직 어려워 보인다.

IV. 결론

지금까지 우리는 집단안보, 공동안보, 협력안보의 개념과 그 역사적 출발 그리고 안보환경의 변화에 따른 변용과정을 살펴보았고, 대표적인 안보레짐으로서 북대서양조약기구, 유럽안보협력회의/기구, 아세안안보포럼, 상하이협력기구의 안보 달성을 위한 노력과 한계를 개괄하면서 이념형 안보 개념의 적용이 어려움을 살펴보았다.

전통적인 안보 개념에서 시작된 집단안보는 20세기에 UN을 통하여 여전히 중요한 개념으로 작동되고 있으나 이 또한 변용에 대한 21세기적 요청에 직면에 있으며, 이러한 변화의 요청에 탄력적으로 대응하여 집단방위체제의 성격을 벗고 협력안보의 변화를 꾀해 온 나토는 인종분규와 테러전이란 또 다른 도전에 대응하기 위한 조율을 진행해 가고 있다. 또 가장 근본주의적 안보협력을 지향하는 개념인 공동안보는 탈냉전을·이끈 안보적 실천의 기초로 그 사명을 다하는 듯했으나 탈냉전기 안보질서에서 '안보 공동체(security community)'의 개념으로 또 다른 영향력을 발휘하면서 유럽안보협력기구 발전의 불씨를 살려 가고 있다. 오랫동안 다자적 안보레짐이 부재한 아시아에서 최초로 등장한 아세안지역안보포럼은 협력안보 개념에 기초한 초보적 안보협력을 실천하기 위한 조심스런 행보를 계속하면서 그 명맥을 유지해 가고는 있지만, 향후 아태지역의 중심적 협력안보레짐으로서 역할을 감당하기 위해서는 21세기적 변화와 적극적인 실천 요청이라는 도전에 적절히 대응해야만 할 것이다. 최근 유라시아 안보환경의 변화에 대처하기 위해 중국과 러시아가 주도하여 역내 중앙아시아 국가들과 함께 결성한 상하이협력기구는 21세기적 협력안보의 실천과 미국에 대한 균형화의 필요성 속에서 그 두 가지 필요의 하이브리드형 안보레짐 구축을 시도해 가고 있는 것으로 보인다.

21세기 국제/세계정치의 주요 특징은 결국 복합화와 관련되어 있다고 지적한다. 마찬가지 맥락에서 21세기적 특성이 어떤 하나의 순수한 안보 개념을 지향하는 레짐의 형성 및 발전을 허용하지 않는 것이 사실이라면, 어쩌면 이러한 안보레짐의 변화와 하이브리드화는 당연한 것인지도 모른다. 따라서 집단안보, 공동안보, 협력안보의 개념을 안보레짐의 일의적 성격을 규정하는 명패로 사용하기보다는 현실 속의 안보레짐들이 어떤 다양한 지향들을 혼합하여 지역적 또는 지구적 안보 요구에 대응하려는지를 파악하는 수단으로 활용해야 할 필요성이 있다.

| 미주 |

* 이 글은 『국제관계연구』(제15집 1호)에 게재된 필자의 논문 「다자안보협력체제의 이해: 집단안보, 공동안보, 협력안보의 개념과 현실」을 일부 수정하여 작성하였음.

1) Jervis, Robert, 1982, "Security Regimes," *International Organization* vol. 36/no. 2, p. 357.

2) 집단안보체제는 자유주의적 안보레짐과 관련이 없는 것으로 설명할 수도 있다. 왜냐하면 이것은 역사적으로는 절대안보를 추구하는 전통적 안보개념에서 출발하였으며, 이론적으로는 현실정치와 권력에 대한 계산을 중요시하는 입장에 서 있기 때문이다. 하지만 이 글에서는 집단안보가 무정부 상태의 규제되지 않은 균형이 아니라 더 효율적으로 규제되고 제도화된 균형체제의 창출을 지향한다는 면에서, 그리고 역사적으로 과거에는 실패에 가까운 개념이었지만 최근 들어서는 그 가시적 효과가 나타나고 있는 점에서 안보레짐의 하나로 이해하고 분석을 진행하였다.

3) Finkelstein, M. S. and L. S. Finkelstein, 1966, *Collective Security* (San Francisco: Chandler Pub.), introduction.

4) Butfoy, A., 1997, *Common Security and Strategic Reform: A Critical Analysis* (New York: St. Martin's Press), p. 91.

5) Kupchan C. A., and C. A. Kupchan, 1991, "Concerts, Collective Security, and the Future of Europe," *International Security* vol. 16/no. 1 (summer), p. 118.

6) *Ibid.*, pp. 125-137.

7) Mearsheimer, John, 1994/1995, "The False Promise of International Institutions," *International Security* vol. 19/no. 3 (winter), pp. 30-33.

8) 원문은 다음과 같다. "The Members of the League undertake to respect and preserve as against external aggression the territorial integrity and existing political independence of all Members of the League. In case of any such aggression or in case of any threat or danger of such aggression, the Council shall advise upon the means by which this obligation shall be fulfilled."

9) Roberts, Adam, 1996, "The United Nations: Variants of Collective Security," Ngaire Woods (ed.), *Explaining International Relations Since 1945* (Oxford: Oxford University Press), pp. 311-313.

10) Jervis, Robert, 1985, "From Balance to Concert: A Study of International Security Cooperation," *World Politics* vol. 38/no. 1 (October), pp. 58-59.

11) Kupchan C. A., and C. A. Kupchan, 1991, *op. cit.*, pp. 119-120.

12) 서연문, 1996,「국가 안보개념의 변화와 동북아 지역에의 적용 가능성: 공동 안보와 협력 안보를 중심으로」,『신아세아』 제3권 3호(통권 9호), p. 134.

13) Commission, Palme, 1982, *Common Security: A Blueprint for Survival*, New York: Simon & Schuster, p. 7.

14) Dewitt, D., 1994, "Common, Comprehensive, and Cooperative Security," *The Pacific Review* vol. 7/no. 1, p. 4.

15) *Ibid.*, p. 5.

16) Commission, Palme, 1982, *op. cit.*, pp. 11-12, 71.

17) 고르바초프는 신사고 외교를 천명하면서 수비위주의 군사안보교리로서 '방어적 방어(defensive defense)'와 '합리적 충분성(reasonable sufficiency)' 개념에 입각하여 미국과 군사적 경쟁을 종식하고 핵무기를 감축하며 방어적 무기체계를 방어적 형태로 전화하자는 과감한 제안을 한다.

18) Butfoy, 1997, *op. cit.*, p. 12.

19) Nolan, J. E., J. D. Steinbruner, K. Flamm, S. E. Miller, D. Mussington, W. J. Perry and A. B. Carter, 1994, "The Imperatives for Cooperation," J. E. Nolan, (ed.), *Global Engagement: Cooperation and Security in the 21st Century* (Washington, D.C.: Brookings Institution).

20) 김연수, 2004,「협력안보의 개념과 그 국제적 적용: 북미관계에의 시사점」,『한국정치학회보』 제38집 5호, pp. 277-298.

21) 이인배, 2005,『동북아평화공동체: 협력안보의 모색』, 한국학술정보, pp. 101-108.

22) Carter, A. B., W. J. Perry, and J. D. Steinbruner, 1992, "A New Concept of Cooperative Security," *Brookings Occasional Papers* (Washington D. C. : The Brookings Institution), p. 7.

23) 가령, 유럽안보협력회의(CSCE)의 경우 공동안보레짐으로 분류되기도 하고 협력안보레짐으로 분류되기도 하는데, 제도의 어떤 측면을 더 강조하는지에 따른 시각 차이와 역사적인 변모를 어느 정도까지 고려할 것인지에 따라 달리 파악할 수 있다.

24) Dewitt, 1994, *op. cit.*, p. 1

25) *Ibid.*, p. 7

26) Butfoy, 1997, *op. cit.*, pp. 4, 13-14, 39.

27) *Ibid.*, pp. 13-18.

28) 온만금, 2004, 「공동안보, 협력안보, 평화유지군」, 육군사관학교, 『국가안보론』, 박영사, p. 248.

29) NATO 홈페이지 http://www.nato.int/cps/en/natolive/what_is_nato.htm (검색일: 2009년 11월 8일); Duffield, J., 1996, "The North Atlantic Treaty Organization: Alliance Theory," N. Woods (ed.), *Explaining International Relations Since 1945* (Oxford: Oxford University Press), pp. 337-338.

30) Reynolds, D., (ed.), 1994, *The origins of the Cold War in Europe. International perspectives* (Yale University Press), p.13.

31) 실제로 통일된 독일의 나토가입 문제에 대한 소련의 강한 반대에 대하여 미국과 유럽국가들은 나토의 틀을 떠나서 아무런 통제도 받지 않게 될 중립화된 통일독일이 유럽뿐만 아니라 소련에게도 커다란 위협이 될 수 있다는 논리를 가지고 통일독일의 나토 가입을 소련이 반대하지 말 것을 설득하였고 소련 지도부가 이를 최종적으로 수용한 점이 나토의 역할이 지닌 복합적이며 역설적인 측면을 잘 드러내 준다.

32) 이수형, 2001, 「북대서양조약기구(NATO)의 전략개념 변화에 관한 역사적 · 이론적 고찰」, 『국제정치논총』 제41집 3호, pp. 70-72.

33) 탈냉전기 등장한 새로운 안보 위협 요소에 대해서는 다음을 참조. Mearsheimer, J., 1990, "Back to the Future: Instability in Europe After the Cold War," *International Security* vol. 12/no. 1 (Summer) pp. 5-56.

34) 1991년 새로운 전략 개념의 본문은 다음을 참조. NATO 홈페이지, The Alliance's New Strategy Concept, http://www.nato.int/cps/en/natolive/official_texts_23847.htm (검색일: 2009년 11월 8일).

35) 이수형, 2004, 『북대서양조양기구(NATO)와 유럽안보』, 한울, 8장; 이승근, 2000, 「나토의 신전략과 코소보사태」, 『정치사회와 정책과제』, p. 186.

36) 1999년 전략 개념의 본문은 다음을 참조. The Alliance's Strategic Concept Approved by the Heads of State and Government participating in the meeting of the North Atlantic Council in Washington D. C., http://www.nato.int/cps/en/natolive/official_texts_27433.htm (검색일: 2009년 11월 8일).

37) 이수형, 2001, 앞의 책, p. 75.

38) Cragg, A., 1996, "The Combined Joint Task Force: a Key Component of the Alliance's Adaptation," *NATO Review* vol. 44/no. 4, p. 7.

39) 박정원, 2009, 「탈냉전과 나토(NATO)의 성격변화: 동맹과 집단안보의 이중성」, 『사회과학교육연구』 제10호, pp. 74-75.

40) NATO's New Strategic Concept http://www.nato.int/strategic-concept/what-is-

strategic-concept.html (검색일: 2009년 12월 1일).

41) 이 글에서는 CSCE/OSCE를 공동안보(common security)레짐의 사례로 간주하고 있지만, 이를 협력안보(cooperative security) 레짐으로 보는 연구도 존재한다. CSCE/OSCE를 공동안보로 보는 연구에는 D. Dewitt, 1994, 앞의 책을 참조. CSCE/OSCE를 협력안보로 보는 연구에는 다음을 참조. 홍기준, 1998, 「안보레짐의 형성: CSCE/OSCE의 사례연구」, 『국제정치논총』 제38집 1호; 이인배, 2005, 『동북아 평화공동체: '협력안보'의 모색』, 한국학술정보(주). 이렇게 다른 입장은 공동안보와 협력안보 개념 자체에 대해 기준이 애매하며, 학계에서도 종종 혼동되어 쓰임에 기인한다.

42) 이인배, 2005, 같은 책, pp. 144-148.

43) OSCE Handbook, p. 5.

44) Dewitt, 1994, *op. cit.*, p. 5.

45) SIPRI Y*earbook 1987* (Oxford: Oxford University Press), p. 349.

46) OSCE Handbook, p. 82.

47) The Charter of Paris for a New Europe, OSCE 홈페이지 http://www.osce.org/documents/mcs/1990/11/4045_en.pdf 참조(검색일: 2009년 11월 8일).

48) 구춘권, 2003, 「냉전체제의 극복과 집단 안보의 잃어버린 10년: 평화연구의 시각에서의 비판적 재구성」, 『국제정치논총』 제43집 2호, p. 39.

49) 변창구, 2003, 「아 · 태지역 안보와 ARF: 가능성과 한계」, 『대한정치학회보』 제11집 1호, pp. 253-253.

50) 한평석, 2003, 「동북아 협력안보레짐의 구축 전망: ARF의 특성을 중심으로」, 『統一問題研究』 통권 제39호, p. 269.

51) Chairman's Statement, 1994, ARF Chairman's statements and reports at Public Library. http://www.aseanregionalforum.org (검색일: 2010년 1월 4일).

52) 서보혁, 2009, 「다자안보협력의 제도화 경로: C/OSCE의 경험과 동북아 적용 방안 연구」, 『국제정치논총』 제49집 2호, p. 23.

53) Chairman's Statement, 1995, ARF Chairman's statements and reports at Public Library. http://www.aseanregionalforum.org (검색일: 2010년 1월 4일).

54) Haacke, J., 2009, "The ASEAN Regional Forum: from Dalogue to Practical Security Cooperation?," *Cambridge Review of International Affairs* vol. 22/no. 3, p. 429.

55) ARF Chairman's Statement, 1994; ARF Chairman's Statement, 1995.

56) 2001년 이후로 3단계 '분쟁해결'(conflict-resolution)은 '갈등에 대한 점진적 접근'(elaboration of approaches to conflicts)으로 수정되면서 약간의 개념적 변화가 나타났다.

57) The ASEAN Regional Forum: A Concept Paper, 1995, Public Library의 Terms of References and Concepts Papers 참조. http://www.aseanregionalforum.org (검색일: 2010년 1월 4일).

58) The ASEAN Regional Forum: A Concept Paper, 1995.

59) Katsumata, H., 2006, "Establishment of the ASEAN Regional Forum: Constructing a 'Talking Shop' or a 'Norm Brewery'?," *The Pacific Review* vol. 19/no. 2 (June), p. 187.

60) *Ibid.*, pp. 186-187.

61) Haacke, 2009, *op. cit.*, pp. 432-433,

62) *Ibid.*, pp. 434.

63) 변창구, 2003, 앞의 책, p. 251.

64) Katsumata, 2006, *op. cit.*, p. 195.

65) SCO의 설립 과정에 대해서는 다음을 참조. Bailes, A. J. K. and P. Dunay, 2007, "The Shanghai cooperation Organization as a Regional Security Institution," A. J. K. Bailes et al., *The Shanghai cooperation Organization*, SIPRI Policy Paper, no. 17 (May).

66) Brief Introduction to SCO, SCO 2006 정상회담 공식 웹사이트 http://english.scosummit2006.org/en_bjzl/2006-04/19/content_68.htm 참조(검색일: 2009년 11월 9일).

67) 상하이협력기구는 '평화의 사명 2005' 이전에도 2002년부터 군사합동훈련을 시행해 왔다. 2002년 8월 중국과 키르기스스탄의 반테러 군사합동훈련, 2003년 8월의 러시아, 중국, 카자흐스탄, 키르기스스탄, 타지키스탄이 참여한 'Cooperation-2003'이 그것이다.

68) 강봉구, 2005, 「중-러 합동군사훈련의 전략적 의미」, 『월간 아태지역동향』, pp. 9-11.

69) 신범식, 2006/2007, 「러시아-중국 안보 · 군사 협력의 변화와 전망」, 『中蘇研究』 통권 112호 (겨울), pp. 79-80.

70) Troitskiy, M, 2007, "A Russian perspective on the Shanghai Cooperation Organization," A. J. K. Bailes et al., *The Shanghai cooperation Organization*, SIPRI Policy Paper, no. 17 (May), p. 32.

71) Bin, Y., 2007, "China-Russia Relations: Between Cooperation and Competition," *Comparative Connections* vol. 9/no. 3 (October), pp. 2-3; Haas, M., 2007, "The Peace 2007 Mission Exercises: The Shanghai Cooperation Organization Advances," *Advanced Research and Assessment Group* (Defence Academy of the United Kingdom), pp. 6-8.

72) Haas, 2007, *op. cit.*, p. 10.

73) Bailes and Dunay, 2007, *op. cit.*, pp. 25–26.

74) Lo, B., 2008, *Axis of Convenience: Moscow, Beijing, and the New Geopolitics* (Washington D.C.: Brookings Institute Press).

75) The Shanghai Cooperation Organization Charter was signed on 7 June 2002 at St. Petersburg.

76) 박병인, 2005,「상하이 협력기구 성립(SCO)의 기원: '상하이 5국'에서 '상하이 협력기구'로」,『중국학연구』제33집, pp. 524–525.

77) 하지만 몽골은 2004년 6월에 옵서버국가로 받아들였다.

78) Cohen, A., 2006, "What to Do about the Shanghai Cooperation Organization's Rising Influence," *A EurasianNet Commentary* (September 21), http://www.eurasianet.org/departments/insight/articles/eav092106.shtml (검색일: 2009년 11월 9일).

79) 'Astana Declaration of Heads of Member States of the Shanghai Cooperation Organization'(July 5, 2005).

80) 신범식, 2006/2007, 앞의 글, pp. 83–84.

81) Haas, 2007, *op. cit.*, pp. 8–9.

82) "Four Key Words Enable You to Have Understand of Peace Mission 2007," PLA Daily, July 20, 2007. http://english.people.com.cn/90001/90776/6220335.html (검색일: 2009년 6월 14일).

83) Katz, M. N., 2008, "Russia and the Shanghai Cooperation Organization: Moscow's Lonely Road From Bishkek to Dushanbe," *Asian Perspective* vol. 32/no. 3, pp. 183–187.

| 참고문헌 |

■ 강봉구, 2005, 「중-러 합동군사훈련의 전략적 의미」, 『월간 아태지역동향』.

■ 구춘권, 2003, 「냉전체제의 극복과 집단 안보의 잃어버린 10년: 평화연구의 시각에 서의 비판적 재구성」, 『국제정치논총』 제43집 2호.

■ 김연수, 2004, 「협력안보의 개념과 그 국제적 적용: 북미관계에의 시사점」, 『한국정치학회보』 제38집 5호.

■ 박병인, 2005, 「상하이 협력기구 성립(SCO)의 기원: '상하이 5국'에서 '상하이 협력기구'로」, 『중국학연구』 제33집.

■ 박정원, 2009, 「탈냉전과 나토(NATO)의 성격변화: 동맹과 집단 안보의 이중성」, 『사회과학교육연구』 제10호.

■ 변창구, 2003, 「아 · 태지역 안보와 ARF: 가능성과 한계」, 『대한정치학회보』 제11집 1호.

■ 서보혁, 2009, 「다자안보협력의 제도화 경로:C/OSCE의 경험과 동북아 적용 방안 연구」, 『國際政治論叢』 제49집 2호.

■ 서연문, 1996, 「국가 안보개념의 변화와 동북아 지역에의 적용 가능성: 공동 안보와 협력안보를 중심으로」, 『신아세아』 제3권 3호(통권 9호).

■ 신범식, 2006/2007, 「러시아-중국 안보 · 군사 협력의 변화와 전망」, 『中蘇研究』 통권 112호 (겨울).

■ 온만금, 2004, 「공동안보, 협력안보, 평화유지군」, 『국가안보론』, 육군사관학교, 박영사.

■ 이수형, 2001, 「북대서양조약기구(NATO)의 전략개념 변화에 관한 역사적 · 이론적 고찰」, 『국제정치논총』 제41집 3호.

■ ______, 2004, 『북대서양조양기구(NATO)와 유럽안보』, 한울.

■ 이승근, 2000, 「나토의 신전략과 코소보사태」, 『정치사회와 정책과제』.

■ 이인배, 2005, 『동북아평화공동체: 협력안보의 모색』, 한국학술정보.

■ 한평석, 2003, 「동북아 협력안보레짐의 구축 전망: ARF의 특성을 중심으로」, 『統一問題研究』 통권 제 39호.

■ 홍기준, 1998, 「안보레짐의 형성: CSCE/OSCE의 사례연구」, 『국제정치논총』 제38집 1호.

■ Bailes, A. J. K., and P. Dunay, 2007, "The Shanghai cooperation Organization as a Regional Security Institution," in A. J. K. Bailes et al., *The Shanghai cooperation*

Organization, SIPRI Policy Paper, no. 17 (May).

- Bin, Y., 2007, "China-Russia Relations: Between Cooperation and Competition," *Comparative Connections* vol. 9/no. 3 (October).
- Butfoy, A., 1997, *Common Security and Strategic Reform: A Critical Analysis*, New York: St. Martin's Press.
- Carter, A. B., W. J. Perry, and J. D. Steinbruner, 1992, "A New Concept of Cooperative Security," *Brookings Occasional Papers*, Washington D.C.: The Brookings Institution.
- Cohen, A., 2006, "What to Do about the Shanghai Cooperation Organization's Rising Influence," *A EurasianNet Commentary* (September 21).
- Cragg, A., 1996, "The Combined Joint Task Force: a Key Component of the Alliance's Adaptation," *NATO Review* vol. 44/no. 4.
- Dewitt, D., 1994, "Common, Comprehensive, and Cooperative Security," *The Pacific Review* vol. 7/no. 1.
- Duffield, J., 1996, "The North Atlantic Treaty Organization: AllianceTheory," N. Woods, ed., *Explaining International Relations Since 1945*, Oxford: Oxford University Press.
- Finkelstein, M. S. and L. S. Finkelstein, 1966, *Collective Security*, San Francisco: Chandler Pub.
- Haacke, J., 2009, "The ASEAN Regional Forum: from Dalogue to Practical Security Cooperation?," *Cambridge Review of International Affairs* vol. 22/no. 3.
- Haas, M. de, 2007, "The Peace 2007 Mission Exercises: The ShanghaiCooperation Organization Advances," *Advanced Research and Assessment Group*, Defence Academy of the United Kingdom.
- Jervis, R., 1982, "Security Regimes," *International Organization* vol. 36/no. 2.
- ______, 1985, "From Balance to Concert: A Study of International Security Cooperation," *World Politics* vol. 38/no. 1 (October).
- Katsumata, H., 2006, "Establishment of the ASEAN Regional Forum: Constructinga 'Talking Shop' or a 'Norm Brewery'?," *The Pacific Review* vol.19/no. 2 (June).
- Katz, M. N., 2008, "Russia and the Shanghai Cooperation Organization: Moscow's Lonely Road From Bishkek to Dushanbe," *Asian Perspective* vol. 32/no. 3.
- Kupchan, C. A., and C. A. Kupchan, 1991, "Concerts, Collective Security, andthe Future of Europe," *International Security* vol. 16/no. 1 (summer).
- Lo, B., 2008, *Axis of Convenience: Moscow, Beijing, and the New Geopolitics*, Washington D.C.: Brookings Institute Press.

- Mearsheimer, J., 1990, "Back to the Future: Instability in Europe After the Cold War," *International Security* vol. 12/no. 1 (summer).
- ______, 1994/1995, "The False Promise of International Institutions," *International Security* vol. 19/no. 3 (winter).
- Nolan, J. E., J. D. Steinbruner, K. Flamm, S. E. Miller, D. Mussington, W. J. Perry and A, B. Carter, 1994, "The Imperatives for Cooperation," in J. E. Nolan, ed., *Global Engagement: Cooperation and Security in the 21st Century*, Washington, D.C.: Brookings Institution.
- Palme Commission, 1982, *Common Security: A Blueprint for Survival*, New York: Simon & Schuster.
- Reynolds, David ed., 1994, *The origins of the Cold War in Europe: International Perspectives*, Yale University Press.
- Roberts, A., 1996, "The United Nations: Variants of Collective Security," N. Woods, ed. *Explaining International Relations Since* 1945 , Oxford: Oxford University Press.
- SIPRI, *SIPRI Yearbook* 1987, Oxford: Oxford University Press.
- Troitskiy, M., 2007, "A Russian perspective on the Shanghai Cooperation Organization," A. J. K. Bailes et al., *The Shanghai cooperationOrganization*, SIPRI Policy Paper, no. 17 (May).
- http://www.nato.int
- http://www.osce.org
- http://www.sectsco.org
- http://www.aseanregionalforum.org

군비통제와 군비축소 :
개념, 적용 그리고 현실

황 재 호

I. 서론

국가안보는 크게 두 가지 차원에서 이루어진다. 첫째는 군사력을 확대하여 상대의 군사력 사용을 억지(deterrence)하는 것이며, 다른 하나는 군사력을 통제하여 상대의 군사력 사용을 억제(constraint)하는 것이다. 국가안보를 위해 군사력을 강화할 것인가, 아니면 군사력을 통제할 것인가는 모든 국가들의 당면한 고민이자 과제이다.

지난 냉전시기 동안 많은 국가들은 자국의 안보를 확보하기 위해 대개 군사력을 증강함으로써 잠재적 적대국의 공격을 예방하고자 하였다. 이에 상대국도 대응차원에서 군비를 강화함으로써 자연스럽게 군비경쟁을 촉발하였고, 상호 안보군사적 갈등과 자국의 경제적 부담으로 이어졌다. 그러나 냉전체제가 와해된 1990년대 이후부터, 특히 9·11테러참사 이후부터, 대량살상무기(WMD) 확산문제가 이라크전과 아프가니스탄전을 유발하면서 국제사회의 관심사로 대두되었다. 이에 국제사회는 대량살상무기 확산 방지를 위한 다양한 군축활동에 대한 관심을 제고하게 되었으며, 외국 연구자들 사이에서 군비통제는 중요한 연구 흐름이 되었다.[1] 특히 군사적 대비를 중시한 냉전기와 달리, 탈냉전기에는 군사력 강화와 군비통제 간 조화(harmony)로운 접목으로,[2] 군비통제의 이론과 현실 사이의 간극을 줄여 정책적 현실성을 제고해야 한다는 목소리가 호소력을 발휘하였다.[3]

군비통제와 관련해 서방 연구들은 상당한 진전을 이루었다. 크라우제(Krause)는 『문화와 안보』(*Culture and Security*)에서 한 국가의 고유문화, 특히 전략문화가 다자간 군비통제와 안보협력에 상이한 접근과 결과의 차이를 가져온다고 주장하였으며,[4] 보슈(Bosch) 등은 『글로벌 비확산과 반테러리즘』(*Global Non-proliferation and Counter-terrorism*)에서 WMD에 대한 유엔안보리 차원의 대응과 그 의미를 분석하였다.[5] 자우어(Sauer)는 『핵군비통제』(*Nuclear Arms Control*)에서 핵핵산 방지를 위한 국제사회의 핵확산금지 노력을,[6] 그리고 티피스(Tsipis) 등은 『군비통제검증』(*Arms Control Verification*)에서 핵, 미사일 등 다양한 분야의 검증과 관련한 연구를 시도하였다.[7] 협력의 가능성과 상대의 악용 가능성을 안보딜레마 차원에서 이론적 해석을 시도한 연구로는 골드먼(Goldman) 등의 『신뢰구축』(*Building Trust*)이 있다.[8]

한편, 국내에서도 주요 연구로는 한용섭의 『한반도 평화와 군비통제』, 송대성의 『한반도 군비통제 —이론, 실제 그리고 대책』, 그리고 남만권의 『군비통제 이론과 실제』 등이 있다.[9] 그리고 국내 학술지에 발표된 군비통제와 관련한 연구도 다수 있다.[10] 하지만 북한의 핵과 미사일 문제의 대두 이후 관련 용어들이 언론매체에 수시로 등장하면서 일반인들도 이제 관련 용어들을 쉽게 접할 수 있는 상황이지만, 아직 국내에서는 이 분야의 연구가 충분하지 않은 것도 사실이다.[11] 따라서 이 글은 이 분야에 관심을 가지는 일반 독자들의 지적 수요에 부응하는 동시, 이들의 이

분야 연구의 기초자료로 활용하는 데 그 목적이 있다.

이 글은 크게 5개의 절로 나누어진다. 서론에 이어 제2절에서는 군비통제, 군비경쟁, 신뢰구축 등 용어에 대한 기본적인 이해를 돕고, 제3절에서는 UN을 포함한 국제 차원과 유럽, 아시아 등 지역 차원의 다자체제 및 조약 등 범주로 나누어 군비통제 현황에 대해 살펴보며, 제4절에서는 유럽 등 지역 군비통제의 경험 등 외국 사례와 남북간 군비통제의 현실을 상호 비교한 후, 마지막으로 제5절에서는 군비통제의 중요성이 점점 더 커지고 있음을 강조하면서, 향후 어떤 연구가 필요한지를 식별하고자 한다.

II. 개념과 관련 용어

군비통제 분야를 연구하는 데 있어 자주 사용되는 이 분야 용어를 숙지하는 것은 매우 중요하다. 이 절에서는 군비경쟁, 군비제한, 군비축소, 신뢰구축, 군비통제 등 주요 관련 용어에 대해 설명하고자 한다.

먼저, 군비경쟁(arms race)이란 "정치적 분쟁에 얽혀 있는 국가들이 상대방의 군사적 증강 태세를 인지하고 자신의 군사적 능력을 높여가는 작용-반작용의 현상"이라고 정의할 수 있다.[12] 혹은 "상호 적대적인 관계에 있는 강대국들 간 또는 지역 내 패권을 위해 국가들 간 일정한 기간 이상 쌍방이 경쟁의식 속에서 자국 군사력 증강을 상호 경쟁적으로 증가시키는 행위"라고 정의되기도 한다.[13] 군비경쟁을 촉발하는 요인에는 크게 내적인 요인과 외적인 요인이다. 내적인 요인으로는 정치지도자의 호전성, 국내경제의 해외 자원 확보 능력 및 군수산업 등과의 밀접성, 가상적대국에 대한 국민정서의 심각성이 있다. 외부적 요인으로는 가상적대국의 존재와 당시 국제정치환경의 안정성 등이 있다.[14] 대개 군비경쟁은 상대의 침략의도를 제거하기보다는 오히려 자극하는 성향이 크기 때문에 분쟁이나 전쟁의 원인으로 작동하는 경우가 많으며 경제력의 소모로 국력의 낭비를 초래한다.

한편, 군비경쟁의 반대 개념 중에서 군비제한(arms limitation)은 양자 또는 다자 협상의 결과로 상호 합의에 따라 당사국들이 군사력 수준을 양적 또는 질적으로 일정하게 제한하는 것을 말한다.[15] 또 무장해제(disarmament)란 "군사력의 해체를 의미하는 것으로, 대개 종전 후 승전국이 패전국에 가하는 군비통제의 형태"를 의미한다.[16]

군비축소(arms reduction)는 해당국의 기존 군사력 중에서 기본적인 방어능력 이상을 보유하는 무기와 병력을 질적으로 양적으로 감축해 상대국에 위협을 주는 공격적 무기를 제거하여 군사적 충돌 가능성을 배제 내지 최소화하는 것을 말한다. 군축 조치는 대개 일국의 일방적인 감축, 상대국에 대한 일방적인 제재수단, 혹은 상호협상으로 취해진다.[17]

신뢰구축조치(Confidence-Building Measures; CBMs)는 양측의 군사적 충돌 가능성을 줄이고 위기관리를 제대로 작동하기 위해 상호신뢰를 제도화하는 조치 및 행위를 의미한다. CBMs는 크게 군사문제에 국한하는 협의의 개념과 정치경제적인 조치까지 포괄하는 광의의 개념으로 구분한다.[18] CBMs의 핵심은 공개성, 투명성, 예측성이며, 상호확신조치(mutual assurance measures)나 공동체 구축조치(community building measures)라고도 한다.[19] 무엇보다도 해당국이 군사적 우월성을 추구하지 않는다는 상호 간의 확신이 중요하다.

신뢰안보구축조치(Confidence and Security-Building Measures; CSBMs)란 CBMs와 유사하나 안보문제까지 포함한 좀 더 심화된 개념이라고 할 수 있다. CSBMs란 정치군사적 갈등을 야기할 수 있는 오해의 발생을 사전에 예방하기 위해 안보군사 분야의 조치를 좀 더 명확히 하는 데 유용하다. 군사적 불확실성을 줄이고, 기습공격 같은 군사력의 불시 사용 가능성을 사전에 차단하기 위해 관련국 간 투명하고 예측가능한 군사관계를 목표로 한다. CSBMs는 정보 및 통신 조치, 관찰 및 사찰 조치, 군사적 억제조치 등 3가지 범주로 구분하며, 대개 상호 합의를 전제한다.[20]

그렇다면 군비통제(arms control)란 무엇인가? 한국 국방부는 "국가 또는 지역 간의 군비경쟁 및 군사적 불균형 완화, 적대국가 간 상호 불신 감소, 군사적 예측가능성 증대 등을 통한 상호 이해 및 신뢰증진으로 평화적 방법에 의한 분쟁해결을 도모하여 궁극적으로 세계평화를 추구하는 것"이라고 정의한다.[21] 즉 군비통제는 위협을 줄여 안보를 증진시키는 국가 차원의 안보군사전략이다.

군비통제와 군축의 관계에서 유엔과 구소련은 군비통제 이전부터 군축을 사용했으므로, 군축을 군비통제를 포함한 통상적 개념으로 보았다. 그러나 미국을 포함한 서방측은 군비통제가 더 광범하고 포괄적인 개념이므로 군축을 군비통제의 한 형태로 본다. 사실 현재 군축이나 군비통제 같은 용어는 연구자에 따라 다르게 설명하는 경우가 적지 않으며, 군축과 군비통제 간 어느 것이 더 포괄적인지에 대해서도 완전한 의견 일치를 보지 못하고 있다. 그렇지만 군비축소는 군비통제의 부분적 개념으로 군비통제의 최종 목표이며, 군비통제는 군비축소, 군비제한, 무장해제, 신뢰구축 등을 포함하는 포괄적인 개념으로 보는 시각이 우세하다.[22]

군비통제는 군사적 선택 가능성을 제한해 오해로 인한 전쟁 가능성을 줄이고, 군비경쟁 또는 군비확보에 소모되던 비용을 다른 분야로 전용해 국가의 경제적 효율성을 제고하며, 살상용 공격무기 발전의 속도를 둔화시키고, 전쟁충돌 가능성에 대한 국제적 규제를 강화하고자 한다. 이를 통해 세계 및 지역의 평화와 안정에 기여하고자 하는 목표를 가지고 있다.[23] 하지만 군비통제는 이상주의적인 군축보다는 최저 수준의 군사력 유지를 우선하는 현실적인 접근을 하고 있어, 평화에 대한 비전(vision)이라기보다는 위험을 감축해 정치군사적 갈등을 현실적으로 관리하려는 성격이 더 크다고 할 수 있다.[24]

군비통제는 통제대상에 따라 군사력의 구조나 규모는 변경하지 않고, 운용과 배치에 대한 제한을 통해 기습공격과 전쟁발발의 위험성을 줄이고 방지하는 운용적 군비통제(operational arms control)와 군사력을 구성하는 실질적인 요소인 병력과 무기체계를 구조적인 차원에서 제한 및 감축하여 군사적 안정성과 균형을 유지하려는 구조적 군비통제(structural arms control)로 나뉜다.

또 군비통제에 참여국들의 수와 범위에 따라 세계적 군비통제와 지역적 군비통제, 참여국가의 참여가 강제적인지 아닌지에 따라 강제적 군비통제와 자발적 군비통제, 무기의 종류와 성능, 질(質)을 기준으로 질적인 군비통제와 양적인 군비통제, 체약국들의 군비통제 협정 방식에 따라 일방적, 쌍방적, 다변적 군비통제, 군비통제 대상이 되는 무기가 재래식 무기인지 핵무기인지에 따라 재래식 무기 군비통제와 핵무기 군비통제로 나눈다.[25]

그렇다면 현실적으로 군비통제를 실현 가능하게 이끌기 위해서는 어떠한 노력이 있어야 하는가? 첫째, 관련국 간 갈등을 최소화하는 것이 필요하다는 공감대를 형성해야 한다. 둘째, 침략 의도가 큰 상대국에 대해 최소한의 억제력을 보유해야 한다. 셋째, 분쟁 당사국의 동맹관계에 있는 지원국이 더 이상의 지원을 하지 않는 경우이다. 넷째, 분쟁당사국의 국방예산이 자국의 국가유지에 엄청난 부담으로 작용할 경우이다.[26] 따라서 군비통제가 성공하려면 당사국 간 상호신뢰라는 대전제와 함께 이러한 추진이 가능할 수 있는 국내외 환경이 조성되어야 한다.

그러나 군비통제는 방위의 중요성을 퇴색시키며 국방안보의식을 해이하게 할 수 있다. 군비통제는 침략수단으로 이용되기도 하며, 침략자들이 침략의도를 은폐하고 상대안보 혹은 전쟁역량을 약화하는 수단으로 이용하기도 한다.[27]

따라서 군비통제를 성공시키려면 서로를 기습 공격할 가능성을 방지할 수 있는 최소한의 감시 장치가 있어야 하는데, 이를 검증(verification)이라고 한다.[28] 지속적인 검증은 당사국이 협약규정의 위반 시 즉각 조치를 취할 수 있으며, 성실한 이행 시 상호신뢰를 조성하게 된다. 검증은 강제성을 내포하며, 감시, 분석 및 결정이라는 세 단계 과정을 거친다.[29]

Ⅲ. 군비통제 관련 레짐 및 조약 현황

이번 절에서는 군비통제와 관련한 국제레짐이나 조약을 크게 유엔, 세계, 지역 차원의 레짐 및 주요 조약 등 네 범주로 나누어 설명하며, 이어 이 분야의 주요 연구기관을 소개하고자 한다.[30]

1. 유엔의 주요 기구

1990년대 탈냉전기에 들어서 유엔은 국제적으로 재래식 및 핵무기 개발의 제한, 이들 무기의 국제이전 통제, 국가 간 신뢰구축 등을 주도하고 있는데, 유엔총회, 총회 산하의 제1위원회, 군축위원회, 유엔 안전보장이사회, 군축회의 등이 그 역할을 맡고 있다.

먼저 유엔총회(United Nations General Assembly; UNGA)는 유엔의 주 심의기관이며 군축 및 군비규제 원칙을 포함하여 국제안보 전반을 논의한다.[31] 총회는 유엔 회원국 전부로 구성되며, 모든 회원국은 동일한 투표권을 가진다. 그 결정은 법적인 구속력은 없지만, 주요 안보사안에 관해 권고를 할 수 있다.

유엔안전보장이사회(United Nations Security Council; UNSC)는 유엔의 주 의사결정기관이며, 군비통제 및 군축 관련 군비 규제체계 계획을 유엔 회원국들에게 제출한다.[32] 핵확산금지조약(NPT), 화학무기금지협약(CWC) 등 주요 국제조약들은 조약의무의 중대한 위반사례의 발견시 이를 안보리에 제기할 수 있도록 한다.

유엔군축위원회(UN Disarmament Commission; UNDC)는 심의기관이자 유엔총회의 보조기구이며, 군축특별총회의 관련 결정 및 권고에 대한 후속논의를 진행한다.[33] UNDC는 1978년 제1차 유엔 군축특별총회에서 1965년 이후 소집되지 않았던 이전의 군축위원회를 승계하면서 설립되었으며, 유엔총회 회원국 전원으로 구성된다.

역시 유엔총회의 보조기구인 유엔 제1위원회(Disarmament and International Security Committee)는 군축 및 국제안보 위원회로도 불리며, 유엔총회의 6개 주요 위원회 중 하나이다.[34] 핵무기, 미사일, 재래식무기, 지역군축, 신뢰구축조치, 군비투명성 등 모든 분야의 군축 및 국제안보 관련 이슈를 다루며, 총회 본회의에서 필요한 결의 초안의 권고안을 작성한다. 동 위원회는 모든 유엔총회 회원국으로 구성되며, 유엔본부에서 매년 개최한다.

1978년 유엔 군축특별총회의 결정에 따라 1979년 제네바에 설치된 다자간 군축협상기구인 군축회의(Conference on Disarmament; CD)는 주요 군축, 비확산 의제를 논의하며, 2009년 현재 65개 회원국이 있다. 유엔의 직속기구는 아니지만 유엔 사무총장이 군축회의 사무총장을 임명하며 유엔 정규예산으로 운영되고, 총회에 매년 보고서를 제출한다. CD에서의 의사결정은 컨센서스로 이루어지며, 1963년 부분핵실험금지조약(PTBT), 1967년 외기권조약(Outer Space Treaty), 1968년 핵확산금지조약(NPT), 1971년 해저무기금지조약(Sea-bed Treaty), 1972년 생물무기금지조약(BWC), 1992년 화학무기금지조약(CWC), 1996년 포괄적핵실험금지조약(CTBT) 등의 체결을 주도하였다.

유엔사무국 산하의 유엔군축국(UN Department for Disarmament Affairs)은 군축관련 전문가 회의를 지원하고 각종 보고서를 발행하는 등 실질적인 지원을 한다. 그리고 사무총장의 자문기관인 군축문제자문위원회(Advisory Board on Disarmament Matters)는 일 년에 두 차례 모이며, 사무총장에 군비통제, 군축, 비확산 등을 자문하는 한편, 유엔군축연구소(UNIDIR) 이사회의 역할도 수행한다.

독립연구기관인 UNIDIR은 제네바에 있으며, 다양한 군축 및 군비통제 관련 연구와 함께 UN과 정부, 학계, NGO 등과 교량역할을 수행하고 있다.[35)]

국제원자력기구(International Atomic Energy Agency; IAEA)는 유엔총회가 1957년 원자력 에너지(Atoms for Peace)의 평화적 연구개발 및 사용을 위해 설립하였다.[36)] IAEA는 총회, 이사회, 기술사무국으로 구성되는데, 이사회는 전반적인 정책지도를 담당하고, 이사회는 안전조치의 협정 승인과 활동을 감독하며, 사무총장이 이끄는 기술사무국은 IAEA 활동을 수행한다. 사무국은 비엔나에 있으며, 지역사무소는 제네바, 뉴욕, 토론토, 도쿄에 있다. 유엔안보리와 유엔총회에 정기적으로 보고서를 제출한다.

2. 국제 다자수출통제체제

쟁거위원회(Zangger Committee)는 핵공급국들이 핵관련 물질, 장비, 시설 및 기술을 수출 시 핵물질의 군사적 전용을 방지하기 위해 설립되었는데, 2009년 12월 기준으로 37개국이 회원국으로 있다.[37)] 위원회는 NPT 규정이 적용되는 특정 핵 품목 및 핵관련 이중용도 품목에 관해 수출 통제리스트를 감독한다.

런던그룹(London Group)이라고도 부르는 핵공급국그룹(Nuclear Suppliers Group; NSG)은 핵공급국의 핵 및 관련 품목의 이전을 규제하는 수출통제체제이다.[38)] NSG는 원자력 전용품목 및 핵무기 확산에 기여할 수 있는 이중용도 품목의 장비, 물질 및 기술 수출 시 고려해야 하는 지침을 정한다. 미국, 캐나다, 프랑스, 독일, 영국, 일본, 소련 7개국이

1974년 런던에서 NPT 미가입국에 대한 핵 수출 통제 합의하여 발족되었는데, 2009년 12월 기준으로 46개국이 가입해 있다.

호주그룹(Australia Group)은 생화학무기들의 수출통제를 위한 비공식적인 협의체이다.[39] 1984년 유엔사찰단이 이란, 이라크전에서 화학무기를 사용한 사실을 확인함으로써 화학물자 수출통제 필요성을 절감해 1985년 호주 주도하에 설립되었다. 2009년 12월 기준으로 41개국이 가입해 있으며, 생물무기금지협약을 지원하는 역할도 수행한다.

미사일기술통제체제(Missile Technology Control Regime; MTCR)[40]는 1987년 4월 미국 주도로 서방 7개국(미국, 캐나다, 프랑스, 독일, 이탈리아, 일본, 영국)이 WMD를 운반할 수 있는 로켓과 무인비행체 및 관련 장비기술의 확산을 통제하기 위해 수립한 비공식 통제체제이며, 2009년 12월 기준으로 34개국이 가입해 있다. MTCR은 국제조약이 아니며 회원국들의 수출통제정책을 조율하기 위한 장치로서 각국 국내법에 의거 준수되는 수출통제지침이다. MTCR은 특정 국가의 미사일 개발을 근본적으로는 차단하기 어렵고, 중국, 러시아, 인도, 파키스탄, 브라질, 북한 및 이스라엘과 같이 실질적인 확산 가능성 및 위험성을 가진 국가는 참여하지 않고 있어 한계가 있지만 기술의 확산 속도를 지연시키는데 일정한 성과도 있었다.[41] MTCR은 컨센서스를 우선하며, 회원국 간 정보를 정기적으로 공유한다.

바세나르체제(Wassenaar Arrangement on Export Controls for Conventional Arms and Dual-Use Goods and Technologies)는 대(對) 공산권 수출통제체제인 다자간 수출통제협력위원회(Coordinating Committee on Multilateral Export Controls; COCOM)가 1994년 3월 해체된 후의 후속 대체적 성격이 크다.[42] 1996년 7월 오스트리아 비엔나에서 구 COCOM 회원국 및 구 바르샤바조약 당사국 33개국이 재래식 무기와 이중용도 품목 및 관련 기술 수출을 통제하기 위해 설립하였으며,

2009년 12월을 기준으로 40개국이 가입해 있다. 바세나르체제는 국제조약이 아니며 이행을 집행하는 감독기구도 없어 자체적으로 수출을 통제한다. 바세나르체제의 하부조직으로는 정책 관련 업무를 담당하는 업무그룹(GWG), 수출항목을 관여하는 수출그룹(EG)이 있다. 일 년에 한 번 규약집행관회의(LEOM)가 GWG 주관하에 개최된다.

3. 국제조약

핵확산금지조약(Non-Proliferation Treaty; NPT)은 1970년 최초 25년간의 존속기간을 위해 발효하였으며, 1995년 동 조약은 무기한 연장되었다. NPT는 2009년 기준 189개국이 가입해 있다.[43] NPT는 핵보유국(NWS)과 핵비보유국(NNWS)으로 분류된다. 핵보유국은 1967년 1월 1일 이전 핵장치를 폭발시킨 국가로 정의하며, 중국, 프랑스, 러시아, 영국 및 미국이 해당한다. 핵비보유국은 핵무기의 획득을 포기한 국가들을 말한다. NPT의 주요 규정은 첫째, 핵보유국은 핵무기 및 관련기술을 양도하거나 다른 당사국이 이를 획득하는 것을 원조할 수 없으며, 핵비보유국은 핵무기를 접수하거나 개발할 수 없다. 둘째, 핵비보유국의 핵시설에서 생산되거나 사용되는 물질이 평화적 목적의 이용을 위해 핵 안전조치를 수립하며, IAEA에 의해 이루어진다. 셋째, NPT는 모든 당사국이 평화적 목적의 핵 에너지 연구, 생산 및 사용할 권리를 인정하고, 이 경우 핵비보유국을 원조할 수 있다. 넷째, NPT는 당사국이 국제적 통제하의 핵군축에 관한 조약 협상을 하도록 요구한다.[44]

포괄적핵실험금지조약(Comprehensive Nuclear Test Ban Treaty; CTBT)은 1996년 군축회의(CD)에서 협상되었으며, CD에서 거부권이 행사된 후 유엔총회에서 서명하였다.[45] 그 목적은 핵보유국에 의한 새로운 핵무기 개발과 비핵보유국에 의한 핵무기 개발을 저지하는 것이다. 이러한 목적을 위해 CTBT는 핵폭발 장치의 모든 실험을 금지하며, 그 의무

이행을 검증하기 위해 포괄적인 감시체제를 포함한다. 동 조약은 발효되기 전 44개 지명국가들의 비준을 요구하는 엄격한 발효규정을 가지고 있다. 조약은 무기한 존속하며, 6개월 이전 사전통고를 조건으로 탈퇴할 권리를 보유한다.

화학무기금지협약(CWC)은 화학무기의 개발, 생산, 획득, 비축, 보유, 이전 및 사용을 금지하는 다자조약으로서 1993년 1월 파리에서 서명 후, 1997년 4월 발효되었다.[46] CWC의 검증체제는 협약에 의거 설치된 화학무기금지기구(OPCW)가 운용한다. OPCW는 사찰 등을 실시하며, CWC는 이와 함께 당사국의 화학무기 재고, 저장, 해체 및 생산시설에 대한 자료제출, 그리고 협약 조치의 이행 및 다음 해에 실시할 협약조치 관련 활동 등에 관한 보고서를 제출한다. 검증에 관한 임시 정부전문가그룹(VEREX)을 설립하였으며, 이를 발전시키기 위해 임시그룹(AHG)을 설치하였다.

생물무기금지협약(Biological and Toxin Weapons Convention; BTWC)은 1942년 4월 런던, 모스크바 및 워싱턴에서 서명을 위해 개방된 다자조약이며, 2009년 12월 기준으로 162개국이 가입해 있다.[47] 무기한 존속하며, 탈퇴할 경우에는 3개월 전 사전통보를 필요로 한다. 만일 당사국이 협약을 위반한 것으로 의심되면, 유엔 안보리로 회부될 수 있다. 1994년 특별회의는 임시그룹(AHG)을 설치하였지만, 아직 성공적이라는 평가를 받고 있지 못하다.

유엔 재래식 무기등록제도(UN register of conventional arms, UNRCA)는 재래식 무기의 국제적 이전 및 국내생산과 획득에 대한 투명성을 제고하려는 합의이다.[48] 재래식 무기 수출입현황, 군비보유현황, 국내생산을 통한 무기조달 및 관련정책 입법동향에 관한 보고서를 유엔에 제출하는 제도이다. 1991년 12월 유엔총회에서 군비투명성 결의안을 채택하여 도입되었으며, 2009년 12월 기준으로 173개국이 가입해 있다. 무기등록 대상은 대체로 공격형 무기로 간주되는 전차, 장갑 전투차량, 대구경포, 전투용 항공기, 공격용 헬기, 전함 및 미사일 체계 등 7개 종류이나, 검증규정은 없다.

4. 지역 군비통제 노력

상기 국제 차원 기구 및 조/협약과 더불어 지역 차원의 군비통제 노력도 강화되고 있다. 유럽 지역의 유럽안보협력기구(Organization for Security and Cooperation in Europe; OSCE)는 군비통제 및 안보를 논의하기 위한 범유럽 다자포럼이다.[49] OSCE는 1973년 7월 CSCE의 모습으로 출범하였는데, 유럽 33개국과 미국, 캐나다가 참여하였으며, 현재는 56개국으로 확대되었다. OSCE는 컨센서스를 기초로 하되, 국제법적 지위를 가지지는 않기 때문에 정치적 구속력만 가진다. CSCE/OSCE 틀에서 거둔 주요 군비통제 성과는 헬싱키 최종의정서, 비엔나 문서, 유럽재래식무기감축협정(Conventional Forces in Europe; CFE) 및 그 후속 조약들과 영공개방조약(Open Skies Treaty) 등이 있다.

이 중에서 CFE는 1970년대에도 NATO와 바르샤바조약기구 간 상호균형감군협상(Mutual and Balanced Force Reductions; MBFR)이 병력감축의 방법과 대상과 관련한 이견으로 실패한 것에 비해, 실제로 재래식 무기의 감축을 실현했다는 점에서 가지는 상징성이 매우 크다. 동 협정에 의거, 이후 5년여에 걸쳐 탱크, 야포, 장갑차, 공격용 헬리콥터, 전투기 등 5대 재래식 무기에 대한 감축이 있었다.

이어 1992년 7월 유럽 재래식무기 중 병력에 관한 협상 최종문서(CFE-1A)에서는 각기 상한선을 정해 지상군 및 공군 병력 감축을 시행하기로 합의했으며, CFE-1A에 따른 병력 감축도 1996년 3월 완료하였다.[50] 이 합의의 지역적 범위는 대서양에서 우랄산맥(ATTU)에 이른다.

아시아지역의 아세안지역안보포럼(ASEAN Regional Forum; ARF)

은 ASEAN이 설립한 심의기관으로서 지역 안보문제에 관한 정부 간 협의의 장이며, 현재 27개국이 가입해 있다. 1993년 7월 싱가폴에서 열린 제26차 ASEAN 장관회의에서 ARF를 설립하기로 하였으며, 아태지역 내 예방외교와 신뢰구축을 목표로 설정하였다. 1995년 ARF는 적절한 지역적 신뢰구축 조치를 연구하고 권고하기 위해 신뢰구축 회기간회의(ISG-CBM)를 창설하였다. ISG가 권고하고 ARF가 추후 승인한 CSBM에는 안보인식 및 정책에 관한 일련의 자발적인 정보교환과 군사접촉 등이 있다.[51]

위에서 설명한 OSCE, ARF가 정부 차원의 트랙 I 차원의 기구라고 한다면, 아태안보협력이사회(Council for Security Cooperation in the Asia-Pacific; CSCAP)는 아태 지역안보 및 군비통제 문제에 관한 이해를 촉진하기 위한 트랙 II 차원의 포럼이다. 비공식적인 형식으로 동남아국가연합(ASEAN)과 유럽 및 미국을 포함한 기타 지역의 연구자, 안보 전문가 및 정부관리들이 토론의 장으로 이용한다.[52]

5. 세계 주요 연구기관

군비통제와 관련한 외국의 주요 연구기관 중 먼저 미국의 연구기관부터 살펴보자. 전략국제문제연구소(Center for Strategic and International Studies; CSIS)는 글로벌, 지역적 현안연구와 함께 안보국방분야의 연구를 심도 있게 수행한다.[53] 카네기재단(Carnegie Endowment for International Peace)은 비영리재단으로 미국 국내 정치, 지역연구 이외에 평화와 분쟁연구를 수행하고 있다.[54] 국방국제안보연구소(Center for Defense and International Security Studies; CDISS)는 국방기술, 유엔과 군비통제, 방위산업 등 다양한 국제안보사안을 다루며, 각국 군사관련 사이트 등을 소개하고 있다.[55] 스팀슨연구소(The Henry L. Stimson Center)는 주요국의 군비정책, 지역분쟁 등을 연구한다.[56] 브루

킹스연구소(Brookings Institution)는 세계 각종 현안에 대해 다양한 전문연구를 수행하면서 정책에 반영하는 노력을 하고 있다.[57] 핵과학자협회(The Bulletin of the Atomic Scientists)는 핵무기, 국제안보, 군축분야 등을 깊이 다룬다.[58] 비확산연구소(Center for Non-proliferation Studies)는 몬터레이국제대학원(Monterey Institute of International Studies) 부설 연구소로 WMD, 수출통제, 관련조약에 관한 연구와 데이터베이스를 제공한다.[59] 미국군비통제협회(Arms Control Association)는 군비통제와 관련한 전문가들의 폭넓은 분석과 논평을 제공하며, 대표적인 출판물인 『*Arms Control Today*』를 발간하고 있다.[60]

유럽의 권위 있는 연구기관으로 먼저 스톡홀름국제평화연구소(Stockholm International Peace Research Institute: SIPRI)를 들 수 있다. SIPRI는 군비통제, 무기분쟁, 비확산, 군사기술 등 국방 분야를 특성화한 연구기관으로서 대표발간물인 SIPRI 연감(Yearbook)은 세계적으로도 권위가 있다.[61] 국제전략문제연구소(International Institute for Strategic Studies: IISS)는 군사전략, 무기통제 등 다양한 연구를 수행하며, 대표 발간물인 『*The Military Balance*』는 SIPRI 연감과 함께 세계 각국 병력 및 군사비 지출에 관한 권위를 가지고 있다.[62] 군축외교를 위한 애크러님(Acronym) 연구소(Acronym Institute for Disarmament Diplomacy)는 핵군축과 비확산을 증진하기 위한 연구를 하고 있다.[63]

국내에서는 한국국방연구원(KIDA), 외교안보연구원(IFANS), 통일연구원(KINU), 한국전략문제연구소(KRIS) 등이 한국과 주변국의 안보정책, 군사전략, 군비통제에 관해 심도 있는 연구를 수행하고 있다.[64]

IV. 외국의 주요 사례와 한반도

이 절에서는 외국 사례의 고찰을 통해 한국에 대한 함의를 찾고자 한다.

1. 유럽 사례

먼저 군비통제의 성공사례로 자주 거론되는 유럽의 경험을 보자. 1994년 12월 헝가리 부다페스트 정상회담 합의를 통해 1995년 1월 포괄적, 협력적 다자안보협력의 상설기구인 OSCE가 출범하였다. CSCE가 전신인 OSCE는 유럽의 군사적 안정과 투명성을 확보하는 중요한 제도적 틀로서 역할과 기능을 하며, 군비통제를 통한 유럽 안보확보부터 소수민족, 인권, 경제문제에 이르는 다양한 분야까지 다루고 있다.[65]

이러한 성공적인 정착에는 세 가지 합의가 중요한 역할을 하였다. 먼저 헬싱키 최종의정서(Helsinki Final Act)는 1975년 CSCE의 결과물로서 유럽 최초로 CBM을 종합적으로 개념화하였다. 2만 5000명 이상 병력이 동원되는 군사훈련의 21일 이전 의무적 통보, 기타 주요한 군사훈련의 자발적 사전통보, 주요 군사훈련 참관단의 자발적 초청 등을 규정하였다.

이어 1986년 스톡홀름문서(Stockholm Document)는 헬싱키의정서의 CSBM 규정을 강화하고 확대하였다. 동 문서는 의무적인 사전 통보의 대상이 되는 훈련규모를 1만 3000명 이상의 병력과 3000명 이상의 상륙 또는 공수 낙하산부대 또는 300대 이상의 탱크 훈련으로 낮추었고, 1만 7000명 이상의 군대 또는 5000명 이상의 상륙 또는 공수 낙하산 부대가 동원되는 군사활동의 참관단 초청을 의무화하였으며, 연중군사활동 일정표의 교환 및 거부권이 없는 검증방문의 교환을 제도화하였다.

1989년 1월, 제3차 CSCE 후속회의에서 더 강력한 신뢰안보구축조치(CSBM)의 필요성이 제기된 이래, 10년 동안 4차례(1990. 11, 1992. 3, 1994. 11, 1999. 11)의 수정을 통해 '비엔나문서'를 새롭게 채택하였다. 비엔나문서(Vienna Documents)는 1990년, 1992년, 1994년 및 1999년에 각각 체결된 일련의 네 가지 연속적인 CSBM 협정을 말한다. 1990년 비엔나문서는 스톡홀름문서에 의해 수립된 CSBM을 강화하고 그 범위를 확대하였는데, 군 병력, 주요한 무기배치 및 군사예산의 연례 정보교환, 군사접촉, 현장사찰을 통한 검증 및 이행평가 등의 임무를 맡는 분쟁예방센터의 수립 등이 포함되었다. 1992년 문서는 4만 명 이상의 군대나 900대 이상의 전차가 동원되는 군사활동을 매 2년에 1회, 1만 3000명 이상의 병력이나 300대 이상의 전차가 동원되는 군사활동을 매년 6회 이내로 제한하였다. 최종적으로 1999년 문서는 연례정보 및 연중 군사활동 일정표 교환, 군사활동의 사전통보, 참관규정, 억제규정, 검증 조치 및 군사접촉의 의무내용 등을 확대하였다.

2. 기타 지역

다른 지역들의 성공 사례를 살펴본다면, 인도와 파키스탄은 1971년 12월 양국 군사작전지휘관(DGMO) 간 전용 핫라인을 설치한 이래, 1991년 4월 군사훈련사전통보협정을 체결해 훈련정보를 사전통보하기로 하였다. 핵시설공격금지협정을 1992년 발효해 양국의 핵시설들의 위치를 매년 상호 통지하고 공격하지 않기로 합의하였다. 화학무기금지공동선언으로 화학무기 개발, 생산, 획득 및 사용을 금지하였으며, 1997년에 화학무기금지조약(CWC)을 비준하였다.

중국과 인도는 1962년 수차의 국경전쟁 후 CBM 도입의 필요성을 공감하면서 1989년 국경문제 공동실무그룹을 설립하였다. 1993년 접경지대의 통제선(LOC) 지역의 평화 및 안정에 관한 합의를 체결해 1만 5000명 이상이 동원되는 규모의 군사훈련을 금지하고, 5000명 이상의 군사훈련에 대해서는 사전통보하기로 하였다.

아랍국가들과 이스라엘이 합의한 여러 군비통제 사례들도 주목할 만하다. 1973년 10월 전쟁 이후 이스라엘과 아랍국들 사이의 완충지대, 비무장지대, 배치감소지대를 창설하고, 공군력의 운용에 관한 제한, 미국에 의한 조기경보 정찰의 운영, 분쟁지역에 국제참관단을 초청하는 등 다수의 군사적 억제조치를 시행하였다. 이러한 조치들은 이스라엘과 시리아 간 병력분리협정(1974), 이스라엘과 이집트 간 병력분리협정(1974), 이스라엘과 이집트 간 잠정협정(1975), 캠프데이비드협정(1978), 이스라엘-이집트평화협정(1979), 이스라엘-요르단평화협정(1994) 등으로 문서화되었다.

이 중 상징성이 큰 시나이협정 I(Disengagement of Forces Agreement)의 경우, 이집트군은 시나이 반도 내 지정선 서쪽, 이스라엘군은 동쪽에만 주둔하며, 양국군은 군사력 배치위치 및 군장비 현황을 검증하기 위한 유엔군 사찰을 수용하였다. 또 양군 주둔지역 사이를 분리지대로 지정하고, 군사력 배치제한지대를 설정해 7000명 미만의 병력, 30대의 전차, 12km 이하 사정거리 야포만 허용하며, 양측 군사력 배치 제한선 30km 이내에 지대공 미사일 배치를 금지하였다.

기타, 탈냉전 이후 주요 성공 사례를 살펴보면, 유럽에서는 보스니아-헤르체고비나평화협정(1995), 영공개방조약(Open Skies Treaty, 1992)이 있으며,[66] 중동지역에서는 1994년 이스라엘-팔레스타인 가자여리고 협정(Gaza-Jericho Accord), 1994년 이스라엘-요르단 평화조약(Treaty of Peace Between Israel and Jordan)이 있다. 중남미지역의 경우 1998년 에쿠아도르-페루평화협정, 1990년 아르헨티나-브라질공동핵정책선언(Declaration on Common Nuclear Policy) 등이 있다.

3. 한반도의 현실

그렇다면 한반도의 현 상황은 어떤가? 한국의 국제군축 및 비확산 노력은 국제평화와 안정유지 차원에서 국제군비통제체제에 적극 가입, 참여해 왔으며, 국제적 투명성과 신인도를 증대해 국익을 도모하고 국제 안보에 기여하고 있다. 한국은 IAEA(1957), NPT(1975), BWC(1987), 유엔 총회 제1위원회(1991), 유엔 군축위원회(1991), UNRCA(1993), NSG(1995), 쟁거위원회(1995), 바세나르체제(1996), 유엔 군축회의(1996), 호주그룹(1996), CWC(1997), CTBT(1999), MTCR(2001) 등에 참여하고 있다.[67]

현재 한국국방부는 군비통제와 관련한 두 개의 부서가 있는데, 하나는 주로 북한위협에 대비한 정책을 수립, 입안하며 군비검증단을 관할하는 군비통제과이고, 다른 하나는 검증과를 거쳐 2008년 국제군축과로부터 명칭과 업무를 조정한 비확산정책과로 주로 대량살상무기, 비인도주의적 무기 등의 확산을 다룬다. 국방부는 '군비통제 세미나'를 개최하고, '한반도 군비통제' 자료집을 발간하는 등 군비통제에 적지 않은 노력을 기울이고 있다.[68]

북한과의 군비통제에 있어서 한국은 신뢰구축과 관계개선을 위해 1991년 12월 남북기본합의서(남북 사이의 화해와 불가침 및 교류협력에 관한 합의서, Agreement on Reconciliation, Nonaggression and Exchange and Cooperation between the South and the North)를 체결해, 군사훈련의 억제 및 통보, WMD 제거, 검증체계, 군사당국자 간 핫라인 설치 등을 협상하기 위해 군사공동위원회를 설치하기로 하였다.

또 1992년 1월 한반도비핵화공동선언(Joint Declaration on the Denulcearization of the Korean Peninsula)을 통해, 핵무기의 시험, 제조, 생산 및 핵 재처리 및 우라늄 농축 시설을 보유하지 않으며 오직 평화적 목적의 핵에너지 이용을 약속하였으며, IAEA의 핵시설 사찰도 수용하기로 했다.

그러나 남북간의 수차례 합의에도 불구, 상기 선언을 포함한 여러 합의가 실천되지 않고 있다. 심지어 북한은 2003년 1월 NPT 및 이에 따른 IAEA 의무사항에 관해 탈퇴를 선언하였으며 이후 수차례의 핵실험을 통해 역내 긴장을 고조시키고 있다. 뿐만 아니라 우리가 당면한 북한발 위협에는 핵 이외에 화생무기, 미사일, 장사정포 등 다양하지만 여전히 다루지 못하고 있다.

또 실제로 남북간에 재래식 전력에 대한 군비통제 논의를 하고자 해도 양측 간 이견이 아주 크다.[69] 남북간 입장을 비교해 보면, 한국이 무기감축을 우선하면서 단계적 점진적 접근방법을 원하나 북한은 병력감축을 우선하면서 동시적, 포괄적 방식을 원한다. 대량살상무기와 재래식 무기 간 차이에 대한 비중을 어떻게 조정해야 할지와 병력비율 차이와 무기 보유 수준 간 불균형을 어떻게 조화할지도 중요한 갈등 사안이다.[70]

이렇게 한반도 군비통제의 미래에 어려운 점이 적지 않지만 유럽과 기타 지역 성공사례를 통해 한반도에 어떤 교훈을 찾을 수 있을까?[71] 먼저 유럽의 헬싱키의정서, 스톡홀름문서, 비엔나문서에서 보면 군사훈련 사전통보, 참관단 초청 등의 투명성 조치와 특정 규모 이상의 군사활동 금지 또는 규제 등의 제한 조치로 초기 신뢰를 구축한 후 다음 단계로 나아갔는데, 이러한 점진적 접근은 한반도 상황에도 여전히 의미가 있다.

다음 인도-파키스탄 간의 화학무기금지 공동선언 및 화학무기금지조약 비준은 북한이 CWC 참여를 거부하고 다량의 화학무기를 보유하고 있는 한반도 실태에 비추어 볼 때 의미를 찾을 수 있다. 핵시설공격금지협정도 쌍방이 다양한 핵시설을 보유하고 있는 남북한 상황에 참고할 만하다.

셋째, 이스라엘-이집트 시나이 협정 I 및 II의 경우 군사적 대치상황에서도 분리지대 내 군대진입 금지, 군사력 배치 제한지대 설정, 군사력 배치금지 지대에 대한 모니터링, 제3국 모니터링 허용(미국의 시나이 검증단) 등을 실행했는데, 남북 휴전선 일대 군사밀도 완화를 위한 유용한 참고가 될 수 있다.

V. 결론

냉전 이후 국제 군비통제는 몇 가지 특성을 보여준다. 첫째, 전략무기제한협정(Strategic Arms Limitation Talks; SALT), 중거리핵전력협정(Intermediate-Range Nuclear Forces Treaty; INF), 전략무기감축협정(Strategic Arms Reduction Treaty; START)이나 MBFR, CFE처럼 냉전기의 미소 간 혹은 동서진영 간 양자협상의 형태에서 탈냉전기의 다자협상 형태로 전환되었다.[72] 둘째, 냉전시대 군비통제의 주된 대상은 전략핵무기였으나 탈냉전시대의 핵, 미사일 등의 WMD로 확장되었다. 셋째, 미소 양국과 유럽을 중심으로 운영되던 군비통제는 이제 범세계적으로, 지역적으로 동시에 논의가 활성화되었다.[73]

한반도에서도 핵, 미사일 등의 WMD 문제 해결을 위해 범세계적으로는 유엔, IAEA 등이 관여하고 있고, 지역적으로는 6자회담이, 양자적으로는 남북대화가 전개되고 있다. 하지만 유럽과 기타 지역의 성공 사례와는 달리, 한반도 군비통제 현실은 여전히 국제 군비통제 추세에서 비켜나 있다. 때문에 냉전의 잔해가 남아 있는 현실을 어떻게 극복해 나갈 것인지 우리의 고민은 깊어질 수밖에 없다. 그럼에도 우리의 안보환경 개선을 위한 노력은 지속될 수밖에 없으며, 이를 극복하기 위해서 정부차원의 노력과 함께 민간차원의 정책지원형 연구가 뒷받침되어야 한다. 따라서 향후 다음과 같은 연구가 유용할 수 있다.

첫째, 군사력을 감축해도 군사력이 오히려 강화되는 현실을 우리는 어떻게 이론적으로 해석해야 할 것인가? 현재 미국은 군사변환, 중국은 군사변혁, 한국은 국방개혁을 진행하고 있다. 세계 대부분의 국가들이 향후 미래전에 대비해 자국의 군사력 현대화에 매진하고 있다.[74] 대개 구조적 군비통제는 군병력, 무기의 질량 등 군사력을 형성하는 요소들을 구조적으로 통제하는 것이다. 양자 간 호혜적 차원에서 병력과 무기는 상호동수로 하는데, 탱크와 탱크, 헬리콥터와 헬리콥터, 미사일과 미사일을 교환하는 등 무기교환 방식 접근이 군비통제의 불변의 정답인가? 무형의 전력에 대해서는 어떻게 접근해야 하는가? 군비통제의 목적이 군사력을 제한하고 약화시키는 것이라면, 첨단기술로 인해 오히려 수적으로는 축소되어도 질적으로는 강화되는 상황을 야기할 수 있다. 따라서 군비통제의 이론적 이해에 있어서 첨단기술력의 부분이 고려된 연구가 필요하다.

둘째, 군비통제는 크게 무기감축을 우선해야 한다는 주장과 상호 간 불신 해소를 우선해야 한다는 입장으로 나뉜다. 남북 군비통제 성공을 위해서는 어떤 것이 우선인가? 선(先)신뢰구축 후(後)군축인가? 선군축 후 신뢰구축인가? 우리가 만약 대북 군비통제협상의 주도권을 점하기 위해서 북한이 선호하는 선군축 요구를 수용할 경우, 우리의 전력에 영향을 주지 않는 적정선은 어디까지인가? 어떤 협상전략이 북한의 허(虛)를 찌를 수 있을 것인가? 주는 것이 오히려 받는 것이 될 수 있는 방안은 없는가? 통일한국을 준비하는 데 있어서 우리는 어느 정도의 재래식 전력과 비대칭전력을 보유하는 것이 대북 안보태세 준비에 충분한가에 대한 연구가 필요하다.

셋째, 한반도 군비통제와 동북아 군비통제 간 상관관계 연구가 필요하다. 그 연구는 몇 개의 관련 질문들을 던질 수 있다. 북한의 핵은 이 지역에서 유일무이한 핵심군비 이슈인가, 아닌가? 동북아 전체적으로는 어떤 형식의 군비통제가 필요한가, 그리고 적합한가? 우리가 추구하는 최종목표는 군축인가, 아니면 군비통제인가? 통일한국 이후 우리는 새로운 안보환경에서 살아야 하는데, 이제 북한이 존재하지 않는 미래 안보환경을 상정한다면 주변에 남는 것은 중국, 일본, 러시아이다. 우리는 물론 이들 강대국들과 우호적인 관계를 지속적으로 유지, 발전시켜 나가겠지만, 우리의 안보국방적 대비도 동시에 진행시킬 수밖에 없다. 어느 수준으로 우리의 전력을 남겨야 할 것인가? 북한과의 남북 군비통제도 중요하지만, 통일 이후를 내다본 동북아 군비통제를 고려해야만 한다. 따라서 우리는 중장기적으로 남북간 군비통제와 지역 내 군비통제를 연계한 종합적인 연구가 필요하며, 이의 충분한 준비만이 외부에서 올 수 있는 한반도 군비통제 압력에 대한 나름의 논리를 개발할 수 있을 것이다.

결론적으로, 이런 다양한 질문에 대한 유연한 사고에 기초한 심도 있는 연구만이 한반도와 동북아에서 군비통제가 단지 개념적 설명이나 언어적 유희가 아닌, 이상(理想)의 현실적 적용으로 현실의 벽을 넘어 실질적인 '무기 없는 세계', 즉 군비통제의 최종목표인 군축의 이상향에 도달하는 데 분명한 기여를 할 수 있을 것이다.

| 미주 |

1) Campbell, Kurt M., 2005, *The challenge of proliferation: a report of the Aspen strategy group* (Washington D.C.: The Aspen Institute); Spring, Baker, 2004, "Harnessing the power and nations for arms control: The proliferation security initiative and coalitions of the willing"(Washington D.C.: The Heritage Foundation); Rosen, Stephen Peter, 2006, *After Proliferation: What to Do If More States Go Nuclear, Foreign Affairs* vol. 85, Issue (Sep/Oct). 5; Roberts, Brad, 1999, "Viewpoint: Proliferation and Nonproliferation in the 1990s: Looking for the Right Lessons", *The Proliferation Review* (Fall), pp. 70-82.

2) Levi, Michael A., and Michael E. O'Hanlon, 2005, *The Future of Arms Control* (Washington D.C.: Brookings Institution Press), pp. 137-38.

3) Gallagher, N., 1998, Chap. 1. "Bridging th Gaps on Arms Control," in Nancy W. Gallagher (ed.), *Arms Control-New Approaches to Theory and Policy* (London, Portland: Frank Cass), pp. 1-24.

4) Krause, Keith R., 1999, *Culture and Security - Multilateralism, Arms Control and Security Building* (London: Frank Cass).

5) Bosch and Peter van Ham, 2007, *Global Non-proliferation and Counter-terrorism The Impact of UNSCR 1540* (The Hague: Cligendael Institute; London: Chatham House; Washington D.C.: Brookings Institution Press).

6) Sauer, Tom, 1998, *Nuclear Arms Control - Nuclear Deterrence in the Post-Cold War Period* (London: MacMillan Press).

7) Tsipis, Kosta, David W. Hafemeister, Penny Janeway, 1986, *Arms Control Verification—The Technologies that Make it Possible* (Pergamon: Brassey's, Wasington D.C., NY, Oxford, Toronto, Sydney, Franfurt); Barnaby, Frank, 1990, *A Handbook of Verification Procedures* (London: MacMillan).

8) Goldman, Ralph M., and Willard M. Hardman, 1997, *Building Trust - An Introduction to Peacekeeping and Arms Control* (Aldershot, Brookfield, Singapore, Sydney: Ashgate).

9) 한용섭, 2005, 『한반도 평화와 군비통제』, 박영사; 송대성, 1996, 『한반도 군비통제-이

론, 실제 그리고 대책』, 신태양사; 남만권, 2004, 『군비통제 이론과 실제』, 한국국방연구원.

10) 최강, 2002, 「국제 군비통제 방향 및 대응방향」, 『전략연구』 통권 25호. pp. 88-132; 이철기, 2002, 「한반도 군비통제 및 군축: 각종 국제레짐과의 연결 및 활용」, 『전략연구』 통권 25호. pp. 6-52; 한용섭, 2006, 「군비통제와 한반도 평화체제 수립: 선순환 관계를 위한 제언」, 『한국과 국제정치』, 제22집 1호, pp. 167-198; 황진환, 1999, 「포괄적 대북정책과 군비통제: 남북한 군비통제의 새로운 지평을 향하여」, 『국방정책연구』(여름), pp. 81-109.

11) 1991년 이후 탈냉전기의 군비통제와 관련한 국내외 연구자료를 수집, 목록화하고 내용을 요약, 소개하는 유용한 자료집으로는 김명진, 2008, 『탈냉전 이후 군비통제—자료와 해제』, 국방연구원.

12) Tulliu, Steve and Thomas Schmalberger, 2003, 신동익, 이충면 역, 『군비통제, 군축 및 신뢰구축 편람』(*Coming to Terms with Security: A lexicon for arms control, disarmament and confidence-building*), UNDIR, p. 5.

13) 송대성, 1996, 『한반도 군비통제—이론, 실제 그리고 대책』, 신태양사, p. 14.

14) 같은 책, pp. 14-24.

15) Tulliu and Schmalberger, 2003, *op. cit.*, p. 12.

16) *Ibid.*, pp. 25-26.

17) *Ibid.*, pp. 8-10.

18) 김태우 · 신성택 · 김명진 · 김상범, 2003, 『한반도 평화체제 구축을 위한 신뢰구축 방안 연구』, 한국국방연구원, pp. 38-9.

19) 송대성, 앞의 책, pp. 50-54.

20) Tulliu and Schmalberger, 2003, *op. cit.*, pp. 240-41.

21) 『2008년 한국국방백서』, 국방부, 2009년 7월, http://www.mnd.go.kr/mndInfo/publication/policyDataBook/policyDataBook_1/index.jsp124-5 (검색일: 2010. 1. 15).

22) 송대성, 앞의 책, pp. 26-27.

23) 송대성, 같은 책, pp. 27-33.

24) 남만권, 2006, 『군비통제 이론과 실제』, pp. 30-31.

25) 송대성, 위의 책, pp. 41-50.

26) 남만권, 위의 책, pp. 36-7.

27) 송대성, 위의 책, pp. 27-33.

28) Macintosh, James, 1996, Chap. 2. "Confidence-Building: Looking to the Future" in J. Marshall Beier and Steven Mataija, *Verification, Compliance and confidence Building:*

The Global and Regional Inferface - Proceedings of the 13th Annual Ottawa NACD Verification Symposium (Toronto: University of York), pp. 32-34.

29) Tulliu and Schmalberger, 2003, *op. cit.*, pp. 272-73.

30) 골드먼(Goldman)과 하드먼(Hardman)의 경우 'preventive treaties, duoploy-maintaining, emergency communication, chemical and biological weapons, conventional arms treaties' 등으로 나눈다. Chap. 10. "Types and Functions of Arms Control Treaties" in Ralph M. Goldman and Willard M. Hardman, 1997, *Building Trust - An Introduction to Peacekeeping and Arms Control* (Aldershot, Brookfield, Singapore, Sydney: Ashgate)을 참조; 본 절에서 레짐, 조약 등을 설명하는 데 있어서 기본적으로 UN에서 발행한『군비통제, 군축 및 신뢰구축 편람』과 Woolf, Amy F., 2007, *Nuclear arms control: The strategic offensive reductions treaty*, CRS Report for Congress (Washington D.C.: Congressional Research Service, January)를 주요 자료로 활용하였으며, 필요 시 기타 자료들을 활용, 보충하였다.

31) http://www.un.org/.

32) http://www.un.org/Docs/sc/.

33) http://www.un.org/Depts/ddar/discomm/undc.html.

34) http://www.un.org/ga/59/first/.

35) http://www.unidir.org/html/en/home.html

36) http://www.iaea.org/.

37) http://www.zanggercommittee.org/.

38) http://www.nuclearsuppliersgroup.org/Leng/default.htm.

39) http://www.australiagroup.net/en/index.html.

40) http://www.mtcr.info/english/index.html.

41) 남만권, 앞의 책, pp. 256-257; MTCR이 중국 가입의 필요성을 주장하면서도 중국의 가입 시 MTCR에 미칠 수 있는 우려에 대해서는 Hwang, Jaeho and Christopher Bluth, 2007, "China and the MTCR: The Dilemma of China's Membership", *The Korean Journal of Security Affairs* vol. 12/no. 2, pp. 31-48을 참조.

42) http://www.wassenaar.org.

43) NPT의 성과와 문제점에 대해서는 Dunn, Lewis A., 2009, "THE NPT - Assessing the Past, Building the Future," *The Nonproliferation Review* vol. 16/no. 2 (July), pp. 143-172; NPT 조약에 관해서는 http://www.un.org/events/npt2005/npttreaty.html (검색일: 2010. 1. 15).

44) Tulliu and Schmalberger, 2003, *op. cit.*, pp. 119-120.

45) CTBT의 추진기관인 포괄적핵실험금지조약기구(CTBTO))의 홈페이지 http://www.ctbto.org/를 참조; 실질적인 현장 검증의 사례 소개에 대해서는 우경석, 2009, 「포괄적 핵실험금지조약기구(CTBTO)의 현장사찰체계 소개」, 『한반도 군비통제』, 여름, 제45집, pp. 149-165.

46) http://www.opcw.org/chemical-weapons-convention/.

47) http://www.opbw.org/.

48) http://www.un.org/disarmament/convarms/Register/HTML/Registerindex.shtml/.

49) http://www.osce.org/.

50) 이서항, 1996, 「유럽안보기구—북대서양조약기구, 서유럽연합, 유럽 안보 및 협력기구를 중심으로」; 유영관, 황병무 외 저, 『국제기구와 한국외교』, 민음사, pp. 203-205; 유럽에서의 전통적 군비통제와 관련한 내용과 집행 등에 대해서는 Lachowski, Zdzislaw, 2001, Chap. 26. "Conventional arms and control in Europe, in Ian Anthony and Adam Daniel Rot," *A future Arms Control Agenda* - Proceedings of Nobel Symposium 118, 1999 (SIPRI, Oxford University Press), pp. 244-266.

51) http://www.aseanregionalforum.org/ (검색일: 2010. 1. 15).

52) http://www.cscap.org/.

53) www.csis.org.

54) www.ceip.org.

55) www.cdiss.org.

56) www.stimson.org.

57) www.brookings.edu.

58) http://thebulletin.metapress.com/content/0096-3402.

59) www.cns.miis.edu.

60) http://www.armscontrol.org/.

61) www.sipri.org.

62) www.iiss.org.

63) www.acronym.org.uk.

64) www.kida.re.kr; www.ifans.go.kr; www.kinu.re.kr; www.kris.or.kr.

65) 각 회원국이 직면한 문제점의 식별과 OSCE 차원 활동에 대해서는 Survey of OSCE Field Operations, 2008, SEC.GAL/182/08 30 September. http://www.osce.org/about/13510.html.

66) 영공개방조약의 형성과정과 법적 의미 및 이라크 등의 사례연구로는 Krepon, Michael and Amy E. Smithson, 1992, *Open Skies, Arms Contral, and Cooperative Security* (New

York: St. Martin's Press, The Henry L. Stimpson Center), 특히 Tucker, Jonathan B., Chap. 1. "Negotiating Open Skies: A Diplomatic History," pp. 5-50; Koplow, David A., Chap. 4. "Overflying the Country Without Overlooking the Constitution: Legal implications of Aerial Overflights," pp. 93-112; Molander, Johan, Chap. 7. "Mandated Aerial Inspections: The Iraqi Case," pp. 147-162을 참조.

67) 이에 비해, 북한은 NPT(1995), BWC(1987), 군축위원회(1991)와 군축회의(1996) 이외에는 모두 불참하고 있다. IAEA의 경우 1974년에 가입했다가 1994년 탈퇴하였다. 북한의 군축 및 비확산과 관련한 국가개황에 대해서는 Arms Control and Proliferation Profile: North Korea, Arms Control Association, http://www.armscontrol.org/factsheets/northkoreaprofile 참조.

68) 남북 군사회담의 긴장 완화 같은 긍정적 효과에도 불구하고 한반도 신뢰구축의 근본적 어려움에 대해서는 김재홍, 2007, 「한반도 평화체제 구축과 남북군비통제」, 『주간국방논단』, 제1178호(11월 19일).

69) www.mnd.go.kr.

70) 홍규덕, 2009, 「북한의 비핵화와 남북군비통제: 병행접근 가능한가?」, 제3회 북한 군사포럼 주제발표논문, 코리아나호텔(12월 14일), pp. 15-18.

71) 김태우, 앞의 연구서, pp. 68-70.

72) 미국과 구소련/러시아가 전략무기의 군비통제를 위한 지난했던 협상과 현재 직면한 문제 및 향후 시나리오에 관한 분석으로는 Woolf, Amy F., 2008, *Strategic Arms Control after START: Issues and Options*, (Washington D.C.: CRS Report for Congress, December).

73) 최강, 2003, 「국제 군비통제 방향 및 대응방향」, 『전략연구』, pp. 107-111.

74) 차두현, 2008, 「동북아 군사적 신뢰구축의 현실태와 전망(한국의 접근)」, 『한반도 군비통제』 제44집(12월), p. 92.

| 참고문헌 |

- 『2008년 한국국방백서』, 국방부.
- 김명진, 2008, 『탈냉전 이후 군비통제-자료와 해제』, 국방연구원.
- 김재홍, 2007, 「한반도 평화체제 구축과 남북군비통제」, 『주간국방논단』 제1178호.
- 김태우, 신성택, 김명진, 김상범, 2003, 『한반도 평화체제 구축을 위한 신뢰구축 방안 연구』, KIDA.
- 남만권, 2004, 『군비통제 이론과 실제』, 한국국방연구원.
- 우경석, 2009, 「포괄적핵실험금지조약기구(CTBTO)의 현장사찰체계 소개」, 『한반도 군비통제』 제45집, pp. 149-165.
- 이서항, 1996, 제4장 「유럽안보기구-북대서양조약기구, 서유럽연합, 유럽 안보 및 협력기구를 중심으로」, 유영관, 황병무 외 저, 『국제기구와 한국외교』, 민음사, pp. 203-205.
- 이철기, 2002, 「한반도 군비통제 및 군축: 각종 국제레짐과의 연결 및 활용」, 『전략연구』 통권 25호. pp. 6-52.
- 송대성, 1996, 『한반도 군비통제-이론, 실제 그리고 대책』, 신태양사.
- 최강, 2002, 「국제 군비통제 방향 및 대응방향」, 『전략연구』 통권 25호, pp. 88-132.
- 한용섭, 2006, 「군비통제와 한반도 평화체제 수립: 선순환 관계를 위한 제언」, 『한국과 국제정치』 제22집 1호.
- 황진환, 1999, 「포괄적 대북정책과 군비통제: 남북한 군비통제의 새로운 지평을 향하여」, 『국방정책연구』, pp. 81-109.
- 홍규덕, 2009, 「북한의 비핵화와 남북군비통제: 병행접근 가능한가?」, 제3회 북한군사포럼 주제발표논문.

- Barnaby, Frank, 1990, *A Handbook of Verification Procedures*, London: MacMillan.
- Bosch, Olivia and Peter van Ham, 2007, *Global Non-proliferation and Counter-terrorism - The Impact of UNSCR 1540*, The Hague: Cligendael Institute; London: Chatham House; Washington D.C.: Brookings Institution Press.
- Campbell, Kurt M., 2005, *The challenge of proliferation: a report of the Aspen strategy group*, Washington D.C.: The Aspen Institute.
- Dunn, Lewis A., 2009, "THE NPT-Assessing the Past, Building the Future," *The*

Nonproliferation Review vol. 16/no. 2.

- Gallagher, N., Chap. 1. "Bridging th Gaps on Arms Control", in Nancy W. Gallagher ed., *Arms Control - New Approaches to Theory and Policy*, London, Portland: Frank Cass.
- Goldman, Ralph M. and Willard M. Hardman, 1997, Building Trust-*An Introduction to Peacekeeping and Arms Control*, Aldershot, Brookfield, Singapore, Sydney: Ashgate.
- Hwang, Jaeho and Christopher Bluth, 2007, "China and the MTCR: The Dilemma of China's Membership," *The Korean Journal of Security Affairs* vol. 12/no. 2.
- Koplow, David A., 1992, Chap. 4. "Overflying the Country Without Overlooking the Constitution: Legal implications of Aerial Overflights," in Michael Krepon and Amy E. Smithson, *Open Skies, Arms Contral, and Cooperative Security*, New York: St. Martin's Press, pp. 93-112.
- Krause, Keith R., 1999, *Culture and Security-Multilateralism, Arms Control and Security Building*, London: Frank Cass.
- Lachowski, Zdzislaw, 2001, Chap. 26. "Conventional arms and control in Europe" in Ian Anthony and Adam Daniel Rot, *A future Arms Control Agenda*, Proceedings of Nobel Symposium 118, 1999, SIPRI, Oxford University Press.
- Levi, Michael A., and Michael E. O'Hanlon, 2005, *The Future of Arms Control*, Washington D.C.: Brookings Institution Press.
- Macintosh, James, 1996, Chap. 2. "Confidence-Building: Looking to the Future" in J. Marshall Beier and Steven Mataija, *Verification, Compliance and confidence Building: The Global and Regional Inferface*, Proceedings of the 13th Annual Ottawa NACD Verification Symposium, Toronto: University of York.
- Michael Krepon and Amy E. Smithson, 1992, *Open Skies, Arms Contral, and Cooperative Security*, New York: St. Martin's Press.
- Molander, Johan, 1992, Chap. 7. "Mandated Aerial Inspections: The Iraqi Case", in Michael Krepon and Amy E. Smithson, *Open Skies, Arms Contral, and Cooperative Security*, New York: St. Martin's Press.
- Roberts, Brad, 1999, *The Nonproliferation Review* vol. 16/ no. 4, pp. 70-82.
- Rosen, Stephen Peter, 2006, "After Proliferation: What to Do If More States Go Nuclear," *Foreign Affairs* vol. 85, Issue. 5 (Sep/Oct).
- Sauer, Tom, 1998, *Nuclear Arms Control - Nuclear Deterrence in the Post-Cold War Period*, London: MacMillan Press.
- Spring, Baker, 2004, "Harnessing the power and nations for arms control: The

proliferation security initiative and coalitions of the willing", Washington D.C.: The Heritage Foundation.

- Tsipis, Kosta, David W. Hafemeister, Penny Janeway, 1986, *Arms Control Verification - The Technologies that Make it Possible*, Wasington D.C., NY, Oxford, Toronto, Sydney, Franfurt: Pergamon, Brassey's.
- Tucker, Jonathan B., 1992, Chap. 1. "Negotiating Open Skies: A Diplomatic History", in Michael Krepon and Amy E. Smithson, *Open Skies, Arms Contral, and Cooperative Security*, New York: St. Martin's Press, pp. 5-50.
- Tulliu, Steve and Thomas Schmalberger, 2003, 신동익 · 이충면 역, 『군비통제, 군축 및 신뢰구축 편람』(*Coming to Terms with Security : A lexicon for arms control, disarmament and confidence-building*, UNDIR/30).
- Woolf, Amy F., 2007, *Nuclear arms control: The strategic offensive reductions treaty*, CRS Report for Congress, Washington DC: Congressional Research Service, January.
- ______, 2008, *Strategic Arms Control after START: Issues and Options*, CRS Report for Congress (December).

| 제 4 부 |

주요 국가의 안전보장제도와 정책

미국의 안전보장제도와 정책
일본의 안전보장제도와 정책
중국의 안전보장제도와 정책
러시아의 안전보장제도와 정책
북한의 안전보장제도와 정책
한국의 안전보장제도와 정책

미국의 안전보장제도와 정책: 오바마 행정부 등장 이후의 변화를 중심으로

손 병 권

I. 서론

이 글은 미국의 안전보장제도와 정책을 오바마(Barack Obama) 행정부 등장 이후의 변화를 중심으로 서술하기 위해서 작성했다. 그러나 전체적으로 제도보다는 정책에 주안점을 두었다. 이러한 목적에 따라서 이 글은 지난 1년간 오바마 행정부가 취한 조치와 정책을 중심으로 부시 행정부 당시와의 차이점을 부각하면서 작성할 것이다. 이러한 차이점의 부각은 의도된 것은 아니며, 다만 공화당에서 민주당으로 행정부의 주인이 바뀐 데 따른 것이다. 그럼에도 이러한 차이점은 부시 행정부가 통치한 미국 공화당 집권 8년간의 기간이 전 세계에 다각적으로 미친 영향을 고려할 때 매우 중요하므로 꼭 지적하고 넘어가야 할 사항이라고 생각한다.

글의 내용 및 순서와 관련하여 말하면, 이 글은 먼저 오바마 행정부 등장 이후 미국의 변화된 상황인식을 제시할 것이다. 이를 위해서 미국 국내의 정치적 변화상을 설명하면서 오바마 행정부가 부시 행정부 8년 동안 전 세계에 각인한 부정적인 미국의 이미지를 씻어내기 위해서 취한 조치들을 언급할 것이다. 이어서 3절에서는 국가안전보장회의, 국방부, 국무부를 중심으로 미국의 주요 안보정책결정 기구를 간단히 개관할 것이다. 먼저 이 주요 기관의 조직상 편제를 그림으로 제시하고, 국방부와 국무부의 경우 안보정책과 관련된 핵심적인 역할을 담당하는 부서와 그 역할을 소개할 것이다. 다음 4절에서는 오바마 행정부 등장과 함께 나타난 국가안전보장회의의 변화된 위상과 그 변화의 이유에 대한 설명이 미국의 안보제도와 관련하여 제시할 것이다. 이와 같은 개괄적인 설명이 제시된 이후 5절에서는 핵비확산 문제, 지역분쟁 문제, 에너지 및 환경안보 문제를 중심으로 미국의 안보인식 및 대응조치를 설명할 것이다. 여기에서는 핵비확산이나 지역분쟁 등 전통적인 안보영역과 환경 및 에너지 등 비전통적인 안보영역에 있어서 중요한 쟁점이 무엇이며, 이러한 문제를 대처하는 과정에서 오마바 행정부의 미국이 러시아나 중국 등 주요 강대국과 어떠한 방식으로 의사를 교환하고 이견을 조정해 나갔는지를 검토할 것이다. 마지막으로 결론에서는 전체의 내용을 요약할 것이다.

II. 미국의 변화된 상황인식과 오바마 독트린

1994년 클린턴(Bill Clinton) 민주당 행정부 당시 치른 중간선거에서 공화당이 양원을 장악함으로써 본격적으로 시작된 미국의 공화당 혁명(Republican Revolution)은 2000년 대선에서 부시(George W. Bush) 공화당 후보가 대통령에 당선됨으로써 그 절정에 이르렀다. 1994년 중간선거에서 공화당의 승리는 남부 보수파 백인 민주당 지지자들이 대규모로 정당 일체감을 변경시키면서 공화당 후보에게 투표한 결과였다. 당시 이들은 클린턴 행정부의 의료보험개혁 실패, 군대의 동성애자 커밍아웃 등 민주당 행정부가 추진한 연방정부의 역할확대와 진보적 사회정책 등에 불만을 품고 마침내 의회선거에서 공화당 지지로 선회하였다. 이후 2000년 대선 당시 텍사스 주지사였던 부시 공화당 후보는 복음주의 개신교도 등 사회적 보수주의자들의 열정적인 선거참여에 힘입어 대통령에 당선됨으로써 마침내 공화당 단점정부(unified government)를 구축하는 데 성공하였고, 이후 2004년 대선에서 자신을 전시 지도자(war-time president)로 자리매김한 부시 대통령은 이라크 전쟁의 당위성 역설과 보수적인 사회적 가치의 옹호에 동조한 보수적 유권자의 동원에 힘입어 재선되었다.

이와 같이 미국 보수주의의 정점으로 기록되는 부시 행정부 출현과 유지는 2006년 의회 중간선거에서 공화당이 민주당에 패배할 때까지 미국이 테러세력에 대한 선제공격 가능성을 선언하는 등 매우 공세적인 세계전략을 펼쳐 나가는 배경이 되었다. 국내 보수주의 유권자의 지지에 힘입어 적극적으로 추진될 수 있었던 민주주의의 확산과 이를 위한 체제변화 등을 허용하는 이른바 '부시 독트린'은 네오콘(Neocon)의 일방주의적 외교정책의 근간이 되면서 부시 행정부의 초기 6년간을 지배한 주요 외교정책 논리가 되었다.

그러나 네오콘적 세계관에 근거한 부시 독트린과 이에 따른 미국의 일방주의적 외교정책 성향은 전 세계적으로 광범위하게 반미정서를 불러일으키면서 미국의 국제적 지도력에 심각한 의문을 제기하는 요인이 되었다. 유엔 안보리의 지지를 얻지 못한 명분 없는 이라크 침략, 전통적인 우방국이었던 프랑스와 독일의 이라크전쟁 동참 거부, 특히 중동지역에서 거세게 분출된 반미주의는 이라크전쟁의 전후 처리문제 과정에서 미군의 사상(死傷)자 증가 및 이라크 내정의 혼란 심화현상과 결부되어 부시 행정부 외교정책의 국내 지지를 떨어뜨리고 대외적 호소력을 현저히 감소시키는 결과를 가져 왔다. 그리고 2008년 시작된 서브 프라임 모기지 사태와 이로 인한 미국발 금융위기는 2008년 대통령 선거에서 이라크

전쟁의 조기 종결과 공화당 행정부의 미숙한 경제정책 운영을 강력하게 비판하면서 등장한 흑인 민주당 대통령 후보인 오바마의 당선을 가능하게 만들었다.

취임 직후 오바마 행정부는 국내적으로 7870억 달러에 이르는 경기부양법을 통과시키면서 경제회복에 주력하는 한편, 대외적으로는 부시 행정부의 부정적인 유산을 청산하기 시작하였다. 오바마 대통령은 무엇보다도 2009년 2월 27일 연설을 통해 2010년 8월 말까지 이라크에서 미군의 전투임무를 중지하겠다고 선언하고, 2011년 말까지는 모든 미군이 철수한다는 일정을 구체적으로 제시함으로써 미국인들에게 이라크전쟁의 피로를 덜어 주었다. 그리고 이라크전쟁과 함께 미국의 대외 이미지 저하 혹은 소프트파워 하락의 주범 가운데 하나였던 관타나모(Guantanamo) 포로 수용소의 폐쇄를 결정하고 전쟁 포로 혹은 테러 용의자에 대한 고문을 금지함으로써 세계 여론의 호응을 받았다.

이와 함께 오바마 행정부는 세계 각국에 대해서 적극적인 외교 노력을 전개하기 시작하였는데, 무엇보다도 러시아와 '리셋(reset)', 즉 관계 재설정을 도모하면서 새로운 대화국면을 재개하고자 하였다. 오바마 대통령은 부시 행정부 당시 추진된 폴란드 및 체코 등 동유럽에 대한 미사일 방어체계 구축의 포기를 선언하면서 이란 핵문제에 대한 러시아의 협조를 최대한 약속받기에 이르렀고, 이와 더불어 2010년에 종식되는 전략무기감축협정(START : Strategic Arms Reduction Treaty)의 연장을 위한 "START II"의 협상을 재개하기로 합의하였다. 한편 터키의회와 이집트의 카이로 등 이슬람 국가에서 연설을 통해 미국은 세계 각국, 특히 이슬람 지역의 문화와 전통을 존중할 것이며 이들 지역에 대해서 민주주의의 강제적 이식을 시도할 의사가 없음을 선언함으로써 부시 행정부 당시 추진된 민주주의 확산론으로 인해 더욱 증폭된 중동의 반미주의 확산 차단에 주력하였다. 이와 함께 최근 이란 핵문제를 해결하기 위해서 G5+1

회담을 시작하고 중국에 대한 봉쇄정책의 폐지를 선언함과 동시에 북한에 대해서 고위급 특사를 파견하며, 더불어 코펜하겐 기후변화협약회의에도 적극적으로 임함으로써 외교와 대화를 통한 지역적 긴장과 갈등해소 및 글로벌한 문제의 해결에 주력하는 모습을 보이기도 하였다.

부시 행정부 네오콘이 추진한 일방주의적 외교성향에서 탈피한 오바마 행정부의 새로운 분쟁해결 방식과 글로벌한 문제해결을 위한 세계인의 동참에 대한 호소는 2009년 9월 23일 유엔총회 연설석상에서 드러난 오바마 대통령의 생각에서 잘 드러난다. 부시 행정부 당시 추진된 민주주의의 확산이나 이를 위한 선제공격 혹은 체제변화와 같이 구체적이고 선명한 거대전략(grand strategy)을 제시하는 것은 아니지만, 오바마 행정부가 지금까지 추진한 외교와 대화의 의지 및 노력, 상호의존적 세계에서 글로벌한 문제해결을 위한 세계인의 동참촉구라는 배경 속에서 읽어 본다면, 이 연설은 일종의 '오바마 독트린'으로 받아들일 수 있다. 이 연설에서 오바마 대통령은 핵 없는 세계, 팔레스타인과 이스라엘 간 갈등 등 아랍세계의 분쟁해결, 기후변화에 대한 대처, 경제 · 금융위기 극복, UN의 기능회복 등의 과제는 미국 혼자만의 노력으로는 성취할 수 없으며, 미국을 포함한 세계의 모든 개별국가가 공동으로 책임을 지면서 해결해 나가야 할 문제라고 역설하였다. 그는 미국이 '세계와의 관여라는 신시대(a new era of engagement with the world)'를 적극적으로 추진할 것을 언명하면서, 이러한 문제해결을 위해서 세계 각국은 글로벌한 도전에 대한 글로벌한 반응에 있어서 자신의 몫을 다해야 한다고 강조하였다. 더불어 '상호의존적인 세계(interconnected world)'에서 '남과 북(the South and the North)' 등 전통적인 지역분할적 인식은 더는 의미가 없다고 주장하였다.[1)]

요컨대 오바마 독트린의 핵심은 대화와 외교를 통한 미국의 적극적 관여정책 유지, 상호의존적 세계에서 글로벌한 도전에 대한 글로벌한 대응의 필요성, 이를 위한 세계 각국의 공동책임에 대한 촉구 등으로 압축할 수 있다. 오바마 행정부의 새로운 입장은 부시 행정부 당시의 군사력에 기반한 일방주의적 외교노선의 한계 및 문제점과, 이로 인한 미국의 세계지도력 하락이라는 반성에서 나타난 것이며, 동시에 기후변화 대처, 테러에 대한 효과적 대응, 핵확산 방지, 세계금융위기의 극복 등 문제의 성격 자체가 전 세계적인 협력과 책임을 필요로 할 수밖에 없는 것이라는 상황인식에서 나타난 것이다.

III. 미국의 안보정책결정 조직의 개관: 국가안전보장회의, 국방부, 국무부

제2차 세계대전 이후 미국의 안보정책은 전통적으로 국가안전보장회의(National Security Council; NSC), 국방부(the Department of Defense; DoD), 국무부(the Department of State) 등을 중심으로 논의되어 왔다. 1947년 등장한 국가안전보장회의는 그 명칭이 시사하는 것처럼 전적으로 국가적 위협에 대처하기 위한 안보상의 목적으로 창설된 것이다. 국방부는 국가 간 갈등과 전쟁대비 등 위기를 상정하면서 국방을 목적으로 존재하는 것이기 때문에 그 자체로서 국가안보와 밀접한 관련을 맺고 작동한다. 국방장관실 휘하의 정책차관 및 그 예하의 차관보 조직이 안보정책과 관련한 핵심기관이다. 국무부의 경우 특히 국가안보와 관련하여서는 차관이 담당하는 '군축 및 국제안보부'가 국가안보와 관련된 사항을 담당한다. 아래에서는 국가안전보장회의, 국방부, 국무부의 조직과 안보 관련 역할을 간략하게 소개하겠다.

1. 국가안전보장회의

미국의 국가안전보장회의는 백악관 보좌진과 관계장관이 참석하여 국가안보 및 외교정책과 관련한 문제에 대해서 대통령에게 조언하고 국가안보와 관련한 정책을 조정하는 기능을 수행한다. 국가안전보장회의는 1947년 국가안전보장법(National Security Act)에 의해 설치되고, 이후 1949년 정부재편계획(Reorganization Plan)의 일환으로 대통령부(the Executive Office of the President) 내에 편입되었다.

오바마 행정부하에서는 〈그림 1〉에 나타난 바와 같이 국가안전보장회의는 대통령이 직접 의장을 맡고 있으며, 합참의장이 군사보좌관으로 그리고 국가정보부장이 정보보좌관으로 참석한다. 정관상 부통령, 국무장관, 국방장관, 에너지장관이 상시 참석하며, 국가안보보좌관, 대통령 비서실장, 국가안보 부보좌관 등이 정규적으로 참석한다. 이외에도 대통령이 필요하다고 인정하는 경우 기타 정부 관계자들이 사안에 따라서 비정규적으로 참석한다. 한편 국가안전보장회의에는 정치적 임명직 성격의 참석자와 별도로 대통령이 임명한 국가안보보좌관의 직접 지휘하에 각

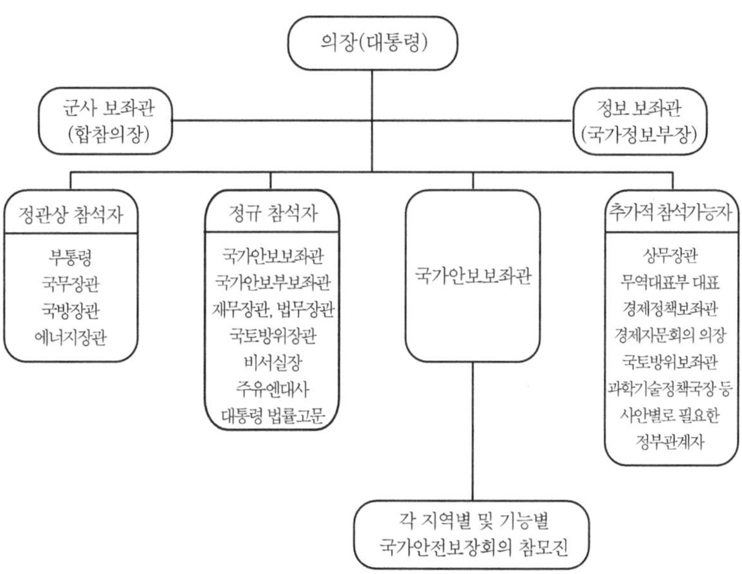

〈그림 1〉 국가안전보장회의 조직도

지역별, 기능별로 일정한 역할을 부여받은 참모진이 다양하고 폭넓게 활동한다.

본문의 4절에서 다시 설명할 것이지만 국가안전보장회의는 창설 이후 의장인 대통령의 성향과 정책 어젠다에 따라서 그 역할이 확대 혹은 축소되는 경향을 보여 왔다. 대통령이 국가안보정책을 결정하는 과정에서 소수의 장관이나 보좌관들 중심으로 일을 진행하는 경우에는 국가안전보장회의와 같은 다자적이고 종합적인 정책결정기구의 역할이 축소되거나 도외시되는 경향이 있다. 그러나 현재 오바마 행정부를 보면 대통령은 국가안전보장회의와 같은 다자적이고 포괄적인 기구에서 수차례 공식적인 논의를 거쳐 종합적인 토론을 진행해 가면서 의견을 수렴하여 정책을 결정하는 성향을 보인다.

2. 국방부

미국의 국방부는 행정부 내 전체 부서 가운데에서 가장 많은 예산을 운영하는 부서이다. 국방부는 핵병기와 통상병기를 망라하는 다양한 군사장비 구입, 육해공군 및 해병 등 병력의 충원과 지원, 국내 방산업체와의 계약, 국내외 기지의 운영 등을 관할하는 부서로서 엄청난 예산과 인력을 관리하면서 미국의 안전보장과 관련한 핵심부서로 기능한다. 1980년대 말과 1990년대 초 소련 및 동구권의 붕괴 및 냉전의 종식과 함께 한때 국가안보와 관련한 이슈의 현저성이 줄어들면서 안전보장에 관한 집중된 관심이 잠시 누그러진 것은 사실이었다. 그러나 그 후 걸프전쟁, 이라크전쟁, 아프간전쟁 그리고 지금도 지속되는 전 지구적 테러세력과 대치 중인 상황에서 국방부의 위상은 여전히 높을 수밖에 없는 것이 사실이다. 이에 더하여 2001년 9·11 사태 이후 부시 대통령의 명령에 따른 국토방위부의 신설이 시사하듯이, 이제 국가안보의 문제는 국내외 경계를 가리지 않고 그 대책을 강구해야 하는 상황에 처하였고, 이러한 추세에 발맞추어 국방부의 조직도 변화했으며 국방부의 존재는 더욱 부각되었다.

〈그림 2〉에 나타난 대로 현재 국방부는 국방장관, 육군, 해군, 공군 등 각 군(軍), 국방장관실 예하 조직, 그리고 합참 등을 주요 구성조직으로 하여 운영된다. 이 가운데 안보정책과 관련한 가장 핵심적인 부서는 〈그림 3〉에 나타난 국방장관실 산하의 조직이며, 특히 정책차관 예하의 다양한 국제안보관련 차관보 조직이 가장 중요한 기능을 수행한다. 〈그림 2〉에 나타난 국방부 조직도상 각 군은 통상 민간인 출신의 장관을 최고 행정책임자로 하는 육군, 해군, 공군으로 구성되며, 각각의 군 조직은 그 휘하에 각 군 참모총장과 차관을 둔다. 그리고 각 군의 참모총장과 다양한 기능의 참모로 이뤄진 합참의 최고책임자인 합참의장은 대통령과 국방장관에 대해서 군의 편제, 병력의 증감 필요성, 군작전의 계획 및 운영에 관해서 조언하는 기능이 있다. 합참의장의 역할은 역대 대통령 및 국방장관과의 인적인 관계나 각 의장의 개인적인 능력에 따라 크게 좌우되는 경향이 있다. 1986년 이후 그 지위가 격상되어 현재는 국가안전보장회의에

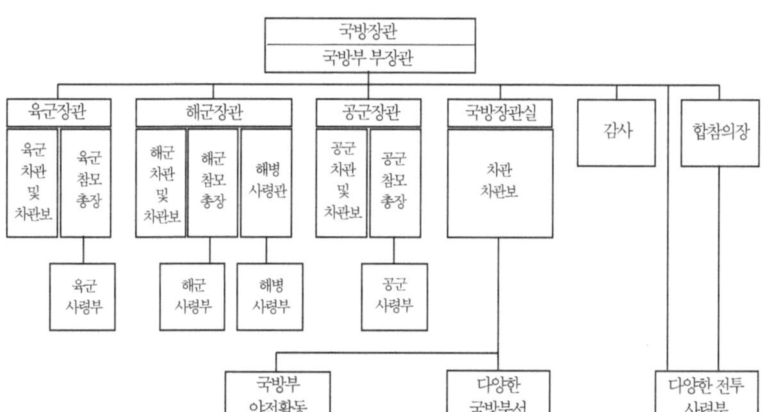

〈그림 2〉 국방부 조직도

군사보좌관으로 정규적으로 참석한다.

〈그림 3〉에 나타난 조직도를 보면 국방장관실은 국가안전보장회의에 참석하여 대통령에게 직접 의견을 개진할 수 있는 국방장관을 정점으로 하여 정책, 재정, 인력 · 대비, 정보, 작전, 획득 · 병참 등을 담당하는 6개의 차관급 조직으로 구성되어 있다. 이 가운데 정책차관 예하의 안보관련 5개 차관보 조직이 국방부 국가안보정책의 핵심역할을 수행한다. 이 6개의 조직은 1980년대와 1990년대 당시 국제안보를 담당하던 국제안보업무국(the Office of International Security Affairs)과 국제안보정책국(the Office of International Security Policy) 등이 확대 개편된 것으로서 아시아, 유럽, 그리고 국토방위 등 미국과 전 세계를 망라하는 국가안

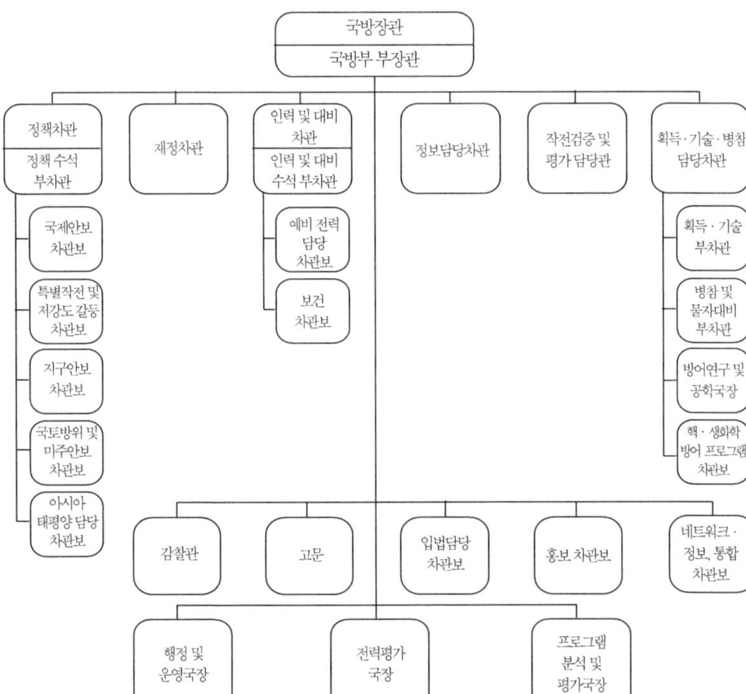

〈그림 3〉 국방장관실 조직도

보정책과 과제를 작성하는 기능을 맡는다. 이와 관련하여 핵병기 및 통상병기 정책, 전략 및 광역무기와 관련한 협상 및 그 내용의 검토, 핵확산 문제에 대한 대처, 기존 군사관련 협정의 감독, 대외 안보원조 등 국가안보와 연관된 광범위한 분야에 대해 논의하고 그 결과를 국방장관에게 직접 보고한다.

3. 국무부

미국의 국무부는 원래 연방정부가 탄생하기 전인 1781년 연합헌장 체제하에서 외무부(Department of Foreign Affairs)라는 이름으로 처음 등장하였다. 이후 연방헌법이 1787년 제정되고 이 헌법에 따라서 미국혁명의 지도자 워싱턴 장군이 초대의회에서 미국 대통령으로 선출됨과 동시에 연방법에 따라 1789년 오늘날과 같은 국무부가 되었다.

〈그림 4〉처럼 현재 오바마 행정부하에서 미국의 국무부는 국무장관을 수장으로 하여 2인의 부장관과 6개 부처를 담당하는 차관으로 구성돼 있다. 국무장관 휘하의 각 차관이 책임을 지는 영역은 정치, 경제 · 에너지 · 농업, 군축 · 국제안보, 공공외교 · 홍보, 운영, 민주주의 업무 등으로 구성되어 있다. 국무부의 주요업무가 미국의 국가이익을 위한 외교적 활동이므로 넓은 의미에서 모든 분야가 국가안보와 관련된 역할을 수행한다. 특히 군축 및 국제안보 차관이 관할하는 분야가 국가안보문제와 관련하여 핵심활동을 펼치고 있다.

군축 및 국제안보 차관은 휘하에 국제안보 및 비확산, 정치 · 군사, 검증 · 동의 · 실행 등의 하위 분야를 담당하는 차관보를 거느리고 국무장관을 보좌하면서 군축 및 국제안보와 관련한 업무를 수행한다. 실제로 군축 및 국제안보 차관은 국무장관을 통해서 대통령에 대해서 군축, 군비통제, 핵비확산 관련 업무를 보고할 수 있으며, 사안별로 국무장관과 함께 국가안전보장회의에 참석한다. 군축 및 국제안보차관은 군비통제나 군축 분

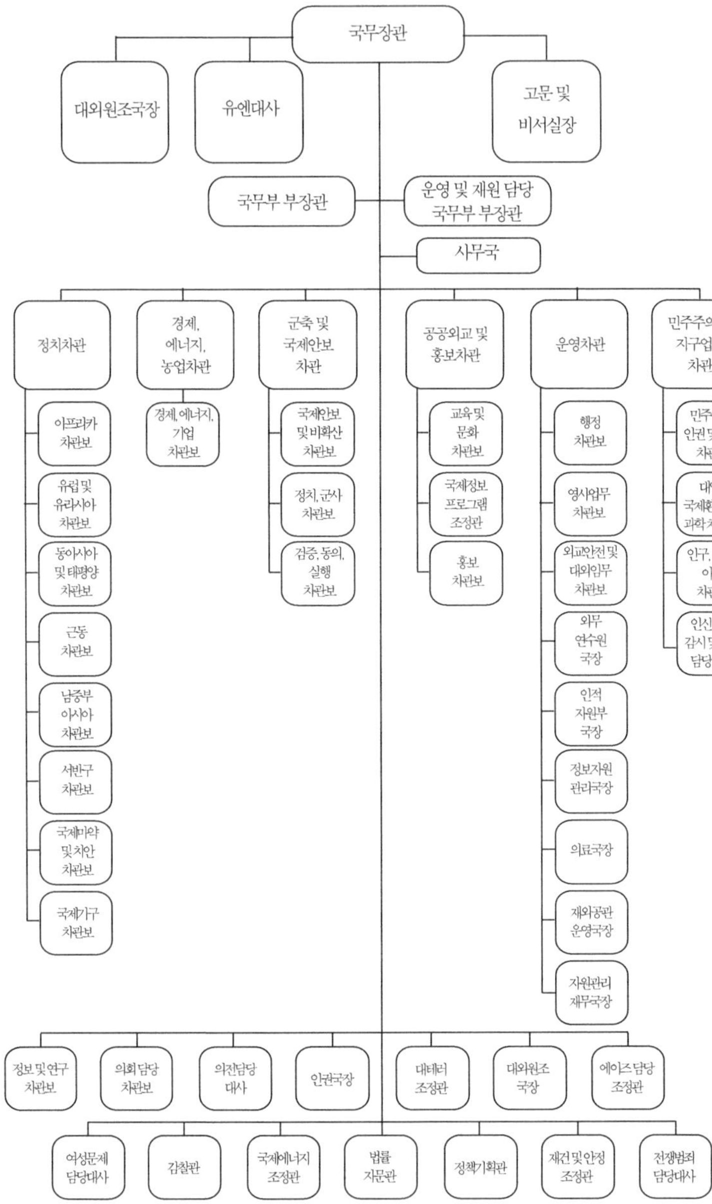
국무장관
대외원조국장
유엔대사
고문 및 비서실장
국무부 부장관
운영 및 재원 담당 국무부 부장관
사무국
정치차관
경제, 에너지, 농업차관
군축 및 국제안보 차관
공공외교 및 홍보차관
운영차관
민주주의 및 지구업무 차관
아프리카 차관보
유럽 및 유라시아 차관보
동아시아 및 태평양 차관보
근동 차관보
남중부 아시아 차관보
서반구 차관보
국제마약 및 치안 차관보
국제기구 차관보
경제, 에너지, 기업 차관보
국제안보 및 비확산 차관보
정치, 군사 차관보
검증, 동의, 실행 차관보
교육 및 문화 차관보
국제정보 프로그램 조정관
홍보 차관보
행정 차관보
영사업무 차관보
외교안전 및 대외임무 차관보
외무 연수원 국장
인적 자원부 국장
정보자원 관리국장
의료국장
재외공관 운영국장
자원관리 재무국장
민주주의, 인권 및 노동 차관보
대양, 국제환경 및 과학 차관보
인구, 난민, 이주 차관보
인신거래 감시 및 방지 담당대사
정보 및 연구 차관보
의회 담당 차관보
의전담당 대사
인권국장
대테러 조정관
대외원조 국장
에이즈 담당 조정관
여성문제 담당대사
감찰관
국제에너지 조정관
법률 자문관
정책기획관
재건 및 안정 조정관
전쟁범죄 담당대사

〈그림 4〉 국무부 조직도

야와 관련하여 지역안보, 국방부와 조율, 대외 안보지원 등과 관련한 문제에도 관여한다.

한편 군축 및 국제안보 차관의 지휘를 받는 하위 부서는 기능별로 다양한 역할을 소화해 낸다. 국제안보 및 비확산 차관보는 양자 및 다자외교를 통한 대량살상 무기의 확산방지, 북핵문제 등을 포함하여 지역적인 대량살상무기개발에 대한 대응, G-8 등을 통한 핵비확산 문제에 대한 국제적 협력 증진 등을 위해서 노력한다. 그리고 정치 · 군사 차관보는 국방부와 긴밀한 협력관계를 위해 노력하며, 국제안보, 안보지원, 군사작전, 국방전략 등의 분야에 주력한다. 마지막으로 검증 · 동의 · 실행 차관보는 핵비확산, 군축 및 군비통제 분야와 관련한 협정의 체결과정에서 적절한 검증, 동의 및 실행을 위한 절차가 마련되어 있는지를 확인하고, 관련 국가들의 행위에 대한 평가 및 감시 등을 주요 활동분야로 삼는다. 이와 관련하여 검증 · 동의 · 실행 차관보는 대통령이 의회에 대해서 매년 제출하는 군비통제, 핵비확산 및 군축협정 수행관련 보고서를 작성한다.

Ⅳ. 오바마 행정부의 국가안전보장회의 조직개편

미국의 국가안보에 관한 주요 정책이 다른 대통령제 국가와 마찬가지로 대통령과 안보관련 고위 정책결정자의 수준에서 결정되는 것은 상식이다. 이미 앞에서 설명한 대로 미국의 경우 안보정책 결정은 대통령을 최고의 정책결정권자로 하여 국가안전보장회의, 국방부 그리고 국무부 등을 중심으로 작성되고 이행된다고 보면 크게 틀리지 않다. 그리고 이러한 국가안보정책 결정과정은 최고 정책결정권자인 대통령의 성향에 따라서 다양한 형식으로 운영되어 왔다.

대통령은 1947년 이래 국가안보에 관한 최고 의사결정기구인 국가안전보장회의를 통해서 주요한 안보관련 결정을 내려 왔지만, 실제 정책결정 과정에 있어서 국가안전보장회의의 기능과 역할은 대통령의 스타일과 성향, 그리고 주변 정책 조언자들의 경합상황 및 세력판도에 따라서 상당히 많은 영향을 받아 왔다. 다시 말해서 국가안전보장회의를 명실상부한 부처 간 조정 및 국가안보 관련 최고의사결정기구로 만들어 운영한 대통령도 있지만, 이를 명목상으로만 유지한 채 특정한 각료의 의사만을 선별적으로 채택해서 정책과정에 배타적으로 반영한 대통령도 있다. 전자를 국가안전보장회의를 통한 '조정기구 활용형' 대통령이라고 한다면 후자는 '선별적 각료의존형' 대통령이라고 볼 수 있다.

오바마 대통령은 부시 행정부 당시 국가안전보장회의의 운영이 파행적이고 편파적이었다고 보고, 미국 안보정책의 작성 및 수행에 있어서 국가안전보장회의를 명실상부한 최고정책결정기구로 만들기 위해서 노력해 왔고, 이런 의미에서 조정기구 활용형 대통령으로 부를 수 있다. 이는 국가안전보장회의를 형식상의 기구로 두고 네오콘적 성향을 강하게 띠는 몇몇 각료의 정책자문에 크게 의존한 극단적인 선별적 각료의존형 대통령인 부시 대통령의 안보정책결정 스타일과 현저히 대비된다.

무엇보다도 전임자인 부시 대통령의 안보정책결정은 다음과 같은 몇 가지 특징이 있었다. 첫째, 이라크전쟁의 개시와 수행과정을 통해서 엿볼 수 있듯이 부시 대통령은 국가안전보장회의와 같은 정부 간 조정기구를 통해서 반대의견의 청취 및 취사선택을 포함한 충분한 정책조율을 마친 후 최종 결정에 도달하는 것이 아니라, 자신이 신임하는 특정한 관료의 의견을 선별적으로 수용하여 정책을 결정하고 이를 실행하는 단선적인 방식을 취했다.[2] 부시 대통령은 적어도 럼스펠드(Donald Rumsfeld) 국무장관이 퇴진하는 2007년 1월 이전까지는 거의 전적으로 럼스펠드 장관과 체니(Dick Cheney) 부통령 그리고 이라크전쟁의 당위성을 역설한 월포비츠(Paul Wolfowitz) 국방부 부장관 등의 의견을 선험적으로 채택하다. 이라크전쟁 수행과 전후 처리 역시 이러한 '선택별 선택–무조건적 수용' 방식을 통해서 진행하였다. 다시 말해서 부시 대통령은 자신의 종교적이며 이념적인 성향과 일치하는 네오콘 각료들의 의견만을 취사선택하여 이들의 숙성되지 않은 주장을 정책에 그대로 반영해 '의도되지 않은 결과(unintended consequences)'를 고려하지 않은 채 신념에 따라 추동되는 정책(belief-driven policy)을 진행했다. 이러한 경직된 이념적 태도로 인해 이라크전쟁 당시 이라크보다는 아프가니스탄에서 좀 더 강력한 대테러전을 수행해야 한다든지, 이라크에서 전쟁을 개시하려면 전쟁실행계획에 제시된 것보다 훨씬 대규모의 병력파병과 이후 국가건설 노력이 필요하다는 파월(Colin Powell) 국무장관 등의 현실적인 주장은 묵살될 수밖에 없었다.

둘째, 부시 대통령은 각료들 간의 갈등이 발생할 경우 이를 적극적으로 중재하기보다는 갈등 당사자 중에서 자신의 '코드(정책성향)'와 맞는 각료의 의견을 선택하여 정책결정과 실행을 전적으로 위임(delegation)하는 성향을 보였다. 이러한 위임의 문제는 우선 조정과정의 포기로 인해 양질의 정책이 나타날 가능성을 줄일 뿐만 아니라, 대통령의 개입 없이 특정 관료가 독단적으로 정책을 추진할 가능성을 열어 놓은 것이어서 국가안보정책과 관련해서 매우 위험한 경로라고 할 수밖에 없다. 일단 사안이 특정 각료에게 위임된 이후 전쟁 혹은 전투 현장에서 상황을 가장 정확하게 파악하는 군대 지휘관의 의견은 대통령에게 직접 전달되기 어려웠고, 이로 인해서 대통령의 위임을 받은 각료의 개인적인 조직이 오히려 국가안전보장회의를 대체하는 결과를 초래하기에 이르렀다. 이라크 전후 처리과정에서 뒤늦게 급기야 2007년 1월 증파결정을 내린 까닭도 사실은 이러한 배타적 정책라인의 운영으로 인해 이라크 전투 현장의 상황—무정부 상태로 치닫는 이라크 내전 상황—을 제대로 파악하지 못한 결과였다.

부시 행정부 안보정책결정 과정상의 이러한 문제를 깊이 인식하고 백악관에 입성한 오바마 대통령은 부시 행정부 당시의 치명적 실수를 되풀이 하지 않고 합리적이며 책임 있는 안보정책결정을 위해서 국가안전보장회의를 강화하는 일련의 조치를 추진하기로 결심하였다. 이를 위해서 오바마 대통령은 국가안전보장회의의 전면적인 개혁 및 강화작업을 추진하는데, 이러한 노력은 21세기형 안보정책결정을 위한 국가안전보장회의의 인원 및 정책영역 확대와 백악관 내 국토안보회의(the Homeland Security Council)와 국가안전보장회의의 보좌진을 통합하여 이를 국가안보보좌진(the National Security Staff)이라는 새로운 단일 보좌기구로 묶고 그 안에 새로운 정책부서(directorate)를 창설하는 방향으로 귀결되었다. 그리고 이를 위한 준비작업은 신임 국가안보 보좌관인 존스(James Jones)에게 맡겼다.[3] 오바마 대통령이 추진한 국가안전보장회의의 강화와 기능 확대의 주요 내용과 이유는 다음과 같이 정리할 수 있다.

첫째, 미국 국가안보의 차원이 단지 전통적인 군사분야 중심의 안보를 넘어서서 기후, 재정, 금융, 환경 등 다양한 분야를 포함하게 됨에 따라 이러한 요구에 부응할 수 있는 방식으로 국가안전보장회의가 변화하게 되었다. 이를 위해서 국가안전보장회의에는 대통령을 의장으로 하여 정관상 참석자인 부통령과 국방부, 국무부, 에너지 장관, 그리고 군사 및 정보보좌관인 합참의장과 국가정보국장, 그리고 정규적인 참석자인 국가안보보좌관, 비서실장, 국가안보 부보좌관, 재무장관, 법무장관, 국토방위장관 등뿐만 아니라, 사안별로 대통령이 필요로 하는 다양한 정부 관계자가 참석하게 되었다.

둘째, 국가안전보장회의는 이러한 다양한 인원의 참여를 통해서 투명하고 탄력적이면서 소수의 의견이 적극적으로 개진되고 수용되는 명실상부한 안보정책조정기구로 재편되었다. 이는 부시 행정부 당시 대통령의 안보정책결정을 소수의 각료에게만 의존한 결과 국가안전보장회의가 유명무실한 기관으로 전락하고 말았던 것과는 현저히 대조되는 조직 개편

이었다.[4]

셋째, 2월 9일 존스 보좌관의 뮌헨 연설에서 시사된 바 있고, 2월 23일 대통령의 연구지시(Presidential Study Directive)에서 지시된 후,[5] 오바마 대통령의 5월 26일 성명에서 최종안으로 나타난 것처럼 백악관 내 국토방위회의와 국가안전보장회의의 보좌진은 신설되는 국가안보보좌진(National Security Staff)으로 통합적으로 운영되었다.[6] 이렇게 새로 신설된 국가안보보좌진은 국제적 안보, 초국적 안보, 국토 안보 등의 문제를 책임지며, 이와 함께 국가안보보좌진 내에 21세기의 새로운 안보 위협에 대처하기 위해서 사이버 테러, 대량살상무기 테러, 초국경 안보, 정보공유, 유연대응정책 등을 책임지는 새로운 부서(directorate)가 창설되었다. 그리고 국가안보보좌진 내에 새로운 글로벌 관여국(the Global Engagement Directorate)을 신설하여 외교, 의사소통, 국제발전 및 원조, 그리고 국내적 관여와 대중홍보 등의 과제를 통섭적으로 담당하도록 하였다. 한편 새로 조직된 국가안보보좌진의 책임은 존스 국가안보보좌관이 맡았다. 국토방위회의와 국가안전보장회의 보좌진 통합운영은 국토방위와 대테러업무를 국가안보라는 더 넓은 틀에서 통합적으로 파악하고 운영하며 21세기형 위협에 더욱 적극적이고 효율적으로 대처하기 위한 것이었다.

V. 미국의 주요 위협 인식과 안보정책: 핵비확산, 지역분쟁, 에너지 및 환경 안보

오바마 대통령은 2009년 9월 23일 유엔총회 연설에서 세계의 '미래를 위해 가장 중요한 4개의 기둥(four pillars fundamental to the future)'을 제시하면서 이를 핵 없는 세상, 평화의 추구, 기후변화 대처, 글로벌 경제의 활성화로 제시한다(The White House 14 2009). 이 장에서는 경제영역을 제외하고, 미국의 전통적 안보영역에 속하는 핵비확산의 문제 및 테러에 대한 대처를 포함하는 지역분쟁의 해결, 그리고 비전통적인 안보영역에 속하는 에너지 및 기후변화 영역을 중심으로 미국의 주요 위협 인식과 안보정책을 검토하고자 한다.

이 장에서 다루는 이러한 세 가지 영역은 몇 가지 점에서 중요한 특징이 있다. 첫째, 상식적인 지적이겠지만 이러한 세 가지 영역은 모두 오바마 대통령이 2008년 대통령 선거 캠페인 시절부터 강력하게 해결을 주창해 왔던 분야들이다. 따라서 이 세 가지 안보 이슈는 미국의 안보와 직결된 이슈이기도 하지만 오바마 대통령 개인의 외교적 업적을 평가할 때 가장 중요한 기준으로 작동할 이슈이기도 하다. 따라서 이러한 이슈들은 오바마 대통령이 향후 가장 강력하게 역점을 둘 분야로서 그의 개성과 의지를 가장 특징적으로 드러낸다.

둘째, 위의 세 가지 안보 이슈는—서로 정도의 차이는 있지만—국내적인 정당정치나 이념적 대립 그리고 사회, 경제적 이익집단 정치와 직접적 혹은 간접적으로 연결되어 있다. 일반적으로 탈냉전 이후 미국의 외교정책은 의회, 정당, 이익집단, 지역구 등의 영향을 냉전시대보다 좀 더 많이 받아온 것으로 알려져 있다.[7] 그리고 이러한 현상은 부시 행정부 등장 이후 국내 정치, 경제, 사회적 양극화와 함께 더욱 가속화되는 실정이다. 공화당 의원이나 기업부문, 그리고 제조업 분야가 집중적으로 분포되어 있는 미국 중서부 지역이 전반적으로 반대하고 있는 기후변화 관련 온실가스 배출량 감축문제는 말할 것도 없고, 이라크 전후 처리문제나 아프간 증파 문제 등의 전통적인 안보문제 역시 보수파와 진보파, 공화당과 민주당의 대립을 수반한다. 뿐만 아니라 핵비확산 문제와 관련하여 유엔의 기능을 강화하는 문제나 포괄적 핵실험 금지조약의 비준 문제 등은 미국의 안보주권을 국제제도에 이양해서는 안 된다는 고립주의자들과 이에 반대하여 미국의 적극적 역할을 강조하는 국제주의자들 간의 대립을 불러오고 있다. 이와 같이 전통적인 안보 이슈나 비전통적인 안보 이슈를 막론하고 국내적 파장과 대립 및 이를 위한 이해관계의 조정문제는 미국이 원활한 외교정책을 수행하기 위해서 타국가와 교섭 및 대화에 대해 투자하는 것 이상의 많은 노력을 요구한다.

마지막으로 위의 세 가지 안보영역은 모두 국제적인 공동 노력이 없이는 그 해결이 요원한 영역이다. 이 세 가지 안보영역은 2009년 9월 23일 유엔총회 연설석상에서 드러난 오바마 독트린이 제시한 것처럼 세계 각국의 적극적인 관여를 통해 글로벌한 도전에 대처해야 한다는 시대적 요구가 가장 절실하게 반영되는 영역들이다. 핵비확산의 문제나 국제 테러조직 척결, 기후변화에 대한 대처 등은 미국 단독으로 혹은 주요 강대국만의 노력과 합의만으로 해결할 수 없는 문제이다. 성격상 G-20을 포함한 전 세계가 협력하여 대처해야 할 문제이다. 42개국 군대가 주둔하는 아프간의 탈레반전쟁과, 알카에다 소탕작전이나 G5+1이 관여하는 이란 핵문제, 그리고 6자회담의 틀 안에서 논의되는 북핵문제 등이 시사하는 바도 다자적 혹은 전 지구적인 노력 없이는 해결이 매우 어렵다는 점이다.

1. 핵비확산, 핵감축, 그리고 제도화

1) 핵비확산 및 핵감축: 미국과 러시아의 협력

미국의 국가안보문제와 관련하여 오바마 대통령은 무엇보다도 '핵무기 없는 세계'를 위해 핵군축(nuclear disarmament), 핵비확산(nonproliferation), 그리고 핵에너지의 평화적 사용(peaceful uses of nuclear energy)을 세 개의 축으로 하는 세계적 공조체제를 구축하려고 노력한다. 핵무기 없는 세계를 지향하는 오바마 대통령의 정책은 무엇보다도 러시아와 새로운 전략무기감축협정을 체결하기 위한 노력을 진행하는 것과 함께, 핵비확산을 위한 다자적 기구의 강화 혹은 제도화 노력에서 나타나기 시작했다.

부시 행정부 당시 민주주의 확산론, 동유럽에 대한 미사일 방어체제(Missile Defense System; MD) 구축문제, 러시아의 그루지아 침략, 유럽에 대한 러시아의 천연가스 공급 중단위협, 그리고 러시아의 권위주의로의 회귀 등으로 인해 미국과 러시아와 관계가 악화된 점은 익히 알려져 있다. 이러한 상호 악순환 과정을 통해서 탈냉전 이후에도 미국과 러시아의 관계는 다시 냉전 상태로 회귀하는 듯한 양상을 보였고, 양국관계는 긴장 속에서 유지될 수밖에 없었다.[8)]

그러나 핵감축과 핵비확산 등 핵무기 없는 세상의 구축이라는 원대한 목표를 가진 오바마 행정부의 등장은 과거 부시 행정부 당시에 추진했던 러시아 정책으로는 달성될 수 없는 것이다. 특히 이란의 핵개발 문제라는 중동지역의 심각한 안보위협에 직면한 미국은 이란의 부셰르(Bushehr)에 핵발전소 건설과 이란의 대미사일 방공망 구축을 적극적으로 지원해 온 러시아의 협조 없이는 이 문제를 효과적으로 풀어갈 수 없는 점을 정확하게 인식하였다. 제2차 세계대전 당시 나치의 유태인 학살을 부정하고 이스라엘을 지구상에서 없애 버리겠다는 위협을 서슴지 않는 신정(神政)국가 이란과 도발적인 아마디네자드(Mahmoud Ahmadinejad) 이란 대통령에 대해서 효과적으로 대처하기 위해서 다국적 협력과 압박이 필요한데, 특히 유엔 안전보장이사회에서 이란에 대한 제재를 고려할 경우 러시아의 협력이 절대적으로 필요한 미국은 어떠한 형태로든 러시아와 관계를 개선할 절박한 필요성이 있었다. 양국의 관계 개선을 위한 미국의 대러시아 접근은 중동지역을 포함한 세계 전역에서 핵비확산 노력에 박차를 가하고 이를 위해서 양국 간 새로운 핵군축 협상이 필요하다는 것에 서로가 인식을 공유하는 방식으로 시작했다.

비핵확산과 핵군축을 위한 미국의 대러시아 관여정책은 '리셋

(reset)', 즉 미국과 러시아의 '관계 재설정'이란 단어로 함축되었다. 양국 간 관계 재설정을 위한 미국의 노력은 오바마 행정부 등장 이후 양국 정상 간의 편지 및 전화통화에 이어, 2009년 2월 뮌헨에서 개최된 안보회의에서 미국 부통령 바이든(Joseph Biden)과 러시아 부수상 이바노프(Sergei Ivanov) 간의 대담에서 처음으로 구체화되었다. 뮌헨 안보회의에서 바이든 부통령과 이바노프 부수상은 미국과 러시아의 '위험한 표류(dangerous drift)'가 종식되어야 한다는 데 의견의 일치를 보았다. 이 자리에서 바이든 부통령은 양국의 관계가 '리셋'되어야 한다고 의견을 개진했다.

이어서 2009년 3월 6일 제네바에서 진행된 클린턴(Hillary Clinton) 미국 국무부 장관과 러시아의 라브로프(Sergei Lavrov) 외상 간의 회담에서 클린턴 장관은 '리셋' 버튼이 있는 상자를 라브로프 외상에게 건네주면서 양국 간 새로운 핵감축 협상을 진행할 것과 전 세계적인 핵비확산에 협력할 것을 공언하였다. 이를 위해서 두 외교관은 2009년 말에 종식되는 전략무기감축협정, 즉 START I—핵탄두 수를 6000으로 제한—을 대체할 새로운 협정, 즉 'START II'를 위한 협상을 재개하기로 합의하였고, 이를 통해서 핵탄두 수와 운반수단을 더욱 줄여 나가기로 약속하였다.[9)]

바이든 부통령과 이바노프 부수상, 그리고 클린턴 국무부 장관과 라브로프 외상 간에 미국과 러시아 양국의 관계 재설정 및 핵비확산과 양국 핵감축을 합의한 이후, 세계금융위기를 해결하기 위한 런던 G-20 정상회담에서 미국의 오바마 대통령과 러시아의 메드베데프(Dmitry Medvedev) 대통령은 별도의 회담을 갖고 공동성명을 통해서 지속적인 핵비확산 노력을 함께 경주할 것과, 이를 위해서 핵비확산을 추진하고 감시하기 위한 국제적 레짐을 강화할 것을 합의했다. 동시에 양국 간 새로운 핵감축 협정을 체결하기 위해서 기존의 전략무기감축협정을 대체하는 새로운 전략무기감축협정 체결을 위해 협상을 개시하기로 합의했다.[10] 이후 2009년 7월 오바마 대통령이 러시아를 공식 방문한 자리에서 양국 정상은 4월 1일 합의 내용을 확인하는 공동양해문(Joint Understanding)을 발표하였는데, 이를 통해서 양국은 기존의 전략무기감축협정을 대체하는 새로운 협상을 현재 진행하고 있으며, 이러한 협상을 통해서 미국과 러시아는 전략 핵탄두 수를 1500에서 1675기로, 그 운반수단을 500기에서 1000기로 줄여 나가기로 합의하였다.[11]

러시아와 일련의 화해 조치와 이를 통한 핵비확산 및 양국 간 새로운 전략무기감축협상으로 인해 이란의 핵개발에 대한 러시아의 협조를 암묵적으로 얻어낸 오바마 행정부는 러시아의 협조에 대한 상응조치로서 부시 행정부 당시 체코와 폴란드에 구축하기로 했던 미사일 방어체제를 폐기하고, 이를 새로운 '단계적, 적응적 접근방식'으로 대체하기로 결정하였다.[12] 이러한 일련의 조치를 통해서 미국은 러시아와 불편했던 신냉전적 관계를 청산하고 핵비확산 및 양국 간 핵감축에 합의하는 한편, 이란에 대한 추후의 외교적 압력행사 과정에서 절실한 러시아의 협력을 얻어낼 수 있는 기틀을 마련했다.

2) 핵비확산의 제도화 노력

러시아와 핵무기 감축을 위한 새로운 "START II" 논의를 시작하기로 합의함과 동시에 미국은 이란과 북한 등의 핵개발 문제가 미칠 파장과 핵비확산 레짐의 지속적인 강화에 대한 필요성을 고려하면서 핵비확산에 관한 미국의 공약과 노력에 전 세계적인 동참을 호소하였다. 핵비확산 문제를 비롯한 세계금융위기 및 기후변화 대응 등에 있어서 미국이 단독으로 글로벌 차원의 제도를 구축해 나가는 것은 사실상 불가능하다는 입장을 명백히 밝히면서 미국이 부시 행정부 당시 추구한 일방주의를 포기함과 동시에 전 세계의 협조를 촉구한 2009년 9월 23일 유엔총회 연설에 이어서, 오바마 대통령은 9월 24일 유엔 안보리 정상회의의 사회자로서 핵비확산과 관련한 미국의 지대한 관심과 국제적 협조를 촉구한 유엔 안보리 결의안 1887(UNSC Resolution 1887)을 도출하는 데 가장 직접적인 공헌을 하였다.[13)]

오마바 행정부의 핵비확산 제도화를 위한 이러한 노력은 무엇보다도 기존의 핵비확산 기구인 핵확산방지조약(Nuclear Non-Proliferation Treaty; NPT)과 핵물질 감시기구인 국제원자력기구(International Atomic Energy Agency; IAEA)의 강화를 위한 노력으로 나타난다. 오바마 대통령은 2009년 4월 런던 G-20 정상회담 당시 메드베데프 러시아 대통령과 정상회담에서 양국 간의 핵감축 협정을 위한 협상 재개를 선언함과 동시에 핵비확산을 위한 국제적인 제도화 노력이 있어야 함을 확인한 바 있다.[14)] 이후 오바마 대통령은 구소련의 지배를 받아 왔던 체코의 수도 프라하에서 2009년 4월 5일 행한 연설에서 핵비확산이 불가능하다는 '숙명주의(fatalism)'를 거부하고 핵비확산을 위한 NPT체제의 강화와 테러국가의 핵무기 보유를 적극적으로 방지해야 한다고 호소하였다.[15)] 이후 7월 모스크바 방문 당시 미국-러시아 정상회담 및 9월 24일 유엔 안보리 정상회의 등을 통해서 지속적으로 NPT와 IAEA의 강화 필요성을 공언해 왔다.[16)]

특히 오바마 대통령의 주도로 9월 24일 채택된 유엔 안보리 결의안 1887은 NPT의 핵비확산 노력의 보편성을 지지하였고, 모든 국가들이 NPT의 규정에 따를 것을 촉구하고 있다. 이와 동시에 이 결의안은 어떤 국가가 NPT 탈퇴 의사를 통고한 경우 안보리가 이에 대해서 즉각적으로 대처할 의사가 있음을 명백히 하였고, NPT 자체도 이러한 탈퇴 통고에 대해서 집단적으로 대응할 수 있는 메커니즘을 만드는 검토작업을 하고 있음에 주목하였다. 또한 유엔 안보리 결의안 1887은 IAEA의 역할에 대해서도 언급하였다. 이 결의안은 핵확산의 방지와 효과적인 안전조치하에서 핵에너지의 평화적 사용에 대한 접근성을 확보하는 데 있어서 IAEA의 역할이 매우 중요하다는 점을 강조하며, 이러한 IAEA의 노력은 핵에너지에 대해 점증하는 관심이 곧 핵무기의 보유 국가 확대로 귀결되지 않는 것이 특히 중요하다는 점을 명확히 하였다.[17)]

각각 전통적인 핵확산방지기구 및 핵물질감시기구인 NPT와 IAEA의 역할 강화뿐만 아니라, 오바마 행정부는 핵물질의 확산을 방지하기 위한 확산방지구상(Proliferation Strategic Initiative; PSI)의 제도화와 현재 75개 국가가 참여하는 글로벌 핵테러 방지구상(Global Initiative to Combat Nuclear Terrorism)의 촉진을 위해서도 노력하고 있다.[18)] 이와 아울러 오바마 행정부는 4월 메드베데프 러시아 대통령과 정상회담 및 프라하 연설 이후, 9월 24일 안보리 정상회의에 이르기까지 지속적으로 핵무기 제조용 핵분열물질의 생산을 종식하기 위한 다자간 협정체결을 위해서 2010년 1월 국제적 회담이 시작되도록 노력하고 있다. 이와 아울러 4년 이내에 전 세계의 핵물질을 안전하게 결집하기 위한 노력의 하나로서 핵안보 글로벌 정상회담(Global Summit on Nuclear Security)을 미국이 주도하여 2010년 4월에 개최하려고 계획하고 있다. 이어서 이러한 논의가 순조롭게 진행될 경우 2010년 5월에 안보리 결의안 1887에 나타난 대로 NPT 핵검토 회의(Nuclear Review Conference)를 예정대로 개최하고자 준비하고 있다. 이러한 모든 노력은 핵비확산을 위한 전 세계적인 공동노력을 촉구하고 이를 다자협정 혹은 다자기구 추진의 형태로 제도화하려는 시도로 파악된다.

2. 지역분쟁 대응[19)]

핵무기 확산과 핵탄두의 축적이 미국의 안보위협에 현저한 위험이 된다는 인식에 근거한 핵비확산에 대한 노력과 함께, 오바마 행정부는 전통적인 지역분쟁이 초래할 수 있는 미국의 안보위협도 주목한다. 우선 아프가니스탄이나 파키스탄 그리고 동남아시아 등지에서 준동하는 알카에다(Al-Qaida) 등 국제 테러조직의 네트워크를 차단하지 못할 경우, 9·11 사태와 같은 테러조직에 의한 미국 본토공격이 또다시 일어나지 않을 보장도 없을 뿐만 아니라, 미국의 나토 동맹국에 대한 테러공격 역시 미국에 대한 원거리 위협에 속한다고 할 수 있으므로 미국은 이러한 테러 관련 지역분쟁에 적극적으로 개입하고 있다. 테러조직뿐만 아니라 이라크 내전이나 팔레스타인-이스라엘의 갈등과 같은 다양한 지역분쟁, 그리고 이란과 북한의 핵개발 위협 역시 미국이 우려하는 잠재적 지역분쟁의 요주의 대상이 된다.

우선 오바마 행정부는 2009년 2월 27일 발표를 통해서 2008년 대통령 캠페인 당시 공약한 대로 이라크에서 미군 병력의 전투행위를 2010년 8월 말로 중지하고 2011년 말까지 모든 미군병력을 철수하겠다고 발표하여 이라크 안보 및 치안을 서서히 이라크에 이양할 것임을 천명하였다.[20] 이러한 발표는 오바마 대통령이 2008년 대통령 선거운동 시기부터 시종일관 주장한 대로 미국의 안보는 알카에다 등의 국제 테러조직 및 이를 배후에서 후원하는 탈레반(Taliban)을 퇴치함으로써 달성되는 것이지, 이와는 무관한 이라크의 종파 간 내전에 개입함으로써 달성되는 것이 아니라는 인식에서 나온 것이다. 이러한 안보인식의 연장선상에서 오바마 대통령은 아프가니스탄과 파키스탄에서 테러세력 준동과 이를 지원하는 탈레반 반군을 소탕하기 위해 병력을 증파하는 등 지원을 증가하기에 이르렀다.[21]

한편 이러한 전략수정을 거쳐서 병력을 증파하고 지원을 확대한 아프가니스탄에서 미국의 탈레반 및 알카에다 소탕작전은 카르자이(Hamid Karzai) 대통령이 이끄는 아프간 정부의 무능과 부패, 그리고 열악한 지리적 환경과 탈레반 세력의 확대 등으로 인해서 효과적으로 수행될 수 없었다. 특히 2009년 후반기 이후 탈레반 세력의 확대는 이미 오바마 대통령의 전쟁이 된 아프가니스탄 전쟁에서 추가적인 병력이나 물자의 지원 없이 미군의 효과적인 작전수행이 점차 어려워짐을 시사하는 것이었다. 이러한 상황에서 오바마 대통령은 아프가니스탄 주둔 나토군 사령관인 맥크리스탈 장군의 요청에 부응하여 3만 명의 미군병력을 추가로 파병하기로 결정하는 한편, 아프가니스탄에서의 출구전략도 제시하였다.[22] 아프가니스탄 증파 결정은 미국의 국익과 국제적인 평판, 그리고 보수파의 반발 등을 고려하여 종합적으로 결정하였으며, 출구전략의 제시는 미국 내 민주당 세력 등 전쟁확대에 반대하는 여론을 무마하고 카르자이 정부에 대해서 주의를 환기하기 위한 것으로 평가한다.[23]

한편 국제테러조직의 격퇴와 대량살상무기의 제거를 명분으로 이라크전쟁을 수행했지만 실제로 국제테러조직의 퇴치를 위한 미국의 집중적 작전수행 지역이 아프가니스탄과 파키스탄으로 변경된 것처럼, 중동지방에서 핵무기 개발에 박차를 가하는 국가는 후세인 당시의 이라크가 아니라 아마디네자드 대통령이 혁명지도부(Revolutionary Guard)의 비호 아래 국가를 지도하는 이란이었다. 이란은 2009년 여름 대통령 선거에서 무사위(Mir Hossein Moussavi) 후보를 지지하는 대학생들의 반정부 시위를 무력으로 진압한 후 평화적 목적으로 핵개발을 추진한다고 내외에 공포하였며, 미국의 압력에 대항하여 다양한 형태의 미사일 실험을 감행하여 호르무스(Hormuz) 해협을 위협하면서 중동지역 전체의 안보상황을 위태롭게 하고 있다. 이란의 아마디네자드 대통령은 지속적으로 나치의 유태인 학살을 인정하지 않고 이스라엘을 종식시키겠다는 등 이스라엘에 대한 매우 호전적인 입장을 견지함으로써 국내적인 단합을 도모할 뿐만 아니라 아랍권 전체의 맹주 역할을 수행하고 있다. 이러한 이란의 핵개발 의혹은 결국 이스라엘의 자위적인 선제공격을 불러일으키고 중동전쟁을 초래할 위험이 있으며, 이로 인해 현재와 같은 심각한 경제위기 시에 이를 더욱 악화하는 국제유가의 상승을 초래할 수 있어 미국으로서는 매우 심각한 안보위협으로 받아들이고 있다. 이러한 문제를 대처하기 위해서 미국은 동유럽에서 미사일 체제 구축을 철회하는 등 러시아의 협력을 얻어 유엔 안전보장이사회의 결의를 통해서 이란에 대해 지속적인 압력을 가하는 한편, 유엔 안보리 상임이사국 5개국과 또 다른 주요 강대국인 독일을 포함하는 G5+1과 이란과의 협상을 통해서 이란 핵문제의 평화적 해결을 시도하고 있다. 그러나 핵시설이 평화적 목적을 위한 것이라며 이란이 G5+1과의 회담 결과에 수긍하지 않고, IAEA의 요구를 받아들이지 않고 있어 핵문제 해결은 교착상태에 빠져 있다.

한편 이란 핵문제와 함께 중동지방에서 가장 심각한 갈등 요인을 내포한 이스라엘과 팔레스타인은 현재 요르단 강 서안(West Bank) 지역에 이스라엘이 일방적으로 추진하는 정착촌 건설문제로 갈등을 빚고 있다. 오바마 행정부는 과거 부시 행정부와 달리 팔레스타인 지역의 분쟁 해결에 보다 적극적인 노력을 보이면서 2개 국가 해법(Two-State Solution)을 적극적으로 지지하고 있다. 또한 오바마 대통령은 9월 23일 유엔총회 연설석상에서 양국이 서로 상대방의 존재를 인정할 것, 이스라엘은 정착촌 건설을 중지할 것, 그리고 팔레스타인은 이스라엘에 대한 테러행위를 중지할 것 등을 골자로 양국 간 공존을 위한 조건을 요청했다. 그러나 양대 국가 간의 갈등은 이스라엘에 대한 이란의 위협이 점증하는 등 아랍권과 이스라엘 간의 긴장이 고조되는 상황에서 점점 더 독자적인 자위에 의존하는 네탄야후(Benjamin Netanyahu) 정부의 노선과 결부되어 해결이 쉽지 않은 실정이다.

3. 에너지안보 및 환경안보

미국의 오바마 대통령은 핵무기의 확산방지, 핵감축문제, 그리고 핵비확산의 제도화나 군사력 사용이 예상되는 전통적인 국제적 혹은 초국가적 분쟁해결 이외에도, 에너지 및 환경 문제로 인한 미국의 안보위협을 공식적인 에너지안보 및 환경안보의 문제로 심각하게 받아들이면서 이러한 문제의 대처에 노력하고 있다. 특히 환경안보문제와 관련하여 온실가스 배출에 대한 입법조치를 통해서 국내적 규제기반을 창출하고 교토의정서(Kyoto Protocol) 이후 새로운 국제적 기후변화협약체제를 구축하려는 오바마 대통령의 노력은, 전임자인 부시 대통령이 온실가스 문제를 철저히 사적인 영역, 즉 기업집단의 자율에 맡겼던 것과는 현저한 차이를 보인다.[24] 실제로 부시 대통령은 1997년 채택되고 2005년부터 발효된 유엔 기후변화협약(the United Nations Framework Convention on Climate Change; UNFCCC)의 교토의정서 비준을 거부하여 기후변화에 대한 글로벌한 대응에 동참하지 않음으로써 지구온난화 문제에 대처하려는 국제적 추동력 상실에 일조한 바 있다. 이러한 부시 행정부의 방침은 공화당의 주된 지원세력인 국내 기업가 집단의 이해관계를 반영한 것으로써 국제적인 기준에 따라서 미국이 자신의 경제발전을 저해할 수 있는 온실가스 배출량의 감축에 합의할 수 없는 점을 밝힌 것이다.[25]

부시 전임 대통령과 달리 오바마 대통령은 취임 이후, 특히 지구온난화를 막기 위한 국내법 제정과 국제적 공조체제의 구축 등 환경안보문제에 주력하는 한편, 부시 대통령의 에너지 정책을 일부 수정하면서도 지속적으로 활용하고 있다. 이에 더하여 국내 청정에너지의 확보 및 차세대 자동차의 개발 등에 대한 투자를 통해 에너지안보 확립에 주력하고 있다.[26] 무엇보다도 오바마 대통령은 2008년 대통령 선거 당시부터 중동이나 남미산 원유나 천연가스 수입에서 미국이 독립할 수 있는 새로운 에너지 개발이 매우 중요하다고 역설해 왔다. 이와 관련하여 오바마 행정부는 미국의 석유소비를 중동과 베네수엘라에서 수입하는 석유량보다 더 감축할 것을 목표로 하는 10개년 석유소비 감축계획을 발표한 바 있다.[27] 그가 주장한 에너지 독립은 결국 미국의 에너지 자원이 지나치게 해외 자원에 의존해서는 안 된다는 주장으로, 이러한 에너지안보의 확립은 환경안

보와 함께 오바마 행정부의 주요한 국정과제가 되고 있다.[28)]

우선 환경안보를 위해 오바마 대통령이 국제적인 협력체제를 구축하기 위해서 진력하고 있는 점은 2009년 2월 힐러리 국무장관의 중국 방문 및 연이은 하원의장 펠로시(Nancy Pelosi) 의원과 상원 외교위원회 위원장 케리(John Kerry) 의원의 중국 방문, 그리고 2009년 4월의 G-20 정상회담, 7월의 미중 전략경제대화, 9월의 유엔총회와 피츠버그 G-20 회의, 그리고 11월의 APEC 정상회담과 북경의 미중정상회담 등 오바마 대통령 혹은 미국 외교대표단이 참여한 모든 회의에서 환경문제와 에너지문제를 집중적으로 거론한 점에서 입증된다. 구체적으로 지난 2009년 9월 23일 유엔총회 연설에서 오바마 대통령은 핵 없는 세계, 평화의 추구, 글로벌 경제의 회복과 함께 '미래를 위해 가장 중요한 4개의 기둥' 가운데 하나로 기후변화에 대처하는 문제를 강조하였다.[29)] 또한 오바마 대통령이 참석한 지난 11월의 APEC 정상회담 이후 발표된 공동선언문은 '지속가능한 성장의 촉진'이라는 항목에서 "인간이 만들어낸 기후변화가 가장 커다란 글로벌한 도전 가운데 하나"라고 천명하였으며,[30)] 이 회의 직후 중국을 방문하여 후진타오(Hu Jintao) 주석과 정상회담을 마친 이후 기자회견에서 오바마 대통령은 중국의 미온적인 태도에도 불구하고 미국과 중국이 12월의 코펜하겐(Copenhagen) 유엔 기후변화협약회의에서 세계 각국의 기여를 촉구할 수 있는 포괄적인 협력을 찾아가고 있다고 말한 바 있다.[31)] 그리고 특히 최근 2009년 12월 8일 개시된 유엔 기후변화협약 코펜하겐 정상회의에도 다른 191개국 대표들과 함께 참석하여 교토의정서 이후의 새로운 기후변화 대처의 틀을 작성하고 구체적인 감축량을 제시할 것으로 보인다.

이와 함께 오바마 행정부는 기후안보 및 에너지안보를 증진하기 위한 국내적 노력도 게을리 하지 않고 있다. 핵비확산이나 국제테러에 대한 대처 등 전통적인 안보영역들과는 달리 국내적으로 기업, 노동자, 환경보호

단체 등 다양한 이익집단의 상호 경합과 주장 및 지리적인 이익배분과 밀접한 기후안보 및 에너지안보 문제는 국내 온실가스 감축 문제, 청정에너지 개발문제, 에너지의 효율적인 사용과 이를 위한 연구개발 등을 중심으로 전개되고 있다. 특히 국제적인 공조에 발맞추어 미국이 선도적으로 처리해야 할 온실가스 감축문제를 위한 국내법 제정은 미국 의회 내에서 논의 중이지만, 온실가스 감축에 반대하는 공화당 의원들과 이들과 밀접한 관계를 맺고 있는 기업, 그리고 지리적으로 중서부에 위치한 미국의 산업지대 출신 민주당 의원들의 반대로 난관에 처한 실정이다.

환경안보 및 에너지안보에 관한 국내적 조치와 관련하여 살펴보면—현재 미국 의회 내에서는 의료보험 개혁으로 인해 그 우선순위가 밀려서 처리가 지연되고 있기는 하지만—각 지역, 기업 혹은 주별로 감축 목표치 설정 및 감축 할당량의 교환, 즉 '배출상한치 설정 및 교환(cap and trade)'을 특징으로 하는 법안이 하원 에너지 및 통상 위원회(the Energy and Commerce Committee) 위원장인 왁스만(Henry Waxman) 민주당 의원과 동위원회의 환경 소위원회(the Environment Subcommittee) 위원장인 마키(Edward Markey) 민주당 의원의 주도로 위원회 표결을 성공적으로 통과한 단계에 있다(National Journal 1 2009). 상원은 외교위원회(the Foreign Relations Committee) 위원장인 케리 민주당 의원과 환경 및 공공사업 위원회(the Environment and Public Works Committee) 위원장인 박서(Barbara Boxer) 민주당 의원 주도로 온실가스 배출감소, 청정 에너지 관련 일자리 창출, 미국의 에너지 독립을 주안점으로 하는 법안이 다양한 개별 상임위원회에서 지속적으로 논의되고 있다.[32]

이러한 법안이 무사히 의회를 통과할 수 있다면 미국은 2050년까지 1990년 대비 80% 정도 온실가스 배출량을 줄일 수 있을 것으로 전망된다. 더불어 2009년 코펜하겐 회의에 이어 2010년에도 지속적으로 논의될 지구온난화 문제를 위한 다국적 논의과정에서 적극적으로 발언권을 행사할 수 있을 것이다. 그러나 온실가스 배출량을 감축해야 하는 국내법 제정은 미국의 경제발전을 더디게 할 수 있어서 경제불황에 처한 미국 제조업 분야에서 쉽게 받아들일 수 없는 사항이며, 민주당 지지지역인 중서부 지역이 집중적으로 피해를 입는 규정이어서 원안이 그대로 통과될지는 불투명하다. 특히 온실가스 배출감축과 관련하여 이러한 배출규정이 느슨한 중국과 같은 지역에서 수입되는 상품에 대해서 관세를 추가로 부가하자는 주장이 제기되어, 자칫 미중 간에 분쟁의 소지가 될 수도 있는 등 그 해결은 상당한 진통을 수반한다.[33]

한편 에너지안보 문제와 관련하여 오바마 행정부는 현재 의회에서 논의 중인 기후변화 관련법안과는 별도로 에너지의 효율적 이용을 위한 다양한 조치를 구상하거나 실시하고 있다. 이미 2009년 2월에 양원에서 통과한 경기부양법 내에 차세대 하이브리드 차량 등 하이테크 차량 구입 시 세금 지원, 에너지 관련 지원 및 에너지 관련 연구개발 지원이 포함되어 있었다.[34] 한편 이와 아울러 중동이나 베네수엘라에서 수입되는 석유량보다 적은 양으로 국내 석유소비량을 10년 이내에 감축한다는 목표하에 오바마 행정부는 2007년 부시 행정부 당시 통과된 에너지 독립 및 안보법의 연장선상에서, 에너지의 효율적 사용기준을 더욱 강화하여, 현행 승용차의 경우 27.5mpg로 되어 있는 기업평균연비(CAFE) 기준치를 2011년에는 30.2mpg까지 상향 조정하는 등의 조치를 취했다. 그리고 2015년까지 100만 대에 이르는 가스와 전기 겸용의 차세대 하이브리드 차량과 천연가스 차량을 생산하고, 이를 기술적으로 뒷받침하기 위한 경량급 배터리 개발을 위해 노력하고 있다. 그리고 이러한 배터리 개발을 위한 연구 및 개발 예산은 2009년 2월에 통과된 경기부양법에 따라 24억 달러로 책정되었다.[35]

환경 및 에너지 안보를 위한 오바마 행정부의 노력은 핵비확산이나 세계적 지역분쟁 등 전통적인 안보문제보다 훨씬 더 높은 수준에서 국내 경제적 이해담당자와 대화하고 설득해야 하는 과제에 봉착해 있다. 특히 미국이 경제침체에 빠진 상황에서 자칫 경제회복을 둔화할 수 있는 온실가스 배출량 감축은 제조업 분야가 집중된 중서부 등 구산업지대(Rust Belt)에서 강한 반발에 부딪치고 있으며, 중국과 대립을 초래할 수 있는 문제여서 상당한 진통이 예상된다.

VI. 결론

지금까지 이 글은 미국의 최근 정치적 상황을 배경으로 오바마 행정부가 등장한 이후 취한 일련의 외교정책을 간단히 소개한 후, 미국의 안보제도와 정책을 개괄하였다. 오바마 행정부는 부시 행정부 8년간의 부정적 유산을 신속하게 청산하고 대외적으로 미국의 이미지 개선을 시도하기 위해서 적극적인 양자, 다자간 정상외교를 펼치고 있다. 그러나 이러한 노력의 와중에서 국제적인 호응과 함께 국내적인 정파적 반발에 부딪치는 것도 사실이다.

오바마 행정부는 '오바마 독트린'으로 지칭할 수 있는 대화와 외교를 통한 미국의 적극적 관여정책 유지, 상호의존적 세계에서 글로벌한 도전에 대한 글로벌한 대응의 필요성 강조, 이를 위한 세계 각국의 공동책임에 대한 촉구 등을 화두로 하여 안보정책을 운영하고 있다. 이러한 오바마 독트린은 오바마 자신의 개인적인 철학과 세계관, '다른 국가들의 부상(rise of the rest)'으로 압축적으로 표현되는 바 상대적으로 약화된 미국의 위상, 그리고 당면 과제의 글로벌한 성격에서 기원하는 것이다.

국내 안보제도와 관련하여 오바마 행정부는 국내외적으로 다양한 차원에서 전개되는 안보위협에 효과적으로 대처하기 위해서 국가안전보장회의를 확대, 개편하고 그 보좌진을 통합적으로 운영하기로 결정하였다.

이를 통해서 오마바 행정부는 부시 행정부 당시의 선별적 각료의존형 안보제도에서 탈피하여 조정기구 활용형 안보제도를 선택하였으며, 더 합리적이고 투명한 안보정책을 운영하기 위해서 노력하고 있다. 소수 각료의 비선조직보다는 국가안전보장회의가 명실상부한 최고 의사조정 및 결정기구가 될 수 있도록 노력하고 있으며, 다양한 의견을 개진할 수 있도록 분위기를 조성해 가고 있다.

한편 이 글에서는 미국이 현재 당면한 안보문제를 핵비확산, 지역분쟁 해결, 에너지 및 지구온난화 문제 등으로 압축하였다. 이 글에서 집중적으로 다룬 이 세 가지 안보영역의 문제해결은 국제적인 협력과 함께 국내적인 조정도 필요로 하고 있어서 그 해결이 간단하지 않은 것이 현실이다. 그러나 동시에 그 문제의 해결도 또한 시급한 것이어서 오바마 행정부는 러시아, 중국 및 EU와 함께 공조체제를 구축하면서 이러한 문제를 해결하기 위해 주력하고 있다.

| 미주 |

1) The White House 14, 2009, "Remarks by the President to the United Nations General Assembly," Office of the Press Secretary, September 23.

2) Tanter, Raymond and Stephen Kersting, 2008, "Grand Strategy as National Security Policy: Politics, Rhetoric, and the Bush Legacy," Colin Campbell, Bert A. Rockman, and Andrew Rudalevige (eds.), *The Bush Legacy* (Washington, D.C.: CQ Press); Campbell, Colin, 2008, "Ideology Meets Reality: Managing Regime Change in Iraq and the Transformation of the Military," Colin Campbell, Bert A. Rockman, and Andrew Rudalevige (eds.), *The Bush Legacy* (Washington, D.C.: CQ Press).

3) 오바마 대통령의 지시에 따라서 국가안전보장회의의 조직개편과 기능강화의 총책임을 맡게 된 존스 국가안보보좌관은 2009년 2월 9일 뮌헨에서 열린 제45차 뮌헨 안보정책 회의에서 오바마 대통령이 지시한 21세기형 안보정책을 위한 국가안전보장회의의 개혁과 관련하여 세 가지 원칙을 제시한 바 있다. 첫째는 국가안전보장회의가 사안에 대한 단기적인 대응보다는 장기적이고 광범위한 안목에서 정책을 수립할 수 있어야 하는 점이며, 둘째는 국가안전보장회의가 반론을 수용하고 기관 간 조정이 가능하며 대통령의 우선사항이 신속하게 실현될 수 있도록 조정되고 확대되어야 하는 점이다. 마지막으로 국가안전보장회의가 국내외적 도전과 변화에 적절하게 적응할 수 있도록 전통적인 안보영역뿐만 아니라 다양한 영역을 포괄적으로 취급할 수 있어야 하는 점이다. The White House 1, 2009, "National Security Advisor James Jones at the 45 Munich Conference on Security Policy," Office of Press Secretary, February 9; The White House 2, 2009, "Presidential Study Directive - 1: Organizing for Homeland Security and Counterterrorism," Office of Press Secretary, February 23; The White House 7, 2009, "Statement by the President on the White House Organization for Homeland Security and Counterterrorism," Office of the Press Secretary, May 26.

4) 실제로 최근 아프가니스탄에 대한 병력증파 문제를 둘러싸고 5차례 이상의 국가안전보장회의가 개최되어 상당한 토론과 의견개진이 있었으며, 이 과정에서 다양한 대안들을 검토한 바 있다. 이때 오바마 대통령 스스로도 맥크리스털(Stanley A. McCrystal) 아프가니스탄 주둔 나토군 사령관에 대해서 병력증파 이외의 다른 대안에 대한 검토를 강력히 요구한 것으로 알려져 왔다. 이러한 집중적이고 반복된 논의를 통해서 다양한 의견

이 개진되고 이를 통해서 병력증파라는 전략적 선택과 함께 아프가니스탄 정부의 부패 방지노력에 대한 촉구와 궁극적으로 아프가니스탄 정부군이 아프가니스탄의 안보를 책임지는 과정을 설명한 민간 차원의 전략을 함께 제시하기도 했다. 이러한 논의를 거쳐서 등장한 국가안전보장회의의 최종안은 마침내 12월 1일 대통령의 연설을 통해서 3만 명의 증파와 18개월 이내에 철군이 시작된다는 정책으로 미국 국내외에 전달되었다. 상당한 시간이 소요된 아프가니스탄 증파결정에서 알 수 있듯이 국가안전보장회의는 미국 국가안보정책 결정과정과 관련하여 다양한 의견이 개진되고 종합적인 논의가 보장되는 핵심적인 기관으로 거듭나게 되었다.

5) 오바마 대통령은 대통령 연구지시를 통해서 국토방위가 국가안보와 분리되어 논의될 수 없다고 밝히고 이를 통합하는 연구를 진행해야 한다고 밝혔다. 이러한 목적에 따라서 오바마 대통령은 국토방위 및 대테러 보좌관에게 이러한 조직개편을 검토할 것을 지시한 바 있다. The White House 2, 2009, "Presidential Study Directive - 1: Organizing for Homeland Security and Counterterrorism," Office of Press Secretary, February 23. 참고로 백악관 내 국토방위 및 대테러 위원회는 부시 행정부 당시 창설되었다.

6) 오바마 대통령은 5월 26일 국토방위 및 대테러 보좌관의 최종 보고서를 토대로 백악관 내 국토방위회의와 국가안전보장회의 보좌진의 통합과 이에 따른 통합적 보좌기구로서 국가안보보좌진의 신설을 발표하면서, 원래 두 조직은 (보좌진의 통합 이후에도) 여전히 백악관 편제상 별개의 조직으로 남아 국가안보보좌진의 지원을 받게 될 것이라고 덧붙였다. 동시에 오바마 대통령은 국토방위 및 대테러 보좌관의 지위는 대통령 직속의 지위로 존치된다고 말했다. The White House 7, 2009, "Statement by the President on the White House Organization for Homeland Security and Counterterrorism," Office of the Press Secretary, May 26.

7) Burgin, Eileen, 1993, "Influence of Constituency," Randall B. Ripley and James M. Lindsay (eds.), *Congress Resurgent: Foreign and Defense Policyon Capitol Hill* (Ann Arbor: The University of Michigan Press); McCormick, James M., 1998, *American Foreign Policy and Process* (Ithaca: F. E. Peacock Publishers); Teles 1998; Tierney, John T., 1993, "Interest Group Involvement in Congressional Foreign and Defense Policy," Randall B. Ripley and James M. Lindsay (eds.), *Congress Resurgent: Foreign and Defense Policy on Capitol Hill* (Ann Arbor: The University of Michigan Press).

8) Ferguson, Joseph, 2009, "US-Russian Relations: The Kremlin Sizes Up Obama," *Comparative Connections, A Quarterly E-Journal on East Asian Bilateral Relations*, April.

9) America.gov 1, 2009, "Analysis: America and Russia 'Press the Reset Button'," March

6: America.gov 2, 2009, "Clinton Hails Renewal of U.S.-Russian Arms Control Talks," March 9.

10) The White House 5, 2009, "Joint Statement by President Obama and President Medvedev," Office of the Press Secretary, April 1.

11) The White House 10, 2009, "Joint Understanding for the START Follow-on Treaty," Office of the Press Secretary, July 6.

12) The White House 12, 2009, "Fact Sheet on U.S. Missile Defense Policy: A 'Phased, Adaptive Approach' for Missile Defense in Europe," Office of the Press Secretary, September 17; The White House 13, 2009, "Remarks by the President on Strengthening Missile Defense in Europe," Office of the Press Secretary, September 17.

13) 유엔의 역사에서 오바마 대통령이 의장이 된 안보리회의는 국가정상이 참여한 회의로는 5번째이며, 미국 대통령이 주재한 회의로는 최초로 기록된다. 이와 같은 사실이 시사하는 것처럼 핵비확산에 대한 오바마 대통령 개인의 공약은 상당히 강한 것이다.

14) The White House 5, 2009, "Joint Statement by President Obama and President Medvedev," Office of the Press Secretary, April 1.

15) The White House 6, 2009, "Remarks by President Barack Obama in Hradcany Square, Prague, Czech Republic," Office of the Press Secretary, April 5.

16) The White House 9, 2009, "Press Conference by President Obama and President Medvedev of Russia," Office of the Press Secretary, July 6; The White House 15, 2009, "Remarks by the President at the United Nations Security Council Summit on Nuclear Non-Proliferation and Nuclear Disarmament," Office of the Press Secretary, September 24.

17) The White House 16, 2009, "White House Fact Sheet on UN Security Council Resolution 1887," Office of the Press Secretary, September 24; UN Security Council, 2009, "United Nations Security Council Resolution1887(2009)," adopted at the Security Council at its 6191st meeting, on 24 September.

18) The White House 6, 2009, "Remarks by President Barack Obama in Hradcany Square, Prague, Czech Republic," Office of the Press Secretary, April 5.

19) 지면과 시간관계상 이 절에서는 미국이 자신의 안보와 관련하여 핵심적인 관리의 대상으로 삼고 있는 중동지역을 중심으로 미국의 안보문제를 논의하고자 한다.

20) The White House 3, 2009, "Remarks of President Barack Obama - Responsibly Ending the War in Iraq," Office of the Press Secretary, February 27.

21) The White House 4, 2009, "Remarks by the President on a New Strategy for Afghanistan and Pakistan," Office of the Press Secretary, March 27.

22) The White House 18, 2009, "Remarks by the President in Address to the Nation on the Way Forward in Afghanistan and Pakistan," Office of the Press Secretary, December 1.

23) 오바마 대통령은 2009년 12월 1일 웨스트포인트에 있는 미국 육군사관학교에서 행한 증파결정 연설에서 2011년 7월 31일부터 미군병력의 철수가 시작될 것이라고 출구전략을 제시하고, 그동안 아프가니스탄 정부에게 아프가니스탄 안보의 임무를 이전할 것이라고 밝혔다. 그러나 이러한 명시적인 출구전략의 제시는 아프가니스탄 정부나 파키스탄 정부로부터 이들 국가에 대한 미국의 공약철회라는 의혹을 받을 여지가 있고, 미군의 철군 시기 이후를 기다려 알카에다 등 테러세력이 다시 준동할 수 있는 기회를 주었다는 점에서 잘못되었다는 주장이 매케인(John McCain) 상원의원 등과 아프가니스탄 및 파키스탄의 현지 관리 및 언론 등을 통해서 개진되었다. 이러한 의혹과 반발을 즉각적으로 무마하기 위해서 게이츠(Robert Gates) 국방장관은 오바마 대통령의 철군 일정 제시는 철군이 그 시점에 무조건적으로 시작된다는 것을 의미하는 것은 아니며, 단지 안보책임 이양의 기점을 제시한 것이고 최종적 철군은 아프가니스탄 현지의 전황을 보아 가면서 결정할 문제라고 해명했다.

24) Lieberthal, Kenneth G., 2009, "U.S.-China Clean Energy Cooperation: The Road Ahead," *The Brookings Institution*, John L. Thornton China Center, September.

25) 그러나 기후안보 문제와는 달리 부시 대통령은 2007년 12월 19일 에너지 독립 및 안보법(the Energy Independence and Security Act)에 서명함으로써 에너지안보에 대해서는 상당한 관심을 보였다. 이 법은 미국의 에너지 독립을 위한 생물연료(biofuel)의 실용화를 위한 개발지원과 함께, 에너지의 효율적 사용기준을 한 단계 높여 놓은 조치로서, 2020년까지 석유 갤런당 사용 마일리지(miles per gallon; mpg)를 35mpg까지 상향조정하였다. 참고로 1975년 의회에서 제정한 '기업평균연비(Corporate Average Fuel Economy: CAFE)'에 따라 나타난 1978년도 미국 자동차의 기준치는 18mpg로 정해졌다. 부시 대통령이 2007년에 서명한 에너지 독립 및 안보법은 1975년 의회가 기업평균연비를 정한 이후 에너지 효율을 높이기 위해서 나타난 가장 중요한 조치로 받아들여진다.

26) 오바마 행정부는 에너지 및 기후정책이 청정에너지 개발을 유도할 수 있어야 한다고 주장한다. 이러한 전반적인 목표하에서 오바마 행정부는 미래 청정 에너지 일자리 창출을 위한 투자, 미래 에너지 안보의 확보, 탄소 배출오염 억제라는 세 가지 원칙을 제시하고, 이를 위해서 각각의 원칙별 세부 항목으로 청정에너지 산업에서 새로운 일자리

창출/차세대 에너지 기술개발 투자, 화석연료인 석유 의존도 감소/주택 에너지 효율 증가/교통 · 전력 · 산업 · 건축 · 농업 분야 등에서 에너지 효율 증가, 시장에 근거한 탄소 배출량 제한(market-based cap)/미국 소비자 보호/미국의 경쟁력 증가 등을 제시한다 (The White House 19, 2009, "Energy and Environment." (http://www.whitehouse.gov/issues/energy-and-environment).

27) National Journal 1, 2009, "Appetite Controls," April 18.

28) 이와 동시에 오바마 대통령은 에너지안보와 기후안보의 촉진이 세계 경제침체와 관련된 미국의 경제회복 노력과 일자리 창출노력을 적절히 지원하는 것이 되어야 한다고 본다. 새로운 에너지 및 기후정책이 이러한 경제회복 및 일자리 창출과 연동될 경우에만 오바마 행정부의 에너지 및 기후정책이 의회에서 지원을 받을 수 있고, 이를 위한 연구개발이 전체 경제에 장기적으로 긍정적인 효과를 가져올 것이라고 믿기 때문이다.

29) The White House 14, 2009, "Remarks by the President to the United Nations General Assembly," Office of the Press Secretary, September 23.

30) The White House 17, 2009, "Declaration of APEC Leaders at the 17th APECEconomic Leaders' Meeting: Sustaining Growth, Connecting the Region," Singapore, Office of the Press Secretary, November 14-15.

31) 전 세계 온실가스의 1, 2위 배출 국가는 미국과 중국이다. 따라서 이 양대 경제대국 간의 기후변화 대처노력은 핵비확산에 있어서 미국과 러시아 간의 긴밀한 협력 이상으로 중요하다. 이러한 중요성에 발맞추어 미국은 2008년 부시 행정부 당시 폴슨(Henry Paulson) 재무부장관의 주도로 미중 전략경제대화(Strategic Economic Dialogue) 당시 '에너지 및 환경 관련 10년 합의틀(Ten-Year Framework Agreement on Energy and Environment)'을 도출했고, 이 문제에 관해서 향후 양국 간 협력의 기초를 마련하였다. 오바마 행정부가 등장한 이후 최초로 개최된 2009년 7월의 미중 전략경제대화에서는 양국의 재무, 외교 관련 책임자 4인이 모여서 이러한 문제를 논의하였고 '기후변화, 에너지 및 환경에 관한 협력증진 양해각서(MOU to Enhance Cooperation on Climate Change, Energy and the Environment)'를 체결하였다. Lieberthal, Kenneth G., 2009, "U.S.-China Clean Energy Cooperation: The Road Ahead," *The Brookings Institution*, John L. Thornton China Center, September; The New York Times 1, 2009, "Obama, Hu Vow Cooperation but Produce FewDeals," November 17.

32) 하원을 통과한 법안과 상원에서 논의 중인 법안은 대체로 이러한 '배출상한치 설정 및 교환'제도를 포함하여 추진하고 있다. 이러한 배출상한치 설정 및 교환방식은 주별 혹은 기업별로 온실가스 배출할당량 제도(greenhouse gas emission allowance system)를 두고 배출할당량을 초과하는 곳에 대해서는 온실가스 배출시장(emission market)에서 추

가적인 할당량(allowance)을 사도록 하는 제도이다.

33) Lieberthal, Kenneth G., 2009, "U.S.-China Clean Energy Cooperation: The Road Ahead," *The Brookings Institution*, John L. Thornton China Center, September.

34) 이 경기부양법은 2009년 2월 7870억 달러 규모의 미국경제회복 및 재투자법(the American Recovery and Reinvestment Act of 2009; ARRA)을 지칭하며, 이 법에는 개인 및 기업에 대한 세금감면(2880억 달러), 의료서비스(1477억 달러), 교육 인프라 구축 및 기타 교사/학생 지원(909억 달러), 저소득 근로자 및 실업자에 대한 지원(825억 달러), 도로건설 등의 인프라 투자(809억 달러), 에너지 관련 지원(613억 달러), 주택건설(127억 달러), 과학연구개발(89억 달러) 등이 포함되어 있다.

35) 오바마 행정부는 경제위기라는 상황에 직면하여 환경론자들의 반발에도 불구하고 부시 행정부 당시 이루어진 연안 석유개발 임대지 기간 연장을 허용했다. 다만 내무부 장관인 살라자르(Ken Salazar)는 기존 대여지 이외의 새로운 대여지는 추가로 제공할 수 없다고 말하였다. 한편 참고로 제시하자면 경제위기가 미국 전역에 본격적으로 확산되기 시작한 2008년 여름 부시 행정부는 대서양과 태평양 연안에서 25년간 지속되었던 석유 시추 금지를 중단하는 조치를 취한 바 있는데, 상원에서 논의되는 다양한 형태의 기후 변화 및 에너지 관련 법안 일부는 미국 연안의 석유와 천연가스 개발을 허용하고 있다(National Journal 2, 2009, "Global Warming's Dominance," October 10). 한편 오바마 행정부는 전력의 효율적 이용을 위한 차세대 지능형 전력망(smart grid)의 구축, 재생 가능한 에너지를 사용한 전력의 공급 및 이를 위한 전력전파망의 구축 및 풍력농장(wind farm), 해양파도력 사업(wave power project) 등 다양한 재생 가능 에너지 확보를 위해서 노력하고 있다.

| 참고문헌 |

I. 저서 및 논문

■ Burgin, Eileen, 1993, "Influence of Constituency," Randall B. Ripley and James M. Lindsay eds, *Congress Resurgent: Foreign and Defense Policyon Capitol Hill*, Ann Arbor: The University of Michigan Press.

■ Campbell, Colin, 2008, "Ideology Meets Reality: Managing Regime Change in Iraq and the Transformation of the Military," Colin Campbell, Bert A. Rockman, and Andrew Rudalevige eds., *The Bush Legacy*, Washington, D.C.: CQ Press.

■ Ferguson, Joseph, 2009, "US-Russian Relations: The Kremlin Sizes Up Obama," *Comparative Connections, A Quarterly E-Journal on East Asian Bilateral Relations*, April.

■ Flynn, Stephen E., 2008, "America Resilient: Defying Terrorism and Mitigating National Disasters," *Foreign Affairs*, March/April.

■ Lieberthal, Kenneth G., 2009, "U.S.-China Clean Energy Cooperation: The Road Ahead," *The Brookings Institution*, John L. Thornton China Center, September.

■ McCormick, James M., 1998, "The President and the Making of Foreign Policy," *American Foreign Policy and Process*, Ithaca: F.E.Peacock Publishers.

■ ______, 1998, "Congressional Prerogatives and the Making of Foreign Policy," *American Foreign Policy and Process*, Ithaca: F.E. Peacock Publishers.

■ Tanter, Raymond and Stephen Kersting, 2008, "Grand Strategy as National Security Policy: Politics, Rhetoric, and the Bush Legacy," Colin Campbell, Bert A. Rockman, and Andrew Rudalevige eds., *The Bush Legacy*, Washington, D.C.: CQ Press.

■ Teles, Steven M., 1998, "Public Opinion and Interest Groups in the Making of U.S-China Policy," Robert S. Ross et. al., eds., *After The Cold War: Domestic Factors and U.S.-China Relations*, Armonk, NY: M. E. Sharpe.

■ Tierney, John T., 1993, "Interest Group Involvement in Congressional Foreign and Defense Policy," Randall B. Ripley and James M. Lindsay eds., *Congress Resurgent: Foreign and Defense Policy on Capitol Hill*, Ann Arbor: The University of Michigan Press.

II. 백악관 공보처 자료 및 백악관 홈페이지 자료

- The White House 1, 2009, "National Security Advisor James Jones at the 45 Munich Conference on Security Policy," Office of Press Secretary, February 9.
- The White House 2, 2009, "Presidential Study Directive - 1: Organizing for Homeland Security and Counterterrorism," Office of Press Secretary, February 23.
- The White House 3, 2009, "Remarks of President Barack Obama - Responsibly Ending the War in Iraq," Office of the Press Secretary, February 27.
- The White House 4, 2009, "Remarks by the President on a New Strategy for Afghanistan and Pakistan," Office of the Press Secretary, March 27.
- The White House 5, 2009, "Joint Statement by President Obama and President Medvedev," Office of the Press Secretary, April 1.
- The White House 6, 2009, "Remarks by President Barack Obama in Hradcany Square, Prague, Czech Republic," Office of the Press Secretary, April 5.
- The White House 7, 2009, "Statement by the President on the White House Organization for Homeland Security and Counterterrorism," Office of the Press Secretary, May 26.
- The White House 8, 2009, "Statement by President Obama and Russian President Medvedev," Office of the Press Secretary, July 6.
- The White House 9, 2009, "Press Conference by President Obama and President Medvedev of Russia," Office of the Press Secretary, July 6.
- The White House 10, 2009, "Joint Understanding for the START Follow-on Treaty," Office of the Press Secretary, July 6.
- The White House 11, 2009, "Moscow Summit July 6-8: Fact Sheet," Office of the Press Secretary, July 6.
- The White House 12, 2009, "Fact Sheet on U.S. Missile Defense Policy: A 'Phased, Adaptive Approach' for Missile Defense in Europe," Office of the Press Secretary, September 17.
- The White House 13, 2009, "Remarks by the President on Strengthening Missile Defense in Europe," Office of the Press Secretary, September 17.
- The White House 14, 2009, "Remarks by the President to the United Nations General Assembly," Office of the Press Secretary, September 23.
- The White House 15, 2009, "Remarks by the President at the United Nations Security Council Summit on Nuclear Non-Proliferation and Nuclear Disarmament," Office of the

Press Secretary, September 24.
- The White House 16, 2009, "White House Fact Sheet on UN Security Council Resolution 1887," Office of the Press Secretary, September 24.
- The White House 17, 2009, "Declaration of APEC Leaders at the 17th APECEconomic Leaders' Meeting: Sustaining Growth, Connecting the Region," Singapore, Office of the Press Secretary, November 14-15.
- The White House 18, 2009, "Remarks by the President in Address to the Nation on the Way Forward in Afghanistan and Pakistan," Office of the Press Secretary, December 1.
- The White House 19, 2009, "Energy and Environment." (http://www.whitehouse.gov/issues/energy-and-environment)

III. 신문 및 기타 자료

- America.gov 1, 2009, "Analysis: America and Russia 'Press the Reset Button'," March 6.
- America.gov 2, 2009, "Clinton Hails Renewal of U.S.-Russian Arms Control Talks," March 9.
- boston.com, 2009, "Obama to order overhaul of National Security Council," February 8.
- National Journal 1, 2009, "Appetite Controls," April 18.
- National Journal 2, 2009, "Global Warming's Dominance," October 10.
- Newmax.com, 2009, "Obama Says U.S. Out of Iraq by Aug. 2010," February 27.
- The New York Times 1, 2009, "Obama, Hu Vow Cooperation but Produce FewDeals," November 17.
- The New York Times 2, 2009, "Similarities to Iraq Surge Plan Mask Risks inAfghanistan," December 5.
- The New York Times 3, 2009, "How Obama Came to Plan for 'Surge' in Afghanistan," December 6.
- UN Security Council, 2009, "United Nations Security Council Resolution 1887(2009)," adopted at the Security Council at its 6191st meeting, on 24 September.

일본의 안전보장제도와 정책

최 운 도

우리나라에서는 '안전보장(national security)'을 흔히 안보라고 줄여서 부른다. 전통적 의미의 안전보장은 외부의 위협으로부터 국가의 영토와 정치적 독립을 군사적인 수단을 이용하여 지켜내는 것으로 흔히 '국방(national defense, military)'과 같은 의미로 쓰인다. 그런데 일본에서는 '안보'라 하면 일본이 미국과 맺은 '일미안보동맹'을 줄여서 부르는 말이며, '국방'이라는 말 대신 '방위(防衛)'라는 말을 쓴다. 상황에 따라서는 방어뿐 아니라 공격도 가능한 '군대'를 가질 수 없는 일본에서는 '국방'이란 성립할 수 없는 용어이며 '방어'를 전담한다는 의미에서 '방위'라는 말을 쓴다. 그러므로 일본에서 전통적 의미의 안전보장제도와 정책이라 하면 흔히 방위정책을 일컫는 말이다.

일본의 방위정책, 특히 탈냉전기의 방위정책에 대해 우리나라에서는 우려의 목소리가 주를 이룬다. PKO활동을 위한 자위대의 파견을 드디어 일본이 외국 파병을 시작했다고 평가하고, 1만 3000톤급의 순양함 건조와 이지스함의 도입을 군사대국화의 상징이라고 보고 있으며, 유사법제의 성립과 헌법 개정 논의를 군국주의 부활의 신호탄으로 간주한다. 이러한 변화들이 한일 간의 역사문제에 강경한 입장을 보이는 일본 정치인들의 보수화와 함께 진행되고 있으며, 그 보수 정치인들이 정책변화를 주도하고 있다는 사실에 더욱 깊은 우려를 표명한다.

그런데 미국은 우리와 다른 시각을 보여준다. 미국은 냉전기에 일본의 방위정책과 외교정책의 특징을 '점증주의,' '최소주의,' '반응주의'라고 불렀고, 특히 1980년대의 일본 방위정책에 대해서는 '부담분담(burden sharing)'을 촉구한 바 있다. 탈냉전기에도 미국은 일본의 방위정책에 대해 여전히 점증주의의 틀에서 벗어나지 못하고 있음을 지적한다. 그리고 더 적극적인 역할을 수행해 줄 것을 요구하면서 대서양에서 영국이 하고 있는 것과 같은 역할을 맡아 줄 것을 요구한다.[1] 그리고 평화헌법의 한계를 벗어나지 못하고 있는 일본의 소극적 대응에 대해 정치지도력의 부재를 지적하면서 더욱 적극적으로 역할을 확대할 것을 주문한다.

최근 민주당 정부가 보여주는 미일관계의 일면은 일본의 방위정책에 대한 평가를 더욱 혼란스럽게 한다. 대등한 미일관계를 추구한다는 명분하에 취해진 인도양 급유지원 활동의 종료와 후텐마 기지 이전 관련 합의의 재검토 등은 지난 20여 년간의 탈냉전기 방위정책과 대조를 이룬다. 과거의 정책들이 소수 보수 정치인들이 주도해 온 정책에 불과한 것이었는지, 아니면 하토야마 내각의 정책이 소수의견인지, 어느 것도 아니라면 미일안보동맹 자체가 일본 정치에서 그다지 중요하지 않은 것인지 판단할 수 있어야 한다.

본 장에서는 지난 50여 년 동안의 일본 방위정책의 변화를 되짚어 봄으로써 그 특징을 살펴볼 것이다. 이를 바탕으로 탈냉전기 일본의 방위정책의 변화를 설명하고자 한다.

I. 일본 방위정책의 기본 틀

전후 일본의 안전보장은 평화헌법과 미일동맹이라는 서로 다른 방향으로 작용하는 두 가지 변수 사이의 균형에 의해 결정되어 왔다고 할 수 있다. 평화헌법은 헌법이 애초에 추구한 일본의 평화주의를 추구할 수 있도록 해 주는 이외에 방위력에 대한 투자를 최소화할 수 있도록 하고 방위력의 신장을 규제하는 구실로서 작용해 왔다. 반면 미일동맹은 일본이 최소한의 방위력만으로도 냉전이라는 세계적인 대결체제에서 살아남을 수 있도록 일본 자체 방위력에 대한 대체제로서 주일미군의 주둔을 가능하게 해 주었을 뿐 아니라 다른 한편으로는 일본의 방위력에 대한 투자 확대를 촉구하는 방향으로 작용해 왔다. 일본 사회에 존재하는 비무장 중립의 평화주의와 보통국가를 추구하는 보수주의라는 두 진영의 상호작용을 떠받치는 구조적인 틀인 셈이다. 냉전의 종식 이후 찾아온 세계화와 9·11테러는 비전통적 안보 분야로서 국제협력의 중요성을 부각시켰고 일본의 방위정책은 대테러전이나 해적에 대한 대처, 그리고 국제평화유지활동(PKO)이라는 새로운 분야로의 역할 확대를 추구하게 되었다.

1. 평화헌법

1946년 점령군 최고사령관 맥아더는 일본인들이 작성한 헌법 초안이 제국헌법과 큰 차이를 보이지 않는다는 이유로 전면 폐기하도록 하였다. 대신 총사령부에서 작성한 '맥아더 초안'을 제시하였다. 이를 기초로 일본 안이 만들어졌으며 법적 절차를 거쳐 1947년 5월 3일 시행되기에 이른다. 맥아더 장군은 이 초안을 작성할 때, 일본에서 정치, 경제, 사회 모든 면에서 군국주의의 뿌리를 뽑을 수 있도록 할 것을 지시하였다. 그 결과가 헌법 9조로 나타났는데, 전쟁의 포기와 전력의 불보유, 그리고 교전권의 부인을 명시하게 되었고, 그것은 이후 일본의 방위전략에서 전수방위(專守防衛)전략과 집단적 자위권[2]의 부정으로 나타난다.

그런데 당시 중의원의 헌법개정위원회 위원장으로 있던 아시다 히토시는 중의원에 제출된 초안에 약간의 수정을 가한다. 그는 두 개의 문구를 삽입하는데 9조 1항 서두의 "정의와 질서를 기조로 하는 국제평화를 성실히 희구하면서"와, 2항 서두의 "전항의 목적을 성취하기 위하여"가 그것들이다. 유엔군 총사령부(GHQ)는 기본적인 내용의 변경이 아니라면 수정은 받아들인다는 입장이었으며, 향후 일본의 방위정책에서 두 가지 유보가 가능하다는 판단을 하게 된다. 첫째는 국제분쟁을 해결하기 위한 수단으로서의 전력이 아니라면, 즉 자신을 방어하기 위한 전력이라면 주권국가로서 그것을 보유하는 것이 합리적이라는 것이다. 둘째는 장차 평화협정이 체결되면 유엔의 일원으로서 참여 · 활동하는 데 제약이 없을 것이며 유엔군 활동에도 참여할 수 있으리라는 것이다.[3)]

그런데 연합군의 점령에 대해 자문하는 기관인 극동위원회(Far Eastern Commission)의 중국 측 대표는 전 세계가 일본이 전쟁을 포기하는 것으로 알고 있는 동안에 이미 재군비가 시작되고 있으며 그것을 가능하게 한 것이 아시다 수정이라며 강력히 반발했다. 이에 극동위원회는 아시다 수정을 수용하는 대신 헌법에 문민통제를 명시할 것을 요구하였고, 그에 따라 66조에 수상을 비롯한 모든 내각의 대신들은 민간인이어야 함을 규정하게 되었다.

아시다 수정을 연합군총사령부에서 수용했음에도 불구하고 헌법 9조는 오히려 위의 두 가지 유보를 허용하지 않는 것으로 해석되었으며 일본의 정치인들은 이를 이용하였다. 그 대표적인 인물이 바로 냉전기 일본의 외교정책의 틀을 마련한 요시다 수상이다.

2. 미일안보동맹

1948년 이후 본격적으로 진행된 미소간의 대립은 1950년 2월의 중소동맹조약의 체결로 양 진영 간 대결로 가시화되어 갔다. 그러면서 미국

정부는 대일 군사정책에 대해 변화를 생각하게 되었다. 동아시아에서 일본의 지정학적 가치를 재평가하기 시작하였으며 일본의 재군비와 미군 주둔에 대해 고려하기 시작한 것이다. 이는 곧 미국의 대일강화조약의 문제로 이어지게 되었고, 단독강화냐 전면강화냐를 두고 논의가 진행되었다. 얄타회담과 전쟁에 참가했던 모든 연합국과 전쟁상태를 종결짓는 전면강화는 소련, 중국과도 강화를 해야 하므로 불가능에 가까운 것이었다. 전면강화가 이루어질 경우 논리적으로 일본이 택할 수 있는 길은 비무장중립이었다. 그렇다고 단독강화를 할 경우 이미 진행되고 있으며 장차 일본의 경제회복에 반드시 필요한 중국과의 제휴가 불가능해지기 때문에 이에 대한 논의는 제대로 진행되지 않았다. 이 문제는 한국전쟁의 발발과 함께 해결되게 된다. 일본은 어느 한쪽에 속하지 않으면 안 된다는 판단을 하게 되었다. 그리고 1950년 8월에는 GHQ의 명령에 따라 7만 5000명 규모의 경찰예비대가 창설되어 국내 치안유지를 담당하기 시작하였다.

미국에게는 단독강화가 기정 사실이 되었으며 평화조약의 체결은 곧 미일군사동맹의 체결을 의미하는 것이었다. 일본을 평화조약 체결 후 비무장중립으로 남겨 두는 것은 전략적 요충지를 힘의 공백 상태로 남겨 두는 것과 같은 것이었기 때문이다. 1951년 9월 샌프란시스코 강화회의는 52개국 연합국 중 49개국과 일본이 서명한 평화협정으로, 일본의 주권회복과 동시에 일본의 재군비, 그리고 미국 군대의 지속적 주둔이라는 세 가지를 핵심 내용으로 하는 것이었다. 미국의 역사학자 존 다우어(John Dower)는 평화협정과 그 다음 날 체결된 미일안보조약을 아울러 '샌프란시스코 체제'라고 이름 지었다. 이는 동아시아에 제2차 세계대전 이후 새로운 국제질서가 생겨났음을 의미하는 것이다.

평화협정의 영토 관련 조항에서 오키나와 지역은 미국의 신탁통치 대상 지역에 포함됨으로써 주일미군의 중심기지 역할을 맡게 된다. 그리고 1951년에 체결된 안보조약의 주요 내용을 보면 다음과 같다. 첫째, 샌프란시스코 평화조약의 체결로 주권국가 일본은 집단안보체제에 참가할 권리를 가지며 유엔은 모든 회원 국가에 대해 개별적 자위권과 집단적 자위권을 인정한다. 둘째, 그리고 일본은 억지력으로서 미군의 주둔을 요청하고 미국은 평화와 번영을 위해 일본 내외에 일정 수준의 군대를 유지할 것이다. 일본은 직 · 간접적인 공격으로부터 자국을 지키기 위한 책임을 증대시켜 갈 것이며, 공격적 위협이나 유엔헌장의 원칙에 기초한 평화와 안보의 추구를 넘어서는 수준의 군비증강은 하지 않는다. 셋째, 미국은 일본의 동의하에 일본 안팎의 지역에서 미국 육 · 해 · 공군을 운용할 권리를 가지며, 외부의 무력 공격에 대해 일본의 안보뿐 아니라 극동에서의 평화와 안보에 기여한다. 그리고 외부세력의 선동이나 개입으로 인한 일본 내의 대규모 소요사태를 진압하기 위한 정부의 요청이 있을 경우 지원에 나선다.

그러나 이 안보조약은 단순히 미군에게 주둔을 허용하기 위한 조약일 뿐이며, 미국이 동맹국으로서 일본을 지켜주겠다는 보장이 없을 뿐 아니라 극동지역의 안정에만 관심이 있다는 점에서 불평등조약이며 내정간섭의 가능성이 있는 조약이라는 비판을 받게 되었다.[4] 1951년의 조약 체결에 직접 참석한 바 있는 기시 노부스케는 수상이 되자 본격적인 개정작업에 착수하였다. 1960년 안보파동이라 불리는 보혁갈등 속에 개정안은 국회를 통과하였다. 개정안의 특징은 다음과 같다. 첫째, 소요사태에 대한 조항이 삭제되었다. 둘째, 각 측은 일본의 시정하에 있는 영토 내에서 각각에 대한 무력 공격은 자국의 평화와 안전에 위협임을 인정하고 각국의 헌법 절차에 따라 공통의 위험에 대처할 것을 선언하였다(5조). 즉 일미공동방위를 명문화함으로써 일본에 대한 공격이 있을 때는 미국이 공동으로 방위에 임하여, 주일미군에 대한 공격이 있을 경우에는 일본이 미국과 공동방위에 나선다는 것이다. 셋째, 주일미군의 배치나 기지, 장비 등에 대해 양국 정부가 사전 협의할 것을 새로이 규정하였다. 5조의 공동방위 조항을 보수주의자들은 미국이 일본을 지켜줄 것을 보장한 것으로 여긴 반면 사회당을 중심으로 한 혁신세력들은 미국의 전쟁에 일본이 말려들어 갈 수 있는 규정으로 해석하였다. 격심했던 안보파동은 기시 내각의 총사퇴와 함께 급속히 가라앉았다.[5)]

II. 전후 냉전기 일본의 국가전략

1. 요시다 독트린

패전 이후 적어도 냉전이 종료되기까지 일본의 외교와 방위 정책을 이끌어 온 전략이 있다면 요시다 독트린이라고 할 수 있다. 이는 제2차 세계대전이 끝나고 세계질서가 냉전으로 접어드는 시기에 패전국 일본이 연합군의 점령에서 벗어남과 동시에 자국의 안보를 확보하고 국가재건에 성공하기 위해 취한 협상전략이라고 할 수 있다. 요시다는 전후 8년 반이라는 기간 중 7년 동안 수상을 지냈으며 그 기간에 택한 정책들은 이후 일본의 재건과 번영의 기틀을 마련하는 토대가 되었다. 요시다는 먼저 전쟁에서 많은 국가들에게 적대시되었던 일본을 국제사회에서 받아들일 수 있는 국가로 전환시키는 것을 최대의 목표로 삼았다. 그리하여 평화헌법을 국제사회에서 일본의 신뢰를 회복하고, 전후 세계의 평화주의와 군축을 주도할 수 있는 가장 일본적인 제도로 내세우고자 하였다. 1950년 5월 6일 강화조약을 준비하기 위해 일본을 방문한 덜레스는 평화조약을 무효화하고 일본을 재무장시키고자 하였다. 이때 요시다는 국내 공산주의자들의 반대로 인한 일본 사회 혼란의 가능성과 주변국들의 반대를 이유로, 그리고 맥아더가 추구한 바와 같이 일본인들은 자유와 평화를 위해 평화헌법을 고수할 것이라고 주장함으로써 덜레스가 계획을 포기하도록 만들었다.

또한 요시다는 전쟁이 끝난 후 승전국들 사이의 대결구도가 패전국인 일본에게는 자율성을 확보하고 국력을 회복할 기회를 제공하리라는 점을 잘 인식하고 있었다. 그는 미국은 당분간 일본을 떠나려 하지 않으리라는 것을 잘 알고 있었다. 그렇다면 미소 간의 경쟁을 기회로 세계 최강국인 미국과의 군사적 연대를 꾀함으로써 주일미군을 통해 일본의 안보를 확보하고 대신 일본은 전전의 경제력을 회복하는 데 매진할 수 있다는 구상이었다. 냉전의 심화와 한국전쟁은 그의 계획을 현실화시키는 기회를 제공했으며 샌프란시스코 강화회의와 미일안보조약의 체결로 그의 계획은 구체화되었다. 1952년 4월 미일강화조약이 발효되면서 점령 상태가 종료되었으며 일본은 주권을 회복하게 되었다. 그리고 한국전쟁에서 일본은 군사적 개입 없이 군수품 제공을 통해 경제를 회생시킬 절호의 기회를 잡을 수 있었다.

미국은 일본에 재무장할 것을 요구하였고 미일안보조약에서도 일본은 외부의 침략에 대해 자국을 지키기 위한 능력을 향상시킬 책임을 명시하고 있다. 1950년 8월 경찰예비대 창설에 이어 1952년 4월 해상보안청에 해상경비대(6038명)가 설치되었다. 같은 해 7월에 제정된 해상보안법에 입각하여 보안청이 설치되자 경찰예비대는 보안대로 개칭되고 해상경비대는 경비대가 되어 보안청 관할로 옮겨졌다. 1954년 6월에는 방위청 설치안 및 자위대 법안을 통과시키고 7월부터 새로 항공자위대를 설치해 육 · 해 · 공군 3개 자위대를 발족시켰다.

1952년부터 1960년까지 방위비는 약 50% 가량 증가하였으나 정부재정지출이 두 배로 증가하였기 때문에 실제 방위비의 비율을 오히려 줄어들었다. 미국은 일본의 재무장을 촉구하면서도 1951년부터 1958년까지 무상 군사원조를 제공하였다. 미국은 35만 명 정도의 병력을 일본에 요구하였으나 요시다 내각과의 협상 결과 자위대는 152만 명에 머무르게 되고 부족한 방위력을 보완하기 위해 1954년 미국의 상호안전보장법(Mutual Security Act)에 기초하여 미일상호방위원조협정(Mutual Defense Assistance Agreement)을 체결하였다.[6] 이는 일본의 방위력을 정비하기 위한 미국의 원조 절차를 규정하는 것이었다. 요시다는 이 협정을 한국전쟁의 종료와 함께 성장동력을 잃고 침체에 빠질 위기에 있던 일본이 경제적 혜택을 받을 절호의 기회로 여겼으며 대신 방위청을 설치하고 자위대를 발족시켰다.

그해 요시다 수상은 보수우익 진영의 실망과 좌익 진영의 우려 사이에서 더 이상 버티지 못하고 사임하게 되었다. 1955년에는 자유당과 민주당이 보수합동으로 자민당을 창당하고 이른바 '55년체제'를 시작하였다. 보수우익의 목소리를 대변하는 하토야마 이치로 내각은 출범 초기부터 미일안전보장조약의 불평등한 조항을 개정할 것을 요구함과 동시에 헌법을 개정하여 군비를 강화할 것을 주장하였다. 그러나 임기 종료 때까지 안보조약도 헌법도 그대로 남아 있었고, 방위비도 크게 증가하지 않았다. 1957년 기시 노부스케 내각이 출범하였으나, 기시 수상의 보수성에 대한 유명세에도 불구하고 방위비의 급격한 증가는 없었다. 3년의 재임기간에 방위비는 7% 증가했으나 정부재정에서 차지하는 비율은 오히려 13%에서 9%로 줄었으며 국민소득에서 차지하는 비율은 1.9%에서 1.4%로 줄어들었다. 경제의 고도성장 덕분이었다. 이에 대해 이리에 아키라는 1950년대의 미국의 재무장 요구에도 불구하고 일본 정부에는 일관된 자세가 있었던 것으로 평가하고 있으며, 궁극적으로는 그들에게 정치를 위임한 국민들이 재무장을 원하지 않았던 것으로 평가한다.[7] 요시다 독트린이 국가전략의 기본으로 인식되고 있었음을 의미한다.

2. 요시다 독트린의 제도화

1960년의 안보파동으로 기시 수상이 사임하면서 자민당에서는 다시 요시다파가 세력을 잡게 되었다. 이미 일본 경제는 전전의 수준을 회복하였고 안정적인 고도성장의 길로 접어들고 있었다. 그러면서 요시다 스쿨이라고 불리는 정치가들이 수상의 자리에 오르게 되었다. 요시다 내각에서 대장상을 지내고 덜레스와의 안보협상을 주도해 온 이케다 하야토가 1960~1964년의 기간 동안 수상을 지냈으며, 사토 에이사쿠는 일본 역사상 최장기간인 1964~1972년 동안 수상을 역임하였다. 이들은 요시다 독트린을 국민적 합의로서 제도화해 나갔다는 평가를 받는다.[8)]

이케다 수상은 10년 안에 국민소득을 2배로 끌어올리겠다는 '소득배증(所得倍增)'을 정책공약으로 제시하였다. 이 소득배증 계획은 기시 내각에서 먼저 언급했으나 방위문제와 미일동맹 문제에 전력투구하면서 정책 우선순위에서 밀려나 있던 정책이다. 이케다 내각은 경제민족주의라 할 정도로 여당 정치인뿐 아니라 야당 정치인, 국민들과 관료들 모두로부터 경제성장에 국력을 집중한다는 합의를 이끌어냈다. 특히 이념을 불문하고 생활수준 향상을 위해 매진할 것을 약속하여 일본 국민들의 지지를 이끌어냈다. 좌익성향의 정치세력들마저 이 국가 목표를 위해 일치단결하도록 하였다.

이케다 수상이 경제제일주의를 실천했다면 뒤를 이은 사토 수상은 방위 최소주의를 제도화했다고 평가할 수 있다. 1964년에는 중국이 핵실험에 성공하였을 뿐 아니라 미국이 베트남전에 본격적으로 참전하게 된 계기가 된 통킹만 사건이 발생하였다. 전 세계적으로 긴장이 고조되는 상황에서 사토 수상은 1967년 '비핵 3원칙'을 발표함으로써 평화주의자들의 우려를 불식시켰다. 비핵 3원칙이란 일본은 핵무기를 ① 만들지도 않고, ② 보유하지도 않으며, ③ 반입하지도 않겠다는 약속이다. 이로써 사토 수상은 노벨 평화상을 수상한다. 사토는 1968년 중의원 연설에서 일본은 미국의 핵우산에 의존할 것, 대신 전 세계적인 핵군축을 추진할 것, 그리고 평화적 이용을 위한 핵에너지 개발이 필요함을 강조하였다. 1967년에는 또 다른 정부 방침으로 '무기수출 3원칙'을 발표하였다. 공산주의 진영에 속하는 국가들, 그리고 유엔 결의안에 따라 무기 금수조치를 받고 있는 국가들, 무력갈등에 관여하고 있거나 관련될 가능성이 있는 국가들에는 무기를 수출하지 않겠다는 것이다. 일본의 방위정책과 관련하여 또 하나의 제재가 규정처럼 생겨난 것이다. 1960년대 이미 일본에서는 방위비가 GNP의 1%를 넘지 않도록 하는 것이 관행처럼 굳어져 있었다. 정책은 아니지만 1976년 발표된 최초의 방위대강에서 언급되었다.

1960년대에 생겨난 이 규정들은 지금도 일본의 평화주의의 상징이 되어 있으며 방위분야에 대한 지출을 최소화하고 경제발전을 최우선으로 하는 요시다 독트린의 핵심 정책으로 알려져 있다. 이러한 제도화는 일본의 경제우선주의 정책과 중상주의 정책이 일본 외교정책의 근간으로 자리 잡게 되었음을 의미한다. 반면, 일본의 방위력 증강과 국제안보에 대한 기여 증대라는 미국의 요구가 실현되지 않았음을 의미하기도 한다. 베트남 전쟁이 격화되던 1960년대 후반 미국은 일본에 한국과 같은 군사적 지원을 요청하였으나 일본 국내의 반전운동은 일본 정부로 하여금 그 요청을 받아들일 수 없게 만들었다. 한발 더 나아가 베트남 전쟁이 한참 진행되던 시기인 1965년부터 일본은 오키나와 반환을 요구하기 시작했다. 미국의 요청을 일본이 거부했음에도 불구하고 미국이 이를 수용할 수밖에 없었던 것은 공산주의의 위협을 고려하면 일본이 수행한 경제발전을 통한 민주주의와 시장경제의 유지 또한 과소평가할 수 없었기 때문이다.

1969년 발표된 닉슨 독트린은 일본뿐 아니라 아시아 국가들에 대해 핵공격의 경우를 제외하고는 스스로를 방어하는 데 일차적인 책임을 질 것을 요구하였으며, 아시아에 주둔한 미군의 철수를 시작하였다. 그 일환으로 닉슨 대통령과 사토 수상은 오키나와 반환을 약속하는 공동 코뮤니케에 합의하였다. 미군이 무기한 주둔한다는 조건으로 동아시아 최대의 미군 기지였던 오키나와의 행정권을 1972년 일본에 반환하기로 한 것이다. 1965년의 한일 국교 정상화 이후 한국에 우호적이었던 사토 수상은 닉슨과의 공동 코뮤니케에 "한국의 안보는 일본의 안보에 필수적"이라는 이른바 '한국 조항'을 삽입하였다.[9] 미국의 안보정책을 지지해 온 사토 수상은 친대만 정책을 추구해 왔으며, 중국의 유엔 가입도 반대하였다. 중국대표단의 일본 방문을 거절했으며 대만의 안보는 일본의 안보를 위해 꼭 필요하다는 발언도 하였다.

그런데 1969년의 중일국경분쟁 이후 중국은 소련과 적대적 관계로 돌아서고 미국과 교섭을 시작하였다. 1971년 7월 닉슨은 다음 해인 1972년 중국을 방문하여 관계 정상화를 시작할 것을 발표하였다. 닉슨은 이 사실을 겨우 발표 세 시간 전에 일본에 알림으로써 일본은 크게 놀라게 되었다. 닉슨 쇼크라 불리는 이 사건으로 일본은 동맹국 미국에 대한 신뢰에 의문을 품기 시작했으며 이로 인해 자민당 내 파벌로부터 공격을 받은 사토 수상은 사임하기에 이른다. 그 뒤를 이은 다나카 수상은 데탕트 시대의 도래를 맞아 중국과의 관계 개선에 매진함으로써 1972년 9월에는 중일공동성명에 조인하였으며, 그 연속선상에서 한반도에 대해서는 '한국 조항'의 적용을 부정하기에 이른다. 북한과 한국을 구별할 필요성이 없어진 것이다.

그 뒤를 이은 데탕트 시기의 정점에서 수상직을 맡은 미키 수상은 사토 수상의 무기수출 3원칙에 따른 수출규제 대상국을 모든 국가로 확대하였으며, 무기뿐 아니라 그 부품들까지도 수출금지 대상에 포함시킨다는 결정을 내렸다. 또한 방위비가 GNP의 1%를 넘지 않도록 해야 한다는 규정도 1976년 방위대강에 명시되었다. 미키 내각하에서 중국과의 관계 개선만큼이나 소련과의 교역 증대를 경험한 일본은 미소관계의 악화 속에서 두 강대국 어느 쪽에도 치우치지 않는 외교정책, 즉 등거리외교를 펼쳐야 했다. 그 뒤를 이은 후쿠다 수상은 아세안 국가들을 방문하던 중 필리핀에서 한 연설에서 일본은 평화국가가 될 것과 절대로 군사대국이 되지 않을 것을 약속하면서 동남아 국가들과 상호신뢰에 기초한 관계를 구축할 것을 천명하였다. 이를 후쿠다 독트린이라 부른다. 또한 그는 1978년의 중일평화우호조약에 대한 국내의 비판을 무마하기 위해 국가의 규모나 정치체제, 일본으로부터의 거리에 상관없이 모든 방향에 있는 국가들과 신뢰관계를 구축한다는 의미에서 등거리외교를 전방위 외교로 고쳐 불렀다.[10]

1979년에는 소련이 아프가니스탄전쟁에 뛰어들면서 미소 간의 대립은 2차 냉전으로 접어들었다. 미국은 미일동맹과 자국의 핵우산 아래에서 군사적 기여를 회피해 왔을 뿐 아니라 무역관계에서조차 엄청난 적자를 안겨준 일본의 외교정책과 방위정책을 비난하기 시작했다. 이에 대해 오히라 수상은 '종합안전보장(Comprehensive Security)'이라는 정책으로 대응했다. 이는 미국과의 긴밀한 안보협력의 유지와 함께 에너지 공급과 식량의 안정적 공급 또한 일본의 안보에 중요한 부분임을 강조하는 것이었다.[11] 군사비를 통한 방위정책에서의 기여는 제한적일지 모르지만 ODA의 전략적 지원을 통해 미일동맹에 기여하고 있음을 강조하였다. 오히라 수상은 1978년 G7 정상회담에서 3년 내로 1977년 ODA의 액수를 두 배로 증액할 것을 약속했으며 그 목표는 2년 만에 달성되었다.

3. 요시다 독트린에서 이탈

1982년부터 1987년까지 재임한 나카소네 수상은 방위정책에서 요시다 독트린으로부터 벗어나고자 한 첫 번째 정치인이라 할 수 있다. 방위청 장관을 역임한 바 있는 나카소네는 방위정책의 최소주의에서 탈피하려고 노력하였다. 2차 냉전이라는 국제정세 속에서 미국의 레이건 대통령과는 '론-야스' 밀월관계를 통해 방위협력을 추구했다. 소련의 위협에 대처하는 미국을 도와 태평양의 '불침항모' 역할을 수행할 것을 약속하였다. 주변국들과의 합동 군사훈련에 참여하기 시작하였으며 그 수준과 적극성에서 눈에 띄는 변화가 있었다. 여론 또한 이전보다는 적극적 방위정책에 훨씬 토의적으로 변화하였다. 방위정책에서 일본만의 특징이라고 할 수 있는 많은 부분들, 즉 요시다 독트린이 제도화된 부분들에 대해서도 의문을 제기하였다. 비핵 3원칙과 핵알레르기, 무기수출 3원칙, 1퍼센트 규정 등의 의미를 축소하려 하였으며 심지어는 헌법 개정과 전후 일본의 평화주의를 변화시킬 필요성이 있다고 주장하였다.

이러한 노력들은 그러나 제한적인 성공밖에 거두지 못하였다. 그 대표적인 사례가 방위비 개선 노력에서 나타났다. 1980년대 이미 일본의 방위비는 세계 5위 수준에 이르렀으나 미국은 여전히 부족한 수준이라고 지적했으며 미국의 방위분담 요구의 근본적 이유가 되었다. 1985년 내각의 결정으로 1% 규정을 폐기하려 한 나카소네 수상의 노력은 자민당 내의 반대로 수포로 돌아갔다. 대신 1987년도 예산에서 1%를 초과하였다. 그러나 그 비율은 1.004%에 그치는 미미한 것으로 상징적인 의미뿐이었으며 실제 집행액도 1% 넘지 못하고 0.99%에 머물렀다.

미국의 방위분담 요구는 샌프란시스코 강화회의 이후 지속되어 왔다. 미국의 대일 무역수지가 적자로 돌아서는 1969년을 전후하여 무역마찰이 시작되면서 미국의 방위분담 요구는 더욱 증가하였다고 할 수 있다. 그러나 1970년대 말까지 방위비 분담 문제는 양국 간 협의 사항이었지 외교 쟁점으로 번지는 일은 없었다. 그러나 1980년대로 접어들면서 정치 쟁점화하기 시작하였다.[12] 미군 주둔비용 분담 요구가 늘어남으로써 1978년 이후 '배려 예산'으로 알려진 미군기지 내 인건비와 광열비 등에 대한 지출이 늘어났다. 그리고 1970년대 말부터 조금씩 시작된 군사기술의 쌍방향 교류는 미국 측의 본격적인 교류 요청에 의해 1983년 대미군사기술공여협정서의 체결에 이르게 되었다. 방위비 분담을 둘러싼 미일 갈등은 1980년대 후반 진행된 일본의 차세대 전투기 개발사업(FSX)의 진행과정에서 가장 잘 나타났다. 최초의 독자개발 계획에 미국이 반대의

사를 표시했고, 이에 일본이 거부의사를 밝히자 미국 의회는 일본에 미국산 전투기를 직접 구매할 것을 요구하게 되었고, 양국 정부의 심각한 마찰과 협상 결과 공동개발하고 기술을 공유하는 것으로 결론이 났다. 최초의 계획 수립에서 사업 착수까지 10년이 걸렸다.[13] 그러므로 위에서 본 나카소네 수상이 주도한 변화의 노력들은 넓게 보면 미국의 방위비 분담 압력에 대응하면서 국내 정치세력들에게 변화를 촉구한 것이라고 볼 수 있을 것이다.

III. 방위정책 노선들

지금까지 냉전기 일본의 방위정책을 결정한 구조적 틀인 평화헌법과 미일동맹을 설명하고, 서로 다른 방향으로 작용하는 이들 둘 사이의 어느 지점에서 어떤 방위정책이 선택되었는지를 보여주었다. 여기서는 구조와 정책 사이에서 실제 정책결정과정에서 영향을 미치는 사회세력들에 대해 살펴보고자 한다. 일본 사회에 존재해 온 이 중간 수준의 변수를 분석함으로써 냉전기의 방위정책뿐 아니라 탈냉전기의 정책결정에 관여하고 이끌어 온 힘의 이동에 대해 이해하게 될 것이다. 방위정책과 관련한 일본의 사회세력들은 ① 비무장 중립주의, ② 정치적 현실주의, ③ 군사적 현실주의, ④ 일본 군국주의 등 네 가지 노선으로 구분할 수 있다.[14] 이들 네 그룹의 전략적 사고는 위협의 인식과 미일동맹을 바라보는 시각, 평화헌법 개정에 대한 입장, 적절한 군사력의 수준과 성격에 대한 입장으로 나누어 논의한다.

1. 비무장중립주의

이 노선은 태평양전쟁에서의 경험, 즉 패전과 피폭에 대한 철저한 반성에서 출발한다. 사회당과 공산당, 공명당 등 '55년 체제'에서 야당과 시민단체, 언론인, 지식인 등의 진보세력들이 견지해 온 입장이다. 일본은 소련과 미국 사이에서 선택을 해야 할 정도로 어느 한쪽과 적대적 입장에 있지 않으며 평화주의 정책을 견지한다면 소련의 공격을 받을 염려가 없다는 주장이다. 위협은 소련이나 중국과 같은 공산주의 진영에서 오는 것이 아니라 양 강대국 사이의 분쟁 상황에서 미일동맹으로 인해 분쟁에 말려들어갈 위험이 도사리고 있음을 강조한다. 그러므로 일본은 미일동맹에서 벗어나야 하며 미군은 철수해야 한다고 주장한다. 미국의 일본방어 의무를 더 명백히 한 미일안보조약의 개정에 반대하는 것은 당연한 것이다. 그러한 비무장중립 상태를 유지하기 위해서는 평화헌법을 고수해야 하며 개정이나 재해석에도 반대한다. 자위대의 존재는 헌법에 위배되는 만큼 축소 혹은 폐지하거나 경찰력으로 재편되어야 한다는 입장이다. 비핵 3원칙, 무기수출 3원칙, 세계적인 핵 군축 추진과 같은 정책을 지지한다.

2. 정치적 현실주의

국제사회의 힘의 분포와 그에 따른 국제정치의 역학을 인정하는 현실주의적인 입장을 견지하나 그에 대한 대처는 정치적인 수단에 의존한다. 요시다 독트린을 견지하면서 전후 일본 정치를 주도해 온 자유당과 자민당의 핵심 인물들을 중심으로 한 정치세력이며 냉전기 자민당 정치의 주류를 형성해 온 집단이다. 다시 말해 지속적인 경제발전을 통해 국제평화와 국제경제 발전에 기여함으로써 국제사회에서 인정을 받는 것을 국가목표로 하였다. 냉전기 소련이 자국에 미친 위협은 잠재적인 수준에 머물렀으며 1970년대 후반 극동에서의 군사력 증강 또한 실질적인 위협이 되기보다는 미국 일변도의 일본의 외교정책을 중립적인 것으로 돌려놓으려는 정치적인 의도에서 출발한 것으로 본다. 만일의 경우 미국이 억지력을 철회함으로써 위기상황에서 버려질 수도 있다는 인식을 가지고 있었다.

일본의 방위력 증강을 요구하는 미국의 압력은 바로 이러한 우려 때문에 가능한 것이었으며 구안보조약의 개정 요구나 닉슨 독트린에 따라 미군이 철수할 수도 있다는 우려도 바로 이러한 인식에 기초한 것이었다. 마지막으로 원자재 공급 루트의 위험과 해외 수출시장의 불확실성을 일본에 대한 위협으로 인식하기도 하였다. 세계적인 양극체제와 미소 간의 분쟁 상황에서 미일동맹은 일본으로서는 피할 수 없는 선택이다. 또한 태평양전쟁에서 군국주의의 오명을 얻은 일본으로서는 경제발전에 매달리는 것만이 국제사회로 복귀할 수 있는 유일한 방법이었다. 그러므로 미일동맹을 통해 일본의 안보를 미국에게 맡길 수 있는 한 평화헌법의 개정은 불필요한 것이었으며 특히 정치적 모험을 할 필요가 없었던 것이다. 방위는 '총합안보정책' 혹은 '해외원조' 등을 방위분담을 요구하는 미국의 압력에 대응할 수 있는 정책수단으로 보았다.

3. 군사적 현실주의

국제정세에 대한 현실주의적인 판단에 기초하고 있으나 그 정책에서는 '군사적' 대응이 더 적절한 것으로 보았다. 특히 소련의 아프가니스탄 침공 이후 2차 냉전이 시작된 국제환경과 1980년대 일본 내의 보수주의 경향을 배경으로 하고 있으며, 나카소네 내각이 이 노선에서 주도적 역할을 하였다. 미일동맹에서 이탈하거나 일본의 독자적인 군비 증강에는 반대하는 입장이다. 소련 극동군은 정치적인 위협뿐 아니라 군사적인 위협이기도 한 것으로 인식한다. 소련의 의도가 급변할 경우를 대비해 거기에 빠르면서도 강력하게 대응할 수 있는 준비를 해 두어야 한다는 것이다. 동아시아의 현실이 미국과의 연대를 필수적인 것으로 만들고 있으며 필요한 경우 법령의 재해석과 개정도 가능하다는 입장이다. 보수적인 역사인식으로 인해 극우주의자들과 구별이 어려울 때도 있다.

4. 일본우익[15)]

태평양전쟁에서 패배한 이후에는 지속적인 세력으로 존재했다기보다는 상황에 따라 대중의 감정적 대응과 함께 나타났다가 사라지고는 했으며 오히려 1980년대의 보수화 이후 구체적으로 세력화해 가는 양상을 보였다. 이 노선은 민족적 자부심의 회복과 미국으로부터의 독립을 목표로 한다. 미일동맹은 처음부터 미국의 이익을 위한 것으로 불평등한 상황에서 이루어졌으며, 상황이 미국의 이익에 반하면 미군이 언제든 철수할 것으로 보았다. 그러므로 가깝게는 미일안보조약은 미국과 일본이 동등한 지위를 가질 수 있도록 개정해야 한다는 입장을 취한다. 궁극적으로 일본의 독립을 위해서는 평화헌법을 개정해야 할 뿐 아니라 방위정책에 대한 모든 제도적 제약을 철폐해야 한다고 강조한다. 그리고 일본은 방어뿐 아니라 공격 능력과 함께 핵을 보유해야 한다고 주장한다.

위의 노선들 사이의 상호작용 결과가 일본의 방위정책이라고 본다면, 1970년대까지는 정치적 현실주의 노선이 주도해 왔으며 미국의 방위증강 요구에 대해서는 비무장중립주의의 요구를 구실로 삼아 협상력을 증대시켜 왔다고 할 수 있다. 보수방류에 속하는 기시 수상은 성향으로 보면 군사적 현실주의로 분류할 수 있으며, 그 또한 미일안보조약의 개정에서는 비무장중립주의의 안보조약 폐기 요구를 구실로 협상을 전개하였다. 1980년대에 들면서 나카소네 수상이 군사적 현실주의 입장을 고수하였으며, 1990년대 이후 안보정책을 이끌게 되는 오자와 이치로는 군사적 현실주의로 분류할 수 있는 반면 이시하라 신타로 도쿄 도지사나 다모가미 항공자위대 전 막료장은 일본 우익으로 분류할 수 있다.

1990년에 들어서면서 일본 사회의 보수화 경향이 뚜렷하게 나타난다. 그 전환 과정은 55년체제의 한 축을 담당해 온 일본사회당이 붕괴하는 과정에서 볼 수 있다. 오자와가 자민당에서 탈당한 후 실시된 1993년

6월 선거로 38년간 계속되어 온 자민당 정권이 붕괴되었다. 일본사회당은 호소카와의 범야 연립정권에 참여하게 되었다. 1994년 7월에는 자민당, 사회당, 사키가케로 구성된 연립정부 구성에서 사회당의 무라야마가 총리에 오르게 되었다. 1955년 이후 처음 있는 일이었다. 그러나 사회당은 자위대 합헌, 미 · 일 안보동맹 인정, 비무장중립주의의 폐기, 일장기(日の丸)와 기미가요(君が代)의 용인 등, 40여 년간 주장해 온 정강정책을 포기하고 현실을 수용했다. 그 결과, 사회당의 존재 이유가 사라졌고 무라야마 내각이 사퇴한 1996년 9월 14일에는 당 해체를 선언하고 사회민주당으로 개칭하였다. 1996년 10월 20일에는 새로운 선거제도하에서 최초의 선거가 벌어졌고, 1998년 12월에는 오자와가 이끄는 자유당이 자민당 중심의 연립정권에 참가함으로써 오자와는 다시 자민당과 손을 잡게 되었다. 그리고 자민당 지배체제로의 복귀로 이어졌다.[16)]

IV. 탈냉전기 일본의 방위정책

지난 20년 동안 일본 방위정책과 제도는 큰 변화가 있었다. 이에 대해 우리나라에서는 양과 질에서 분명한 변화가 있었다고 보는 견해가 다수인 반면 미국에서는 여전히 미일동맹과 국제사회에 대한 공헌에서 제한적인 성과밖에 거두지 못하였으며 기대에 미치지 못하고 있는 것으로 본다. 우리나라에서는 일본의 많은 제도적인 변화들이 일본 사회와 정치권이 보수화되는 경향 속에서 이루어졌으며 군사대국화를 위해 다가가고 있다는 우려의 목소리가 높은 편이다. 그러나 미국에서는 그 많은 제도적 개선들은 기존의 헌법의 틀 속에서 제한적인 역할 확대를 위해 필요한 보완책들에 불과하며 진정한 동맹으로서 기여를 하기에는 기존의 틀을 벗어나지 못하고 있는 것으로 평가한다. 1990년대에 접어들면서 일본 내부의 변화를 상징적으로 보여주는 두 권의 책이 출간되었다. 1989년 모리

타 아키오(盛田昭夫)와 이시하라 신타로(石原愼太郎)가 공동 출간한 『No 라고 말할 수 있는 일본: 신일미관계의 방책』과 1993년 오자와 이치로가 쓴 『일본개조계획(日本改造計畫)』이다. 이시하라가 쓴 책은 일본의 보수주의 경향과 우익의 사고를 잘 보여주고 있으며, 오자와의 책은 '보통국가론'을 제시함으로써 일본 방위정책이 나아갈 방향을 제시하였다.

지금부터는 지난 20년간의 제도와 정책의 변화를 살펴보고 마지막으로 방위비의 변화와 비교함으로써 최종 평가에 접근하고자 한다.

1. 1990년대의 변화들

탈냉전기의 벽두에 일어난 걸프전은 일본인들에게 방위정책뿐 아니라 국가전략에 있어서 사고의 전환을 일으키게 하는 경험을 안겨 주었다. 1990년 8월부터 1991년 2월까지 계속된 걸프전에서 미국과 서구 각국은 유엔 다국적군의 활동을 위한 일본의 인적 기여를 요청하였다. 그런데 여기서 일본은 자신들이 인적 기여에 대한 준비는 물론이거니와 국제사회의 비상사태에 대응할 절차상의 준비가 전혀 이루어져 있지 않음을 알게 되었다. 일본 정부의 입장은 헌법이 집단안전보장에 대한 자위대의 참가를 허용하고 있지 않다는 것이었다.[17] 국제사회의 기대와 압력 속에서 1990년 10월 가이후 정권이 의회에 제출한 '유엔평화협력법안'은 인적 공헌에 대한 국민들의 반대로 부결되고 말았다. 이어서 1991년 9월에 2차로 제출되었다가 1992년 6월에야 성립된 것이 'PKO법안'이다. 그나마 법안이 성립될 수 있었던 것은 무력행사를 포함하지 않는 활동으로 그 임무를 제한하였기 때문인데, 자민당과 두 야당(공명당과 민사당) 사이에 3년 뒤의 개정을 전제로 한 합의(동결해제)가 이루어져 무력행사가 동반될 가능성이 있거나 얽혀들 가능성이 있는 활동들은 PKO법안에서 제외되었고 재래형[18] 평화유지활동으로 제한했기 때문이다.[19] 그럼에도 PKO법의 성립으로 자위대는 창립 이후 최초로 국외 파견이 가능해졌다.

그동안 걸프전은 막을 내렸고 일본은 130억 달러라는 엄청난 액수의 지원금으로 국제사회에 대한 인적 공헌을 대신해야 했다. 그 공헌에도 불구하고 국제사회로부터 "수표책 외교"라든지 "현금지급기, 그것도 몇 번 걷어차야 돈이 나오는……"이라는 비난을 받아야 했다.

이때부터 일본인의 안전보장관에 변화가 일어나기 시작하였다.[20] 그리고 일본은 새로운 국가전략을 구상하게 된다. 우선은 걸프전을 통해 국제사회에서 일본의 위상과 요시다 독트린의 한계를 절감하였던 것이다. 다음은 굳건했던 미일동맹이 공동의 적이 사라지면서 존재 이유가 거론되기 시작하였으며 동맹이 목표를 잃고 표류하기 시작한 것이다. 1990년대 초 양국 관계의 악화를 겪은 후 양국의 방위정책은 결국 '나이 이니셔티브'하에서 미국의 동북아 참여정책으로 수렴하고 있었다.[21] 1995년 11월에는 신방위정책대강(New National Defense Program Outline)이 내각의 승인을 받았고, 1996년 4월에는 미 · 일 정상회담에서 안보공동선언을 발표한다. 여기서 양국은 동맹관계를 더욱 굳건히 할 것과 극동유사시에 미군의 전투 지원 방안을 구체화하기로 약속하였다. 그 약속은 1997년 9월 신가이드라인의 발표로 실현되었다. 1999년 5월 공포된 주변사태법은 신가이드라인의 핵심 내용을 현실화하기 위한 법제의 정비에 해당된다.

그러나 신가이드라인의 법제화 과정에서도 일본의 헌법적 제약은 여전히 작용하였다. 미국은 최초 협의 과정에서 1000여 개에 달하는 협력 요구 사항을 제시하였다. 그러나 협의 과정에서 불과 40여 개의 항목만이 실현 가능한 것으로 수용되었다. 거기다 주변사태법에서 정한 선박 검사의 방법과 절차, 무기 사용 여부 등을 정한 선박검사에 관한 법률에서는 무력충돌 가능성이 있는 선박 검사 활동은 제외해 버렸다. 비록 작전 협력이라고는 하나 헌법에서 일본의 무력사용을 금지하고 있는 탓에 명목상으로는 주변 유사시에 미군의 작전을 후방에서 지원하는 역할에 머무르게 되었다. 제공하는 물품에서 무기와 탄약은 제외되었으며, 무기 사용은 자위대원 자신과 직무에 종사하는 자의 보호를 위해 부득이 한 경우 자신의 판단하에 사용하도록 허용하였다. 모치즈키는 이 같은 최소화 과정을 두고 여전히 점증주의(incrementalism)의 기조는 변하지 않고 있다고 지적하였다.[22] 이러한 한계를 경험한 미국은 '아미티지-나이 보고서'에서 일본이 동맹관계 강화와 역할 확대를 위해 우선 해결해야 할 문제로 집단적 자위권의 인정과 헌법으로 인한 각종 제약의 완화를 요구하게 되었다.[23]

그러나 이 변화를 더 적극적으로 해석하는 경향도 있었다. 후방 지역과 전투 지역의 명확한 구분이 불가능하여 언제든지 무력충돌로 이어질 수 있으며, 일본의 군사작전 영역이 대만을 포함한 필리핀 북부에서 동북아에 이르는(비록 지리적인 개념이 아니라 작전상의 개념이라고는 하나) 지역으로 확대되는 것을 의미하기 때문이다. 또한 전수방위라는 헌법이 규정하는 제한된 전략에서 정부가 인정하지 않는 집단적 자위권의 발동이라는 변화라고도 볼 수 있기 때문이다. 셋째로는 지방자치체와 개인의 권리에 대한 제한이 필수적임에도 불구하고 법제화되었다는 것은 지금까지의 평화주의와는 다른 정책기조라 할 수 있는 것이었다.

자위대의 역할 확대와 함께 방위청의 역할도 강화되기 시작하였다. 그 한 예로 1997년 1월 정보본부의 발족을 들 수 있다. 외무성이 외교정보를 독점해 옴으로써 방위청은 필요한 정보를 제때 접할 수 없었다. 1983년의 KAL기 격추 사건 이후 독자적으로 정보를 획득할 방법을 찾아온 방위청은 1997년에야 정보본부를 신설하게 되었다. 정보본부를 통합막료회의 아래에 두고 '제복(자위대)' 출신을 본부장으로 기용하여 장악력을 높였다. 또한 1998년 8월 말에 있었던 북한의 대포동 1호 미사일 시험발사를 계기로 일본은 TMD 공동연구와 다목적 위성의 확보, 그리고 그 외 많은 방위체제 강화 구상을 발표하게 되었다.

2. 9·11 테러 이후의 방위정책

1) 테러대책특별조치법

9·11테러 직후인 2001년 9월 27일 시작된 임시국회에서 논의를 시작한 것이 바로 테러대책특별조치법(이후 테러특조법)이다. 10월 29일에 국회를 통과하였으며 11월 2일에는 시행에 돌입하였다. 이 법이 대상으로 하는 활동은 크게 ① 미군을 포함한 외국 군대의 활동에 대해 실시하는 조치들과 ② 유엔 결의 혹은 유엔의 요청에 기초하여 인도적 정신에 따라 실시하는 난민구원활동으로 구분되고, 앞의 조치들은 다시 미군 등에 대한 협력지원 활동과 전투행위에 의해 조난당한 전투 참가자들의 수색구조 활동에 대한 협력지원 활동으로 구분할 수 있다. 2009년 민주당 정권이 들어선 이후 중단된 인도양에서의 급유 활동이 바로 그 법을 기초로 한 활동이었다.

이 법의 성립은 많은 의미가 있다. 첫째, 이는 PKO협력법과 주변사태법이 발의부터 성립까지 각각 2년여와 3년여의 시간이 걸린 것과 비교하면 엄청나게 신속한 처리라 할 수 있다. 그 목적도 "우리나라가 국제적인 테러리즘의 방지와 근절을 위한 국제사회의 움직임에 적극적이고도 주체적으로 기여하기 위해여……"라고 명시하여 그 적극성을 드러냈다. 둘째, 지리적으로 주변사태법에서 외국 영역으로 규정하는 필리핀 북쪽 해상에서 인도양, 디에고가르시아섬, 인도양 연안에 이르는 지역까지 함선에 의한 보급과 수송이 이루어진 것이다. 셋째, 물품 수송에 있어서 외국 영역에서의 탄약을 포함한 무기의 육상운송은 포함하지 않는다고 명시한 것이다. 넷째는 제2차 세계대전 이후 최대 규모의 부대와 장비를 장기간 인도양 연안 지역까지 파견한 것이다. 다섯째, 일본 정부가 집단적 자위권의 행사를 인정하지 않으면서, 동시에 무력행사가 아닌 방법으로 미국의 동맹국으로서 군사적 행동에 협력한다는 조치를 취한 것이다. 이는 결국 무력행사와의 일체화 문제로 귀결된다. 일본의 협력과 지원은 타국의 무력행사와 일체화되지 않는 범위 내에서 이루어진다는 것으로, 그 범위 내에서 집단적 자위권이 허용된다는 주장이다. 선박검사에 관한 법률에서 보듯이 무력충돌을 피할 수 있는 최소한의 활동조건에 국한되어 선박 검사 활동을 허용하고 있다.

이 법의 적용으로 인도양에서 미국, 파키스탄 등 다국적군에 대한 급유 지원 활동을 해 온 일본 자위대가 2010년 1월 15일부터 철수를 시작했다. 이 활동은 일본 민주당 정부의 민생 우선 지원 방침에 따라 8년 만에 종결되었다. 이 법은 제정된 이래 2003, 2005, 2006년 세 차례에 걸쳐 연장되었다가 2007년 관련법 기한 마감으로 3개월 동안 중단됐지만 이후 새 특조법이 통과돼 다시 이어져 왔다.

자위대의 해외파병과 활동은 집단적 자위권을 행사하지 않는다는 일본 정부의 입장에 위배될 가능성이 있다. 그 경계의 기준이 바로 '무력행사와의 일체화' 여부다. 필요시 특별법을 통해 평화유지활동이나 미군에

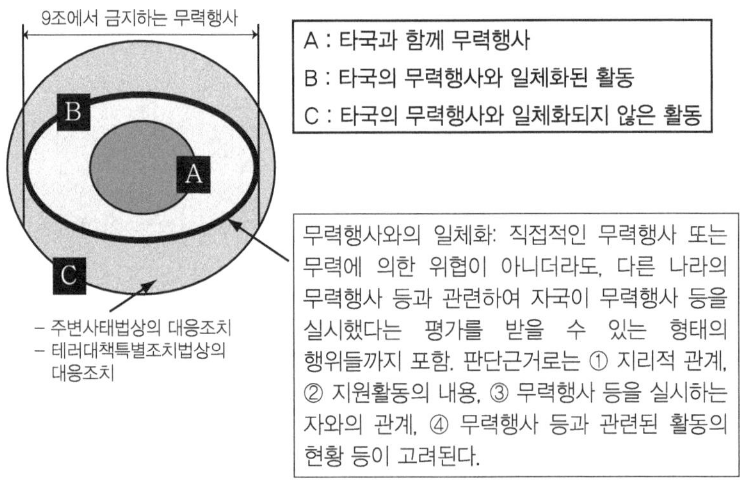

〈그림 1〉

대한 지원은 가능하나 무력행사를 동반할 가능성이 있는 활동에는 참가할 수 없는 것을 의미한다. 〈그림 1〉에서 보는 바와 같이 자위대가 직접 무력행사를 하지 않더라도 다른 나라의 무력행사와 관련이 있는 활동에서 자국이 무력행사를 실시했다는 평가를 받을 수 있는 형태의 행위들이 타국의 무력행사와 일체화된 행동에 속한다. 1992년 성립된 PKO협력법은 두 번의 개정을 거쳐 PKF 활동 참가와 무기 사용에 대한 많은 제한을 해제하였으나 궁극적 무력행사와 일체화되는 활동은 불가능하게 되어 있다. PKO활동뿐 아니라 자위대의 모든 해외활동은 〈그림 1〉에서 C 영역의 활동, 즉 '타국의 무력행사와 일체화되지 않은 활동'에 국한된다.

2003년 7월 말에는 이라크인도부흥지원특별조치법(이라크특조법)이 성립되었다. 이라크전쟁 후의 이라크 내 비전투 지역에서 적극적인 인도부흥 지원활동을 수행하기 위해 만든 특별조치법이었다. 대응조치는 크게 인도적 부흥 지원활동과 안전확보 지원활동으로 나뉘며, 각 분야의 업무를 위한 의료와 수송, 보급을 수행했다. 그리고 자위대가 대응조치를 실시함에 있어서 무기와 탄약의 제공은 허용하지 않으며, 전투작전을 위해 발진 준비 중인 항공기에 대한 급유와 정비 또한 실행하지 않는 것으로 했다. 2007년 2년 기한으로 활동 연장이 이루어졌으며 2009년 7월 기한 만료와 함께 자위대는 철수하였다. 특조법의 내용을 살펴보면 기본원칙과 대응조치, 국회와의 관계, 대응조치의 실시, 무기 사용 등 많은 면에서 테러특조법과 닮은꼴임을 알 수 있다. 이 법의 적용에서도 쟁점은 '전투 지역'과 '비전투 지역'의 구분에 있었다. 이는 곧 '무력행사와의 일체화'를 지원활동의 합법성 여부의 기준으로 삼았음을 의미한다.

2) 유사법제

1997년의 신가이드라인은 미국과 일본의 방위협력 상황을 ① 평상시, ② 일본의 대한 무력 공격 사태, ③ 주변지역 사태의 세 가지로 나누고 있다. ②와 ③이 각각 일본 유사시와 주변 유사시에 해당한다. 1999년의 주변사태법의 도입으로 주변 유사시의 미국과 일본 양국의 협력과 지원체계는 구체화, 공식화되었으나, 일본 유사시에 대해서는 전쟁을 포기하는 평화헌법에 위배될 가능성이 있다는 국내 진보세력의 반대로 구체적인 조치가 이루어지지 않고 있었다. 일본에 무력 공격이 있을 때, 자위대가 일차적으로 대응하여 물리치기 위한 작전을 수행하고 미국은 협력하여 지원하는 역할을 맡도록 되어 있는데 이러한 활동들을 원활히 수행하기 위한 국내의 대응 조치들이 2003년 5월의 유사법제 도입으로 구체화된 것이다.[24]

2003년에 성립된 유사법제는 안전보장회의설치법, 무력공격사태대처법, 개정된 자위대법 등 세 개 법률로 구성되어 있다. 안전보장회의설치법은 일본이 외국의 공격을 받을 경우 정부의 대처 방침과 의사결정 절차 등을 담고 있다. 안전보장회의의 논의에 따라 내각은 대처 기본방침을 결정하고 즉시 국회의 승인을 구한다. 무력 공격에 대해 대책본부를 설치하여 수상을 본부장으로 하여 대처한다는 등의 절차를 밝히고 있다. 이 법은 외국 군대의 집결 징후 포착 등 무력 공격이 예상되는 경우에도 발동할 수 있도록 돼 있어 자의적인 법 적용과 자위대 동원의 가능성이 있는 것으로 지적되고 있다. 개정된 자위대법은 유사시 자위대의 활동을 원활하게 하기 위한 것으로, 민간 토지 수용 절차를 간소화하고 물자 보관 명령을 따르지 않는 민간인을 처벌할 수 있도록 하고 있다. 이 부분이 일본이 과거 전쟁을 치를 때의 '국가총동원법'을 연상케 하는 것으로 지적되고 있다.[25] 무력공격사태대처법은 지방공공단체가 정부의 결정과 자위대의 활동에 협조하기 위해 취해야 할 조치들에 대해 규정하고 있다.

3) 확산방지구상(PSI)에 대한 일본의 참가

9·11테러 발생 후인 2002년 12월 미국은 '대량살상무기에 대항하기

위한 국가전략'을 발표하였다. 부시 대통령은 그 전략의 핵심 정책으로 2003년 5월 PSI를 선언하고 일본을 포함한 10개국에 참가를 요청하였다. 이에 20여 개국을 필두로 한 90여 개국이 지지하는 조직으로 발전하게 되었다. PSI는 대량살상무기 및 관련 물자 등의 확산을 방지하기 위해 기존의 국제법과 국내법에 따라 참가국이 공동으로 취할 수 있는 조치를 검토하고 동시에 각국이 가능한 범위 내에서 관련된 국내법을 강화하기 위해 노력한다는 구상이다. 일본은 3차 회의 이후 각종 회의에 방위청과 자위대원을 파견하여 필요한 정보를 수집하고 있으며 해외에서 실시된 많은 훈련에 옵서버를 보내 왔다.

일본은 2004년에는 사가미만 인근해 역과 요코스카항 내에서 일본에서는 처음으로 거행된 PSI 해상저지훈련을 주최하였다. 그리고 2007년 10월에는 두 번째로 PSI 해상저지훈련을 개최하여 외무성, 경찰청, 재무성, 해양경비대 등 관련 조직들이 함께 참가하였으며 40여 개국이 함선 등을 참가시킨 바 있다. 그리고 2008년에는 뉴질랜드에서 개최한 훈련에 해상자위대의 P-3C를 참가시켰다.

이에 대해 우익단체들은 명분은 있으나 실제 행동으로 옮기기는 불가능한 활동이라고 비판한다. PSI 활동의 실체라 할 수 있는 화물 검사에 적용할 수 있는 국내법이란 주변사태법과 함께 성립된 선박검사법을 말하는데, 주변 사태 발생 시에만 적용할 수 있기 때문에 선박임검에는 적용할 수 없다. 약간 수정을 하여 적용하더라도 문제가 있다. 왜냐하면 선박검사법에 따르면 선장의 승인하에 정선한 선박만 검사할 수 있도록 되어 있기 때문이다. 그러므로 기존 제도의 수정이 아니라 국내법을 마련해야 한다고 주장한다.[26)]

4) 방위청의 방위성으로의 승격

2007년 1월 방위청이 수상 사무처인 내각부의 외국 소속에서 내각직

속의 방위성으로 승격되었다. 성으로의 승격은 오래전부터 논의되어 왔으나 본격적인 논의는 2005년 고이즈미 내각에서 시작되었다. 승격 이유로는 자위관의 사기 향상이나 다른 나라의 국방조직들과의 균형에 대한 고려 이외에도 자위대의 단순 관리 기관이 아니라 정책관청으로서 역할을 수행할 필요성 등이 고려되었다. 내각부의 외국일 때는 제정하는 모든 법령이나 명령이 방위청장의 승인으로 바로 효력을 발하는 것이 아니라 내각부령으로 제출되어 관방장관을 거쳐 승인이 나도록 되어 있었기 복잡할 뿐 아니라 효율적인 제정이 이루어지기 어려웠다. 또한 방위청의 내국을 중심으로 자위대 출신의 '제복조'와는 달리 문민 관료들로 구성된 '양복조'가 형성되어 있는데, 이들은 대부분 재무성이나 후생노동성, 경찰청에서 파견되어 온 관료들로 구성되어 정책결정 과정에서 제복조와 의견차이를 보였을 뿐 아니라 자신들 사이의 의견대립까지 겹쳐 많은 폐단을 낳아 온 것이 사실이다.

성으로 승격했을 때 나타날 수 있는 문제로는 자위대의 역할이 자위 이상으로 확대될 가능성에 대한 우려와 자위대가 자위군으로 승격될 가능성, 제복조의 영향력 확대로 문민통제 원칙이 약화될 수 있다는 우려, 그리고 주변국들이 일본이 군국주의로 회귀하려 한다고 오해할 가능성 등이 지적되었다. 그러나 이러한 우려는 일본 내에서는 소수의 우려에 속하는 것으로 승격 이후 별다른 문제나 비판은 제기되지 않고 있다.

5) BMD와 미일안전보장체제의 강화

안전보장회의와 내각은 2003년 12월 탄도미사일방어체계(BMD) 체계 구축을 결정하고 2004년부터 준비에 돌입하였으며 2005년에는 자위대법을 개정하였다. 같은 해 내각에서는 성능을 향상시킨 BMD요격미사일의 미일 공동개발에 착수할 것을 결정하였다. 2007년과 2008년에는 이지스 구축함 콩고와 초카이에서 발사된 SM-3미사일의 발사실험이 각각 성공적으로 이루어졌고, 2008년에는 항공자위대의 패트리엇 미사일(PAC-3)이 모의요격시험을 통과하였다. 이처럼 일본의 BMD는 중간단계에서의 요격을 위한 이지스 시스템과 최종 단계에서의 요격을 위한 패트리엇 시스템, 탄도미사일의 감지와 추적을 위한 센서 시스템, 그리고 무기체계와 센서 시스템을 효과적으로 운영하기 위한 지휘통제·전투관리·통신 시스템으로 구성된다.

이 시스템을 운영하기 위한 자위대법 개정은 두 가지 분야에서 이루어졌다. 하나는 즉각적이고 적절한 대응 절차에 관한 것으로, 예기치 않은 탄도미사일의 공격이 예상될 경우 수상의 인가를 얻어 방위성 장관이 자위대에 요격 명령을 내리며, 평상시 방위성 장관은 수상의 인가하에 긴급대처요령을 마련하도록 하였다. 다른 하나는 문민통제의 확보에 관한 것으로 수상의 인가(혹은 내각의 승인)와 방위청 장관의 명령이 필수적인 것이라는 점과 의회 통보를 규정하였다. 마지막으로 운영에 있어서는 항공자위대 총사령관이 BMD통합임무부대의 사령관이 되며, 신자동경계관계시스템인 JADGE를 통해 일원적인 지휘체계를 구성하도록 하였다.

일본의 BMD체계는 미국의 미사일방어(MD)체계와 긴밀한 협조체제를 이루고 있으며 MD체계의 일부가 일본에 배치되어 운용되고 있다. 거기다 1998년의 TMD 공동연구에 이어 2004년의 미일 공동개발 연구는 초기 기술문제를 해결하고 장차의 BMD 향상에 필요한 기술개발에 성공한 것으로 평가받음으로써 2006년에는 양국 간 기술이전을 위한 협약이 체결되었다. 이로써 일본에서는 무기수출 3원칙 폐기에 대한 논의가 일었다. 또한 BMD체계에 대한 미일협력을 강화하기 위한 MOU가 체결되어 전체적인 양국 안보협력 강화 노력의 일부분이 되었다.

2005년과 2006년에는 미일안보체제를 강화하기 위한 중요한 조정들이 이루어졌다. 9·11테러의 발생으로 대테러전이 미군 세계전략의 핵심으로 떠오르면서 미국은 세계 규모의 미군 재편(GPR)을 위해 동맹국들과 협의를 시작했다. 2004년 일본의 방위대강이 발표되고 미국과 협의가 진행되면서 미일동맹의 재편에 대한 논의가 시작되었다. 2005년 2월에 열린 안보협의회(SCC) 2+2회의에서는 미일협의의 1단계로서 공동 전략목표에 대한 합의가 형성되었다. 미국의 세계 전략과 2004년 방위대강의 인식을 바탕으로 한 것이었다. 2단계로는 2005년 10월의 SCC에서는 역할·임무·능력을 재검토하여 장차 미일동맹의 변환과 재편 구상을 발표하였다.[27] 이를 바탕으로 2006년 5월의 SCC에서는 재편 실시의 로드맵을 발표하였는데, 재편 구상을 실행하기 위한 일정과 예산, 배상 등 구체적인 방법들이 제시되었다.[28]

세계와 아시아를 위한 미일동맹으로 변환, 재편하기 위한 구상의 내용은 안보협력의 태세 강화를 위한 '불가결한 조치'에 잘 나타나 있는데 양국 협력의 틀을 보여준다고 할 수 있다. 우선 정부 차원의 조치들과 군(자위대와 미군) 차원의 조치들로 나누어진다. 정부 차원에서는 ① 정책과 운용에서의 긴밀한 협의는 미일 양 정부의 다양한 수준의 협의와 방위협력 '가이드라인'에 기초한 조정 메커니즘을 향상함으로써 확보하고, ② 위기대응 관련 공동작전에 대한 검토 작업은 '가이드라인' 하에서 이루어지는 주변 유사시 상황에 일본 유사시 상황에서의 '유사법제'의 내용을 반영하고, ③ 국가전략에서부터 부대 수준에 이르기까지 양국 부서들 간에 정보를 공유하고 정보협력을 할 것을 규정하고 있다.

자위대와 미군 수준에서의 조치들은 다음의 네 가지로 나누어진다. 첫째, 미군과 자위대 사이의 상호 운용성을 향상하기 위해 정기적인 협의를 지속하고 양국 사령부 간의 연계성을 높인다. 둘째, 미일 양국에서의 훈련기회를 확대하기 위해 자위대와 미군의 훈련시설의 공동 사용을 확대함으로써 공동훈련과 공동연습을 확대하고, 괌, 알래스카, 미국 본토에서의 자위대의 훈련을 확대한다. 셋째, 자위대와 미군의 기지 공동 사용에 대해서는 군사 태세의 재편이 이루어지면 구체화한다. 넷째, BMD 협력을 위해 즉응성과 상호 운용성 및 정보의 수집과 공유를 필요로 하고, 필요할 경우 미군은 일본과 주변 지역에 보완적인 능력을 추가로 배치한다. 요약하자면 사령부 지휘체계의 공동기지 사용을 통해 지휘계통의 연계와 상호 운용성을 향상시키는 것과 기지의 공동 사용과 공동 훈련, 정보의 공유와 정보체계의 연계가 핵심이라고 할 수 있다. 이 조치들 중에 지역민들의 부담을 덜어주기 위해 후텐마 기지를 캠프 슈왑이 있는 헤노코에 이전 설치하고, 8000명의 해병대를 괌으로 이동시키는 등의 재편작업이 포함되어 있다.[29)]

V. 탈냉전기의 위협 인식과 방위비 변화 추이

1. 방위대강의 위협 인식과 방위력의 기본방침

일본은 지금까지 세 번에 걸쳐 방위계획의 대강(방위대강이라 부름)을 발표하였다. 1976년에 발표된 방위대강이 처음이며 그 다음으로는 1995년, 그리고 2004년에 발표되었다. 각 방위대강은 국제정세에 대한 판단과 위협 인식, 방위정책의 기본방향과 주요정책 요소들, 그리고 그러한 목표를 달성하기 위한 방위력 정비계획 등의 내용을 담고 있다. 여기에서는 1995년과 2004년의 방위대강에 나타난 위협 인식과 방위력 정비의 기본 방향을 비교해 본 다음 실제 방위비 추이를 살펴볼 것이다. 일본의 방위력을 최종적으로 점검할 수 있는 근거자료가 방위비이기 때문이다.

먼저 1995년 방위대강은 냉전의 종결과 소련의 해체로 극동러시아의 군사력이 쇠퇴하면서 위협이 줄어들었음을 지적한다. 반면 주변 지역에 핵전력이 존재하고 있다는 사실과 다수의 국가들이 경제성장을 배경으로 군사력을 확충하고 있으며 한반도의 긴장이 계속되고 있음을 지적하면서 전체적으로 불투명하고 불확실한 요소가 남아 있음을 강조한다. 그러한 불투명성을 줄이는 방법으로서 방위정책의 방향으로는 미일동맹의 강화와 대규모 재해를 비롯한 각종 사태에 대한 대응, 그리고 국제평화협력업무와 국제협력 업무에 대한 공헌을 들고 있다.

방위력에 대해서는"독립국으로서 필요한 최소한의 기반적인 방위력을 보유한다고 하는 '기반적 방위력 구상'을 도입한다." 그러나 이에 대해 방위청 장관의 담화 요지는 다음과 같다.[30] 구대강(1977년의 방위대강)의 요지가 군사적 위협에 직접 대처하기보다는 스스로 힘의 공백을 제공하여 주변 지역에 불안정 요인이 되지 않도록 하기 위해 독립국으로서 필요한 최소한의 방위력이라는 의미에서 이미 기반적 방위력을 보유하고 상정하고 있었다. 그러한 의미에서 현대강(1995년의 방위대강)은 구대강의 원칙을 답습하고 있다. 그러나 국제정세의 변화로 그러한 소극적 의미의 방위력 이외에도 일미안보체제에 발맞추어 더욱 안정된 안보환경을 적극적으로 구축하기 위한 자세를 포함한 것이 기반적 방위력 구상이라고 설명한다. 기반적 방위력을 확보하기 위해 현행 방위력의 합리화와 효율화, 콤팩트화를 추구할 것을 명시하고 있다.

2004년의 방위대강에서는 9·11테러 이후의 국제안전보장 환경의 특징으로 지켜야 할 국가나 국민이 없는 국제테러조직과 같은 비국가 주체가 중대한 위협이 되었으며 유일 초강대국으로서 미국이 대량살상무기 억제와 테러와의 전쟁 등에서 큰 역할을 하고 있음을 지적한다. 일본 주변 지역에서는 극동 러시아의 군사력이 대폭 감소하였으나 여전히 핵전력을 포함한 대규모 군사력의 존재가 잠재적 위협이 된다는 지적은 1995년과 동일하다. 하지만 많은 나라들이 군사력의 근대화에 힘쓰고 있으며, 한반도와 대만해협의 문제가 불투명하게 남아 있으며 그중에서 북한과 중국을 지목한다. 북한은 대량살상무기, 탄도미사일 개발, 대규모 특수부대의 보유 등으로 불안정 요인으로 지적되었다. 또한 이 지역 안전보장에 큰 영향력을 미치는 중국은 핵과 미사일의 전력 외에도 해·공군력의 근대화를 추진함과 동시에 해양에서 활동범위를 확대하려 하고 있으므로 주목할 필요가 있다고 지적하였다.

이에 대응하여 계획하고 있는 방위력은 새로운 안보환경하에서 '기반적 방위력 구상'의 유효한 부분은 계승하고, 새로운 위협과 다양한 사태에 효과적으로 대응할 수 있도록 해야 한다고 강조한다. 또한 국제적인 안전보장 환경을 개선하기 위해 국제평화협력활동에 주체적이며 적극적으로 나설 필요가 있음을 강조한다. 새로운 위협이 되고 있는 탄도미사일 공격과 게릴라 특수부대의 공격, 도서지역에 대한 침략에 대한 대응과 주변 지역에서의 영공과 영해 침범에 대한 경계감시 및 대응이 중요하다고 강조한다. 본격적인 침략사태의 가능성이 낮으므로 그 목적에 맞는 장비들은 폐기하고, 대신 기술혁신 성과를 받아들이는 것이 중요하다고 지적

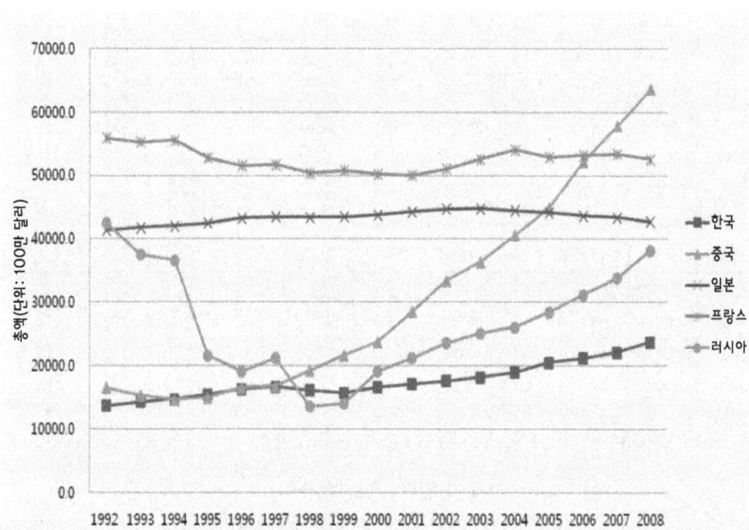

〈그림 2〉 일본의 방위비와 주요국 국방비 비교(SIPRI 2009)

한다. 방위력의 기본적인 사항으로서 통합운용능력의 강화, 정보기능의 강화, 과학기술의 발전에 대한 대응, 그리고 인적 자원의 효과적 활동 등을 강조한다. 이는 곧 2004년 이후 일본이 구축해 온 탄도미사일방어체계(BMD)를 위한 인프라 구축과 군사혁신에 따른 자위대 내부의 통합운영체계뿐 아니라 미국의 재배치 계획에 따른 양국 군대의 통합운용을 준비할 필요성을 지적하는 것이다.

2. 방위비에 나타난 본 일본의 방위정책

〈표 1〉에서는 일본의 방위비가 2003년부터 2009년까지 계속해서 감

단위: 100만 엔

Item / Fiscal Year	GNP/GDP (Original Estimates) (A)	Annual Expenditures on General Account (B)	Growth Rate from Previous Year	General Annual Expenditures (C)	Growth Rate from Previous Year	Defense-Related Expenditures (D)	Growth Rate from Previous Year	Ratio of Defense-Related Expenditures to GNP/GDP (D/A)	Ratio of Defense-Related Expendituresto Annual Expendituresn GeneralAccount (D/B)	Ratio of Defense-related Expenditures to General Annual Expenditures (D/C)
1955	75,590	9,915	-0.8	8,107	-2.8	1,349	-3.3	1.78	13.61	16.6
1965	281,600	36,581	12.4	29,198	12.8	3,014	9.6	1.07	8.24	10.3
1975	1,585,000	212,888	24.5	158,408	23.2	13,273	21.4	0.84	6.23	8.4
1985	3,146,000	524,996	3.7	325,854	-0.0	31,371	6.9	0.997	5.98	9.6
1995	4,928,000	709,871	-2.9	421,417	3.1	47,236	0.86	0.959	6.65	11.2
1996	4,960,000	751,049	5.8	431,409	2.4	48,455	2.58	0.977	6.45	11.2
1997	5,158,000	773,900	3.0	438,067	1.5	49,414 49,475	1.98 2.1	0.958 0.959	6.39 6.39	11.3 11.3
1998	5,197,000	776,692	0.4	445,362	1.7	49,290 49,397	-0.3 -0.2	0.948 0.950	6.35 6.36	11.1 11.1
1999	4,963,000	818,601	5.4	468,878	5.3	49,201 49,322	-0.2 -0.2	0.991 0.994	6.01 6.03	10.5 10.5
2000	4,989,000	849,871	3.8	480,914	2.6	49,218 49,358	0.0 0.1	0.987 0.989	5.79 5.81	10.2 10.3
2001	5,186,000	826,524	-2.7	486,589	1.2	49,388 49,553	0.3 0.4	0.952 0.956	5.98 6.00	10.1 10.2
2002	4,962,000	812,300	-1.7	475,472	-2.3	49,395 49,560	0.0 0.0	0.995 0.999	6.08 6.10	10.4 10.4
2003	4,986,000	817,891	0.7	475,922	0.1	49,265 49,530	-0.3 -0.1	0.988 0.993	6.02 6.06	10.4 10.4
2004	5,006,000	821,109	0.4	476,320	0.1	48,764 49,030	-1.0 -1.0	0.974 0.979	5.94 5.97	10.2 10.3
2005	5,115,000	821,829	0.1	472,829	-0.7	48,301 48,564	-1.0 -1.0	0.944 0.949	5.88 5.91	10.2 10.3
2006	5,139,000	796,860	-3.0	463,660	-1.9	47,906 48,139	-0.8 -0.9	0.932 0.937	6.01 6.04	10.3 10.4
2007	5,219,000	829,088	4.0	469,784	1.3	47,818 48,016	-0.2 -0.3	0.916 0.916	5.77 5.79	10.2 10.2
2008	5,269,000	830,613	0.2	472,845	0.7	47,426 47,796	-0.8 -0.5	0.900 0.907	5.71 5.75	10.0 10.1
2009	5,102,000	885,480	6.6	517,310	9.4	47,028 47,741	-0.8 -0.1	0.922 0.936	5.31 5.39	9.1 9.2

〈표 1〉 일본의 방위비 추이

Defence of Japan 2009(Ministry of Defense, Japan)

※참고: 1997년 이후 방위비(Defense-related Expenditures)의 윗줄은 아랫줄의 금액에서 오키나와 관련 특별행동위원회(SACO) 관련 비용과 미군재배치 관련 비용을 제외한 금액임.

소하고 있음을 볼 수 있다. 이는 〈그림 2〉의 주요국 국방비 비교에서도 나타난다(미국은 동일 그래프 상에서는 비교하기 어려워 제외했음). 1995년의 방위대강과 2004년의 방위대강에 나타난 방위태세를 비교해 보면 다음과 같은 특징이 있음을 알 수 있다. 첫째, 1995년에는 없던 BMD체계 구축을 위한 장비와 부대가 추가되어 있다. 둘째, 자위대원이 16만 명에서 15만 명으로 감소하는 것으로 되어 있다. 그러나 중기방위력 정비계획에 따르면 2009년까지는 인원감축이 전혀 이루어지지 않았음을 알 수 있다. 셋째, 지난 5년간 탱크와 대포, 잠수함부대와 구축함, 육상초계기부대, 전투기 등이 일정 부분 감축되었으며 요격전투기부대와 지원전투기부대 등은 항공경계관제부대에 통합되었음을 알 수 있다.[31] 이러한 조정과정에서 방위비가 일정 부분 감축될 것으로 추정할 수 있다. 또한 전체 기간에 일본의 방위비는 GNP의 1%를 넘지 않고 0.99% 수준을 유지해 왔다.

중요한 것은 일본의 방위비 추세가 위에서 살펴본 탈냉전기 방위정책과 관련된 제도와 법령의 변화들에 나타난 자위대의 역할 확대와 활동 지역의 확대, 그리고 방위청 지위의 확대 등에서 볼 수 있는 정책상의 적극성과 대조되거나 적어도 호응하지 않는다는 점이다. 이 불일치를 어떻게 해석할 것인가?

위의 〈그림 2〉에서 보듯이 일본의 방위비는 이미 1993년부터 세계 3위에 랭크될 정도로 큰 규모라고 본다면 방위정책이 변하더라도 방위비의 총액이 바뀌지 않거나 소폭 감소하는 것은 놀라운 일이 아닐 것이다. 바로 이 상당한 규모라는 점 때문에 미국의 방위분담 요구도 방위비의 양적 규모보다는 주변 사태 발생 시의 협력이나 일본 유사시에 미일협력과 같은 분야나 BMD에서의 정보공유나 기술이전 등으로 대체되었을 가능성도 있다. 그렇지 않다면 바로 미들파워로서의 일본의 전략이라고 해석할 수도 있다. 일본은 강대국이 될 의지와 능력이 없는 만큼 방위비에서도 기존의 규정을 어겨가면서 지출을 늘리고 싶어 하지 않는다. 그러므로 주변사태법이나 유사법제, 방위성으로의 승격 등은 지금까지 정비되지 않았던 방위 관련 법제를 정리하고 위기에 대비하는 수준이라는 것이다. 자위대가 국제협력활동에 적극적인 것도 미들파워[32]로서의 일본의 전략에 해당하며 이 경우에도 방위비의 증가는 필요 없다.

VI. 결론

지금까지 냉전기와 탈냉전기로 나누어 일본 방위정책의 흐름을 정책 중심으로 살펴보았다. 그 흐름을 규정하는 두 개의 핵심요소로 평화헌법과 미일동맹을 제시하였다. 전후 국제정치 상황에서 일본이 취한 전략과 대응은 이 두 가지 요소들이 열어 놓은 정책의 선택지들이 국내정치 과정 속에 투영되고 재처리된 결과라 할 수 있다. 평화헌법은 최소한의 군사적 대응을 요구하는 반면, 미일동맹은 일본의 국력에 합당한 책임과 부담분담을 요구하고 있다. 일본의 정책결정자들은 한편으로 평화헌법의 법적인 제약뿐 아니라 국내의 평화주의 여론의 압박을 고려하지 않을 수 없었으며, 또 한편으로는 적극적 역할을 기대하는 요구뿐 아니라 부담분담(burden-sharing)에 상응하는 권력분담(power-sharing)[33]과 자율성의 확보도 고려해야 하는 상황이었다. 그러한 요구들이 어떻게 조정되는가에 따라 정책의 방향이 설정된다.

1990년대 이후 일본 사회에서는 뚜렷한 보수주의 경향이 있었던 것이 사실이다. 그러므로 평화헌법의 제약을 극복하는 것이 정치사회의 과제였다고 할 수 있다. 헌법이 규정하는 전수방위와 집단적 자위권의 포기, 무력행사와의 일체화 여부, 비핵 3원칙, 무기수출 3원칙 등이 모두 정치권에서 논의의 대상이 되고 있다. 우리나라에서는 이러한 논의들이 군사대국화를 추구하지 않겠다는 일본 정부의 기존 입장의 변화를 의미하는지 여부에 관심을 집중하고 있다. 그러나 미국은 여전히 일본의 역할 확대와 적극적 정책을 요구하고 있다. 모든 정책결정은 국제환경이라는 구조적인 요인들과 국내정치 과정이라는 정치적인 요인들, 그리고 최종 정책결정자들의 개인적인 성향들의 상호작용으로 빚어진 산물이다.

그러나 우리가 일본의 방위정책이 군사대국을 지향하는가 하는 질문에 대한 대답을 얻기는 쉽지 않다. 일본의 경우 정책 결정과정을 통해 일본의 방위정책의 방향을 분명하게 판단하기는 쉽지 않기 때문에 방위정책과 방위력이라는 두 가지 지표를 통해 판단할 수 있을 뿐이다. 지난 20년 동안의 방위정책의 변화 경향과 속도가 투사하는 미래는 헌법 개정만 이루어진다면 평화헌법의 굴레에서 벗어나 언제든지 군사대국화를 추구할 것처럼 보인다. 그러나 같은 기간 동안 방위비의 추세는 방위정책의 경향과 속도가 계속될 것이라고 판단하기 어렵게 한다. 지금까지 일본은 주어진 재원의 틀 속에서 역할수행을 위한 절차와 제도를 정비하는 데 일차적인 목적이 있었다고 할 수 있다. 미래 일본 방위정책에 대한 판단을 위해서는 일본 국내정치과정에 대한 분석이 필요하다.

| 미주 |

1) INSS Special Report, 2000, *The United States and Japan: Advancing Toward a Mature Partnership* (October).

2) 유엔헌장에 명시된 안전보장 개념은 집단안전보장(Collective Security), 집단적 자위(Collective Self-Defense), 협력안전보장(Cooperative Security)의 세 가지로 나누어 볼 수 있다. 이 중 집단적 자위란 둘 이상의 국가들이 스스로 가상 적국을 전제로 적대국의 위협에 대한 대처와 전쟁에서의 승리를 포함해서 전쟁에 대한 준비를 하는 체제를 말한다. 일본의 경우는 미국과의 동맹관계가 자국의 안전보장의 중핵을 차지하고 있으며, 미국은 일본 이외에 한국, 필리핀 등의 동아시아 국가, 그리고 유럽 국가들과 동맹을 맺음으로써 냉전기 소련에 대항해 왔다. 유엔헌장 7장 51조는 공격행위에 대해 집단안보 이외에 대처할 수 있는 방안으로서 집단적 자위권을 인정하고 있다. 더 자세한 것은 최운도, 2003, 「국제협력의 시각에서 본 일본 방위정책의 한계와 미래」, 『일본연구논총』 19호, pp. 29-55 참조.

3) Kades, Charles L., 1989, "The American Role in Revising Japan's Imperial Constitution," *Political Science Quarterly* vol. 104/no. 2 (Summer), pp. 215-247. 찰스 카데스는 연합군총사령부(GHQ)의 대령으로 맥아더 장군을 보좌하여 헌법안 작성을 주도한 인물임. Pyle, Kenneth, 1996, *The Japanese Question: Power and Purpose in a New Era* (Washington D.C.: AEI Press), pp. 9-10.

4) 原彬久, 1991, 『日美關係の 構圖: 安保改定を檢証する』(東京: 日本放送出版協會) 참조.

5) 기시 노부스케는 전쟁 직후 동경재판에서 A급전범용의자 선고를 받고 수감되었으나 냉전이 격화되고 공산주의의 위협이 거세지자 미국이 일본에 대한 역코스 정책을 펼치게 되면서 석방됨. 안보파동은 보수주의자 기시 수상에 대한 반대의 의미가 컸으며, 사퇴 이후 소요사태는 급속히 가라앉았다.

6) 1951년 6월 마셜플랜이 끝이 나자 이를 대체하기 위한 원조 프로그램으로 상호안전보장법(MSA)이 미국의회를 통과하였다. 이는 공산주의에 대항하는 자유세계의 우호적인 국가들에 대한 군사적, 경제적, 기술적 지원을 통해 미국과의 연대감 강화를 추구하였다. 저개발국에 대한 지원을 강조함으로써 그 국가들의 생활수준 향상을 목표로 하였는데, 이는 그 지역들이 공산주의의 유혹을 가장 많이 받았기 때문이다.

7) 이리에 아키라, 이성환 역, 2000, 『일본의 외교』, 푸른산, p. 215 참조.

8) Pyle, Kenneth, op.cit., p. 32.

9) Sato, Yoichiro & Satu P. Limaye, 2006, *Japan in a Dynamic Asia: Coping with the New Security Challenges* (Lanham, MD: Lexington Book), p. 136.

10) Mendl, Wolf, 1995, *Japan's Asia policy: regional security and global interests* (London: Routledge), p. 159.

11) '총합안전보장'에 대한 미국 측 시각에 대해서는 Barnett, R.W., 1984, *Beyond War: Japan's Concept of Comprehensive National Security* (Washington D.C.: Pergamon-Brassey's) 참조.

12) 방위분담(Burden Sharing)에 대한 논의는 Calder, Kant, 1988, *Crisis and Compensation: Public Policy and Political Stability in Japan, 1949-1986* (Princeton: Princeton University Press); Stockwin, J.A.A., 1988, "Dynamic and Immobilist Aspects of Japanese Politics," J.A.A. Stockwin, Alan Rix, George J. Home, D. Ito and M. Collick (eds.), *Dynamic and Immobilist Politics in Japan* (Honolulu: Hawaii University Press); Pyle, Kenneth, 1989, "The Burden of Japanese History and the Politics of Burden Sharing," in J.H. Makin and D.C. Hellmann (eds.), *Sharing World Leadership?: A New Era for America and Japan* (Washington DC: AEI); Inoguchi, Takashi, 1991, "Japan's Global Role in a Multipolar World," in Shafigul Islam (ed.), *Yen for Development: Japanese Foreign Aid and the Politics of Burden-sharing* (New York: Council of Foreign Relations Press). 미국의 방위분담 요구에 대한 논의는 1990년대 이후로는 부담분담(burden-sharing)만큼의 권력분담(power-sharing)의 필요성에 대한 논의로 이어졌다.

13) 차세대 전투기사업(FSX)을 둘러싼 미일 간의 협상과정과 미국의 일본 때리기(Japan bashing)는 Choi, Woondo, 2001, "Japanese Bargaining Behavior and U.S.-Japan Relationship: FSX Co-development Program." *Global Economic Revie* vol. 30/no. 1, pp. 79-102 참조.

14) 4가지 노선 분류는 Mochizuki, Mike M., 1984, "Japan's Search for Strategy," *International Security* vol. 8/no. 3, pp. 152-179. 흔히 1955년 보수합동 이후의 자민당을 파벌에 따라 보수본류와 보수방류로 나눈다. 보수본류에는 요시다 노선을 따르는 관료 출신의 의원들을 중심으로 하고 있으며, 보수방류는 구개진당과 일본민주당 출신의 하토야마 이치로, 기시 노부스케 등의 정치인 출신 의원들로 구성된다. 최근에는 파벌이 약화되면서 보수본류와 보수방류의 구분이 의미가 약해졌다. 村川一郎 · 石上泰州, 1995, 『日本の政党』(東京: 丸善) 참조. 그러나 정책성향에서 보수본류는 모치즈키가 분류하는 정치적 현실주의에 가까우며, 보수방류는 정치적 현실주의에 가깝다.

15) 모치즈키(Mochizuki, Mike M., 1984, "Japan's Search for Strategy," *International Security* vol 8/no. 3, pp. 152-179)는 국가주의와 보수주의를 핵심으로 하는 프랑스의 드골주의와 유사하다는 이유로 이 그룹을 일본 드골주의라는 의미로 'Japanese Gaullist'라 부른다.

16) 버거(Berger)는 이전의 방위정책에 비해 냉전 후 방위정책은 상대적으로 약간의 변화만 있었다고 판단하고 그 근본적인 이유는 일본에서 반군사주의(antimilitarism)라는 독특한 문화가 생성된 데 있다고 본다. 반군사주의 문화는 일반대중과 엘리트 사이에 퍼져 있는 일본 민주주의의 불안정성과 군대에 대한 통제에 대한 의구심에 뿌리를 두고 있다고 주장한다. Berger, Thomas U., 1999, "Alliance Politics and Japan's Postwar Culture of Antimilitarism," in Michael J. Green and Patrick M. Cronin (eds.), *The U.S.-Japan Alliance: Past, Present, and Future* (New York: A Council on Foreign Relations Book).

17) 이나바 세이이치(稻葉誠一)의원은 1956년에 있었던 중의원에서의 답변에서 "헌법 제9조 아래서 허용되는 자위권의 행사는 우리나라를 방위하기 위한 최소한도의 범위에 머물러야 하는 것으로 해석되며, 집단적 자위권을 행사하는 것은 그 범위를 벗어나는 것이므로 헌법상 허용되지 않는다고 생각하고 있다(防衛ハンドブック 1994: 421-422)"고 하였고, 자위대의 해외파병(防衛ハンドブック 1994: 403), 유엔군(국련군)에 파견하는 것(防衛ハンドブック 1994: 407) 모두 헌법상 허용되지 않는 것으로 해석되어 왔다.

18) PKO의 재래형 활동이란 냉전하에서 분쟁 당사자 간의 정전 합의를 전제로 정전 감시와 병력 분리 등 적대행위의 재발 방지를 목적으로 하는 활동을 말한다. 냉전 끝난 상황에서 PKO 활동은 확대될 수밖에 없으며 그 활동들은 무력사용을 동반하는 PKF 활동에 해당된다. 그러나 일본 정부는 임무수행 시 자위를 위한 무기 사용에 대한 규정은 현실화하고 있으나 무력 사용이 동반될 활동에 대해서는 참여를 제한하고 있다.

19) 全中明彦, 1997, 「日米と國連平和維持活動」, 猪口孝, P.グレビッチ, C.ブリントン 編, 『冷戰後の日米關係: 國際制度の政治經濟學』(東京: NTT出版), pp. 99-127.

20) 걸프전 이후 외교전략과 방위전략의 경향(문민국제주의와 군사적 국제주의 양분)과 일본인들의 인식변화에 대해서는 船橋洋一, 1997, 『同盟漂流』(東京: 岩波書店) 참조.

21) Joseph S. Nye Jr., 1995, "The Case for Deep Engagement," *Foreign Affairs* 74 (July-August), pp. 90-102.

22) Mochizuki, Mike M., 1997, *Toward a True Alliance: Restructuring U.S.-Japan Security Relations* (Washington, D.C.: Brookings Institution Press).

23) INSS Special Report, 2000.

24) 9.11테러 이후 미일동맹과 유사법제의 관계에 대해서는 山内 敏弘, 2002, 『有事法制を

検証する—「9.11以後」を平和憲法の視座から問い直す』(東京: 法律文化社) 참조.

25) 위헌 가능성과 군국주의에 대한 우려의 시각에서 본 유사법제의 의미에 대해서는 纐纈厚, 2004, 『有事体制論—派兵国家を超えて』(東京: インパクト出版会).

26) 일본 내 우익 인사들을 중심으로 구성된 단체인 국가기본문제연구소의 홈페이지 http://kr.jinf.jp/suggestion/archives/112 참조.

27) Security Consultative Committee Document, U.S.-Japan Alliance: Transformation and Realignment for the Future (October 29, 2005).

28) Security Consultative Committee Document, United States-Japan Roadmap for Realignment Implementation (May 1, 2006).

29) 森本敏, 2006, 『米軍再編と在日米軍』(東京: 文春新書).

30) 방위청장관담화(1995. 11. 28), 「平成8年以後に係る防衛計画の大綱」の決定について.

31) 2003년 12월 19일 안전보장회의와 각의결정에서 BMD 체계의 기술적인 가능성을 인정하고 이를 바탕으로 일본 정부가 BMD 체계의 구축을 결정한다고 발표하면서 기존의 자위대 무기체계에 대한 조정 가능성을 소개하면서 이와 같은 부분들의 축소 가능성을 언급한 바 있다. 무기체계 조정의 이유로 위협 형태의 변화를 들고 있다. 제3국이 대규모 공격을 해 올 가능성이 줄었다는 판단에 기초하여 그러한 목적에 해당하는 조직과 장비 체계를 일정 부분 축소하고, 대신 BMD 체계 구축에 더 많은 자원을 투입할 것이라고 밝히고 있다. 『防衛白書』, 2009, p. 431 참조.

32) 添谷芳秀, 2005, 『日本の「ミドルパワー」外交—戦後日本の選択と構想』(東京: 筑摩書房) 참조.

| 참고문헌 |

- 박영준, 2007, 「21세기 미일동맹의 변환과 일본 방위체제 변화」, 『국가전략』 제13권 2호, pp. 29-56.
- 이리에 아키라, 이성환 역, 2000, 『일본의 외교』, 푸른산.
- 최운도, 2003, 「국제협력의 시각에서 본 일본 방위정책의 한계와 미래」, 『일본연구논총』 제19호, pp. 29-55.

- 山内敏弘, 2002, 『有事法制を検証する—「9.11以後」を平和憲法の視座から問い直す』, 法律文化社.
- 船橋洋一, 1997, 『同盟漂流』, 岩波書店.
- 添谷芳秀, 2005, 『日本の「ミドルパワー」外交—戦後日本の選択と構想』, 筑摩書房.
- 全中明彦, 1997, 「日米と國連平和維持活動」, 猪口孝, P.グレビッチ, C.ブリントン 編, 『冷戰後の日米關係: 國際制度の政治經濟學』, NTT出版, pp. 99-127.
- 纐纈 厚, 2004, 『有事体制論—派兵国家を超えて』, インパクト出版会.
- 原彬久, 1991, 『日美關係の 構圖: 安保改定を檢証する』, 日本放送出版協會.
- 村川一郎 · 石上泰州, 1995, 『日本の政党』, 丸善.
- 森本敏, 2006, 『米軍再編と在日米軍』, 文春新書.
- 防衛ハンドブック, 2004, 朝雲新聞社.
- 防衛白書 平成21年版, 2009, 防衛省.

- Barnett, R.W., 1984, *Beyond War: Japan's Concept of Comprehensive National Security*, Washington D.C.: Pergamon-Brassey's.
- Berger, Thomas U., 1999, "Alliance Politics and Japan's Postwar Culture of Antimilitarism" in Michael J. Green and Patrick M. Cronin eds., *The U.S.-Japan Alliance: Past, Present, and Future*, New York: A Council on Foreign Relations Book.
- Calder, Kant, 1988, *Crisis and Compensation: Public Policy and Political Stability in Japan, 1949-1986*, Princeton: Princeton University Press.
- Choi, Woondo, 2001, "Japanese Bargaining Behavior and U.S.-Japan Relationship: FSX Co-development Program," *Global Economic Review* vol. 30/no. 1, pp. 79-102.

■ Inoguchi, Takashi, 1991, "Japan's Global Role in a Multipolar World" in Shafigul Islam, ed., *Yen for Development: Japanese Foreign Aid and the Politics of Burden-sharing*, New York: Council of Foreign Relations Press.

■ INSS Special Report, 2000, *The United States and Japan: Advancing Toward a Mature Partnership* (October).

■ Kades, Charles L., 1989, "The American Role in Revising Japan's Imperial Constitution," *Political Science Quarterly* vol. 104/no. 2 (Summer), pp. 215-247.

■ Mendl, Wolf, 1995, *Japan's Asia policy: regional security and global interests*, London: Routledge, p. 159.

■ Mochizuki, Mike M., 1984, "Japan's Search for Strategy," *International Security* vol 8/ no. 3, pp. 152-179.

■ ______, 1997, *Toward a True Alliance: Restructuring U.S.-Japan Security Relations*, Washington, D.C.: Brookings Institution Press.

■ Nye Jr., Joseph S., 1995, "The Case for Deep Engagement," *Foreign Affairs* 74 (July-August), pp. 90-102.

■ Pyle, Kenneth, *The Japanese Question: Power and Purpose in a New Era*, Washington D.C.: AEI Press, pp. 9-10.

■ ______, 1989, "The Burden of Japanese History and the Politics of Burden Sharing" in J.H. Makin and D.C. Hellmann eds., *Sharing World Leadership?: A New Era for America and Japan*, Washington DC: AEI.

■ Sato, Yoichiro & Satu P. Limaye, 2006, *Japan in a Dynamic Asia: Coping with the New Security Challenges*, Lanham, MD: Lexington Book.

■ Security Consultative Committee Document, U.S.-Japan Alliance: Transformation and Realignment for the Future, October 29, 2005.

■ Security Consultative Committee Document, United States-Japan Roadmap for Realignment Implementation, May 1, 2006.

■ Stockwin, J.A.A., 1988, "Dynamic and Immobilist Aspects of Japanese Politics," J.A.A. Stockwin, Alan Rix, George J. Home, D. Ito and M. Collick, eds. *Dynamic and Immobilist Politics in Japan*, Honolulu: Hawaii University Press.

중국의 안전보장제도와 정책

김 예 경

I. 중국의 안보환경 인식 및 정책의 변화

냉전 이후, 세계화, 정보화 추세에 따라 새로운 국제 안보환경이 형성됨으로써 개별 국가들은 안보정책을 조정할 수밖에 없었다. 중국 또한 달라진 국제환경에 따라 새로운 안보구상을 제시해 왔고, 대외적 활동에서 그 내용을 구체화해 왔다. 중국의 안보정책에서 나타나는 핵심적 변화는 중국이 그동안 최상위에 두었던 '주권안보'와 함께, '협력안보'의 중요성도 새로이 인식하게 되었다는 것이다. 또한 기존 중국의 안보정책이 외부세계의 위협으로부터 국가안보를 보장받기 위한 '방어적'이고 소극적인 경향을 띤 것이었다면, 최근에는 국제사회에 대한 '적극적'이고 주도적인 태도를 보이기 시작했다는 것이다.

중국의 부상은 이미 기정사실화되고 있고, 국제사회에서 중국의 책임있는 역할을 주문하고 있다. 중국이 어떠한 안보정책을 수립할 것인지는 국제적인 주요 관심 사안이 아닐 수 없다. 따라서 변화된 중국의 안보정책의 구체적 내용과 이러한 안보인식에 영향을 미치는 주요 요인들을 파악해 보는 것은 의미가 크다고 할 수 있다. 또한 새롭게 수립된 중국의 안보정책이 궁극적으로 추구하는 목적과 국제사회에 갖는 함의를 검토해 보는 것은 미래의 국제 안보환경과 국제질서 변화를 예측하는 데 필수적이기도 하다.

〈표 1〉에서 제시한 바와 같이, 중국은 국내 정책과 국제 환경인식, 그리고 국력 변화에 따라 안보정책을 다르게 추구해 왔다. 1970년대 말 개혁개방 정책을 전후로 국제정세에 대한 중국의 인식이 크게 달라졌고, 따라서 구체적인 안보정책과 내용도 다르게 형성되었다. 1990년대 냉전을 전후로 한 안보인식과 정책도 다른 양상으로 나타났다. 다극화와 세계화, 그리고 9·11테러는 중국의 안보관에 커다란 영향을 미치는 요인이 되기

	1970년대 말 이전	1970년대 말부터 1990년대 초	1990년대 중반 이후	2000년대 이후
주요 지도자	마오쩌둥	덩샤오핑/장쩌민	장쩌민	후진타오
안보환경 인식	전쟁과 혁명의 시대	평화와 발전의 시대 · 전쟁가피론	평화와 발전의 시대 · 다극화와 세계화 · 과학기술의 진보	평화와 발전의 시대 · 9·11테러 · 자국(중국)의 부상
안보위협 요인	· 미, 소의 군사적침략	· 패권과 강권정치	· 패권과 강권정치 · 비전통 안보위협 요인 증대	· 패권과 강권정치 · 비전통 안보위협 요인 증대
안보정책	· 동맹정책	· 독립자주 비동맹 정책	· 신안보관	· 조화세계 건설
정책 내용	· 인민의 전쟁 · 이데올로기 중시 · 주적(主敵) 개념	· 전방위외교 · 분쟁의 평화적 해결 · 국가이익 중시	· 주권안보 우선 · 포괄안보 및 협력안보 중시 · 동반자외교 · 다자주의	· 주권안보 우선 · 포괄안보 및 협력안보 중시 · 적극적 다자주의

〈표 1〉 중국의 안보환경 인식 및 안보정책의 변화

출처: 멜 거토브·황병무(1999: 82~121); 高飛·夏莉萍(2006: 31~33); 俞新天(2008: 4~25) 등 참조.

도 했다.

일반적으로 전통적인 안보의 개념은 군사적 관점에서 개인 및 사회, 민족 등 집단의 중요한 가치에 대한 위협이 없는 상태를 의미하며, 이러한 안전보장을 위해 군사력 확보를 중요시하는 것이다. 1970년대 말 개혁개방 이전까지 중국의 안보인식과 전략은 이러한 인식을 바탕으로 이루어졌다(〈표 1〉 참조). 마오쩌둥(毛澤東)을 중심으로 하는 중국의 지도부는 국제 안보환경을 '전쟁과 혁명(戰爭與革命)'의 시대로 인식하였다. 중국의 지도부는 제국주의가 존재하는 한 전쟁은 불가피(戰爭不可避)하며, 군사력 증강을 통해 전쟁에 대비하는 것을 주요 안보 과제로 명명했다. 이를 통해 궁극적으로는 국가주권과 영토의 완정(完整)을 수호하는 것을 주요 목표로 하였다. 구체적으로 중국은 '주적(主敵)' 개념을 통해 최대의 안보위협국을 상정하였다. 1950년대에는 미국을 최대 안보위협국으로 규정하고, 소련에 의존(一邊倒)하는 안보정책을 전개하였다. 1960년대에는 소련과의 이념갈등이 심화되면서, 미국과 소련 모두를 위협국으로 상정하고, 반제반수(反帝反修)의 '두 개의 통일전선 정책(兩大片)'을 전개하였다. 1970년대에는 소련을 최대 위협국으로 간주하면서, 반패권의 '하나의 통일전선 정책(一大片)'을 전개하였다.

1980년대 덩샤오핑(鄧小平) 시대로 진입하면서, 중국은 '평화와 발전(和平與發展)'이라는 시대적 규정을 통해, 전쟁은 피할 수 있는 것(戰爭可避論)이고, 현존 국제질서가 중국의 안보에 커다란 위협이 되지 않는다고 평가하였다. 중국은 대내적으로는 개혁개방정책을 실시하였고, 대외적으로는 독립자주의 비동맹주의 안보전략을 수립하였다. 당시 중국 지도부는 국가발전이라는 목적을 달성하기 위해서는 평화로운 국제환경 조성이 필수적이라고 인식했다. 따라서 중국은 국가이익을 중시하는 현실주의적 입장에서 이데올로기를 떠나 선진국의 자본과 기술을 이전받기 위한 전방위외교를 표방하기도 했다. 주변국과의 영토분쟁에서 평화적인 해결

(擱置爭議, 共同開發)의 원칙을 천명하였고, 대만 문제에도 일국양제(一國兩制)의 원칙을 제시하며, 무력을 통한 해결이 아닌 평화적 해결을 시사하기도 했다. 그렇지만 평화로운 국제환경이 조성되고 있고, 강대국들의 침략 가능성은 낮지만, 여전히 불공정한 국제 정치경제적 질서가 존재하고, 특히 강대국의 패권주의와 강권정치가 국가주권과 영토의 완정을 위협할 수 있음을 경계하였다.

장쩌민(江澤民) 전 국가주석과 후진타오(胡錦濤) 현 국가주석은 덩샤오핑의 '평화와 발전'의 시대적 정신을 계승하였다. 1990년대 중반 이후, 국제환경의 변화에 따라 과거에 없었거나 파급력이 적었던 비전통 안보 위협 요인이 증대되었다. 따라서 1995년 장쩌민 국가주석은 달라진 국제정세와 국제사회에서의 중국의 역할을 인식하면서, 처음으로 '신안보관(新安全觀)'을 언급하였고, 1998년 국방백서(1998 中國的國防)를 통해 구체적인 개념을 설명하였다. 신안보관은 현재 중국의 안보제도와 정책의 기본 특징을 파악할 수 있는 중요한 개념이다.

전통적 안보 개념이 '냉전적 사유(冷戰思維)'에 기초한 현실주의 국제정치적 관점에 바탕을 두고 있다면, 중국의 신안보관은 주권안보(主權安全), 포괄안보(綜合安全), 협력안보(合力安全)의 강조를 통해 군사적 안보 영역 이외에 정치, 경제, 사회 등 다양한 안보 영역에 대한 관심과 국제사회의 공동이익에 대한 국제협력을 핵심 내용으로 하고 있다. 최근 중국이 그동안 소극적이었던 지역적 혹은 지구적 차원의 다자주의에 적극적으로 참여하고 있는 것은 변화된 안보전략의 새로운 양상이기도 하다. 중국은 이러한 활동을 통해 안보를 확보함은 물론 책임 있는 국가의 이미지를 국제사회에 인식시킴으로써 영향력을 확대하고자 하고 있다.

신안보관의 핵심 개념은 '상호신뢰(互信), 상호이익(互利), 주권평등(平等), 협력(協作)'으로 요약할 수 있으며, 곧 협력안보의 중요성을 강조하는 것이기도 하다. 중국의 협력안보는 중요한 원칙을 전제로 하고 있다.

그 첫 번째가 양자협력은 제3자를 겨냥해서는 안 된다는 것이며, 두 번째는 내정불간섭의 원칙을 견지해야 한다는 것이다. 마지막으로 국제범죄 문제, 생태환경 문제, 난민 문제, 양식 문제, 에너지 문제, 테러리즘의 문제 등으로 국제 협력이 절실해지고 있는 상황에서, 사회제도나 이데올로기를 강조하기보다는 각국의 공동이익의 중요성을 강조해야 한다는 것이다. 이상과 같이, 전통적인 안보 개념은 제로섬의 영역으로 국제협력이란 개념과 양립하기 어려운 개념으로 인식되어 왔으나, 신안보 개념은 안보와 국제협력이 공존하면서 상호보완하는 개념으로 제기되었다.

이미 상기한 바와 같이 중국은 국제사회의 협력안보에 수용적인 입장으로 전환하고 있다. 그러나 여전히 서방의 협력안보가 중국을 견제할지도 모른다는 우려를 배제하지 못하고 있다. 사실상 주권안보와 협력안보는 상호보완적이기는 하지만 여전히 주권안보가 협력안보보다 더욱 중요한 위치에 있다.[1] 중국은 덩샤오핑 시기부터 주권안보 개념에 대해 "주권은 토론할 수 있는 문제가 아니다(1980년대)", "국가주권, 국가의 안보는 가장 우선해야 하고, 이 점은 이전보다 더 명확해지고 있다(1990년대 초)"는 입장을 이미 명확히 해왔다.[2] 2000년 9월 장쩌민은 "국권이 주권에 우선하며, 인권도 국가주권 범위 내의 문제"라고 적시함으로써 주권이 국가안보에서 매우 중요한 의미가 있음을 천명하였다.[3] 따라서 중국은 국가가 존재하는 한 국제협력은 불가피하지만, 이로 인해 국가주권을 희생해야 한다면 국제협력은 사실상 불가능하다는 입장을 견지하고 있다.

II. 중국의 안보위협 인식

1. 전통적 안보위협 인식

중국의 현 지도부는 9·11테러 이후, 이라크전쟁과 미국의 세계전략의 변화로 인해 중국의 안보환경의 불확실성이 증가되었다고 인식하고 있다. 자국의 국력 증대로 최적의 안보환경을 맞이하고 있지만, 국지전의 가능성도 배제하기 어려워졌다. 또한, 세계적인 금융위기 또한 중국의 국가이익을 확대하는 데 도전이 되고 있다. 중국은 현재 직면한 주요 안보위협을 '국가의 생존과 발전에 영향을 미치는 요인'이라고 규정하고 있다. 직접적인 군사적 위협, 영토주권의 분할, 그리고 정치, 외교, 경제, 문화 등 각종 영역의 중국 침투와 이로 인한 중국의 정권 변화가 중국을 위협하는 것으로 간주하고 있다.[4]

중국은 대체로 미국의 내정간섭과 봉쇄정책, 대만 및 티베트, 신강 등 분리독립주의와 영토분쟁, 그리고 불안정한 주변 환경 요인을 전통적인 안보위협으로 인식하고 있다. 그 내용을 구체적으로 살펴보면, 첫째, 미국의 내정간섭과 봉쇄로 인한 위협이다. 중국은 자국이 언제나 미국의 '평화적 전이(和平演變, peaceful evolution)' 전략과 봉쇄정책의 대상이 되고 있다고 인식하고 있다. 미국은 줄곧 인권과 종교자유를 명분으로 '티베트(西藏)'나 '신강(新疆)' 분리독립주의 문제를 통해 내정에 간섭하고 있고, 또한 인민폐 환율과 금융개혁 등 경제무역 문제 등에서도 압력을 가하고 있다는 것이다.

군사적으로도 미국의 포위정책은 중국의 안보를 위협하고 있다. 2001년 미국은 '4개년 국방정책 검토 보고서(Quadrennial Defense Review, QDR)'를 통해 아시아 지역에서 군비경쟁이 가속화될 것임을 이미 시사한 적이 있고, 중국을 군사적 위협국으로 지목하였다. 따라서 군사전략의 중심을 아시아로 전환하려는 계획을 밝히기도 했다. 9·11테러 이후 미국은 서태평양 지역의 군사력을 강화시켜 왔으며, 이미 북쪽을 제외한 중국의 동, 서, 남쪽 지역에 군사기지가 형성되었다. 미-일본, 미-한국, 미-태국, 미-필리핀, 미-호주 간 군사동맹을 강화하고 있고, 태평양함대의 군사력과 오키나와 기지를 강화하고 있다. 또한 한반도, 대만해협, 남중국해 등 지역에 간여하면서, 동남아, 남아시아, 중앙아시아와 몽고 지역과의 관계를 강화하고 있다. 미국의 이러한 전략적 전환은 중국과 주변 인접국가와의 전략적 협력관계를 분열시키는 것이고 전략적으로 중국을 봉쇄하려는 것으로 인식되는 것이다. 비록 최근 중 · 미간 관계가 협력의 방향으로 발전하고 있지만, 이러한 중국에 대한 미국의 억제정책은 근본적으로 변하지 않을 것으로 간주하고 있다.

둘째, 대만 및 티베트, 신강 등 분리독립주의, 그리고 영토분쟁으로 인한 국가영토주권에 대한 위협이다. 중국은 영토주권을 국가 안보의 핵심적 사안으로 간주하고 있다. 국가적 통일의 과제가 여전히 존재하고 있는 상황에서 대만문제나 남사군도 등 영토분쟁, 그리고 티베트와 신강의 분리독립주의는 국가주권과 영토 완정에 위협적이다. 대만문제의 핵심은 미국의 개입에 있다. 중국은 미국이 '하나의 중국 원칙'을 천명하면서도, 다른 한편으로는 대만에 무기를 판매하는 등 실질적인 군사적 관계를 맺고 있는 것이 궁극적으로 '대만을 통한 중국 억제(以臺制華)'에 목적이 있는 것으로 간주하고 있다. 영토분쟁과 관련해서는 중국은 한국, 일본, 베트남, 필리핀, 말레이시아 등과 분쟁 중에 있으며 이러한 분쟁이 중국의 해양권익을 침해하고 있다고 인식하고 있다.

셋째, 국가안보에 대한 주변 환경의 불안정이다. 중국은 주변 환경의 불안정이 주변국가와 지역에 불안정 요인으로 작용하고 그것이 곧 중국의 안보에 위협이 된다고 인식하고 있다. 또한 일본 등 몇몇 국가들의 중국에 대한 정책이 안보에 위협적이라고 인식하고 있다. 북핵 등 한반도 문제는 중국의 안보에 위협적이다. 또한 일본의 군사대국화와 미국의 반테러리즘이 중국의 안보를 위협한다고 간주하고 있다.

2. 비전통적 안보위협 인식

최근 세계화와 정보화 추세에 따라 안보 대상과 영역은 다양해지기 시작했으며, 이른바 비전통안보 개념에 대한 논의가 증대되고 있다. 일반적으로 비전통 안보 개념은 전통안보의 상대적인 의미이며, 군사, 정치, 외교적인 문제 이외에 주권국가와 인류의 생존과 발전에 위협이 되는 요소를 의미한다. 그렇지만 비전통안보 개념 자체가 모호하고 추상적이며 포괄하고 있는 대상과 영역이 광범위해 비전통안보 영역을 명확하게 규정하기란 쉽지 않다. 이미 본서의 1부 2장 '비전통적 안보 개념'에서 언급했듯이, 사실상 전통안보와 비전통안보 개념은 단절과 해체가 아닌 지속과 보완의 관계라고 할 수 있다.

1997년 아시아 금융위기와 2001년 9·11테러 이후, 중국은 경제안보, 인간안보, 환경안보, 해양안보, 에너지안보, 사이버안보 등 새로운 안보(비전통안보) 문제에 더욱 관심을 가지게 되었고, 이에 대한 대비로 포괄안보와 협력안보의 중요성을 강조하고 있다. 중국의 비전통안보 영역 문제는 과거에는 존재하지 않았던 새로운 차원의 안보문제로 이해하는 것이 바람직하다. 예를 들어, 티베트나 신강 등 민족 문제는 일반적으로는 비전통안보 영역에 속하는 것이지만, 중국에서는 미국 등 국제사회의 개입과 연관된 문제이며, 중국의 주권과 영토 완정에 심각한 위협이 될 수 있는 안보문제이기 때문에 전통안보 영역에서 다루는 것이 타당하다.

2002년 중국 16차 당대회에서 장쩌민 전 국가주석이 보고한 내용은 중국의 비전통안보위협의 인식을 명확히 하고 있다.[5] 이에 따르면 불공정하고 불합리한 국제정치경제의 구질서는 여전히 근본적으로 변하지 않았다. 또한 평화와 발전에 영향을 미치는 불확실 요인도 증가하고 있다. 전통적 안보위협과 비전통안보위협 요인이 상호 교차되면서, 테러리즘의 위협도 상승하고 있다. 패권주의와 강권정치가 새롭게 등장하고 있다. 민족 및 종교적 갈등, 그리고 영토분쟁으로 인한 국지전의 가능성도 상존하고 있다. 남북간의 격차도 확대되고 있다. 세계는 여전히 불안정하고, 인류는 매우 중대한 도전에 직면하고 있다.

경제안보 측면에서는 금융위기와 주요 에너지 자원 부족 문제를 위협적으로 인식하고 있다. 환경안보 측면에서는 『중국환경청서(中國環境綠皮書)』에서 밝히고 있듯이, 현재 중국의 환경오염과 생태 악화를 심각한 문제로 인식하고 있다. 2005년 1월 발표된 세계 환경지속가능지수(Environmental Sustainability Index, ESI)에 따르면, 전 세계 144개국 가운데 중국은 133위로 그 심각성을 나타내고 있다. 정보안보 차원에서 보면, 공공위생안보 차원, 테러리즘 차원에서 중국은 매우 심각한 위협을 느끼고 있다. 최근 중국은 경제발전 과정에서 나타나는 일련의 사회문제가 중국의 안보를 위협하고 있다고 간주하고 있다. 빈부격차의 심화와 부패 문제, 정치적 민주화 문제 등을 원만히 해결하지 못하면 중국의 안보를 위협할 것으로 인식하고 있다.

III. 중국의 안보제도

1. 주요 안보문서

일반적으로 중국의 안전보장에 대한 인식과 태도는 주요 지도자의 공식석상에서의 최초 발언 등으로 판단할 수 있다. 중국의 주요 지도부는 당대회 보고나 정부공작보고, 혹은 국제회의에서의 연설을 통해 안보인식의 변화와 주요 정책을 제기해 왔다. 예를 들어, 중국의 신안보관은 장쩌민 당시 국가주석이 1995년 아세안지역포럼(ASEAN Regional Forum; ARF) 정상회담에서 처음으로 제기한 것으로 알려져 있다. 이러한 안보인식과 정책의 구체적인 내용은 국방백서(中國的國防)나 우주백서(中國的航天) 등을 통해 체계화되고 있다.

1) 국방백서

중국의 국방백서(中國的國防)는 1995년 11월 『중국의 군비통제와 군축(中國的軍備控制與裁軍)』이 처음 발간된 이래 1998년부터 『중국국방백서(中國的國防)』라는 이름으로 격년으로 발행되고 있다. 2008년 백서는 백서로서는 7번째로 2009년 1월 발행되었다. 2002년 중국 백서에는 "발전하는 중국은 평화적인 국제환경과 주변의 우호적인 여건을 필요로 한다"면서, "국제사회는 대화와 협의를 확대하고 협력을 강화함으로써 손을 잡고 국제적 테러 행동 예방 및 억제에 나서야 한다"고 강조하고 있다. 또한 백서는 "테러리즘은 세계 및 지역 안정 모두에 진정한 위협이 되고 있다"면서 "중국 역시 테러리즘의 희생자"라고 강조한 뒤 신강 지역 테러리스트들이 중국 전 인민의 생명과 재산 보장에 심각한 위협이 되고 있다고 지적하고 있다. 그동안 국방백서에서 신강 지역의 분리독립 위협에 대해 산발적으로 언급한 적은 있으나 중국 국방의 최우선 과제라고 언급한 것은 이 백서가 처음이다.

2008년 백서(2008 中國的國防)는 서언과 안보환경, 국방정책, 인민해방군의 개혁발전, 육군, 해군, 공군, 제2포병, 인민무장경찰부대, 국방예비력 건설, 무장력과 인민, 국방과학기술공업, 국방경비, 국제안보협력, 군비통제와 감축 등 총 14장, 6개의 부록으로 구성되어 있다. 백서에 따르면 중국의 2008년 국방예산 증가율은 17.5%로 2006년(20.4%)과 2007년(19%)보다 둔화되었다. 이는 양안(兩岸) 관계가 화해 분위기로 전환되면서 대만과의 전쟁에 대비한 군비 확충보다는 인민해방군이 테러 진압과 지진구호 등에 주력해 왔기 때문으로 분석된다. 2008년 백서는 이례적으로 중국의 국방예산을 기타 강대국들과 구체적으로 비교해서 제시하고 있다. 이는 미 국방부의 '2007년 중국 군사력 보고서(Annual Report on Military Power of the People's Republic of China 2007)'에 대응하는 차원에서 국방백서를 활용한 것으로 분석된다.

한편 국방백서는 인민해방군은 전쟁 또는 전쟁 억지와 같은 본연의 임무는 물론 재난구호 등 인민의 재산을 보호하는 임무도 띠고 있다는 것도 언급하였다. 백서는 인민해방군이 2008년 5월 쓰촨성(四川省) 대지진 때 구호 활동에 앞장선 것처럼 대형 자연재해가 발생할 경우 구호와 복구에 힘을 보태는 임무도 부여받고 있다고 밝혔다. 당시 인민해방군은 1979년 베트남과의 국경분쟁 이후 최대의 병력동원 규모인 13만 명의 병력이 투입돼 피해자 구호와 복구에 앞장선 바 있다.

그 밖에도 인민해방군은 2008년 한 해 올림픽을 전후해 각종 테러를 방지하는 업무도 적극적으로 수행했다. 또한 2008년 말 소말리아 해안을 지나는 자국 상선을 보호하고 해적을 소탕하기 위해 사상 처음으로 아덴만(Gulf of Aden)에 구축함 2척과 보급선 1척으로 구성된 함대를 파견한 것에 큰 의미를 부여하고 있고 이러한 내용을 백서에 실었다. 또한 서방국가들에게 해안선과 석유 수송로를 봉쇄당하지 않기 위해 현대화에 전략적 우위를 두고 해군력 강화에 박차를 가하고 있다. 이로써 중국은 항공모함을 건조할 뜻이 있음을 시사함에 따라 이미 대양 해군의 길로 나섰다는 관측이 있다.

2) 우주백서(中國的航天)

최근 중국은 탄도미사일을 발사해 우주공간의 인공위성을 격추하는 반(反)위성(Anti-Satellite, ASAT) 무기 실험에 성공했다. 이외에도 중국은 우주궤도를 돌고 있는 위성을 이용해 지상물의 위치 정보를 제공하는 위성항법시스템(Global Navigation Satellite System, GNSS)을 비롯한 위치정보시스템 구축과 우주군의 창설 등 우주군사력 증강에 힘쓰고 있다. 따라서 중국의 우주백서는 정치 · 군사적 차원에서 향후 중국의 우주개발 목적과 동북아 나아가서는 미래 우주전쟁의 가능성을 염두에 둘 때 중요한 의미가 있다.

중국의 우주백서(中國的航天)는 2000년과 2006년 2회 발행되었다. 2000년 우주백서는 중국이 지속적으로 우주항공사업을 국가의 주요 발전 전략으로 삼을 것이라고 천명하고 있다. 중국은 우주항공사업의 목적이 우주공간을 평화적으로 탐색하여 경제건설, 국가안보, 과학기술발전, 사회진보 등 다양한 분야의 요구를 만족시키고 국가이익을 수호하며 종합적인 국력을 증강시키는 데 있다는 취지를 밝히고 있다.[6] 2006년 10월 발표된 우주백서(2006 中國的航天)는 서언과 발전목표, 과거 5년간의 발전 개황, 미래 5년의 발전목표와 주요임무, 발전정책과 정책, 국제교류와 협력 등 총 5장으로 구성되어 있다.

중국이 우주에 대한 통제권을 장악하는 것은 21세기 국가안보와 세계 패권 장악의 관건이 되고 있다. 중국의 우주전략은 국가전략과 국방전략(안보전략)의 하위 개념이기는 하지만, 군사전략(정규전 전략과 핵전략 포함)과는 동등한 수준으로 인정받으며, 우주군운용전략(天軍運用戰略), 우주위협전략(太空威脅戰略), 우주발전전략(太空發展戰略)을 포괄하고 있다. 나아가 우주전략은 일반 군사전략과는 달리 국가전략의 수립에 직접적인 영향을 미치는 것으로 더 중요한 국가전략의 구성요소로 인식되고 있다.[7] 따라서 세계대국을 향한 중국의 열망이 지속되는 한 우주군사력 발전에 대한 관심은 더욱 고조될 것이다.

2. 안보정책 결정구조

중국의 정치권력 구조는 일반적으로 당, 정, 군의 3계통으로 이루어져 있고, 실제로는 당이 정부(국무원)와 군대(중앙군사위원회)를 영도하는 것으로 되어 있다. 중국공산당 정치국 상무위원은 '권력의 핵심 중의 핵심'의 위치에서 대부분의 중국의 대내외 정책결정 과정에서 실질적 영향력을 행사하고 있다. 따라서 중국의 안보정책 결정 과정에서는 정치국 상무위원이 최고의 결정 권한을 행사하면서, 국무원의 부서 혹은 위원회(외

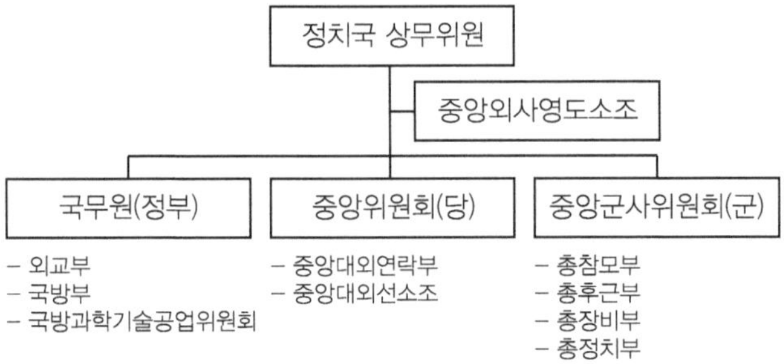

〈그림 1〉 중국의 안보정책 결정구조

교부, 국방부, 국방과학기술공업위원회 등), 당 중앙위원회의 직속기관(중앙대외연락부, 중앙대외선전소조 등), 중앙군사위원회 총부 산하 관료기구 등을 통해 정책을 논의하고 결정하는 것으로 알려져 있다.[8)]

그 밖에 중국의 안보정책에 중요한 영향을 미치는 중앙외사영도소조 등이 별도로 설치되어 있다. 중앙외사영도소조는 1958년에 처음 신설되었고, 외교안보 관련 문제가 발생했을 때 관련된 다양한 부처들이 참여하여 외교정책을 논의하는 비공식 기구이다. 필요한 경우 외교전문가들을 초청하여 토론을 벌이기도 한다. 중앙영도소조는 중앙서기처와 동등한 조직기관으로 취급받으며, 중앙정치국과 중앙위원회하에 있다.[9)]

3. 안보정책 연구기관

최근 들어 중국의 외교안보 정책결정 과정에서는 정책연구기관, 전문가 및 학자, 대학 등의 자문 및 위탁연구 활동을 통해 폭넓게 의견을 수렴하고 있다. 그렇지만 정책 건의와 자문을 담당하는 수많은 연구기관 중에 과연 구체적으로 어떤 곳이 더 직접적으로 영향을 미치는지 선별해내는 것은 어려운 일이다.

중국의 안보 관련 정책연구기관들은 완전히 독립적인 민간연구기관이 아니라 관료기구와 불가분의 관계를 맺으며 활동하고 있다. 즉, 이들 연구기관들은 외교부나 당 중앙군사위원회 총부 산하 관료기구 체제 속에서 운영되고 있다(〈표 2〉 참조). 이 가운데 몇몇 주요한 안보 관련 정책연구기관들을 소개하면 다음과 같다.

분류	연구기관	출판물	소속기관
정보 분석	中國國際戰略學會 和平與發展硏究中心	國際戰略硏究 和平與發展	外交部 中央軍委 總政治部
무기 및 군비통제	中國國防科技信息中心 中國工程物理硏究院 中國軍控與裁軍協會	現代軍事 信息與電子工程 國際軍控與裁軍年度報告	中央軍委 總裝備部 國務院 및 中央軍委 外交部
대외교류	國際戰略硏究基金會	-	-
학술연구	軍事科學院 國防大學 國防科學技術大學	國防白皮書 - -	中央軍委 中央軍委 中央軍委

〈표 2〉 안보 관련 정책기관 및 연구기관
출처: Bates Gill and James Mulvenon, 2002, pp. 617-624;
중국 포털사이트 百度(baidu.com) 등 참조.

1) 중국국제전략학회

중국국제전략학회(中國國際戰略學會, China International Institute for strategic Society, CIISS)는 1979년 10월 설립되었다. 초임 회장은 인민해방군 전 부참모장(參謀長) 우슈촨(伍修權)이었다. 전략학회는 중국 외교, 군사 영역에서 국제교류의 주요 창구이다. 전략학회의 주요 업무는 국제전략정세, 국제안보, 세계정치경제와 지역문제를 연구하고, 국내외 전략문제연구소, 학술단체 및 주요 인사와의 교류 및 학술교류를 추진하는 것이다. 또한 중국 정부 유관 부문, 군 및 기업에 자문과 정책건의를 통해 국가안보와 경제발전, 국제안보, 세계평화와 발전에 종사하는 것을 설립 취지로 하고 있다. 전략학회는 중, 영문 계간지 『국제전략연구(國際戰略研究)』를 발행하고 있다.

2) 중국국방과학기술정보중심

중국국방과학기술정보중심(中國國防科技信息中心, China Defense Science and Technology Information Center, CDSTIC)[10]은 1959년 3월 국가 차원의 종합과학기술정보기구로 탄생했다. 지난 50여 년간 꾸준히 규모와 업무 영역이 확장되어 왔으며, 이미 중국 국내에서뿐만 아니라 국제적으로도 알려진 국방과학기술정보 관련 연구기구로 성장하였다. 정보중심은 과학기술정보 연구 및 자문, 정보자원 발전과 서비스, 인터넷 구축과 인터넷 정보 서비스 등을 주요 업무로 하고 있다. 현재 『현대군사(現代軍事)』를 발행하고 있다. 이 학술지는 1975년 창간되었으며, 중국군 관련 무기장비 및 군사기술 영역의 권위지로 인정받고 있다.

3) 중국공정물리연구원

중국공정물리연구원(中國工程物理研究院, China Acedemy of Engine-ering Physics, CAEP)[11]은 1958년 건립되었다. 연구원은 국방첨단과학기술 발전을 위주로 한 이론, 실험, 설계, 생산 일체를 총괄하고 있다. 쓰촨성 진양시(四川省錦陽市)에 위치해 있고, 베이징, 상하이, 선전, 청두 등에도 계열연구기구와 사무기구가 있다. 연구원은 충격파와 폭발물리, 핵물리, 플라스마와 레이저 기술, 공학과 재료과학, 전자학과 광전자학, 화학과 화공, 컴퓨터와 계산수학 등의 영역을 연구하고 응용하는 것을 설립 목적으로 하고 있다. 또한 연구원 내 석 · 박사 학위과정을 두고 있다. 연구원은 최근 30여 개국 및 지역과 학술교류 활동을 하고 있고, 유학생과 방문 학자 등 약 2500여 명을 파견했다. 연구원은 학술지 『강레이저와 입자선(强激光與粒子束)』, 『고압물리학보(高壓物理學報)』, 『에너지재료(含能材料)』, 『정보와 전자공정(信息與電子工程)』 등을 발간하고 있다.

4) 중국군비통제와 군축협회

중국군비통제와 군축협회(中國軍備控與裁軍協會, China Arms Control and Disarmament Association, CACDA)는 중국의 민간 군비통제와 군축 활동을 조직하고 조정하는 역할을 하며, 국제적인 군축과 군비통제를 추동하고, 세계평화를 수호하는 것을 목적으로 한다. 협회의 업무를 주관하는 기관은 외교부이다. 또한 민정부(民政部)의 감독과 관리를 받는다. 협회의 사무처는 중국국제문제연구소에 설치되어 있다. 협회는 『국제군비통제와 군축년도보고서(國際軍備控制與裁軍年度報告)』를 발간하고 있다.

5) 중국군사과학원

중국인민해방군 군사과학원이라고도 한다. 중국군사과학원(中國軍事科學院, Chinese Academy of Military Science, CAMS)은 중앙군사위원회 소속의 군사과학 연구기구이다. 과학원은 전군의 군사과학 연구의 중심이며, 군사과학 연구업무를 계획하고 조정하는 기관이다. 또한 중앙군사위원회와 총부가 이론적 차원에서 군대 발전과 작전을 이끄는 데 보조적 역할을 하고 있다. 과학원의 주요 임무는 군사기초이론, 국방건설 및 군대발전 관련 주요 문제를 연구하고, 군대의 조령, 조례와 기타 유관 군사법규를 편수하고, 중앙군사위원회와 총부의 정책결정 과정에서 건설적인 건의와 자문을 제공하는 것이며, 전국의 군사과학 연구관리 업무를 관장하는 것이다.

Ⅳ. 중국의 안보정책

중국은 대미관계를 개선하기 위해 반테러 입장을 강조하면서도 국제질서의 민주화와 다극화를 주장하면서 유엔 등 국제기구의 역할을 확대해야 한다는 입장을 견지하고 있다. 또한, 미국의 일방주의 외교 행태에 반대하면서 상하이협력기구(Shanghai Cooperation Organization; SCO)를 결성하고, ARF와 6자회담에 적극 참여하는 등 다자 외교안보활동의 중요성을 강조하고 있다. 군사안보와 관련, 중국은 테러와 지진 등 돌발사건에 대비하는 능력을 강화하기 위해 신속대응 능력을 제고하는 방향으로 군사력을 첨단화 · 현대화하고 있다.

1. 군사력 증강

중국군은 변화된 국제정세 속에서 국가목표를 고려하고 현대전의 특징을 반영하여 첨단기술이 적용되는 국지전에 대비하는 전략을 수립하였다. 비록 세계대전이 발발할 가능성은 줄어들었지만 국경, 민족, 자원 분쟁 등 소규모 군사충돌은 더욱 빈번할 것으로 예측하고 있기 때문이다. 2000년 국방백서에는 '첨단기술 조건하 방위작전 전개' 전략을 명시하였고, 2002년 국방백서에는 '첨단기술 조건하 국지전 승리', 2004년 국방백서에는 '정보화 조건하 국지전 승리' 전략을 명시하였다. 이는 국제 전략환경의 변화로 전면전이 벌어질 가능성이 낮다는 인식하에 국지전에 대비하기 위하여 해 · 공군 및 제2포병 강화에 주력하는 것이다.

중국의 군사력 증강 및 군 현대화의 핵심은 힘의 투사력에 있다. 힘의 투사력이란 한 국가가 정치, 경제, 군사 및 정보력 등을 이용하여 자국 이외의 광범위한 지역에 군대를 파견, 주둔시킴으로써 위기에 대처하고, 전쟁 억지력을 행사하며 지역 안정에 기여하는 능력을 의미한다. 이처럼 군사 투사력을 증강하기 위해 중국이 역점을 두고 있는 것이 해공군력과 핵전력 증강이다. 미 국방부의 '2005년 중국 군사력 보고서'에 따르면,

2005년 기준 중국 해군이 보유한 구축함은 21척, 호위함은 43척으로 1985년 구축함 16척, 호위함 28척에 비해 급격히 증가하였다.[12)]

중국은 현재 4만 8000톤 급 비핵동력 항공모함 건조계획인 '085 프로젝트'와 9만 3000톤 급 초대형 핵동력 항공모함 건조계획인 '089 프로젝트'를 추진하고 있다. 중국이 핵동력 항공모함 건조를 자체 기술로 2010년까지 완료한다는 구체적인 내용이 밝혀지고 있다. 중국은 자국의 광범위한 해양 전략을 해군력 강화를 통해 뒷받침하려 하고 있으며, 지역 내에서 자국의 군사적 리더십을 확고히 하고, 해상 영토분쟁에서 유리한 위치를 선점하며, 해상교통로(Source Lines of Code; SLOC)의 안전을 보장하는 것이 장기적인 목표라고 할 수 있다.

중국 위협론은 중국의 적극적인 군사력 증강과 무관치 않다. 중국의 국방비는 최근 20년 가까이 두 자릿수 증가율을 유지하고 있다. 1991~1992년 예산이 1990년의 145억 달러에서 12% 증가한 것을 시작으로 2009년 현재 704억 달러에 달하는 것으로 알려져 있다. 중국은 2008년 849억 달러(약 100조 원)를 국방비로 지출, 세계 2위로 올라섰다

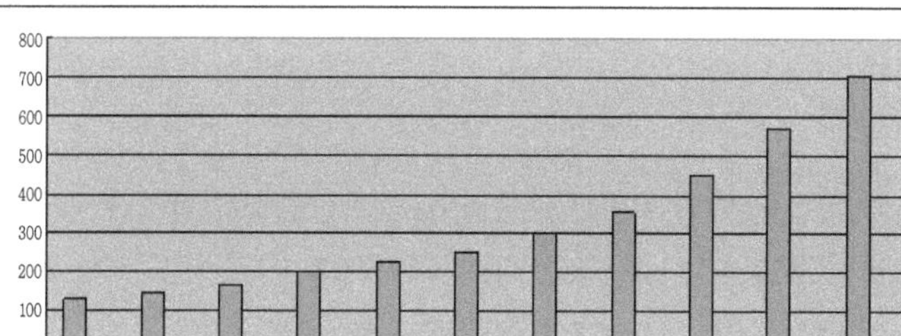

	1999	2000	2001	2002	2003	2004	2005	2006	2007	2008	2009
국방비(억 달러)	130	146	170	200	224	250	299	353	450	572	704
전년 대비 증가율(%)	15.2	12.6	17.7	17.6	9.6	11.6	12.6	15	17.8	17.6	14.9

〈그림 2〉 중국의 국방비 추이(1999~2009)

출처: "China's Defense Budget: China's "Official" Budget," GlobalSecurity.org (http://www.globalsecurity.org/military/world/china/budget.htm, 2009년 12월 2일 검색) 참조.

(〈그림 2〉 참조).

그런데 많은 군사전문가들은 중국의 실제 국방비 지출이 알려진 것보다 훨씬 많을 것으로 예상하고 있다. 이러한 중국의 국방비 산출에 관한 현상은 "애매모호하고 의도적인 혼란(vagueness and intentional obfuscation)"에서 기인한다.[13] 왜냐하면 중국의 국방비에는 군함, 전투기, 무기 등을 현대화하는 비용만이 포함되고, 핵무기, 우주개발, 항공산업, 연구개발, 방위산업에 분배하는 비용은 산출에서 제외되기 때문이다.

2003년의 경우를 예로 들면, 중국이 공식적으로 밝힌 국방비 예산은 223억 달러인 반면, 2003년 실제 인민해방군의 지출액은 공정환율(Official Exhange Rates)이나 구매력평가(Purchasing Power Parity, PPP) 기준으로 볼 때, 추정치가 306억 달러에서 1410억 달러에 이를 정도로 편차가 매우 심하다.[14] 중국의 이러한 국방비 발표에 대해서는 끊임없이 의혹이 제기되고 있고, 중국의 국방비 증강에 대해 의구심을 낳고 있다. 이는 중국이 '여전히 국제사회의 군사적 균형을 파괴하고 평화를 위협하는 군사대국으로서 패권을 추구한다'는 중국 위협론을 강화시키는 요인이 되고 있기도 하다.[15]

중국의 군사력이 급성장하고 있다는 평가는 과장됐다는 반론 또한 만만치 않다. 중국 정부는 군사비 증가가 인건비에 대한 보상 성격을 갖고 있다고 반박한다. 기술적으로 보자면 최소한 총액 기준으로는 여전히 미국과 일본에 비해 미미한 수준이며, 물가상승을 감안하면 오히려 실질 군사비는 증가한 게 아닐 수도 있다는 것이다. 실제로 최근 몇 년 사이 중국의 국방비 지출이 국내총생산과 국가재정지출에서 차지하는 비중은 오히려 감소하고 있는 추세다. 2003년에는 각각 1.4%와 7.74%, 2004년에는 1.38%와 7.72%, 2005년에는 1.35%와 7.29%로 낮아졌다. 비록 국방비가 국내총생산에서 차지하는 비중은 상승했지만, 국가재정지출에서 차지하는 비중은 오히려 감소하고 있다는 것이다.

2008년 국방백서는 최근 국방비가 상승한 이유를 사병의 대우 개선, 물가상승 반영, 정보화 환경의 구축 등으로 설명하고 있다. 또한 중국의 국방비 총액과 사병 수는 세계 주요 강대국에 훨씬 못 미치는 수준이라고 주장하고 있다. 2007년 중국의 국방비는 미국의 7.51%, 영국의 62.43%에 불과하다. 사병 수도 미국의 4.49%, 일본의 11.3%, 영국의 5.31%, 프랑스의 15.75%, 독일의 14.33% 수준에 불과하다. 중국의 국방비는 국내총생산액의 1.38%에 불과하지만, 미국은 4.5%, 영국은 2.7%, 프랑스는 1.92%에 달한다.[16)]

2. 동맹

1980년대 이후, 중국은 어떤 강대국과도 동맹이나 전략적 관계를 맺지 않는 비동맹주의를 표방해 왔다. 1982년 중공 제12차 전대에서는 이미 독립자주 외교정책을 표명한 바 있고, 2002년 16차 당대회에서도 재확인하였다. 독립자주 외교정책은 냉전 시기 미소패권을 겨냥한 정책이었다. 주요 내용은 미소 두 강대국과 동맹을 체결하지 않으면서(不結盟), 어떠한 국가들 간 연합(集團)에도 참여하지 않는다는 것이었다.

역사적으로 볼 때, 중국이 맺은 동맹의 대표적 형태는 소련, 북한과 맺은 군사적 동맹이다. 군사동맹의 유형을 일반적으로 방위조약(defense pact), 중립조약(neutrality pact), 협상(entente) 등으로 나눈다면,[17)] 중국이 1950년에 맺은 '중소 우호동맹 및 상호원조 조약(中蘇友好同盟互助條約, 이하 중소조약)'과 1961년 북한과 맺은 '중조 우호협력 및 상호원조 조약(中朝友好合作互助條約, 이하 중조조약)'은 그 내용으로 볼 때, 모두 군사동맹 가운데서도 구속력이 매우 강한 방위조약의 성격을 띠고 있다.[18)]

중소조약은 '조약 체결 30년 후 폐기 원칙'에 따라 이미 폐기되었고, 조약 당사자였던 소련이 해체되면서 그 의무는 남아 있지 않다. 북한과 체결한 중조조약은 그 의무가 여전히 남아 있는 상태이다. 중조조약 제7조에는 "본 조약은 수정 또는 폐기하는 데 대한 쌍방 간의 합의가 없는 이상 계속 효력을 가진다"고 규정되어 있어, 여전히 효력을 지니기 때문이다.[19] 그런데 중국이 80년대 이후 동맹정책을 폐기하고, 비동맹주의를 표방하면서, 여전히 남아 있는 중조조약의 실효성에 문제가 제기되고 있다. 중국의 정책이 바뀌었고, 북한과 중국의 관계가 과거의 혈맹에서 정상적인 국가 대 국가의 관계로 변화해 가면서, 이 조약이 얼마나 실효성이 있는지를 둘러싼 논란은 계속될 것으로 보인다.

최근 중국 내 일부 학자들은 중국이 완전한 동맹의 형태는 아니지만, 다가올지 모르는 미래의 위협에 대비해 준동맹(準同盟)정책을 실시해야 한다고 주장하기도 한다.[20] 베이징대 예즈청(葉自成) 교수는 중국의 비동맹정책이 중국의 국익에 반드시 도움이 된다고 보지는 않는다. 비동맹전략은 데탕트와 군축, 군사동맹의 반대에 기초하는 것인데, 여전히 미국을 중심으로 한 서방국가가 나토의 동진과 미일안보조약의 서진 등 군사동맹을 확대 · 강화하고 있는 상황에서 비동맹원칙을 고수하는 것은 바람직하지 않다는 것이다. 중국이 탄력적인 준동맹전략을 통해, 러시아 및 제3세계(인도, 파키스탄, 인도네시아 등 아세안 국가)와의 관계를 중요시해야 한다는 것이다.[21]

칭화대학의 옌쉐퉁(閻學通) 교수 또한 "비동맹정책을 다시 고려해야 한다"는 입장인 것으로 알려져 있다. 옌 교수는 한국 언론과의 인터뷰에서, "건국 60년 이래, 중국은 이미 세계 제2의 경제대국이 되었으며, 국제무대에서 강대국임이 틀림없다. 그러나 상대적으로 보았을 때, 군사적 역량은 여전히 부족하다"고 역설하였다. 옌 교수에 따르면, 미국은 36개 동맹국이 있지만 중국은 비동맹정책을 견지하고 있기 때문에 하나의 동맹도 가지고 있지 않으며, 만약 군사적 차원에서 국제사회의 모순과 충돌을 해결하지 못한다면 중국의 군사력은 미국을 영원히 따라잡을 수 없다는

것이다.[22]

아직까지 이러한 학자들의 주장은 소수의 견해일 가능성이 높다. 중국은 여전히 비동맹정책을 고수하고 있고, 정책적 재고의 가능성은 아직까지는 요원한 것으로 보인다. 그렇지만, 예즈청 교수나 옌쉐통 교수는 모두 중국의 실력 있는 저명한 국제정치학자이다. 그들이 중국 국제정치학계에 미치는 학술적 영향력을 감안한다면, 이러한 논의를 그저 소수의 극단적 견해로 받아넘길 수는 없을 것이다.

3. 다자안보

냉전 시기 중국은 미, 소 강대국들의 패권주의로 인해 국제사회가 불평등하다고 인식해 왔고, 따라서 국제체제 참여를 거부해 왔다. 그러나 냉전이 종식되고, 국제사회에서 고립될 가능성이 높아지자 현 국제질서에 적극적으로 편입하였고, 국가 이미지를 높이는 것은 물론 강대국으로서

참여 유형	비주도국		주도국	
시기	소극적 참여	적극적 참여	일반적 주도	적극적 주도
기본인식	1970~1980년대	1990년대 초반	1990년대 중반 이후	2000년대 이후
주요화법	국제경제기구에 제한적 참여	정치, 안보, 사회 분야 국제기구 참여	새로운 규범과 원칙 제시	단계적인 국제질서 주도국 지향
	유엔 역할 긍정(1985)	적극적 참여(1992)	건설적 역할(1992)	적극적 다자주의 주창(2005)
참여 내역	· 유엔 가입(1971) · 세계은행, IMF 가입(1980) · GATT 가입신청(1986)	· PKO 군사고문단 파견(1990) · ARF 참여	· CTBT 조약 서명(1996)	· 안보리 정상회담 제의(2000) · 유엔개혁문건(2005) · 인권A공약 국내비준(2001)

〈표 3〉 중국의 다자주의 참여도

출처: 이동률, 2008, 「중국외교개관」, p. 27을 재구성.

위상을 제고하기 위해 노력해 왔다(〈표 3〉 참조).

그러나 냉전의 종식은 중국의 정세인식에 영향을 미쳤고, 1990년대 이래 중국의 대외전략사상에도 점차 변화가 생겨났다. 중국은 1980년대 독립자주전략에서 1990년대 '평화로운 환경(和平環境)' 전략, 즉 국가 발전과 국가이익을 핵심으로 하는 평화로운 국제환경을 창조하는 것으로 전략의 핵심 내용을 변경하였다.

중국의 안보전략의 주요 내용은 '공동발전과 협력'을 지향하고 있다. 이는 중국의 발전과 안보뿐만 아니라 아시아 및 세계의 공동발전과 안보에 대한 관심이 증대되어 가고 있다는 것을 의미한다. 실제로 중국은 최근 양자 혹은 다자 차원의 외교에 적극적인 노력을 기울이고 있다.[23] 현재까지 중국은 130여 개 정부 간 국제기구와 국제조직에 가입했고, 300여 개의 국제다자조약에 서명했다. 1949년부터 1978년까지 중국 지도부는 다자외교활동에 단 6차례 참여했으나, 2005년 한 해에만 13차례로서 지난 30여 년간의 두 배가 넘는 다자외교활동을 수행했다.

중국은 개혁개방 이전까지는 UN 평화유지활동(PKO)을 미국의 외교정책 수단으로 인식하여 일체 참여하지 않았다. 그러나 개혁개방 이후 PKO에 선택적으로 참여하였고, 냉전 이후 PKO의 참여는 중국의 책임 있는 대국 이미지를 효과적으로 국제사회에 인식시키는 주요 수단이 되었다.[24] 중국은 1990년 이래 2008년 11월 말까지 PKO 활동에 18회 참여하였으며, 1만 1063명을 파견하였다. 이는 UN 안보리 상임이사국 가운데 2위에 해당한다.[25]

중국이 현재 참여하고 있는 다자안보협력체는 '아시아 교류 및 신뢰구축회의(Conference on Interaction and Confidence Building Measures in Asia; CICA)', 아세안지역안보포럼(ARF), 아·태안보협력이사회(Council for Security Cooperation in the Asia Pacific; CSCAP), 동북아협력대화(Northeast Asia Cooperation Dialogue;

NEACD), 상하이협력기구 등이다. 상하이협력기구는 중국의 다자안보외교의 대표적인 사례로 거론된다. 상하이협력기구는 중국, 러시아, 우즈베키스탄, 카자흐스탄, 키르기스스탄, 타지키스탄 등 6개국 정상들이 2001년 7월 14일에 만든 국제기구이다. 우즈베키스탄을 제외한 나머지 5개국은 1996년 '상하이 5국'의 회원국이었다. 상하이협력기구는 헌장과 사무국을 갖추고, 해마다 정례회의를 개최하는 등 중국이 참여하고 있는 다자기구 가운데 제도화 수준이 높을 뿐만 아니라, 중국이 창설 단계에서부터 주도권을 쥐고 주동적인 활동을 하고 있다.[26)]

4. 군축과 군비통제

1970년대 후반 개혁개방을 전후로 중국은 국제 군축과 군비통제에 상이한 태도를 보였다. 이러한 태도 변화는 대체로 1970년대 후반 개혁개방 이전과 이후, 그리고 냉전 이후의 세 단계로 나누어 설명할 수 있다. 우선, 개혁개방 이전 국제 군축과 군비통제 레짐에 대해 중국은 '불참여' 입장을 고수했다. 가장 두드러진 예로, 중국은 1963년 부분핵실험금지조약(Partial Test Ban Treaty; PTBT)과 1968년 핵확산금지조약(Non-Proliferation Treaty; NPT) 가입을 거부했다. 그 이유는 이러한 제도가 결국 미, 소 등 강대국의 핵 독점을 유지시키기 위한 것으로 불평등하다는 데 있었다.[27)]

개혁개방 이후, 국제정세의 변화와 그에 따른 평화와 발전의 안보인식이 수립되면서, 중국의 군축과 군비통제에도 정책적 변화가 일어났다. 1980년대 중국은 신중하고, 점진적인 '선택적 참여'의 방식으로 국제 군축 레짐에 참여하기 시작했다. 중국은 1978년 처음으로 제1차 유엔군축특별회에 참여하였고, 1980년 정식으로 군축회의(Conference on Disarmament, CD)에 가입하였다. 1984년 39회 유엔총회에서 처음으로 자발적으로 군축 관련 외기권군비경쟁방지협약(Prevention of an arms race in outer space, PAROS) 결의 초안을 제기하기도 했다. 현재 중국은 20항목의 군축, 군비통제 및 비확산 관련 국제협약에 가입해 있다. 그 가운데 8항목이 당시에 가입한 것이다.[28)]

냉전 이후, 중국은 군축과 군비통제 레짐에 더욱 적극적이고 '주동적으로 참여'하였다. 1992년 핵확산금지조약, 1993년 화학무기컨벤션(Chemichal Weapons Convention; CWC), 1996년 전면적핵실험금지조약(Comprehensive Test Ban Treaty; CTBT)에 서명하였다. 1995년 중국 국무원은 '군비통제와 군축 백서(中國的軍備控制與裁軍白皮書)'를 통해 중국은 필요한 만큼의 방위력만을 유지한다는 전제하에, 자발적인 군축 의지를 보이기도 했다. 군축백서는 병력 수의 대폭 축소, 국방비 지출의 최저 수준 유지, 민감한 원료, 기술 및 군사장비의 양도에 대한 엄격한 관리, 국방과학기술공업의 민용 공업화의 전면적 실시를 주요 내용으로 하고 있다.[29)]

중국의 국제 군축 및 군비통제에 대한 태도 변화는 두 가지 근본적인 질문이 제기되면서 전개되었다. 이 질문들은 국제 군축 및 군비통제 레짐이 "우리(중국)가 받아들일 만한 것인가?", 그렇다면 "우리(중국)는 어떠한 역할을 할 것인가"였다. 초기 세력균형에 입각한 현실주의적 접근방법은 국제 레짐과 그 규범들에 부정적인 입장을 보였다. 그러나 이러한 국제 레짐과 규범들이 국제평화를 위해서 존재론적으로 실재하고 보편적인 것으로 받아들여지게 된 것이다(자유주의적 접근방법). 1990년대 국제 군축 및 군비통제기구에 중국이 활발히 참여한 것은 국제 레짐에 대한 믿음을 강화하였고, 이러한 영역에서 중국의 역할과 관련한 문제를 제기하게 된 것이다(구성주의적 접근방법). 1990년대 후반부터 중국은 영향력 있고 책임 있는 중국의 역할을 찾고 있는 것이다.[30)]

1990년대 후반 중국 정부는 관료조직을 재편했는데, 이는 군축 및 군비통제 이슈가 중국의 외교 및 안보정책에서 중요해졌음을 반증하고 있다. 외교부의 군축담당부서가 군공사(軍控司, 군비통제국)로 승격하였고, 군 내부의 군축 관련 관료조직이 신설된 군장비부(軍裝備部)로 통합 조정되었으며, 사회과학원 내에 군비통제와 확산방지연구중심(軍備控制與防擴散硏究中心)이라는 새로운 연구기관을 창설하여, 중국 내 다양한 연구기관들이 참여하는 군축학술회의를 개최하여 중국 내 군축논의를 통합하려는 노력을 하고 있다.[31)]

V. 중국의 안전보장제도와 정책의 시사점

세계화, 정보화 추세에 따른 국제 안보환경의 형성은 중국의 안보정책의 변화를 불가피하게 만들었다. 중국은 신안보관을 중심으로 새로운 안보구상을 제시해 왔고, 대외 활동에서 그 내용을 구체화해 왔다. 중국의 안보정책의 가장 핵심적 변화는 중국이 그동안 국가안보를 최상위에 두고 안보정책을 수립해 왔다면, 최근에는 국제협력의 중요성을 인식해 가고 있다는 것이다. 또한 과거에는 방어적 안보정책을 수립해 왔다면, 최근에는 국제사회에 적극적으로 참여하는 태도를 보이고 있다.

중국의 안보정책은 '주권안보 우선'의 방어적 태도에서 국제 레짐에 적극적으로 참여하면서 국제협력의 중요성을 인식하고 있는 것을 특징으로 하고 있다. 또한 군사적 안보 영역 이외에 정치, 경제, 사회 등을 포괄하는 다양한 안보 영역, 즉 포괄안보에 대한 관심도 증대되고 있다. 중국은 과거에는 국방력 증대를 통한 자력구제(self-help)가 안보를 확보하는 유일한 방법이었지만, 최근에는 국제사회의 협력을 추구하는 등 안보 확보의 방법 또한 다양해지고 있다. 이것이 1990년대 중반에 중국이 새롭게 제시한 신안보관의 주요 내용이고, 중국은 국제사회에서 다자주의에 적극 참여함으로써 이러한 정책을 실현해 나가고 있다.

중국의 안보정책을 변화시킨 주요 요인은 국제안보환경의 변화였다.

기존의 전통적 안보위협 요인과 함께 비전통 안보위협 요인이 새롭게 등장하면서, 공동안보와 국제협력에 대한 인식을 전환하게 되었다. 또한 중국의 국력 증대와 이에 대한 자신감이 주요 요인으로 작용하였다.

중국의 안보정책에서는 두 가지 차원에서 시사점을 찾을 수 있다. 첫째, 일반적인 국가들의 안보위협인식과는 달리 중국은 외부적 위협요인뿐만 아니라 내부적 위협요인 또한 심각하게 인식하는 것으로 특징지을 수 있다. 중국은 대만 문제뿐만 아니라 티베트, 신강 등 분리독립을 주장하는 소수민족 문제와 파룬궁 등 종교문제가 오히려 외부의 위협보다 중국을 더 위태롭게 하고 있다고 인식하고 있다. 또한 이른바 내정문제라고 할 수 있는 민족문제와 종교문제에 대한 외부 세계의 간섭을 불안정 요인으로 간주하고 있다.

따라서 안정적으로 국가안보를 확립하고 지속적인 국가발전을 유지하기 위해 국내 문제를 어떻게 해결할 것인가가 중국 지도부의 주요 과제가 되고 있다. 중국이 국제사회에 미치는 영향력은 점차 증대되고 있다. 중국 내부의 불안정은 곧 국제사회의 안보불안 요인이 되는 것이기도 하다. 따라서 중국의 국내 불안정 문제에 대한 국제사회의 공조가 쉽지 않은 상황에서 이러한 문제를 해결할 수 있는 연착륙 방안을 신중하게 모색할 필요가 있다.

둘째, 중국의 신안보관에는 미국을 견제하기 위한 의도가 담겨 있다. 중국은 여전히 미국을 위협적이라고 인식하고 있고, 이에 대한 대응을 모색해 왔다. 중국은 미국이 일본, 한국, 태국, 필리핀, 호주와 군사동맹을 강화하고, 태평양함대의 군사력과 오키나와 기지를 강화하고 있는 것을 우려하고 있다. 또한 한반도, 대만해협, 남중국해 등 지역에 간여하면서, 동남아시아, 남아시아, 중앙아시아, 몽고 지역과 관계를 강화하고 있는 것을 대중국 봉쇄정책으로 인식하고 있다.

이에 대응해서 중국 또한 경쟁적으로 주변국가와 동반자 관계를 수립하고, 지역다자안보에 적극적으로 참여하는 등 양자적, 다자적 외교를 적극적으로 수립해 나가고 있다. 따라서 최근 중·미 관계가 협력적인 방향으로 발전하고 있지만, 양국 간 경쟁이 심화될 경우, 이것이 아시아·태평양 지역의 안보불안 요인으로 작용할 가능성을 배제하기 어렵다. 이에 대해 역내 국가들이 어떠한 대응책을 수립해야 할지에 대해서도 고민해 볼 필요가 있다.

| 미주 |

1) 劉靜波主編, 2006,『21世紀初中國國家安全戰略』, 北京: 時事出版社, pp. 1~7.

2) 中共中央文獻編輯委員會編, 1993,『鄧小平文選』(第3券), 北京: 人民出版社, pp. 12~13.

3) 2000년대로 진입하면서, 신안보관은 후진타오 국가주석이 제기한 '조화세계(和諧世界)' 전략으로 구체화되고 있다. 조화세계론의 핵심 내용은 다자주의를 통한 공동안보의 실현, 상호협력을 통한 공동번영의 실현, 포용정신을 통한 조화세계 건설, 적절한 방침을 통한 유엔의 개혁 등으로 구성되어 있다.

4) 劉靜波主編, 2006,『21世紀初中國國家安全戰略』, 北京: 時事出版社, pp. 70~77.

5) 在中國共產黨第十六次全國代表大會上的報告 (2002. 11. 17).

6) 中國航天局 (http://www.cnsa.gov.cn).

7) 박병광, 2009,「중국의 우주군사력 발전에 관한 연구」,『국가전략』제15권 4호, pp. 41~42.

8) 중국공산당 중앙군사위원회는 "중국공산당의 지도하에 있는 최고의 군사영도기구"이다. 인민해방군을 직접 통솔한다. 중앙군사위원회에는 '四總部', 즉 총참모부, 총정치부, 총후근부, 총장비부 등이 설치되어 있다. 각 총부는 군사, 정치, 후방지원, 기술·장비 등에 관한 업무를 담당한다.

9) Ning, Lu, 2001, "The Central Leadership, Supraministry Coodinationg Bodies, State Council Misnitries and Party Departments," in David Lampton (ed.), *The Making of Chinese Foreign and Security Policy in the Era of Reform* (Stanford: Stanford University Press), pp. 39-60.

10) 中國國防科技信息中心 홈페이지 (http://www.cdstic.cn).

11) 中國工程物理研究院 홈페이지 (http://www.caep.ac.cn).

12) 이태환, 2007,「중국 군사력 증강의 분석과 전망: 후진타오시기를 중심으로」,『세종정책연구』, 제3권 1호, pp. 159~167.

13) Ding, Arthur S., 1996, "China's Defence Finance: Content, Process andAdministration," *China Quarterly*, No. 146, Special Issue: China's Military in Transition, p. 429.

14) Office of the Secretary of Defense, 2007, "Annual Report on Military Power of the

People's Republic of China 2007".

15) 이태환, 2007,「중국 군사력 증강의 분석과 전망: 후진타오시기를 중심으로」,『세종정책연구』, 제3권 1호.

16) "2008年 中國的國防," 國務院新聞辦公室 (2009. 1. 20).

17) 방위조약은 조약에 서명한 국가들 중 어느 한 국가가 적대국에게 침략을 당했을 경우 다른 모든 서명국들이 공동방어를 위해서 전쟁에 참전하기를 약속하는 동맹관계를 의미한다. 방위조약은 동맹의 세 가지 유형 가운데 동맹국 간 구속력이 강하고 수명이 길다고 할 수 있다. 중립조약 또는 불가침조약(nonaggression pact)은 서명국들 중 어느 한 쪽이 제3국으로부터 침공을 받았을 때, 서명국들이 서로 간에 전쟁을 선포하지 않고 중립을 지킬 것을 약속하는 동맹관계이다. 협상은 서명국들 중 어느 한 국가가 제3국으로부터 침략을 당했을 경우 서명국들 간에 서로 공조체제를 유지할 것인지 등에 관한 차후의 대책을 서로 협의할 것에 동의하는 관계이다(김우상, 2007,『신한국책략 II』, 나남, pp. 54~57).

18) 중조조약 제2조에서는 "체약 쌍방은 체약 쌍방 중 어느 일방에 대한 어떠한 국가로부터의 침략이라도 이를 방지하기 위하여 모든 조치를 공동으로 취할 의무를 지닌다", "체약 일방이 어떠한 한 개의 국가 또는 몇 개의 국가들의 련합으로부터 무력 침공을 당함으로써 전쟁상태에 처하게 되는 경우에 체약 상대방은 모든 힘을 다하여 지체없이 군사적 및 기타 원조를 제공한다"라고 규정하고 있다.

19) 中華人民共和國和朝鮮民主主意人民共和國友好合作互助條約 (1961. 7. 11) 第七條.

20) 조영남, 2009,『21세기 중국이 가는 길』, 나남, p. 236.

21) 예 교수는 국가 간 관계를 친소에 따라 다섯 가지 유형, 즉 동맹, 준동맹, 정상, 비정상, 적대 등으로 나누고, 준동맹관계가 정상관계를 기초로 발전한 더 높은 수준의 협력 관계를 의미한다고 보고 있다. 상호 간 동맹조약과 조약, 그리고 시간의 구속을 받지 않으며, 어떤 한 국가에 대항하지 않지만, 동맹의 관계는 아닌 것을 의미한다. 그렇지만 어떤 특수한 상황에서 패권국가가 동맹의 형태로 중국을 상대로 포위, 억제, 봉쇄, 혹은 전쟁을 일으킬 때 중국 또한 다른 국가들과 준동맹관계에서 동맹관계로 발전할 수 있거나 적어도 선의의 중립을 지키는 것을 의미한다(葉自成 2000: 9-10).

22) "閻學通: 中國應重新考慮不結盟政策",『朝鮮日報』中文網 (2009. 10. 10 검색).

23) 楚樹龍, 2003,「全面建設小康時期的中國外交戰略」,『世界經濟與政治』第8期, pp. 11-12.

24) 신종호, 2009,「중국의 소프트파워 외교의 전개와 국제정치적 함의」,『국가전략』제15권 1호, p. 48.

25) "2008年 中國的國防" (http://www.gov.cn/zwgk/2009-01/20/content_1210224.htm),

中華人民共和國國務院新聞辦公室 (2009. 1월).

26) 강택구, 2009,「중국과 상하이협력기구: 다극화 제약 요인과 차선책」,『국가전략』 제15권 1호, pp. 65-66.

27) 鐘龍彪, 2009,「中國國際軍備控制政策演變論析」,『當代中國史硏究』 第5期.

28) "中國加入的多邊軍控裁軍和防擴散條約" (http://www.fmprc.gov.cn/ce/cegv/chn/xnyfgk/t623744.htm). 中華人民共和國常駐聯合國日內瓦辦事處和瑞士其他國際組織代表團 (검색일: 2009. 12. 3)

29) "中國的軍備控制與裁軍", 中華人民共和國國務員新聞辦公室 (1995. 11).

30) 차창훈, 2002,「중국의 국제체제 편입의 국내적 영향: 중국의 군축 및 군비통제 인식과 제도 변화」,『국제정치논총』, 제42집 4호, pp. 355-356.

31) 차창훈, 2002, 위의 책, p. 367.

| 참고문헌 |

- 강택구, 2009, 「중국과 상하이협력기구: 다극화 제약 요인과 차선책」, 『국가전략』 제15권 1호.
- 김우상, 2007, 『신한국책략 II』, 나남.
- 김태호, 2005, 「중국의 당-군관계와 군의 역할 변화」, 유세희 편, 『현대중국정치론』, 박영사.
- 멜 거토브 · 황병무, 1999, 『중국안보론 - 인민해방군 역할의 분석』, 국제문제연구소.
- 박병광, 2009, 「중국의 우주군사력 발전에 관한 연구」, 『국가전략』 제15권 4호.
- 신종호, 2009, 「중국의 소프트파워 외교의 전개와 국제정치적 함의」, 『국가전략』 제15권 1호.
- 이계희, 2004, 『중국안보론』, 충남대학교출판부.
- 이동률, 2008, 「중국외교개관」, 『중국현대국제관계』, 오름.
- 이태환, 2007, 「중국 군사력 증강의 분석과 전망: 후진타오시기를 중심으로」, 『세종정책연구』, 제3권 1호.
- 조영남, 2009, 『21세기 중국이 가는 길』, 나남.
- 차창훈, 2002, 「중국의 국제체제 편입의 국내적 영향: 중국의 군축 및 군비통제 인식과 제도 변화」, 『국제정치논총』 제42집 4호.

- 楚樹龍, 2003, 「全面建設小康時期的中國外交戰略」, 『世界經濟與政治』 第8期.
- 中共中央文獻編輯委員會編, 1993, 『鄧小平文選』(第3券), 北京: 人民出版社.
- 高飛 · 夏莉萍, 2006, 「學習 · 認知與中國安全觀念的創新-上海合作組織與中俄關係案例研究」, 『國際論壇』 第4期.
- 劉靜波主編, 2006, 『21世紀初中國國家安全戰略』, 北京: 時事出版社.
- 門洪華, 2004, 「新安全觀 · 利害共同體 · 戰略通道-關于中國安全利益的一種解讀」, 『教學與研究』 第8期.
- 葉自成, 2000, 「中國實行大國外交戰略勢在必行-關與中國外交戰略的幾點思考」, 『世界經濟與政治』 第1期.
- 兪新天, 2008, 「立足時代前列: 中國安全戰略的超越」, 『國際問題研究』 第6期.
- 中共中央文獻編輯委員會編 , 1993, 『鄧小平文選』 第3券, 北京: 人民出版社.

■ 鐘龍彪, 2009,「中國國際軍備控制政策演變論析」,『當代中國史研究』第5期.

■ Ding, Arthur S., 1996, "China's Defence Finance: Content, Process andAdministration," *China Quarterly*, No. 146, Special Issue: China's Military in Transition.

■ Gill, Bates and James Mulvenon, 2002, "Chinese Military-Related Think Tanks and Research Institutions," *China Quarterly*, No. 171.

■ Ning, Lu, 2001, "The Central Leadership, Supraministry Coodinationg Bodies, State Council Misnitries and Party Departments," David Lampton ed.,*The Making of Chinese Foreign and Security Policy in the Era of Reform*, Stanford: Stanford University Press.

■ Wang, Jianwei, 2005, "China's Multilateral Diplomacy," Yong Deng and Fei-ling Wang. *China Rising: Powr and Motivation in Chinese Foreign Policy*, Lanham: Rowman & Littlefield Publishers, Inc.

■ *Global Security*

러시아의 안전보장제도와 정책: 연속성과 안정성

윤 영 미

Ⅰ. 러시아연방의 안보위협과 대응에 대한 개념적 분석

1. 러시아연방의 안보위협 인식

러시아연방(이하 러시아)의 안보위협 인식과 그 대응에 관한 연구는 다음과 같은 몇 가지 관점에서 접근해 볼 수 있다. 우선 국제연맹의 프라하 각서 제53항에서 규정하고 있는 안전보장(security)[1]의 성립요건을 통해서 러시아 정부가 그동안 위협을 어떻게 인식하고 대응해 왔는지 파악해 볼 수 있다. 프라하 각서 제53항에서는 안전보장의 성립요건이 되는 위협에 대해 다음과 같이 두 가지로 규정하고 있다. 첫째는 타국의 공격을 받지 않을 보장이며, 둘째는 타국의 공격을 받았을 경우, 여타의 제국으로부터 즉시 유효한 원조를 받는 보장으로 정했다. 이처럼 경험을 통해서 인식되어 온 타국의 위협으로부터 보장받는 가장 효과적인 수단은 여타 국가들과 다름없이 군사력이 그 바탕이 되었다. 이런 점에서 역사적으로 러

시아가 인식하는 외부적 위협은 지정학적 측면에서 고려해 볼 때 '포위공포'로 분석된다.[2)]

러시아의 '포위공포'증은 광활한 영토와 그 위치에서 기원한다. 러시아는 유라시아 대륙의 절반에 해당하는 850만 평방마일의 토지를 점유한 대국이었다. 이런 넓은 영토 때문에 자연히 국경도 넓었지만 특히 부동항이 없어 방어하기에 곤란을 겪었다. 중앙정부의 힘의 강약에 의해서 제정러시아와 구소련의 국경은 불안정한 변동을 계속해 왔다. 외부의 침략을 받았을 때 방어선을 펼칠 자연의 장벽이 없었다. 영토 확대에 따른 침략의 역사와 대평원이라는 지리적 특징은 주위가 적으로 둘러싸여 있다는 일명 포위공포증을 초래했다. 즉 영토 확대를 통해 외적과의 거리를 되도록 멀리하여 적이 침략했을 때 주요 핵심 지역을 방어할 시간을 벌어 영토를 수호하는 데 주력했다.[3)]

이처럼 러시아의 국가안전보장에 대한 인식은 역사적 체험에 의해 매우 강성해졌다. 포위공포증의 반작용으로 절대적 안전을 추구하기 위한 대응은 '과잉방위'로 표출되었다. 또 과잉방위를 통해 여타 국가들과 달리 '공격적인' 안전보장을 모색하게 되었다. 왜 이런 경향이 나타났을까? 부연하자면 아마도 러시아는 어느 국가들보다도 자국의 안보에 민감한 반응을 보이는 민족으로 자국과 국민전체의 생존을 위해서 당연한 것으로 간주되고 있다. 결국 이런 경향은 오랜 세월에 걸친 외부세계에 대한 '영토 확장'으로 나타났다. 기록에 따르면 러시아는 1613년 이후 300년간에 걸쳐서 하루 평균 60평방마일의 속도로 영토를 확대해 나갔다. 러시아 민족의 이처럼 지나친 '과잉방위적 팽창주의' 경향은 더 강한 나라보다 더 큰 나라로의 선호로 드러났고 힘만이 안전보장을 성취할 수 있다는 '힘의 우위'를 강조하는 정책으로 전환되었다. 이는 외부 세계에 대한 안전보장 정책방향이 군사력 중심으로 전환되었음을 의미한다.[4)]

둘째, 안전보장에 중요한 인식은 결국 한 국가의 안전보장제도와 정책으로 표출되고 한 국가의 존속 및 번영과 밀접한 연관성이 있다. 주변 국가의 위협에 어떻게 대응하고 이를 극복하느냐에 국가의 존속과 번영이 좌우되었고 국가의 기본목표는 이러한 위협 속에서 생존가능성을 극대화하는 데 집중되었다. 외부의 물리적 침략으로부터 국민과 영토를 보호하는 것이 근대국가의 설립 과정에서 형성된 전통적인 안보 개념이었다. 이는 안보위협의 주요 상황을 외부 세력의 도전에 의한 전쟁으로 상기함으로써 국가안보를 군사적인 측면에서 파악한 것으로 국방의 개념과 크게 다르지 않다. 이런 점에서 안보 개념이 군사력의 사용과 연관된 현상을 지칭하는 것에서 시작되어 발전해 왔음을 부인할 수 없다. 일반적으로 안보정책의 개념은 군사 국방정책과 같은 뜻으로 사용되고 있는 것이다.[5)]

2. 전통적 안보 개념과 포괄적 안보 개념

전통적 안보 개념에 의하면 러시아는 여전히 러시아적, 즉 유라시아적 요소를 강조하고 있다. 이런 경향은 제2차 세계대전 이후 더욱 현저하게 나타났다. 유럽에서 냉전체제가 확립됨으로써, 소련이 본격적으로 국제사회에서 영향력 강화를 추구할 때 '군사력' 외에 '이데올로기'가 국가안전보장에서 주요한 비중을 차지하게 되었다. 미국과 서유럽의 안보위협에 대해 소련은 우선 자국의 영향권 안에 있는 동유럽 국가에 대한 강한 군사력과 이데올로기를 중요시하는 정책을 펼쳤고 제3세계 지역에서 사회주의 정권이 출현하는 것을 돕기 위해 이데올로기 안보정책을 더욱 강화했다. 냉전 시기 소련이 주요 안보위협에 대응한 수단은 군사력이었다. 특히 미·소 양국 간의 군사력 강화 경쟁은 '핵무기' 분야에서 치열하게 전개되었다. '핵전력의 양적 균형'에 기초해 소련은 미국과 대등한 지위를 계속 확보하기 위해 군사력 강화 우선주의의 정책을 추진하였다. 그 결과 경제구조에서 군수산업과 일반 소비재 산업 사이의 심한 불균형을 초래했다. 따라서 구소련 시기의 국가안전보장 개념은 첫째, 자국 영토에 대한 안전 확보, 둘째, 동유럽의 사회주의체제 유지와 소련의 정치적 지배 지속, 셋째, 자국 영토 및 자국 세력권 인접 국가의 중립국화 노력, 넷째, 제3세계에서의 사회주의 정권의 확대로 요약할 수 있다. 소련의 주요 안보전략의 핵심 이해관계 대상 국가나 지역은 미국과 동유럽, 제3세계권으로 구성되었다.[6]

그러나 1985년 미하일 고르바초프[7] 정권 출범 이후 군사력과 이데올로기 중시 외교에 대변혁이 일기 시작했다. 요약하자면 결국 비(非)이데올로기를 중시하는 그의 '신사고(New Thinking)'[8] 정책에 '상호의존적'인 안보정책이 수용되었다. 이런 새로운 위협에 대한 인식의 변화는 1991년 소련연방의 해체와 독립국가연합(Commonwealth Independence States; CIS) 체제의 출범을 초래했고 신생국 러시아연방은 탈냉전 시기에 직면했다. 부연하자면 러시아의 이런 위협과 그 대응에 대한 변화는 고르바초프가 추구했던 국내 개혁의 대외여건을 조성하기 위해 국제사회를 중시하며 적극적인 '상호의존적 평화공존 정책'을 추진한 데서 기인했다. 고르바초프의 신사고 안보 접근은 자국민의 안보 불안감을 현저히 감소시켰다. 이는 자국의 안보가와 혁명의 전파와 긴밀하게 연관되었던 전통적인 위협에 대한 인식 틀의 전환 내지 와해를 의미하는 것이다. 이를 기반으로 탈냉전기 옐친, 푸틴, 메드베데프 정부로 정권교체가 진행되면서 많은 대외적 위협의 주요 이슈에서 포괄적 안보에 대한 서구와의 합의 및 협력이 중요하다는 인식을 수용하게 되었다.

셋째, 포괄적 안보와 위협에 대한 러시아의 대응을 살펴볼 필요가 있다. 안보 개념은 인간문명이 발전하는 단계에 따라 그 내용이 변화하고 있음을 상기할 필요가 있다. 이런 점에서 포괄적 안보위협에 대한 러시아의 인식은 다양하게 표출된다. 조금 더 논의해 보자면 안보 개념은 끊임없이 변해 왔는데, 만인 대 만인의 투쟁에서 안보란 오직 한 개인의 안전으로만 이해되었던 개인안보였다. 그러나 문명이 발전함에 따라 이러한 개인 본

위의 안전은 차츰 종족의 안전으로 확대되었고, 또 국가와 자국민을 생각하는 단계로 안보 개념이 확대되어 왔다. 시대와 사회적 안보환경에 따라 안보의 개념과 내용이 달라지고 있는 것이다. 이런 점에서 국가안보의 의미는 각국이 처한 상황과 입장에 따라 달리 해석할 수 있고 학자들의 주장도 다소의 차이는 있지만, 일반적으로 안전보장이란 외부의 여러 가지 위협으로부터 국가와 국민의 생존을 보장하고 국가목표를 달성하는 과정에서 추구하는 가치를 향상시키기 위해서 타방의 위협을 효과적으로 배제하고 일어날 수 있는 위협의 발생을 미연에 방지하며 나아가 불시의 사태에 적절히 대처하는 것으로 정의된다.[9]

포괄적 안보 개념을 한 국가의 상황에 적합하게 정의하기 위해서는 다음과 같은 네 가지 측면을 고려해야 한다. 첫째, 전통적 안보 개념이 군사 중심의 개념으로 파악되고 있는 데 비해 새로운 안보 개념은 비군사적 요소도 포함한다. 그러나 군사력의 중요성이 줄어든다는 의미는 아니며 군사력 그 자체만으로 생존과 번영을 보장할 수 없다는 것을 의미한다. 즉 적정 군사력을 보위하는 가운데 전통적 안보 개념에서 도외시했던 군사 외적인 요소도 중요한 요소로 포함하여 확대시킨다는 것이다.[10] 둘째, 안보위협과 대결을 분석할 때는 단일국가가 아닌 국제적 수준의 안보문제를 동시에 고려해야 한다. 냉전 시기 한국을 비롯한 러시아 및 여타 국가들의 안보위협 대상은 매우 단순했으나 현재는 우호관계 및 협력 개념이 좀 더 분명해지고 국가안보가 더 다양한 국가와의 경쟁과 타협을 배경으로 유지된다는 것을 인식해야 한다. 셋째, 국가구성원 모두가 국가안보의 주체로서 정부가 국민의 지지를 받지 못하거나 국민들을 결속시키지 못한다면 국가가 외부의 위협에 도출되는 상황이 되어 안보적으로 취약해진다는 점을 고려해야 한다.[11] 넷째, 안보 개념이 고정되어 있지 않고 시대 및 상황에 따라 다르다는 점, 즉 러시아의 특수한 안보상황을 유의해야 한다.

이런 점을 고려해 볼 때, 탈냉전기 주요 안보전략에서도 다음과 같은 변화가 일기 시작했다. 첫째, 미 · 러 관계의 급속한 변화로 새로운 동반자 관계를 유지할 수 있게 되었다. 둘째, 구소련의 해체에 따라 러시아연방이 세계적인 대전략을 수행할 능력을 상실함으로써 동유럽 및 제3세계 정책에 큰 변화가 일어났다. 셋째, 러시아의 안보전략에서 주목할 만한 변화는 외부의 위협보다는 CIS 국가 간의 불협화음, 자국 내의 테러 및 민족분쟁 등 내부적인 요소들이 더 부각되기 시작했다는 것이다. 현실적으로 러시아는 구소련의 붕괴 이후 더욱 포괄적 안보위협에 직면했다. 예를 들면 러시아가 직면한 핵심적인 안보위협은 탈냉전기 코소보사태 이후 지속되고 있는 NATO의 동진, 미국의 동유럽 MD 확대 전략 및 중앙아시아에 대한 군 주둔 및 영향력 확대, 카스피해 지역을 둘러싼 송유관 건설, 중국과의 국경분쟁, 반테러리즘, 환경, 마약, 자원 확보 및 경쟁 등이다.

이와 같이 러시아의 안전보장의 핵심은 대외적 혹은 군사적 위협에 대하여 국가의 존립과 국민의 생존 및 발전을 목적으로 국가안전보장 제도와 정책을 종합적으로 결정하고 달성하기 위해 위협을 사전에 방지하고 대처하는 능력을 수행하는 기제로 간주된다. 러시아에서는 1990년 구소련 붕괴 이후 1992년 처음으로 서구식 개념의 국가안전보장 협의체가 탄생했다. 이하에서는 이와 같은 러시아의 국가안보에 대한 인식과 특성을 바탕으로 구소련 붕괴 이후의 옐친 시기, 푸틴 시기 그리고 현재의 메드베데프 시기로 분류해 각 시기별 안전보장제도와 정책의 주요 특징과 내용을 살펴보고 안전보장의 과제와 함의를 고찰해 보고자 한다.

II. 체제전환기 국가안전보장: 옐친 시기

1. 안전보장 제도: 위협인식과 안보회의 구축

1) 위협인식과 안보회의

1991년 구소련 붕괴 이후 보리스 옐친 대통령은 미국의 국가안전보장회의와 유사하게 운용하기 위해 국방회의를 창설하였다. 구소련 시기 가장 중요했던 기관은 '정치국'과 '서기국'이었는데 국방회의는 정치국과 서기국의 핵심간부로 구성되었다. 따라서 국방회의는 안전보장은 물론이고 외교정책을 결정하는 과정에서 실질적으로 가장 중요한 위치를 점하게 되었다.[12] 국방회의는 실질적인 안전보장기구로 일괄 통제가 가능했고 협의체라기보다 결정기관으로 작용했다. 부연하자면 국방회의는 여타 국가에 비해 당시 국가안전보장의 최고 의결기관으로 강력한 결정권을 가졌다.

1992년 3월 국가의 군사 및 안보정책에 관한 국가안전보장법이 제정되었다. 그에 따라 결국 대통령 직속기관으로서 '국가안보회의'가 1992년 6월 설치되었다. 이 회의의 의장직은 대통령이 수행했고, 창설 당시 상임위원은 대통령, 부통령, 국무총리, 최고회의 제1부장, 국가안전보장회의 사무총장 등 5명과 민족문제담당 부총리, 국방장관, 안보장관, 내무장관, 외무장관, 해외정보부장 등 위원 6명으로 구성되었다. 1993년 옐친 대통령은 경제담당 제1부총리와 보건장관, 환경장관, 법무장관, 재무장관 등 5명을 추가로 위원에 임명하였다. 국가안보회의 주요 기능은 국가안보전략의 수립과 시행 여부를 결정하고, 안보 관련 기관의 활동을 조정하며, 비상사태령의 발령을 결정하는 것이었다. 총선과 관련된 대통령이 포고령을 준비하고, 보건환경 문제를 해결하고, 금융, 재정, 정책과 경제개혁 추진에 관한 업무가 추진되었다.[13]

국가안보회의는 국가안보전략의 수립과 실시계획을 준비하고 안보 관련 집행기관의 활동을 조정하며 비상사태령을 준비하는 것을 주 임무로 하였다. 그러나 옐친 대통령이 이 회의의 결정사항을 모두 대통령으로 발령하여 행정부가 즉시 시행토록 명령함으로써 최고권력기관으로 부상했다. 국가안보회의의 서기는 회의 결정사항인 대통령의 시행을 감독하는 권한을 갖고 있어 직무상 정부 각 부처에 막강한 영향력을 행사한다.[14)]

국가안보회의의 주요 역할을 구체적으로 살펴보면 다음과 같다. 집권 초기 옐친 대통령은 신생 러시아의 국가안정보장 제도를 유지 및 수행함에 있어서 두 가지 중요한 목적을 두었다. 국내 정치적으로 경제개혁을 수행하기 위해 외부적 상황을 보장하는 것과 냉전의 유산을 극복하는 것이었다. 출범 초기 체제 전환기 러시아 정부는 냉전과 소련 붕괴 이후 변화된 지정학적 상황 속에서 러시아의 국익을 재정립해야 했다. 러시아 안전보장의 출발은 서구주의와 유라시아주의로 분리되었다. 서구주의자들은 유럽의 가치를 지향하며 유럽의 발전과정 속에 러시아가 그 일부로 편입되어야 한다고 주장했다. 반면에 유라시아주의자들은 러시아가 유럽문명의 일부가 아니라 유럽과 아시아 사이의 균형 축 역할을 하는 구별된 문명을 소유한 국가라고 주장했다. 즉 유라시아주의자들은 러시아와 유럽의 본질적인 관계가 협력적이라기보다는 경쟁적이라고 보았음을 알 수 있다.[15)]

2) 서구주의와 경제개혁

당시 러시아 외교는 안전보장의 확실한 확보와 경제개혁의 성공적인 추진에 초점을 두었다. 러시아는 자국 영토의 온전한 보전을 위해 구소련 연방에서 독립한 공화국들과 관계를 유지하면서 서방국가로부터 개혁에 필요한 지원을 얻어내기 위해 이들과의 관계를 강화해 왔다. 그러나 기대했던 서방 지원의 경제개혁은 원활히 추진되지 못하였고 러시아는 독자적인 관계를 중요시하는 근린외교를 전개하기 시작했다.

옐친 시기 러시아 안전보장제도의 변화 과정을 다음의 세 단계로 정리해 볼 수 있다. 제1단계는 1991년부터 1993년 시기로 러시아연방 출범 초기로 경제발전이 최우선 목표였다. 이에 따라 시장경제와 자유민주주의라는 서구적 가치관을 신봉하던 시기로 서구적 개혁세력들은 서방세계의 국익을 러시아의 국익과 동일시하면서 러시아의 대외정치 행위를 친서방주으로 일관했다. 서방에 대한 협조가 안전보장과 경제지원을 이끌어내 러시아의 국익 증대는 물론이고 자국의 국제적 위상 강화에 기여할 것이라고 판단한 시기다.

제2단계는 1994년에서 1995년 시기로 친서방 밀월노선의 실패로 러시아의 국제적 영향력이 약화된 시기였다. 외교의 자율성을 토대로 동 · 서의 이해를 고려하면서 국익의 범위를 확대하고자 했던 지정학적 실용주의 노선 시기로 분류할 수 있다. 크렘린은 유라시아적 정체성의 강화를 모색하기 시작했다. 러시아 외교의 사각지대였던 아시아 국가들과 독자적인 관계를 확대함으로써 자국의 국익을 확보하고자 했던 시기다.

제3단계는 1996년에서서 1999년 임기 말 시기로 다변화된 전방위적 안전보장제도가 유지되었던 동 · 서간 대외정책의 불균형을 시정한 시기다. 새로운 전략으로서 객관적인 대내외적 현실인식을 토대로 대외정책의 우선순위를 결정하고 이를 통해 국가능력과 잠재력에 상응하는 국제적 위상을 확보하는 것을 목표로 했다. 일명 '전방위적 안전보장'제도를 유지함으로써 대외적 활동 범위를 확대하되 러시아의 제한된 자원과 국가의 능력을 고려하여 국익과 국가안보에 가장 중요한 몇몇 국가 및 지역에 집중하는 선택적 집중 전략이 중요했다. 단연코 그 주요 대상지역으로서 아시아는 러시아의 전방위 외교에 중요한 이니셔티브가 되었다. 실제로 러시아는 전방위 외교 노선으로 전환한 이후 아시아 국가들과의 전면적인 관계강화를 위해 발 빠른 외교적 행보를 보였고 적잖은 지정학적 성과를 달성했다.

반면에 러시아의 사활적 집중지역인 유럽에서의 전방위적 외교는 그 취약성을 드러냈다. 러시아의 지정학적 위상 제고와는 관계없는 상징적 수준의 G8 정식 회원국, 런던클럽, 파리클럽 가입에 그쳤다. 즉 유럽을 향한 적극적 외교공세에도 불구하고 러시아는 경제개혁에 필요한 재정적 지원을 충분히 이끌어내지 못했고, 유럽연합(EU), 세계무역기구(WTO) 및 경제협력개발기구(OECD) 등 서구세계의 정치·경제 조직에 가입하려는 노력도 서방 측의 냉담한 반응으로 좌절되었다. 오히려 서방국들은 러시아의 세력 약화와 총체적 경제난 극복을 위한 방편으로 국제통화기금(IMF)의 경제원조와 동유럽으로 북대서양조약기구(NATO)를 확장함으로써 러시아의 영향력을 약화시켰다.[16]

2. 안전보장정책: 국가안보 개념(구안보 개념)

옐친 대통령은 1997년 12월 안전보장정책의 주요 개념이 되는 국가안보 개념(The Concept of the National Security of the Russian Federation, 이하 구안보 개념)을 발표했다. 세계질서의 새로운 추세와 관련 구안보 개념에서는 일부 국가들의 현저한 정치·경제적 위상 강화로 국제질서의 다극화 현상이 강화되고 있기 때문에 '서구와 동반자관계 발전의 지속'을 중요하게 간주했다. 따라서 구안보 개념에서 국가안보를 위협하는 '국내적 요인'으로 과학기술력 및 농업생산의 낙후, 공업생산의 저하와 대규모 외자유치의 미흡, 인구감소·출산율 및 평균수명의 저하, 자원의 고갈 및 생태계 파괴, 사회범죄 만연 등으로 분류되었다. 아울러 '비군사적 요인'으로는 러시아 국가의 통일성을 저해하는 인종·종교적 분리주의 움직임, 타국가의 러시아 영토에 대한 소유권 주장, CIS 내에서 정치·경제·인종적 위기 발생 및 격화, 러시아 인근 국경지역의 잠재적 분쟁, 대량살상무기의 확산 등에 초점이 모아졌다. 또 서방과 관련한 외부의 군사적 위협에 대해 주요 선진 강대국들과 무력경쟁 가능성을 배제하지 않았지만 러시아에 대한 대규모 위협이나 공격이 존재하지 않는다고 명시했다. 핵무기 사용조건과 관련하여 구안보 개념에서는 "외부의 군사적 침략으로 주권독립국가로서 러시아의 존립이 위협받을 시, 핵무기를 포함하여 러시아가 보유하는 모든 동원 가능한 군사적 수단을 사용할 권리가 있다"고 명시하면서 핵무기 선제 사용을 엄격히 규제했다.

결과적으로 이 시기 러시아는 새로운 유럽질서 형성 과정에서 능동적이 아닌 수동인 위치로 전락했고, 서구사회로부터 정치적, 경제적, 안보적 소외감이 심화되었다. 따라서 유라시아 강대국으로서 러시아의 역할과 국제적 권위를 보장해 주는 새로운 안보정책이 요구되었다. 국내적으로 러시아는 1998년 8월의 모라토리엄(채무지불유예) 선언과 1999년 9월 체첸전쟁의 재개에 직면했다. 당시는 옐친의 건강 악화와 정치적 불법행위(1993년 9월의 초법적 의회해산과 의사당 유혈사태)와 국가의 총체적 퇴보를 공격하는 보수세력들의 반대를 막아내기 힘들었고 1999년 12월 총선과 2000년 대선을 앞두고 있었다.

살펴본 대로 옐친 시기의 안보정책 노선은 체계적이라기보다는 일관성을 결여한 채 혼란스런 과도기 성격을 벗어나지 못했다. 소련 붕괴로 인한 영토의 축소, 국가정체성 상실, 경제 파탄, 국론과 민족의 분열, 군사전력 약화, 불리한 대외적 여건 등은 불가피하게 신생 러시아의 전방위적인 국력 약화를 초래했다. 사회주의체제 동안 고착된 사고와 제도를 개혁하는 것은 극심한 사회적 긴장과 경제적 비용 그리고 정치적 혼란을 수반했다. 이로 인해 신생 러시아는 국력을 외교로 변환시키는 메커니즘에 치명적인 결함을 드러냈고, 그것은 결국 핵심적인 국제관계 주체로서 러시아가 독자적 영역을 확보하는 데 제약으로 작용했다.

이 밖에 체제 전환 과정에서 파생된 범죄와 부정부패의 만연, 국부의 소수 집중으로 인한 경제구조 왜곡, 부익부 빈익빈 현상의 심화에 따른 사회적 분열, 통치제도 미비에 따른 국가권력의 분산, 두 차례에 걸친 체첸 전쟁으로 인한 민족분열 등도 국가적 에너지를 외부로 돌릴 수 없게 한 중요한 요인이었다.[17] 탈냉전 시대 미·러 관계를 규정한 '전략적 동반자 관계(strategic partnership)'는 단지 외교적 수사에 불과했다. 당시 러시아를 배제한 한반도 4자 회담, 러시아의 지정학적 이해관계를 일방적으로 무시한 NATO의 동진과 세르비아 공습 등이 이를 입증하는 구체적 사례였다.

이상과 같은 부정적인 대내외적 요인으로 인해 옐친 시기 러시아의 활동영역은 축소되었고 국가의 권위는 실추되었다. 이러한 현상은 대외적 요인도 중요했지만 국내적 요인에 기인한 바 컸다. 이런 측면에서 러시아가 바라는 위대한 강대국을 재건하기 위해서는 무엇보다도 국내 문제, 즉 국내 무질서의 극복과 분열된 사회통합, 만성적인 경제위기의 탈출 그리고 허약한 국가안보 역량 강화가 반드시 필요했다.

Ⅲ. 푸틴 시기의 안전보장제도와 정책

1. 신국가안전보장제도

1999년 12월 31일 대통령권한대행을 맡았던 블라디미르 푸틴 총리가 2000년 3월 26일 대통령으로 집권한 것은 러시아의 국가안전보장제도 및 정책의 변화를 의미했다. 푸틴은 집권과 동시에 범슬라브주의적 애국주의 이데올로기에 기초해 위대한 강대국 재건을 보장하는 일련의 수정주의적 안전보장 조치들을 취했다. 푸틴은 집권 초기부터 정부조직의 간소화와 기능 중심의 정부조직 재편을 통한 혁신을 꾀했다. 개혁을 배척한 보수파의 반대에 직면하기도 했지만 소비에트식 전통 관료주의의 정부 인사들에게 조직의 축소는 이상적인 것으로 여겨졌다. 그렇지만 2000년 푸틴의 집권 이후 상황이 변했다. 올리가르히(정권과 유착한 과두재벌)를 제거하고 러시아 경제를 건설하기 위해 대통령 권한을 강화하고 정부를 쇄신하였다. 2000년 당시 26개의 부는 네 번의 조직 개편을 거치며 현재 16부로 축소되었다.[18]

푸틴 시기 러시아의 안전보장 제도와 정책의 핵심은 국가안보 개념(The Concept of the National Security of the Russian Federation, 2000. 1. 10), 군사 독트린(The Military Doctrine of the Russian Federation, 2000. 4. 21), 대외정책 개념(The Concept of the External Policy of the Russian Federation, 2000. 3. 24) 등의 세 가지로 압축할 수 있다. 여기에는 푸틴의 국가안보관과 그가 지향하는 21세기 러시아의 안전보장의 기본 개념을 파악할 수 있는 중요한 단서들이 포함되었다.[19] 앞서 살펴본 옐친의 국가안보 개념(이하 구안보 개념)에 이어 2년 만에 푸틴은 이를 수정해 2000년 1월 10일 새로운 국가안보 개념(이하 신안보 개념)을 채택 및 공표했다. 이는 러시아가 직면한 안전보장의 위협요소에 대한 위기의식의 '심각성과 안전보장 전략 수정의 시급성'을 잘 반영하는 것이었다. 러시아가 유라시아의 최대 국가이자 균형적인 접근을 원칙으로 한다는 전제를 명시했다. 다자주의 안전보장 노선을 표방하면서 중앙아시아 지역을 중심으로 다자협력 구축을 통한 대테러 국제연대 및 기존 동맹국 중시로의 전환이었다.[20]

결과적으로 옐친 시기 시작된 국가안보회의를 계승했다. 대통령의 권한을 더욱 강화함으로써 강한 러시아를 구축하는 데 주력했다. '21세기 강대국 러시아 재건'을 위해 푸틴 대통령은 국내적 과제로서 정치적 안정과 침체된 경제 활성화의 제도적 토대를 형성하기 위해 국가권력구조 개편을 통해 '강력한 중앙집권적 대통령제를 강화'했다. 구체적인 해법으로는 국내적으로 안전보장제도를 구축하기 위해 대통령 취임 후 취한 일련의 조치들인 개각을 통한 친정체제의 구축, 반정부 언론기관 탄압, 정치적 기득권 세력과 과두재벌의 점진적 제거, 권력수직화 조치를 통한 지방 정치세력들의 약화, 경제정책의 민영화를 통한 국가자본주의적 요소의 강화 등을 들 수 있다.

이러한 신국가안전보장제도의 형성과 유지의 직접적인 원인은 대외적으로 NATO의 동진으로, 크렘린은 과거와 같은 블록적 사고와 반서방적 정향 표출, 핵사용권 강화 등 대서방 강경전략을 구사하였다. 그러나 러시아의 강력한 안전보장제도의 유지는 과거의 극단적인 군사적 팽창주의로의 회귀는 아니었다. 푸틴이 추구한 전방위적 외교노선는 다자주의와 주요 세력들과 전략적 연계 확대를 통해 유라시아에서 지위를 회복하고 명실상부한 세계적 강대국으로서 러시아의 지정학적 위상을 확립하는 데 바탕을 두었다.[21]

2. 안전보장정책: 위협인식과 신국가안보 개념

1) 위협인식과 전방위적 외교노선

푸틴 집권 8년 동안 안전보장제도에 가장 큰 영향을 미친 주목할 만한 특징은 일방적인 친서방 노선의 대폭 수정이었다. 당시 러시아가 직면한 가장 중요한 대외적인 안보위협은 유럽의 코소보사태와 NATO의 동진, 즉 확대에 대한 우려였다. 구체적으로 살펴보면 다음과 같다. 첫째, 동유럽 지역에 NATO의 군사적 잠재력이 급속하게 증대될 수도 있다는 우려에서 출발했다. 둘째, NATO군은 러시아와 국경을 접하면서 국경선에서 장기적인 계획 아래 진지를 구축했다. 셋째, 해양 강국으로서 러시아가 입는 심각한 손실이었다. 넷째, 동유럽의 구사회주의 국가들이 NATO에 가입함으로써 유럽에서 실시되는 군축협상 환경이 본질적으로 변화했다. 이상과 같이 NATO의 회원국 확대에 따른 새로운 안보상황은 러시아 안보를 위협하는 가장 중요한 요소이자 안전보장 정책에 지대한 영향을 끼쳤다.

동시에 러시아는 안전보장 개념에서 미국과 관계를 최우선적으로 고려할 수밖에 없는 상황에 처해 있으며, 미국과 민감한 군사·안보 현안에 대해 선별적으로 협력과 견제를 병행했다. 향후 미국과 러시아 간의 가장 막중한 안보 현안은 대테러전 이후 미국이 중앙아시아에서 영향력을 확대하는 현재 미국은 아프간전쟁을 계기로 중앙아시아에 진출하였다. 중앙아시아에 미군이 주둔하는 것에 대해 러시아는 민감한 반응을 보일 수밖에 없다. 부연하자면 러시아에서 그 성격상 가장 보수적인 집단이라 할 수 있는 군부는 안전보장과 군사전략 측면에서 NATO의 확대와 미국의 중앙아시아 진출이 자국의 안보에 상당한 위협으로 작용한다고 판단했다. 당시 국제안보 구도는 미국 위주로 진행되었으며, 유럽의 전통적인 강국이나 러시아의 힘만으로는 미국의 행동을 제어할 수 없었다.[22]

이런 맥락하에 가장 중요한 과제는 국가안전보장 정책의 구체적인 실현이었다. 즉 현실적으로 점증하는 외부의 안보위협 요소를 차단할 안전장치의 마련이 시급했다. 동시에 러시아의 영향력 회복과 국제적 위상을 보장하는 적절한 대외전략을 구축해야 했다. 그 대안으로 신안보 개념과 신군사 독트린을 제시하였다. 신안보 개념과 구안보 개념의 가장 큰 차이는 국제정세에 대한 평가에서 출발한다. 신안보 개념은 전 생활 영역에 걸친 국내외적 위협으로부터 러시아의 개인, 사회, 국가의 안전을 보장하기 위한 체계였다. 군사 독트린은 러시아 안보의 군사적, 정치적, 전략적, 경제적 기조를 정하는 공식적인 방침이었다. 국가안보 개념은 군사안보 영역을 포함해 러시아가 추구하는 세계전략(global strategy) 차원의 대내외 정책이었다. 반면 군사 독트린은 국가안전보장에 관한 군사적 준칙과 기본 방향을 제시하는 데 한정되어 있었고, 대외정책 개념 또한 국제관계 영역에서 러시아 외교의 기본 원칙과 대강을 제시하는 데 국한되었다. 군사 독트린과 대외정책 개념은 국가안보 개념의 부분집합으로서, 군사·안보 영역과 대외정책 영역에서 국가안보 개념의 대전략(grand design)을 구체적으로 실현하기 위한 실천적 지침이었다.[23]

2) 신안보 개념과 다극주의

신안보 개념은 전체적으로 형식과 내용 면에서 구안보 개념과 유사하다. 러시아의 강대국 지위 회복, 미국 중심의 단극 질서의 배격과 다원적 세계질서의 창출, UN과 유럽안보협력기구(Organization for Security and Cooperation in Europe; OSCE) 등의 역할을 강조했다.[24] 시장경제 개혁을 위한 유리한 대외환경 조성, 러시아 경제의 세계경제체제에 통합, 최우선적 국익으로서 경제이익 확보, 국제평화유지활동의 적극적 참여도 중요했다. 핵무기 등 대량살상무기 확산 방지(NMD), 다국적 범죄 및 테러리즘 척결, CIS 통합 노력, CIS 내의 자국민 보호, 국내 분리주의 움직임 방지 등 구안보 개념에서 강조했던 주요 내용들이 반복되었다. 신안보 개념은 양극적 대결시대가 종식된 이후 뚜렷이 대비되는 '상호 배타적인 두 흐름'이 중첩되고 있다고 평가했다. 즉 정치, 경제, 과학 · 기술, 생태 · 환경, 정보 · 통신 등 다자간 통합에 다원주의적 세계질서 움직임이 그 한 가지 측면이었다. 다른 측면은 이에 역행하는, 즉 미국 주도하의 서방선진국들이 힘의 우위를 바탕으로 주요 국제문제를 기본적인 국제규범을 회피한 채 군사적인 방식으로 해결하려는 신국제관계 구조의 시도로 간주되었다.[25]

신안보 개념은 반서방적 정향을 강하게 표출했다. 미국과 서방, NATO, UN, OSCE 등 기존의 국제안보기구의 역할을 무시하는 일부 국가 및 국가 간 연합이 최대의 안보위협이라고 명시했다. 특히 신안보 개념은 외부로부터의 심각한 군사적 안보위협을 강조했다. 기존의 국내적 · 비군사적 위협에 덧붙여 외부로부터의 심각한 군사적 위협을 강조했으며 그 위협의 범위를 선명하고 구체적으로 명시했다. 즉 러시아 국경 근접 지역에 외국의 군사기지 설치 및 대규모 군사 병력이 출현할 가능성과 함께 NATO 등 정치 · 군사적 동맹체 및 블록의 세력 확대를 위협으로 간주했다. 이처럼 러시아의 정치 · 경제 · 군사적 영향력을 약화시키고 러시아 국경지대를 포함해 CIS 외부국경을 위협하는 세력, CIS 통합 과정을 저지하는 세력 등을 국가안보를 심각히 위협하는 외부세력으로 추가해 규정했다.[26]

3) NATO의 동진과 확대지향형 핵전략

옐친 시기와 대조적으로 푸틴 시기 안전보장정책의 특징은 핵무기와 같은 안보위협에 적극적으로 대응한 데 있다. 이는 푸틴 시기 서방의 심각한 군사적 위협을 강조하는 반서방적 정향 표출과 일맥상통하는 것이었다. 안보위협에 대한 구체적인 대응책으로서 과거의 소극적이고 수동적인 '축소지향형' 핵전략에서 적극적이고 공세적인 '확대지향형' 핵전략으로 전환했다. 구안보 개념과 달리 핵무기 사용조건을 "군사적 침략의 격퇴가 필요해 위기상황을 해결하기 위한 모든 비군사적 수단들이 무용하고 비효과적일 경우"로 규정함으로써 핵무기 선제사용 가능성을 강화했다. 구체적으로 군사적 영역에서 신안보 개념의 실천적 지침인 '신군사독트린'에서 핵무기 선제사용 조건과 그 범위를 현저히 확대하고 있다. 신군사 독트린의 제1조 8항에서는 러시아 또는 러시아의 동맹국들이 핵무기 또는 기타 형태의 대량살상무기 공격을 받거나 러시아연방이 국가안보의 위기상황에서 대규모 재래식 무기의 공격을 받을 경우 이에 대응해 핵무기를 사용할 권리가 있다고 명시했다. 그리고 NPT(핵확산금지조약)에 가입한 핵무기 비보유국에 대해서는 핵무기 불사용을 원칙으로 하지만 핵무기 비보유국가라 할지라도, 이들이 핵무기 보유국가와 합동으로 또는 핵무기 보유국과 동맹 상태에서 러시아연방의 군대 및 기타 부대, 러시아의 동맹국 또는 러시아가 안보적 의무를 지닌 국가들을 공격할 경우는 예외로 한다고 명시했다. 전통적으로 국가안보 개념과 군사 독트린은 러시아연방의 국가안전보장과 대외정치적 과제 해결에서 중요한 의미를 갖는다. 푸틴의 신국가안보 개념과 신군사 독트린은 옐친 시대와 많은 차이점이 있다. 특히 국가안보 영역에서 '군사적 요소'를 현격히 강조하고, 대외전략에서 핵 의존도를 확대하고 있는 점이 특징적이다. 이는 옐친 시대 친서방적 외교 정향에 따라 무시된 군사력과 대외정책의 적절한 균형점을 복원하여 서방과의 전략적 균형을 되찾고자 하는 의도를 내포한 것이었다.[27)]

구소련 시기 군사적 요소는 다양한 대외정책 변수들 가운데 가장 중요하고도 결정적인 고려 요인이었다. 그러나 앞서 서술한 바 옐친 시대 신생 러시아의 대외정책 형성 단계에서 과거처럼 군사력에 과도하게 의존하던 구조는 약화되었다. 탈냉전 시기의 국제관계하에서 대외정책에서 군사적 요소보다 서구 및 외부 세계와의 상호의존 관계를 중요시하면서 초래된 결과였다. 즉 대결 구도보다는 협력에 의한 국가안전보장의 비군사적 방법을 더욱 우선하였다.

그러나 크렘린은 대외정책에서 군사적 요인의 역할을 과소평가한 것에 대해 제고하기 시작했다. 대표적인 것이 러시아의 완강한 반대에도 불구하고 진행된 NATO의 동진이었다. 미국 주도의 NATO 세력권의 전면 확대는 러시아 정부로 하여금 탈냉전기 질서 형성 과정에서 '힘의 분배'와 '안보 문제'에 주력하게 한 주요한 요인이 되었다. 러시아와 NATO의 현격한 군사전략적 비대칭이 러시아의 지정학적 영향력 공간의 축소와 안보위협으로 간주되면서 대외정책에서 점차 군사적 요소를 중시하는 현실주의적 측면이 강화되기 시작했다.

결론적으로 대외정치 과제를 해결하는 데 있어 군사적 요소의 증대, 특히 핵전력의 제고는 다차원적인 전략목표를 함의한다. 1차적으로 NATO의 동진을 저지하고 러시아의 지정학적 위상을 강화하는 것을 목표로 했다. 아울러 신안보전략 채택은 국제사회에서 러시아의 발언권 고양, 미국 중심의 단극적 패권질서의 단호한 배격과 다극화 중심의 세계질서 형성, 미국의 신군사 개입주의의 저지와 동유럽 MD 계획의 억제와 이를 통한 UN의 위상 강화 및 국제적 역할 강조, 러시아의 재래식 전력 취약성의 보완, 체첸 분쟁에 대한 서방의 무력간섭 개연성의 사전 차단, CIS 국가들의 러시아 영향력 이탈 방지, 중앙아시아에서 정치적 불안을 야기하는 터키, 이란, 아프카니스탄 등 이슬람 세력권에 대한 경고, 체첸 반군에게 군사교육과 거점을 제공하고 있는 아프가니스탄에 대한 경고 등 다층적 전략목표를 내포했다. 더욱이 러시아의 핵 카드는 냉전 시절 미국의 세계정치 핵심 파트너였던 러시아의 역할이 탈냉전 이후 점차 중국 등으로 대체되는 현실에서 자국의 국제정치적 존재 가치를 제고하기 위한 안보 외적인 목표도 포함하고 있었다.

정치적 · 군사적 수단인 핵무기를 국가안보와 국익수호 그리고 강대국 지위 회복을 위해 적극 활용하고자 하는 의도를 드러낸 것이다. 재래식 전력 대신 핵무기 의존도를 강화하는 방향으로 안보전략을 변경한 것은 나토의 동진 팽창과 관련하여 수세적 '지역방어(zone defense)'에서 적극적인 '선제방어(preemptive defense)' 전략으로의 전환을 의미한다.[28)]

IV. 메드베데프 시기의 안전보장제도와 정책

1. 안전보장제도: 위협인식과 신외교정책

2008년 7월 15일 드미트리 메드베데프 대통령은 5월 취임 이후 처음으로 국가안전보장을 제공하는 '신외교정책(foreign policy concept)'을 발표했다. 신외교정책은 2000년 블라디미르 푸틴 전 대통령이 발표한 외교정책에 이어 8년 만에 발표한 것이다. 동시에 푸틴 총리는 새 내각 진용을 구성해 발표함으로써 메드베데프-푸틴의 러시아의 특수성을 반영하는 '양두체제(diarchy)'를 공식 출범했다.[29] '신외교정책'은 러시아 정부가 추진할 안전보장제도와 정책의 목표, 기본방향 및 계획을 규정한 중요한 의미를 내포한다. 푸틴 전 대통령의 안전보장제도와 정책의 '연속성'을 강조한 것으로 2000년 푸틴이 수립한 안전보장 개념과 기본적인 방향에서 일치한다. 그동안 상황에 따라 변화가 필요한 부분을 수정하고 보완한 것이다. 그러나 내용과 구체적 실천 과제 면에서 더 방대하고 포괄적 안보 개념에서 출발했다.[30]

메드베데프 시기의 국가안전보장은 푸틴 시기와 다른 21세기 국제관계의 발전과 러시아 국력의 신장으로 자국을 둘러싼 환경을 새롭게 평가할 필요에서 출발한다. 국제사회가 요구하는 러시아의 역할에 대한 인식 증대와 그에 따른 요구를 안전보장에 잘 반영하여 우선순위를 정할 필요성이 제기되었음을 의미한다. 더욱이 국제정치에서 발생하는 다양한 문제들에 대한 러시아의 '책임'이 증가하여 국제적인 의제의 결정과 수행과정에 참여할 기회가 역시 증대됨에 따라 안전보장 방향을 재정립할 필요가 제기되었다.

신외교정책은 이러한 러시아의 안전보장에 대한 새로운 접근이 잘 표출되었다. 부연하자면 글로벌 경쟁이 펼쳐지는 국제정치에서 안전보장에 대한 새로운 인식은 국가발전의 주요한 수단이 되는 점을 주지할 필요가 제기되었다. 전통적인 군사적 정치적 연합체로는 다양한 현대의 위협과 도전에 대한 해결책이 될 수 없기에 국제적인 문제 해결을 위한 네트워킹 안전보장이 블록화를 대치하는 점을 중시한다. 즉 군사적인 물리적 힘 외에 경제적, 과학적, 기술적, 생태적, 인구학적, 정보적 요소들이 국가안전보장의 형성에 더 많은 영향력을 미치기 때문이다. 러시아의 신국가안전보장의 개념적 접근에 영향을 미치는 국제정치의 환경 변화를 다음의 요소와 연계한다.[31] 첫째, 세계경제의 글로벌화의 가속화가 진행 중이다. 둘째, 다자외교, 국제기구, 세계경제와 정치체제 메커니즘의 역할이 증가 추세에 있다. 셋째, 세계경제의 새로운 중심 지역의 역할이 증대되고 있다. 넷째, CIS 지역 및 중앙아시아, 유럽지역, 아시아 및 태평양지역, 아프리카와 라틴아메리카지역의 지역적 · 소지역적 통합의 움직임이 증가하고 있다. 다섯째, 각 지역별 유력한 국가들 간의 군사적 · 정치적 경쟁은 물론이고 분리주의와 인종주의, 국가 및 지역주의가 증가 추세이다. 여섯째, 국제법의 기본원칙을 어기는 몇몇 국가들과 집단이 존재한다.[32)]

러시아 헌법에 따라 대통령은 국가안보회의 최고 수장으로 안전보장회의를 주관하고 외교정책을 담당하며 국제기구에서 러시아를 대표한다. 연방상원(Federal Council)과 연방하원(State Duma)은 입법적으로 외교를 지원하고 러시아의 국제적인 의무와 달성을 통해 의회외교의 효율성 증가에 기여한다. 러시아 정부는 외교정책을 수행하기 위해 필요한 조치를 담당한다. 외교부장관은 국가 외교정책의 일반적인 전략을 수립한다. 메드베데프의 신외교정책과 관련한 국가안전보장을 전 세계와 언론이 주목하는 이유는 "러시아 행정부(government)가 외교정책 이행을 위한 조치들을 수행한다"는 조항 때문이다. 이런 내용은 이전 푸틴시기에는 없던 것으로 이를 근거로 일부 언론은 헌법상 대통령에게 부여한 외교정책 수행권한이 푸틴 총리에게 상당부분 이양된 것으로 간주한다.[33)] 헌법상에 명기한 안전보장의 권한과 결정은 대통령이 수행하고, 내각책임 관련조항을 그대로 유지하고 있으나 푸틴 총리의 권력 강화 조치를 잘 반영해 주는 점이다.

2. 러시아 국가안보전략 2020

2009년 집권 2기를 맞은 메드베데프 대통령은 5월 13일 국가안보회의가 작성한 '러시아 국가안보전략 2020'을 채택하는 대통령령에 서명했다. 일반조항에는 현대 국제사회와 러시아의 현 상황 및 향후 발전 동향,

러시아의 국가이익과 전략적 국가우선순위, 국가안보 확보방안, 국가안보 전략실현을 위한 조직적, 법적 기반 등으로 구분되어 있고, 총 112개 조항으로 구성된다. 2000년 푸틴집권 이후 달성된 일련의 군사안보 문서이자 메드베데프 출범 이후 바뀐 안보환경에 부합하여 재정립해 나가는 과정 중 하나로 간주한다.[34)]

주요 특징으로 국가안보의 범위를 기존의 국방 및 대외정책에서 사회, 경제발전, 과학기술, 교육 역량 강화 및 환경과 천연자원의 합리적 사용 등으로 확대하고 있다. 아울러 국가안보와 지속가능한 발전을 위해 달성해야 할 목표를 단기 2012년, 중기 2015년 및 장기 2020년으로 구분하여 명시했다. 일반조항의 주요 핵심은 2020년까지 러시아 국가안전보장을 러시아의 국가안보와 지속가능한 국가발전 목표를 장기적 관점에서 설정하고, 이를 달성하기 위한 전략적 우선순위와 수단을 포함하는 포괄적 시스템으로서 국가안보 발전계획을 담고 있다. 러시아 국가안전보장의 주요 전략을 명확히 명시했는데, 안보전략의 주요 목표는 전략적 국가우선순위의 실현이며, 우선순위는 헌법상의 자유와 권리의 실현, 지속가능한 사회경제적 발전 구현, 영토적 단일성과 주권의 유지 등을 포함한다.[35)]

국가안보, 러시아의 국익, 안보위협에 대해 정확하게 다음과 같이 명시했다. 우선 러시아의 국가안보는 대내외적 위협에 대한 개인(삶의 수준, 헌법상의 자유와 권리 확보), 사회(지속가능한 사회경제적 발전) 및 국가(주권 및 영토적 단일성 유지 등) 안보를 포괄한다. 둘째, 러시아의 국익은 개인, 사회 및 국가 안보를 위해 러시아 정부가 필요로 하는 대내외적 목표임을 명시했다. 셋째, 안보위협 요인은 국가안보 개념에 대한 직접적 및 간접적 위협을 의미했다.[36)] 러시아 안보위협의 우선순위를 살펴보면 〈표 1〉과 같다.

2000년 푸틴 대통령은 "러시아는 유엔과 국제법에 최상의 가치를 부여하고 다극화시대의 국제질서 담당자로서 역할을 수행할 것이며 미국의

순위	해결 방안	주요 내용
1	새로운 국제질서 창설	· 21세기 UN은 국제문제 해결의 중심지로서 역할을 계속해야 함 - 유엔헌장(UN Chart)의 준수 - 변화하는 환경에 적응하기 위한 UN의 효율적 개혁 - 안전보장이사회의 효율성 증가 · G-8 내에서 교류를 강화하고 러-중국, 러-인도 간 삼각관계를 유지하면서 BRICs와 교류강화
2	국제관계에 있어서 법의 우위	· 국제법의 일반규범 준수 · 유엔헌장, 국제법의 일반원칙에 관한 선언, 1975 CSCE 조약상에 명기된 국제법의 일반원칙을 수정하려는 시도에 대한 대응 · CIS 역내 및 다른 지역 · 소지역기구와 협력을 위한 국제법적 기반 강화 · 러시아 연방의 국경을 확정시키기 위한 국제법적 조치완료
3	국제안전보장의 강화	· 비확산 · 군축에 관한 국제협정의무 준수 및 군사 분야 CBM조치 시행 · 모든 핵보유국과 함께 전략적 핵무기 감축에 임할 준비 · 우주 내 무기사용 방지 및 전략미사일 방어 관련 일방적 조치에 대응 · 무기경쟁에 대한 반대 및 새로운 무기 개발 및 배치 시도에 대한 반대 · 국제정보 및 안보에 각별한 관심 부여 및 소형무기 불법이전 방지를 위한 국제노력 지지 · 유럽지역 안보강화를 위한 지속적 노력 및 군사 분쟁 해결 수단으로써 국제평화유지군 역할 인정 · 유엔 안전보장이사회가 유일한 무력제재의 권위를 가지며 유엔헌장 제51조의 유지 · 다민족 · 다종교 국가로서 다른 문화 · 종교 · 문명 간의 대화 및 동반자 관계 조성에 기여
4	국제경제 및 생태에 대한 협력	· 러시아의 국제경제 편입 시 위험의 최소화 및 이익의 극대화 · 국제사회에서 러시아의 존재가 다변화될 수 있도록 유리한 정치 환경 조성 · 과학 지향적 산업을 포함, 주요 핵심 산업에 외국인들의 투자 유도 · 유류 및 에너지 산업체의 잠재성 지속 제고 · 국가이익을 보호하기 위해 모든 경제적 수단 및 자원을 활용
5	국제인권 분야 협력	· 지구상 모든 인간의 기본권리 및 자유존중을 위해 기여 · 해외에 거주하는 모든 러시아 시민 및 교포의 권익 보호 · 러시아 언어개발에 기여

〈표 1〉 국가안보의 우선순위

출처: 「러시아의 신외교정책(2)」, 국회사무처 자료집(2008) 재정리

일방주의를 결코 따르지 않을 것"이라는 대미 강경 외교정책 노선을 천명했다. 이와 마찬가지로 메드베데프의 신외교정책도 유사한 내용을 남고 있다. 메드베데프 역시 새로운 국제체제 건설 및 유지에 있어서 개방적이고 대화와 협상을 통한 문제 해결을 권고하고 있다. 문제 해결에 있어서 블록정치나 블록규율을 배제하고 반면에 국제법을 중요하게 간주한다. 또 이라크와 중동지역에 발생하는 최근의 사태는 무력이나 어느 한 국가의 일방주의에 의해 고안된 계획에 의해 해결할 수 없는 것으로 유엔의 역할 강화를 통해서 국제적인 상황을 개선할 필요가 있다는 것이다. 유엔은 인류가 국제적인 안전보장 문제에 대처해 해결을 모색해 온 유일한 실체임을 강조한다. 따라서 러시아는 공평하고 민주적인 다자외교체제 구축을 주장한다. 주요 국가들의 집단적 러더십 체제 구축을 의미하며 이러한 접근을 통해 각 국가들의 리더들은 지역과 문화권을 실질적으로 대표하기 때문에 유엔안전보장이사회와 G8의 활동을 개편하는 중요한 기준이 되어야 한다고 주장한다.[37]

더불어 국제문제 해결에 더 개방적이며 모든 국가가 참여하여 안전을 보장받는 '집단안전보장체제'의 중요성을 강조한다. 따라서 헬싱키협정(Helsinki Treaties)이나 구소련과 NATO 사이에 맺은 협정과 같이 과거 유산에 대한 재검토의 필요성을 제기한다. 유럽의 안전을 위해 새로운 협정이 필요함을 확인해야 하고 구체적인 실현을 위해 유럽정상회의 개최를 제안했다. 미국이 건설을 시도하는 글로벌 미사일 방어시스템의 체코와 폴란드와 같은 동유럽배치는 단지 상황을 악화하는 요인으로 간주한다. 이에 대해 러시아 역시 맞대응을 강요받는 상황을 초래하는 국가안보는 단순히 신뢰에 의해 이루어지는 것이 아님을 강조한다. 러시아는 국제적인 차원에서 핵무기 감축과 군비축소에 대한 통제를 유지할 필요가 있는데 이 과정에서 러시아와 미국의 역할이 중요하지만 다른 국가들도 동참해야 함을 역설했다. 특히 핵무기 감축은 핵 국가들의 공동 참여가 요구

되며 많은 시간이 필요함을 강조하였다.[38]

궁극적으로 국가안보 실현을 위해 조직적 및 법적 기반을 강화할 것이다. 국가안보전략 실현을 위해 정부 각 기관 및 시민사회 단체들은 통합적인 노력을 기울여야 한다. 국가안보전략 실현을 위한 국가안보전략의 정기적 개정 검토는 대통령 행정실과 국가안보회의가 담당하며, 행정부는 대통령 서명을 통해 국가안보전략의 구체적인 실현 방안 관련 규정 작성을 담당할 예정이다.

3. 안전보장정책의 연속성

1) 전략적 동반자관계 확대

우선 푸틴 전 대통령에 이어 CIS 국가와 양자·다자적 협력강화가 러시아 외교정책의 우선사항이 된다. 유라시아 경제공동체(EurAsEC)와 집단안전보장조약(CSTO)을 통해 CIS의 통합과정을 강화하는 것이다. CIS 내에서 안보, 경제, 문화, 교육 등의 분야에서 협력을 강화하며 유라시아 지역의 광범위한 통합과 관련 상하이협력기구(SCO)의 역할을 강화할 필요가 있다. 러-미국 및 EU 간 평등한 교류를 통한 진정한 유럽통합을 지지하며 동시에 유럽이사회의 역할 강화를 지지한다. 특히 OSCE는 모든 참가국 간 평등한 대화를 위한 포럼을 지향할 필요가 있음을 강조한다. 러시아와 EU의 관계를 러시아의 주요 교역, 경제, 정치 파트너 관계로 발전시켜야 하며 특히 독일, 프랑스, 이탈리아, 스페인, 핀란드, 그리스, 네덜란드, 노르웨이 및 러시아의 국익 증진에 중요한 서국 국가들과 양자관계 발전을 중요시 여긴다. 영국과 교류 잠재력 개발도 기대한다. 중앙아시아, 동구 및 남동부 유럽 국가들과 협력·개발에도 개방적 접근이 필요하고 발틱 3국과 관계증진을 추진해야 한다. 러시아와 NATO 이사회의 기본틀 내에서 NATO와 관계증진의 중요성을 인식한다. 그러나 NATO의 중

앙아시아지역으로 확장은 반대하며 특히 그루지아 및 우크라이나의 가입을 반대한다.[39]

앞서 강조한 평등한 파트너십에 기초하고 국제법의 규범에 의거 국제관계를 강화하고자 한다. 미국과는 단지 교역, 경제, 과학, 기술 분야의 협력뿐만 아니라 전 세계의 전략적인 핵무기 감축을 포함한 군축 및 안전 확보 차원에서 협력을 강화할 것이다. 캐나다와 협력관계도 러시아의 균형적인 북미외교 정책상 필요하다. 아태지역 국가들도 러시아의 전방위 외교정책에서 중요하며 무엇보다도 SCO는 아태지역 내 지역통합 국가들 간 파트너십 관계 구축을 위해 특별한 역할을 수행할 것으로 간주한다. 중국과는 경제, 군사, 문화 등 전방위 관계를 유지하며, 또한 러시아는 북한 핵 문제 해결을 지지하며 남·북한과 건설적 관계 유지를 중요시한다. 남·북한 간의 대화를 장려 및 유지함으로써 동북아 안보 증진에 기여한다. 터키, 이집트, 알제리, 이란, 사우디아라비아, 시리아, 파키스탄 및 여타 국가들과 양자 및 다자관계를 강화할 것이다. 아세안 국가들 베트남, 인도네시아, 말레이시아, 태국, 필리핀 및 싱가포르, 여타 국가들과 관계를 강화한다. 이슬람국가와 협력 강화를 위해 ICO(Islamic Conference Organization)의 옵서버 지위를 활용하며 아프리카 국가들과 협력 강화 및 브라질, 아르헨티나, 멕시코, 쿠바, 베네수엘라 및 다른 중남미 국가들과의 협력 강화에도 주력한다.[40]

안전보장정책의 주요 성격을 다음과 같이 분석해 볼 수 있다. 첫째, 국제사회에서 적극적이고 주도적인 역할을 담당하겠다는 의지를 강력히 표명하고 있다. 다극적 국제체제를 강조하면서 유엔과 국제법 준수의 중요성과 미국의 일방주의를 반대하는 기본입장은 푸틴 대통령 이후 계속해서 되풀이해 온 러시아 외교의 기본 방향으로 신외교정책 개념에서도 강조되고 있다. 둘째, 러시아는 미국 위주의 일방주의에 대한 강력한 반대의사를 표명하면서 동시에 미국과 NATO의 카스피해 연안 및 중앙아시아

지역으로 확대에 반대한다. 또 유럽의 재래식 제한협정의 결함을 강력히 비판하며, 유럽의 안전보장을 위한 새로운 협정을 제안함으로써 유럽의 평화정착을 위한 새로운 질서를 창출할 필요성을 강조한다. 넷째, 이런 관점에서 동유럽에 전략미사일을 설치하려는 미국의 시도에 강력한 반대의견을 표명했다. 이런 시도에 대해 러시아는 강력한 대응조치를 마련할 것임을 강조했다.[41]

그러나 2000년 푸틴의 안전보장정책과 주목할 만한 차이점은 미국과 관계 설정에 있다. 푸틴 시기 미국과의 관계 개선은 2개의 문장으로 커다란 격차를 해소할 필요성에 대해 언급하는 것으로 그쳤다. 신외교정책에서 최근에 악화된 러·미 관계에도 불구하고 "안전보장과 경제 그리고 다른 분야에서 커다란 잠재적 가능성"을 언급하고 전략적 동반자관계로 발전할 필요성을 강조하면서 대미관계의 개선 의사를 표명하고 있다. 그 밖에 그동안 외교환경의 변화에 따라 2000년 정책과 차별화된 다른 몇 가지 변화된 분야 중 중요한 것을 정리해 보면 다음과 같다.

첫째, 오랫동안 지체되어 온 러시아와 벨로루시와의 통합 문제를 외교정책의 우선순위로 언급하지 않고 단지 통합은 시장경제의 원칙하에 이루어져야 한다는 원론적인 내용을 담고 있다. 둘째, 신외교정책에서는 리투아니아, 라트비아와 에스토니아의 발트 3국과의 우호적인 관계발전에 대한 2000년의 확언을 되풀이하지 않고 있다. 단지 EU를 장기적인 경제·외교정책의 파트너로 언급하면서, 프랑스, 독일, 이탈리아 등을 러시아가 협력 관계를 도모할 국가로 제시하였다. 또 영국과의 관계개선 의사가 있음을 내비치고 있다. 셋째, 신외교정책에서는 CIS를 전 구소련국가들의 통합을 위한 수단으로 언급하지 않고 있다. 이것은 러시아 외교정책의 중요한 변화를 나타내는 것이다. CIS 전체보다는 CSTO나 '유라시아경제공동체(EurAsEC)'에 참여하는 선별된 개별 CIS 국가들과의 관계개선을 강조한다. 넷째, 종전의 외교정책과는 달리 신외교정책에서는 파시

분야	주요 핵심내용
국방	1) 국방분야의 전략적 목표는 전 세계적, 지역적 분쟁 예방과 전략 억제능력의 확보이며, 전략적 억제능력은 경제력 등 총합 전력 강화와 군사인프라 및 군 조직 체계의 발전계획을 통해 확보하고자 함. - 이에 따라 러시아는 합리적 충분성과 효율성의 원칙에 따라 국방관련 목표를 달성하고자 하며, 이를 위해 비군사적 대응수단, 일반외교, 평화유지군 및 국제군사협력 등을 활용할 계획임. 2) 전략적 핵전력, 정보통신 등 고급기술력으로 군사 분야에 있어 러시아에 대해 우위를 점하고자 하는 국가, 일방적 국제질서의 형성시도, 외기권 지역에 대한 군사적 사용 움직임, 대량파괴무기 확산 등이 러시아 국방에 있어 위협요인으로 작용하고 있음. - 중기적 관점에서 국방력 강화의 최대 과제는 러시아군을 새로운 체계의 군으로 변화시키는 것임. 새로운 체계로 러시아군을 개편하기 위해 전략적 핵 전력 보유, 상비 전력부대의 확대, 작전 및 전투태세 강화 등에 주력할 것임. - 새로운 체계로의 전환을 위해 전력증강 등 군수 분야에서 단일한 체계 마련이 필요하며, 이를 위해 정부 발주 체제 등을 규범하는 입법 작업을 추진해야 함. - 러시아군의 개편과정에서 나타나는 과제 해결을 위해 군수산업의 발전계획도 추진할 예정임.
국가 및 사회 안보	- 헌법질서, 헌법상 자유와 권리, 주권, 영토적 단일성 및 정치, 사회 안정성 유지가 국가안보를 위한 전략적 목표임. - 테러리즘, 헌법질서 및 정부활동 와해를 목표로 하는 조직의 움직임, 군사시설 및 주요 생활기반 시설에 대한 파괴 움직임 등이 국가 및 사회안보를 저해하는 요인임. - 국가 및 사회안보 확보를 위해 정부는 테러리즘, 극단주의, 범죄, 부패 척결과 아동 등 약자 보호 분야에 있어 정부의 역할을 강화하고 관련 법제도를 정비할 것임. - 정부는 현재 진행 중인 부패척결 국가계획 실현을 위해 노력할 것이며, 테러리즘, 극단주의 및 인종분리주의 등에 대응하기 위한 사전예방체제 마련 방안을 모색할 것임. - 테러리즘 등 국가, 사회 안보위협 요인 예방 방안의 일환으로 러시아 국경감시체제의 효율성 강화를 추진할 예정이며, 테러 등에 의해 발생하는 긴급사태 해결을 위한 국가 시스템 강화에 노력할 것임.
러시아 국민의 생활수준 향상	- 국민 간 생활수준 격차 해소, 인구문제에 대한 근원적 해결책 마련 등이 국민 생활수준 향상을 위한 주요 목표임. - 국제금융위기, 에너지, 물, 식량 등 부족한 자원에 대한 경쟁, IT 등 주요 기술에 대한 접근성 차이 등이 국민생활수준을 저해하는 위협요인임. - 국민생활수준 향상을 위해 정부는 조직범죄, 부패, 마약 등 사회불안 요인을 해소하기 위해 노력할 예정이며, 식량안보와 주민들에 대한 안정적인 의약품 공급을 위한 중기 계획을 마련할 것임.
경제성장	- 중기적 관점에서 러시아를 GDP 대비 세계 5위권 수준의 경제대국으로 진입시키기 위해 노력할 것임. - 이를 위해 국가혁신 시스템의 발전, 노동생산성 향상, 국가 기간 산업분야 현대화, 금융산업의 발전 등의 목표를 달성해야 함. - 원자재 수출 중심의 경제구조 탈피 실패, 경쟁력 저하, 자원생산기반 약화, 지방 간 불균형 발전, 국내 금융시스템의 낙후상태 유지 등이 경제성장에 있어 주요 위협요인이 될 것임. - 에너지자원, 수자원 부족 등도 러시아의 경제성장과 경제안보에 직접적인 부정적 요인으로 작용할 것임. - 장기적 차원에서 경제안보 확보 및 경제성장 실현을 위해 에너지 안보가 가장 중요한 사항이 될 것임. - 에너지안보 달성을 위해 관계국들은 WTO 원칙에 충실한 국제에너지 시장 정립 및 에너지 사용 효율성 제고방안 모색을 위해 상호 협력할 필요가 있음. - 안정적인 에너지 수요 확보, 연료 에너지 부족사태 방지, 전략적 에너지 비축량 확보 등도 에너지안보 달성을 위해 중요함.

과학, 기술, 교육, 보건	- 과학기술 연구의 발전 및 높은 수준의 인적 자원 형성은 국가안보와 지속가능한 사회경제 발전의 기반임. - 과학기술 연구 활동 저하 및 교육시설 낙후 등의 문제점 해결 방안 마련을 위해 노력할 예정임. - 보건 시설 개선을 통해 수명연장, 장애 및 사망률 감소 등의 조치가 필요함. - AIDS 등 전염병 확대와 알코올, 마약 사용 확대도 보건 분야에 커다란 유해요인으로 작용하므로 이에 대한 대책 마련이 필요함. - 러시아 문화에 대한 이해 제고 및 러시아를 구성하는 다양한 민족 고유문화에 대한 상호이해 증진은 안보적 차원에서 중요한 문제이며, 문화적 가치에 대한 이해 증진을 위해 시민사회와 협력방안을 모색할 예정임. - 대중매체의 건전한 발전, 국민들의 예술적 창의력 개발도 중요한 사안임.
환경 유지와 합리적인 천연 자원의 사용	- 생태계 등 자연환경 유지 보존을 위해 경제활동에 따른 환경유해 요인을 제거하는 정책이 필요하며, 국제 기후변화 움직임에 동참할 필요가 있음. - 천연자원 개발 및 사용 시 수요 측면과 환경보호 측면을 모두 고려하는 합리적인 방안을 마련할 예정임.

〈표 2〉 국가안보의 확보 방안

출처: www.scrf.gov.ru(검색일: 2009. 12. 2)

즘 인종주의, 반유대주의에 대한 투쟁 필요성을 언급하면서 발틱 국가들에서 러시아어를 사용하는 소수자에 대한 탄압을 강력히 비판한다.[42]

2) 공세적 국가안보 확보 방안

장기적 차원에서 러시아 국가이익은 민주주의 및 시민사회의 발전, 국가경제의 경쟁력강화, 주권과 영토적 단일성 및 헌법 질서의 유지, 국제사회의 다극화 질서 구축 및 전략적 안정성 유지를 통해 세계강국으로서 러시아 위상을 강화하는 것이다. 〈표 2〉에서 보여주듯이 안전보장의 전략적 우선순위는 국방, 국가 및 사회안보, 국민들의 생활수준 향상, 혁신적 발전과 인적자원 투자를 바탕으로 한 경제성장, 과학, 기술, 교육, 보건, 문화 부문의 역량강화, 환경보호 및 수요를 감안한 에너지자원의 합리적 사용 등 대내적 목표에 치중한다.[43] 아울러 국제질서의 다극화 추진 및 전략적 안정성 실현 과정에서 적극적으로 참여하여 주요 국가와 동등한 동반자 관계수립이라는 대외적 목표로 구성된다. 대외적으로 유라시아의 거대한 틀을 염두에 둔 안전보장 구상으로 국제질서의 다극화 추진 및 전략적 안정성 실현 과정에서 다소 '공세적'이고 '적극적'참여를 통한 주요 국가와의 동등한 동반자 관계 수립을 목표로 한다.[44]

V. 러시아의 안전보장제도와 정책: 과제와 함의

이와 같이 살펴본 대로 구소련 붕괴 이후 러시아가 소련의 국제적 지위를 승계하면서 러시아는 국제사회에서 사회주의체제를 탈피하고 서방과 적극적인 협력을 통해 새로운 세계 통합을 지향한다. 러시아의 안전보장제도와 정책은 국내외적으로 다양한 안보위협은 증가하고 있다는 인식에서 출발한다. 또한 러시아의 안보위협은 외부적 요인만이 아니라 내부적 요인 역시 다양하게 증가하고 있다고 분석한다. 이처럼 러시아 국가안보의 사회적 측면에서 내부 혼란을 방지하기 위해 확산되고 있는 범죄와 사회전반에 만연한 부정부패 척결을 위해 법제도 구축에 주력한다. 에너지자원 측면에서 영토의 보전과 천연자원의 적절한 관리와 서구자본에 대한 자국의 자원의 무분별한 해외유출을 막고자 함에 있다. 대외적 측면에서 국제사회에서 평화와 안정 유지를 위해 노력함과 동시에 어느 일방 국가나 러시아를 적대시하는 군사동맹이 러시아와 그의 동맹국을 위협 및 침략했을 경우 반드시 방어해야 함을 천명한다.

구소련 시기 군사적 요소와 이데올로기는 다양한 대외정책 변수 가운데 가장 중요하고 결정적인 요인이었다. 그러나 앞서 서술했듯이 옐친 시기 신생 러시아의 안전보장제도와 정책의 형성단계에서 과거처럼 군사력과 이데올로기에 대한 의존구조는 약화되었다. 탈냉전 시기 국제관계 구조하에서 대외안보에서 군사적 요소보다 서구 및 외부 세계와 상호의존 관계를 중요시하면서 초래된 것이다. 즉 대결 구도보다는 '협력'에 의한 국가안전보장의 비군사적인 요소를 더 우선하였다. 동시에 크렘린은 대외 안전보장 전략에서 군사적 요소의 역할에 대한 과소평가를 제고하기 시작했다. 이는 러시아의 완강한 반대에도 불구하고 진행되었던 미국 주도의 NATO의 세력권 전면 확대, 중앙아시아에서 미국의 영향력 확대, 동유럽지역에서의 미국의 MD 확대 등의 일방주의 외교정책은 러시아정부의 탈냉전기 국제 질서 형성에 있어서 '힘의 분배'와 '안보' 문제에 주력하게 한 중요한 안보위협 요인이 되었다. 특히 러시아와 NATO의 현격한 군사전략적 비대칭은 러시아의 지정학적 영향력 공간의 축소와 그에 따른 안보위협에 대한 인식은 대외정책에서 점차 군사적 측면을 중시하는 현실주의적 측면이 강화되기 시작했다.

러시아의 국가안전보장은 여전히 자국을 둘러싼 안보위협, 즉 지정학적 공간에 대한 위협이 다양해지고 있다는 인식에서 출발한다. 자국의 안보 상황과 전략을 평가하는 여러 공식적인 안보 외교문서에서 탈냉전기 대규모 핵무기의 위협과 전쟁의 위협은 감소되고 있지만 외부의 위협은 여전히 증가하고 있고 동시에 내부적 요인도 심각한 수준이라는 것이다.

이와 관련해 다음과 같은 몇 가지 과제에 직면해 있다. 첫째, 국가 및 사회 안보 확보를 위해 테러리즘, 극단주의, 범죄, 부패 척결과 등 약자 보호 분야에 있어 정부의 역할을 강화하고 관련 법제도 정비가 더욱 필요하다. 둘째, 현재 가동 중인 부패척결 국가계획 실현, 테러리즘, 극단주의 및 인종분리주의 등에 대응하기 위한 사전예방 마련 방안을 모색해야 한다. 특히 테러를 포함한 사회안보의 위협요인 예방 방안의 일환으로 러시아 국경감시체제의 효율성 강화를 추진함과 동시에 테러 등으로 발생하는 긴급사태 해결을 위한 국가 시스템을 강화해야 한다. 셋째, 중기적 관점에서 국방력 강화의 최대 과제는 러시아군을 새로운 체계의 군으로 변화시키는 것이다. 계속해서 새로운 체계의 러시아군 개편을 위해 전략적 핵전력 보유, 상비 전력부대의 확대, 작전 및 전투태세 강화 등에 주력해야 한다. 넷째, 에너지안보 달성을 위해 WTO 원칙에 충실한 국제에너지 시장

정립 및 에너지 사용의 효율성 제고 방안 모색을 위해 상호 협력할 필요가 있다. 동시에 안정적인 에너지 수요 확보, 연료 에너지 부족사태 방지, 전략적 에너지 비축량 확보는 에너지 안보 달성에 중요한 정책이다.

주지하는 바와 같이 오늘날 러시아 국가안전보장의 제도와 정책은 메드베데프 대통령의 '신외교정책'과 '국가안보전략 2020'에 근거한다. 이 두 문서는 강국 러시아의 부활이라는 푸틴 총리의 종래 노선을 명시한다. 서방의 대러 봉쇄에 대한 대응 측면, 전통적인 안보보다 포괄적 안보의 강조, 국제안보의 강조, 대내외적 위협 요소를 포함된다. 특히 자국의 국익 옹호를 위해 정치, 법, 대외경제, 군사 그 외의 수단을 사용할 수 있다는 점을 분명히 명시했다. 더욱이 군사력 행사도 불사한다고 명시했다. 특히 에너지 자원의 획득에 대해서도 구체적으로 명시했다. 에너지자원 획득 과정에서 발생한 문제에 대해서 무력행사도 배제하지 않는다는 의사를 명확하게 했다. 자원 획득 경쟁을 미래의 러시아의 안전보장의 외부위협으로 간주한다. 특히 자원 획득을 위해 군사력 행사를 단행했을 경우, "러시아와 그 주변국의 국경 근처의 복잡한 힘의 균형이 무너질지도 모른다"라고 명시했다. 장기적으로는 에너지 자원 쟁탈이 격렬해지는 지역으로는 카스피해 연안, 중앙아시아, 북극해 주변 지역으로 간주된다.[45] 특히 이로 인해 러시아의 '세력권'에 미국이 개입한다면 러시아는 군사력 행사도 불사하겠다는 것을 의미한다. 이미 2008년 8월 러시아는 그루지아로부터 독립을 요구하는 아브하지아와 남오세티아를 국가로 승인해서, 남카프카스 지역의 세력권을 확대했다. 그루지아의 사카쉬빌리 정권의 퇴진과 친이슬람정권의 발족에 의해 카스피해와 흑해를 연결하는 중요한 에너지 지역에 대한 영향력을 계속해서 행사할 것으로 간주된다. 러시아가 '잠재적인 위협'으로 파악하는 NATO가 그루지아에서 하는 군사 연습을 두고 러시아는 NATO가 그루지아의 사카쉬빌리 정권을 지지하는 것으로 간주하였고 러시아는 이를 강력하게 반발했다. 과거보다 '반서구적'

이고 '반미적' 용어가 안전보장정책에서 많이 삭제되었지만 러시아의 주요 안보 전략의 본질에는 큰 영향을 주고 있지 않다. 오히려 러시아는 미국과 대등하고 완전한 전략적 파트너를 목표로 한다. 핵전력에 대해 전략적인 안전보장이기 때문에 '핵무기가 없는 세계를 향한 계속적인 전진'을 강조한다.

마지막으로 전략적 안정성 및 동등한 전략적 동반자 관계 형성에 주력한다. 러시아의 장기적 발전을 위해 평등한 안보체제 구성 등을 포괄하는 전략적 안정성 확보와 주요 국가와의 호혜적인 양자적 및 다자적 관계 형성을 중요시한다. 러시아는 전략공격무기 분야에서 안정성과 예측가능성 확보 원칙에 기반을 두어 국제사회와 관계를 맺고 있다. 러시아의 국가안전보장에서 중요한 점은 안정화 전략을 추구함에 있다. 이를 위해 기존 또는 현행 조약과 합의 이행을 중시하고 자국의 안보를 위해 새로운 조약 체결에 적극적으로 참여할 것을 천명했다. 따라서 양자적 합의와 다자적 합의 틀에 기반을 둔 핵전력 감축문제 논의에 적극적으로 협상하고 참여할 것이다. UN의 활동에 협력할 것을 강조한다. 국제평화유지 활동은 군사적 충돌조정에 유효한 도구로 간주하고 분쟁지역에 대한 국제법 규범에 입각한 러시아군의 평화유지 활동을 전략적 안정성 유지와 동등한 전략적 동반자 관계 형성에 기여할 수 있을 것으로 간주한다. 그 밖에 자연재해, 긴급재난 사태를 포함한 인도적 지원 활동을 위해 UN을 포함한 다양한 국제기구에서의 활동 강화도 주력할 것이다.

| 미주 |

1) 안전보장(security)의 어원은 라틴어의 'securitas'에서 시작되었다. 'Se'라고 하는 것은 'free from'로 무엇으로부터의 해방 또는 무엇이 없는 상태를 뜻한다. 'Curitas'는 걱정, 근심, 불안을 뜻한다. 'Securitas', 즉 security는 걱정으로부터의 해방 또는 걱정이 없는 상태를 의미한다. 즉 National Security는 국가가 걱정이 없는 상태를 말한다.

2) 최경락 외, 1989,『국가안보장 서론』, 법문사, pp. 15-16.

3) 이성길, 1997,「한국의 안전보장체계에 관한 연구」, 중앙대학교석사학위논문, p.10.

4) 최경락 외, 1989, 앞의 책, pp. 105-106.

5) Buzan, Barry, 1983, *People, State, and Fear: The national Security Problem in International Relations* (Chapel Hill: The University of North Carolina Press), pp. 3-9.

6) 장덕환, 1981,『소련의 외교정책』, 대왕사 참조.

7) 고르바초프는 동서 유럽 선진국들과의 우호증진과 교류협력을 위해 통상무역관계를 발전시켰다. 1987년 12월 로널드 레이건 미국 대통령과 중장기핵전력폐기조약(INF Treaty)에 서명했다. 1988년 9년 동안 점령했던 아프가니스탄에서 소련군을 철수시켰다. 1989년 말부터 1990년 사이 동유럽 정치구도의 변화를 이끌었다. 동시에 동독으로부터 소련군을 단계적으로 철수했고 독일통일의 원동력을 제공했다. 강원식, 1988,『러시아는 우리에게 무엇인가』, 일신사 참조.

8) 이데올로기보다 정상적인 국가(normal state)로서 이익을 중시하고, 경제적 실리외교를 중시하며 지역분쟁의 정치적 해결을 서방과 공동으로 모색하며 소련과 동맹국가의 관계를 재평가하고 정치적으로 불안정한 사회주의 성향의 국가들을 안정적인 동맹세력으로 확보하는 종전의 입장을 포기함을 의미한다. 서대숙, 2001,『한국과 러시아 관계』, 극동문제연구소 참조.

9) 최경락 외, 1989, 앞의 책, p. 25.

10) 김병조, 1994,「새로운 안보개념에 따른 국민안보의식 분석」,『국방연구』 제37권, 국방대학원 참조; 유재갑, 1989,「전쟁과 평화의 본질」,『안전보장 이론I』, 법문사, p. 22.

11) 한용섭, 1994,「21세기 동북아의 전략환경 변화와 한국의 안보선택」,『국방연구』 제37권, 국방대학원, p. 19.

12) 최경락, 1995,『국가안전보장이론(I)』, 국방대학원, p. 236.

13) 이성길, 1997, 앞의 논문, p. 31.

14) 안기부, 1993, 「러시아 국가안전보장회의의 기능 확대」, 『국제동향』, 안기부, pp. 17-18.

15) 자세한 논의는 다음을 참조. 신범식, 2005, 「푸틴시기 러시아의 근외정책과 중앙아시아」, 홍완석 외, 『현대러시아 국가 체제와 세계 전략』, 한울아카데미, pp. 555-557.

16) Petrovskiy, Vladimir, 2009, "Russia's Emerging Foreign Policy Strategy: From'Soviet Nostalgia'to Pragmatism," 한국정치학회 연례학술대회 발표논문 (12. 05), pp. 50-51.

17) 홍완석, 2000, 「푸틴시대 러시아의 대외정책과 전략 분석 전망」, 『국가전략』 제6권 3호, 세종연구소 참조.

18) 이 중 내무부, 국방부, 비상대책부, 외무부가 대통령 직속이고 대통령 직속이었던 법무부는 제1부총리 소관이 되었다. 정부조직의 가장 큰 특징은 총리 아래의 부총리제도다. 과거 최대 7명이었던 부총리는 제1부총리 2명과 부총리 3명으로 5명으로 줄었다. 이들은 12개의 부를 축소해 최소 1개에서 최대 6개부까지 분류해 맡고 있다.

19) http://www.nyu.edu/globalbeat/nuclear/PIR0500.html (검색일: 2003. 12. 31).

20) 다자주의 외교노선에 대한 더 자세한 논의는 다음을 참조. 나기산, 1995, 「안보환경의 변화와 상호안보론」, 『군사연구보고서 95-2』, 한국군사문제연구원, p.15; Keohane, Robert O., 1990, "Multilateralism: An Agenda for Research," *International Journal*, 45 (Autumn), p. 731.

21) 더 자세한 논의는 다음을 참조. 고상두, 2005, 「푸틴의 전방위적외교정책: 제국증후군의 극복」, 『한국정치학회보』 제39집 1호.

22) 박상남, 2003, 「미군 주둔 이후 중앙아시아의 지정학적 변화」, 『국제지역연구』 7권 3호, pp. 6-7.

23) 한국전략문제연구소, 2006, 『동북아 전략 균형』, pp. 218-222.

24) 대서양 연안의 NATO 회원국과 구소련 국가들 및 모든 유럽국가를 포괄하는 범유럽적인 기구로 1975년 헬싱키에서 냉전시대의 동서간 대화증진 및 인권보호 등을 논의하기 위해 창설된 유럽안보협력회의(CSCE: Conference on Security and Cooperation in Europe)에 근거한다. 1994년 부다페스트 정상회담에서 OSCE라는 이름으로 개칭, 1995년부터 OSCE로 불리고 있다. 현재 유럽의 민주주의 증진과 무기통제, 인권보호, 긴장완화, 분쟁방지를 목적으로 활동한다.

25) 윤영미, 2005, 「탈냉전기 카스피해 유전을 둘러싼 국제 갈등체제의 쟁점」, 『사회과학연구』 제13권, 2호, 서강대 사회과학연구소, pp. 348-374; 고재남, 2005, 「유라시아 중부지역의 '신거대게임'과 관련국 대응」, 『중소연구』 107호, pp. 14-51 참조.

26) 한국전략문제연구소, 2006, 앞의 책, pp. 226-227.

27) 한국전략문제연구소, 2005, 『동북아 전략 균형』, pp. 262-265.

28) 한국전략문제연구소, 2008, 『동북아 전략 균형』, pp. 226-227.

29) 러시아는 전통적으로 유럽보다 위계질서를 중시하는 계서적 성격이 강한 국가로 국가와 사회는 상호의존적인 관계가 아니라 국가가 사회를 통제하는 데 초점을 맞춘다. 더 자세한 논의는 다음을 참조. 정한구, 2009, 「푸틴-메드베데프 체제의 출범과 러시아 정치의 미래」, 『세종정책연구』 제5권 1호, p. 24.

30) 해외경제연구소 동북아팀, 2008, 「러시아 메드베데프 대통령의 당선과 향후 전망」, 『해외경제투자정보』, pp. 4-5.

31) www.scrf.gov.ru (검색일: 2009.12.01).

32) 국회사무처, 2008, 「러시아의 신외교정책(2)」 참고.

33) 실제로 푸틴 총리는 2009년 5월 프랑스를 방문했을 때 국빈급 예우를 받았다. 또 동년 6월 초 9년간 주미 러시아대사를 지낸 유사코프를 총리실 부실장에 임명했다. 외교 분야에서 자신의 총리의 역할을 강화하려는 움직임을 계속 드러내고 있음을 알 수 있다.

34) 서동주, 2009, 「러시아 국가안보전략 2020의 정책적 함의와 파급영향」, 『국가안보전략연구소 보고서』, p. 1.

35) www.scrf.gov.ru (검색일: 2009. 12. 2).

36) http://www.ng.ru/economics/2009-10-13/4_prioritety.html (검색일: 2009. 10. 14).

37) 한국국방연구원, 2009, 『동북아 군사력, 2008-2009』, p. 288.

38) 「러시아의 신외교정책(2)」 앞의 글 참조.

39) http://www.rian.ru/defense_safety/20091016/189160225.html (검색일: 2009. 10. 18).

40) 「러시아의 신외교정책(2)」 앞의 글 참조.

41) Vladimir Petrovskiy, 2009, 앞의 글, pp. 50-51.

42) 「러시아의 신외교정책(2)」 앞의 글 참조.

43) John, Roberts, 2003, "Energy Reserve, Pipeline Politics and Security Implication," *The South Caucasus: A Challenge for EU*, Chaillot Paper No. 65 (December), p. 104.

44) 서동주, 2008, 「최근 러시아 대외정책 변화와 동아시아 정책적 함의」, 『국가안보전력연구소 보고서』, p. 2.

45) 「RIA Novosti」 2009. 05. 15.

| 참고문헌 |

- 강봉구, 2000, 「21세기 러시아의 신안보전략」, 『국제정치논총』 제40집 2호(7월).
- 강원식, 1988, 『러시아는 우리에게 무엇인가』, 일신사.
- 고상두, 2005, 「푸틴의 전방위적외교정책: 재국증후군의 극복」, 『한국정치학회보』 제39집 1호.
- 고재남, 2005, 「유라시아 중부지역의 '신거대게임'과 관련국 대응」, 『중소연구』 107호.
- 국회사무처, 2008, 『러시아의 신외교정책(2)』, 국회사무처 자료집.
- 김병조, 1994, 「새로운 안보개념에 따른 국민안보의식 분석」, 『국방연구』 제37권, 국방대학원.
- 나기산, 1995, 「안보환경의 변화와 상호안보론」, 『군사연구보고서 95-2』, 한국군사문제연구원.
- 박상남, 2003, 「미군 주둔 이후 중앙아시아의 지정학적 변화」, 『국제지역연구』 제7권 3호, 2003,
- 변창구 외, 1997, 『신세계 질서론』, 대왕사.
- 서대숙, 2001, 『한국과 러시아 관계』, 극동문제연구소.
- 서동주, 2008, 「최근 러시아 대외정책 변화와 동아시아 정책적 함의」, 『국가안보전략연구소 보고서』.
- ______, 2009, 「러시아 국가안보전략 2020의 정책적 함의와 파급영향」, 『국가안보전략연구소 보고서』.
- 신범식, 2005, 「푸틴시기 러시아의 근외정책과 중앙아시아」, 홍완석 외, 『현대러시아 국가 체제와 세계 전략』, 한울아카데미.
- 안기부, 1993, 「러시아 국가안전보장회의의 기능 확대」, 『국제동향』, 안기부.
- 이성길, 1997, 「한국의 안전보장체계에 관한 연구」, 중앙대학교 석사학위논문.
- 유재갑, 1989, 「전쟁과 평화의 본질」, 『안전보장 이론I』, 법문사.
- 윤영미, 2005, 「탈냉전기 카스피해 유전을 둘러싼 국제 갈등체제의 쟁점」, 『사회과학연구』 제13권 2호, 서강대 사회과학연구소.
- 정한구, 2009, 「푸틴-메드베데프 체제의 출범과 러시아 정치의 미래」, 『세종정책연구』 제5권 1호.
- 장덕환, 1981, 『소련의 외교정책』, 대왕사.

■ 최경락, 1995, 『국가안전보장이론(I)』, 국방대학원.

■ 최경락 외, 1989, 『국가안보장 서론』, 법문사.

■ 최병희, 1996, 『러시아 최근 양대선거와 향후 정책변화 전망』, 대외경제정책연구 소 지역 정보센터.

■ 한국국방연구원, 2009, 『동북아 군사력, 2008-2009』.

■ 한국전략문제연구소, 2005, 『동북아 전략 균형』.

■ ______, 2006, 『동북아 전략 균형』.

■ ______, 2008, 『동북아 전략 균형』.

■ 한용섭, 1994, 「21세기 동북아의 전략환경 변화와 한국의 안보선택」, 『국방연구』 제37권, 국방대학원.

■ 해외경제연구소, 2008, 「러시아 메드베데프 대통령의 당선과 향후 전망」, 『해외경제투자 정보』, 해외경제연구소 동북아팀.

■ 홍완석, 2000, 「푸틴시대 러시아의 대외정책과 전략 분석 전망」, 『국가전략』 제6권 3호, 세종연구소.

■ ______, 2005, 『현대러시아 국가 체제와 세계 전략』, 한울아카데미.

■ 허필종, 1998, 『탈냉전시대 러시아의 동북아 안보외교와 한반도』, 경희대학교.

■ Barry Buzan, 1983, *People, State, and Fear: The national Security Problem in International Relations*, Chapel Hill: The University of North Carolina Press.

■ Caporaso, James A., 1993, "International Relations Theory and Multilateralism: The Search for Foundations,"in John Ruggie ed., *Multilateralism Matters*, New York, Columbia University Press.

■ Mack, Andrew, 1992, "Security Cooperation in Northeast Asia: Problems and Prospects," *Journal of Northeast Asian Studies* vol. 11/no. 2 (Summer).

■ Kagarlitsky, Boris, 1995, *The Mirage of Modernization*(유희석 · 전신화 역, 2000, 『근대화의 신기루』, 창작과비평사).

■ Keohane, Robert O., 1990, "Multilateralism: An Agenda for Research,"*International Journal* vol. 45 (Autumn).

■ 「RIA Novosti」 2009. 5. 15.

■ Roberts, John, 2003, "Energy Reserve, Pipeline Politics and Security Implication,"*The South Caucasus: A Challenge for EU*, Chaillot Paper No. 65 (December).

■ Petrovskiy, Vladimir, 2009, "Russias Emerging Foreign Policy Strategy: From 'Soviet Nostalgia' to Pragmatism," (2009 한국정치학회 연례학술대회 발표논문).

■ White, Stephen, 2000, *Russia's New Politics*, Cambridge Univ. Press.

■ http://www.nyu.edu/globalbeat/nuclear/PIR0500.html (검색일: 2003. 12. 31).

■ http://www.ng.ru/economics/2009-10-13/4_prioritety.html (검색일: 2009. 10. 14).

■ http://www.rian.ru/defense_safety/20091016/189160225.html (검색일: 2009. 10. 18).

■ www.scrf.gov.ru (검색일: 2009. 12. 2).

북한의 안전보장 제도와 정책

김 용 현

I. 서론

한반도의 안보문제는 국내외의 지속적인 관심의 대상이 되어 왔다. 특히 탈냉전 이후 북한의 안보문제는 국제사회의 매우 중요한 관심사로 대두되고 있다. 북한도 군사안보의 중요성을 그 어느 때보다 중요하게 인식하고 있으며, 핵을 포함한 대량살상무기와 인권문제를 선결과제로 제시하고 있는 미국의 대북정책을 심각한 안보위협으로 받아들이고 있다. 핵개발과 그것을 매개로 한 '선군정치'가 장기간 북한 정치의 작동방식으로 지속되고 있는 데서도 알 수 있다.

현재 북한은 최대의 국가목표를 '사회주의 강성대국' 건설에 두고 있다. 2012년까지 강성대국의 문을 열어야 한다는 것은 북한의 절대적 목표다. 이런 가운데 체제 생존을 위해 북한이 취하고 있는 전략은 내부적 개혁보다는 주로 대외관계, 특히 대미관계 개선을 통한 체제 안전의 확보에 두고 있다. 북한의 안전보장 추구는 외부로부터의 군사적 위협의 억제뿐만 아니라 내부나 외부의 각종 도전으로부터 체제가 생존해 나가는 것까지를 생존전략의 의미로 인식한다. 탈냉전 후 북한의 대미 안전보장 추구는 생존확보 전략에 다름 아니다.[1]

북한은 체제 내부의 물적 토대가 매우 취약한 가운데, 군사력이 생존을 담보할 수 있는 유일한 수단이라고 판단하고 있다. 현재 북한의 안보정책은 핵과 미사일을 중심으로, 비재래식 대량보복 능력이라는 전략무기의 억지 전력에 뿌리를 두고 있다. 이를 지렛대로 활용해 북한은 미국과의 협상을 통해 체제의 안전을 보장받으려 하고 있다. 즉 핵과 미사일을 수단으로 체제 안전보장과 경제 회생을 도모하고 있는 것이다.

이 글은 1990년대 초반을 기점으로 냉전시대와 탈냉전시대로 나눠 북한의 안전보장 제도와 정책을 살펴보고자 한다. 두 시대로 나눠 북한체제가 안보위협에 대해 어떻게 인식해 왔고, 어떠한 안전보장 제도와 정책들로 대처했는지를 살펴보겠다.

전통적으로 안전보장 개념은 국가가 외부로부터의 공격, 침략에 대비하여 자국의 안전을 유지 · 확보하는 일로 규정할 수 있다. 여기서 전통적 안전보장의 방식은 자력구제, 동맹, 집단안보가 있으며, 비전통적 안전보장의 수단으로는 평화유지활동, 예방외교, 공동안보, 협력안보, 인간안보, 지구안보까지도 제기되고 있다. 이 글은 안전보장 개념을 전통적 안전보장 방식으로 제한하고자 한다.

II. 북한의 안보위협 인식

1. 냉전시대의 안보위협 인식

다른 사회주의 국가들과 달리 북한체제는 국가 건설 초기부터 매우 독특한 분단체제[2] 속에 포박되었다. 또 이를 공고화시킨 격렬한 한국전쟁이 곧바로 뒤따랐다. 분단체제는 북한체제가 자신의 안보위협에 대해 적극적인 대처를 하게 만드는 구조적 요인으로 작용했다. 또한 한국전쟁은 필연적으로 북한군대의 양적 · 질적인 과대성장을 가능케 했다. 이러한 현상은 남한에서도 상당 기간 유사하게 나타났다.

한국전쟁 이후 세계적 수준의 냉전체제하의 특이한 한반도의 정전체제는 북한군대의 유지 및 강화를 지속적으로 부추겼다. 군대의 형성과정에 대해서는 논외로 하더라도, 중국, 베트남, 쿠바 등은 전쟁의 종결을 통해 하나의 사회주의국가 체제로 탄생했다. 그러나 북한은 끝난 전쟁이 아닌 정전상태의 지속 속에서 국가건설을 추진했다. 이는 다른 사회주의 국가와 다른 북한만의 특징적 성격이었다. 대외적으로도 전쟁으로 파생한 반미, 반남한 이데올로기를 통해 외부에 대한 대항과 내부에 대한 통제를 강고하게 할 수 있었다.[3]

한편, 분단체제에서 파생한 대외적 조건도 북한의 안보를 심각하게 위협하는 것이었다. 북한의 안보위협 인식은 미국의 계속되는 압박과 중 · 소 갈등, 그리고 남북한의 첨예한 정치 · 군사적 긴장 등 피포위 의식 속에서 이루어진 것이다. 북한이 중 · 소 갈등과 북 · 소, 북 · 중 간에 겪은 갈등은 매우 큰 것이었다. 1950년대 후반을 기점으로 중소분쟁으로 인한 북 · 중 · 소 북방삼각동맹의 균열은 북한 안보위협의 핵심이었다. 사회주의 종주국들의 이념적, 정치적 갈등이 고조되면서 북한은 소련 및 중국과 의도하지 않은 거리를 둘 수밖에 없었다.

반면 한 · 미 · 일 남방삼각동맹이 한 · 일 간의 국교정상화와 내적 경제통합, 그리고 베트남전 등을 거치면서 보다 치밀하게 강화되는 가운데, 북한은 심각한 안보 위기의식 속에 빠지게 되었다. 휴전상태에 대한 불안감에 더해 한 · 미 · 일 남방삼각동맹 강화가 북한에 위협을 가중시켰다. 그리고 1960년대 세계적 냉전의 절정은 분단체제를 구조적으로 포박했다.[4] 게다가 베트남전쟁의 확전은 한반도의 긴장을 더욱 고조시키는 요인으로 작용했다.

이에 대해 북한은 이미 1961년 소련 및 중국과 각각의 군사동맹관계를 보다 강화하는 새로운 조약들을 체결했다.[5] 이 조약들은 쌍방간 자동 군사개입 조항이 포함된 상호원조조약이었으며, 이로써 외형적인 북방삼각동맹이 유지되고 있었다. 하지만 이 동맹은 앞서 언급한 바와 같이 외형적인 공고함에 비해 갈등과 분열이 심각한 상황으로 내재해 있었다.[6] 이제 북한은 자체의 힘으로 모든 문제를 해결해야 하는 상황에 내몰리는 것으로 인식하게 되었다. 그리고 그것은 내부의 국방력 강화와 강력한 전사회적인 군사화였다. 공식적으로 1962년부터의 '국방 · 경제 병진노선'과 '4대 군사노선' 채택의 중요한 대외적 배경이 되었다.[7]

한편, 북한 내부는 정치적으로 과도한 외부의 위협을 수령제 유지와 주민동원 수단으로 부각시킨 측면도 간과할 수 없다. 북한은 대외적인 안보위협을 과도하게 부각시켜 내부 단속 및 결속에 활용하기도 했다. 체제 유지를 위해 미국과 남한의 위협을 부풀리거나 기획하는 경우도 있었다. 한미합동군사훈련으로 1976년부터 시작돼 1992년 중단된 팀스피리트훈련이 진행되는 1~2개월은 반미시위와 민방공훈련 등으로 북한 주민들의 일상이 마비되기도 했다.

2. 탈냉전시대의 안보위협 인식

북한은 냉전 종식 이후 안보전략상의 전환을 모색해 왔다. 1990년대 들어 발생한 사회주의권 국가들의 붕괴와 탈냉전이 북한에 준 충격은 매우 컸다. 소련을 비롯한 사회주의권 국가들의 체제 전환과 중국의 시장사회주의화로 북한은 한국전쟁 이후 최고조의 안보위협 상태에 빠져들게 되었다. 사회주의 진영의 몰락은 남북한 대결의 상부구조를 형성했던 양진영 간 대결의 해체를 의미하는 것이었다. 또한 탈냉전이 전통적인 중소분쟁의 종식을 동반함으로써, 북한은 냉전체제와 중소분쟁의 와중에서 얻은 과실을 모두 상실하게 되었다. 즉, 중소분쟁 과정에서 '줄타기 외교'를 통해 얻은 대외적 안정성과 경제 · 군사적 지원이라는 전략적 구도를 상실하게 되었다. 더 이상 북한이 냉전시대의 수혜자로 남기 어렵게 된 것이다.[8)]

변화된 환경은 기존 북 · 중 · 소 '북방삼각동맹'체제를 근저에서부터 뒤흔드는 것이었다. 이 상황은 북한이 소련, 중국과 맺은 기존 군사동맹의 심각한 이완을 예상하게 했다. 냉전시대 북한은 상당 부분 소련 및 중국과 전시 상호군사자동개입을 의미하는 상호원조조약에 의해 안보문제를 해결해 왔다. 그러나 러시아는 2000년 2월 자동개입 조항을 폐지하는 등 북한과의 군사동맹관계를 상당 부분 약화시켰다. 중국도 기존 군사동맹관계를 유지시키고 있지만, 이를 방어적 측면에서 해석하는 등 과거와는 다른 행보를 보여주고 있다. 이와 같이 소련 및 중국과 맺었던 군사동맹관계가 훼손됨으로써, 북한의 안보 현실은 경제위기의 심화와 함께 심각한 사태로 치달았다. 북중관계에 대한 북한 지도부의 인식도 많은 변화를 보이고 있다. 2009년 북한의 2차 핵실험 이후 유엔안보리결의안 1874호 채택 과정에서 중국의 찬성에 대해 북한 지도부의 불만은 내재해 있다.

미국의 '대북적대시정책'에 대한 불안감도 북한은 심각한 안보위협으로 인식하고 있다. 북한 입장에서 냉전 종식 이후 구축된 미국의 단일패권체제는 심각한 안보 불안요소일 수밖에 없다. 미국체제의 압도적 전개 속에서 신뢰할 만한 안보적 보장자로서의 중국과 소련 등 동맹국과의 관계가 심각하게 위축되었다. 이를 해소하기 위해 북한은 미국과의 관계개선을 통해 체제의 안전을 보장받으려 하고 있다. 탈냉전시대 북한의 대외적 안전보장의 목표는 북미관계 정상화이며, 이를 위해 북한은 미국과의 협상을 위한 수단과 논리를 개발했다. 북한은 핵개발의 논리를 자위적 안보수단 확보라는 관점에서 접근하고 있으며, 안보 및 경제 재건을 위한 미국과의 교환 수단으로 핵무기를 활용하고 있다. 북한은 미국의 세계 전략상

의 핵심 어젠다에 대한 충격요법으로 체제의 안전을 확보하려 하고 있는 것이다.[9)]

한편, 한 · 미 · 일 삼각동맹의 견고한 유지 속에 남한으로부터의 흡수통일에 대한 우려도 북한 입장에서는 심각한 안보위협이다. 북한은 탈냉전 이후 외부 지원 없이 독자적인 발전능력을 상실한 체제로 변화했다. 지속적으로 악화되어 온 경제난, 사회운용 시스템의 비효율성, 사회주의권 붕괴 이후의 외교적 고립 등이 북한을 위기 상황으로 몰아넣었다. 이 위기는 북한 스스로 해결할 수 없고, 이제껏 경험하지 못한 구조적이고 장기적인 것이라는 데에 문제의 심각성이 있다. 이런 가운데 남한과의 경제적 격차는 수십 배로 벌어졌다. 흡수통일론에 대한 북한체제의 스트레스는 심각하며, 이에 대한 대응과정에서 북한이 남북관계를 필요 이상으로 경직시키는 경우가 있었다.

탈냉전시대 북한을 둘러싼 안보환경은 급변하고 있다. 사회주의권의 붕괴와 외교적 고립, 내부자원의 고갈이라는 북한의 총체적 위기는 미국을 비롯한 서방으로부터의 외교관계 정상화와 경제지원 등이 중요한 생존조건으로 부각되었다. 북한의 최고 국가목표가 체제 생존이 된 것이다. 즉 북한의 생존조건이 내부가 아니라 외부에 있으며, 그것도 과거의 적인 서방에 대부분 의존하게 된 역설적 상황이 발생한 것이다. 바로 이 같은 환경 변화가 오늘날 북한의 안보전략에 근본적인 변화를 초래케 하고 있다. 북한의 안보정책은 체제 유지라는 생존전략적 차원에서 추진되고 있으며, 다분히 방어적인 성격을 띠고 있다.

III. 북한의 안전보장제도

북한의 안전보장제도는 조선로동당 차원의 안전보장 관련 기구와 군내 기구로 구분할 수 있다. 북한 인민군대는 조선로동당의 절대적 지배하에 있는 '당의 군대', '혁명의 군대'로서의 성격을 띠고 있다. 군사부문에 대한 로동당의 당적 통제는 다른 분야와 마찬가지로 확고하게 작동하고 있다. 당규약 제7장 제46조는 "조선인민군은 항일무장투쟁의 영광스러운 혁명전통을 계승한 조선로동당의 혁명적 무장력"[10]으로 규정되어 있다. 북한체제의 특성상 로동당은 체제의 안전보장 문제에서도 중요한 역할을 담당한다.

제도적으로 당 차원의 안전보장 관련 기구로는 당중앙군사위원회가 있다. 당중앙군사위원회는 '당군사정책 수행방법을 토의 결정하며, 인민군을 포함한 전무장력 강화와 군수산업 발전에 관한 사업을 조직, 지도하며 군대를 지휘'하도록 되어 있다.[11] 당중앙위원회에 군사위원회가 설치된 것은 1970년 11월 제5차 당대회 결정에 따른 것이었다. 1980년대 초 북한은 당중앙위원회 군사위원회를 당중앙군사위원회로 개편했다.

당중앙군사위원회는 과거 국방위원회에 회부되는 모든 사안을 사전에 토의 · 결정하는 매우 중요한 기구였으나, 김일성 주석 사후 국방위원회가 부상함에 따라 상대적으로 그 위상이 약화되었다. 그러나 당의 군사정책을 협의하여 결정하는 당내 군사부문 회의체로서의 기능은 여전히 수행하고 있다. 2010년 1월 현재 당중앙군사위원회는 위원장 김정일, 위원 리을설(전 호위사령관, 원수), 조명록(82세, 인민군 총정치국장, 차수), 김영춘(74세, 인민무력부장, 인민군 차수), 리하일(차수), 김일철(77세, 인민무력부 제1부부장, 차수), 김명국(총참모부 작전국장, 대장), 리용철(당중앙위 조직지도부 제1부부장) 등 전체 8명으로 구성되어 있다.[12]

1990년대 중반 이후 심각한 경제난에 따른 사회적 이완에 대해 북한체제는 군의 역할을 보다 강화하는 선군정치를 정치방식으로 내세워 돌파하려 하고 있다. 이와 같은 선군정치 통치방식의 제도적 차원의 정점에는 국방위원회가 존재하고 있다. 현재 북한체제의 최우선 목표는 체제의 안보 강화와 경제 회생이며, 제도적 차원의 안보 강화를 위해 국방위원회의 역할을 보다 확대시키고 있다. 물론 군에 대한 로동당의 당적 통제는 유지되고 있지만, 군의 역할이 강화되는 가운데 국방위원회의 역할도 확장되고 있다.

국방위원회의 역할 강화는 2009년 4월 개정된 북한헌법에서 확인할 수 있다. 개정 내용은 국방위원회 및 국방위원장의 역할 확대와 군뿐만 아니라 북한체제 유지 시스템의 정점에 국방위원회가 위치해 있음을 명확히 하고 있다. 1998년 헌법과 달라진 점은 이전에 없던 국방위원장 관련 규정을 별도의 절로 신설하여, 국방위원장 및 국방위원회의 권한을 강화했다는 점이다. 개정 헌법 제2절은 국방위원장의 지위를 '최고영도자'로 명문화하면서, 국방위원장이 전반적 무력의 최고사령관으로 된다고 규정하였다. 그 권한에 대해서도 국가의 전반사업 지도, 중요조약 비준 및 폐기, 특사권 행사, 비상사태와 전시상태 선포 등을 부여하였다.[13] 이로써 국방위원장의 헌법상 지위가 사실상 김일성 주석급으로 강화되었다고 볼 수 있다.

국방위원회에 대해서도 이전에 최고군사지도기관이자 전반적 국방관리기관이라고 규정하던 것에서 최고국방지도기관으로 변경함으로써 역할과 권한을 확대하였다. 헌법적으로 국방위원회는 주요 정책 수립권, 국가기관 감독·통제권도 새로이 부여받았다. 특히 국방위원회가 '선군혁명노선을 관철하기 위한 국가의 중요정책을 세운다'[14]고 명시함으로써, 그 권한이 북한체제 전반에 중요한 역할을 하는 것으로 제도화되었다.

2010년 1월 현재 국방위원회는 위원장 김정일, 제1부위원장 조명록, 부위원장 리용무(87세, 인민군 차수), 오극렬(79세, 인민군 대장), 김영춘 등 3인, 위원 전병호(84세, 당 군수담당 비서), 김일철, 백세봉(제2경제위원장), 장성택(64세, 당행정부장), 주상성(77세, 인민보안상, 인민군 대장), 우동측(국가안전보위부 제1부부장), 주규창(77세, 당군수공업부 제1부부장), 김정각(64세, 군 총정치국 제1부국장, 인민군 대장) 등 8인을 포

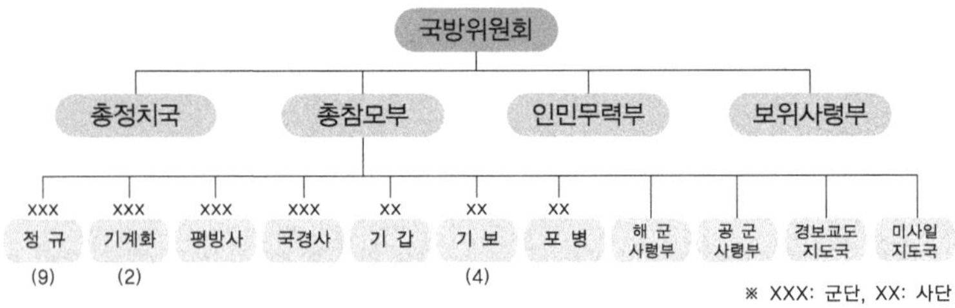

〈그림 1〉 북한의 군사지휘기구도

출처: 국방부 편, 『2008 국방백서』, 2009, p. 24.

함해 총 13인으로 구성돼 있다.[15] 국방위원회 위원 면면을 보면, 북한체제를 이끌고 가는 이들의 위상과 역할을 알 수 있다. 국방위원회는 헌법적 위상에 걸맞게 북한의 핵심 인사들로 꾸려져 있으며, 포스트 김정일체제와 관련해서도 국방위원회와 이들의 역할이 주목되고 있다.

한편, 인민군대의 각급 단위 당조직은 군내 당원뿐만 아니라 전군의 사상교양과 혁명전통교양 및 계급교양을 담당하고 있다. 그 정점에는 '조선인민군당위원회'와 '조선인민군 총정치국'[16]이 있다. 군당위원회는 군내 전체 당조직을 포괄하는 회의체로 중대 단위까지 구성돼 있다. 총정치국(총정치국장 조명록)은 국방위원회 산하 군당위원회의 집행기관으로서 당중앙군사위원회의 지도하에 당의 군장악의 중요한 지렛대 역할을 하고 있다. 현재 조명록 총정치국장이 연로하여 김정각 제1부국장이 실질적인 역할을 대행하고 있다. 이들 기구는 군 지휘관의 명령에 대한 비준과 서명, 당 정책에 역행하는 지휘관의 명령에 대한 저지 등의 권한을 행사함으로써 당의 군대로서의 북한군의 성격을 유지 · 강화시키는 역할을 수행하고 있다.[17]

국방위원회 산하 군사 분야 조직은 총참모부, 인민무력부 등이 총정치국과 수평적으로 포진돼 있다. 총참모부는 통합군체제인 북한의 육해공군을 사실상 군사적으로 지휘하는 사령부 역할을 하고 있다. 군종, 병종

사령부를 직접 관리하며, 작전국, 군사훈련국 등을 두고 있다. 현재는 리영호 대장이 총참모장을 맡고 있다. 한편, 인민무력부는 군사행정과 군사외교 등을 담당하는 조직으로, 군대를 지휘하는 권한을 보유하고 있지는 않다. 그렇다고 군사관련 권한이 없는 것은 아니다. 총참모장이 국방위원회에 보고하는 주요 사안은 사전에 총정치국장과 인민무력부장과 협의해야 한다. 김영춘 차수가 인민무력부를 이끌고 있다. 이밖에 보위사령부는 군내 반체제세력 제거 등을 주임무로 하는 조직이다.[18]

또한 북한의 준군사기구는 치안담당기구로서 내각 소속인 인민보안성(인민보안상 주상성)과 사찰기구이자 방첩기관인 국가안전보위부, 그리고 민간으로 구성된 교도대, 로농적위대, 붉은청년근위대 등이 있다. 특히 민간군사기구들은 14세부터 60세까지의 모든 남성과 상당수 여성 주민들을 포함하고 있다. 이는 북한체제의 강한 군사적 색채를 보여준다. 현재 민간군사기구인 로농적위대 등은 경제난 등으로 인해 원활하게 작동하지는 못하는 것으로 알려져 있다.

VI. 북한의 주요 안전보장정책

1. 냉전시대의 안전보장정책

1) 국방정책

북한은 창군과 한국전쟁을 경과하면서 국방력을 유지, 확대시키는 정책을 지속시켰다. 한국전쟁 이후에도 북한은 전시의 군사력을 유지시키면서, 전 사회적으로 군사적 질서를 확산시켰다. 전후 전시체제 지속의 명분은 전쟁이 종결되지 않은 정전체제라는 점, 미국의 대북 군사적 압박이 가중되고 있다는 점, 남한에서 반공·반북정책이 강화되고 있다는 점 등에서 찾았다. 대체로 대외적인 위협 요인들이 국방력 강화의 배경으로 작용했다.

북한은 국방부문을 1950년대까지 소련과 중국에 상당부분 의존했다. 그것은 북한군의 창군과 한국전쟁에서 양국의 역할과 지원이 절대적이었기 때문이다. 북한의 국가건설 과정에서 소련의 역할은 매우 컸고, 국방분야에서도 마찬가지였다. 1948년 2월 8일 조선인민군의 창군과 이후 군대의 기틀을 잡아가는 과정, 전쟁 준비를 위한 무기 확보과정에서 소련의 역할은 절대적이었다. 한편, 중국은 한국전쟁 준비과정과 인민지원군의 참전, 이후 1958년 완전 철군[19]에 이르는 동안 북한의 국방정책에 깊숙이 관여했다.

하지만, 1960년대 이후 북한은 '경제 · 국방 병진노선', '4대 군사노선' 등을 필두로 자체 군사력 강화를 통한 안전보장을 추구했다. 1960년대 초반 대외적인 위기 요인들이 한꺼번에 터지면서 북한을 강하게 압박했다. 1960년대 경제 · 국방 병진노선 채택의 대외적 배경은 중소 갈등과 북 · 소 간 균열 속에서 한 · 미 · 일 남방삼각동맹의 출발이라는 위기의식이 크게 반영된 것이었다. 또한 남한에서의 5 · 16군사쿠데타 이후 한반도 차원의 긴장 심화와 쿠바미사일사태, 베트남전 등 세계적 차원의 긴장 심화가 북한의 위기의식을 강하게 부추겼다.[20]

1962년 북한 지도부가 대외적인 위협 요인에 대한 근본적인 대처방안으로 4대 군사노선을 내놓았다. 그것은 '전인민의 무장화', '전국토의 요새화', '전군의 간부화', '전군의 현대화'를 슬로건으로 하는 '4대군사노선'이었다.[21] 이 결정은 1962년 12월 10일부터 14일까지 열린 당중앙위원회 4기 5차 전원회의에서 이루어졌으며, 1966년 10월 제2차 '조선로동당대표자회'에서 공식화되었다.[22] 냉전시대 북한체제의 국방정책을 대표하는 '경제 · 국방 병진노선', '4대 군사노선'은 공식적으로는 아직도 폐기되지 않은 채 존재하고 있다.

2) 동맹 및 외교정책

냉전시대 북한의 동맹정책은 사회주의권 국가, 즉 북소, 북중동맹을 중심으로 전개되었다. 그것은 남한의 한미동맹, 한일관계에 대한 대척점으로서, 세계적 차원의 미소간 냉전 질서의 하위구조로 한반도 차원에서 기능하는 것이었다. 한국전쟁을 기점으로 소련 및 중국과의 동맹은 보다 강고해졌다. 소련은 군사원조를 통해 전쟁을 지원했으며, 중국은 1백만여 명의 인민지원군을 직접 참전시켰다. 그러나 북소, 북중의 공식적인 동맹관계의 문서화는 1950년대 후반 중소갈등이 시작된 이후 완료되었다. 앞서 언급한 대로 1961년 북한은 소련, 중국과 각각 쌍방간 자동 군사개입을 핵심으로 하는 상호원조조약을 채결했다.[23)]

그러나 중소갈등은 북한의 자주적 외교를 촉진시키는 것이기도 했다. 중소간 이념논쟁은 1956년 소련공산당 제20차대회 때 수면 위로 솟은 이후 1959년 이후 국가관계에 영향을 미치고, 1960년 공개논쟁으로 발전되어 급기야 1961년 11월 소련공산당 제22차대회 이후 돌아올 수 없는 다리를 건넜다.[24)] 중소분쟁으로 북방삼각동맹이 약화되면서, 북한은 북소, 북중 군사동맹 유지와 동시에 자주적 외교노선을 걷게 되었다. 중소분쟁의 와중에서 등거리외교를 통한 '자주' 외교를 확립하고자 한 것이다.

한편, 1980년대 후반부터 1990년대 초반까지 소련을 비롯한 사회주의권 국가들의 체제 전환 와중에 북방삼각동맹이 해체되고, 이에 따른 충격파가 1990년대 북한체제를 심각하게 압박하였다. 이에 대응하여 북한은 그 동안 지속해 왔던 '하나의 조선'정책을 포기하고 유엔에 단독 가입하는 충격적인 행보를 보였다. 그러나 그것은 북한 나름의 고육지책으로, 사회주의권 붕괴와 한국의 북방정책에 대한 반작용이었다. 북한의 외교논리는 정당성에 심각한 훼손을 가져왔으나, 현실의 외교환경은 북한의 이 같은 선택을 강요하는 것이었다.

3) 통일정책

냉전시대 북한은 남북관계에 대해 남한보다 더 공세적이었으며, 그 목표는 남한 공산화였다. 북한지역을 기지로 삼아 남한을 해방시킨다는 '민주기지노선'의 실패 속에서 '지역혁명노선'으로의 전환, 즉 '남조선혁명론'[25]으로 역량을 전환시키는 1960년대 이후에도 공산화 목표는 확실했다. 당시 북한의 대남정책은 내외 환경 속에서 '남조선혁명론'이라는 공세적인 적화전략의 관점에 기초해서 전개되었던 것이다. 그리고 그것은 한반도 차원의 냉전체제 공고화라는 외부적 환경과 북한경제의 외형적 안정 속에서 가능한 것이었다.

1980년대까지만 해도 냉전의 울타리에 감춰진 북한의 경제 및 대외상황이 심각하게 드러나지는 않았다. 그러한 상황에서 1960년 8월 공식 제기된 '연방제' 통일방안이나 1980년 10월 로동당 제6차대회에서 제기된 '고려민주연방공화국' 통일방안 역시 그 기저에는 북한식 흡수통일론 또는 현상유지론이 자리잡고 있었다. 북한은 남북협상을 통해 주한미군의 철수 또는 한미간의 동맹관계를 약화시키는 가운데 남한과의 조속한 연방제 통일을 주장했다. 북한은 남한 내의 동조세력 또는 정치적 혼란을 이용해 남한 내부를 교란하고자 하는 정책도 취했다. 따라서 냉전시기 대남정책은 북한지도부의 주관적 정책 의지에 강하게 영향을 받았다고 할 수 있다.

그러나 1990년대 들어 소련 및 동구 사회주의권 국가들의 붕괴과정에서 북한은 한국전쟁 이후 가장 심각한 체제 위기국면에 직면하게 되었다. 1991년 남북 총리급회담에서 체결된 남북기본합의서는 사회주의 국가들의 붕괴라는 냉전해체의 과정에서 북한이 그 여파를 막는 방파제로 활용한 측면이 크다. 또한 남북기본합의서는 북한이 사회주의권의 붕괴에 따른 국내정치의 불안정성을 제거하고 김정일로의 압축적인 후계체제 이전 과정에서 대외적 안정을 확보하기 위해 나선 측면이 컸다. 그 동안 공세적이었던 통일정책 역시 수세적으로 바뀌게 되었다. 남북기본합의서 채택은 대남부분에서 수세적 상황 타개하기 위한 북한의 소극적 선택이었던 것이다.

2. 탈냉전시대의 안전보장정책

1) 국방정책

탈냉전시대 북한의 국방정책은 경제난의 심화 속에 재래식 군사력 유지의 어려움에 봉착한 가운데, 핵개발 및 핵문제의 국제적 이슈화로 군사력 약화를 대체하고 있다고 요약할 수 있다. 1994년 김일성 사망 이후 북한 경제는 아직까지도 정상화되지 못하고 있다. 경제난의 심화는 인민군의 정상적인 훈련조차 어렵게 하고 있으며, 전반적인 군사력의 약화를 가져오고 있다. 예비 병력의 활용도 급전직하하고 있으며, 로농적위대, 교도대, 붉은청년근위대 등 준군사기관의 역할도 약화되고 있다. 이런 가운데 최근 들어 남북한 군사력[26]이 재래식 무기 기준으로 남한 우위로 바뀌는 상황까지 도래하고 있다.

이런 가운데 북한은 핵개발과 핵을 통한 외교적 거래를 통해 체제 안전문제를 해결하려 하고 있다. 북한이 핵에 대한 관심을 갖기 시작한 것은 1950년대 후반부터였으며, 그것이 국제적으로 불거진 것은 1990년대 초반이었다. 영변 핵재처리시설 문제를 해결하기 위한 수단으로 1994년 북미제네바합의가 이뤄졌으나, 2002년 2차 북핵위기가 대두돼 북핵문제는 국제사회의 핵심 이슈로 부각되었다. 이후 북한은 그 동안 2006년 10월 9일과 2009년 5월 25일 두 차례의 핵실험을 통해 핵보유국을 선언한 상태다.

북한의 핵개발 의도는 핵문제 이슈화를 통해 미국과 국제사회로부터 체제 안전문제를 해결하겠다는 것이다. 북한은 핵을 포기하는 대신 체제

안전문제와 대북 경제지원 등의 거래가 명확히 가능하다면, 그렇게 하겠다는 입장이다. 그러나 그것이 어렵다면 핵보유국 지위를 획득하겠다는 의도도 동시에 보여주고 있다. 북한 입장에서는 상당 기간 핵문제를 이슈화시켜, 안전보장문제를 해결하겠다는 의도를 갖고 있다고 하겠다.

<table>
<tr><th colspan="4">구분</th><th>북한</th></tr>
<tr><td rowspan="4" colspan="2">병력
(평시)</td><td colspan="2">계</td><td>119만여 명</td></tr>
<tr><td colspan="2">육군</td><td>102만여 명</td></tr>
<tr><td colspan="2">해군</td><td>6만여 명</td></tr>
<tr><td colspan="2">공군</td><td>11만여 명</td></tr>
<tr><td rowspan="18">주요전력</td><td rowspan="8">육군</td><td rowspan="3">부대</td><td>군단(급)</td><td>15</td></tr>
<tr><td>사단</td><td>86</td></tr>
<tr><td>기동여단</td><td>69(교도 10여 개 미포함)</td></tr>
<tr><td rowspan="5">장비</td><td>전차</td><td>3,900여 대</td></tr>
<tr><td>장갑차</td><td>2,100여 대</td></tr>
<tr><td>야포</td><td>8,500여 문</td></tr>
<tr><td>다련장/방사포</td><td>5,100여 문</td></tr>
<tr><td>지대지유도무기</td><td>100여 기(발사대)</td></tr>
<tr><td rowspan="5">해군</td><td rowspan="4">수상함정</td><td>전투함정</td><td>420여 척</td></tr>
<tr><td>상륙함정</td><td>260여 척</td></tr>
<tr><td>기뢰전함정</td><td>30여 척</td></tr>
<tr><td>지원함정</td><td>30여 척</td></tr>
<tr><td colspan="2">잠수함정</td><td>70여 척</td></tr>
<tr><td rowspan="5">공군</td><td colspan="2">전투임무기</td><td>840여 대</td></tr>
<tr><td colspan="2">감시통제기</td><td>30여 대</td></tr>
<tr><td colspan="2">공중기동기(AN-2포함)</td><td>330여 대</td></tr>
<tr><td colspan="2">훈련기</td><td>180여 대</td></tr>
<tr><td colspan="2">헬기</td><td>310여 대</td></tr>
<tr><td colspan="4">예비병력</td><td>770만여 명
(교도대, 로농적위대, 붉은청년근위대 포함)</td></tr>
</table>

〈표 1〉 북한의 군사력(2008년 12월 기준)

※ 야포 문 수는 보병 연대급 화포인 76.2mm를 제외

※ 질적 평가 표현은 제한되므로 공개할 수 있는 양적 수준으로만 표시

출처: 국방부 편, 『2008 국방백서』, 2009, p. 260.

2) 동맹 및 외교정책

탈냉전시대 북한의 동맹정책은 북중군사동맹을 강고하게 유지하고 전통적인 북러관계를 발전시키겠다는 것이다. 또 북핵문제 해결을 통해 북미관계 및 북일관계를 개선함으로써 안보문제를 원천적으로 하겠다는 것이다. 현재 북중관계는 북한체제 유지의 안전판이며, 북미관계를 개선하면서도 북중관계를 유지해야 하는 북한의 입장에서 동맹 및 외교정책은 신중하게 이뤄지고 있다.

이러한 가운데 미국의 동북아 전략은 미일동맹과 한미동맹을 한 축으로, 미중 동반자적 협력관계를 다른 한 축으로 한다고 볼 수 있다. 이 두 축을 유지하면서 개입 비용을 최소화하는 가운데 외교적 목표를 달성하는 것이 미국의 전략이라 할 수 있다. 한편, 중국의 대미정책은 미국과의 갈등보다는 협력적 관계 속에 핵무기 확산이나 테러문제 등에 대해 인식과 행동을 공유하는 가운데, 아직까지는 수세적 정책에 무게를 두고 있다고 할 수 있다.[27]

중국으로서는 북핵문제의 해결 방식에서 미국과의 입장 차를 보이고 있다. 중국은 자국의 전략적 이득을 취하기보다는 전략적 손실을 방지하는 차원에서 북핵문제에 접근할 것이다.[28] 중국은 자신이 투입한 전략적 이해에 배치되는 방향으로 북핵문제가 전개되는 것을 원치 않는다. 압박 일변도의 북핵정책에 대한 반대와 대화를 통한 해결이 중국의 공식 입장으로, 이것은 다분히 북중관계를 고려한 접근법이다.[29]

북한 입장에서 향후 외교정책의 핵심은 미국 주도의 세계 질서에 대한 편승이 가능한가이다. 그러면서도 전통적인 북중관계를 유지하는 방법도 중요하게 인식하고 있다. 북핵문제가 결국 북미관계 정상화로 가야 한다는 북한의 의지는 결국 북핵문제 해결과 북미관계 정상화를 교환하고, 이를 통해 평화협정 체결을 통한 체제 안전보장, 경제 회생, 포스트 김정일 체제를 구축하겠다는 전략적 표현이라 할 수 있다. 향후 북핵문제 전망에서 가장 중요한 쟁점은 3단계 핵 폐기와 맞물린 북미관계 정상화와 한반도 평화체제의 과제를 어떻게 풀어갈 것인가, 북미관계 정상화와 남북, 북일관계의 동시 진행이 가능할 것인가 등일 것이다.

3) 통일정책

탈냉전 이후 북한은 자체 대외, 경제, 정치 역량의 현격한 약화로 인해 통일정책에서 매우 수세적인 상황에 몰리게 되었다. '남조선혁명역량'의 소멸로 북한 주도의 통일이 불가능한 것은 명확하다. 대남, 대미, 대일 관계 개선 시도 및 개혁 · 개방 시도 등에서 실패를 거듭하면서 북한의 대남자세는 점차 유연화되는 변화를 겪어 왔다. 그것은 남북한간의 국제적 지위 및 국력의 격차가 벌어져 가면서 북측의 자세가 점차 방어적이며 현실주의적으로 변화했기 때문이다. 북한은 남한 당국을 실체로 인정하면서 평화공존 관계를 모색할 수밖에 없었다. 이를 위해 북한은 대남 입장을 수정하면서 한반도의 현실을 점차 인정하며 그에 적응하는 자세를 취하고 있다.[30)]

북한은 이제 체제 유지에 부담을 갖더라도 남북관계 개선에 나오는 구체적인 방법을 찾는 실정에 놓이게 되었다. 이는 북한의 경제 상황이 1970년대 이래 침체상태에 빠졌으며, 이후 1990년대 후반 경제위기가 최고조로 심화되면서 나타난 현상이라고 볼 수 있다. 한편으로는 남한으로부터의 흡수통일을 우려하면서도 남한에 상당부분의 경제를 의존해야 하는 어쩔 수 없는 북한의 상황이 남북관계에도 그대로 반영되어 있다. 북한이 점차 수세적으로 남북대화에 나서고 있으며, 구체적인 경제적 지원을 요구하는 쪽으로 남북관계를 활용하고 있는 것이 현실인 것이다. 이 같은 사태는 북한의 심각한 내외적 위기와 중첩되면서 장기적으로 시장경제와 자유민주주의에 기초한 한반도 질서의 변화라는 역사구조적 전망을 낳게 하고 있다.[31)]

V. 결론

1948년 체제 수립 이래 60여 년에 이르는 동안 북한의 안전보장문제는 체제가 달성해야 할 가장 중요한 목표였다. 한국전쟁을 경과하면서 북한은 외부의 군사력 압력에 대항함과 동시에 내부 단결을 이끌어 내기 위해 안보문제에 적극적으로 응전했다. 냉전시대 북한은 반미와 반남한정책을 기반으로 제도와 정책적 차원에서 적극적 안보정책을 추구했다. 경제 · 국방병진노선과 4대군사노선을 기반으로 국방력 강화노선을 추구했으며, 중소간 갈등의 와중에서 자위적인 안전보장의 길을 걸었다.

한편, 탈냉전 이후 북한체제는 사회주의권 붕괴에 따른 체제 위기에 휩싸이고, 경제난이 가중됨에 따라 내부적으로는 선군정치를 정치방식으로 도입하고, 대외적으로는 핵개발을 가속화했다. 북핵문제로 인해 동북아시아 안보질서는 지각변동의 시험대에 올라 있다. 이 실험은 냉전체제와 비슷한 또 다른 세력균형으로 귀결될 수도, 새로운 국제적 수준의 동북아의 평화적 질서로 이행될 수도 있다.[32] 그만큼 북핵문제의 향방이 한반도, 나아가 동북아 질서 변화에 결정적인 변수로 작용하고 있다.

최근 들어 북핵문제는 강(强) 대 강(强)의 대결구도에서 대화를 통한 해결로 방향을 바꾸고 있다. 미국은 채찍에서 당근으로, 북한도 대결에서 대화로 입장을 바꾸고 있다. 이 변화의 동인은 오바마 미 행정부와 북한의 이해관계가 일치하고 있고, 중국의 적극적 대화 중재에 기인한다. 향후 북핵문제의 바람직한 전개 방향은 북미 양자대화와 6자회담의 재개이며, 이를 통한 핵문의 완전한 해결 모색이다. 북핵문제의 완전한 해결은 미국과 중국의 전략적 협력 속에서만 가능하다.

북한은 비핵화를 통해 근본적인 체제 안전보장문제를 해결해야 할 것이다. 미국과 국제사회는 북한체제의 안전보장문제를 확실하게 하는 가운데 북한의 비핵화를 유도해야 할 것이다. 북한으로서는 체제 안전보장, 경제 재건, 포스트-김정일시대의 안정적 구축이 중요한 국가 목표다. 미국을 비롯한 국제사회가 이를 보장해 주는 가운데, 북한은 조기에 완전한 비핵화의 길로 가야 한다. 이것이 북한이 체제 안전을 보장받고, 핵 없는 한반도가 가능한 길이다.

| 미주 |

1) 김연수, 2003, 「냉전의 종식과 북한의 안보전략변화: 북·미관계에의 함의」, 『북한연구학회보』 제7권 1호, p. 132.

2) 분단체제를 주창한 백낙청은 '세계체제의 역사에서도 특정한 하위체제로서 분단체제라는 별도의 명칭이 필요한 특이한 존재'로서 분단을 설명하고 있다. 즉 그는 세계체제의 하위체제이면서도 일정한 독자성을 갖는 남북한체제의 독특한 결합으로 분단문제를 보고 있다. 백낙청, 1994, 『분단체제 변혁의 공부길』, 창작과비평사, pp. 15-21 참조. 한편, 이종석은 이를 '분단을 매개로 형성된 남북한의 정치·경제·사회적 제관계와 남북한 관계의 총체'로 규정하고, 이 구조가 좁은 의미의 남북한 관계와 정세, 그리고 분단의 외적 조건을 형성하고 있는 세계정세가 복합적으로 결합·작용하면서 만들어져 왔다고 보고 있다. 그리고 본질적으로 세계 냉전구조의 붕괴와 남북한 내부의 변동에 영향을 받으면서 변화되는 동태적인 것으로 분단구조를 보고 있다. 이종석, 1998, 『분단시대의 통일학』, 한울아카데미, pp. 23-32 참조.

3) 김용현, 2001, 「북한의 군사국가화에 관한 연구: 1950~60년대를 중심으로」, 동국대학교 정치학과 박사학위논문, pp. 65-66,

4) 정진위, 1985, 『북방삼각관계: 북한의 대중·소 관계를 중심으로』, 법문사 참조.

5) 1961년 7월 6일, 11일 북소, 북중 간 "조선민주주의인민공화국과 쏘베트 사회주의공화국 련맹 간의 우호, 협조 및 호상 원조에 관한 조약" 및 "조선민주주의인민공화국과 중화인민공화국 간의 우호, 협조 및 호상 원조에 관한 조약"이 체결되었다. 조선중앙통신사, 1962, 『조선중앙연감 1962』, pp. 157-162 참조.

6) 정영철, 2001, 「김정일 체제 형성의 사회정치적 기원: 1967~1982」, 서울대학교 사회학과 박사학위논문, pp. 77-78.

7) 김용현, 앞의 논문, pp. 65-66,

8) 김용현, 2004, 「북한 내부정치와 남북관계」, 『통일문제연구』 제16권 2호, p. 278.

9) 김연수, 앞의 책, p. 149.

10) 1980년 10월 13일 제6차 당대회에서 개정된 조선로동당 규약 전문은 민병천 외, 2001, 『북한학 입문』, 들녘, pp. 341-371.

11) 같은 책, p. 361.

12) 통일부, 2009, 「2010 북한권력기구도」 참조.

13) 동국대학교 북한학연구소, 2009, 「자료-사회주의헌법(2009년 4월 개정)」, 『북한학연구』 제5권 2호, pp. 186-187.

14) 같은 논문, pp. 187-188.

15) 통일부, 앞의 글 참조.

16) 총정치국에 대한 자세한 분석은 이대근, 2006, 「북한군 총정치국」, 『북한학총서 4-북한의 군사』, 경인문화사, pp. 169-205.

17) 민병천 외, 앞의 책, p. 114.

18) 같은 책, p. 120.

19) 자세한 내용은 이종석, 2000, 『북한-중국관계 1945~2000』, 중심, pp. 201-205.

20) 이에 대해 북한이 느낀 위기의식은 김일성, 1982, 「현정세와 우리 당의 과업(조선로동당 대표자회에서 한 보고 1966년 10월 5일)」, 『김일성저작집 20』, 평양: 조선로동당출판사, pp. 448-456 참조.

21) 사회과학원 력사연구소 편, 1982, 『조선전사 30』, 평양: 과학·백과사전출판사, p. 81.

22) 김일성, 앞의 글, pp. 415-428.

23) 북중 상호원조조약 체결에 대한 자세한 분석은 최명해, 2009, 『중국·북한 동맹관계: 불편한 동거의 역사』, 오름, pp. 150-187.

24) 자세한 내용은 같은 책, pp. 123-137.

25) 통일적인 전국적 혁명의 승리라는 '조선혁명'의 관점에서 정리된 '남조선혁명론'은 '북반부 혁명기지'의 강력한 지원을 받지만 기본적으로 "결국 남조선인민들의 혁명력량의 장성과 그들의 결정적인 투쟁에 의해서만 승리할 것"이 강조되고, 이 과제는 남한의 맑스-레닌주의 정당의 건설로 요약된다. 김성규, 1967.6.23, 「남조선혁명의 기본임무와 중요당면과업」, 『로동신문』; 로동신문, 1967.9.23, 「해설 - 맑스 레닌주의당을 꾸리며 강력한 혁명의 주력군을 편성하는 것은 남조선혁명승리의 기본요인」.

26) 남북한 군사력 비교 연구로는 함택영, 1992, 「남북한 군비경쟁 및 군사력 균형의 고찰」, 함택영 외 편, 『남북한 군비경쟁과 군축』, 경남대학교 극동문제연구소, pp. 3-42.

27) 이동률, 2008, 「동북아 다자안보협력에 대한 중국의 인식과 전략」, 『중국학연구』 45집, p. 311.

28) 전병곤, 2009, 「오바마 집권 이후 중북관계 전망」, 『한국국제지역학회』세미나 발표 논문(한국외국어대학교, 2월 26일).

29) 김용현, 2009, 「북핵문제와 한·중 협력」, 『한국동북아논총』 제14권 제4호, pp. 123-124.

30) 박형중, 2000, 「남북정상회담의 성과」, 『남북정상회담의 성과와 남북관계의 전망』, 통일연구원, pp. 22~23.

31) 김용현, 2004, 「북한 내부정치와 남북관계」, 『통일문제연구』 제16권 2호, p. 277.

32) 구갑우, 2008, 『국제관계학 비판』, 후마니타스, pp. 72~73.

| 참고문헌 | |

1) 1차 자료

■ 김성규, 1967.6.23, 「남조선혁명의 기본임무와 중요당면과업」, 『로동신문』.
■ 김일성, 1982, 「현정세와 우리 당의 과업(조선로동당대표자회에서 한 보고 1966년 10월 5일)」, 『김일성저작집 20』, 평양: 조선로동당출판사.
■ 사회과학원 력사연구소 편, 1982, 『조선전사 30』, 평양: 과학 · 백과사전출판사.
■ 동국대학교 북한학연구소, 2009, 「자료-사회주의헌법(2009년 4월 개정)」, 『북한학연구』 제5권 2호.
■ 조선중앙통신사 편, 1962, 『조선중앙연감 1962』, 평양: 조선중앙통신사.
■ 로동신문, 1967.9.23, 「해설 – 맑스 레닌주의당을 꾸리며 강력한 혁명의 주력군을 편성하는 것은 남조선혁명승리의 기본요인」.

2) 2차 자료

■ 고유환 · 김용현, 2002, 「북한의 선군정치와 군사국가화 연구」, 『서울평양학회보』 창간호.
■ 구갑우, 2008, 『국제관계학 비판』, 후마니타스.
■ 김연수, 2003, 「냉전의 종식과 북한의 안보전략변화: 북 · 미관계에의 함의」, 『북한연구학회보』 제7권 1호.
■ 김용현, 2001, 「북한의 군사국가화에 관한 연구: 1950~60년대를 중심으로」, 동국대학교 정치학과 박사학위논문.
■ ______, 2004, 「북한 내부정치와 남북관계」, 『통일문제연구』 제16권 2호.
■ ______, 2009, 「북핵문제와 한 · 중 협력」, 『한국동북아논총』 제14권 제4호.
■ 민병천 외, 2001, 『북한학 입문』, 들녘.
■ 박형중, 2000, 「남북정상회담의 성과」, 『남북정상회담의 성과와 남북관계의 전망』, 통일연구원.
■ 백낙청, 1994, 『분단체제 변혁의 공부길』, 창작과비평사.
■ 이대근, 2006, 「북한군 총정치국」, 『북한학총서 4-북한의 군사』, 경인문화사.

■ 이동률, 2008, 「동북아 다자안보협력에 대한 중국의 인식과 전략」, 『중국학연구』 45집.
■ 이종석, 1998, 『분단시대의 통일학』, 한울아카데미.
■ ______, 2000, 『북한-중국관계 1945~2000』, 중심.
■ 전병곤, 2009, 「오바마 집권 이후 중북관계 전망」, 『한국국제지역학회』세미나 발표 논문 (한국외국어대학교, 2월 26일).
■ 정영철, 2001, 「김정일 체제 형성의 사회정치적 기원: 1967~1982」, 서울대학교 사회학과 박사학위논문.
■ 정진위, 1985, 『북방삼각관계: 북한의 대중 · 소 관계를 중심으로』, 법문사.
■ 최명해, 2009, 『중국 · 북한 동맹관계: 불편한 동거의 역사』, 오름.
■ 통일부, 2009, 「2010 북한권력기구도」, http://www.unikorea.go.kr(검색일: 2009.12.5).
■ 함택영, 1992, 「남북한 군비경쟁 및 군사력 균형의 고찰」, 『남북한 군비경쟁과 군축』, 경남대학교 극동문제연구소.

한국의 안전보장제도와 정책: 지속과 변화

박 영 준

Ⅰ. 서론

안전보장(security)이란 자유로운 상태를 의미하는 라틴어 Se와 걱정, 근심, 불안을 의미하는 Curitas의 합성어라고 한다. 그렇다면 국가안전보장(national security, 이하 국가안보로 약칭)이란 국가를 구성하는 영토, 국민, 주권, 그리고 국가가 추구하는 핵심가치들을 국가 내·외부의 불안 요인과 위협요인을 배제하고, 더 안전하고 평화로운 여건을 조성하는 것을 의미할 것이다.[1)]

국가안보를 위협하는 요인으로는 전통적으로 정치외교와 군사 분야, 즉 적대국의 침략 의도와 군사력 등이 지적되어 왔으나, 최근에는 경제, 사회, 환경, 과학기술 등의 분야에서도 국가안보의 균열 요인이 대두하고 있기도 하다. 이러한 위협요인에 대응하여 국가안보를 확보하려는 국가의 정책이나 전략을 국가전략, 또는 국가안보전략으로 지칭해 왔다. 그리고 국가안보전략의 하위 전략으로는 외교전략, 군사전략, 경제전략, 사회문화전략 등이 존재하는 것으로 이해되고 있다.[2] 전통적으로 국가안보를 보장하는 수단으로는 군사 및 외교 분야에서 군사력을 증강하거나, 동맹관계 및 집단안보체제를 수립하는 정책수단을 주로 강구해 왔으나, 탈냉전기 이후에는 경제, 에너지, 환경, 테러리즘 같은 새로운 안보위협 요인이 대두함에 따라, 안전보장의 방식도 예방외교, 국제평화유지활동, 공동안보와 협력안보 등에 이르기까지 다양해지고 있다.[3]

대한민국 건국 이후 60여 년의 시간이 흘렀다. 역사상 새로 태어난 신생국가들이 외부의 침략을 받거나, 내전(內戰)의 발발로 국권을 상실하는 사례들을 적지 않게 목격할 수 있다. 대한민국도 건국 초기부터 국토가 분단되었고, 체제와 이념을 달리하는 북한의 침략을 당하기도 하였다. 냉전 체제하에서는 북방의 공산주의 국가들로부터 압력을 받기도 하였고, 탈냉전 시대 이후에는 WMD의 확산이나 테러리즘과 같은 새로운 종류의 국가안보위협요인에 직면하기도 하였다. 건국 이후 결코 순탄치 않은 국가 형성 과정을 경험해야 했으나, 대한민국은 누차에 걸친 국가안보 위기들을 헤쳐 나왔다. 그렇다면 한국이 전쟁과 체제대립 등 국가안보 위기들을 극복해낼 수 있었던 요인들은 과연 무엇일까. 역대 정부와 국가지도자들은 각 시대마다의 안보위협 요인을 어떻게 식별하였으며, 어떠한 안전보장제도와 방책으로 국가안보를 확보할 수 있었던 것일까. 본 글에서는 이승만 정부 이후의 한국안보정책을 네 시기로 나누어[4] 각 시기 한국 안보정책의 전개를 위협인식, 안보제도, 분야별 안보정책 등으로 나누어 파악하고, 그 특성을 살펴보기로 한다.

II. 이승만 정부

1948년 8월 15일 대한민국이 수립되었다. 초대 대통령으로 선출된 이승만은 1960년 4·19혁명에 의해 물러날 때까지 대한민국 건국 초기의 안보정책을 담당하였다. 그런데 취임 직후 그가 직면한 국내외 안보현실은 간단한 것이 아니었다. 국내적으로는 피폐한 경제 상황이 지속되었고, 그 자신의 권력욕에서도 기인한 정치혼란이 끊이질 않았다. 중국 대륙에서는 마오쩌둥이 주도하는 공산당 세력이 장제스의 국민당 정부를 타이완으로 몰아내면서 대륙을 평정하였다. 소련은 양진영론에 입각하여 미국 등의 자본주의 진영에 대항하는 세력을 확장하고 있었다. 북한 지역에 수립된 김일성 정권은 중국과 소련 공산당 정권의 지원하에 군사력을 증강하면서 이른바 민주혁명기지론에 입각한 대남 공산화 정책을 추진하였고, 급기야 한국전쟁을 일으키기까지 하였다. 그렇다면 전쟁을 직접 지휘한 최초의 한국 지도자이기도 했던 이승만 대통령은 정부 수립 직후부터 1960년까지 어떠한 위협 인식 속에서 어떠한 국가안보정책을 전개해 나간 것일까?

1. 위협인식

이승만 대통령은 취임 직후부터 북한 김일성 정권이나 소련 및 중국 공산주의의 위협에 대한 경계를 감추지 않았다. 그는 독립운동을 하던 시절부터 러시아 공산주의를 위협으로 인식하고 있었으며,[5] 좌우대립이 격심하였던 이른바 '해방공간'을 거치면서 이러한 공로론(恐露論), 혹은 공산주의에 대한 위협인식은 더욱 강화되었다. 1946년 2월 16일의 연설에서 그는 공산주의의 주요 목적은 세계민주주의를 파괴하는 것이며, 공산주의 주변에 반공국가들을 수립하여 소련 공산주의의 팽창전략에 대응해야 할 것이라고 하였다.[6] 1948년부터 1949년 사이에 중국 대륙에서 전개된 국공내전에서 중국 공산당의 승세가 확연해지는 가운데 주한미군의 철수가 진행되자, 그는 미국이 아시아에서 소련의 행동을 방치하는 듯한 인상을 주고 있다고 우려하면서, 주한미군이 철수하면 소련 점령하의 북한 공산군이 이동할 것이라고 경계하였다.[7] 공산주의에 대한 위협인식은 한국전쟁을 치르면서 더 강화되었다. 스탈린 사후 흐루시초프가 평화공존론을 제기하고 나섰지만, 그럼에도 이승만은 "야만적인 악의 정수인 공산주의자"들이 3차 대전을 일으켜서라도 "우리를 파멸시킬 흉계를 꾸미고 있다"고 경계하였다.[8)]

공산주의에 대한 경계심과 아울러 이승만은 일본 군국주의의 부활 가능성에 대해서도 우려를 감추지 않았다. 아직 미일동맹이 체결되지 않았던 1949년 미국이 주일미군을 철수시키려고 하였을 때, 그는 이러한 조치가 일본에 재무장의 기회를 줄 수도 있고, 소련의 공산주의 팽창으로 일본과 소련이 동맹을 맺을 가능성도 있다고 우려하였다.[9)] 1954년 7월, 미국이 이승만을 초청하여 한일 간의 국교 정상화를 촉구하면서 기존에 체결된 미일동맹과 한미동맹을 연계하려고 하였다. 이때, 그는 일본 군국주의가 부활할 가능성을 대단히 우려한다고 하면서, 자신이 대통령으로 재직하는 한 일본과 상종을 하지 않을 것이라고 밝혔다.[10)] 1950년대 후반에 일본의 기시 노부스케 수상 등이 동남아 국가들과 관계 정상화를 도모하였고, 미국의 덜레스 국무장관 등이 이를 지지하며 일본과 아시아 국가들의 관계 개선을 지원하려고 하였다. 이승만은 이러한 미국의 정책을 강하게 비판하면서, "만약 미국이 아시아 국가들에게 일본과의 협조를 강요하여 일본의 주도 아래 놓인다고 믿게 되면, 대부분 아시아 국가들은 일본의 통제 아래 처하기보다는 미국에게 등을 돌리고 오히려 공산주의자와 협력하여 미국과 싸우게 될 수 있을 것이다"라고 지적하였다.[11)] 상해임시정부의 초대 대통령으로서 거의 평생을 일본 제국주의와의 투쟁에 바쳤던 이승만 대통령이 대한민국 독립 이후에도 반일감정을 버리지 않은 것은 충분히 이해할 수 있는 일이기도 하다.

그렇다면 공산주의와 일본에 대한 이승만의 위협인식은 제1공화국의 안보제도 구축과 안보정책에 과연 어떤 영향을 미쳤을까.

2. 안전보장제도

이승만 대통령은 정부 수립 직후 정부조직법을 제정하여 각 부서를 설치하였다. 이 가운데 국가안전보장과 직접 관련되는 정부 부서는 외무부와 국방부였다. 초창기 외무부는 주요 부서로서 정무국, 통상국, 조약국, 조사국, 정보국을 설치하였고,[12] 1949년에 미국 대사관을 설치한 것을 효시로 각국에 재외공관을 설치해 나갔다. 대통령 자신이 상해임정의 구미위원부 위원장을 역임하면서 독립운동을 전개했던 까닭에 이승만 대통령은 외무부에 국가안보와 관련된 주요한 임무들을 하달하였다. 대통령이 초기 외무부에 하달한 과제들은 ① 대미외교 적극화, ② 유엔 및 개별 회원국과 교섭하여 정부 승인을 확대하는 것 등이었는데, 이 가운데 대미외교에서 주요 과제는 한국군 증가에 필요한 무기원조 요청 및 북한 공산집단에 대한 정보수집이었다.[13]

1948년 11월에는 국군조직법이 제정되었다. 이에 따라 국방부 예하에 참모총장과 차장, 그 밑에 육군본부와 해군본부를 설치하였고, 장관이 군정(軍政)과 군령(軍令)의 권한을 관장하게 하였다. 공군은 1년 뒤인 1949년 10월에 대통령령에 따라 창설되었다. 초대 국방장관에 임명된 이범석 장군은 내각 총리를 겸임하였기 때문에, 장관 예하에 국방참모총장을 두어 육해군을 통솔하려 하였던 것으로 보이나, 후임 신성모 국방장관은 국방부 참모총장 제도를 폐지하고, 국방부 장관이 직접 각군을 통솔하는 구조로 바꾸었다.

병역제도에 관해서는 정부 수립 초기에 지원병제 구상이 제출되었으나, 이승만 대통령이 국민개병제를 강력히 주장하였다. 결국 1949년 8월 공포된 병역법은 국민 된 남자가 병역 의무를 수행한다는 국민개병주의에 입각하여 징병제를 채택하게 되었다.[14]

이 같은 군사제도는 한국전쟁을 치르면서 보완되었다. 우선 정부수립 초기 10만 명에도 이르지 못한 병력은 전쟁 이후 65만 명을 상회하는 수준으로 증강되었고, 육군의 사단 수도 20개로 늘어났다. 육군 사단의 확대에 따라 1953년 가을 이후 5개 군단이 신설되었고, 이를 바탕으로 1954년 5월과 7월에 각각 육군 제1군과 제2군 사령부가 창설되었다.[15] 1954년 2월에는 연합참모본부를 설치하여 육해공군 및 해병대가 상호 협의하여 전략을 수립하고 기획 조정하는 임무를 담당하게 하였다.

병력의 증가에 부응하여 더 전문적인 장교단의 교육이 필요해졌다. 1953년, 기존의 사관학교를 4년제 정규 사관학교로 설립할 필요성이 전쟁을 함께 치른 미군과 한국군에서 제기되었다. 테일러 8군사령관과 백선엽 육군참모총장 등은 4년제 육해공 통합사관학교 건설을 주장하였으나, 해군과 공군의 반대로 결국 육해공군의 개별적인 사관학교를 설립하는 것으로 귀결되었다.[16] 사관학교 이외의 군 교육기관, 즉 병과학교, 기술학교, 행정학교를 총괄하는 교육총본부도 1954년에 창설되었다. 한국전쟁의 경험을 통해 장교들에 대한 군사교육뿐만 아니라 군의 고급장교와 정부의 고위관리들이 평시에 국가안보 및 국방정책을 교육받고 상호 논의하는 교육에 대한 필요성도 제기되었다. 이 결과 1955년 국방연구원(후일 국방대학원)이 창설되었다.

3. 안전보장정책

이승만 대통령은 신생 대한민국의 안보를 위협할 수 있는 요인들로서 공산주의와 일본 군국주의의 부활 가능성을 지적하고 있었다. 그렇다면 이러한 위협요인들을 배제하기 위하여 제1공화국은 어떠한 안보정책을 전개했을까. 1959년 발간된 외무부 문서는 공산세력의 침략 위협과 일본 군국주의의 재기를 방어할 목적으로 이승만 정부가 ① 국제연합과의 협력, ② 자유진영 국가 간의 지역적 집단안전보장체제 확립, ③ 자위능력 증강 등을 도모하고 있음을 밝히고 있다.[17] 즉 이승만 정부는 안보위협 요인을 배제하고 안전보장 목표들을 달성하기 위하여 국방, 동맹, 외교 정책을 포괄적으로 운용하려고 하였던 것이다. 이하에서는 이승만 정부가 추진한 군사력 증강, 동맹, 외교 정책들을 개별적으로 살펴보도록 하겠다.

1) 군사력 증강

정부 수립 직후 10만 명에 못 미쳤던 한국군의 병력은 한국전쟁 직후에는 70만 명 수준까지 도달하였다. 이 많은 병력들을 유지하고 무기를 공급하기 위해서는 상당한 국가재정과 방위산업 기반이 필요하였다. 이승만 정부는 1954~1960년간 연평균 국민총생산의 6~7.5%, 정부 재정의 41~55%를 국방비로 지출하면서, 군사력을 유지하려고 하였다. 그러나 빈약한 경제기반 및 산업수준으로 인하여 장비의 대부분은 물론 국가재정의 상당부분을 미국의 지원에 의존하지 않을 수 없었다. 1955년 1월에 체결한 미군 해군선박 대여에 관한 한미행정협정, 1956년 7월에 체결한 조병창 설치에 관한 한미 간 협정 등에 따라 한국군을 현대화한다는 명목으로 M-48 전차, DD급 구축함, F-86F 전폭기와 T-33 훈련기 등을 미국에서 도입하였다.[18] 한국전쟁 기간에 병기창, 공병기지창, 차량재생창, 피복창, 군지도 인쇄창 등이 설치되었으나, 군수장비의 생산보다는 재생과 정비 등에 머무르는 수준이었다.[19]

이같이 미국의 지원에 의지하여 군사력을 증강하는 정책은 근본적인 한계가 있었다. 한국의 군사력 증강 요구에 미국이 동의할 경우 문제는 없었으나, 미국이 호응하지 않는다면 군사력 증강은 실현할 수 없었다. 예컨대 한국전쟁 종전 이후 한국 정부의 지도자들은 20개 사단 규모의 육군 병력을 15~20개 사단 늘려 35~40개 사단 규모로 증강시킬 것을 희망하고, 수차례에 걸쳐 미국에 지원을 요청하였으나 미국 정부는 현행 20개 사단 이상으로 증강하면 한국 정부의 북한 도발을 야기할 우려가 있다고 보아, 이를 승인하지 않았다.[20]

이승만 대통령은 한국전쟁을 치르면서 독립국가에는 화약(火藥)의 국산화가 필요하다는 것을 인식하였다. 1954년 1월에 화약을 수입대체산업으로 지정하였고 1957년에는 다이너마이트를 국산화하는 성과를 거두기도 하였다.[21] 그러나 그 이상의 자주적인 군사력 증강은 이루어지지 않았다. 이승만 대통령은 국내 기술의 한계 속에서 어디까지나 미국의 도움으로 군사력 증강을 도모하는 정책에 중점을 두었다.

2) 한미동맹과 연합국방 개념

정부 재정도 빈약하고 방위산업 기반도 갖추어지지 않았던 신생 대한민국이 국가안보의 주요 방책으로 강력한 우방국가와의 동맹관계 체결에 큰 기대를 걸었으리라는 점은 쉽게 추론할 수 있다. 미국과의 동맹 구상은 정부 수립 직후부터 제기되었다. 1949년 5월, 주한미군의 철수가 완료된 시점에 이승만 대통령은 담화를 발표하여, 아시아 전역에 대한 공산주의의 위협을 해결하는 방책으로 다음의 세 가지, 즉 ① 대서양 조약과 같은 태평양 조약 체결, ② 한국과 미국 간 침략자에 대한 상호방위협정 체결, ③ 재통일된 민주 독립 한국을 미국이 방위한다는 서약을 미국이 선언해 줄 것 등을 제시하였다.[22] 대통령은 이 가운데 특히 미국과의 방위조약 체결을 추진하였다. 1949년에 조병옥 특사 등을 미국에 보내어 한미군사원조협정의 체결을 타진하였다. 국방부도 창설된 직후 미국과의 동맹을 전제로 한 국방 개념을 제시하였다. 초대 국무총리 겸 국방장관으로 임명된 이범석 장군은 그 취임사에서 "국제 공산세력의 팽창에 대응하기 위해 미국을 중심으로 한 서방 진영의 군사 역량을 규합해야 하고, 한반도 전쟁에 대비해 미국의 작전지원이 가능하도록 연합국방을 기본축으로 하기 위해 지상군을 육성해야 한다"고 강조하였다.[23] 그러나 미국은 아무 나라하고 방위협정을 체결할 수 없다는 신중한 입장을 취하였다.[24] 오히려 1950년 1월 발표한 애치슨 선언에서 한국을 미국의 극동 방위선에서 제외하는 조치를 취한 점은 잘 알려진 사실이다.

소극적인 반응을 보이던 미국을 결국 한미동맹 체결로 유도한 것은 최강대국과의 동맹 체결 이외에 안전보장의 방책이 없다고 본 이승만 대통령의 집념과 한국전쟁 이후 동북아 안보질서를 재평가하고 기존의 안보전략을 전환한 미국의 대승적 판단이었다. 한국전쟁 종전협상이 막바지로 치닫던 1953년 5월30일, 이승만 대통령은 아이젠하워 대통령에게 서한을 보내어, 한미 간 상호방위조약을 맺는다는 전제 조건 아래 공산군과 유엔군의 동시 철군을 제안하였다. 이에 대해 아이젠하워 대통령은 휴전협정이 종결되면 필리핀, 호주, 뉴질랜드와 체결한 방위조약에 준해 한미 간의 방위조약 협상을 진행할 용의가 있음을 알려 왔다.[25] 이에 따라 1953년 10월 1일, 한미상호방위조약에 서명하였고, 1954년 11월 17일에는 경제 및 군사문제에 관한 한미합의의사록을 체결하였다. 미국은 1953~1954년에 걸쳐 동아시아에서 소련과 중국에 의한 안보위협을 재평가하였고, 이에 대응하는 차원에서 아시아 지역의 비공산권 국가들에 대한 군사적, 경제적 지원 및 집단방위조약 체결을 대안으로 강구하고 있었는데,[26] 한미동맹 체결은 이 같은 미국의 아시아 전략 변화와 부응하는 선택이었던 것이다.

한미동맹 체결 이후에 한국전선에 투입되었던 미 지상군의 상당수는 한반도에서 철수하였다.[27] 그러나 한국전선의 한미동맹 체제는 강화되고 있었다. 1954년에 체결된 한미합의의사록에 따라 유엔군 사령부는 한국군의 작전통제권을 갖게 되었고, 미 8군은 1954년 이후 한국군과 지휘소연습(CPX)을 실시하면서 유사시에 대비한 대응체제를 강화하였다. 1955년에는 일본으로 철수하였던 미 8군 사령부가 다시 용산으로 복귀하였고, 1957년에는 핵무기를 적재한 제트기와 280미리 핵대포 등이 도입되면서 한국에 핵무기가 배치되었다.[28] 이 같은 한미동맹 체결과 주한미군의 실질적인 전력 증강은 자체 전력 증강이 미흡한 실정이었던 한국군의 방어태세를 보완해 주었다.

3) 외교정책

이승만 대통령은 아시아에서 공산주의의 위협을 방지하고 동시에 일본 군국주의의 부활도 저지하려는 안보정책 목표를 갖고 있었다. 이러한 그는 정부 수립 직후부터 임기 말까지 일관되게 일본을 배제한 태평양 국가들 간의 반공동맹 결성을 외교정책 목표로 제시하였다.

최초 태평양동맹을 구상한 것은 필리핀 대통령 키리노였다. 그는 중국 공산당이 중국 대륙을 석권할 조짐을 보이던 1949년 3월 19일에 마닐라에서 태평양 국가들 간의 공동방위기구 설립 필요성을 제창하였다. 그러자 이승만 대통령이 3월 23일의 담화를 통해 "키리노 필리핀 대통령은 대서양 동맹에 표시된 바와 같은 주의하에서 태평양동맹도 미국 지휘하에 형성되어야 할 것이라고 아세아 전 민중의 의사를 말한 바 있는데 우리는 이 의견을 전폭적으로 옹호하는 바이며, 미국은 모든 가능한 방법으로 동양 제국을 원조키 위하여 선구자가 되어야 할 것이다"라고 하여 즉각 이에 호응하고 나섰다.[29] 이승만 대통령은 이어 변영태 외무장관을 필리핀으로 보내어 키리노 대통령과 협의하게 하고, 1949년 8월 16일에는 장개석 총통을 진해에 초청하여 태평양동맹 구상을 논의하는 등 태평양동맹 구상을 실현하기 위한 적극적인 모습을 보였다. 그러나 이 시기 이승만 대통령의 태평양동맹 구상은 결국 수포로 돌아가고 말았다. 1950년 5월 26일, 키리노 대통령이 필리핀에서 인도, 파키스탄, 스리랑카, 태국, 인도네시아, 호주 등 7개국을 초청하여 태평양회의를 주최하였으나, 한국과 자유중국은 초대받지 못한 것이다.[30]

아시아 반공국가들을 대상으로 한 집단안보기구 구상은 한국전쟁 이후에도 지속적으로 추진되었다. 전쟁 직후인 1953년 12월, 정부는 아시아민족 반공연맹을 창설하기 위하여 백낙준 박사를 단장으로 하는 동남아 친선사절단을 필리핀, 자유중국, 베트남 등에 파견하였고, 다음해 2월에는 필리핀 막사이사이 대통령에게 아시아 반공회의 소집을 요청하기도

하였다. 이러한 노력들이 결실을 맺어 1954년 6월 15일, 자유중국, 홍콩, 마카오, 필리핀, 베트남, 한국 등 5개국 3개 지역대표가 참가한 가운데 순 민간기구로서 아시아민족 반공대회가 개최되었다.[31]

1958년 1월 24일에는 조정환 외무장관이 자유아세아 국가동맹 구상을 제안하였다. 이는 공산당을 불법화하고, 공산침략자와의 외교 및 문화관계를 단절하고, 침략적 태도를 포기하고 평등과 민주활동을 국제활동의 기본으로 하는 국가들 간에 자유아세아 동맹을 결성하자는 것이었다.[32] 이승만 정부는 이 같은 구상을 통해 한국이 아시아 반공국가 내에서 맹주역할을 할 것을 기대하였던 것으로 보인다.[33]

한편 이승만 정부는 공산주의 반대를 기치로 한 아시아 집단안보기구에 일본이 참가하는 것에 대해서는 분명하게 반대 입장을 밝혔다. 미국의 덜레스 국무장관은 동북아에 일본이 포함된 태평양 아시아조약기구(PATO) 결성을 구상하고 있었고, 1954년 7월 27일의 한미정상회담 시에 이승만 대통령에게 의사를 타진하였다. 그러나 이승만 대통령은 일본이 참가하는 아시아 집단안보체제는 지극히 위험한 것이며, 한국의 독립을 위태롭게 하는 것이라고 반대하였다.[34]

4) 통일정책

이승만 대통령은 취임 초기부터 1950년대 후반까지 북진 무력통일의 입장을 견지하였던 것으로 보인다. 특히 1954년 5월 15일, 제네바 정치협상이 아무런 성과도 없이 끝난 이후에는 북한과의 어떠한 대화도 필요하지 않다고 인식하였다.

> "나는 김일성과 아무것도 논의할 의사가 없다. …… 우리 국민과 우리 국군들은 오래전부터 국토를 통일한 준비를 갖추고 있었으며 또한 통일을 열망하여 왔다. 그리고 지금은 허망한 희망이었다는 것이 밝혀졌지만 평화적인 방

법으로 무엇이 이루어질 수 있으리라는 우리의 친구와 우방들의 희망만 아니었다면 우리는 통일을 할 수 있었고, 또 했을 것이다. 국토가 통일되지 않고는 이북도 이남도 살 수 없다는 것을 누구나 알고 있다. …… (우리는) 빨리 통일을 성취할 것이다. 그리고 중공이 출병을 운운하고 있는 이때가 가장 좋은 기회일지도 모른다"[35]

물론 이러한 이승만의 북진통일론, 무력통일론이 미국으로부터 더 많은 경제적, 군사적 원조를 얻어내기 위한 전술이었다는 분석도 존재한다. 그리고 1954년 제네바 정치회의 이후 북진통일론을 공식적으로 포기했다는 분석도 있다. 그러나 이승만이 그 후에도 북진무력통일을 대국민 슬로건으로 사용하면서, 다른 통일 방식, 즉 대화와 협상을 통한 통일을 전연 고려하지 않았다는 점을 유의할 필요가 있다. 그의 북진통일론은 1946년에 단독정부론을 선택한 그가 숙명처럼 추구할 수밖에 없었던 전략 차원의 명제였는지 모른다. 다만 그의 전략은 동맹국 미국의 북진정책 억제, 그리고 1950년대 당시 한국군의 대북 전력 열세 속에서 이루어질 수 없었던 전략이었다.

이상에서 살펴본 이승만 시대의 안보정책과 제도는 이중의 위협인식, 즉 공산주의와 일본 군국주의 부활에 대한 경계의식을 바탕으로 형성된 것이었다. 국방부와 외무부 등의 안보제도 형성, 연합국방 개념에 입각한 국방정책과 한미동맹 체결, 그리고 태평양 반공동맹 구상과 북진통일론은 이러한 위협인식에 기반한 결과였다. 다만 그의 안보정책은 상대방에 대한 정확한 정보와 이해 부족, 그리고 그에 대비하는 역량 부족으로 한국전쟁이라는 파멸적인 위기를 초래하기도 하였다. 전쟁 이후에도 그는 국내의 안보 역량을 발굴하고 강화하기보다는 한미간 양자동맹, 혹은 다자적인 태평양 반공동맹에 의존하는 안보정책에 중점을 두었다. 이러한 이승만 시대 안보체제의 취약성은 후세대가 극복하지 않으면 안되는 부(負)

의 유산이 되었다.[36)]

Ⅲ. 박정희 정부

1961년 5월 16일, 5·16군사쿠데타가 발발하였다. 군사쿠데타로 정권을 잡은 박정희 장군은 1963년의 대통령 선거에서 대통령으로 선출되었고, 이후 1979년 암살되기까지 최고지도자로서 한국의 안보정책을 관장하였다. 군 출신답게 그는 국가안전보장에 대해 실제 정책 면에서뿐 아니라 이론적으로도 관심이 많았던 것으로 보인다. 1964년 3월 7일 신설된 국가안전보장회의의 훈시에서 그는 다음과 같이 말하였다.

> 주지하시는 바와 같이 국가안전보장의 개념은 2차 대전을 전기로 새로운 내용으로 변모되고 있는 것입니다. 종래의 개념은 주로 외교와 군사 면에서의 힘을 통하여 외환에 대비하는 것으로 취급되어 왔으나, 오늘날에 있어서는 냉전과 더불어 내환(內患)에 대비하는 이른바 국내적 안정을 더욱 중요시하면서 정치, 경제, 문화, 사회, 심리, 과학기술 등을 총망라한 통합적 개념으로 확대되기에 이르고 있는 것입니다.[37)]

요컨대 그는 취임 초기부터 군사와 외교가 중심이 된 전통적 안보뿐만 아니라 비전통적 안보의 중요성도 인식하면서, 이른바 포괄안보(comprehensive security)의 개념하에 안보제도와 정책을 강구해 가려고 했던 것으로 보인다.

1. 위협인식

국제정세 및 위협요소에 대한 인식에서도 그는 전임자와 구별되는 특성을 보인다. 그는 1964년의 연두교서에서 미소 양 대국 간에 핵실험금지조약이 체결되는 등 동서 간의 긴장이 완화되고 있으나, 극동 지역에서는 공산세력의 침략과 위협이 오히려 가중되고 있으며, 휴전선에서는 침범 사건이 더욱 빈번히 발생하고 있다고 지적하는 등[38] 이승만 대통령과 마찬가지로 북한 공산주의에 대한 위협인식을 갖고 있었다.

그런데 그는 전임자가 끝까지 경계하였던 일본 군국주의의 부활 가능성은 전연 다른 각도에서 바라보고 있었다. 그는 1964년의 연두교서에서 한일 국교 정상화를 추진할 것임을 밝히면서 다음과 같이 말하였다.

> 한일관계에 있어서는 극동에 있어서의 자유진영 상호 간의 결속의 강화로써 극동의 안전과 평화유지에 기여한다는 대국적 견지에 입각하고, 동시에 양국 간 선린관계의 수립이 상호 간 번영의 터전을 마련할 뿐만 아니라 현재 국제사회에 있어서의 현실적인 요청임을 감안하여 정부는 진행 중에 있는 한일회담을 조속히 타결코자 초당적인 외교를 추진토록 할 것입니다.[39]

즉 박정희는 일본이 같은 자유세계의 일원(一員)일 뿐 아니라, 상호 국교를 정상화할 경우 공유하는 이익이 많다는 현실적인 판단하에, "당면한 내외 정세에 한국에 협조만 한다면" 과거사를 재론하지 않고, 국교 정상화를 추진하겠다는 인식을 분명히 한 것이다.[40] 박정희는 일본과의 국교 정상화를 한국의 외교적 고립을 벗어나게 할 뿐 아니라 태평양 지역 자유국가들과의 연계를 일층 도모할 수 있는 계기로 여겼다. 전임자가 위협으로 여겼던 일본을 '자유세계'의 일원으로 동질화하여 인식함으로써 박정희는 자연스럽게 고질적인 안보위협요인 하나를 제거하는 효과를 거두었다.

2. 안전보장제도

박정희 정부는 출범 직후부터 경제건설과 안보강화를 국가정책의 우선과제로 제기하였다. 이 같은 목표를 달성하기 위하여 경제기구 및 안보기구를 중심으로 정부조직의 신편과 강화를 단행하였다. 1963년 12월 14일 공표된 정부조직 개편으로 대통령 직속기관으로 경제과학심의회의, 감사원, 국민운동본부와 아울러 중앙정보부, 국가안전보장회의와 같은 국가안보기관이 신설되었다. 중앙정보부는 미국의 CIA를 모델로 만들어진 것으로, 국가안보와 관련된 국내외 정보를 대통령에게 신속하게 보고하여 정확한 정책을 결정하도록 보좌하는 역할을 수행하였다.[41] 국가안전보장회의는 영역별 안보문제를 대통령 수준에서 계획, 조정, 감독하도록 보좌하는 역할을 수행하였다. 국가안보회의는 1970년에 국가안전보장 기본정책서를 발간하여 국가안보와 관련된 기본 지침을 체계화하기도 하였다.[42] 1968년에는 국토통일원을 신설하여 통일정책에 대한 조사연구 및 교육홍보 기능을 수행하게 하였다.[43] 박정희 정부 시대에 조직된 정부기구 현황은 〈그림 1〉과 같다.

3. 안전보장정책

박정희 대통령은 국가안보를 위하여 국방, 외교, 통일 정책 등을 일관되게 전개해야 한다는 생각을 갖고 있었다. 대통령으로 선출된 직후인 1964년 연두교서에서 그는 다음과 같이 밝히고 있다.

> 정부는 대공 국방정책에 있어서 자유우방 특히 미국과의 군사적 연대를 공고히 하여 집단안보체제를 가일층 강화하고, 군의 현대화로써 평시 방위력의 향상에 최선을 다하여 무엇보다도 먼저 북한 괴뢰에 우월하는 군사력의 유지로 국민이 안심하고 생업에 종사할 수 있도록 할 것…… 외교정책에 있어서는 국제연합을 통하여 자유민주주의 원칙에 따라 통일을 달성할 수 있도록 적극적인 외교활동을 전개할 것…… 미국과 우리와의 관계는 우방 중의 우방으로 공동운명체적 불가분의 관계에 놓여 있으므로, 한미 양국간 의 유대강화와

일층의 우호 증진에 최선을 다할 것……[44)]

즉 그는 국가안보를 위해 내부적으로는 방위력 향상을 통한 국방태세 강화, 대외적으로는 한미동맹 강화와 적극적인 외교정책을 종합적으로 추진해야 한다는 생각을 갖고 있었던 것이다. 이하에서는 박정희 정부가 추진한 국방, 외교, 동맹정책들을 개별적으로 살펴보도록 하겠다.

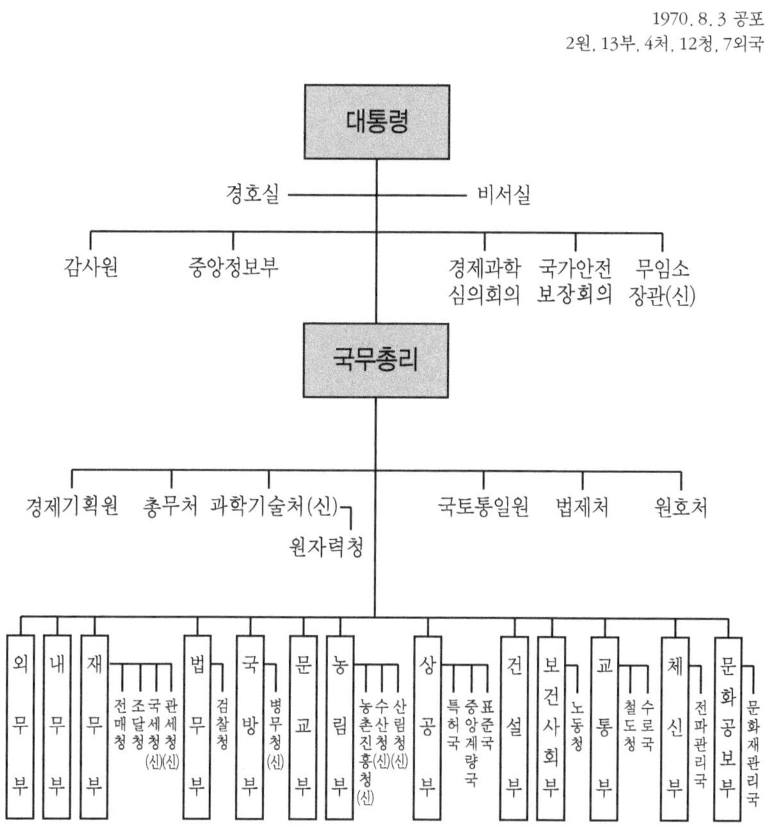

〈그림 1〉 제3공화국의 정부조직과 국가안보기구(최동규 1991)

1) 자주국방정책

박정희 정부가 추진한 국방정책에서 가장 핵심적인 정책은 방위산업 육성을 통해 자주국방 태세를 확립하는 것이었다. 앞에서 살펴보았듯이 이승만 정부하에서는 주요 군사장비들을 미국의 지원에 의존하지 않을 수 없었다. 그러나 1968년 불안해진 안보정세에 대응하기 위해 250만 규모의 향토예비군을 창설하면서, 이들에게 지급할 기본화기를 마냥 미국의 지원에 의존하기는 어렵게 되었다. 이러한 판단에 따라 1970년 7월, 박정희 대통령은 경제기획원 등에 250만 향토예비군을 무장시킬 수 있는 무기공장을 건설하도록 지시하였다. 이에 따라 경제기획원은 최초 단계에서는 방위산업의 기반이 될 핵심 공장들을 대일 차관에 의존하여 건설할 계획을 추진하였으나, 곧 우수 민수공장을 선정하여 이들에게 무기의 핵심부품을 분담하여 생산하게 하는 방식으로 전환하여 기본화기의 양산에 착수하였다.[45] 이와 병행하여 국방과학연구소를 설립하여 무기체계 개발 및 군수품 생산을 전담하여 연구하게 하였고, 국방부에는 방위산업국을 설치하여 방위산업 육성을 주요 국방정책의 하나로 추진하는 제도를 정비하였다.[46] 이 같은 방위산업 육성정책은 점차 가시적인 성과를 거두어, 1972년부터 단계적으로 소총, 기관총, 포탄, 소형 헬기, 곡사포, 탱크 등을 양산하게 되었다.[47]

기본화기 양산 체제가 갖추어짐과 동시에 박정희 대통령은 미사일 등의 전략무기 국산화에도 착수하였다. 그는 1971년 12월, 방위산업을 관장하던 경제 2수석비서관 등에게 유도탄 개발 지시를 내렸다. 이에 따라 1972년에는 국방과학연구소를 중심으로 하여 유도탄 개발계획단을 편성하였고, 1976년에는 대전기계창을 준공하여, 유도탄 국산화에 박차를 가하였다. 그 결과 1978년 9월, 국산 유도탄 발사에 성공하였다.[48]

이 같은 방위산업 육성과 무기의 국산화에는 적잖은 재원이 소요되었다. 박정희 정부는 1975년까지는 방위성금을 거두어 초기 방위산업 육성

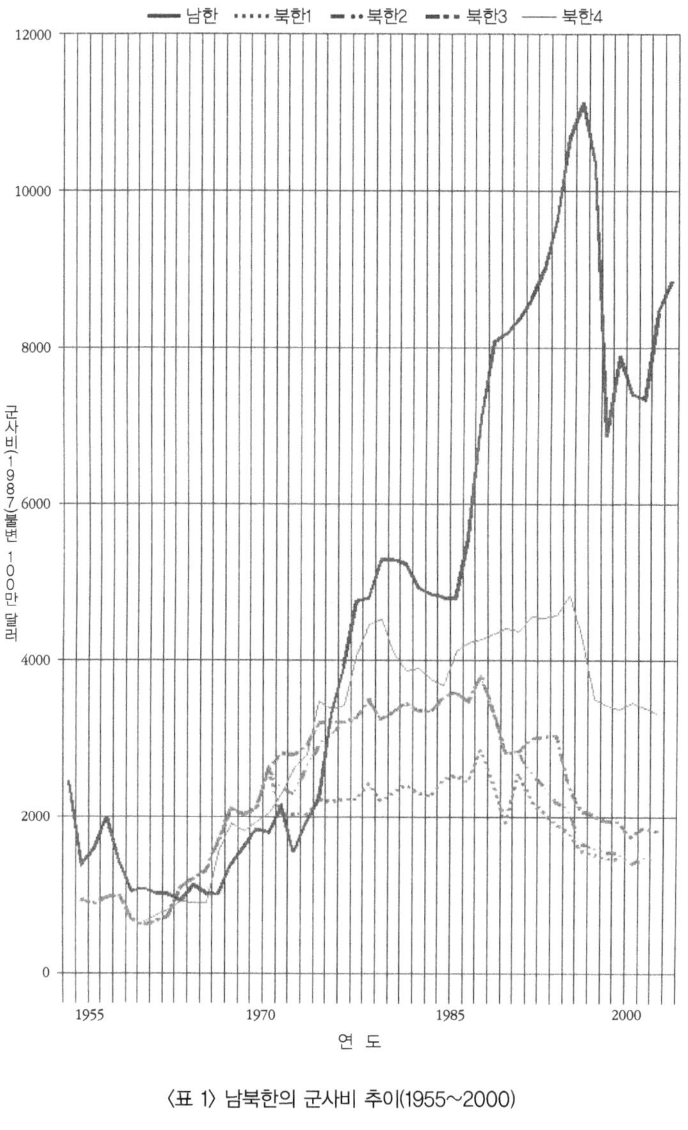

〈표 1〉 남북한의 군사비 추이(1955~2000)

에 활용하였고, 〈표 1〉에서 나타나는 바와 같이 1975년 이후에는 방위세를 신설하여 자주국방 정책의 주요 재원으로 삼았다. 방위세 신설로 국방

비가 늘어나면서, 한국은 1975년 이후 북한을 능가하는 국방비를 지출하였다.[49)]

이승만 정부의 국방정책이 한국전쟁 이후 병력의 양적인 증대에 주력했다면, 박정희 시대의 국방정책은 방위산업 육성을 통해 국산 무기체계를 양산하는 질적인 진전을 이룩한 것이다.

2) 한미동맹정책

대통령 취임 초기 박정희의 연설과 칼럼에는 이중적인 대미관이 담겨있다. 박정희는 1964년 연두교서에서 한국과 미국이 "우방 중의 우방"으로서 "공동운명체적 불가분의 관계"에 놓여 있다고 말하였다. 그러나 비슷한 시기의 저서에서는 미국식의 서구적 민주주의가 우리에게 잘 맞지는 않으며, 일률적인 미국화를 기대하기보다는 한국 고유의 주체성을 확립하고 그것을 바탕으로 자율적 사회를 건설해야 한다고 주장하고 있다.[50)] 한미동맹의 중요성을 인정하면서도, 미국에 대한 자율성을 강조하는 이러한 이중적 기준이 전임자인 이승만과 구별되는 점이기도 하고, 이후 그의 동맹정책을 규정하는 요소가 되기도 하였다. 박정희 대통령은 한미동맹과 주한미군에 관한 미국의 정책에 좀 더 수동적으로 반응하기보다는 한미동맹의 유지를 기본으로 하면서도, 보다 주체적이고 자율적인 입장에서 한국의 국가이익을 관철하려고 일관되게 노력한다.

1964년 베트남전쟁이 격화되면서 미국의 존슨 행정부는 박정희 대통령에게 국군의 베트남 파병을 요청하고 나섰다. 결국 박정희 정부는 야당의 반대를 무릅쓰고 1965년 2월에 공병부대를 파병한 데 이어, 같은 해 10월에는 청룡과 맹호부대 등 전투부대를 파병하기에 이르렀다. 그러나 이 과정에서 박정희 정부는 최대한 한국의 국가이익과 자주성을 지키려는 태도를 견지하였다. 이동원 외무장관은 1965년 3월, 존슨 대통령과의 회담 및 다음 해의 브라운 각서를 통해 전투병력 파병의 대가로 한국군의 현대화 및 파월 한국군의 장비 교체, 베트남 주둔 연합군 군수물자 및 용역에 한국 상품 우선 제공, 차관 제공 등을 보장받았다.[51] 베트남에 파병한 한국군이 미군 사령관이 아닌 한국군 사령관의 작전통제권을 받게 한 것[52]도 자율성을 반영한 것이었다.

1969년 7월, 미국 대통령 닉슨은 아시아에서 미군을 감축한다는 독트린을 발표하였고, 1970년 이후 주한미군에서 제7사단을 철수시키기에 이르렀다. 한미동맹 연합전력이 약화될 위험에 직면하자 박정희 정부는 한미동맹을 강화하기 위한 새로운 방법을 모색하게 되었다. 1970년 한미 제1군단을 창설하여 연합방위체제를 강화하였고, 1976년 이후에는 한미 간의 연합군사훈련 팀스피릿를 개시하였다.[53] 1971년에는 1968년 이후 정례화되기 시작한 한미 양국간 국방장관 회담을 외무 관계자들도 참가하는 한미안보협의회(SCM)로 발전시켰다.

1977년 카터 행정부가 등장하면서 다시 주한미군 철수 계획을 작성하였고, 이 계획에 따라 1978년부터 주한미군 3000명을 철수시키기에 이르렀다. 다시 한미동맹이 위기에 직면하자, 박정희 대통령은 1978년 한미연합사령부(CFC)를 창설하여 종전의 유엔사령관이 갖고 있던 작전통제권을 주한미군 사령관을 겸임하는 한미연합사령관이 모두 관장하도록 하였다.[54] 한미동맹 균열의 위기 상황에서 박정희 대통령은 오히려 한미연합지휘체제 강화라는 방식으로 대응한다.

전임자인 이승만 대통령이 한미상호방위조약의 체결을 주도하여 한미동맹의 골조를 쌓아올렸다면, 박정희 대통령은 연합지휘체제 강화, 연합군사훈련 실시, SCM을 통한 정치협의체 구축 등의 보완조치를 통해 한미동맹의 질적 강화를 추구해 갔다고 볼 수 있다.

3) 외교정책

박정희 대통령은 군사쿠데타 직후 저술한 그의 저서에서 혁명정부 외교 목표의 하나로 "자유 우방과의 연대 강화와 국교 확대"를 제기하였다.[55] 외교의 달인이라고 평가받던 이승만 정부하에서 한국이 수교관계를 맺은 나라는 23개국에 불과했다. 그런데 박정희 정부는 군사쿠데타에 대한 국제적 지지를 넓히고 나아가 북한과의 외교경쟁에서 우위를 확보하고 수출시장을 개척하기 위해 세계 각국과 수교관계를 확대하고자 한 것이다.[56]

앞에서 언급했듯이 박정희 정부는 일본을 더 이상 위협요인으로 인식하지 않았으며, 이러한 인식을 바탕으로 학생 및 지식층의 반대를 무릅쓰고 일본과 국교 정상화를 단행하였다. 일본과의 국교 정상화는 한국의 안전보장에 긍정적인 요소로 작용했다. 우선 기본조약에 대한민국이 한반도의 유일한 합법정부라는 점을 명시함으로써, 일본의 대북한 접근을 봉쇄할 수 있었다.[57] 또한 한일 국교 정상화를 통해 한미일 간 공동의 안보 대응이 가능해졌다. 1969년 11월, 사토 수상은 닉슨 대통령과의 정상회담에서 한국의 안보가 일본의 안보에 긴요하다고 언급하였다. 이를 통해 미일동맹이 한반도 안보에 직접 관여할 수 있는 여건이 구비되었다. 또한 한일 국교 정상화 이후 양국의 정치가와 관료, 전직 군인들 간에 안보협력의 네트워크가 확대되게 되었다. 한일의원연맹이 만들어졌고, 특히 1978년에는 안보문제에 관심이 있는 양국 의원들을 중심으로 한일의원안보협의회가 창설되었다. 1979년에는 당시 김종환 합참의장이 일본을 방문하였고, 야마시다 방위청 장관이 한국을 방문하는 등 한일 간 안보문제를 담당하는 고위 정치가나 군인들 간의 교류가 개시되기에 이르렀다.[58]

일본과의 관계 정상화에 성공한 박정희 정부는 외교의 지평을 아시아태평양 지역의 반공국가들에게까지 확대하였다. 1964년 이동원 외무장관의 건의를 계기로 박정희 정부는 태국, 말레이시아, 일본 등을 대상으로 하는 아시아태평양 협력체의 발족을 도모하기 시작했다.[59] 결국 이러한 구상이 결실을 보아 1966년 6월, 한국을 비롯하여 일본, 필리핀, 말레이시아, 호주, 뉴질랜드, 대만, 베트남, 라오스 등 10개국이 참가한 가운데 아시아태평양각료이사회(ASPAC)가 창설되었다. 이 조직은 아시아 태평양 지역 국가들을 대상으로 역내의 정치, 경제, 사회, 문화 등의 분야에 관한 대화와 협의의 장을 한국이 주도하여 제공하는 최초의 국제기구로서의 성격을 띠었다.[60] 전임자인 이승만 대통령도 아시아 지역 국가들이 참가하는 국제반공연맹의 결성을 시도하였지만, 결국 국력의 한계로 실현시키지는 못하였다. 전임자에 비해 외교적 수완이나 경력이 일천해 보였던 박정희 대통령이 아시아 태평양 역내 주요 국가들을 결집하여 아스팍을 결성한 데는 박정희 정부 등장 이후 지속된 경제성장과 외교관계 확대, 그리고 베트남전쟁 참전 등으로 인하여 제고된 국가 이미지가 큰 힘이 된 것으로 보인다.

박정희 대통령은 점차 경제성장이 궤도에 올라가고, 국력이 상승하자, 한국의 대외관계를 반공국가들에 국한시키지 않으려고 하였다. 그는 국가이익을 구현하기 위해서는 공산주의 국가들과도 교역의 문호를 상호 개방하고, 나아가 국교도 정상화해야 한다는 인식을 갖게 되었다. 1970년대 초반에 쓴 책에서 그는 다음과 같이 말하고 있다.

> 우리는 종래 국제사회에서의 신축성 없는 반공국가라는 그릇된 인상을 씻고, 전진하는 승공국가의 밝은 이미지를 부식하기 위해…… 북한, 중공, 쿠바와 같은 극좌모험주의적 국가를 제외하고는, 비록 공산진영에 속하는 나라라 할지라도 이들 국가를 포함한 세계의 모든 나라와 우호 친선을 유지하고 통상관계를 갖기로 하고 있거니와……[61]

즉 전임자가 그러하였듯이 반공 이념에 집착하기보다는 교역관계 확대 혹은 국제적 이미지 제고와 같은 국가이익이 뒤따른다면 이념에 얽매이지 않는 외교관계의 확대가 필요하다고 그는 본 것이다. 공산주의 국가들에게까지 문호를 확대할 것을 공식 선언한 1973년의 6·23선언은 그의 실용주의적 외교관이 짙게 투영된 결과라고 할 것이다. 박정희 정부의 외교정책은 반공에 집착하였던 이승만 정부의 그것에 비교한다면 큰 전환을 보이고 있었던 것이다.

4) 통일정책

박정희 정부의 통일정책도 전임자 시대와 비교하여 큰 폭의 변화를 보였다. 이승만 정부는 표면적으로 북진통일의 염원을 포기하지 않았다. 이승만 정부 시절 군의 지휘관으로 대통령의 명령을 수행해야 했던 박정희가 그 영향을 받지 않았을 리 없을 것이다. 그런데 대통령 취임 이후 박정희는 서독 방문 등을 통해 통일관의 변화를 겪은 것으로 보인다. 대통령 취임 직후인 1964년에 실시한 독일 방문에서 그는 독일 지도자들에게서 분단의 현실을 인정하고 대신 경제 및 문화교류 확대를 희망한다는 설명에 듣게 되었다.[62] 분단 독일하에서 현실주의적 통일관을 가졌던 독일 지도자들을 접하면서 그는 기존의 북진무력통일론이 실은 무모한 것이며, 빈곤에 처한 한국의 현실을 개선하는 것이 급선무라는 생각을 하게 된 것으로 보인다. 1964년 12월 9일, 본에서 독일 교민들을 상대로 행한 연설에서 그의 변화된 통일관이 드러났다.

> 통일은 꼭 해야 될 것이지만 한 가지 분명한 사실은 무력에 의한 통일은 있을 수 없다는 사실입니다. 유일한 통일에의 길, 그것은 이 서독의 경우와 같이 오직 경제적 자립과 부흥으로써 북한의 생활수준을 우월하는 실력의 배양에 있다는 것입니다.[63]

1960년대 박정희 정부가 표방한 "선건설, 후통일"의 슬로건은 이 같은 통일인식의 변화를 배경으로 한 것이었다.

나아가 박정희는 북한과 남북대화를 진행하고, 그를 통해 남북한 간 상호 이해와 신뢰를 구축하는 것이 한반도 안전보장의 유지와 통일 여건을 조성하는 유효한 방책이 될 수 있음을 인식하게 되었다.[64] 이 같은 인식 변화에 따라 박정희 대통령은 1971년 9월부터 적십자사에 남북이산가족찾기 사업을 실시하도록 하였고, 1972년 7월 4일에는 이후락 중앙정보부장으로 하여금 7·4남북공동성명을 북한과의 합의하에 발표하도록 하였다. 박정희는 이 같은 통일정책의 대전환에 대해, "통일의 첫 단계는 대화를 통한 남북한 간의 상호 불가침 협정이며, 그 바탕 위에서 폭넓은 교류와 협력이 이루어질 때 통일의 문이 열리는 것이다"라고 설명하였다.[65] 그의 통일관은 ① 한국의 실력 양성 → ② 국력 우위에 기반한 남북한 대화와 교류 협력 심화 → ③ 상호 불가침 협정 → ④ 통일 실현의 궤적으로 그려 보일 수 있을 것이다. 분명 박정희의 이 같은 통일관은 전임자의 북진무력통일관과 비교했을 때 코페르니쿠스적 전환이라고 할 수 있을 것이다.

박정희 시대에 북한이 군사적으로 우위에 있었음에도 어떻게 한반도에서 평화가 유지될 수 있었는지에 대해 기존 연구에서는 한미동맹의 견지, 주변 국가들의 현상유지정책, 경제개발과 자주국방 정책으로 인한 국력 증진과 대북 군사력 균형의 조성이 영향을 미쳤다고 평가했다.[66] 물론 한미동맹의 질적 강화와 자주국방정책, 경제건설 정책으로 국력과 군사력의 증진과 균형을 달성한 점을 높이 평가하지 않을 수 없다. 그렇지만 한편으로는 자주국방과 한미동맹의 질적 강화를 도모하면서 위협인식으로 상정한 북한의 위협을 배제하기 위하여, 남북대화와 신뢰 구축을 병행하면서 평화적 통일의 여건을 마련하려는 통일정책을 추진한 점을 재평가하지 않을 수 없다. 위협의 대상과 대화를 나누고 접촉과 교류를 넓혀가면서 위협 요인을 약화시키는 방식을 적용했다는 점에서 박정희 정부의 안보정책은 고도의 전략성을 띤 총합적 안보정책이었다고 생각한다.

Ⅳ. 전두환 · 노태우 · 김영삼 정부

1970년대 말 이후 미소 간에는 신냉전이 전개되었다. 1980년대 들어서도 미국의 레이건 정권은 SDI 개발 등을 통한 대소 강경정책을 주도해 나갔다. 이러한 미소 대립 양상은 1985년 이후 소련의 고르바초프가 페레스토로이카 정책을 추진하면서 구조적 변화의 조짐이 나타나기 시작하였다. 국제질서가 구조적 변화를 보이던 이 기간에 한국에서는 1979년의 12·12군사쿠데타에 의해 전두환 정권이 등장하였고, 1988년에는 선거에 의해 선출된 노태우 정권이 집권하였다. 이어서 1992년에도 선거에 의해 김영삼 대통령이 선출되었다. 과연 이들은 국제질서가 격변하던 신냉전기에 어떠한 위협인식하에 안보정책을 추진해 간 것일까?

1. 위협인식

노태우 정부 초기인 1989년에 간행된 『국방백서 1989』는 여전히 북한에 대한 위협인식이 한국 안보정책의 기조임을 잘 보여주고 있다.

> 북한의 변함없는 목표는 전 한반도를 공산화하는 것이다. 그들은 이를 위해서 끊임없는 대남혁명 공작을 추진하고 있으며, 결정적 시기에 전면적인 무력남침을 도발하기 위한 전쟁 준비에 국력을 집중시켜 왔다. 이러한 기본적인 목표와 전략에는 아무런 변화가 없으며, 다만 국제적인 환경 변화와 북한의 내부적인 사정에 따라 전술적인 관계 변화를 추구하고 있는 실정이다.[67]

1989년은 서울올림픽도 개최되었고, 미소 간의 협력 태세도 전개되고 있었던 시점이었지만, 『국방백서 1989』는 "신데탕트의 분위기에도 불구하고 남북한 간의 내면적인 대립관계가 근본적으로 해소되지 못한 채, 북한의 무력적화통일 전략에 의한 군사적 도발 위협이 상존하고, 북한 선전선동 및 한국 내의 내부 붕괴 음모를 중단하지 않고 있기 때문에 동북아 4

강의 화해 정책이 한반도의 평화를 근본적으로 보장할 수는 없는 것"[68]이라고 하여 여전히 한반도 주변의 안보환경이 유동적인 것으로 인식하였다. 한소 국교 수립을 앞둔 시점이었지만, 소련에 대해서는 다음과 같이 평가하여 북소 군사교류가 지역의 "안정을 위협할 가능성"을 우려하였다.

> 공식적으로는 북한의 정책을 지지하고 있고, 북한의 모험적 행위에 대해 소극적 수준의 견제에 국한하고 있기 때문에 북한에 의한 도발 요인을 근본적으로 억제하기는 곤란하다는 점을 배제할 수 없으며, 북한에 대한 무기 지원 및 군사교류의 확대 등은 오히려 지역적 균형과 안정을 위협할 가능성을 내포하고 있다.[69]

중국에 대해서도 "아직 정치, 군사 면에서 북한의 모험에 대한 견제 노력은 하겠지만, 기본적으로는 북한의 입장을 지지할 수밖에 없는 한계점을 갖고 있다"고 평가하였다.[70] 따라서 신냉전기의 한국은 북한에 대한 위협인식을 여전히 가진 채, 곧 국교를 체결할 소련과 중국에 대해서도 그들의 친북한적인 입장이 지역질서에 불안정 요인이 될 것이라는 우려를 표명하고 있었던 것이다.

2. 안전보장제도

전두환, 노태우 정부에서는 기본적으로는 박정희 정부 시기에 구축된 안전보장제도의 틀이 유지되었다. 다만 전두환 정부 초기에 중앙정보부의 명칭을 국가안전기획부로 변경하였고, 1981년 10월 15일의 행정조직 개편을 통해 대통령 직속기관으로 평화통일정책자문회의와 국정자문회의를 설치하여 대통령을 자문하게 하였다.[71] 박정희 정부 시기에 활발하게 가동된 국가안전보장회의는 사무처가 해체되는 등 그 기능이 축소되었고, 대신에 전시에 자원과 인력을 동원하는 임무를 부여받게 된 비상기

획위원회가 설치되고 기능이 강화되었다.[72)]

노태우 정부도 국가안보회의를 안보정책 결정 과정에서 주요한 기관으로 활용하지 않은 것으로 평가된다.[73)] 다만 노태우 정부 시기에는 군 구조의 대대적인 개편을 추진하였다. 1988년 8월에 「장기 국방태세 발전방향」에 관한 연구, 이른바 8 · 18 계획을 추진하여 장차의 군사전략과 군 구조 개선에 대한 연구를 시작하였다. 이 결과를 바탕으로 1990년 8월에 국군조직법이 개정되었고, 종전의 합동참모본부 권한을 강화한 통제형 합참의장제로 전환되었다. 이에 따라 군정과 군령을 통할하는 국방부 장관이 군령권은 합참의장을 통해, 군정권은 각군 총장을 통해 행사하도록 하는 군 상부구조의 개편을 완료하였다.[74)] 합참의장의 권한 강화는 이후 유엔군사령관으로부터 평시 작전통제권을 이양받는 토대가 된 것으로 평가된다.

김영삼 정부 시기에도 국가안보회의는 활발하게 운영되지 않았다. 다만 제1차 북핵위기에 신속히 대응하기 위해 1994년 4월, 통일안보정책조정회의를 설치하여 운영하였다.[75)]

3. 안전보장 정책

1) 국방 및 동맹정책

1970년대 후반 미국의 카터 행정부는 일방적으로 주한미군 철수 계획을 추진하였고, 이로 인해 한미관계가 경색된 바 있다. 그런데 1980년대 이후 등장한 레이건 행정부는 소련과의 신냉전적 대립을 마다하지 않았고, 그 일환으로 세계 각 지역의 동맹체제를 강화하는 정책으로 선회하였다. 이에 따라 카터 행정부 시기 입안된 주한미군 철수계획은 백지화되었다. 때마침 군사쿠데타로 집권한 한국의 전두환 정부는 취약한 정권의 정통성을 보완하기 위한 차원에서 이러한 미국의 정책 변화를 잘 활용하여,

공고한 한미동맹관계를 유지하려 하였다. 그 결과 박정희 대통령 시대에 자주국방 정책의 일부로 추진된 미사일 국산화 같은 사업들이 미국 측 요구에 의해 축소되거나 중단되었다고 알려지고 있다.

미국은 주한미군 철수계획을 백지화하는 대신 주한미군에 대한 방위비 분담 요구를 강화하기 시작하였다. 원래 주한미군의 주둔 경비는 1960년대 말까지 미국이 전적으로 부담하였고, 한국은 시설과 토지를 무상으로 공여하면서 미군 기지에 대한 세금과 공공요금을 면제하고 있었다. 그런데 1970년대 중반 이후부터 미국이 공동방위를 위한 비용 지원을 요구하기 시작하였고, 1980년대 신냉전 전개에 따라 이러한 요구가 강화된 것이다. 이에 따라 한국 정부는 1989년부터 4500만 달러에 이르는 방위비 분담 예산을 편성하기 시작하였고, 다음 해인 1990년에는 7000만 달러의 방위비를 분담하기에 이르렀다.[76]

1990년대 이후 냉전체제가 해체되면서 미국은 전 세계적으로 미군의 규모를 감축하기 시작하였다. 동아시아에서도 이른바 동아시아 전략구상(East Asia Strategic Initiative)에 따라 한국, 일본, 필리핀에 주둔하는 미군 병력을 향후 10년간 3단계에 걸쳐 단계적으로 감축한다는 계획을 입안하였다. 이에 따라 1990~1992년간 한국에서 육군 5000명, 공군 2000명 등이 철수하여 주한미군이 3만 6000명 수준으로 감축되기에 이르렀다.[77] 냉전체제 해체와 아울러 병력뿐만 아니라 핵심 전력도 감축되기 시작하였다. 1991년 9월, 미국은 전 세계에 배치된 전술핵무기 철수 및 폐기를 선언하였고, 이에 따라 한국에 배치된 핵무기 철수도 진행하여 포병용 핵폭탄 및 공군전투기용 핵폭탄 100여 개가 철수되기에 이르렀다.[78] 이 같이 신냉전에서 탈냉전기에 이르는 시기에 전 세계적 범위의 미군의 전방전개 병력과 전력 감축에 따라 주한미군의 병력과 전력 규모에도 변화가 나타났다.

한편 한미동맹하에서 주한미군의 전력규모가 감축되는 것과 병행하여 한국군의 위상과 역할은 증대되기 시작했다. 1990년대 초반부터 한미연합사령부 예하의 지상구성군 사령관에는 한국군 장성이 임명되기 시작했다. 1994년 12월에는 평시의 작전통제권이 한국군의 합참의장에게 이양되었다. 이러한 흐름은 이후에 더욱 가속화되었다.

2) 외교정책

박정희 대통령 시대에는 1973년의 6·23선언에서 나타났듯이 기존의 반공정책에 얽매이지 않고 공산권 국가들과 통상관계를 수립하려는 희망까지 표명한 바 있었다. 이러한 정책방향은 1980년대 들어 더 구체적이고 적극적으로 추진되었다. 1981년 9월 30일, 바덴바덴에서 열린 국제올림픽 총회에서 1988년 제24회 올림픽의 서울 개최가 결정된 것이 한국 외교정책의 반경 확대를 요청하는 강력한 계기가 되었다. 1980년 모스크바 올림픽에는 소련의 아프가니스탄 침공에 대한 항의의 표시로 서방 국가들이 대거 불참하였다. 이에 대한 보복으로 1984년의 LA올림픽에는 소련을 포함한 동구권 국가들이 대거 불참하여 반쪽짜리 대회가 되었다. 한국은 동서방 국가들이 모두 참석하는 성공적인 올림픽을 개최하기 위해서도 종전까지 적대국으로 간주하던 공산권 국가들과 관계 강화를 도모할 현실적인 필요에 직면하게 되었다.[79)]

이 같은 현실적인 필요성을 바탕으로 한국 정부는 미수교 공산권 국가들과 외교관계를 수립하기 위한 정책으로서 북방정책을 강구하게 되었다.[80)] 1988년 7월 7일, 노태우 대통령은 민족자존과 번영을 위한 특별선언을 발표하면서, 북한과의 공존관계를 모색하고, 그 실천 방안의 하나로서 모든 공산권 국가와 관계를 개선하는 북방외교를 추진하겠다고 밝혔다.[81)] 북방정책은 소련 및 중국 등 공산권 국가들과 관계를 정상화함으로써 한국 외교의 반경을 넓히고, 북한의 우방과 수교함으로써 유리한 통일환경을 조성하려는 목적에서 추진한 것이었다.[82)]

노태우 정부의 북방정책 추진은 적잖은 가시적 성과를 거두었다. 1988년 9월 17일에 개최된 서울올림픽은 동서 진영 국가들이 모두 참석한 가운데 성공적으로 개최되었다. 그리고 올림픽 직후인 1989년 2월, 헝가리와 국교를 정상화한 것을 필두로, 폴란드(1989. 11), 유고(1989. 12. 28), 이라크(1989), 알제리(1990. 1), 체코(1990. 3), 불가리아(1990. 3), 몽고(1990. 3), 루마니아(1990. 3) 등 공산권 및 비동맹 국가들과 연속적으로 국교관계를 수립하기에 이르른 것이다.[83] 이어서 1990년 9월에는 소련과 공동코뮤니케를 발표하면서 수교하였고, 1992년 8월에는 중국과 국교를 수립하였다.[84]

북방정책의 성공으로 한국의 외교 반경이 확대되자 세계 무대에서의 위상이 높아지게 되었다. 1991년 1월 8일, 노태우 대통령은 연두기자회견을 통해 남북한 동시 유엔 가입을 추진할 것이나 북한이 응하지 않을 경우 한국 단독으로 유엔 가입을 추진할 의향을 밝혔다. 북한은 종전부터 남북한 유엔 동시 가입이 한반도 분단을 영구화시키는 것이라고 반발해 왔으나, 결국 한국 정부의 이니셔티브에 굴복하지 않을 수 없었다. 1991년 9월 17일, 제46차 유엔총회에서 남북한은 회원국 만장일치의 승인을 얻어 각기 유엔에 가입하는 절차를 밟았다.[85] 이같이 북방정책은 공산권 국가들과의 수교를 이끌어냈고, 남북한 동시 유엔 가입을 실현시킴으로써 한국의 안보환경을 호전시키는 데 큰 기여를 하였다.

북방정책을 추진하면서 한국은 동북아 지역 내에서의 역할도 확대하려고 하였다. 1988년 10월 18일, 노태우 대통령은 유엔총회 연설을 통해 남북한과 미일중소가 참가하는 동북아 6개국 평화협의회 창설을 제안하였다. 이러한 지역 내 협의체를 결성함으로써 미소 간 대립을 완화하고, 역내 국가 간의 영토분쟁도 해결할 뿐 아니라, 한반도의 긴장 완화에도 기여하게 하려는 구상이었다.[86] 이 제안은 즉각 실현되지는 않았으나 이후 한국 정부가 관여하는 동북아 지역정책의 원형이 되었다. 1993년 3월 15

일, 김영삼 정부의 한승주 외무장관은 국회 답변을 통해 한국이 기존의 한미안보협력체제와 병행하여 동북아 다자간 안보협력체 구상에 적극 참가할 것이라고 밝혔다. 그는 5월에도 아시아 태평양 지역 전체를 대상으로 하는 다자간 안보대화 개시의 필요성을 재차 강조하였다.[87] 이러한 정책의 연장선상에서 한국은 1994년 성립된 ARF에 적극 관여하게 되었다.

이같이 신냉전기에서 탈냉전기로 이행하는 시기에 한국 정부는 국제정세의 흐름을 잘 포착하여 북방정책과 남북한 유엔 동시 가입 추진, 그리고 동북아 역내 다자안보기구에 참가 등과 같은 능동적 대응으로 한국의 외교안보 기반을 공고히 하는 성과를 거두었다.[88]

3) 통일정책

전두환 대통령과 노태우 대통령은 육군사관학교 11기 동기생으로서 군인 출신의 대통령이다. 통상 사관학교 출신의 군인들은 사관교육과정이나 임관 이후의 다양한 교육과정에서 북한을 주적으로 교육받으며 군인 생활을 보내게 된다. 그럼에도 이들은 대통령에 취임하면서 주적으로 간주되던 북한 지도자들과의 정상회담을 연거푸 제안하게 된다. 전두환 대통령은 1981년 1월 12일, 국정연설을 통해 남북한 최고당국자의 상호 방문과 김일성 북한 주석의 조건 없는 서울 방문을 제안하였다. 실제로는 1985년 접어들어 남북간에는 두 차례에 걸쳐 비밀회담이 개최되어 북한 측에서 허담 특사가 서울을 방문하고, 한국 측에선 장세동 당시 안기부장과 박철언 특보가 평양을 방문하여 김일성 주석을 면담하였다.[89]

이 같은 남북정상회담 구상은 후임 노태우 대통령에게도 계승되었다. 1988년 7월 7일의 특별선언에서 북한을 개혁과 개방의 길로 유도하겠다는 정책방침을 천명한 노태우 대통령은 그해 8·15 경축사에서 김일성 북한 주석에게 조속히 남북한 최고책임자 회담을 갖자고 제의하였다. 그는 10월 4일의 국회연설에서도 다시 남북정상회담을 위해 평양을 방문할 용의가 있다고 하면서, 재차 남북정상회담의 조기 개최를 촉구하였다.[90] 노태우 대통령은 남북정상회담 이외에 다양한 남북한 화해협력 방안을 제의하기도 하였다. 10월 18일, 유엔총회 본회의에서 행한 연설에서 그는 비무장지대 안에 평화시를 건설하고, 민족문화관, 학술교류센터, 상품교역장 등을 설치하여 남북 이산가족의 자유로운 상봉 및 교역을 실시하자고 제안하였고, 평양에서 정상회담이 개최될 경우 군축문제와 휴전협정의 평화협정 대체 문제도 논의할 수 있다고 밝혔다.[91] 노태우 대통령은 1989년 9월 11일에는 한민족공동체통일방안을 발표하여, 자주, 평화, 민주의 3원칙에 입각한 ① 신뢰 구축 및 협력 → ② 남북연합 → ③ 단일 민족국가로 이어지는 3단계 통일방안도 제시하였다.[92]

이같이 군인 출신인 전두환과 노태우 대통령이 남북정상회담 및 남북교류 구상을 활발하게 제안한 것은 당시의 안보상황을 염두에 두고 국가목표를 달성하기 위해 유연하게 대응한 결과로 보인다. 전두환 및 노태우 정부는 당면한 서울올림픽을 성공적으로 개최해야 한다는 목표가 있었고, 이를 위해 남북정상회담 및 다양한 교류를 제안함으로써 북한과의 긴장 완화를 도모할 필요가 있었던 것이다. 또한 북방정책 추진과 경제성장의 성과를 배경으로 대외적인 국가위상이 제고되는 상황에서 더 자신 있게 능동적인 대북정책을 전개할 수 있었던 것도 이러한 대북정책을 추진한 배경이 되었다고 볼 수 있다.

전두환 및 노태우 정부가 제시한 일련의 남북교류 구상과 제안들은 1990년대 접어들어 가시적인 성과를 거두기 시작하였다. 1991년 12월에 개최된 제5차 남북고위급회담에서 남북 사이의 화해와 불가침 및 기본협력에 관한 합의서를 채택하여, 상대방 체제의 인정, 무력 불사용 및 불가침, 군사적 신뢰 조성, 내정 불간섭, 국제무대에서의 협력 등을 합의하였다.[93] 동년 12월31일에는 한반도 비핵화 공동선언이 채택되어, 남과 북이 핵 에너지를 오로지 평화적 목적에만 사용하고, 핵무기의 시험, 제조, 생산, 접수, 보유, 저장, 배비, 사용을 하지 않기로 합의하였다.[94] 이같이 전두환, 노태우 정부 시기에는 주적으로 간주해 온 북한 지도자들과 정상회담을 모색하고, 화해와 불가침 및 기본협력에 관한 합의서 및 비핵화 공동선언 등 남북관계의 기본 방향을 설정하는 중요한 합의들을 이끌어냈다. 이러한 정책은 길게 보면 박정희 대통령이 추진한 7·4남북공동성명 및 6·23선언의 연장선상에서 성취된 것들이라 볼 수 있다. 1980년대 이후 경제성장 및 북방정책의 성과를 바탕으로 전두환 및 노태우 정부의 외교안보정책 결정자들은 북한 지도자들의 생각에 변화를 일으켜, 북한을 개방과 개혁의 길로 유도하려는 의도에서 이러한 일련의 남북간 합의를 도출해 낸 것이다.[95]

다만 김영삼 정부 등장 이후 대북정책은 군인 출신 대통령 시기에 비해 추진력을 상실해 갔다. 김영삼 대통령은 취임 초기인 1993년 8월 15일, ① 남북한 화해협력 → ② 남북연합 제도화 → ③ 법적 완전 통일의 3단계로 이어지는 민족공동체통일방안을 제창하는 등 통일정책 추진에 적극적인 모습을 보였다.[96] 또한 김일성 주석과의 정상회담도 추진하였다. 그러나 김영삼 정부는 김일성 주석의 갑작스런 사망으로 정상회담이 무산되고, 1994년 이후 북한 핵개발 의혹이 커짐에 따라 다시 대결적인 대북정책으로 전환하기 시작하였다.[97] 그의 정치적 라이벌인 김대중이 대통령에 취임하고 나서야 대북정책에서 새로운 변화가 모색되었다.

V. 탈냉전과 21세기: 김대중·노무현 정부

1998년, 오랫동안 야당 지도자로서 활동해 온 김대중이 대통령에 선출되었다. 5년 뒤인 2003년에는 노무현 대통령이 선출되었다. 이로써 소위 진보진영의 지도자들이 처음으로 한국의 외교안보정책을 주도하게 되었다. 과연 이들은 종전 보수정당의 지도자들과 비교하여 어떤 위협인식을 갖고, 안보정책을 전개해 갔을까?

1. 위협인식

21세기 한국을 둘러싼 안보정세는 냉전기와 달리 복잡하고 중층적인 위협요인을 내포하고 있는 것으로 보여졌다. 기본적으로는 핵개발을 추진하고 있는 북한이 가장 경계해야 할 안보위협 요인이었지만, 그 외에도 테러리즘의 확산, 동아시아 지역의 세력 대립 가능성 등이 새로운 안보위협 요인으로 대두하였다. 이 같은 현실을 직시하여 이 시기의 정부문서들은 포괄안보 개념, 즉 전통적 내지는 비전통적 안보위협 요인, 군사적 혹은 비군사적 안보위협 요인을 망라한 카테고리를 이용하여 21세기에 한국이 직면한 안보정세를 파악하고자 하였다.

2004년 노무현 정부가 발간한 국가안보의 기본전략서에서는 국가와 국민의 안전을 위협하는 요소로서 우선 국가 간 전통적 위협과 국제테러, 대량살상무기 확산을 들면서도, 경제, 에너지, 환경, 보건 등 비군사적 영역의 안보문제가 새롭게 부각되고 있다고 지적하였다.[98] 그러면서 노무현 정부의 안보정책이 외부의 군사적 위협으로부터 국가의 생존을 지키는 것뿐만 아니라 다양한 비군사적 위협에 대한 대응까지 포함하는 포괄안보의 성격을 갖고 있다고 하였다.

국방부에서 발간한 문서들에서도 군사적 위협과 비군사적 위협의 카테고리를 기반으로 위협요인을 파악하려는 모습을 볼 수 있다. 2003년에 발간된 『참여정부의 국방정책 2003』에서는 군사 중심의 안보 개념이 포괄적 안보 개념으로 확대되고 있다고 전제하였다. 그리고 북한이 내부적으로 대남 적화전략을 폐기하지 않고 대량살상무기 개발에 주력하면서 초보적 핵무기 생산능력을 보유하고 있다고 지적하여 북한발 군사위협 요인을 강조하면서도, 동시에 동북아 지역에 다양한 분쟁 요인이 산재해 있고, 새로운 위협 요인들이 등장하고 있다고 지적하였다.[99] 『국방백서

2004』는 주적 개념을 사용하지는 않았지만, 여전히 북한이 "우리 군에 비해 양적으로 우세한 군사력을 유지한 가운데 장사정 및 천마호 전차 생산, 헬기 도입, 소형 잠수함 건조 등 재래식 전력 증강과 더불어 대량살상무기 개발을 지속하고 있다"고 하면서 북한의 군사적 위협을 강조하고 있다.[100] 그리고 동시에 한국이 국제범죄, 해적행위, 불법난민, 사이버 테러 등 초국가적, 비군사적 위협에도 직면하고 있다고 서술하고 있다.[101]

초국가적 위협, 비군사적 위협 요인 가운데서 특히 동아시아 지역에 존재하는 잠재적 안보위협 요인들을 강조하였다. 2005년 한국국방연구원(KIDA)이 발간한 정책문서는 북한 핵문제 이외에 동북아 지역의 도서 영유권 분쟁, 대만 문제, 동북아 역내 국가 간 군비경쟁 가능성, 동북아 역내 국가 간의 에너지 자원 확보 경쟁 등이 한국에도 중요한 안보 이슈가 될 수 있다고 지적하였다.[102] 노무현 대통령도 여러 차례 연설을 통해 동북아시아가 잠재적 갈등요소가 많고, 패권적 국수주의도 살아나고 있다고 지적한 바 있다.[103]

이같이 김대중, 노무현 정부 시기에는 포괄안보의 개념이 강조되면서 전통적인 북한의 군사적 위협뿐만 아니라, 에너지와 환경 등의 비군사적 위협 요인, 그리고 한반도를 벗어난 동북아시아 차원의 구조적 안보위협 요인들이 강조되는 변화가 나타났다.[104] 이 같은 위협인식의 변화에는 탈냉전기 국제질서의 변화와 한국의 국제적 위상 강화로 종전에 인식하지 못했던 안보위협 요인들이 새롭게 대두한 것도 영향을 미쳤겠지만, 한편으로는 이 시기에 대북 화해협력 정책을 주도한 집권층이 북한발 위협 요인을 의식적으로 과소평가하려는 경향도 영향을 미친 것으로 생각된다.

2. 안전보장제도

국가안보위협 요인을 군사적 및 비군사적 요인으로 망라한 포괄안보 개념으로 파악함에 따라, 이를 다루기 위한 안전보장제도의 보완도 요구되었다. 이에 따라 김영삼 정부 시기까지 활성화되지 못했던 국가안전보장회의의 조직과 역할이 확대되는 양상이 나타났다.

1998년 김대중 정부가 출범하면서 국가안전보장회의의 운영은 비상기획위원회에서 외교안보수석비서관 소관으로 전환되었다. 그리고 통일부 장관, 외무부 장관, 국방부 장관, 안전기획부장, 외교안보수석으로 구성된 국가안전보장회의 상임위원회가 신설되어 매주 1회 정례적으로 회의를 진행하면서, 외교, 국방, 통일정책에 관련된 주요 안건을 심의하고 대통령에게 보고하는 체제가 갖추어졌다. 상임위원회에서 논의할 안건들을 관계 부서들이 실무 차원에서 조정하는 차관보급 실무조정회의도 설치되었고, 이 같은 회의체를 지원할 조직으로서 국가안전보장회의 사무처도 신설되었다.[105]

2003년 노무현 정부의 출범 이후 국가안전보장회의의 역할과 조직은 더욱 강화되었다. 노무현 정부는 탈냉전 시대의 변화된 안보환경에 대응하여 포괄적 국가안보전략을 수립할 수 있는 기능을 강화하고, 통일, 외교, 국방 분야의 정책 조정 및 통합 기능을 강화할 필요성을 인식하였다. 이에 따라 국가안전보장회의 상임위원회는 계속하여 통일부 장관, 외교부 장관, 국방부 장관, 국가정보원장, 안전보장회의 사무처장 등이 참석하여 국가안보 관련 대외정책, 대북정책, 국방정책을 협의하는 기능을 수행하도록 하였다. 이에 더해 사무처의 기능이 국가안보전략의 기획 및 수립, 국가안보 관련 중장기 정책의 수립 및 조정, 국가안보 관련 정보의 종합 및 관리, 국가위기관리 대책의 기획 및 조정으로 확대되면서, 그 예하에 전략기획실, 정책조정실, 정보관리실, 위기관리센터가 설치되었다.[106] 이 같이 김대중 및 노무현 정부는 포괄안보 개념에 내포된 다양하고 새로운 안보위협 요인이 대두됨에 따라 그에 대응하는 제도를 강화하는 차원에서 국가안전보장회의의 기능 및 조직을 재편한 것으로 보인다.

3. 안전보장정책

김대중 및 노무현 정부가 포괄적 안보 개념에 입각해 안보위협 요인을 인식하면서, 그에 대한 정책적 대응도 포괄적 방식을 취하는 양상이 나타났다. 1998년 김대중 정부의 출범과 동시에 외교안보수석에 임명된 임동원은 당면한 안보위협 요인인 북한의 핵이나 중장거리미사일 개발의 동기가 실은 한반도 냉전구조에 기인한다고 보고, 한반도 냉전구조를 해체하여 평화를 정착해 가는 포괄적 접근이 한반도의 안보와 평화에 필요하다고 생각하였다. 전쟁을 회피하면서 한반도 평화와 비핵화를 추진하기 위해서 그는 ① 남북간의 평화공존과 교류협력관계 발전, ② 미북간의 적대관계 해소와 관계 정상화, ③ 북한의 개혁개방과 시장경제체제 전환, ④ 북한의 대량살상무기 제거와 비핵화, ⑤ 남북간 군사적 신뢰 구축과 단계적 군축, ⑥ 정전체제를 한반도 평화체제로 전환하는 등의 과제를 유기적이고 포괄적으로 추진할 필요성이 있다고 보았다.[107]

2003년 출범한 노무현 정부의 외교안보정책 브레인들이었던 윤영관, 이종석, 서동만, 서주석 등도 북한 핵문제의 평화적 해결과 한반도 평화체제 구축, 그리고 동북아의 공동번영을 위해서는 남북간의 신뢰 구축과 화해협력, 북미 및 북일관계 정상화, 한미동맹과 자주국방의 병행 추진, 균형적 실용외교 등을 포괄적으로 추진할 필요성이 있다고 보았다.[108] 요컨대 김대중 및 노무현 정부 시기의 외교안보정책 결정자들은 국방, 동맹, 외교, 통일 분야의 각 정책을 단절적으로가 아니라, 한반도 평화체제 구축과 동북아 공동번영이라는 최종 목적을 의식하면서 유기적이면서 포괄적으로 추진하려는 문제의식을 갖고 있었던 것이다. 이하에서는 편의상 개별적으로 각 분야의 안보정책을 살펴보도록 하겠다.

1) 국방 및 동맹정책

한국전쟁 이후 한국군의 병력규모와 편성의 기본 구조는 크게 바뀌지 않은 채 유지되어 왔다. 그러나 탈냉전기의 변화된 안보정세에서 기존의 군 구조와 규모가 과연 새로운 위협 요인들에 대응할 수 있는 적정한 수준인가 하는 문제가 계속 제기되었다.[109] 이러한 문제를 수용하여 노무현 정부 시기에 기존 군 구조를 바꾸는 중요한 국방정책이 추진되었다. 2005년 9월에 발표된 '국방개혁 2020'이 바로 그것이다.

국방개혁 2020의 골자는 다음과 같다. 우선 2020년까지 군병력을 총 68만 명 규모에서 50만 명 수준으로 감축하고, 그에 따라 육군 제1군과 제3군을 통합하여 지상작전사령부를 창설하는 등 군병력 규모 및 부대구조를 슬림화하도록 하였다. 또한 육해공군 간 균형발전을 도모하여, 예컨대 합참에 근무하는 육해공군의 구성비율을 2:1:1, 국방부와 그 직할부대에 근무하는 육해공군 비율을 2:1:1로 조정하도록 하였다. 아울러 민간 전문가를 활용하기 위해 국방부 주요 직위자를 민간인으로 충원하도록 하는 국방부 문민화 계획도 포함되었다.[110]

국방개혁 2020은 병력 규모를 줄이는 대신 국방비를 꾸준히 늘려 독자적 감시정찰능력, 지휘통제체제, 종심타격능력, 전술 및 전략타격능력 등의 핵심적 군사력을 점진적으로 증강시키도록 하였다. 이에 따라 조기경보통제기, 무인정찰기, 실용위성, 이지스 급 구축함, 214급 대형잠수함, F15K 전투기, 크루즈미사일 등 첨단 전력을 연차적으로 증강하기로 하였다. 그리고 이러한 장비들을 기간으로 2010년까지 공군은 북부전투사령부를 신설하고, 2012년까지 해군은 기동전단을 창설하도록 하였다. 이상과 같이 노무현 정부 시기에 추진한 국방개혁 2020 구상은 기존 한국군의 병력 규모와 군 구조를 변화된 안보상황에 맞게 변혁하려는 것이었다. 그러나 이 구상은 당시 제1차 핵실험을 하며 핵보유국 지위를 노리던 북한의 핵위협에 대한 실질적인 대응조치로서는 미흡하다는 평가를 받았다.

노무현 정부 시기에는 한미동맹의 기존 구조에서도 큰 변화가 일어났다. 노무현 정부의 외교안보 브레인들은 애초부터 한반도 방위는 한국이 주도하고 미국은 지원 역할을 하는 방식으로 한미동맹의 역할과 성격을 변화시켜야 한다고 생각하고 있었다.[111] 그런데 9·11테러 이후 대테러 전쟁을 수행하던 부시 행정부도 이른바 '전략적 유연성' 개념에 입각해 한미동맹의 신축적인 변화를 모색하였다. 미국은 2002년과 2003년에 걸쳐 더글러스 페이스 국방차관 및 리처드 롤리스 국방부 차관보를 통해 서울 북방에 배치된 제2사단의 한강 이남 배치와 용산 미군기지 이전, 그리고 주한미군의 감축 검토를 요청하였다. 그 결과 한미간에 미래한미동맹 정책구상(FOTA) 등의 협의기구가 만들어졌고, 이러한 협의기구를 통해 논의한 결과 미 제2사단 및 용산기지를 평택으로 이전하기로 합의하였고, 2004년부터 2008년까지 주한미군 1만 2500명이 감축되었다.

미군기지 이전 및 감축 문제가 일단락된 2005년에는 한국 측에서 전시작전통제권 환수 문제를 제기하고 나섰다. 노무현 정부는 1994년 평시작전통제권 환수에 이어 전시작전통제권을 환수하는 것이 우리 군대가 스스로 한반도 안보를 책임지는 자주국방을 구현하는 길이라고 판단했던 것이다.[112] 이에 대해 북한 핵문제가 불거지는 상황에서 전시작전통제권 환수가 한미동맹의 대북 억지력을 약화시킬 것이라는 우려가 적잖게 제기되었다. 그러나 결국 노무현 정부는 2007년 2월, 당시 김장수 국방장관과 로버트 게이츠 미 국방장관의 회담을 통해 2012년 4월까지 전작권을 한국 측에 반환한다는 합의에 도달하였다. 이상에서 설명한 바와 같이 노무현 정부는 평택기지로의 미군 재배치, 전시작전통제권의 반환 결정과 같은 한미동맹의 기존 구조에 대해서도 중요한 변화를 추진했다. 이러한 구조 변화에도 불구하고 한미동맹이 향후에도 여전히 대북 억지력 및 동북아 지역 안정에 기여하는 요인으로 기능할 것인지는 향후 관심을 가지고 지켜보아야 할 중요한 대목이라 할 수 있을 것이다.

2) 외교정책

김대중 및 노무현 정부는 국가안보의 위협 요인을 전통적인 군사적 위협뿐만 아니라 테러리즘과 지역 내 군비경쟁 가능성, 나아가 환경과 에너지 안보 등 비군사적 위협 요인을 망라한 복합적인 것으로 파악하였다. 그렇다면 그러한 복합적 위협 요인을 배제하기 위한 외교활동도 전통적인 양자 간 외교는 물론 지역 내 다자간 외교의 활성화 등 중층적인 차원에서 전개하지 않으면 안 될 것이다.

김대중 정부는 북한의 핵개발 및 미사일 위협 요인을 배제하기 위하여 한반도 평화체제 구축, 남북간 군사적 신뢰 구축, 미북관계 정상화 등을 내용으로 하는 포괄적 접근전략을 채택하였다. 이에 따라 외교 차원에서도 주변 4대 강국은 물론 지역 내의 다자간 안보협의를 활성화하는 외교정책을 추진하였다. 김대중 대통령은 취임 초기에 미국, 일본, 중국, 러시아 등을 역방하면서 4대 강국과의 전통적인 양자 간 외교관계를 돈독히 하였고, 북한 핵문제에 대한 한국 정부의 접근전략에 대한 이해를 구하였다.[113] 이에 더해 김대중 정부는 1999년 4월부터 북핵 문제에 대응하기 위한 한미일 정책조정그룹(TCOG)을 운용하기 시작하였다.[114] 또한 동아시아 역내의 포괄적 안보협력을 위해 아세안+3 등의 다자간 협의체에 적극적으로 참가하였다.

한반도 평화체제 정착 및 동북아 지역의 공동번영을 국가안보정책 목표로 제시한 노무현 정부도 주변 4강 및 동북아 지역 내의 다자간 안보협력에 중점적 노력을 기울였다. 특히 노무현 정부는 취임 초기부터 동북아 평화문제를 포괄적으로 협의하기 위한 다자안보협의체 결성을 강력히 추진했으며, 이 결과 2003년부터 가동되기 시작한 6자회담 체제에 적극 참가하였고, 2005년 9·19 공동성명을 작성하는 과정 등에서 주도적 역할을 담당하기도 하였다. 또한 김대중 정부에서도 역점을 두었던 아세안+3 정상회담에도 적극적으로 참가하여, 정상 간 공동선언을 작성하는 데 공헌을 하기도 하였다. 노무현 정부가 일시적으로 표방한 '동북아 균형자론'도 결국은 증대된 국가적 위상을 바탕으로 한반도 평화체제 정착뿐 아니라 동북아 지역의 평화번영 질서를 구축하는 더욱 적극적인 역할을 하려고 하는 의도에서 비롯된 것이었다.[115)]

다만 노무현 정부는 한반도 평화체제 구축 및 동북아 평화번영 질서 구축을 위한 외교를 추진하는 과정에서 지나치게 의욕을 앞세운 나머지, 상대국들과 갈등을 빚거나 오해를 받는 문제점도 내보였다. 예컨대 일본 측의 다케시마의 날 조례 제정을 계기로 강경대응을 불사한 나머지 2005년 3월 이후의 한일관계는 최악의 상황으로 빠지기도 하였다. 이런 상황에서 동북아 균형자론을 제창하고 나섰을 때 주변국들은 한국의 의도를 오해하기도 하였다. 그런 점에서 노무현 정부의 외교정책은 추구하고자 하는 외교 목표에 부합하는 개념을 선택하고 상대국에 접근하는 방식을 고민해야 한다는 과제를 남겨 주게 되었다.

3) 통일정책

김대중 및 노무현 정부는 통일정책 분야에서 이전의 정부들과 차별성을 보이려고 하였다. 김대중 정부의 외교안보정책 브레인들은 전임 김영삼 정부의 통일정책이 불필요한 피해의식과 잘못된 정보로 북한을 과대평가하는 우를 범했다고 인식했다. 이에 반해 김대중 정부는 남북한 간의 국력 격차를 기반으로 북한의 최고당국자를 설득하여 북한을 위로부터 변화시키고, 인도적 지원과 교류를 늘려 아래로부터 주민들의 의식을 변화시켜 점진적, 평화적으로 북한의 변화를 유도하겠다는 대북정책을 추진하려 하였다.[116)] 김대중 대통령은 2000년 3월, 베를린 자유대학에서 연설을 통해 이러한 기조를 북한과 전 세계에 천명하였다. 북한이 무력도발과 핵개발을 포기한다면, 한국이 북한의 도로, 철도, 항만, 전력, 통신 등 사회간접자본에 적극 투자하면서 북한의 경제회복과 나아가 안전보장 및 국제사회 진출을 지원할 것이라고 밝힌 것이다.

이러한 기조에 따라 2000년 6월 14일, 평양에서 역사적인 남북정상회담이 열려 남북의 공동선언이 발표되었다. 정상회담 이후에도 남북간 경제회담 및 군사회담 등이 연쇄적으로 열리면서, 경제협력과 군사적 신뢰구축이 도모되어, 남북간 화해협력 분위기가 최고도로 고조되었다.[117] 남북간 경제협력과 군사적 신뢰 구축은 긴장을 완화시키고, 군사적 위협 요인을 줄이는 데 적잖게 기여하였다. 예컨대 2002년 11월 이후 북한에서 개성공업지구법이 발포되어 개성공단을 조성하면서, 이 지역에 배치 중이던 북한군 부대와 장거리포를 다른 곳으로 이동하기도 하였다.

남북간 정상회담 및 다양한 통로를 통한 교류협력 확대는 노무현 정부 들어서도 지속되었다. 2007년 10월, 노무현 대통령과 김정일 국방위원장이 평양에서 정상회담을 하고, 10·4공동선언문을 발표하였다. 개성공단 운영 및 금강산 관광사업에도 한국 측 기업들이 대거 참여하여 남북한이 서로 상생공영하는 모델이 구축되는 선례가 나타나는가도 싶었다. 그러나 남북간 교류협력과 공동사업이 활발하게 진행되고 있었음에도, 북한은 2006년 10월 9일, 제1차 핵실험을 단행하였고, 장거리 미사일 시험발사도 서슴치 않았다. 이 같은 행태는 북한의 개혁개방과 대남 화해협력의 의도를 의심하도록 만들기에 충분하였다.

VI. 결론

1948년 대한민국 건국 이후 지난 60여 년의 정치외교사는 국가안보를 위협하는 요인과의 대결의 역사라고 해도 과언이 아닐 것이다. 분단 상황에서 출범한 대한민국은 북한과 그 배후 지원국가들과의 무력위협에 직면해야 했으며 결국 한국전쟁을 겪어야 했다. 한국전쟁 이후에도 북한의 군사적 위협에 더해 동북아 지역 내의 잠재적 군사위협에 대응해야 했다.

냉전체제가 종료되고 탈냉전체제가 전개된 이후에는 테러리즘이나 대량살상무기의 확산과 같은 군사적 위협 요인뿐만 아니라 환경, 에너지 분야의 비군사적 위협 요인에도 대응해야 했다.

대한민국은 그러한 안보위협 요인에 잘 대응하면서, 경제규모 세계 10위권의 번영되고 민주적인 국가를 건설하는 데 성공하였다. 그렇다면 과연 한국이 한반도 내외의 다양한 안보위협 요인들에 성공적으로 대응하도록 한 요인은 무엇인가. 본고는 이승만 정부 이래 역대 정부가 정비해온 안보제도들과 안보정책들, 즉 국방, 동맹, 외교, 통일 정책들을 살펴보면서, 각 시대에 걸쳐 역대 정부가 다양한 안보위협 요인에 직면하여 이러한 정책과 제도들을 나름대로 잘 결합하여 안보위협 요인들에 대응해 왔음을 밝히고자 하였다. 한국 정치외교사에서 전임 정권들은 보통 후임 정권들에 의해 독재정권으로 비판받거나, 별다른 성과를 거두지 못한 정권이라고 저평가되었다. 그러나 안보 분야에 한해서 말한다면 역대 정권은 각 시대마다 최선을 다해서 안보위협 요인을 분석하고, 그에 대응하기 위한 최적의 안보제도와 정책들을 결합하여 대응해 왔다고 할 수 있다. 그 결과 21세기 초두 정치적으로 민주화되고, 경제적으로 번영된 대한민국이 존재하게 된 것이 아닐까. 지난 시대의 지도자들이 남긴 연설문이나 외교안보정책 결정 과정에 참여한 인사들의 회고록을 읽다 보면, 현재 우리가 향유하고 있는 정치적 민주화와 경제적 번영의 이면에 국가안전보장의 기반을 공고히 하기 위한 노력과 희생이 있었음을 느낄 수 있다. 이러한 유산들을 우리는 겸허히 평가하고 반추할 필요가 있다.

그러나 현대사에 대한 성찰이 다만 복고적인 사실을 발견하는 데만 머물러서는 안 될 것이다. 2010년을 맞이하는 현 시점의 한반도에는 이전에 경험해 보지 못한 새로운 종류의 잠재적, 현재적 안보위협 요인들이 도사리고 있다. 두 차례에 걸쳐 핵실험을 하면서 핵보유국의 지위를 노리는 북한의 군사적 위협은 여전히 남아 있다. 정치, 군사와 경제 면에서 글로벌 대국으로 부상한 중국과 일본의 잠재적 갈등 양상도 동북아 지역질서를 동요시키고, 한반도의 안정에도 영향을 미칠 수 있다. 테러리즘이나 에너지, 환경 분야에서 기인하는 안보위협 요인도 무시할 수 없다. 새로운 안보위협 요인을 식별하고 그에 효과적으로 대응하려면 우리는 기존의 안보제도와 정책이 적실성을 갖고 있는지를 여전히 검토해야 한다. 이러한 노력을 등한시한다면 지금까지 쌓아 올린 국가안보의 성과들이 한 순간에 무너질 수 있음을 인식해야 한다. 지나간 60여 년의 안보정책사를 돌아보는 것은 바로 그러한 시각과 인식을 키우기 위한 것이다.

| 미주 |

1) 최경락 · 정준호 · 황병무, 1989, 『국가안전보장서론: 존립과 발전을 위한 대전략』, 법문사, p. 26; 황병무, 2004, 『한국안보의 영역, 쟁점, 정책』, 봉명, p. 15.

2) 박영준, 2008, 「국가전략과 군사전략: 한국적 군사전략 정립을 위한 방향성」, 한국국제정치학회 2008년도 하계학술회의 발표논문.

3) 도쿄대학 교수인 야마모토 요시노부(山本吉宣)는 전통적 안전보장 방식에는 자력구제, 동맹, 집단안보가 있었으나 비전통적 안전보장 수단으로는 평화유지활동, 예방외교, 공동안보, 협력안보 등이 대두하고 있다고 분석한다. 山本吉宣, 2002, 「安全保障概念と傳統的安全保障の再檢討」, 『國際安全保障』 第30卷 第1-2合併號, 國際安全保障學會. 한편 현실주의자들이 외부의 군사적 침략에 맞서 국가의 영토와 생명을 군사력으로 보호하는 것을 강조하고 있다면, 자유주의자들은 공동안보 및 협력안보를 통하여 국제관계 자체의 안정을 도모하여 안보를 확보하려 한다. 반면 글로벌리즘의 논자들은 인간안보나 지구안보를 강조한다. 이러한 설명은 神谷萬丈, 2003, 「安全保障の概念」, 『安全保障學入門』, 防衛大學校安全保障學硏究會(亞紀書房) 참조.

4) 본고에서 구분하는 네 개의 시기는 이승만 정부, 박정희 정부, 전두환 · 노태우 · 김영삼 정부, 김대중 · 노무현 정부 시기로 나누고자 한다. 신진 교수는 1공화국, 3공화국, 4공화국으로 나누어 국방정책 전개 과정을 살핀 바 있고, 이민룡 교수는 1 · 2공화국, 3 · 4공화국, 5 · 6 공화국으로 나누어 안보정책 전개를 살펴본 바 있다. 신진, 2000, 「한국의 국방정책과 안보」, 『국제정치논총』 제40집 2호, 한국국제정치학회; 이민룡, 2001, 「한국 안보정책의 역사적 전개」, 『국가안보론』, 육군사관학교, 박영사 등을 참조. 본고는 대상 행정부의 집권 기간, 정책의 차이, 자료 확보 여부 등을 고려하여 편의상 위와 같은 네 가지 시기로 구분하고자 한다.

5) 식민지 시기 이승만의 대외인식에 대해서는 박영준, 2009a, 「이승만의 국제질서인식과 일본관: 식민지 시기에 있어 망국과 건국의 문제」, 『한국정치외교사논총』 제31집 1호를 참조.

6) 공보처, 1953, 『대통령 이승만 박사 담화집』, 공보처, p. 143.

7) 같은 책, p. 145.

8) 공보처, 1956, 『대통령 이승만 박사 담화집: 제2집』, 공보처, p. 110. 1956년 공군본부 청사 낙성식에서 이승만 대통령은 소련이 "병력으로 위협해서 모든 자유국가들을 저의

위성국들을 만들어서 세계 총인구의 반수 이상을 점령"하였고, 한편으로는 웃는 얼굴로 우의를 가장하지만, 다른 한편으로는 "전쟁을 절대적으로 준비해서 위협으로 저의 통치권을 확장하려고 하"고 있다고 연설하였다. 같은 책, p.135-136.

9) 공보처, 1953, 앞의 책, p. 145.

10) 이승만 대통령은 미국이 준비한 성명서 초안에 "한국이 일본과의 관계에 있어 우호적이고"라는 표현이 들어간 것에 대하여 격노할 정도로 일본에 대한 불신감을 숨기지 않았다. 한표욱, 1996, 『이승만과 한미외교』, 중앙일보사, pp. 231-235, 242.

11) 국사편찬위원회, 1997, 『대한민국사 자료집 35: 이승만 관계 서한 자료집 9(1957-1960)』, pp. 175-176.

12) 임병직(林炳稷), 1964, 『林炳稷회고록: 근대 한국외교의 이면사(裏面史)』, 女苑社, p. 346. 임병직 외무장관 취임 후에는 정무국, 통상국, 정보국 등으로 부서가 축소되었다.

13) 같은 책, p. 325, 1949년 당시 주미대사관의 1등서기관이었던 한표욱은 이승만 대통령이 주미 대사관에 내린 초기 지침이 첫째, 정보수집에 치중할 것, 둘째, 한국이 한반도의 유일한 합법 정부이고 남한 인구가 전체의 3분의 2라는 점을 주재국 정부와 국민에게 꾸준히 주지시킬 것, 셋째, 남북통일에 대비해 국회의석 100석을 비워놓고 있음을 통보할 것, 넷째, 우리가 평화통일을 원하고 있음을 알릴 것, 다섯째, 경제원조와 무기원조를 얻어낼 것 등이었다고 회고했다. 한표욱, 앞의 책, pp. 70-71.

14) 배기옥, 2008, 「이승만의 위협인식과 국방정책 연구」, 국방대학교 석사학위 논문, p. 34.

15) 백선엽, 1989, 『군과 나』, 대륙연구소출판부, pp. 297-298.

16) 같은 책, p. 305.

17) 외무부, 1959, 『외무행정의 10년』, 외무부, pp. 188-189.

18) 백선엽, 앞의 책, pp. 323-325; 배기옥, 앞의 논문, p. 103-104.

19) 백선엽, 위의 책, p. 298.

20) 李鐘元, 1996, 『東アジア冷戰と韓米日關係』, 東京大學出版會, pp. 78, 84.

21) 이승만 대통령은 화약은 국력과 비례한다고 말하기도 하였다. 『동아일보』 2004년 4월 26일자 및 2009년 12월 5일자 기사 참조.

22) 외무부, 앞의 책, p.182.

23) 국방부전사편찬위원회, 『국방사 1』, p. 146.

24) 한표욱, 앞의 책, pp. 74, 80.

25) 같은 책, pp. 157-158.

26) 1953년 10월 30일 제시된 NSC 162-2, 1953년 11월 5일 승인된 NSC 166-1, 1954년 4월 9일, 미 합참에서 제출한 NSC 5416 등이 미국의 동아시아 전략 변화를 담고 있는 전략

문서들이다. 자세한 내용은 李鐘元, 앞의 책, pp. 16, 23, 224-226 등 참조.

27) 1954년에 지상군 5개 사단이 철수하였고, 제5공군과 제8군사령부도 일본 기지로 철수하였다. 김일영, 2003, 「인계철선으로서의 주한미군: 규모, 편제, 운용방식의 변화를 중심으로」, 김일영 · 조성렬, 『주한미군: 역사, 쟁점, 전망』, 한울아카데미, p. 77.

28) 같은 글, pp. 78, 80.

29) 외무부, 앞의 책, p. 189.

30) 같은 책, pp. 190-191.

31) 임병직, 앞의 책, p. 345; 외무부, 1959, 『외무행정의 10년』, 외무부, p. 128.

32) 외무부, 위의 책, p. 197. 조정환 장관은 일본이 이 같은 조건을 충족할 때 일본이 기구에 참가하는 데 반대하지 않는다고 밝혔으나, 당시 이미 일본이 소련과 국교 정상화를 단행하였고, 공산당 활동이 합법화된 점을 고려할 때 일본의 가입은 도외시하였다고 판단된다.

33) 1954년 1월, 이승만 대통령은 한국군 1개 사단의 라오스 파견을 제안하였고, 1958년 및 1959년에도 라오스에 좌익 쿠데타가 발생하자 우익정권을 지원하기 위한 명목으로 한국군 파견을 다시 제안하였다. 李鐘元, 앞의 책, p. 98.

34) 한표욱, 앞의 책, p. 220. 이러한 입장은 야당이었던 민주당과는 구별된다. 민주당은 1955년 9월 18일 결성대회 당시 밝힌 원칙 가운데 동북아시아 동맹기구 창설과 일본과의 국교 정상화를 주장하고 있었다. 조병옥, 1986, 『나의 회고록』, 해동, p. 316.

35) 공보처, 1959, 『대통령 이승만 박사 담화집: 제3집』, 공보처, pp. 108-109.

36) 그럼에도 1950년대 한국이 소극적인 의미에서 평화를 유지했던 요인에 대해 이호재 교수는 전쟁 이후 북한의 경제적, 군사적 무력화, 그리고 한미동맹의 존재가 주요 요인이 되었다고 지적한다. 이호재, 1981, 「자주국방과 자주외교문제」, 『핵의 세계와 한국 핵정책』, 법문사, p. 189.

37) 대통령공보비서관실, 1965, 『박정희대통령 연설문집: 제1집(1963.12-1964.12)』, 대통령공보비서관실, p. 54.

38) 같은 책, p. 38.

39) 같은 책, p. 39.

40) 박정희, 1963, 『국가와 혁명과 나』, 向文社, p. 230.

41) 다만 초창기의 중앙정보부는 본연의 임무 이외에 반정부 운동에 대한 감시와 적발, 경제분야의 이권 개입 등의 폐단을 낳기도 하였다. 제3공화국 각료의 이에 대한 비판으로는 정래혁, 2001, 『격변의 생애를 돌아보며』, 삼양애드, p. 317을 참조.

42) 이에 대해서는 홍준기, 2004, 「한국 자주국방 정책의 역사적 변천과정에 관한 연구」, 국방대학교 석사학위논문 및 황병무, 2004, 『한국안보의 영역, 쟁점, 정책』(봉명)을 참조.

43) 이승만 정부에서 존재하지 않았던 통일 관련 부서가 설치된 것은 박정희 정부의 통일정책이 후술하듯이 이전 정부와 비교하여 크게 변화함을 예고하는 것이기도 하다. 이 밖에 이 시기에 개편, 혹은 신설된 부처로는 건설부(1961년 부흥부에서 개칭), 경제기획원(1961년 신설), 농촌진흥청(1962년), 노동청(1963년), 철도청(1963년), 국세청(1966년), 수산청(1966년), 산림청(1967년) 등이 있다. 최동규, 1991, 『성장시대의 정부: 한강의 기적 이끈 관료조직의 역할』, 한국경제신문사, pp. 17-35.

44) 대통령공보비서관실, 앞의 책, pp. 38-39.

45) 김정렴, 1997, 『아, 박정희: 김정렴 정치회고록』, 중앙M&B, p. 286; 오원철, 2006, 『박정희는 어떻게 경제강국 만들었나』, 동서문화사, pp. 117-120.

46) 하영선, 1989, 『한반도의 전쟁과 평화: 군사적 긴장의 구조』, 청계연구소, p. 55; 정래혁, 앞의 책, p. 371. 1972년 12월 제정된 국방목표에는 "국방력을 정비강화하여 평화통일을 뒷받침하고 국토와 민족을 수호한다", "적정 군사력을 유지하고 군의 정예화를 기한다"는 항목과 더불어 "방위산업을 육성하여 자주국방태세를 확립한다"는 조항이 포함되었다. 신진, 앞의 글, p. 117에서 재인용.

47) 고경은, 1988, 「1970년대 한반도 군비경쟁과 남북한」, 하영선 편, 『한반도 군비경쟁의 재인식』, 인간사랑.

48) 김정렴, 앞의 책, p. 297; 오원철, 앞의 책, pp. 360-362 참조. 한편 박정희 대통령은 같은 시기에 핵개발도 추진하여 프랑스 기업과 협력하여 폐연료에서 플루토늄을 추출하는 재처리공장을 건설하는 계획에 착수하였다. 그러나 미국이 한국이 핵개발 계획을 추진할 시에는 원자력 발전소에 대한 핵연료 공급을 중지하겠다는 압박을 가해와 한국의 핵개발 계획은 중지되기에 이르렀다. 『朝日新聞』 2005년 5월 26일자 기사 참조. 1970년대 한국이 국가안보상의 이유에서 핵잠재국이 될 필요성을 논한 연구로는 이호재, 1981, 「자주국방과 자주외교문제」, 『핵의 세계와 한국 핵정책』, 법문사 참조.

49) 김정렴, 앞의 책, p. 311 및 고경은, 앞의 논문 참조.

50) 박정희, 앞의 책, p. 227.

51) 이동원, 1992, 『대통령을 그리며』, 고려원, p. 117.

52) 김일영, 앞의 논문, p. 82.

53) 같은 논문, pp. 89-94. 팀스피리트는 1969년부터 한미간에 실시되어 오던 포커스 레티나(Focus Retina) 훈련을 계승하였다고 생각된다. 포커스 레티나 훈련에 대해서는 빅터 차, 2004, 『적대적 제휴: 한국, 미국, 일본의 삼각안보체제』, 문학과지성사, p. 424 각주 참조.

54) 조성렬, 2004, 「한반도 평화체제 구축과 한미동맹: 유엔사, 주한미군 문제를 중심으로」, 『한반도 평화체제 구축: 한반도 평화체제 공개학술회의 자료집』, 경남대 극동문제연구

소, p. 19.

55) 박정희, 앞의 책, p. 123.

56) 이 같은 정책은 성과를 거둔 것으로 보인다. 1963년 말에는 한국과 수교한 국가가 76개국으로 늘어났다. 같은 책, p. 124.

57) 외교통상부, 1999, 『한국외교 50년, 1948-1998』, 외교통상부, p. 131. 이 논지는 윤덕민 교수에 의해 제기되고 있다.

58) 빅터 차, 앞의 책.

59) 이동원, 앞의 책, p. 161-170.

60) 아스팍 창설 총회에서 박정희 대통령은 "아시아인들이 힘을 합해 교류와 협력을 다하고 평화와 자유의 균형적 발전으로 위대한 아시아를 건설합시다. 이것은 오랫동안 아시아의 지성들이 갈구해 오던 평화혁명입니다"라고 연설하였다. 같은 책, p. 179.

61) 박정희, 1971, 『민족의 저력』, 광명출판사, pp. 183-184.

62) 이 같은 브란트 베를린 시장의 설명을 박정희 대통령은 경청하였다고 한다. 이동원, 앞의 책, p. 101.

63) 대통령비서실, 1973, 『박정희 대통령 연설문집 2: 제5대편』, 대통령비서실, p. 238.

64) 강상욱 전 청와대 공보수석비서관의 회고에 따르면 1970년 3 · 1절 이후 박대통령은 "우리가 먼저 어떤 제스처를 취하면 북한이 반응을 보일 것이고, 이렇게 의견교환을 하다 보면 북한 측의 군사적 도발을 억제할 수 있지 않겠는가" 하고 의견을 피력하였다고 한다. 정성화 · 강규형 편, 2007, 『박정희 시대와 한국 현대사: 연구자와 체험자의 대화』, 선인, p. 245에서 재인용.

65) 박정희, 1978, 『민족 중흥의 길』, 광명출판사, p. 173.

66) 이호재는 한국이 1970년대 이후로 북한에 비하여 종합 국력 면에서 훨씬 앞서가고 있다는 조건이 무엇보다도 중요한 한반도 평화의 보장조건이 되었다고 평가했다. 이호재, 앞의 글, pp. 191-192.

67) 국방부, 1989, 『국방백서: 1989』, 국방부, p. 71. 국방백서는 "북한이 한국과의 상호공존을 거부하고 무력적화통일 노선을 포기하지 않는 한 한반도 안정과 한국안보의 불확실성을 배제하기는 곤란하다"고도 평가하고 있다. 같은 책, p. 67.

68) 같은 책, p. 65.

69) 같은 책, p. 65.

70) 같은 책, p. 58.

71) 최동규, 앞의 책, p. 56.

72) 황병무, 2003, 앞의 책, p. 34.

73) 황병무, 앞의 책, p. 34.

74) 홍준기, 앞의 논문 참조.

75) 황병무, 앞의 책, p. 34.

76) 김일영, 앞의 논문, p. 101.

77) 같은 논문, p. 102.

78) 임동원, 2008, 『피스 메이커: 남북관계와 북핵문제 20년』, 중앙books, p. 232.

79) 1983년 9월1일, 소련 전투기에 의한 KAL기 격추사건이 발생했을 때도 한국 정부는 서울올림픽 개최를 고려하여 소련에 대한 강경한 대응을 자제하였다. 박철언, 2005, 『바른 역사를 위한 증언 1』, 랜덤하우스 중앙, pp. 112-113.

80) 그 경위에 대해서는 朴榮濬, 2008, 「韓国から見た東アジアのオリンピック: 2028年平壌オリンピック?」, 『オリンピックと東アジアの平和繁栄』(関口グロ＿バル研究会)를 참조.

81) 외교통상부, 앞의 책, p. 145.

82) 박철언, 2005b, 『바른 역사를 위한 증언 2』, 랜덤하우스 중앙, pp. 84-85 및 김종휘 당시 외교안보수석의 회고, 「중앙일보 특집-7 · 7 선언 20주년 좌담회」, 『중앙일보』 2008년 7월 7일자 참조.

83) 최호중, 2004, 『외교는 춤춘다』, 한국문원, pp. 124-129 참조.

84) 이상옥, 2002, 『전환기의 한국외교: 이상옥 전 외무장관 외교회고록』, 삶과 꿈, pp. 244-254.

85) 같은 책, p. 97.

86) 홍규덕, 1994, 「동북아 다자간 안보협력: 관련국들의 전략과 대응책」, 『동북아 다자간 안보협력체제』, 한국전략문제연구소, p. 75.

87) 같은 논문, pp. 77-78.

88) 일본에서 한국 정치외교를 연구하고 있는 이종원 교수도 노태우 정부 시절, 한국이 주도적으로 탈냉전 외교를 전개했다고 평가하고 있다. 李鐘元, 1999, 「アジアの中の朝鮮半島」, 『現代アジア危機からの再生』, 慶應義塾大學, pp. 207-208.

89) 박철언, 2005a, 『바른 역사를 위한 증언 1』, 랜덤하우스 중앙, pp. 178, 191-192. 박철언에 따르면 1986년 3월 20일, 그와 북한 측 한시해 간에 핫라인도 개통되었다.

90) 같은 책, pp. 30-31. 이에 대해 김일성 주석도 9월 8일의 소위 9 · 9절 기념사를 통해 연방제 논의를 전제로 노태우 대통령과 남북정상회담을 할 용의가 있다고 밝혔다.

91) 박철언, 2005b, 앞의 책, p. 33.

92) 같은 책, p.25.

93) 임동원, 앞의 책, pp. 226-228.

94) 같은 책, pp. 236-237.

95) 이러한 전략적 발상은 같은 책, p. 254 참조.

96) 같은 책, p. 158. 조성렬은 이 같은 김영삼 정부의 민족공동체통일방안은 2단계의 명칭만 평화체제에서 남북연합으로 달라졌을 뿐 노태우 정부의 한민족공동체통일방안과 구조적으로 유사한 것이라고 평가하고 있다. 조성렬, 2005, 앞의 글, p. 4.

97) 임동원은 김영삼 정부의 대북정책이 추진력을 상실한 것은 북한 핵의혹의 대두에 따라 정부 내에서 북한 붕괴 임박론에 입각하여 통일정책을 구상했기 때문이라고 분석한다. 임동원, 앞의 책, p. 341. 이종원은 김영삼 정부 내부에 국제협력을 중시하던 국제파의 영향력이 쇠퇴하고 세력균형 발상에 의존하는 민족파가 대두하면서 외교나 통일정책에도 영향이 미쳤다고 분석했다. 李鐘元, 1999, 앞의 글, pp. 210-212.

98) 국가안전보장회의, 2004, 『평화번영과 국가안보: 참여정부의 안보정책 구상』, p. 12 등 참조.

99) 국방부, 2003, 『참여정부의 국방정책 2003』, 국방부, 제1장 안보정세 평가 참조.

100) 국방부, 2005, 『국방백서 2004』, 국방부, p. 33. 『국방백서 2004』는 북한이 핵무기를 보유하고 있다는 확실한 증거는 없으나, 1992년 이전에 추출한 플루토늄으로 1-2개의 핵무기를 제조했을 가능성이 있는 것으로 추정하고 있다. 앞의 책, p. 39.

101) 같은 책, pp. 18-19.

102) 전경만 · 김창수 · 엄태암 · 백승주 · 박창권 · 송화섭 · 유영철 · 황재호, 2005, 『'동북아시대'의 국가안보전략 연구』, 한국국방연구원의 IV장, 「동북아 지역의 중장기 안보정세 시나리오」 참조.

103) 2005년 10월 1일 국군의 날 연설 등을 참조. 노무현 대통령의 정세인식에 대해서는 박영준, 「동북아 균형자론과 21세기 한국외교」, 『한국정치외교사논총』 제28집 1호(2006. 8) 참조.

104) 동북아 지역에서의 비전통 안보위협요인에 대한 분석으로는 이신화, 2008, 「비전통안보와 동북아 지역협력」, 『한국정치학회보』 제42집 2호, 한국정치학회(여름) 참조.

105) 임동원, 앞의 책, pp. 332-333, 346-352 참조. 황병무 교수도 이전 정부와 비교하여 김대중 정부 시기의 국가안보회의 운영이 활성화되었다고 평가했다. 황병무, 2003, 앞의 책, p. 35.

106) 배정호, 2004, 「국가안전보장회의(NSC)의 조직과 운영」, 『국방연구』 제47권 제1호 참조.

107) 임동원은 이러한 안보전략을 "한반도 냉전구조 해체를 위한 포괄적 접근전략"으로 명명하였다. 이에 대해서는 임동원, 앞의 책, pp. 399-405 참조.

108) 대통령직인수위원회 한반도 평화체제 구축 테스크포스팀, 2003, 『한반도 평화체제 구축』.

109) 노태우 정부 시기에 추진된 8 · 18 계획 등을 들 수 있다.

110) 이하 노무현 정부 시기의 국방 및 동맹정책 전개에 대해서는 박영준, 2009b, 「노무현 정부의 국가안보전략과 국방정책 평가」, 『교수논총』 제17권 2호, 국방대학교, 제3장 참조.

111) 대통령직 인수위원회 한반도 평화체제 구축 테스크 포스팀, 앞의 책.

112) 2005년 10월 1일, 국군의 날 연설에서 노무현 대통령은 전시작전통제권 행사가 우리 군이 스스로 한반도 안보를 책임지는 자주군대로 거듭나는 계기가 될 것이라고 기대하였다.

113) 임동원, 앞의 책, pp. 375-285. 다만 김대중 정부는 2001년 미국 부시 정부의 등장 이후 대북정책의 차이 등으로 인해 일시적인 갈등을 겪기도 하였다.

114) 같은 책, pp. 431-432.

115) 이에 대해서는 박영준, 2006, 「동북아 균형자론과 21세기 한국외교」, 『한국정치외교사논총』 제28집 1호 참조.

116) 임동원, 앞의 책, pp. 334-339.

117) 2000년 9월 개최된 남북 국방장관 회담에서는 남북간 철도 및 도로를 연결하기 위한 군사분계선과 비무장지대 개방 등에 합의하였다. 홍용표, 앞의 글, pp. 13-14.

| 참고문헌 |

1) 1차 자료: 자료집, 회고록

■ 공보처, 1953, 『대통령 이승만 박사 담화집』, 공보처.

■ ______, 1956, 『대통령 이승만 박사 담화집: 제2집』, 공보처.

■ ______, 1959, 『대통령 이승만 박사 담화집: 제3집』, 공보처.

■ 국가안전보장회의, 2004, 『평화번영과 국가안보: 참여정부의 안보정책 구상』.

■ 국방부, 1989, 『국방백서: 1989』, 국방부.

■ ______, 2003, 『참여정부의 국방정책 2003』, 국방부.

■ ______, 2005, 『국방백서 2004』, 국방부.

■ 국방부 전사편찬위원회, 『국방사 1』.

■ 국사편찬위원회, 『대한민국사 자료집 35: 이승만 관계 서한 자료집 9(1957-1960)』.

■ 김정렴, 1997, 『아, 박정희: 김정렴 정치회고록』, 중앙M&B.

■ 대통령공보비서관실, 1965, 『박정희대통령 연설문집: 제1집(1963.12-1964.12)』, 대통령 공보비서관실.

■ 대통령 비서실, 1973, 『박정희 대통령 연설문집 2: 제5대편』, 대통령 비서실.

■ 대통령직 인수위원회 한반도 평화체제 구축 테스크 포스팀, 2003, 『한반도 평화체제 구축』.

■ 박정희, 1963, 『국가와 혁명과 나』, 向文社.

■ ______, 1971, 『민족의 저력』, 광명출판사.

■ ______, 1978, 『민족 중흥의 길』, 광명출판사.

■ 박철언, 2005a, 『바른 역사를 위한 증언 1』, 랜덤하우스 중앙.

■ ______, 2005b, 『바른 역사를 위한 증언 2』, 랜덤하우스 중앙.

■ 백선엽, 1989, 『군과 나』, 대륙연구소출판부.

■ 오원철, 2006, 『박정희는 어떻게 경제강국 만들었나』, 동서문화사.

■ 외무부, 1959, 『외무행정의 10년』, 외무부.

■ 외교통상부, 1999, 『한국외교 50년, 1948-1998』, 외교통상부.

■ 이동원, 1992, 『대통령을 그리며』, 고려원.

■ 이상옥, 2002, 『전환기의 한국외교: 이상옥 전 외무장관 외교회고록』, 삶과 꿈.

■ 임동원, 2008, 『피스 메이커: 남북관계와 북핵문제 20년』, 중앙books.
■ 임병직(林炳稷), 1964, 『林炳稷회고록: 근대 한국외교의 이면사(裏面史)』, 女苑社.
■ 정래혁, 2001, 『격변의 생애를 돌아보며』, 삼양애드.
■ 최호중, 2004, 『외교는 춤춘다』, 한국문원.
■ 한표욱, 1996, 『이승만과 한미외교』, 중앙일보사.

2) 2차 자료

■ 고경은, 1988, 「1970년대 한반도 군비경쟁과 남북한」, 하영선 외 편, 『한반도 군비경쟁의 재인식』, 인간사랑.
■ 김일영, 2003, 「인계철선으로서의 주한미군: 규모, 편제, 운용방식의 변화를 중심으로」 김일영 · 조성렬, 『주한미군: 역사, 쟁점, 전망』, 한울아카데미.
■ 박영준, 2006, 「동북아 균형자론과 21세기 한국외교」, 『한국정치외교사논총』 제28집 1호.
■ ______, 2008, 「국가전략과 군사전략: 한국적 군사전략 정립을 위한 방향성」, 『2008 건국 60주년 기념 공동학술회의 발표논문집』, 한국국제정치학회,.
■ ______, 2009a, 「이승만의 국제질서인식과 일본관: 식민지 시기에 있어 망국과 건국의 문제」, 『한국정치외교사논총』 제31집 1호.
■ ______, 2009b, 「노무현 정부의 국가안보전략과 국방정책 평가」, 『교수논총』 제17권 2호, 국방대학교.
■ 배기옥, 2008, 「이승만의 위협인식과 국방정책 연구」, 국방대학교 석사학위논문.
■ 배정호, 2004, 「국가안전보장회의(NSC)의 조직과 운영」, 『국방연구』 제47권 제1호.
■ 빅터 차, 2004, 『적대적 제휴: 한국, 미국, 일본의 삼각안보체제』, 문학과지성사.
■ 신진, 2000, 「한국의 국방정책과 안보」, 『국제정치논총』 제40집 2호, 한국국제정치학회.
■ 이민룡, 2001, 「한국 안보정책의 역사적 전개, 육군사관학교, 『국가안보론』, 박영사.
■ 이신화, 2008, 「비전통안보와 동북아 지역협력」, 『한국정치학회보』 제42집 2호, 한국정치학회.
■ 이호재, 1981, 「자주국방과 자주외교문제」, 『핵의 세계와 한국 핵정책』, 법문사.
■ 전경만 · 김창수 · 엄태암 · 백승주 · 박창권 · 송화섭 · 유영철 · 황재호, 2005, 『'동북아시대'의 국가안보전략 연구』, 한국국방연구원.
■ 정성화 · 강규형 편, 2007, 『박정희 시대와 한국 현대사:연구자와 체험자의 대화』, 선인.
■ 조성렬, 2005, 「한반도 평화체제 구축과 한미동맹: 유엔사, 주한미군 문제를 중심으로」, 『한반도 평화체제 구축: 한반도 평화체제 공개학술회의 자료집』, 경남대 극동문제연구소.

■ 최경락 · 정준호 · 황병무, 1989, 『국가안전보장서론: 존립과 발전을 위한 대전략』, 법문사.

■ 최동규, 1991, 『성장시대의 정부: 한강의 기적 이끈 관료조직의 역할』, 한국경제신문사.

■ 하영선, 1989, 『한반도의 전쟁과 평화: 군사적 긴장의 구조』, 청계연구소.

■ 홍규덕, 1994, 「동북아 다자간 안보협력: 관련국들의 전략과 대응책」, 『동북아 다자간 안보협력체제』, 한국전략문제연구소.

■ 홍용표, 2005, 「정전협정과 한반도 평화체제 구축」, 『한반도 평화체제 구축: 한반도 평화체제 공개학술회의 자료집』, 경남대 극동문제연구소.

■ 홍준기, 2004, 「한국 자주국방 정책의 역사적 변천과정에 관한 연구」, 국방대학교 석사학위논문.

■ 황병무, 2003, 『국가안보의 개념, 영역 및 방법: 정치, 외교, 군사영역을 중심으로』, 국방대학교 교육학술연구과제.

■ ______, 2004, 『한국안보의 영역, 쟁점, 정책』, 봉명.

■ 朴榮濬, 2008, 「韓国から見た東アジアのオリンピック: 2028年平壤オリンピック?」, 『オリンピックと東アジアの平和繁栄』, 関口グロ_バル研究会.

■ 李鐘元, 1996, 『東アジア冷戰と韓米日關係』, 東京大學出版會.

■ ______, 1999, 「アジアの中の朝鮮半島」, 『現代アジア危機からの再生』, 慶應義塾大學.

■ 山本吉宣, 2002, 「安全保障概念と傳統的安全保障の再檢討」, 『國際安全保障』 第30卷 第1-2合併號, 國際安全保障學會.

■ 神谷萬丈, 2003, 「安全保障の概念」, 防衛大學校安全保障學硏究會, 『安全保障學入門』, 亞紀書房 참조.

|저자약력|

함택영 북한대학원대학교 교수

- 학　　력: 서울대학교 정치학과 학사 · 석사, 美 University of Michigan 정치학 박사
- 경　　력: 경남대학교 교수
  同 극동문제연구소 부소장
  북한대학원대학교 부총장
  2009년도 한국국제정치학회 회장
  국방부 및 통일부 정책자문/평가위원
  대통령 국방발전 자문위원 역임
- 전공분야: 국제정치, 외교 · 안보정책, 북한군사
- 연구업적: 『국가안보의 정치경제학』(법문사, 1998)
  Arming the Two Koreas: State, Capital, and Military Power(Routledge, 1999)
  『북한군사문제의 재조명』(편저, 한울아카데미, 2006)
  「한국 국제정치이론의 발전과 반성: 이론과 역사의 만남」, 『한국과 국제정치』 22권 4호(2006) 등

길병옥 충남대학교 평화안보대학원 교수

- 학　　력: University of Idaho 정외과 졸업
  Arizona State University 정치학 석사
  Kent State University 정치학 박사
- 경　　력: 청와대 국가안전보장회의 행정관
  Kent State University 대학연구원
  민주평화통일자문회의 자문위원 등 역임
- 전공분야: 외교/안보, 국방과학기술 및 군사학 분야
- 연구업적: 『군사학 개론』(2009, 공편)
  『독도 · 대마도: 영토주권과 강역사』(2009, 공저)
  『한국 지역사회 정치문화』(2004, 공편)
  Security Policy Dynamics(2001, 저) 등의 저서와 논문 다수

이수형 국가안보전략연구소 연구위원

■ 학　　력: 한국외국어대학교 정외과 졸업
　　한국외국어대학교 정치외교학과 석 · 박사과정 수료
　　한국외국어대학교 일반대학원 정치학 박사

■ 경　　력: 인하대학교 국제관계연구소 연구교수
　　한국국제정치학회 책임연구원
　　국가안전보장회의(NSC) 사무처 행정관
　　대통령비서실/통일외교안보정책실 행정관 등 역임

■ 전공분야: 미국과 유럽의 국제관계, 동북아 국제정치, 북대서양조약기구(NATO) 및 한미동맹 중심의 동맹정치

■ 연구업적: 『미국외교정책사』(1997, 역서)
　　『미국과 유럽의 21세기 국제질서』(2000, 역서)
　　『북대서양조약기구와 유럽안보』(2004)의 저서와 논문 다수

이동선 고려대학교 정치외교학과 조교수

■ 학　　력: 고려대학교 정치외교학과 졸업
　　시카고대학교 석 · 박사

■ 경　　력: East-West Center 연구원
　　시카고대학교 강사

■ 전공분야: 국제관계이론, 동아시아안보

■ 연구업적: 저서 *Power Shifts, Strategy, and War*(2008)
　　"Nuclear North Korea and the Stability of East Asia" (2007)
　　"Democracy and Alliance Policy" (2007) 등 논문 다수

이근욱 서강대학교 정치외교학과 부교수

■ 학　　력: 서울대학교 외교학과 학사
　　하버드대학교 정치학 박사

■ 전공분야: 국제정치이론, 군사안보

■ 연구업적: 『왈츠 이후: 국제정치이론의 변화와 발전』(2009)과 논문 다수

최종건 연세대학교 정치외교학과 조교수

■ 학　　력: 로체스터대학교 정치학과 졸업
연세대학교 정치학과 석사
오하이오주립대학교 정치학 박사

■ 경　　력: 북한대학원대학교 조교수 역임
美 Mershon Center for International Security Studies 연구원 역임 등

■ 전공분야: 국제정치학이론, 동북아국제관계, 국제안보

■ 연구업적: 대표논문 「신현실주의 이론의 무정부 신화에 대한 구성주의적 비판」(한국정치학회보, 2008)
"Theorizing of East Asian international relations in Korea: Theoretical Universalism vs. Contextual Particualrism" (*Asian Perspective*, 2008)
"From Prediction to Learning: Opening Experts minds to unfolding history" (*International Security*, 2006) 등

고봉준 제주평화연구원 부연구위원

■ 학　　력: 서울대학교 외교학과 졸업
서울대학교 외교학과 대학원 석사
미국 노트르담대학교 국제정치학 박사

■ 경　　력: 노트르담대학교 강의조교
서울대학교 미국학연구소 조교 역임

■ 전공분야: 국제안보, 미국 외교안보정책, 동아시아 평화

■ 연구업적: 『한반도와 동북아의 평화』(근간, 공저)
『동북아협력과 국제이해교육』(근간, 공저)
『제주프로세스와 동북아 평화 번영』(2009, 공저) 등의 저서와 논문 다수

윤정원 육군사관학교 국제정치학 정교수

■ 학　　력: 서울대학교 정치학 학사 및 석사, 미국 University of Georgia 정치학 박사

■ 경　　력: 육군사관학교 정치사회학과장 · 안보관리학과장 · 군사과학처장
국제정치학회 출판위원장 · 안보국방 연구위원장
한국정치학회 국방정책 연구위원장
국방부 객원연구원

국가안전보장회의 정책자문위원
미국 CITS 객원연구원
GLOBIS 방문연구원 등 역임

■ 전공분야: 대외정책, 군사안보, 동맹, WMD 비확산, 동아시아 관계

■ 연구업적: 『국가안보론』(2002, 공저)
Recalibrating US-ROK Alliance(2003, 공저)
Nuclear Bargaining and North Korea(2003)
『21세기 한반도 안보문제 분석』(2005)
『북한학』(2006, 공저)
『한미동맹의 분석: 지속과 변화』(2009)
『동북아 전략균형』(2009, 공저) 등 다수의 저서와 논문 저술

신범식 서울대학교 외교학과 교수

■ 학　　력: 서울대학교 외교학과 및 동 대학원 졸업
모스크바국제관계대학교(MGIMO) 정치학박사

■ 전공분야: 러시아 외교정책, 유라시아 국제관계, 환경 · 에너지 국제정치

■ 연구업적: 『21세기 유라시아도전과 국제관계』(2006, 편저)
『한국의 스마트파워 외교전략』(2009, 공저)
"Russia' s Perspectives on International Politics," *Acta Slavica Iaponica* (2009) 등의 저서와 논문 다수

황재호 한국외국어대학교 국제학부 조교수

■ 학　　력: 대만 중국문화대학교 동양어학부 졸업
영국 런던정경대학(LSE) 비교정치학 석사 및 국제관계학 박사

■ 경　　력: 한국국방연구원 안보전략연구센터 선임연구원
The Korean Journal of Defense Analysis(KJDA) 편집위원
경남대학교 극동문제연구소 객원연구위원
중국 외교학원 · 영국 리즈대학교 · 호주 멜번대학교 방문연구원
서강대학교 동아연구소 상임연구원
서울디지털대학교 겸임교수 등 역임

■ 전공분야: 중국외교안보군사, 동아시아 국제관계

■ 연구업적: 『전략적 협력동반자관계하의 한중 군사관계』(2009)
『중국의 부상과 한국안보에 대한 함의』(2007)
『중국과 MTCR』(2007) 등 논문 다수

손병권 중앙대학교 국제관계학과 교수

■ 학　　력: 서울대학교 외교학과 졸업
서울대학교 대학원 외교학과 석사
미시간대학교 정치학과 정치학 박사

■ 경　　력: 미래전략연구원 거버넌스 센타장
한국정당학회 연구이사
국회 입법조사처 자문위원
한국정치학회 한미교류위원회 위원장
한국국제정치학회 미주분과위원회 위원장
미국정치연구회 회장 등 역임

■ 전공분야: 미국 의회 및 선거정치, 미국정치발전, 미국외교정책

■ 연구업적: 「부시 공화당 단점정부 하에서 대통령-의회 관계의 양상과 성격」(2009)
「부시 행정부의 대북정책: 북미 양자대화로의 전환」(2009) 등

최운도 동북아역사재단 연구위원

■ 학　　력: 연세대학교 정외과 졸업, 콜로라도 주립대학교 정치학 박사

■ 경　　력: 연세대학교 동서문제연구원 연구교수

■ 전공분야: 국제관계, 미일관계, 전쟁과 평화

■ 연구업적: 「일본방위정책의 변화와 한국의 안보」(2003)
「미중일삼각관계와 그 역학에 관한 시론」(2003)
"Conflict Management in the Post-Cold War Era: Preventive Diplomacy and PKO" (2005)
"Conditions for Peaceful Resolution in Territorial Disputes of Northeast Asia" (2009) 등 다수

김예경 경희대학교 학술연구교수

- 학　　력: 이화여자대학교 중문과 졸업
  중국 북경대 국제정치학원 석사 및 박사 졸업
- 경　　력: 연세대학교 국제학대학원 강사
- 전공분야: 중국 정치외교
- 연구업적: 『중국의 영향력 균형 전략과 제3세계 외교』(2010)
  『중국의 조선족 인식: 용의 옆구리의 가시』(2009)
  『중미간의 세력경쟁과 아세안의 균형전략』(2008)
  『중국현대국제관계』(2008, 공저) 등의 저서와 논문 다수

윤영미 평택대학교 외교안보전공 조교수

- 학　　력: 이화여자대학교 정외과 졸업
  애버딘대학교(영국) 국제관계학 석사
  글라스고우대학교(영국) 정치학박사
- 경　　력: 국군방송(FM) "국방광장" 생방송 앵커(MC)
  국방부 합참자문위원 및 자체평가위원
  경기도 선거관리위원
  한국정책방송(KTV)의 생방송 앵커(MC)
  고려대학교 평화연구소의 연구교수
  통일부 정책자문위원 등 역임
- 전공분야: 러시아외교안보, 동북아국제관계, 한미동맹
- 연구업적: 『러시아의 자본주의 혁명』(2010, 공역)
  『동아시아 철도네트워크의 역사와 정치경제학I』(2008, 공저)
  『현대비교정치론』(2007, 공역)
  「상하이협력기구에서의 러시아 역할과 입장」
  「전략적 미래 한미동맹과 주한미군 평택재배치의 함의」 등의 저서와 논문 다수

박영준 국방대학교 안보대학원 부교수

- 학　　력: 연세대학교 정외과 졸업
  서울대학교 대학원 외교학과 석사 및 동대학원 박사 과정 수료
  동경대학교 대학원 국제정치학 박사

■ 경　　력: 하버드대학교 웨더헤드 국제관계연구센터 초빙연구원(현)

육군사관학교 교관

세종연구소 객원연구위원

국가안전보장회의 정책자문위원

한국국제정치학회 안보국방분과 위원장 등 역임

■ 전공분야: 동아시아 국제관계, 일본정치외교, 전쟁과 평화

■ 연구업적: 『제3의 일본』(2008)

『한국의 스마트파워 외교전략』(2009, 공저)

『미일중러의 군사전략』(2008, 공저)

『일본정치론』(2007, 공저)

『동아시아의 전쟁과 평화』(2006, 공저) 등의 저서와 논문 다수

| 찾아보기 |